Katharina Pink

Identitas Oriens

LITERATUR KULTUR THEORIE

Herausgegeben
von
Sabina Becker, Christoph Bode, Hans-Edwin Friedrich,
Oliver Jahraus und Christoph Reinfandt

Band 19

ERGON VERLAG

Katharina Pink

Identitas Oriens

Diskursive Konstruktionen von Identität und Alterität
in britischer Orient-Reiseliteratur

———————

ERGON VERLAG

Zugl.: München, Univ., Diss., 2014

Umschlagabbildung:
Leopold Carl Müller „Studie einer gefäßtragenden Araberin". Copyright Wien Museum.

Bibliografische Information der Deutschen Nationalbibliothek
Die Deutsche Nationalbibliothek verzeichnet diese Publikation in der
Deutschen Nationalbibliografie; detaillierte bibliografische Daten sind im
Internet über http://dnb.d-nb.de abrufbar.

www.ergon-verlag.de

ISSN 1869-9030
ISBN 978-3-95650-070-1

Danksagung

Bei der vorliegenden Studie handelt es sich um die leicht überarbeitete Fassung meiner Dissertation, die in den Jahren 2009 bis 2013 im Rahmen des Forschungsprojektes „Die Erfahrung des Anderen: Diskursive Konstruktion von Alterität und Identität in der britischen Entdecker- und Reiseliteratur der Neuzeit" an der Ludwig-Maximilians-Universität München entstand.

Ohne die Unterstützung anderer wäre es nicht möglich gewesen, dieses Buch zu schreiben. Ihnen allen sei an dieser Stelle herzlich gedankt: Wissenschaftlich betreut wurde diese Arbeit von Prof. Christoph Bode, der neben wertvollen Anregungen und konstruktiver Kritik stets das richtige Maß an Fördern und Fordern fand. Er vermag es wie kein anderer, den gelegentlich ermüdeten Doktoranden zu motivieren und zu beflügeln. Ich danke außerdem Prof. Claudia Olk, die meine Arbeit als Zweitgutachterin gelesen hat und für meine Verteidigung extra aus Berlin anreiste.

Besonderer Dank gilt außerdem meinen Kollegen am Lehrstuhl Bode, insbesondere Dr. Stefanie Fricke, die mir zu Beginn meiner Lehrtätigkeit mit außergewöhnlicher Hilfsbereitschaft zur Seite stand, so dass die Forschung nie zu kurz kam. Ich kann mir kein angenehmeres, freundschaftlicheres Umfeld für Forschung und Lehre auf höchstem Niveau vorstellen.

Für das exzellente Lektorat gilt mein Dank Isabel Schneider und vor allem Ninja Jokl, deren Sorgfalt, Belastbarkeit und Enthusiasmus in den entscheidenden Phasen eine immense Stütze waren. Sämtliche verbleibende Fehler habe ich allein zu verantworten.

Meinen Eltern Dr. Stanislava und Elmar Pink sowie Florian Schniewind danke ich für die fortwährende Unterstützung, ihre Geduld und ihren Zuspruch in den ereignisreichen Jahren der Entstehung dieser Arbeit.

Last but not least gilt mein Dank Prof. Andreas Mahler – nicht nur für wertvolle Anregungen und Literaturhinweise, sondern auch dafür, dass er mir zum richtigen Zeitpunkt vor Augen geführt hat, dass ich mich längst entschieden hatte.

Katharina Pink · München, im Juli 2014

Inhaltsverzeichnis

I. Einleitung und Untersuchungsgegenstand

Dans l'universalité de la ratio occidentale, il y a ce partage qu'est l'Orient : l'Orient, pensé comme l'origine, rêvé comme le point vertigineux d'où naissent les nostalgies et les promesses de retour, l'Orient offert à la raison colonisatrice de l'Occident, mais indéfiniment inaccessible, car il demeure toujours la limite : nuit de commencement, en quoi l'Occident s'est formé, mais dans laquelle il a tracé une ligne de partage, l'Orient est pour lui tout ce qu'il n'est pas, qu'il doive y chercher ce qu'est sa vérité primitive.[1] (Foucault 1961: IV)

Dieses Zitat aus dem Vorwort zu Michel Foucaults Dissertationsschrift *Folie et Déraison: Histoire de la folie à l'âge classique* (1961) streift – quasi *en passant* – zwei zentrale Themen dieser Arbeit: Zum einen die kulturelle Identitäts-Konstitution anhand des/eines Anderen, wie sie die inzwischen mehrere Jahrzehnte andauernde Alteritätsdiskussion in verschiedenen Disziplinen der Wissenschaft zum Gegenstand hat; zum anderen die Sonderrolle, die der Orient im Kontext der Identitäts-Begründung und des Selbstverständnisses der westlichen Welt einnimmt als das ewig Andere, Ausgegrenzte und dabei komplementär Gegenübergestellte, das dem Okzident *ex negativo* Kontur verleiht. Im kulturellen (Selbst-)Verständnis des Westens ist der Orient folglich nicht bloß *irgendein* Anderes, das ihm zur Identität verhilft, sondern das Andere *schlechthin*, das maximal Fremde, dem in diesem Zusammenhang besondere Beachtung und geradezu paradigmatischer Charakter zukommen. Die nachfolgende Untersuchung befindet sich folglich mit ihrer Fragestellung nach der diskursiven Konstruktion von Identität und Alterität in drei ,Klassikern' der britischen Orient-Reiseliteratur – nämlich Charles Doughtys *Travels in Arabia Deserta* (1888), Gertrude Bells *The Desert and the Sown* (1907) und T.E. Lawrences *Seven Pillars of Wisdom* (1935) – im Brennpunkt einer seit mehreren Dekaden währenden, spezifischen Alteritätsdebatte, die vorab eingehender betrachtet sein will.

Die Vorstellung, dass das Eigene nur in Opposition zu einem Fremden denkbar und diese Grenzziehung hierfür konstitutiv ist, findet sich bereits bei Platon, Schelling und Hegel (vgl. Kogge 2002: 292f.) sowie bei Luhmann, nach dessen systemtheoretischer Grundannahme „Identität nur durch Differenz" (1993: 243) möglich ist.[2] Die sich daraus ergebende Dialektik von Identität und Alterität ist

---

[1] „In der Universalität der abendländischen Ratio gibt es den Trennungsstrich, den der Orient darstellt: der Orient, den man sich als Ursprung denkt, als schwindeligen Punkt, an dem Heimweh und die Versprechen auf Rückkehr entstehen, der Orient, der der kolonisatorischen Vernunft des Abendlandes angeboten wird, der jedoch unendlich unzugänglich bleibt, denn er bleibt stets die Grenze. Er bleibt die Nacht des Beginns, worin das Abendland sich gebildet hat. Der Orient ist für das Abendland all das, was es selbst nicht ist, obwohl es im Orient das suchen muß, was seine ursprüngliche Wahrheit darstellt." (Foucault 1969: 10)

[2] Foucault spricht ganz in diesem Sinne von diesen Grenzsetzungen als „ces gestes obscurs nécessairement oubliés dès qu'accomplis, par lesquels une culture rejette quelque chose

entsprechend längst ein Gemeinplatz der einschlägigen Wissenschaften geworden.[3] Gleichwohl erfuhren die spezifische Darstellung und Funktionalisierung des Fremden im Zuge kultureller Identitäts-Konstruktion seit Anfang der 1980er Jahre verstärkt Beachtung. Insbesondere Edward Saids einflussreiche Studie *Orientalism: Western Conceptions of the Orient* (1978), die durch die einleitende Bemerkung in Foucaults Dissertation inspiriert wurde (vgl. Franke 2007: 32) und sich mit dem Verhältnis des Westens zum Orient – genauer gesagt, mit westlichen Orientbildern – beschäftigt, sollte zum Hauptinitiator der „postkolonialen Wende" (Bachmann-Medick 1996: 38) in den Geisteswissenschaften werden, die sich von nun an verstärkt ideologiekritisch mit der westlichen Repräsentation fremder Kulturen – vor allem ehemaliger Kolonialgebiete – befasste. Die so plötzlich und heftig entflammte Alteritätsdebatte speiste sich dabei von Anfang an aus den Diskursen verschiedenster wissenschaftlicher Provenienz, darunter Philosophie, Ethnologie, Psychologie, Soziologie, sowie *Cultural Studies* jeglicher Façon.[4] Mit seiner These, dass europäische Darstellungen des Orients seit jeher nicht nur der Konfiguration des eigenen kulturellen Selbstverständnisses,[5] sondern vor allem immer auch imperialistischen Interessen gedient hätten, rückte Said den Zusammenhang von Diskurs und Macht bei Entwurf und Verbreitung spezifischer Fremdbilder in den Vordergrund, was das Thema der Alteritäts*darstellung* in der Literaturwissenschaft zu einem zentralen Paradigma avancieren ließ. Diese Entwicklung wurde vor allem auch vom sogenannten *linguistic turn* gefördert, jener geisteswissenschaftlichen Wende der 1970er Jahre, die Sprache in epistemologischer Hinsicht nicht länger als bloßes Medium der Wirklichkeitsdarstellung begriff, sondern diese in ihrem wirklichkeits*konstitutiven* Potenzial erkannte und untersuchte.[6] Dieser sprachanalytische Paradigmenwechsel, der dadurch generierte

---

qui sera pour elle l'Extérieur; et tout au long de son histoire, ce vide creusé, cet espace blanc par lequel elle s'isole, la désigne tout autant que ses valeurs. [...] [E]n cette région dont nous voulons parler, elle exerce ses choix essentiels, elle fait le partage qui lui donne le visage de sa positivité." (Foucault 1961: III)

3 Vgl. auch Altnöder: „At the same time, it has become commonplace to assume a reciprocal dependency between constructions of identity and alterity. This results in a relational conceptualisation of identity and alterity, in which neither can be regarded as an isolated pole. Instead, they intrinsically overlap and influence one another. Even though identity depends on the defining power of alterity to come into being, the ensuing, ever more frequent moments of contradiction, tension and ambivalence run counter to binary constructions of identity and alterity." (2011: 36)

4 Als Schlüsseltext der *Postcolonial Studies* im Bereich der Literaturwissenschaft bzw. der Literaturkritik gilt dabei: *The Empire Writes Back: Theory and Practice in Post-colonial Literatures* (1989), herausgegeben von Bill Ashcroft, Gareth Griffiths und Helen Tiffin.

5 „The Orient is not only adjacent to Europe; it is also the place of Europe's greatest and richest and oldest colonies, the source of its civilizations and languages, its cultural contestant, and one of its deepest and most recurring images of the Other. In addition, the Orient has helped to define Europe (or the West) as its contrasting image, idea, personality, experience." (Said 2003: 1f.)

6 Den Begriff prägte Richard Rorty mit seiner gleichnamigen Anthologie *The Linguistic Turn* (1967).

internationale Aufschwung der *discourse analysis*[7] sowie Saids Rekurrieren auf die Foucaultsche Diskurstheorie führten dazu, dass sich der Philologie im Rahmen der *Postcolonial Studies* ein fruchtbares neues Forschungsfeld erschloss.[8] Dies gilt insbesondere für die Literaturwissenschaft, die sich von Hause aus mit der sprachlichen Darstellung und Schaffung von Wirklichkeiten befasst. Besonders in den USA und Großbritannien etablierten sich in den darauffolgenden Jahren die bis heute einflussreichen Institutionen postkolonialer Literaturtheorie und -kritik, die neben Edward Said[9] vor allem von den Forschungsarbeiten von Homi Bhabha[10], Peter Hulme[11] und Gayatri Spivak[12] geprägt sind. Da der Fokus dieser Dissertation auf Reiseberichte aus dem Nahen Osten bzw. dem sogenannten Orient liegt, scheinen die viel diskutierten Thesen Edward Saids freilich besonders einschlägig – wenn auch keineswegs schlechthin zutreffend – und sollen daher kurz skizziert werden.

Saids *Orientalism* zeichnet die Entstehung, Verbreitung und Mechanismen von europäischem Wissen über den Orient und dessen Repräsentationen seit Napoleons Ägyptenfeldzug nach. An einem so heterogenen wie selektiven Korpus

---

7   Vgl. Osterhammel: „Der internationale Aufstieg der Diskursanalyse zur einflußreichsten Methode bei der Untersuchung der europäischen Wahrnehmung nicht-europäischer Zivilisationen, der sich seit den frühen 1980er Jahren beobachten läßt, war Teil einer allgemeinen Bewegung in den Humanwissenschaften, die auf den konstruierten Charakter kultureller Phänomene hinwies und die Prägung jeder Realitätserfassung durch sprachlichen Sinn betonte (*linguistic turn*). Was vordem als selbstverständliche Gegebenheit menschlicher Lebenswelt erschienen war, wurde nun als Erfindung und Erzeugnis kollektiver Einbildungskraft entschlüsselt. […] An alten Texten über fremde Kulturen interessieren dann allein rhetorische Strategien und semantische Prozeduren, mit denen textimmanent Fremdheit oder Andersartigkeit (*alterité*) erzeugt wird. Es wird nicht länger nach der Annäherung spezifischer ‚Repräsentationen' an die Realität gefragt, nach den Graden ihrer Angemessenheit als Wiedergabe von Wirklichkeit. […] Sie [Diskursanalyse] unterstellt von vornherein den fingierten und fiktiven Charakter der Repräsentation fremder kultureller und gesellschaftlicher Zustände. Damit wird der Unterschied zwischen Fiktion und Faktendarstellung, zwischen Imagination und Empirie verwischt oder sogar aufgehoben. Jede Äußerung eines Europäers über eine nichteuropäische Zivilisation erscheint dann als eine phantasierte Anmaßung von erheblichem Indizwert für europäische Bewußtseinslagen, aber ohne Bezug zu einer – ohnehin europäischer Erkenntnis unzugänglichen – fremdkulturellen Realität." (1998: 23)

8   Zum Thema Literaturwissenschaft im Spannungsfeld von Ethnographie und den Kulturwissenschaften siehe Neumann 2000.

9   Siehe neben *Orientalism* (1978) auch seine spätere, ebenso kontrovers diskutierte Monographie *Culture and Imperialism* (1993).

10   Siehe seine Monographie *The Location of Culture* (1995) sowie den Sammelband *Nation and Narration* (1990).

11   Mit ihrem Fokus auf Reiseliteratur nehmen die Arbeiten Peter Hulmes im Rahmen dieser Arbeit einen besonderen Stellenwert ein. Von seinen bekanntesten Publikationen wären zu nennen: *Colonial Encounters: Europe and the Native Caribbean. 1492-1797* (1986); *Colonial Discourse/Postcolonial Theory* (1994); *The Cambridge Companion to Travel Writing* (2002) sowie *Writing, Travel, and Empire: In the Margins of Anthropology* (2007).

12   Siehe beispielsweise Gayatri Chakravorty Spivak: *In Other Worlds: Essays in Cultural Politics* (1987).

westlicher Texte, die sich in verschiedenen institutionellen Rahmen – akademisch, politisch, literarisch – dem Orient widmen, zeigt die Studie, wie der Orient als Idee und diskursives Konstrukt entworfen, repräsentiert und letztlich produziert worden ist.[13] Diese andauernde (Re-)Produktion von Orientbildern in Kunst, Literatur, Politik und Geschichtsschreibung stehe dabei in einer jahrhundertealten Tradition von Klischees, Topoi und Interpretationsansätzen, die stets mit ganz konkreten, (kolonial-)politischen, militärischen und ökonomischen Machtinteressen verbunden gewesen sei. Said identifiziert infolgedessen den ‚Orientalismus' – bis zur Publikation seiner gleichnamigen Studie bezeichnete der Begriff lediglich eine Forschungsdisziplin – als systematische, hegemoniale Denkweise „by which European culture was able to manage – and even produce – the Orient politically, sociologically, militarily, ideologically, scientifically and imaginatively during the post-Enlightenment period." (Said 2003: 3)[14] Der Orient sei durch diese spezifischen Repräsentationspraktiken sukzessive objektiviert, substituiert und verfügbar gemacht worden, weshalb orientalistisches Wissen vor allem als Instrument der Kontrolle und Unterwerfung verstanden werden müsse: „a Western style for dominating, restructuring, and having authority over the Orient" (Said 2003: 1). Diese Definitions- bzw. Verfügungsmacht des Westens sei dadurch gewährleistet, dass der Orient als statisches „silent

---

13 Said beschreibt in seinem Vorwort zur fünfundzwanzigjährigen Jubiläumsausgabe von *Orientalism* den Orient als „semi-mythical construct, which, since Napoleon's invasion of Egypt in the late eighteenth century has been made and remade countless times by power acting through an expedient form of knowledge to assert that this is the Orient's nature and we must deal with it accordingly." (2003: xviii)

14 Neben diesen häufig zitierten Passagen aus der Einleitung zu *Orientalism* soll an dieser Stelle die wesentlich differenziertere Orientalismus-Definition zumindest im Rahmen einer Fußnote Erwähnung finden: „[O]rientalism is not a mere political subject matter or field that is reflected passively by culture, scholarship, or institutions; nor is it a large and diffuse collection of texts about the Orient; nor is it representative and expressive of some nefarious 'Western' imperialist plot to hold down the 'Oriental' world. It is rather a *distribution* of geopolitical awareness into aesthetic, scholarly, economic, sociological, historical, and philological texts; it is an *elaboration* not only of a basic geographical distinction (the world is made up of two unequal halves, Orient and Occident) but also of a whole series of 'interests' which, by such means as scholarly discovery, philological reconstruction, psychological analysis, landscape and sociological description, it not only creates but also maintains; it is, rather than expresses, a certain *will* or *intention* to understand, in some cases to control, manipulate, even to incorporate, what is a manifestly different (or alternative and novel) world; it is, above all, a discourse that is by no means in direct, corresponding relationship with political power in the raw, but rather is produced and exists in an uneven exchange with various kinds of power, shaped to a degree by the exchange with power political (as with a colonial or imperial establishment), power intellectual (as with reigning sciences like comparative linguistics or anatomy, or any of the modern policy sciences), power cultural (as with orthodoxies and canons of taste, texts, values), power moral (as with ideas about 'we' do what 'they' cannot do or understand as 'we' do). Indeed, my real argument is that Orientalism is – and does not simply represent – a considerable dimension of modern political-intellectual culture, and such has less to do with the Orient than it does with 'our' world." (Said 2003: 12)

Other"[15] entworfen würde, als ahistorisches, stummes Forschungsobjekt, das sich selbst nicht kennen, nicht für sich selbst sprechen und sich aus eigener Kraft heraus auch nicht entwickeln kann. Es muss repräsentiert, angeleitet, in Bewegung gesetzt *werden*. Erst eine solcherart aufoktroyierte Passivität mache einen so monologischen Machtdiskurs möglich. Als Resultat *existiere* der Orient vor allem als Vorstellung und diskursives Konstrukt, als „European invention" (Said 2003: 1) und werde in seiner ontologischen Realität unsichtbar.[16] Der Orientalismus erweist sich demzufolge als selbstbezüglicher und ewig selbstaffirmierender Systembetrieb, was eine objektive, aufgeschlossene Begegnung mit dem Fremden – etwa im Sinne von „knowledge of other peoples and other times that is the result of understanding, compassion, careful study and analysis for their own sakes", wie Said es als Alternative propagiert und fordert (1978: xix)[17] – von vornherein unmöglich macht.

Saids Studie hat seit ihrer Publikation jedoch nicht nur große Aufmerksamkeit, sondern auch vielfältige Kritik erfahren. Neben Monographien und Sammelwerken, die seine Thesen und Gedanken weiterspinnen und ausdifferenzieren,[18] finden sich zahlreiche Arbeiten, die allein ihrer Rezension und (teilweisen)

---

[15] „The Orient was not Europe's interlocutor, but its silent Other." (Said 1985: 17) Diesen Aspekt des stummen Anderen und seines daraus resultierenden Objektcharakters thematisiert insbesondere Gayatri Spivak in ihrem bekannten Essay „Can the Subaltern Speak?" (1988).

[16] Dieser Objektcharakter zeigt sich bereits am Begriff des ‚Orients' und seiner geographischen Verortung. Als Sammelbegriff, der in seiner Wortbedeutung lediglich auf eine Himmelsrichtung bzw. auf das Morgenland im Gegensatz zum Abendland verweist, bezeichnet er im 18. und 19. Jahrhundert einen „Meta-Kulturraum" (Polaschegg 1995: 85), der quasi östlich von Wien und südlich von Toulouse begann und sich von dort bis nach Äthiopien (dem damaligen Abessinien) ausdehnte. Dabei umfasste der Orient aus europäischer Sicht „den Nahen und Mittleren Osten, Griechenland und den gesamten Balkan, Kleinasien, Persien, Indien, Indonesien, Japan und China" (ibid.). Es ist bemerkenswert und unterstützt freilich Saids Thesen, dass der heutige Begriff des ‚Middle East' einen ähnlich westlich definierten Raum bezeichnet, der in seiner Umgrenzung von ganz konkreten, politischen (Macht-)Interessen bestimmt ist: „The term 'Middle East' is a neologism, invented in 1902 by US naval historian Alfred Thayer Mahan to designate the sea and land stretching between the farther East – India – and a nearer one, extending towards the westernmost territories of Asia and the eastern Mediterranean. The centre of Mahan's idiosyncratic map was the Persian Gulf – anticipating later US interest in the area." (Melman 2002: 105)

[17] Diese von Said propagierte Alternative in Sachen Repräsentation wird in Anthropologie und Ethnologie als wenig originell oder praktikabel erachtet – das Problem der Repräsentation bleibt: „Can one ultimately escape procedures of dichotomizing, restructuring, and textualizing in the making of interpretive statements about foreign cultures and traditions? If so, how? Said frankly admits, that alternatives to Orientalism are not his subject. He merely attacks the discourse from a variety of positions, and as a result his own standpoint is not sharply defined or logically grounded. Sometimes his analysis flirts with a critique of representation as such; but the most constant position from which it attacks Orientalism is a familiar set of values associated with the Western anthropological human sciences – existential standards of 'human encounter' and vague recommendations of 'personal, authentic, sympathetic, humanistic knowledge' (p. 197)." (Clifford 1988: 261)

[18] Siehe beispielsweise Lisa Lowe: *Critical Terrains: French and British Orientalisms* (1991); Carol Breckenridge und Peter van der Veer: *Orientalism and the Postcolonial Predicament: Perspectives*

Widerlegung gewidmet sind.[19] Am häufigsten werden an *Orientalism* die sehr selektive Textauswahl, die (sich teilweise daraus ergebenden) historischen Unsauberkeiten, das völlige Ausblenden der deutschen Orientalistik[20] sowie die Annahme der absoluten Sonderstellung des Orients innerhalb des europäischen Kolonialismus kritisiert. (vgl. Clifford 1988: 267) Auf methodischer Ebene wurde einerseits die Unvereinbarkeit von Foucaultscher Diskursanalyse und Gramscis Hegemonietheorie zur Herstellung des Konnexes von Diskurs und Macht kritisiert. (vgl. Porter 1983: 180f.) Andererseits wurde bemängelt, dass Said in seinem methodischen Rückgriff auf die anglo-amerikanische *discourse analysis*, die – anders als Foucaults sozialwissenschaftliche Analyse diskursiver Praktiken und deren hegemonialen Charakter – vor allem auf rein (text)linguistische, pragmatische Gesprächs- und Kommunikationsanalyse abzielt, undifferenziert zwei verschiedene theoretische Ansätze vermische. (vgl. Polaschegg 2005: 33) Höchst problematisch und methodisch unhaltbar erweist sich vor allem Saids „mal mehr, mal weniger implizites Rekurrieren auf die Vorstellung bzw. Annahme einer vermeintlichen ‚Wirklichkeit' des ‚wahren' Orients, die frei von jeder diskursiven Konstruktion sei" (Bode 1997: 9). Denn wie theoretisch kohärent ist eine Studie, die einerseits auf einer konstruktivistischen Erkenntnis- und Diskurstheorie basiert, die also davon ausgeht, dass es kein essentialistisches Wissen und keine objektive Repräsentation einer außersprachlichen Wirklichkeit geben kann, deren Hauptkritikpunkt und Ergebnis andererseits jedoch genau darin bestehen, dass keine ‚realitätsgetreue' Repräsentation geleistet wird?[21]

---

on South Asia (1993); Meyda Yeğenoğlu: *Colonial Fantasies: Towards a Feminist Reading of Orientalism* (1998); Reina Lewis: *Gendering Orientalism* (1996); Diane Long Hoeveler und Jeffrey Cass: *Interrogating Orientalism* (2006); Richard Netton: *Orientalism Revisited* (2013).

[19] Hier sind vor allem die Essays „Orientalism and its Problems" (1983) von Dennis Porter, „Orientalism" (1988) von James Clifford, „Enough Said: Reflections on *Orientalism*" (1990) von Michael Richardson sowie der Vortrag „*Orientalism* and its Critics" (1993) von Fred Halliday zu nennen. Siehe außerdem die Monographien von Ibn Warraq: *Defending the West* (2007), Daniel Martin Varisco: *Said and the Unsaid* (2007) und Robert Irwin: *For Lust of Knowing. The Orientalists and their Enemies* (2007).

[20] Zur ‚Ehrenrettung' der deutschen Orientalistik, die im 19. Jahrhundert führend war, siehe Marchand 2001 und Jenkins 2004. Said selbst betrachtete die wiederholte Bemängelung dieser ‚Leerstelle' in seiner Studie in seinem Essay „*Orientalism* reconsidered", in dem er selektiv auf die internationale Kritik an *Orientalism* eingeht, als unbegründet und belanglos: „[O]bservations like my exclusion of German Orientalism, which no one has given any reason for me to have included have frankly struck me as superficial, and there seems no point in responding to them." (1985: 1)

[21] Vgl. Porter: „(T)he methodological problems raised by Said's work are formidable and they appear in a particularly crucial form almost from the beginning. [...] From his introduction on, Said vacillates over the opposition between truth and ideology. On the one hand, he reaches the conclusion that there is no distinction between pure and political knowledge. [...] On the other hand, in a discussion of representation he seems to imply [...] that a form of truth is obtainable; he comments for example that ‘... what is commonly circulated is not truth but representations', that there is perhaps a ‘real' and consequently knowable Orient. [...] If the first set of propositions, concerning the lack of distinction be-

Des Weiteren wurde an Saids Auffassung von europäischer Identitäts-Konstitution zu Lasten des Orients ein gewisser analytischer Eurozentrismus moniert, der davon ausgeht, die Abgrenzung gegenüber einem Anderen zur eigenen Identitäts-Stiftung sei ein typisch westliches Vorgehen und funktionaler Aspekt westlichen Herrschaftswillens. (vgl. Polaschegg 2005: 38) Doch die Konstruktion und Instrumentalisierung eines Anderen zur Konturierung des Eigenen ist letztlich ein universales Grundprinzip kultureller Identitäts-Stiftung, die so auch von orientalischen Ländern gegenüber dem Westen betrieben wird und nicht zwingend mit Machtinteressen verbunden sein muss.[22] Nicht zuletzt, wie mehrfach kritisiert wurde, basiert Saids eigene Studie maßgeblich auf der von ihm angeprangerten Ost-West-Dichotomie, die er somit nicht auflöst, sondern festschreibt. Darüber hinaus betreibe er selbst einen so monolithischen und mit kruden Oppositionen operierenden Diskurs, dass seine Ausführung zum Westen mitunter als „Orientalism in reverse" (Fähndrich 1988: 183) und „Occidentalism" (Clifford 1988: 259) bezeichnet wurden.[23] In seinem Bestreben, noch jedem Werk über den Orient das von ihm als typisch orientalistisch identifizierte Unterdrückungsmoment nachzuweisen, schert Said heterogenes Material über einen Kamm, blendet dabei text- wie diskursimmanente Besonderheiten und Ambivalenzen aus[24] und verkennt somit nicht nur den Orient-Diskurs in seiner ganzen Vielfalt, sondern bewirkt darüber hinaus *nolens volens* eine Perpetuierung

.

---

tween pure and political knowledge, is true, then Orientalism in one form or another is not only what we have but all we can ever have. If, on the other hand, as Said sometimes implies, truth in representation may be achieved, how can it be justified on the basis of a radical discourse theory which presupposes the impossibility of stepping outside a given discursive formation by an act of will or consciousness?" (1983: 179f.)

[22] Was die identitäts-stiftende Dichotomie von ‚Wir' und ‚Sie' betrifft, so ist diese zudem nicht automatisch als imperialistische zu begreifen, wie Clifford anmerkt: „It is worth noting in passing that we-they distinctions of the kind Said condemns are also useful to anti-imperialism and national liberation movements." (1988: 261)

[23] Saids wiederholtem Beklagen der „Orientalisierung" des Orients seitens des Okzidents wurde darüber hinaus eine geradezu tautologische Argumentationsweise nachgewiesen: „Yet Said's concept of a 'discourse' still vacillates between, on the one hand, the status of an ideological distortion of lives and cultures that are never concretized and, on the other, the condition of a persistent structure of signifiers that, like some extreme example of experimental writing, refers solely and endlessly to itself. Said is thus forced to rely on nearly tautological statements, such as his frequent comment that Orientalist discourse 'orientalizes the Orient,' or on rather unhelpful specifications such as: 'Orientalism can thus be regarded as a manner of regularized (or Orientalized) writing, vision, and study, dominated by imperatives, perspectives, and ideological biases ostensibly suited to the Orient'" (Clifford 1988: 260).

[24] „[...] Said finds grist for his mill in a wide variety of written documents, from records of parliamentary debates and official reports to the memoirs of imperial pro-consuls, scholars' exhaustive tomes, travellers' tales, fiction and poetry. Yet although he is himself a literary scholar and critic, he adopts Foucault's strategy of making no qualitative distinctions between a variety of texts produced under a variety of historical conjunctures for a wide variety of audiences." (Porter 1983: 182)

der von ihm angeprangerten, orientalistischen Denkweisen.[25] Insbesondere von literaturwissenschaftlicher Warte scheint eine solche totalisierende Lesart, die einem Text einen pauschalen Stempel in Sachen Ideologie und Intention aufdrückt, nur weil er einigen ‚typisch orientalistischen' Darstellungskonventionen folgt, dessen diskursive Komplexität und individuelle Gestaltung zu verkennen.

Genau an dieser Stelle möchte nun diese Arbeit ansetzen, die Christoph Bodes Kritik an Said folgt, dass es insbesondere bei literarischen Werken über den Orient keines Schematismus sondern einer feinfühligen, nuancierten Textanalyse bedürfe, die „einer möglichen Gegenläufigkeit [...], einem subversiven Potential, Spannungen und paradoxen Widersprüchen, einer entpragmatisierten Öffnung des hegemonialen Diskurses, der gerade in seinen Spannungen und Widersprüchlichkeiten die Spuren des Prozesses der Aneignung des Anderen aufweist" (1997: 9f.), nachzuspüren vermag.[26] Denn obgleich literarische Texte über den Orient, genau wie politische Traktate, ethnologische Feldberichte oder einschlägige Geschichtsschreibung, als Teilhaber am Orient-Diskurs zu werten sind, kommt ihnen als Diskursteilnehmer eine Sonderrolle zu, da sie im Gegensatz zu solchen ‚offiziellen' oder wissenschaftlichen Arbeiten keinem institutionalisierten Rahmen entspringen. Anders als etwa die Geschichtsschreibung konstituiert Literatur keinen eigenständigen Diskurs, da ihr, sofern man ‚Diskurs' als „historisch-spezifische Weise, über einen bestimmten Gegenstandsbereich zu reden" (Bode 2009: 11) begreift,[27] der *bestimmte* Gegenstandsbereich fehlt. Doch kann sie gerade aufgrund dieser themati-

---

[25] „Because Said is understandably eager to confront Western hegemonic discourse head on, he ignores Raymond Williams' warning that the reality of cultural process must always include 'the efforts and contributions of those who are in one way or another outside or at the edge of specific hegemony' [...] The consequence is serious. The failure to take account of such efforts and contributions not only opens Said to the charge of promoting Occidentalism, it also contributes to the perpetuation of that Orientalist thought he set out to demystify in the first place." (Porter 1983: 113; 181)

[26] Ganz in diesem Sinne argumentiert auch Porter: „[T]he very heterogeneity of the corpus of texts among which Said discovers hegemonic unity raises the question of the specificity of the literary instance within the superstructure. Yet no consideration is given to the possibility that literary works as such have a capacity for internal ideological distanciation that is usually absent from political tracts or statesmen's memoirs." (1983: 181)

[27] Zu dem dieser Arbeit zu Grunde gelegten Diskursbegriff siehe folgende Ausführungen von Bode: „Als Ensemble gesellschaftlich-diskursiver *Praktiken* bezeichnet ‚Diskurs' nicht allein bestimmte Inhalte, sondern nicht weniger bestimmte Verfahrensweisen, Vermittlungen, Institutionalisierungen usw. Der Begriff steht für eine Ermöglichungs- *und* Kontrollstruktur, in der sich Gesellschaft über einen Gegenstandsbereich (und damit auch über sich selbst) verständigt. ‚Diskurs' umreißt mithin das, was zu einer bestimmten Zeit in einer bestimmten Gesellschaft *sagbar* ist (wieder gedacht sowohl als Ermöglichung als auch als Einschränkung) im Prozess einer (kontroversen, doch kanalisierten) Verhandlung bestimmter Fragen." (2009: 11f.) Eine ähnliche Definition von ‚Diskurs', die ebenfalls diese Gleichzeitigkeit von Ermöglichung und Reglement betont, ist bei Stuart Hall zu finden: „A discourse is a group of statements which provide a language for talking about – i.e. a way of representing – a particular kind of knowledge about a topic. When statements about a topic are made within a particular discourse, the discourse makes it possible to construct the topic in a certain way. It also limits the other ways in which the topic can be constructed." (1992: 291)

schen Offenheit und Entbindung von obligatorisch vorgegebenen Darstellungs-
zwecken frei und somit potenziell subversiv an allen Diskursen teilhaben, da sie
sich weder deren noch eigenen diskursspezifischen Sprech- und Verfahrensweisen
beugen muss. Sie lässt sich demnach als „institutionalisierte *Intervention*smöglich-
keit" (12) begreifen, als Sonder- bzw. Konterdiskurs, „der die Diskurse einer bestimmten Wissensformation – oder Episteme – bündelt, hinterfragt und unterläuft" (ibid.).[28] Wenn also daran gelegen ist, Gegenstimmen sowie Spannungen
und Widersprüchlichkeiten innerhalb des herrschenden Orient-Diskurses aufzu-
spüren und entsprechend auch solche Orientbilder zu beleuchten, die in Entwurf,
Funktionalisierung sowie Aneignung des Anderen ganz eigenen Parametern folgen,
so scheinen insbesondere *literarische* Werke viel versprechend.

Von dieser Prämisse ausgehend sollen im Folgenden drei ‚klassische' Orient-
Reiseberichte einer diskursanalytischen Lektüre unterzogen werden, bei der es
nicht darum geht, die Texte auf die Authentizität ihrer Beschreibung einer außersprachlichen Wirklichkeit hin zu untersuchen und dabei mit Said immer
wieder auf's Neue zu beanstanden, dass das Geschriebene hinter der ‚Realität'
des Orients zurückbleibt – wie auch immer das nachzuweisen wäre. Ebenso wenig sollen die hier behandelten Werke in einem ewigen Abgleich mit *Orientalism*
daraufhin befragt werden, ob sie, nachdem sie ja allesamt von Said als diskurstypi-
pisch identifiziert worden sind,[29] tatsächlich als orientalistisch ‚im Sinne der An-
klage' zu beurteilen sind oder nicht. Vielmehr soll das individuelle Modell
diskursiver Konstruktion von Identität und Alterität der verschiedenen Texte herausgearbeitet werden, um den jeweils gewählten epistemologischen Zugriff auf
die Fremde und deren historische, individuelle Prägung sichtbar zu machen. Die
behandelten Werke werden dabei nicht als Abbilder der Wirklichkeit, sondern
als Textspuren einer spezifischen Verarbeitung von subjektiver Fremdheits-
Erfahrung betrachtet, in denen vielfältige, mitunter widerstreitende Diskurskonventionen zum Ausdruck kommen können. Vor diesem Hintergrund ist auch
der Orientalismus-Diskurs trotz aller Einschlägigkeit nur *einer* der potenziell mit
einfließenden Diskurse, auf die ein Text in Übereinstimmung oder demonstrati-
ver Abweichung rekurrieren kann.

Denn – und diese Wechselbeziehung ist entscheidend – ein literarisches Werk
über den Orient ist zwar einerseits Teilnehmer des Orient(alismus)-Diskurses;
andererseits ist der Orientalismus-Diskurs mit seinen Klischees, Topoi und Motiven wiederum selbst Bestandteil der Diskursivität des spezifischen Textes: ein

---

[28] „Literatur nimmt teil, mischt sich ein und anderes auf und kann gerade wegen des entpragmatisierten Status' ihrer Texte ebenjene Punkte beleuchten, an denen etablierte Diskurse sich durch Ausblendungen und Kaschierungen zu immunisieren trachten, ebenjene
Punkte, an denen entweder der Konstruktcharakter oder die Grenzen des Diskurses offensichtlich werden." (Bode 2009: 12)

[29] Zur Subsumtion von Doughty, Bell und Lawrence in die Kategorie des orientalistischen
„White-Man-as-expert to the modern Orient" (Said 2003: 235) siehe insbesondere das Kapitel „Style, Expertise, Vision: *Orientalism's Wordliness*" (226-254).

Faden im diskursiven ‚Gewebe' eines Orient-Reiseberichts. So betrachtet zieht sich der ‚orientalistische Faden' zwar allein themenbedingt durch alle hier behandelten Werke, welchem Muster er folgt und wie dick er gesponnen ist, wird jedoch im Einzelfall zu erörtern sein. Dabei ist es nicht dieser spezielle Faden, der im Fokus steht, sondern vielmehr das gesamte Webmuster, zu dem er beiträgt: das diskursive Verarbeitungsmuster, das die spezifische Verknüpfung bzw. Ver*strickung* – die psychologische Doppeldeutigkeit ist an dieser Stelle durchaus intendiert – von Ich und Nicht-Ich im Text widerspiegelt.

Dass bei dem Vorhaben, literarische Werke über den Orient hinsichtlich ihrer diskursiven Konstruktion von Identität und Alterität zu untersuchen, ausgerechnet Reiseberichte ausgewählt wurden, liegt auf der Hand. Ist doch gerade für die Gattung der Reiseliteratur das Aufeinandertreffen von Eigenem und Fremden, deren Gegenüberstellung und Interaktion, essentielles ‚Plot'-Element und für das Genre selbst geradezu konstitutiv.[30] Nicht zuletzt steht mit ihrem Grundthema der Fremd-Erfahrung implizit immer auch die Frage nach der (persönlichen, nationalen, kulturellen) Identität des Schreibenden im Raum – zumal diese ja in Konfrontation mit einem fremden Anderen etabliert, verhandelt und behauptet werden muss.[31] Historisch differenzierte Modelle für das Wechselspiel von diskursiver Identitäts-Konstitution und der damit einhergehenden Konstruktion und Instrumentalisierung von Alterität lassen sich entsprechend in keiner anderen literarischen Gattung so gut nachvollziehen wie im Reisebericht, denn:

> Hier wird das, was normalerweise im Vollzug der Identitäts-Konstruktion sinnvollerweise kaschiert bleibt, mehr oder minder offen ausgestellt und die paradoxale Grundverfassung einer Identitäts-Stiftung *aus sich selbst* und *in Opposition zu einem Anderen* vorgeführt. Die Textsorte führt praktisch vor, dass wir uns selbst in der Begegnung mit einem Anderen erfahren – als derjenige, der das Andere so verarbeitet –, dass uns dieses Andere

---

[30] Das Genre der (englischen) Reiseliteratur hat in den letzten Jahren verstärkt Aufmerksamkeit in der Forschung erfahren. Neben Gattungsüberblicken wie Barbara Kortes *Der englische Reisebericht* (1996), Peter Hulmes und Tim Youngs *Cambridge Companion to Travel Writing* (2002), Casey Blantons *Travel Writing: The Self and the World* (2002), Carl Thompsons *Travel Writing* (2011) sowie Peter Whitfields eher populärwissenschaftlicher Gattungsgeschichte *Travel. A Literary History* (2011) wurden in den letzten Jahren zahlreiche Sammelbände zu diesem Themengebiet veröffentlicht: *Reisen im Diskurs: Modelle der Literarischen Fremderfahrung von den Pilgerberichten bis zur Postmoderne* (1995), herausgegeben von Anne Fuchs und Theo Harden (Germanistik); *Perspectives on Travel Writing* (2004), herausgegeben von Glenn Hopper und Tim Youngs; *Writing, Travel and Empire: In the Margins of Anthropology* (2007), herausgegeben von Peter Hulme und Russell McDougall; *Writing Travel: The Poetics and Politics of the Modern Journey* (2008), herausgegeben von John Zilcosky; *Travel Writing, Form and Empire: The Poetics and Politics of Mobility* (2008), herausgegeben von Julia Kuehn und Paul Smethurst; *Metamorphoses of Travel Writing: Across Theories, Genres, Centuries and Literary Traditions* (2010) herausgegeben von Grzegorz Moroz und Jolanta Sztachelska; *Travel and Ethics* (2013), herausgegeben von Corinne Fowler et al. etc.

[31] „Writing travelogues is a means of defining one's identity." (Kohl 1990: 175); „Travel Writing, whether formalized travelogues or letters home, proves a particularly rich source by which readers can examine such constructions of both individual and cultural representatives of 'self'." (Jenkins 2004: 19)

aber auch nur als Ergebnis einer solchen Verarbeitung zugänglich ist und nie ‚an sich‘, weshalb die Identitäts-Konstruktion als Prozess des Sich-Abarbeitens am Anderen erscheint, […]. (Bode 2011: 20)[32]

Eben diese dialektische Konstituierung von Eigenem und Fremden, die in Reiseerzählungen ausgestellt wird und deren Beschreibungslogik maßgeblich mitbestimmt, soll in den Textanalysen dieser Arbeit im Vordergrund stehen. Folgenden Fragen soll dabei auf den Grund gegangen werden: Wie wird Identität im Text inszeniert und wie wird sie zum Anderen in Relation gesetzt? Wie wird Letzteres im Zuge dessen entworfen und funktionalisiert? Welchen Veränderungen ist dieses diskursive *processing* von Alterität unterworfen?[33] Inwiefern beeinflusst und verändert die Fremd-Erfahrung die unternommene Selbst-Begründung? Welche Diskurse, welche historischen oder individuellen Faktoren nehmen an diesem dialektischen Wechselspiel teil?

Die Ergebnisse dieser Untersuchung mögen sich mitunter als Korrektiv vorschneller ‚orientalistischer Lektüren‘ und Einschätzungen dieser Orient-Bücher erweisen, doch ist dies, wie bereits ausgeführt, nicht Primärzweck dieser Arbeit. Dieser liegt vielmehr im detaillierten und konkreten Nachvollzug diskursiver Entfaltung von Identitäts- und Alteritätskonzepten in den einzelnen Texten, um Aufschluss darüber zu geben, welcher Systematik der jeweilige Text diesbezüglich folgt. Keiner der ausgewählten Reiseberichte wurde bis *dato* im Hinblick auf diese Fragestellung untersucht, die einen neuen Blick auf diese teilweise bereits ausgiebig diskutierten Werke verspricht, der nicht allein von einschlägigen Forschungsdiskursen[34] und dort etablierten Gemeinplätzen bestimmt – oder gar verstellt – ist, sondern bekannte, textspezifische Idiosynkrasien in einen neuen Zusammenhang bringt.

Dabei soll es nicht beim ‚Tellerrand‘ der spezialisierten Einzel-Analyse bleiben. Es sollen auch Reflexionen ins Große versucht werden, bezüglich der verschiedenen Modi der Verarbeitung von Fremdheit in der englischen Orient-Reiseliteratur

---

[32] Zur ausführlichen Erörterung der Sonderrolle der Reiseliteratur als Feld paradigmatischer, historisch differenzierter Modelle der Verarbeitung und Aneignung von Alterität siehe Bodes Aufsatz „Beyond/Around/Into One's Own: Reiseliteratur als Paradigma von Welterfahrung" (1994) sowie seine Werke zur Reiseliteratur *West Meets East: Klassiker der Britischen Orient-Reiseliteratur* (1997) und *Fremd-Erfahrungen: Diskursive Konstruktionen von Identität in der Britischen Romantik* (2011).

[33] Diese Frage basiert auf der Auffassung, dass der dialektische, selbstbezügliche Konstitutionsvorgang von Identität und Alterität – auch im Text – stets als prozesshaft und fluide zu begreifen ist. Identität kann niemals erreicht oder festgeschrieben, sie kann lediglich temporär inszeniert und muss daher immer aufs Neue verhandelt werden. Ganz in diesem Sinne stellt auch Stuart Hall für das Konzept kultureller Identität fest: „Perhaps instead of thinking of identity as an already accomplished fact, […] we should think, instead, of identity as a 'production', which is never complete, always in process, and always constituted within, not outside, representation." (1990: 222)

[34] Hier wären in der Forschung zu Gertrude Bells Werken etwa der Gender-Diskurs, bei T.E. Lawrence der (Homo)Sexualitäts-Diskurs und bei allen untersuchten Reiseberichten natürlich der Orientalismus-Diskurs zu nennen.

im Besonderen sowie in der neuzeitlichen britischen Reiseliteratur im Allgemeinen, die über solch autor- und textspezifische Betrachtungen hinausgehen.

In diesem Sinne will die vorliegende Arbeit als ‚Teil-Studie' des interdisziplinären Forschungsprojektes „Die Erfahrung des Anderen: Diskursive Konstruktion von Alterität und Identität in der britischen Entdecker- und Reiseliteratur der Neuzeit" an der Universität München einen Beitrag leisten zum dort verfolgten, übergeordneten Forschungsziel der Entwicklung einer Poetik der Diskursivität neuzeitlicher Reiseliteratur. Diese besondere Gattungspoetik soll die historisch differenzierte Abfolge von Modellen diskursiver Alteritätsverarbeitung in der britischen Reiseliteratur – samt der darin erkennbaren Wechsel einschlägiger Paradigmen und Dispositive – nachzeichnen und systematisch betrachten.[35] Hierfür wurde in regelmäßiger Zusammenschau und Diskussion verschiedener, projektinterner Studien zu Reiseberichten über Afrika, Japan, der ‚Neuen Welt' und dem ‚Orient' analysiert, wie in den verschiedenen Phasen der Neuzeit das Andere imaginiert, gestaltet und funktionalisiert wurde. Die dabei getroffene Textauswahl, die verschiedene Zeit- und Fremdräume abdeckt, sollte als tentative Segmentierung der Geschichte englischer Reise- und Entdeckerliteratur differenzielle Analysen im diachronen Vergleich ermöglichen sowie synchrone Gruppierungen, die spezifische diskursive Verarbeitungsparameter gemein haben, mitberücksichtigen.[36]

Das Textkorpus für die hier angestrebte diachrone Betrachtung von Orient-Reiseliteratur des späten 19. und frühen 20. Jahrhunderts war schnell zusammengestellt. Zum einen sollten es Reiseberichte sein, die bereits früh einen gewissen Status als ‚Klassiker' erworben hatten, so dass von einer signifikanten Teilnahme am literarischen Orient-Diskurs sowie von gegenseitiger Rezeption der Autoren ausgegangen werden konnte. Zum anderen sollten sie einen in geographischer wie kultureller Hinsicht ähnlichen Fremdraum abdecken, was die Verarbeitung vergleichbarer ‚Fremd-Körper' und Topoi gewährleisten würde. Auch zeitlich sollte eine gewisse Kontiguität vorliegen, wobei die hier fokussierte Zeitspanne von nicht einmal 50 Jahren relativ kurz ausgefallen ist. Dieser knapp gefasste Zeitraum rechtfertigt sich vor allem durch die erheblichen (welt)politischen wie kulturgeschichtlichen Umwälzungen dieser Zeit des Übergangs vom auslaufenden Viktorianischen Zeitalter in die Moderne, was entsprechend vielfältige Entwürfe kultureller, nationaler, religiöser und geschlechtsspezifischer Identität erwarten ließ. Darüber hinaus bedeutete diese Zeit auch für die bereisten Länder – Syrien, (Saudi-)Arabien, Jordanien, den Libanon etc. – eine Phase politischer Unruhen sowie aufkeimender und zur Blüte kommender Rebellion gegen die imperialistische Herrschaft des Osmanischen Reiches. Die (imperial)politischen Fragen, die sich

---

[35] „Eine Gattungspoetik der Reiseliteratur, die diese Texte als T e x t e ernstnähme [...], wäre m. E. als Algorithmus jener historisch differenzierten Abfolge von Modellen der d i s - k u r s i v e n Produktion und Verarbeitung von Alterität zu entwerfen." (Bode 1994: 86)

[36] Zur hier lediglich skizzierten Beschreibung dieses DFG-geförderten Forschungsprojektes und seiner Vorgehensweise siehe Bode 2011: 17.

hieraus für einen englischen Reisenden, der ja seinerseits Vertreter des mächtigsten *Empires* des Westens war, ergaben, versprachen ebenfalls interessante Ergebnisse, vor allem im Hinblick auf das zum Ausdruck kommende nationale Selbstverständnis.

Die chronologische Betrachtung der ausgewählten Werke beginnt also mit Charles Montagu Doughtys *Travels in Arabia Deserta* (1888), einem heute kaum mehr rezipierten Werk, das zu seiner Zeit als Standardlektüre eines jeden Arabien-Reisenden gehandelt wurde und somit eine nicht unerhebliche diskursive Relevanz besaß. Ausgerechnet die Gründe für den verlegerischen Misserfolg dieses Reiseberichts, nämlich seine seltsam entrückte *persona* Khalîl sowie seine schwer lesbare, idiosynkratische Sprache – eine Mischung aus archaischem Englisch und Arabisch – versprechen angesichts der hier verfolgten Fragestellung besonders spannende Ergebnisse. Zum einen scheint hier die Verfremdung der eigenen Sprache eine entscheidende Rolle bei der Verarbeitung von Alterität zu spielen. Zum anderen zeigt sich in diesem viktorianischen Reisebericht, der ein stereotypes *self-fashioning* à la Richard Burton erwarten ließe, eine Form der Selbstinszenierung, die das Ideal des viktorianischen Reisehelden zu unterlaufen und einem ganz anderen – wenngleich nicht unbedingt vorwärtsgewandtem – Modell zu folgen scheint.

Eine modernere Schreibweise ist schon eher im Reisebericht der im Anschluss behandelten Gertrude Bell zu vermuten, die 1904 in einer wesentlich progressiveren Ära reiste, deren markante gesellschaftliche Neuerungen die Expeditionsreise unter Leitung einer Frau überhaupt erst möglich machten. Ihr Reisebericht *The Desert and the Sown* (1907) erfreut sich auch heute noch relativ hoher Popularität – nicht nur, weil er im Gegensatz zu Doughtys Text ‚leicht lesbar‘ ist, sondern vor allem, weil es eine Frau ist, die hier schreibt. Doch eben aufgrund dieser Tatsache kann Bell in ihrem Text nicht ohne Weiteres auf für (Orient-)Reiseberichte typische Modelle der Identitäts-Konstruktion und Alteritätsverarbeitung zurückgreifen, da diese im Kontext von Forschung und Forschungs*reisen* ja genuin männlich geprägt waren. Bei Reiseliteratur von Frauen spielt dementsprechend der Gender-Diskurs, insbesondere im Hinblick auf die Selbst*positionierung* im Spannungsfeld der Geschlechterkonventionen maßgeblich mit hinein. Allerdings soll es nicht schwerpunktmäßig um ‚Frauenreisen‘ und die in diesem Kontext entstandenen Schreibweisen, diskursiven Gesten und Selbstdarstellungsmodi gehen. Dieser Themenkomplex wurde in der einschlägigen Forschung jüngst ausführlich behandelt[37] und soll nicht erneut aufgerollt werden. Die Erkenntnisse dieser Forschungsbemühungen sollen hingegen durchaus Eingang in diese Arbeit finden, denn der Gender-Faktor spielt bei der Frage, wie Identität und Alterität in *The Desert and the Sown* verhandelt werden, unausweichlich eine zentrale Rolle. Jedoch

---

[37] Siehe beispielsweise Foster 1990, Kuczynski 1993a, Birkett 2004, Hodgson 2006, Melman 1992 etc. Speziell zu Gertrude Bell und deren Status als *weibliche* Reisende siehe Habinger 2006.

gilt hier dasselbe wie das über den Orientalismus Gesagte: Der Geschlechterdiskurs stellt nur einen Faden, nur eine Farbe im diskursiven Webmuster von Identität und Alterität dar, das es in seiner Gesamtheit sichtbar zu machen gilt. Im Zuge dieser diskursanalytischen Betrachtung soll zudem ein Aspekt miteinbezogen werden, der in der bisherigen Forschung erstaunlicherweise noch keinerlei Aufmerksamkeit erfahren hat, nämlich das intermediale Verhältnis von Text und Bild, das – in Anbetracht der überaus zahlreichen Photographien in *The Desert and the Sown* – einen nicht unerheblichen zusätzlichen Bedeutungsraum aufspannt.

Nach der Diskussion von Gertrude Bells bekanntem Syrien-Buch, das in der hier verwendeten Ausgabe bezeichnender Weise mit dem Untertitel *The Syrian Adventures of the Female Lawrence of Arabia* beworben wird, soll die Analyse mit dem ‚echten' *Lawrence of Arabia* und seinem Reise-/Kriegsbericht schließen. Dessen Behandlung zum Schluss ist indes allein der Chronologie des Untersuchungskorpus geschuldet und impliziert mitnichten eine Geringschätzung der Bedeutung des Werkes bzw. seiner Relevanz für die verfolgte Fragestellung. Denn in keinem anderen Reisebericht der englischen Neuzeit spielt die Frage (nach) der Identität des Reisenden, eine so zentrale Rolle wie in *Seven Pillars of Wisdom* (1935), dessen Autor bis heute als ewiges Rätsel, als Mythos und undurchdringliche Ikone gehandelt wird.[38] Dass dieser Text folglich weniger als Kriegsepos und Nah-Ost-Portrait, denn als subjektives „introspection epic" (Lawrence 1938: 621) zu begreifen ist, ist längst Gemeinplatz der Lawrence-Forschung geworden: ein Reisebericht, der in ganz klassischem Sinne den altbekannten neuzeitlichen Topos vorführt, dass eine Reise in die Fremde stets vor allem auch eine Reise in das eigene Ich bedeutet. Diese Reise stellt sich nämlich – ganz der Moderne entsprechend – schnell als Irrfahrt in ein seelisches *Waste Land* heraus. Diese offenkundige Zentralität und Problematik seiner opaken und oftmals widersprüchlichen Selbstdarstellung im Text kommentierte Lawrence selbst, indem er auf die für ihn typische ambivalente Weise anmerkt: „The personal revelations should be the key of the thing: […] only it's written in cypher."[39] Die Entzifferung dieses verschlüsselten Selbstentwurfs war demnach häufig erklärtes Ziel diverser (biographischer, psychologischer, gendersensibler sowie intertextueller) Lektüren von *Seven Pillars*. Eine präzise Analyse der Auswirkungen dieses problematischen Selbstentwurfs auf die dialektische Konstitution von Eigenem und Anderem im Text liegt indes noch nicht vor. Diese Lücke soll mit dieser Arbeit geschlossen werden, die detailliert nachvollziehen möchte, wie das Fremde in Lawrences Reisebericht entworfen und – als Projektionsfläche, die das Ich des Reisenden im Text überhaupt erst sichtbar macht – instrumentalisiert wird, sowie welche Veränderungen dieser Entwurf im Zuge der Erzählung durchläuft.

---

[38] Erst 2011 fand im Landesmuseum Natur und Mensch in Oldenburg sowie im Rautenstrauch-Joest-Museum in Köln eine Sonderausstellung mit dem Titel „Lawrence von Arabien: Genese eines Mythos" statt.

[39] Brief an Edward Garnett, 7. September 1922 (Lawrence 1938: 366).

Ein ausführlicher Forschungsüberblick zu den einzelnen Autoren und ihren Werken sowie weitere Vorwegnahmen zu deren kontextuellen und individuellen Eigenarten sollen jedoch an dieser Stelle unter Verweis auf die nachfolgenden Einzeluntersuchungen bewusst ausbleiben. Selbiges gilt für die zur Anwendung kommenden methodischen Hilfsmittel und einschlägigen Forschungsdiskurse, die hier nicht in einem theoretischen *a priori* vorangestellt, sondern an relevanter Stelle textnah hinzugezogen werden sollen.

Eine *note on names* vorab darf hingegen nicht fehlen. Eingedenk der Schwierigkeit der Transkription arabischer, persischer und türkischer Namen und Begriffe sowie des Umstandes, dass Doughty seinen ganz eigenen phonetischen Schreibweisen folgte und es Lawrence diebisches Vergnügen bereitete, seine Verleger mit bewusst uneinheitlicher Orthographie arabischer Namen zur Verzweiflung zu bringen, sollen zugunsten der Einheitlichkeit innerhalb der einzelnen Autorenkapitel diejenigen Schreibweisen Anwendung finden, die in den jeweiligen Reiseberichten (überwiegend) angewandt wurden. Lediglich manche Orts- und Ländernamen, für die es eine gängige deutsche Bezeichnung gibt, wurden entsprechend ‚übersetzt' und umschrieben.

II. Charles M. Doughty:
Travels in Arabia Deserta (1888)

The book has no date and can never grow old. It is the first and indispensable work upon the Arabs of the desert; and if it has not always been referred to, or enough read, that has been because it was excessively rare. Every student of Arabia wants a copy. (Lawrence 1921: xvii)

So beschreibt Thomas Edward Lawrence, der als *Lawrence of Arabia* Berühmtheit erlangt hatte, den Reisebericht von Charles Doughty, der knapp 40 Jahre vor ihm die arabische Wüste bereist hatte, den er jedoch bereits zu Lebzeiten an Bekanntheit überflügelte. Denn nach der Erstpublikation im Jahr 1888 war *Travels in Arabia Deserta* auf dem Literaturmarkt schnell in Vergessenheit geraten und sollte erst Jahrzehnte später auf Lawrences Betreiben hin neu aufgelegt werden. Dies galt allerdings nicht für die einschlägige Leserschaft von Forschungsreisenden und Arabisten. Für diese war der zweibändige Reisebericht seit jeher nur ‚der Doughty‘– ein unverzichtbares Grundlagenwerk und Pflichtlektüre für jeden Arabienreisenden: „The more you travel there the greater your respect for the insight, judgement and artistry of the author. We call the book ‚Doughty‘ pure and simple, for it is a classic […]" (xvii). Ein zeitloser Klassiker der Arabien-Reiseliteratur also, indes allein in Expertenkreisen. Doch *Arabia Deserta*, die Geschichte der monatelangen Odyssee eines höchst eigenwilligen Engländers durch das nördliche arabische Hinterland, verdient auch und vor allem in literarischer Hinsicht Beachtung. Denn Doughty war nicht nur Forschungsreisender und Geologe, sondern insbesondere auch Philologe und Dichter, der mit seinem Reisebericht den Grundstein für seine schriftstellerische Karriere legte.

Charles Montagu Doughty wurde 1843 als zweiter Sohn von Reverend Charles Montagu Doughty, Squire in Suffolk, und Frederica Beaumont geboren. Beide Elternteile entstammten Familien des Landadels, die bereits seit Generationen erfolgreiche Kirchen- und Staatsdiener – darunter Admirale, Offiziere, einen Bischof sowie einen Gouverneur – hervorgebracht hatten. Dementsprechend wurde er auf eine Karriere bei der *Royal Navy* vorbereitet, so wie es der Tradition der Familie mütterlicherseits entsprach. Doch seine von Anfang an kränkliche Konstitution sollte ihm diesen vorbestimmten Weg vereiteln: Bereits 1856, im Alter von dreizehn Jahren, wurde Doughty während seines Aufenthaltes in der Marineschule und Navy-Kaderschmiede Beach House in Southsea bei einer medizinischen Untersuchung aufgrund eines leichten Sprachfehlers sowie seiner schwachen Gesamtverfassung ausgemustert – eine Enttäuschung, die ihn Zeit seines Lebens verfolgen sollte. Doughty war von nun an fest entschlossen, seinem Vaterland dennoch auf jede andere erdenkliche Weise zu dienen: „My career was to have been in the Navy, had I not been regarded at the Medical Examination as not sufficiently robust for the service. My object in life since, as a private person, has been to serve my country as far as my opportunities might enable me."[1]

Nachdem er nun gezwungen war, die ihm zugedachte Laufbahn zu verwerfen, begann er 1861 sein Studium am Caius College in Cambridge. Dort belegte er das Natural Science Tripos mit dem Schwerpunkt Geologie, einem damals völlig neuen Fachgebiet. Bereits während des Studiums unternahm er seine erste Forschungsreise. Für die Vermessung des Jöstedal-Brae Gletschers fuhr er nach Norwegen, wo er – so wie später in Arabien – an abgelegenen Orten und unter einfachsten Bedingungen monatelang lebte und die Umgebung geologisch untersuchte und dokumentierte. Dort kam er auch zum ersten Mal mit einer nordischen Sprache in Kontakt – eine sprachliche Fremd-Erfahrung, die sein philologisches Interesse für die eigene Sprache und ihre Wurzeln weckte. (vgl. Robbins 1980: 85) Nach seiner Rückkehr legte er 1865 sein Abschlussexamen in Cambridge ab und beendete das Studium mit eher mittelmäßigem Erfolg. An dieser Stelle darf ein viel zitierter Ausspruch seines damaligen Prüfers nicht fehlen, der Doughtys Umständlichkeit und seine scheinbare Unfähigkeit, Dinge auf den Punkt zu bringen, folgendermaßen in Worte fasste: „[I] was sorry not to be able to give him a first, as he had such a dishevelled mind. If you asked him for a collar he upset his whole wardrobe at your feet."[2] Diese Beurteilung von Doughtys Intellekt findet sich in beinahe allen Abhandlungen zu seinem Leben und vor allem zu *Arabia Deserta*, scheint sie doch auf die dort zum Ausdruck kommende, detailversessene, oft umständlich und langatmig wirkende Art der Berichterstattung vorauszudeuten. Wie Hogarth es so schön formuliert: „The maxim *'L'art d'ennuyer c'est tout dire'*, never won from him the smallest regard!" (1928: 7)

Die Jahre nach seinem Abschluss widmete Doughty dem privaten Studium mittelenglischer Literatur, davon 14 Monate in der Bodleian Library in Oxford (1868-1870).[3] Er studierte die Psalmen und Evangelien des frühen 17. Jahrhunderts und las neben einer ganzen Reihe mittelenglischer sowie elisabethanischer Autoren vor allem Chaucer, Spenser und Skelton – ein Umstand, der sich in der idiosynkratischen Prosa von *Arabia Deserta* niederschlagen sollte.

1870 begab er sich sodann im Rahmen einer standesüblichen *Grand Tour* auf ausgiebige Reisen durch Europa.[4] Seine finanzielle Situation hatte sich inzwischen jedoch verändert. Die vormals wohlhabende Familie hatte durch Misswirtschaft und Fehlinvestitionen große Teile ihres Vermögens verloren, was die Apanage des Zweitgeborenen empfindlich reduzierte. Doughty war von nun an – und sollte es bis zu seinem Tode bleiben – ein Mann mit für seine Verhältnisse äußerst bescheidenen Mitteln. Seine Reisejahre waren mithin stets auch von

---

[1] In einem Brief an Edward Garnett, 15. Juni 1922 (zit. nach Hogarth 1928: 3).
[2] Prof. T. G. Bonney in einem Gespräch mit S. C. Cockerell, 8. Februar 1921 (zit. nach Hogarth 1928: 6).
[3] Vgl. Assad 1964: 98, sowie Taylor 1999: 25.
[4] Für detaillierte Routenbeschreibungen siehe Hogarth 1928, Assad 1964 sowie Taylor 1999.

ökonomischen Faktoren geprägt, ja, letztlich durch sie motiviert, denn Auslandsaufenthalte waren kostengünstiger als die Finanzierung des standesgemäßen Lebenswandels in der Heimat.

Seine Reisen führten ihn zunächst zu den üblichen mediterranen Destinationen – Italien, Sizilien, Spanien, Griechenland etc. –, und ab 1847 in die ‚biblischen Länder‘ Syrien, Libanon, Palästina und Ägypten. Dabei besuchte er unter anderem die Stätten von Petra – ein Erlebnis, das sein Leben maßgeblich verändern sollte. Denn bei diesem Besuch traf er auf arabische Nomaden, die ihm von einer ähnlichen Stätte auf der arabischen Halbinsel erzählten, welche zu diesem Zeitpunkt in Europa noch völlig unbekannt war: Medáin Sâlih, eine Anlage in den Fels gehauener Monumentalgräber der ehemaligen nabatäischen Stadt Hegra, die sich auf der Pilgerstrecke von Damaskus nach Medina befindet und heute als ‚Klein-Petra‘ bekannt ist. Zu jener Zeit war diese archäologische Stätte noch völlig unerforscht und so bemühte sich Doughty umgehend bei der *Royal Geographic Society* um finanzielle Unterstützung für Feldforschung vor Ort. Doch seine zahlreichen Briefe und Anträge bewirkten selbst nach monatelangem Warten keine Reaktion und so kehrte er nach Damaskus zurück, wo er unter geringen Lebenshaltungskosten eine Antwort aus England abwarten und vorsorglich bereits arabischen Sprachunterricht nehmen konnte. Hier zeigt sich bereits Doughtys bemerkenswerte Beharrlichkeit, die ihn auf seinen späteren Reisen auszeichnen sollte. Obwohl er über keine nennenswerten Mittel oder Einkünfte verfügte, hielt er an seinem Vorhaben fest, in der Überzeugung, mit seiner Pionierarbeit in Medáin Sâlih England (s)einen Dienst zu erweisen.

Was im Anschluss daran geschah, ist in *Arabia Deserta* nachzulesen: Nachdem sowohl die *Royal Geographic Society* als auch das britische Konsulat in Damaskus jegliche Unterstützung verweigerten – Doughty berichtet lakonisch von der dortigen Reaktion auf sein Hilfegesuch: „The Consul answered [...] he has as much regard of me, would I take such dangerous ways, as of his old hat." (AD I: 1)[5] – machte er sich auf eigene Faust auf den Weg. Ursprünglich war geplant, als Araber verkleidet mit der Hadsch-Pilgerkarawane bis nach Medáin Sâlih zu reisen, dort zu bleiben, um die Monumente und Inschriften zu sichten, und dann mit der aus Mekka zurückkehrenden Karawane wieder nach Damaskus zu ziehen. Doch Doughty entschied sich anders: Er gab dem Pilgerzug lediglich sämtliche Forschungsdokumente, Durchschläge und Skizzen zur Weitergabe an das britische Konsulat in Damaskus mit und zog seinerseits mit den Beduinen in das arabische Hinterland von Nedschd. Er hatte beschlossen, die Lebensweise der Wüstenbewohner sowie die geologischen Begebenheiten der arabischen Halbinsel zu erforschen:

---

[5] Charles Montagu Doughty [1888] 1921. *Travels in Arabia Deserta.* 2 Vols. London: Warner & Cape. Alle im Folgenden mit den Siglen ‚AD I‘ oder ‚AD II‘ bezeichneten Zitate beziehen sich auf den jeweils ersten oder zweiten Band dieser Ausgabe.

The pilgrims come again, I did not return with them to Syria; but rode with a friendly sheykh of the district Beduins, to live with them awhile in the high desert. I might thus, I hoped, visit the next Arabian uplands and view those vast waterless marches of the nomad Arabia; tent-dwellers, inhabiting, from the beginning, as it were beyond the World. (AD I: xi)

Doughty war zudem von der Idee besessen, die legendäre Wüstenstadt Kheybar zu besuchen, die nach seiner Überzeugung noch niemals ein Europäer vor ihm besucht hatte. Mit diesem Ziel vor Augen zog er mit verschiedenen Nomadenstämmen durch die Wüste: zunächst mit den Fukara, dann mit den Moahib; er besuchte el-Ally, Teyma und Hayil und verbrachte schließlich die letzten Monate seiner Reise in ständiger Gefahr und Angst vor Vertreibung in den vom Wahabi-Fanatismus geprägten Wüstenstädten Kheybar, Boreyda, Aneyza und Khubbera. Dieser Zickzack-Kurs seiner Reiseroute war seiner totalen Abhängigkeit von seinen Reisegefährten geschuldet, denn er konnte stets nur dorthin gelangen, wo ihm Führung und Schutz solcher *rafiks* sicher waren. Praktisch mittellos – seine geringen Ersparnisse waren schnell erschöpft und was ihm blieb, wurde ihm in Kheybar und Boreyda genommen – sowie schlecht ausgerüstet für eine Wüstenreise, war er auch in jeglicher anderer Hinsicht auf die Gastfreundschaft der Beduinen angewiesen. Sie teilten mit ihm ihre Nahrung, ihr Wasser sowie ihre Lagerplätze und beschützten ihn, sofern möglich, vor den fanatischen Wahabiten. Diese Streifzüge durch die Wüste und die Vulkanfelder des Nedschd fanden nach beständiger Entbehrung und religiöser Verfolgung schließlich im Juli 1878 in Jidda ihr Ende – beinahe zwei Jahre nach Doughtys Aufbruch in die Wüste.

1. Arabia Deserta: „*a Bible of its kind*"[6] or „*a twice-told tale writ large*"?[7]

Die Jahre nach seiner Rückkehr widmete Doughty dem Verfassen seines Reiseberichts. Doch es sollte neun Jahre dauern, bis *Arabia Deserta* schlussendlich im Druck erschien. Für die lange Entstehungszeit des Buches gab es mehrere Gründe. Zum einen verhinderten finanzielle und gesundheitliche Probleme eine schnelle Komposition und Veröffentlichung des Werkes, zum anderen war Doughty ein äußerst perfektionistischer Autor mit sehr hohem literarischen Anspruch, der an jedem Wort feilte und daher sehr langsam schrieb. Doch das primäre Hindernis einer zügigen Publikation lag neben diesen biographischen Umständen im Text selbst begründet. Denn aufgrund des eigenwilligen Stils der Reiseerzählung ließ sich zunächst kein Verleger finden, der willens war, das Publikationsrisiko eines so schwer lesbaren Textes auf sich zu nehmen. Das Manuskript wurde von vier Verlagen abgelehnt, mit stets ähnlichen Argumenten.

---

6 Lawrence 1921: xvii.
7 Burton 1888: 47.

Man befand „the style of the book so peculiar as to be at times hardly intelligible" und befürchtete: "most readers and all reviewers would say [...] that parts of it are not English at all" (zit. nach Hogarth 1928: 116). Dies war die wohl größtmögliche Beleidigung für den Autor, der mit seinem stilistisch anspruchsvollen Werk folgende Ziele verfolgte:

> In writing the volumes of *Arabia Deserta* my main intention was not so much the setting forth of personal wanderings among a people of Biblical interest, as the ideal endeavour to continue the older tradition of Chaucer and Spenser, resisting to my power the decadence of the English language: so that whilst my work should be the mere verity for orientalists, it should also be my life's contribution to literature.[8]

Doch sein sprachmissionarisches Vorhaben stieß auf wenig Gegenliebe bei den Verlegern, die mitunter vernichtend urteilten: „The manuscript ought to be taken in hand, recast, and practically rewritten by a practised literary man" (zit. nach Hogarth 1928: 116). Ähnlich betrachtete man dies bei der Cambridge University Press, die sich letztlich bereit erklärte, seinen Reisebericht zu veröffentlichen: Der Text musste zugänglicher gemacht und vor allem gekürzt werden.[9]

Doch Kürzungen oder gar Änderung lehnte Doughty entschlossen ab. Bereits bei der Veröffentlichung seines Vortrags vor der *Royal Geographical Society* über die geologischen Beobachtungen seiner Reise im Jahr 1883 hatte Doughty prinzipiell jegliche Änderungswünsche verweigert: „[A]s an English Scholar I will never submit to have my language of the best times turned into the misery of to-day – that were unworthy of me."[10] Als weiterhin auf Änderungen beharrt wurde, sah er sich gezwungen, noch deutlicher zu werden: „I had as soon the good Sherif had hanged me at Tayif as be made speak so Middlesex-like. [...] Pray let no word be altered or else I retire and must disown it altogether as not my work."[11] Um diesen endlosen editorischen Diskussionen zu entgehen, wurde der Vortrag schließlich in Protokollform veröffentlicht, wobei sämtliche sprachliche Eigenheiten getilgt wurden. Dies sollte sich bei seinem Reisebericht nicht wiederholen. Die Revision des Manuskripts gestaltete sich dementsprechend äußerst langwierig: Doughtys Perfektionismus sowie seine absolute Ablehnung jeglichen Fremdeingriffs in seinen Text machten die Publikation zu einem komplizierten sowie kostspieligen Unterfangen. Immer wieder wurde das Erscheinungsdatum nach hinten verschoben. Schließlich erschien *Arabia Deserta*, ungekürzt und ohne stilistisches, leserfreundliches Eingreifen eines Lektors, im Jahr 1888: ein Monumentalwerk in zwei Bänden, bestehend aus 600.000 Wörtern idiosynkratischer Diktion.

---

[8] In einem undatierten Brief an Hogarth aus dem Jahr 1913 (zit. nach Hogarth 1928: 114).

[9] Verleger Prof. W. Robertson Smith brachte die Interessen des Verlages und die daraus resultierende Problematik um *Arabia Deserta* in einem Brief an Doughty auf den Punkt: „They are willing to spend money on Arabia but not on your experiment in English" (zit. nach Hogarth 1928: 119).

[10] Brief an die *Royal Geographic Society*, 10. Januar 1884 (zit. nach Hogarth 1928: 109).

[11] Brief an die *Royal Geographic Society*, April 1884 (zit. nach Hogarth 1928: 110).

Trotz aller Befürchtungen im Vorfeld erhielt *Arabia Deserta* größtenteils positive Rezensionen. Gelobt wurden jedoch in erster Linie das Durchhaltevermögen und der Mut des weit gereisten Autors sowie seine geologischen wie archäologischen Funde – weniger der literarische Wert des Werkes. Eine anonyme Rezension der *Times* vom 6. April 1888 preist das Buch als „probably the most original narrative of travel published since the days of Elizabeth", jedoch nicht ohne einzuräumen: „much of it can only be read with great effort" („Travels in Arabia Deserta": 13). Dennoch bleibt das überwiegend positive Fazit: „Doughty's work is one of varied interest, containing much of real value, in spite of the drawbacks arising from the form in which he has chosen to cast it." (ibid.) Andere Reise-Schriftsteller, wie Wilfrid Scalen Blunt und Robert Bridges, schätzten den Text jedoch nicht trotz, sondern gerade wegen seines besonderen Stils. Blunt nannte es „the best prose work of the XIXth Century"[12] und Bridges schwärmte in einem Brief an Doughty von der zum Ausdruck gebrachten poetischen Originalität und Einzigartigkeit: „[Y]our book stands out of the flatness of modern literature as Etna from Sicily [...], a perfect accomplishment."[13]

Die Kritik an *Arabia Deserta* hingegen bezog sich nicht ausschließlich auf den umstrittenen Stil. Manch ein Arabienreisender meinte auch, dass fachlich zu ungenau gearbeitet worden sei und die eigenen Errungenschaften zu wenig Berücksichtigung gefunden hätten. „A twice-told tale writ large" (1888: 47), resümiert Sir Richard Burton in seiner kritischen Rezension in der Zeitschrift *The Academy*, denn aufgrund der außergewöhnlich späten Veröffentlichung war die Region bereits in Publikationen von Huber und Euting beschrieben worden.[14] Doughtys langwieriger Schreibprozess sei folglich reine Zeitverschwendung gewesen: „ten long years [...] in systematically frittering away the interest of his subject" (ibid.). Anlass dieser harten Beurteilung war vor allem Doughtys Vernachlässigung der damals prominenten Texte über die Region, darunter auch Burtons eigener Reisebericht: „Mr. Doughty informed me that he has not read what I have written upon Arabia; and this I regret more for his sake than for my own. My 'Pilgrimage' would have saved him many an inaccuracy [...]." (ibid.)

Etwas pikiert zählt Burton einige Schnitzer auf, die Doughtys Text aufweist: rein auf Phonetik beruhende Schreibweisen arabischer Namen, die doch bereits eine Standardisierung im Englischen erfahren hatten und nun ‚falsch' geschrieben seien, sowie ‚falsches' Verhalten den Arabern gegenüber, dem sämtliche *hardships* des Autors geschuldet seien. Bei diesen handle es sich nämlich ausschließlich um „persecutions, wholly brought on by the traveller's imprudence and perverseness" (48). Hätte Doughty Burton rezipiert, hätte er gewusst, wie

---

12 In einem Brief von Blunt an Doughty, 25. Juni 1920 (zit. nach Hogarth 1928: 127).
13 In einem Brief von Bridges an Doughty, 24. August 1988 (zit. nach Hogarth 1928: 128).
14 Für eine ausführliche Besprechung von Burtons Rezension sowie deren Kommentierung seitens Burton und Doughty in bislang unpublizierter Briefkorrespondenz siehe Tabachnick 1993.

man sich bei den Arabern ‚richtig' verhält. Außerdem repräsentiere in *Arabia Deserta* längst nicht die erste Beschreibung des Harrah-Hochplateaus – dies sei bereits durch Wetzstein geschehen, was Doughty wüsste, hätte er den wissenschaftlichen Diskurs über die Gegend angemessen verfolgt.

Warum auf diese Kritik an dieser Stelle so ausführlich eingegangen wird, hat seinen Grund. In Burtons Rezension – mag sie nun den Kritiker selbst in ein schlechtes Licht rücken oder nicht – werden zwei fundamentale Besonderheiten *Arabia Desertas* angesprochen. Zum einen die Weigerung Doughtys, in den damals vorherrschenden Diskurs über die arabische Halbinsel und ihre heiligen Stätten – sowohl vor als auch nach der Reise – einzusteigen, zum anderen sein oftmals eigenwilliges Verhalten den Arabern gegenüber, das ihn mehr als einmal in Lebensgefahr bringen sollte.

Diese eigentümliche Art der Begegnung und Konfrontation mit dem Fremden – sowohl diskursiv, als auch *in vivo* – wird im Folgenden näher betrachtet. Es soll untersucht werden, ob und inwiefern Doughty in seinem Reisebericht auf die herrschenden Diskurse über die bereiste Region zurückgreift und wie diese wiederum seine Fremd-Erfahrung sowie deren literarische Verarbeitung beeinflussen – allesamt nicht zuletzt auch Fragen der Intertextualität.

2. „Never warped to Orientalism" – Doughty und der Orient-Diskurs

Der Orient sowie insbesondere der Nahe Osten gehören zu den Weltteilen, von denen Manfred Pfister in seinem Aufsatz „Intertextuelles Reisen" schreibt, sie seien so oft bereist und beschrieben worden,[15] dass „sich der Reisende gar nicht der prägenden Kraft vorgegebener Texte entziehen" könne, denn „Reisen folgt Kanonbildungen, die selbst auf Texten beruhen und in diesen fortgeschrieben werden" (1993: 113). Ein solches Anzitieren und Fortschreiben literarischer Traditionen konstituiert stets auch einen Verarbeitungsmodus von Alterität, denn die Einbindung in den Diskurs und somit in ein bekanntes, etabliertes Deutungssystem dient dem Reisenden als sinnstiftender Rahmen der Fremd-Erfahrung. Intertextualität gibt Sinn und Konsens vor und impliziert die kulturelle Zugehörigkeit des Reisenden, der sich allein mit Fremdem konfrontiert sieht. In dieser *Coping*-Strategie angesichts von Alterität zeigt sich darüber hinaus ein repressives Moment: Autoren, die auf solch intertextuelle Referenzen rekurrierten, um sich das Fremde über Bekanntes und Vertrautes anzueignen, schufen

---

[15] Siehe allein die englischen Orient-Reiseberichte des 18. und 19. Jahrhunderts wie etwa Lady Mary Wortley Montagus *Turkish Embassy Letters* (1763), Lady Elizabeth Cravens *Journey Through the Crimea to Constantinople* (1789), Edward Hoggs *Visit to Alexandria, Damascus and Jerusalem* (1835), Alexander Kinglakes *Eothen* (1844), Eliot Warburtons *The Crescent and the Cross* (1845), Richard Burtons *Personal Narrative of a Pilgrimage to Al-Madinah & Meccah* (1855/56), William Gifford Palgraves *The Personal Narrative of a Year's Journey through Central and Eastern Arabia* (1865) etc.

damit Texte, „die das Fremde domestizieren, indem sie es durch die Analogie mit literarischen und künstlerischen Werken zwischen Buchdeckel sperrten und in Bilderrahmen einfaßten." (Kuczynski 1995a: 65) Eben diesen Erfahrungsmodus lehnt Doughty ab und betont stattdessen wiederholt die autoptischen Qualitäten seines Reiseberichts, wie etwa im Vorwort zur zweiten Auflage von *Arabia Deserta*: „The haps that befell me are narrated in these volumes: wherein I have set down, that which I saw with my eyes, and heard with my ears and thought in my heart, neither more or less." (AD I: xii)

Doughty verpflichtet sich der Wirklichkeit, so wie *er* sie erfahren hat, die er ohne romantisierende Ausschmückung oder rationalisierende Auslassung schildern möchte – in all ihrer epischen Breite und ihrem Reichtum an Detail. Ein Zurückgreifen oder gar Anzitieren einschlägiger Arabienliteratur bleibt aus, ja, verstellt nur den Blick auf die erlebte Fremde. Die erste Reiseetappe im Hadsch-Pilgerzug wird demgemäß nicht etwa dahingehend bedeutsam gemacht, indem erwähnt würde, dass bereits Burckhardt oder Burton als Muslime verkleidet mit dieser Karawane reisten. Alles ist neu und ursprünglich erfahrbar, unkontaminiert von Eindrücken, Urteilen und Assoziationen Dritter, wie Doughty betont:

> Little was known to me, writing apart from books and in foreign countries, of those few old Arabic authors that have treated, more Asiatico, of tribes and towns and itineraries in the vast Peninsula. [...] The like must be said of the writings of the two or three Europeans [Wallin, Palgrave, Guarmani] that before my time visited Hâyil and Teyma; and which when I sojourned in Arabia, (and since,) were known to me only in A. Zehme's excellent treatise. (AD I: vii)

Doughty kennt die alten arabischen Autoren ebenso wenig wie die Reiseberichte seiner Vorgänger – und das ist auch gut so, scheint hier mit anzuklingen. Er erlebt und beschreibt die Fremde vor Ort und „apart from books" (ibid.). Was wie eine vorangestellte Entschuldigung mangelnder Diskurskenntnis aussieht, ist tatsächlich ein Ausstellen der besonderen Qualität dieser Beschreibung Arabiens mit seiner unmittelbaren, autoptischen Wahrnehmung des Fremden ohne jede intertextuelle ‚Brille'. Weder ein orientalistischer[16] Expertentext noch ein pittoreskes, romantisierendes Orientmärchen sind hier zu erwarten, sondern das Zeugnis eines Weltenwanderers: „As for me who write, I pray that nothing be looked for in this book but the seeing of an hungry man and the telling of a most weary man; for the rest the sun made me an Arab, but never warped me to Orientalism." (AD I: 56) Kein Orientalist oder gar Arabist geht hier auf Reisen, um davon zu berichten: *Arabia Deserta* als Logbuch eines wandernden Gelehrten, der mit unvoreingenommenem Blick eine fremde Welt sieht und beschreibt. Lediglich Albrecht Zehmes *Arabien und die Araber seit hundert Jahren: Eine geogra-

---

16 ‚Orientalismus' bezeichnete zu Doughtys Zeiten – ähnlich wie ‚Orientalistik' heute – den damals florierenden Wissenschaftszweig, der sich mit dem Studium der Sprachen sowie der geistigen und materiellen Kultur des Orients, der in seiner damaligen Bedeutung ganz Asien sowie angrenzende Gebiete miteinschloss, beschäftigte.

phische und geschichtliche Skizze (1875) habe er gelesen sowie, was an anderer Stelle erwähnt wird, Aloys Sprengers *Die alte Geographie Arabiens* (1875) – beides damals brandaktuelle, an geographischen, anthropologischen wie historischen Fakten orientierte Grundlagenwerke, indes keine literarischen Reiseberichte. Mit dieser Lektüre scheint sich Doughty im ganz praktischen Sinne auf seine Reise vorbereitet zu haben und mangels nennenswerten kulturellen Vorwissens seinerseits war ein solches Mindestmaß an Geschichts- und Geographiekenntnissen auch essenziell. Darüber hinaus wollte er der Erfahrung scheinbar nicht mehr als nötig vorgreifen – er würde alles früh genug *mit eigenen Augen* sehen. Von Orientalisten bzw. Arabisten, deren Wissen sich ganz aus einschlägiger Lektüre rekrutierte anstatt aus eigener Erfahrung vor Ort, hält er wenig, wie er in seinen in der Fachzeitschrift *Globus* veröffentlichten Reiseauszügen deutlich macht:

> Wollte mich aber irgendwer in Sachen der Nomaden-Geographie berichtigen, so kann er sich doch nur auf seine Bücher stützen […]. Es möge mir genügen, mit größerer Freiheit auf Grund dessen zu sprechen, was ich mit meinen Augen gesehen habe, auf Grund von vielleicht tausend barometrischen Beobachtungen und der Aussagen der glaubwürdigsten Beduinen. (Doughty 1881: 29)

Was als *armchair traveller* oder besser gesagt *armchair Arabist* aus Büchern und wissenschaftlichen Abhandlungen zu lernen ist, ist demnach nicht zuverlässig; ebenso wenig die so beliebte *Orientlist lore*, dieses romantisierte, exotische Orientbild, das literarische Werke immer wieder heraufbeschwören. Allein was persönlich erfahren, gemessen und bezeugt wurde, hat Geltung und Bestand. Für populäre Orient-Topoi und Klischees hat Doughty nur Verachtung übrig, sie sind für ihn stets aufs Neue reproduzierte Märchen: „these and the like are tales rather of an European Orientalism than with much resemblance to the common experience" (AD I: 57). Doughty selbst hat die arabische Fremde am eigenen Leib erfahren und was seine Augen und Ohren vernahmen, war ein ganz anderes Arabien, als jenes, das seit dem 18. Jahrhundert in der so beliebten Orient-Literatur propagiert wird,[17] ein „Arabia, where is so little (or nothing) of 'Orientalism'" (AD I: 579).

Eine solche Negation jeglicher Vor- bzw. Diskurskenntnisse ist in Werken der Reiseliteratur, „die sich vor allem durch den voraussetzungslosen, unverstellten, originären und individuellen Blick auf das Fremde legitimiert" (Pfister 1993: 110) häufig anzutreffen. Seit dem 18. Jahrhundert hatte sich diesbezüglich eine gewisse „Autopsie-Poetik" (112) etabliert, die jegliche Intertextualität verdrängte und Spuren fremder Texte tunlichst verwischte. Dieser Anspruch, die Dinge unvoreingenommen mit den eigenen Augen zu sehen und auch genauso wiederzugeben, findet sich auch bei Doughty im Vorwort der ersten Ausgabe von *Arabia Deserta*.

---

17 Zu ‚typischen' literarischen Orientalismen im 18. Jahrhundert sowie insbesondere in der englischen Romantik siehe: Martha Conants *The Oriental Tale in England in the Eighteenth Century* (1908) sowie Nigel Leask, *British Romantic Writers and the East: Anxieties of Empire* (1992).

Er möchte das Fremde gleich einem Spiegel quasi *unreflektiert reflektieren*, eine unverfälschte Wiedergabe in Echtzeit, die alle Sinneseindrücke dokumentiert:

> The book is not milk for babes: it may be likened to a mirror, wherein is set forth faithfully some parcel of the soil of Arabia smelling of sámn and camels. And such, I trust, for the persons, that if the word (written all-day from their mouths) were rehearsed to them in Arabic, there might every one, whose life is remembered therein, hear, as it were, his proper voice; and many a rude bystander, smiting his thigh, should bear witness and cry "Ay Wellah, the sooth indeed!" (AD I: vii)

Der Text als Stenogramm der Wirklichkeit: Gleich einer Kamera oder einem Diktiergerät werden die Eindrücke aufgezeichnet und wiedergegeben. Kein intertextuell eingefärbter Filter soll sich hier zwischen Wirklichkeit und Wahrnehmenden schieben. Diese Unmittelbarkeitsästhetik, „unangekränkelt vom postmodernen Bewußtsein der Verstrickung aller Erfahrung in textuell vermittelte Wahrnehmungsschemata und Erfahrungsdispositionen, der dialogischen Teilhabe jedes Textes an anderen Texten" (1993: 111), ist laut Pfister geradezu paradigmatisch für Reiseberichte seit dem 18. Jahrhundert. Mit ihr einhergehend und ebenso gattungstypisch ist die Beteuerung des Wahrheitsgehalts der berichteten Ereignisse. Das vermag kaum zu erstaunen, befindet sich doch der Reiseschriftsteller in einer besonderen Position: Leicht könnte er über die bereiste Ferne so einiges schreiben und behaupten, ohne dass es das damalige Lesepublikum nachprüfen könnte.[18] Entsprechend waren solche „opening pleas" (Batten 1978: 58), welche die Wahrhaftigkeit des Berichteten vorab betonten, seit dem 18. Jahrhundert typischer Bestandteil von Reiseberichten – insbesondere bei Autoren, die sich noch keinen Namen gemacht hatten. Auch Doughty vollzieht diesen Gestus der Wahrheitsbezeugung. Sein Vorwort zur Erstausgabe von *Arabia Deserta* endet dementsprechend mit dem programmatisch anmutenden Motto *PROSIT VERITATI*.

So sehr die Wiedergabe von ‚nichts als der Wahrheit‘ auch zur Maxime erklärt werden mag, bleibt jedoch die Tatsache bestehen, dass Autor und Text eine solch objektive Wirklichkeitsabbildung nicht leisten können. Jedwede erzählte ‚Wirklichkeit‘ erhält sowohl durch sprachliche und narrative Darstellung als auch durch die Haltung, die Werte- und Deutungssysteme der Erzählinstanz ihre spezifische subjektive Färbung. Vertextung bedeutet immer auch individuelle Selektion, Arrangement und somit *Gestaltung*. Der Autor kann sich nicht vom Text absentieren und als bloßer Spiegel fungieren, der die Wahrheit selbst unverzerrt zu Wort kommen lässt: „Textual mediation is inescapable: the writer cannot act as a transparent or self-effacing medium." (Henderson 1992: 241) Vielmehr ist es charakteristisch für die Produktion von Reiseberichten – sowie von Autobiographien –, dass der Autor das Erlebte ordnend und sinnstiftend gestaltet:

---

[18] Zum traditionellen, genrespezifischen Verdacht des Lügens in der Reiseliteratur siehe Adams 1962.

34

Although, in all probability, based on notes made during the journey, literary travelogues are composed [...] after the event: they are literary records of a prolonged act of rememberance. Consequently travelogues are shaped not by the laws governing the description of actual experience, but by literary conventions used for the recording of past experience. [...] [T]he remembering writer will, no doubt, design the past with the intention of making a probable fable of her or his life. In order to meet these teleological demands, the remembered incidents will be organized as a meaningful series of events. (Kohl 1990: 175)

Hinzukommt, dass Doughty selbst für *Arabia Deserta* einen hohen *literarischen* Anspruch postulierte, der mit der Maxime einer strikt objektiven Wiedergabe nicht recht konform gehen will. Denn bei so dezidiert poetischen Reiseberichten steht eher die künstlerische Gestaltung als Hauptzweck im Vordergrund, weniger die akkurate Dokumentation. Das subjektive Verarbeiten der Fremd-Erfahrung beginnt dabei bereits mit der Wahrnehmung: Angesichts einer unbekannten, unverständlichen und somit verunsichernden Fremde ist der Reisende ständig damit beschäftigt, seine Erfahrungen zu deuten, zu ordnen und für sich handhabbar zu machen. Dieses ordnende Eingreifen in die wahrnehmbare Wirklichkeit setzt sich sodann in deren sprachlicher Repräsentation fort, zumal Sprache als Darstellungsinstrument stets pragmatisches und wirklichkeitskonstitutives Potenzial hat, wie seit dem *linguistic turn*[19] hinreichend bekannt ist. Hayden White, der diese epistemologische Wende in den Geistes- und Sozialwissenschaften der 1970er Jahre maßgeblich prägte, konstatiert diesen inhärent subjektiven, teleologischen Charakter sprachlicher Wirklichkeitsabbildungen in seinem Essay „The Fictions of Factual Representation" und kommt zu dem Schluss, dass die Rolle des Historikers der eines Dichters bzw. Romanciers ähnlicher ist, als zuvor angenommen:

[F]acts do not speak for themselves, but [...] the historian speaks for them, speaks on their behalf, and fashions the fragments of the past into a whole whose integrity is – in its representation – a purely discoursive one. Novelists might be dealing only with imaginary events whereas historians are dealing with real ones, but the process of fusing events, whether imaginary or real, into a comprehensible totality capable of serving as the *object* of a representation, is a poetic process. Here the historians must utilize precisely the same tropological strategies, the same modalities of representing relationships in words, that the poet or novelist uses. (1976: 126)[20]

---

[19] Bezeichnet als Schlagwort die theoretischen Überlegungen von Friedrich Nietzsche, dem späten Ludwig Wittgenstein, Ferdinand de Saussure und John L. Austin, „die sich gegen die Vorstellung von Sprache als Repräsentations- und Darstellungsinstrument von Wirklichkeit richteten und statt dessen die wirklichkeitskonstitutiven und pragmatischen Potenziale sprachlicher Äußerungen in den Blick nahmen" (Polaschegg 2005: 14), woraufhin in nahezu allen Disziplinen Fragen nach Darstellungs-, Repräsentations- und Ordnungsverfahren und deren Auswirkungen auf die soziale Wirklichkeit in den Fokus wissenschaftlichen Interesses rückten. (vgl. Stierstorfer 1998: 312f.)

[20] Ganz in diesem Sinne – und im Widerspruch zu seiner postulierten Autorintention in *Arabia Deserta* – zeigt auch Doughty ein überraschend ‚postmodernes' Bewusstsein dieser typisch menschlichen Interpretations- und Ordnungsleistung im Zuge der Geschichtsschreibung, wenn er in seinen *Word Notes* unter dem Stichpunkt „Geschichte" Folgendes

Ebenso erfährt beim Verfassen eines Reiseberichts alles Geschilderte ein solches kohärenzbildendes Arrangement durch den Autor, wobei die kolportierten ‚Fremd-Erfahrungen' in ihrer Selektion, Anordnung und Interpretation oft den Konventionen der eigenen Kultur verhaftet bleiben. (vgl. Bauerkämper et al. 2004: 14)

Auch Doughty folgte – so unbeabsichtigt wie unausweichlich – solchen althergebrachten Wahrnehmungs- und Darstellungsmustern, zumal sich insbesondere die Orient-Reiseliteratur im Viktorianischen Zeitalter zu einem engen diskursiven Netzwerk mit den immer gleichen intertextuellen Bezugspunkten entwickelt hatte. Demgemäß wurde in den meisten Reiseberichten über den Orient stets auf dieselben kanonischen Autoren der Antike, auf die Bibel sowie auf die Erfahrungsberichte illustrer Vorgänger rekurriert.[21] Dieser tradierte Referenzrahmen prägte die Wahrnehmung der Reisenden und gab ein bekanntes Deutungsmuster vor, nach welchem das Fremde in mitgebrachte Sinnsysteme integriert und ange*eignet* werden konnte.[22] Dies stellt auch Jürgen Osterhammel in seiner Monographie *Die Entzauberung Asiens* fest: „Man tut all diesen Reisenden sicher nicht Unrecht, wenn man feststellt, daß sie sich für die Gegenwart der Länder, die sie durchquerten, weniger interessierten als für antike Ruinen und biblische Reminiszenzen. [...] Man reise in den Orient, aber kam nie dort an." (1998: 108) Biblische und antike Texte gaben somit die Topographie des Fremdraumes vor, präformierten und überlagerten seine individuelle wie aktuelle Wahrnehmung. Das Vorgefundene vor Ort diente bloß noch der Bestätigung kollektiven Vorwissens, das genutzt, zur Schau gestellt, überprüft, bestätigt oder widerlegt, jedoch immer anzitiert sein will. Obwohl der Reisende die Region noch nie zuvor besucht hatte, kennt er deren Geschichte besser als ihre Bewohner, wobei stets auch ein gewisses Überlegenheitsgefühl gegenüber der Fremdbevölkerung mit anklingt: Zwar kann der Reisende die überlieferten Schauplätze aus eigener Kraft nicht finden oder dort ohne die Hilfe der Einheimischen überleben, jedoch ist es er, der den Ort richtig *zu lesen* weiß.

Insbesondere biblische Referenzen sind zahlreich in *Arabia Deserta*. Die arabische Wüste wird dort zum Wohnort der Nachfahren der Patriarchen aus dem Alten Testament stilisiert, die von Doughty mehrfach beschworen werden. Dies zeigt sich bereits im Vorwort:

---

notiert: „*Historia* – The ingenerate bent of the *mens humana* is to adapt (fit) all things to herself. Here to colour here to fade. A march of passion this makes all the records of history *matter* not *fidei* but of *interpretation*." (zit. nach Robbins 1980: 87)

[21] „For the Victorian traveler to the East [...] not only the Bible and the classics but also previous travel accounts provided a textual framework that largely determined his experience of travel." (Henderson 1992: 231)

[22] Siehe auch Hachicho: „In the main, the travellers [...] toured the Near East from two main motives: a growing amateur interest in antiquarianism, which showed itself in the study of Egyptian and Syrian antiquities, and a desire to tour the lands associated with the Holy Bible. They saw, therefore, every place and corner of the Near East through the eyes of classical and biblical authorities. This close attachment to classical geographers, historians and travellers is, therefore, a typical characteristic among them." (1965: 142)

As for the nomad Arabs [...] we may see in them that desert life, which was followed by their ancestors, in the Biblical tents of Kedar [...]; we almost feel ourselves carried back to the days of the nomad Hebrew Patriarchs. And we are the better able to read the bulk of the Old Testament books, with that further insight and understanding, which comes of a living experience. (AD I: xv)[23]

Die Wüste wird somit zu einer Art biblischer Themenpark, wo man *live* erfahren kann, was die Heilige Schrift schon vor Hunderten von Jahren beschrieben hat. Ganz dementsprechend werden der Beduinenscheich Zeyd und seine Frau Hirfa, bei denen Doughty seine ersten Monate in der Wüste verbrachte, mit biblischen Figuren verglichen: „Zeyd and Hirfa were as Isaac and Rebecca; with the Beduin simplicity they sat daily sporting lovingly together" (AD I: 231). Doch nicht nur ihre Bewohner, meist biblisch als „Semites" und „Ishmaelites" tituliert, sondern auch die Wüste selbst wird dergestalt überzeichnet. Mehrfach werden Ortsangaben durch biblische Bezeichnungen ersetzt: „Esau's land" (AD I: 29), „the country of Isaiah's rams of Nebaioth" (AD I: 39), „*Medáin Lût*, the Cities of Lot" sowie „Edom [...] in Isaiah the Land of Zu" (AD I: 43) etc. Die Beispiele für biblische Topographie, Gleichnisse und Zitate sind so zahlreich in *Arabia Deserta*, dass unmöglich allen Rechnung getragen werden kann. Dass die biblische Dimension in Doughtys Werk stark ausgeprägt ist, ist indes keine neue Beobachtung und allgemein anerkannt.[24]

Bedeutsam für den Kontext der vorliegenden Arbeit sind die Bibelreferenzen jedoch hinsichtlich einer gewissen traditionellen Diskursivität des Textes und des damit verbundenen Modus der Fremd-Erfahrung. Das gilt insbesondere immer dann, wenn die Fremde anhand der Bibel gedeutet und erklärt wird: „I have seen built in the outer wall of one of their churches in Palestine an antique ornament of horned human heads [...]. We read in Genesis a like word, perhaps of the horned moon, Ashteroth *Karnaim*." (AD I: 21) Auch bezüglich der Sitten und Gebräuche der Araber wird mehrfach auf biblische Schilderungen rekurriert, wie zum Beispiel angesichts der Prügelstrafe eines Diebes im Hadsch-Pilgerzug: „This malefactor was laid prone, men held down his legs, some kneeled upon his two shoulders and kneaded him, without pity. [...] Of that lying down to be beaten before the judge's face we read in Moses." (AD I: 14)

Wiederholt wird so in der Bibel nach Ursprüngen und Erklärungen für arabische Traditionen und Gesetze gesucht, vor allem dann, wenn diese aus der eigenen Perspektive besonders befremdlich scheinen. So schreibt Doughty über den gesetzlich geduldeten Totschlag von Leibeigenen in Medina: „It seems that amongst them a householder may maim or even slay his bond-servant in his anger and go unpunished, and the law is silent; for as Moses said, HE is HIS

---

[23] Dieser Vergleich ist indes durchaus diskursüblich und wurde so bereits von Carsten Niebuhr in seinen *Travels in Arabia* (1792) gezogen: „We are tempted to imagine ourselves among the old patriarchs [...]." (zit. nach Tidrick 2010: 16)

[24] Vgl. beispielsweise Bevis 1972, Kabbani 1986, McCormick 1962, Nasir 1976, Rogers 1987 etc.

CHATTEL." (AD II: 130) Hier wird impliziert: Dieser Brauch erscheint grausam, doch entspricht er letztlich einer sehr wörtlichen Auslegung des Alten Testaments und ist somit gar nicht mehr so fremd. Für solche Deutungsgesten in Anlehnung an die Bibel gibt es zahlreiche weitere Beispiele in *Arabia Deserta*[25], womit der Text ganz den Konventionen des Orient-Reiseberichts seit dem 18. Jahrhundert entspricht:

> The belief already obtained from previous travellers to this area, that the land and its people had scarcely changed their character and state since biblical times, made many a traveller hold the Bible in his hands and draw endless comparisons, referring to geographical places, cities famed for some historical event, or pointing to some biblical customs or manners still extant in Palestine or Egypt. (Hachicho 1965: 150)

Dieser Bezugsrahmen beschränkte sich indes nicht allein auf die Bibel, sondern umfasste auch antike geographische wie ethnographische Quellen, die Orient-Reisende dieser Zeit stets im Hinterkopf hatten, was zu einer Art Gegenwartsblindheit führte:

> They deciphered fragmented Greek and Latin inscriptions, identified monuments and places according to the information of the Bible as well as from Strabo, Livy, Lucian, Pliny and a host of other writers, and lamented the irrevocable decline of the remains of ancient cultures on its native ground. The modern inhabitants of the region were denied any part in it other than ignorant or wilful destruction (Kuczynski 1993b: 188).

Auch bei Doughty werden die Schriften von Herodot, Strabo, Plinius und Ptolemäus mehrfach herangezogen, wodurch die bereiste Region gleichsam als antike Landschaft markiert wird.[26] In *Arabia Deserta* werden diese Texte hauptsächlich zur Orientierung genutzt, etwa um die Ebene von Medáin Sâlih, die in diversen antiken Quellen erwähnt wird, genau zu verorten. Die Pilger nennen die Gegend „the valley-plain of Medáin", welche jedoch ursprünglich den Namen *Hedjr* (dt. Hedschr) trägt, wie Doughty ergänzt: „This is Hijr of the koran, el-Héjr of the Beduins. [...]. *Hejra* in Ptolemy and Pliny, is an oasis staple town of *the gold and frankincense caravan road* from Arabia the Happy." (AD I: 94f.) Somit wird der Ort gleichsam durch seinen ‚richtigen' Namen, wie ihn Ptolemäus und Plinius definierten, identifiziert und in die bekannte Geographie eingeordnet. Diese Herangehensweise impliziert dabei eine gewisse Zeitlosigkeit, die zum

---

[25] Vgl. außerdem AD I: 102, 168, 268, 335, 429, 452 sowie AD II: 31, 37, 130. Mitunter werden nicht nur die vor Ort angetroffenen Araber dergestalt biblisch ‚gelesen', sondern auch die alten Hochkulturen, die einst die Wüste bevölkerten. Bei der Beschreibung der Gräber der Nabatäer in Medáin Sâlih werden die einschlägigen Textstellen in der Bibel sogar gleich mitgeliefert: „Ezekiel sees the burying in hell of the ancient mighty nations: hell, the grave-hole, is the deep of the earth, the dead-kingdom: the graves are disposed (as we see at Medáin Sâlih) in the sides of the pit about a funeral bed (which is here the floor in the midst). We read like words in Isaiah, 'Babel shall be brought down to hell, to the sides of the pit.' To bury in the sides of the pit was a superstitious usage of the ancient Arabs [...]. It is not unlikely that they buried their dead nearly as did the Jews about these times (v. John xix. 40, Luke xvi.)." (AD I: 170)

[26] Vgl. AD I: 94, 95, 617 sowie AD II: 130, 176, 350, 378, 516.

Ausdruck bringt: Bereits in der Antike wurden die Wüste und ihre Bewohner so beschrieben und diese Beschreibungen haben auch heute noch Geltung, denn nichts hat sich verändert. Die so beschworene Ahistorizität der arabischen Wüste ist ein althergebrachter Topos der Orient-Reiseliteratur, der sich bei Doughty mitunter ganz explizit findet[27]: „We see the Arabian race lasting without change, only less than their eternal deserts." (AD I: 247) In seinen Augen hat sich so wenig verändert, dass die Beschreibung von Land und Leuten wörtlich aus den antiken Quellen übernommen werden kann:

> "The nomads living in tents of hair-cloth are troublesome borderers", says Pliny, (as they are to-day!) Strabo […] describes so well the Arabian desert, that it cannot be bettered. "It is a sandy waste, with only few palms and pits of water: the thorn (acacia) and the tamarisk grow there; the wandering Arabs lodge in tents, and are camel graziers." (AD II: 176)

Begleitet wird dieser ahistorische Blick in *Arabia Deserta* vom Beklagen des Verfalls architektonischer und kultureller Hinterlassenschaften der alten Nomadenvölker, die einst das Gesicht der arabischen Wüste bestimmten. Die ‚heutige' arabische Halbinsel hingegen – der Titel des Buchs kündigt es an – ist eine verwaiste Landschaft des Verfalls und ruinöses Monument eines vergangenen goldenen Zeitalters kultureller Blüte:

> Arabia was then more civil with great trading roads of the ancient world! Arabia of our days has the aspect of a decayed country. All nations trafficked for gold and the sacred incense, to Arabia the Happy: to-day the round world has no need of the daughter of Arabia; she is forsaken and desolate. (AD I: 113)

Ähnlich einem arabischen *aetas obscura* scheinen nach diesem kulturellen Zenith alle Errungenschaften wieder der Dunkelheit anheim gefallen zu sein. Die Wüste wird so zum doppelt desolaten Raum, verlassen von lebenspendender Natur sowie menschlicher Kultur. Ganz in diesem Sinne beschreibt Doughty auch den Anblick der Tempelruinen in Teyma: „[W]onderful are such great monuments to look upon in that abandonment of human arts and death of nature which is now Arabia!" (AD I: 532) Die heutigen Bewohner der arabischen Halbinsel haben weder Sinn noch Wertschätzung für die Relikte dieser Hochkulturen, sie nehmen sie allein im Hinblick auf ihren praktischen Nutzen wahr. Entsprechend resigniert beschreibt Doughty, wie die Grabstätten von Petra von den Beduinen als Viehställe genutzt werden. (vgl. AD I: 40) Beinahe alle seiner Beschreibungen der modernen Araber zeichnen dieses Bild eines degenerierten Volkes, das von den Überresten einer überlegenen Vorgängerkultur zehrt, ohne sie zu verstehen oder gar weiterzuentwickeln.[28] Diese Sichtweise wird dabei interessanter Weise

---

[27] Vgl. Said 2003: 170f., Polaschegg 2005: 82, Osterhammel 1998: 262f., Melman 1992: 110 etc.

[28] „They are skilful husbandmen to use that they have, without any ingenuity: their wells are only the wells of the ancients, which finding again, they have digged them out for themselves: barren of all invention, they sink none, and think themselves unable to bore a last fathom in the soft sand-rock which lies at the bottom of the seven-fathom wells." (AD I:

am deutlichsten von Abdullah el-Kenneyny, mit dem sich Doughty in Aneyza anfreundet, formuliert – vielleicht, um sie als fundiertes Vorurteil auszuweisen, das sogar von Arabern selbst gepflegt wird:

> We found upon this higher ground potsherds and broken glass as in all ruined sites of ancient Arabia, and a few building-stones, and bricks; but how far are they now from these arts of old settled countries in Nejd! [...] Abdullah began to say, "Wellah, the Arabs (of our time) are degenerate from the ancients in all!" – we see them live by inheriting their labours (deep wells in the deserts and other public works)! (AD II: 393)

Der Titel des Buchs, *Arabia Deserta*, ist mithin Programm und nicht bloß geographische Abgrenzung zu *Arabia Petraea* und *Arabia Felix*. Doughty entwirft Arabien als verlassenen Ort in einem Zeitalter nach dem Untergang. Hier kann man sich nur auf die Suche machen nach Spuren von dem, was *war*. Was heute ist, ist von geringem Wert. An mehr als einer Stelle betont und beklagt er diesen kulturellen Niedergang und betrachtet die modernen Araber – insbesondere die Stadtbewohner – als Schmarotzer und Zerstörer der Errungenschaften ihrer Vorgängerkulturen.[29]

Es zeigt sich mithin, dass bei Doughty durchaus eine gewisse diskursive Teilhabe und somit Reproduktion tradierter Wahrnehmungsmuster und Stereotype zu verzeichnen ist. Indem er die Fremde als Spur antiker und biblischer Geschichte liest und als Bühne betrachtet, auf welcher der Vorhang für die antiken Hochkulturen bereits gefallen ist, folgt er ganz den Konventionen von Reiseberichten des 18. Jahrhunderts.[30] Folglich gilt auch für ihn: „The literate traveler cannot escape the literature that preconditions his experience of travel." (Henderson 1992: 239)

Ausschlaggebend ist jedoch vor allem, was diese diskursive Präformierung für Doughtys Verarbeitung von Alterität bedeutet. Indem er die Wüste als antiken und biblischen Schauplatz und seine Einwohner als Statisten einer uralten Geschichte betrachtet, deren Verlauf man bereits kennt, findet gewissermaßen eine An*eignung* statt. Bereits die Titulierung der Araber als „Ismaeliten" und „Semiten"[31]

---

286), sowie: „for all the fox-like subtlety of Semitic mind, they are of nearly no invention [...] a child might sooner find, and madmen as soon unite to attempt anything untried." (AD I: 285)

[29] Ganz in diesem Sinne bezeichnete auch Alexander Kinglake in *Eothen* den Orientalen als Menschenschlag, in dem der schöpferische Funke bereits erloschen war, „who, for creative purposes, is a thing dead and dry – a mental mummy that may have been a live King just after the flood, but has since lain balmed in spice" (Kinglake 1991: 68).

[30] Vgl. Kuczynski 1993b und 1995a sowie Hachicho 1965.

[31] Dieser Ordnungsbegriff des ‚Semiten', unter den Juden und Muslime gleichermaßen subsumiert wurden, ‚zwinge' die Fremdbevölkerung laut Said in eine Ordnung, die sie auf ihre Wurzeln reduziert und untrennbar mit den gängigen Stereotypen verknüpft, womit zugleich die dem Orient traditionell zugeschriebene Zeitlosigkeit und Stasis impliziert wird: „[T]he Semites [were regarded as] an instance of arrested development, and functionally speaking this came to mean that for the Orientalist no modern Semite, however much he may have believed himself to be modern, could ever outdistance the organizing claims on

sortiert das fremde Volk fein säuberlich in das eigene, etablierte Sinnsystem ein: „[with the] common assumption of the Arabs being the descendants of Ishmael, even these outsiders could be organized into the preconceived framework of Eurocentric order." (Kuczynski 1993b: 187) Das Fremde existiert nur noch als topographische und monumentale Bestätigung des eigenen Wissens.[32] Die Sinnstiftung erfolgt dabei geradezu im Zirkelschluss: Das Fremde wird überlagert und gedeutet durch das eigene Ordnungsmuster, welches wiederum seine Bestätigung und Legitimation durch die Tatsächlichkeit der erfahrenen Fremde erfährt.

Dieser Verarbeitungsmodus von Alterität beruht also auf dem Prinzip der Vereinnahmung in die eigene Ordnung, wodurch das Fremde versteh- und beherrschbar gemacht und somit im wortwörtlichen Sinne *domestiziert* wird. Diese Vereinnahmungsstrategie fungiert dabei nicht zuletzt als Selbstvergewisserung des Reisenden, der auf verfügbare, tradierte Ordnungsschemata zurückgreift, um die Herausforderungen der Fremde an das eigene Deutungsvermögen zu bewältigen: „To arrange objective reality according to preconceived notions (and conventions) permitted the individual to feel himself in control." (Kuczynski 1993b: 190) Dies impliziert jedoch auch das Vorhandensein eines solchen Subjekts im Text, das verunsichert ist und Ordnung zu stiften bzw. sich angesichts der erfahrenen Fremde zu positionieren sucht:

Diese Vereinnahmung als nachvollziehbarer Vorgang, als dialektische Spannung zwischen Verunsicherung und Selbstbehauptung, kann indes erst dann beobachtet werden, wenn sich der Reisende im Text als Subjekt konstituiert und sich in seiner Beziehung zum Anderen thematisiert. (Kuczynski 1995a: 58)

Ein solches Subjekt findet sich in *Arabia Deserta* ganz offensichtlich in der Figur Khalîl. In dieser Hinsicht entspricht der Text nun nicht länger den Konventionen der Reiseliteratur des 18. Jahrhunderts. Diese lieferte nämlich meist nur eine Bestandsaufnahme des Fremden, ohne ein im Vordergrund stehendes erlebendes Subjekt, das über den sammelnden Berichterstatter hinausgehen würde. Dessen erzählerische Präsenz war auf ein Minimum reduziert: „The travelers are chiefly present as a kind of collective moving eye on which the sights/sites register; as agents their presence is very reduced [...]. Heroic priorities are refused; the European protagonists absent themselves from their own story." (Pratt 1992: 59)

---

him of his origins. No Semite advanced in time beyond the development of a 'classical' period; no Semite could ever shake loose the pastoral, desert environment of his tent and tribe. Every manifestation of actual 'Semitic' life could be, and ought to be, referred back to the primitive explanatory category of 'the Semitic':" (2003: 234; siehe. auch 231f.)

32 Dementsprechend schreibt auch Bode über Alexander Kinglakes Blick auf Troja, das er vorzugsweise als ‚fiktiven' Schauplatz seiner heißgeliebten *Illias* wahrnahm, wobei ‚echte' Eindrücke des ‚realen' Ortes nur störten: „Die Realität der Gegend ist dazu da, den Text zu bestätigen. *Was man sieht, bekräftigt das, was man im Grunde immer schon wußte,* und es tritt zurück, sobald es diese Aufgabe erfüllt hat." (Bode 1997: 67) In Doughtys Fall wird zwar nicht so gezielt wie bei Kinglake eine bewusste Entrückung des Erfahrenen in die Welt der eigenen Imagination betrieben, der grundsätzliche Wahrnehmungsmodus ist jedoch durchaus vergleichbar.

Eine explizite Verschiebung des Fokus vom reinen Objektinteresse auf das reisende Ich fand erst gegen Ende des 18. Jahrhunderts statt. (vgl. Thompson 2011: 108ff.) Sie wurde eingeläutet mit Tobias Smolletts *Travels through France and Italy* (1766) und weitergeführt von Reiseberichten wie Laurence Sternes *A Sentimental Journey Through France and Italy* (1768)[33] oder Alexander Kinglakes *Eothen or Traces of Travel Brought Home from the East* (1844), in denen das erzählende Individuum mit seinen Eigenheiten und Emotionen in den Vordergrund rückt und als Protagonist der Reiseerzählung greifbar wird. Auch in Georg Forsters *A Voyage Round the World* (1777) findet sich – für eine Entdeckungsreise untypisch – eine vergleichbare Ausstellung und Thematisierung des erzählenden Subjekts.[34]

Die englische Reiseliteratur des 19. Jahrhunderts durchlief entsprechend sodann eine noch deutlichere Subjektivierung. Da sich die viktorianischen *travelogues* an ein breites Publikum richteten, das mehr auf spannende Unterhaltung denn auf Informationen aus war, benötigten sie einen individualisierten Helden, der in die Fremde zieht und von den dort erlebten Abenteuern berichtet.[35] In diesem Fall lieferten nicht nur die Reise selbst, sondern auch der Reisende als schillernder Protagonist der Handlung die erwünschte Spannung und Lebendigkeit des Textes. Seine Identität wurde nicht länger aus dem Bericht getilgt – sie wurde vielmehr konstitutiver, erwünschter Bestandteil davon. Dem reisenden Subjekt und seiner individuellen Erfahrung der Fremde wurde nun ein fundamentaler Stellenwert zugemessen und die Vermittlung dieser subjektiven Fremdheits-Erfahrung wurde mitunter sogar explizit zum Thema der Reisebeschreibung. Ob dies bei *Arabia Deserta* ebenso der Fall ist und wie genau sich Doughty als Subjekt bzw. *persona* in seinem Reisebericht zeigt, soll Thema des nächsten Kapitels sein.

3. Distanz und Dissoziation: Khalîl vs. Doughty

Ein besonderes Merkmal der Reiseliteratur ist – ähnlich dem Genre der Autobiographie – die Personalunion von Autor, Erzähler und Reisendem. Dennoch muss literarästhetisch zwischen diesen drei Größen differenziert werden. (vgl. Korte 1996: 17) Der reale Autor kann sich ganz erheblich von der Stimme bzw.

---

[33] Sternes *Sentimental Journey* stellt dabei eine in die Fiktion übergehende Extremform dieser Subjektivierung dar, die vor allem Smollett und dessen Fokus auf die eigenen Befindlichkeiten während seiner Reise parodiert. Dennoch hatte Sternes ‚komischer' Reisebericht mit seiner übertrieben subjektiven Erzählhaltung und Perspektive durchaus ernstzunehmende Auswirkungen auf die Entwicklung des Genres und die dort üblichen Techniken der Selbstdarstellung. (vgl. Thompson 2011: 112f.)

[34] Bezüglich dieser subjektivierten Darstellungsweise Forsters, die auch eine subjektive Rezeption antizipiert, siehe Bode 2009: 77f.

[35] „Viele viktorianische *explorers* erweisen sich in ihren Berichten als Helden, die den Protagonisten der zeitgenössischen Abenteuerromane in Mut und Leidensfähigkeit nicht nachstehen und den Lesern darüber hinaus den zusätzlichen Reiz des ‚wirklich' erlebten Abenteuers bieten." (Korte 1993: 122)

Haltung des Erzählers unterscheiden, ebenso wie von der entworfenen *persona* des Reisenden.[36] Dementsprechend muss auch in *Arabia Deserta* zwischen diesen drei Instanzen unterschieden werden, anhand derer die Identität Doughtys im Text in Erscheinung tritt: Zunächst gibt es Khalîl bzw. die Figur des vormals reisenden Doughty, deren Handlungen, Gedanken und Aussprüche wiederum von Doughty, dem Erzähler, geschildert werden. Dieser hat nicht nur einen Wissensvorteil gegenüber Khalîl, was in gelegentlichen Prolepsen zum Ausdruck kommt, sondern kann sich auch direkt an den Leser wenden. (vgl. AD II: 53, 167) Er beschreibt, kommentiert und beurteilt retrospektiv alle Charaktere sowie das Geschehen und legt so die Deutungsmuster der Fremd-Erfahrung fest. Als dritte Instanz gibt es Doughty, den ‚realen‘ Autor, der die Kontrolle über alle konstitutiven Elemente des Kunstwerks in Händen hält: Selektion, Arrangement und Gewichtung des erzählten Geschehens und der Fakten, deren Klassifikation und Deutung anhand bestimmter Sinnsysteme sowie die Wahl von Grundaspekt, Ton und Atmosphäre (vgl. Klátik 1969: 128; Tabachnick 1981: 50). Er zeigt sich dem Leser nur in den wenigen Episoden, in welchen die Vorgeschichte des Reisenden thematisiert wird,[37] und kommt sonst lediglich in den Vorworten zu *Arabia Deserta* explizit zu Wort.

Das Hauptaugenmerk bei einer Betrachtung der Identitäts-Konstitution im vorliegenden Reisebericht soll vor allem den textinternen Instanzen von Erzähler und Protagonist gelten. Zum einen werden sie im Text unmittelbar greifbar und sind somit einer konkreten Untersuchung zugänglich. Zum anderen unterliegen sie als Konstrukte, mittels derer der Autor seine Identität und seine individuelle Fremd-Erfahrung in den Text einschreibt, meist einer gewissen Inszenierung und Manipulation im Dienste einer bestimmten Darstellungsabsicht (vgl. Korte 1996: 17). Vor allem der zeitliche Abstand von Erleben und Erzählen – der bei *Arabia Deserta* beinahe zehn Jahre betrug – machten eine gewisse (Re-)Konstruktion der Person des Reisenden unausweichlich. Diese wird dabei ähnlich einer fiktiven Figur entworfen und (um)gestaltet: „Dadurch, daß die definitive Form der Reisebeschreibung nach einem Zeitabstand entsteht, kommt es oft zu einer gewissen Redaktion des ursprünglichen ‚Ich‘ des Reisenden, das vom erzählenden ‚Ich‘ des Autors retuschiert und endgültig hergerichtet wird." (Klátik 1969: 129)[38]

---

[36] Auch Stephan Kohl spricht von den „three facets of the travelling-narrating 'I'", nämlich: „the remembering author, who invents his past; the travelling hero, who is he author's invention; and the narrator who constantly elucidates the links between author and invented hero" (1990: 176). Wobei sich zeigen wird, dass diese *elucidation* bei Doughty nicht unbedingt konstant geleistet wird.

[37] Vgl. etwa den langen und ausführlichen Exkurs über den Ausbruch des Vesuvs (AD I: 420ff.), welchen Doughty im Rahmen einer früheren Reise 1872 aus nächster Nähe erlebt hatte und als Referenz heranzieht, um die vulkanischen Gesteinsformationen in Medáin Sâlih zu erklären.

[38] Dies gilt auch für die Erzählinstanz, wie Korte anmerkt: „Der Berichterstatter als Instanz im Text kann sich unter Umständen erheblich vom ‚realen‘ Autor des Berichts unterschei-

Die differenzierte Betrachtung von erzählendem und erlebendem Ich ist bei *Arabia Deserta* in besonderem Maße geboten, da im Text explizit eine deutliche Trennung zwischen diesen beiden Instanzen unternommen wird. Doughty signalisiert durchgehend eine prägnante Distanz und Dissoziation von seinem erlebenden Ich, indem er wiederholt auf sich selbst in der dritten Person Bezug nimmt. Getreu nach Rimbauds Aphorismus „Je est un autre" ([1871] 1975: 135) wird das eigene Ich als ein Anderer, als von sich selbst verschieden inszeniert. Es wirkt, als könne sich der Erzähler mit seinem ehemaligen Selbst nicht mehr identifizieren und betrachtete die Geschehnisse retrospektiv mit großem zeitlichem wie persönlichem Abstand. Dies stellt auch Barker Fairley in seiner grundlegenden Monographie *Charles M. Doughty* (1927) bezüglich der Erzählhaltung in *Arabia Deserta* fest:

> He was, we must assume, continually looking back with his normal vision at a part of his own past in which he had reacted strangely to strange conditions. It was Doughty looking back at Khalîl. [...] [H]e also conveyed, if we study him carefully, what was much closer to himself as he wrote, his aloofness from his former self, Khalîl. His constant use of the terms, 'the Nasrâny', 'the kafir', 'God's adversary', in reference to himself is the clearest indication of his detachment. (31)

Diese beständige dissoziative Titulierung der eigenen Person und der damit verbundene Wechsel des Personalpronomens sind Bestandteil einer Erzählstrategie, die auf Distanzierung abzuzielen scheint, denn sie verhindert eine direkte Identifikation mit dem erlebenden Ich, sowohl seitens des Erzählers als auch seitens des Lesers.[39] Zudem entsteht durch diese betonte Inszenierung als *Khalîl* eine gewisse Ambiguität im Text, ein Oszillieren zwischen Fakt und Fiktion, wie es typisch ist für das klassische Alter Ego, das „qua Namensdifferenz [...] ein Fiktionssignal, qua Ähnlichkeit mit dem Autor ein Faktualitätssignal" ist. (Schaefer 2008: 321)

Besonders deutlich zeigt sich diese objektivierende Bezugnahme auf das reisende Ich in den vorangestellten Inhaltsangaben der einzelnen Kapitel, die im Telegrammstil die Themen und Schlüsselereignisse auflisten. So etwa die Zusammenfassung des siebten Kapitels des ersten Bandes, das von den Vorbereitungen für Khalîls Aufbruch in die Wüste handelt:

CHAPTER VII.
RETURN OF THE HAJ.
[T]olerance of the multitude: *the Nasrâny* amongst them. Of *his* adventuring further into Arabia. [...]. The Haj arriving. The camp and market. The Persian mukowwem accused

---

den; seine Bericht-Stimme ist nicht selten inszeniert und manipuliert, gehorcht bestimmten Darstellungsabsichten oder unterliegt gesellschaftlichen Zwängen. Auch gegenüber sich selbst als ‚erlebendem Ich' in der Reisehandlung kann der Berichterstatter ebenso Distanz einnehmen wie ein Ich-Erzähler im Roman." (1996: 17)

39   Zugleich wird eine gewisse objektive Außenperspektive impliziert, die möglicherweise auch Doughtys wiederholtem Authentizitätsanspruch Rechnung trägt.

at Medina. The watering. A Beduin of Murra. M. Aly had been charged by the Pasha and the Sir-Amin for *the Nasrâny*. [...] Meeting with M. Said Pasha. Leave the Haj Caravan and enter the Beduin deserts. Zeyd's words to *the stranger*. (AD I: xii; Herv. KP)

Auch im Haupttext kommt dieser distanzierende Duktus immer wieder zum Zug und durchzieht – mal stärker, mal schwächer ausgeprägt – die gesamte Reisebeschreibung. So wird etwa in einer Szene in Aneyza, wo der Reisende aufgrund seines christlichen Glaubens von fanatischen Frauen und Kindern belagert, beschimpft und mit Steinen beworfen wird, das erlebende ‚Ich' plötzlich verstärkt mit Bezeichnungen in der dritten Person versehen:

I sat on an hour whilst the hurly-burly lasted: my door held, and for all their hooting the knaves had no courage to come down where they must meet with *the kafir*. [...] At length the siege was raised; for some persons went by who returned from the coffee companies, and finding this ado about *Khalîl's* door, they drove away the truants, with those extreme curses which are always ready in the mouths of Arabs. Later when I would go again into the town, the lads ran together, with hue and cry: they waylaid *the Nasrâny* at the corners, and cast stones from the backward; but if *the kafir* turned, the troop fled back hastily. (AD II: 402; Herv. KP)

Doughty bricht hier mit der Ich-Erzählsituation und nimmt plötzlich verstärkt in der dritten Person auf sich Bezug, als *Khalîl* oder noch distanzierender als *the stranger*, *the Nasrâny* (arab. ‚Christ') und *the kafir* (arab. ‚Ungläubiger'). Dadurch entrückt er das Geschehen geradezu. Auffällig ist, dass diese Distanzierungsbewegung in Krisensituationen, etwa wenn Khalîl religiöser Verfolgung und tätlichen Angriffen zum Opfer fällt, besonders stark ausgeprägt ist. Auch in der vorliegenden Passage wird immer dann in den personalen Modus gewechselt, wenn direkte physische Konfrontation droht oder stattfindet. Dieser Erzählduktus der Entrückung in Krisenmomenten ließe sich psychologisch als Dissoziationsstrategie erklären, wie sie bei Trauma-Patienten häufig beobachtet wird. Im dissoziativen Zustand rückt der Betroffene in die Rolle des Beobachters und entfernt sich so von der eigenen körperlich wie seelisch erfahrenen Identität.[40] In der vorliegenden Textstelle scheint Doughty erzählerisch etwas Ähnliches zu tun. Obwohl hier im Rahmen einer Ich-Erzählung die eigenen Erfahrungen geschildert werden, sind sie wie eine *out of body experience* inszeniert, um Distanz zu schaffen.

Weiterhin ließe sich dieses beständige Rekurrieren auf „Khalîl, the Nasrâny" auch als Perspektivenverkehrung deuten, die widerspiegeln soll, wie der Reisende von der arabischen Bevölkerung wahrgenommen wurde. Khalîl – seinen englischen Namen kannten sie nicht – war für die Araber in erster Linie ungläubiger Christ (*Nasrâny, kafir*) sowie ein Fremder (*Engleysy, Frenjy*). Erst in zweiter Instanz nahmen sie ihn überhaupt als Gelehrten (*sheykh, hakim*) und Mitmenschen wahr. Seine Religionszugehörigkeit war für sie das zentrale Merkmal seiner Person und nur in den seltensten Fällen trat dieser fundamentale Makel in den Hintergrund,

---

[40] Siehe hierzu den psychologischen Artikel „Strukturelle Dissoziation der Persönlichkeitsstruktur, traumatischer Ursprung, phobische Residuen" von Nijenhuis et al. (2004).

was ihm gestattete, durch ehrliches Auftreten oder ‚gute Taten' Anerkennung zu erlangen. Für diese Selbst-Fokalisierung von außen spräche auch, dass beinahe die gesamte explizite Charakterisierung Khalîls figural funktioniert, also hauptsächlich durch Aussagen der Araber geleistet wird (vgl. Tabachnick 1981: 92). Doch selbst bei dieser Außenperspektive wird an keiner Stelle erwähnt, wie Khalîl eigentlich aussieht:

> Doughty has chosen to stress one great quality of his self-image Khalil: self-effacement. [...] With some amazement we arrive at the end of the book and realize that we still do not know how Khalil looks [...]; the narrator never describes him physically, any more than he tells us Khalil's reasons for travelling in Arabia. (Tabachnick 1987: 34f.)

Die konkretesten Aussagen über Khalîl stammen ausschließlich von den Bewohnern der Fremde. Als *persona* – und somit im wörtlichsten Sinne als Maske – wird Khalîl so zum Träger einer Identität, die vom Erzähler gleich der eines Anderen konstruiert und zu keinem Zeitpunkt vollständig offenbart wird:

> [Doughty] was unable to work with a complete sense of identity between himself who was writing and the man whose astonishing story he was telling. [...] Throughout the book we can trace a strange play of aloofness and nearness in the author, which never resolves itself into a simple relation. As we read, we are for ever near him, we never touch him. We see with his eyes, but we never see into them. The distant familiarity of that central figure, his intimacy and remoteness – we cannot imagine the book without them. Moreover we discover a truly extraordinary fear of self-projection. The closer we come to Doughty, the more clearly do we look out upon Khalîl moving about among his Arabs. (Fairley 1927: 30f.)

Die Signale, die so gesendet werden, erzeugen eine widersprüchliche Kommunikationssituation, da der Erzähler zu verstehen gibt: „C'est moi et ce n'est pas moi." (Genette 1991: 87) Diese paradoxe Aussage wird laut Gérard Genette für gewöhnlich in autofiktionalen Texten inszeniert. Obwohl nun *Arabia Deserta* keine Autofiktion darstellt, scheint eine vergleichbare narrative Ambivalenz vorzuliegen, denn die grundsätzlich autodiegetische Ich-Erzählung wird beständig durch Momente heterodiegetischen Erzählens in der dritten Person unterlaufen. Hinzukommt, dass diese beiden Modi nicht streng voneinander getrennt sind, sondern teilweise innerhalb eines einzigen Satzes nahtlos ineinander übergehen und gleichzeitig Geltung beanspruchen. Es entsteht die paradoxe Situation eines *double bind*.

Mit dieser grundlegenden Ambivalenz weist Doughtys Reisebericht Züge einer „autobiographischen Erzählung ‚in der dritten Person'" auf, in welcher „ein Teil des Textes den Protagonisten mit der dritten Person bezeichnet, während im restlichen Text Erzähler und Protagonist in der ersten Person verschmelzen" (Lejeune 1994: 17). Diese ambivalente Textart bezeichnet Philippe Lejeune in seiner Monographie *Der autobiographische Pakt* (1994) als „zweistimmig" und als „Rosetta-Steine der Identität" (17), deren Dualität Verschiedenes zum Ausdruck bringen kann: schamvolle Distanz zu bestimmten Momenten des eigenen Lebens einerseits, sowie Ungewissheit über die eigene Identität und Motive der Vergangenheit andererseits. Beides trifft auf Doughty zu: Seine Erzählhaltung markiert sowohl eine

Distanzierung zur eigenen Vergangenheit als auch eine gewisse Verunsicherung das ‚ursprüngliche Ich‘ betreffend. Ein Grund für diese Unsicherheit und den daraus resultierenden zweistimmigen Erzählduktus scheint bei Doughty vor allem in der langen Zeitspanne zwischen Reise und Niederschrift begründet zu liegen.

In *Arabia Deserta* blickt der Erzähler, das *ältere* ‚Ich‘, stets explizit auf sein *früheres* ‚Ich‘ in einer Ausnahmesituation zurück und signalisiert somit neben „Das bin ich und auch wieder nicht“ vor allem auch „Das war ich einmal“. Ähnlich wie in Prosaerzählungen in der ersten Person wird durch diesen Modus der narrativen Vermittlung der zeitlichen und moralischen Distanz zwischen erlebendem und erzählendem ‚Ich‘ Rechnung getragen. Um mit den Begriffen Paul Ricœurs aus *Das Selbst als ein Anderer* (1990) zu sprechen, werden mit diesem Erzählduktus die Zeitlichkeit und Veränderlichkeit von Identität sowie die spezifische Dialektik zwischen „Selbigkeit“ und „Selbstheit“ mitberücksichtigt. Diese Dialektik entfaltet sich in der Beziehung „zweier Arten von Identität, der unwandelbaren Identität des *idem*, des Selben, und der veränderlichen Identität des *ipse*, des Selbst, in seiner historischen Bedingtheit betrachtet“ (Ricœur 2006: 135)[41]. In *Arabia Deserta* wird dementsprechend anhand der distanzierenden Erzählstrategie die *idem*-Identität des erzählenden Autors und einstmals Reisenden Doughty explizit von der *ipse*-Identität Khalîls zum spezifischen Zeitpunkt der Reise unterschieden: Durch die Ich-Erzählung wird somit einerseits die Kontinuität der Identität von Charles Doughty als Reisender und Berichtender impliziert, durch den Wechsel in die dritte Person andererseits die Differenzierung zwischen diesen beiden konkret-historischen Existenzen seiner Person betont.

Im Hinblick auf den Forschungsgegenstand dieser Arbeit stellen sich nun folgende Fragen: Wenn die Identität des Reisenden schon derart ambivalent inszeniert wird und beständig zwischen Identifikation und Dissoziation mit dem früheren Selbst oszilliert, welche Konsequenzen ergeben sich daraus für ihren dichotomischen Gegenpol, die Alterität? Welche Darstellungsabsichten werden mit dieser spezifischen Selbstinszenierung verfolgt und inwiefern beeinflussen sie die Darstellung der Fremde? Um solche Zusammenhänge von Selbstinszenierung und Alteritätsverarbeitung genauer nachvollziehen zu können, soll im Folgenden genauer betrachtet werden, wie genau Doughty mit Khalîl seine ‚damalige‘ Identität (re)konstruiert und gestaltet.

---

[41] Diese etwas griffigere Definition seiner in *Das Selbst als ein Anderer* etablierten Kategorien des „ipse“ und „idem“ ist Ricœurs Spätwerk *Wege der Anerkennung* (2006) entnommen, vgl. insbesondere das Kapitel „Erzählen und sich erzählen können“, 132-138.

3.1 Khalîl und das viktorianische Heldenideal: ein Gegenentwurf

Who best / Can suffer, best can do.[42]

Mit seinem Selbstentwurf als Khalîl, dem unbeugsamen Helden der Reise, steht Doughty auf den ersten Blick ganz in der Tradition viktorianischer Reisender, bei denen eine gewisse Selbstinszenierung durchaus üblich war. Man setzte sich meist als wagemutiger Abenteurer und Held im Dienste des *Empire* in Szene und reiste in einer ganz bestimmten Rolle, die Mary Louise Pratt treffend als „guise of the gruff Victorian explorer-adventurer who exposes himself to all sorts of dangers and discomforts in the name of a higher (national) mission" beschreibt. (1986: 39) Ein solches Reisen im patriotischen Heldenkostüm impliziert dabei eine besondere Art der Begegnung mit dem Fremden, das in diesen Abenteuerreisen instrumentalisiert wird, um heroische Selbstbewährung und -behauptung vorzuführen. (vgl. Kuczynski 1995a: 63) Der Fremdraum wird im Rahmen eines solchen heroischen *self-fashioning* zum Ort der Prüfung stilisiert, zur exotischen Kulisse, vor der die britischen Tugenden glänzen können. Dies zeigt sich beispielhaft bei Richard Burtons Arabienreise, bei der er als *disbeliever in disguise* bis zur Kaaba in Mekka vordringt – ein lebensgefährliches Unterfangen, das in seinem Reisebericht als persönliche Herausforderung und Bewährungsprobe seines Expertenwissens in Sachen Orient inszeniert wird (vgl. Bode 1997: 88; Kabbani 1986: 90) .

Auch in *Arabia Deserta* wird mehrfach auf die Gefahren hingewiesen, die Doughty auf seiner Reise durch das arabische Hinterland im Dienste von Vaterland und Forschung auf sich nimmt. Dies geschieht bereits im Vorwort, wo die wagemutige Entscheidung, mit den Beduinen in die Wüste zu ziehen, vorab thematisiert wird:

> Unto this endeavour I was but slenderly provided; [...] I trusted my existence, [...] amongst an unlettered and reputed lawless tribesfolk [...] amidst a life of never-ending hardship and want [...]. I might find however, in so doing, to add something to the common fund of Western knowledge. The name of Engleysy might stand me first in some stead, where known, perchance remotely, by faint hearsay, in some desert settlement. On the other hand, there must needs remain, as friendly Arab voices warned me, that predatory instinct of Beduins beyond their tents; besides the bitterness and blight of a fanatical religion, in every place. (AD I: xi)

Wagemutig und selbstlos stellt sich Khalîl diesen gesetzlosen, fanatischen Wilden, um das heimische Wissen über deren Lebensraum, Sitten und Gebräuche zu erweitern, wie er an späterer Stelle noch einmal betont:

> It is an art to examine the Beduins, of these countries; pains which I took the more willingly, that my passing life might add somewhat of lasting worth to the European geography. Of the Peninsula of the Arabs, large nearly as India, we have been in ignorance more than of any considerable country in the world which remains to be visited. (AD I: 423)

---

[42] Milton, *Paradise Regained* ([1671] 2007), Book III.194-5.

Alle Mühen und Gefahren für sein vergängliches Leben verblassen angesichts des dauerhaften Nutzens, welchen er der europäischen Wissenschaft bringt, indem er die letzten weißen Flecken auf der Landkarte erschließt. Auf dieser Mission können kein wohlgemeinter Rat und keine Warnung Khalîl – einmal auf Kurs gebracht – von seinem Vorhaben abbringen. In diesem Aspekt entspricht er ebenfalls dem typischen viktorianischen Helden, „who was given advice in dramatic terms, usually against proceeding, by consuls and pashas […] so that the traveller's calm pursuance of […] his plans should seem all the bolder by light of the perils he has leaked into the reader's mind" (Glazebrooks 1984: 100). Auch in *Arabia Deserta* finden sich wiederholt Szenen, in denen wohlmeinende Araber versuchen, Khalîl seine waghalsigen Reisepläne auszureden, so wie im folgenden Beispiel etwa Jurdy Pasha, der Anführer der Hadsch-Pilgerkarawane, der ihn von seinem Entschluss, mit dem Beduinenscheich Zeyd in die Wüste zu ziehen, abbringen und stattdessen zur Rückkehr nach Damaskus überreden möchte:

> "Whither would I go, said they, to lose myself in a lawless land, to be an outlaw, if only for my name of Nasrâny, and far from all succour; where they themselves, that were of the religion and of the tongue, durst not adventure? Khalîl, think better for thyself, and return with us, whilst the way is open, from this hungerstricken wilderness and consumed by the sun; thou was not bred, and God calls thee not, to this suffering in a land which only demons, *afarît*, ccan inhabit; the Beduw are demons, but thou art a Nasrâny – there everyone that seeth [sic!] thee will kill thee! […] Other men jeopardy somewhat in hope of winning, but thou wilt adventure all, having no need." And some of the good hearts of them looked between kindness and wonder upon me, that born to the Frankish living, full of superfluity, I should carelessly think to endure the Aarab's suffering and barren life.[43] (AD I: 204)

Doch Khalîl lässt sich auf seiner wissenschaftlichen Mission nicht zur Umkehr bewegen. Standhaft, wagemutig und unerschrocken verzichtet er auf den Schutz des Paschas und begibt sich in die menschenfeindliche Wüste, in der er als Christ den Status eines Vogelfreien hat. Das Gewinnstreben bei diesem Abenteuer ist indes durchaus vorhanden und dem zeitgenössischen Leser ist der Mehrwert sofort klar. Hier geht es darum, unbekanntes Land für das *Empire* zu erschließen und zu erforschen, eine Art wissenschaftlicher Frontdienst, der neben Erkenntnissen für die Forschung Ruhm und Ehre in der Heimat verspricht. Diese – immerhin eine ganze Seite einnehmende – Szene des unbeugsamen, furchtlosen Helden wird sodann mit dem verwunderten wie bewundernden Ausspruch Mohammed Alys, Khalîls Fürsprecher vor dem Pascha, auf den Punkt gebracht: „Khalîl is a man too adventurous; there may nothing persuade him." (AD I: 204)

Somit scheint Khalîl zunächst ganz nach den Maßgaben des viktorianischen Abenteurers geformt: Wagemutig und unerschrocken erschließt er für sein Vater-

---

[43] Vgl. auch AD I: 115, 210. Die Bezeichnung *Aarab(s)* verwendet Doughtys stets als Synonym für ‚Nomaden' bzw. ‚Beduinen'; *Arab(s)* hingegen meint die gesamte Bevölkerung der arabischen Halbinsel.

land die unbekannte Fremde. Doch während der typische, viktorianische Reise-
held ein von ihm gesetztes Ziel geradlinig verfolgt, erscheint Khalîl in *Arabia Deserta* eher wie ein passiver Spielball der Geschehnisse. Zu keinem Zeitpunkt
scheint er Herr der Lage zu sein: Nicht er bestimmt die Reiseroute, sondern seine arabischen Reisegefährten, die ihn mal bei sich aufnehmen und beschützen,
mal gefangen nehmen oder fortjagen. Wenig erhaben erscheinen dabei auch
Khalîls mangelnde Ausrüstung sowie seine geringen Mittel, die ihn zu eben dieser Hilflosigkeit und absoluten Abhängigkeit von der arabischen Gastfreundschaft verdammen. So wird er schlussendlich zum Wanderpokal der beduinischen Wüstenstämme, die ihn kurzfristig aufnehmen, doch so bald wie möglich
,weiterreichen', weil keiner einen offen bekennenden Christen längere Zeit beherbergen, bewirten und beschützen mag. Hier fehlt es ganz offensichtlich am
nötigen Equipment sowie nicht zuletzt am *Know-how* bezüglich nötiger Vorkeh-
rungen für eine solche Expedition ins wahabitische Hinterland Arabiens.

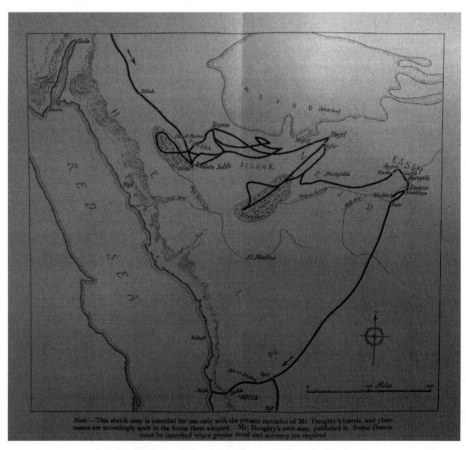

Abbildung 1: *Doughtys Reiseroute* (Hogarth 1927)

50

Diese mangelhafte Vorbereitung mag an einer Eigenschaft Khalîls liegen, die für einen viktorianischen Reisehelden ebenfalls wenig angemessen erscheint: seine Geistesabwesenheit und Zerstreutheit. Khalîls „incurable obliviousness" (AD II: 307) sorgt im Buch oft für Ungemach. Durchgehend fehlt es an vorausschauender Planung und somit an Wasser, Nahrung und Obdach, was in der Wüste den Tod bedeuten kann. Zudem sorgt Khalîls Unachtsamkeit wiederholt für Konflikte: Mal verrät er sich als Christ (in Situationen, in denen er aus Sicherheitsgründen ausnahmsweise zum Thema Religion geschwiegen und man ihn automatisch für einen Moslem gehalten hatte), als er nach beinahe zwei Jahren in muslimischer Gesellschaft zum wiederholten Mal die islamischen Gebetszeiten vergisst (AD II: 307), mal setzt er sich in einer unfreiwillig komisch anmutenden Szene aus Versehen auf den Koran – eine Gotteslästerung, die ihm den Unmut des Emir von Hayil zuzieht (AD I: 614). Diese schrullige Eigenart Khalîls wird auch von seinem arabischen Freund Mohammed Nejûmy angesprochen und als Zeichen weltfremder Arglosigkeit gedeutet:

> "But who (he added) can imagine any evil of Khalîl? for when we go out together, he leaves in one house his cloak or his driving-stick, and in another his agâl [headchord of the Beduin kerchief]![44] he forgets his pipe, and his sandals, in other several houses. The strange negligence of the man! ye would say he is sometimes out of memory of the things about him! Is this the spy, is this that magician? but I am sorry that Khalîl is so soon to leave us, for he is a sheykh in questions of religion, and besides a peaceable man." (AD II: 203)

Von Khalîl wird somit geradezu das stereotype Bild des zerstreuten Professors gezeichnet. In Alltagsdingen geradezu sträflich geistesabwesend und entrückt, ist er in spirituellen, geistigen Fragen kompetent und bewandert – eine wenig heldenhafte Kompetenzverteilung, bei der die nötigen *hard skills* für ein Überleben in der Fremde zu wünschen übrig lassen.

Vor allem Khalîls Verhalten in Krisenmomenten zeigt, dass ihm die nötige Bravade und der draufgängerische Schneid eines Helden à la Richard Burton fehlen. In Situationen akuter Gefahr scheint seine Fähigkeit des Ertragens oft weniger einer heroischen *endurance* zu entsprechen als vielmehr einer christlichen *forebearance* bzw. *sufferance*. Wo der typische viktorianische Haudegen bei einer Konfrontation mit unwürdigen, ‚aufmuckenden' Einheimischen zeigen würde, wer hier der Überlegene ist, wartet Khalîl angesichts von Verfolgung und Demütigung mit beständiger Passivität und Hilflosigkeit auf und wirkt dabei auf den – an Anderes gewöhnten – Leser bisweilen ebenso irritierend wie auf die Araber, die sich dadurch provoziert fühlen. (vgl. Bishop 1960: 60ff.)

Dieses passive Verhalten zeigt sich emblematisch in der ersten Konfliktsituation der Reise. Während seines Aufenthalts in der Wasserstation (*kella*) bei Medáin Sâlih wird Khalîl von dem dortigen Statthalter, Mohammed Aly, angegriffen.

---

[44] Sämtliche in Klammern beigefügte Wortbedeutungen entsprechen den Erläuterungen im Glossar von *Arabia Deserta*.

Dieser hatte ursprünglich versprochen, Khalîl als Gegenleistung für dessen Gewehr zu den nabatäischen Grabstätten zu führen, seine Meinung aber plötzlich geändert. Die Situation eskaliert, als Khalîl mit der für ihn typischen stoischen Unbeugsamkeit auf der Abmachung beharrt:

> "You cannot have forgotten that you made me certain promises!" "I will give you the gun again." This was in my chamber; he stood up, and his fury rising, much to my astonishment, he went to his own, came again with the carbine, turned the back and left me. I set the gun again, with a friendly word, in the door of his chamber, "Out!" cried the savage wretch, in that leaping up and laying hold upon my mantle: then as we were on the gallery the Moorish villain suddenly struck me with the flat hand and all his mad force in the face, there wanted little of my falling to the yard below. He shouted also with savage voice, "Dost thou not know me yet?" He went forward to the kahwa [coffee house], and I followed him, seeing some Beduins were sitting there; the nomads, who observe the religion of the desert, abhor the homely outrage. I said to them, "Ya rubbâ, O fellowship, ye are witnesses of this man's misdoing." The nomads looked coldly on aghast; it is damnable among them, a man to do his guest violence, who is a guest of Ullah. Mohammed Aly, trembling and frantic, leaping up then in his place, struck me again in the doorway, with all his tiger's force; as he heaped blows I seized his two wrists and held them fast. "Now, I said, have done, or else I am a strong man." He struggled, the red cap fell off his Turk's head, and his stomach rising afresh at this new indignity, he broke from me. […] The nomads thought by mild words to appease him, there durst no man put in his arm, betwixt the aga and the Nasrâny. "Aha! by Ullah! shouted the demon or ogre, now I will murder thee." Had any blade or pistol been then by his belt, it is likely he had done nothing less; but snatching my beard with canine rage, the ruffian plucked me hither and thither, which is a most vile outrage. (AD I: 163f.)

Anstatt sich zu verteidigen, appelliert Khalîl an die Moral und Traditionen der Gastfreundschaft in der muslimischen Kella-Gemeinschaft. Er, der viel größer und kräftiger ist als der ältliche, kränkliche Mohammed Aly, bleibt ganz passiv und lässt sich auf keinen Kampf Mann gegen Mann ein, was Aly nur noch mehr provoziert (vgl. Bishop 1960: 60f.). Einerseits erscheint sein Verhalten zwar angemessen, denn eine gewalttätige Konfrontation wäre riskant für Khalîl. Andererseits steht er zu diesem Zeitpunkt noch unter dem Schutz des Paschas und somit besteht keine unmittelbare Lebensgefahr. Für einen viktorianischen Helden wäre hier der Moment gekommen, seine Überlegenheit gegenüber diesem ,wilden Türken' unter Beweis zu stellen – und zwar aktiv. Doch Khalîl tut etwas anderes: Er hält die andere Wange hin. Diese biblische Haltung scheint auch bewusst gewählt zu sein, wie Doughtys Tagebuchaufzeichnungen jenes Tages zeigen: „The notes of that day, which filled five faded pages, with other jottings on flyleaves, included reflections on turning the other cheek." (Hogarth 1928: 45)

Khalîls gegenüber Aly ausgesprochene Drohung, den starken Mann hervorzukehren, macht er auch im weiteren Verlauf seiner Reise zu keinem Zeitpunkt wahr. Er wird als Ungläubiger beschimpft, verfolgt, mit Steinen beworfen, geschlagen, betrogen, bestohlen und gedemütigt – er (er)trägt alles mit Fassung. Seine eigentümliche stoische Duldsamkeit und Passivität wurden daher in der Forschung mehrfach als biblische Selbstinszenierung gewertet: „This unflinching self-possession under persistent punishment inevitably suggests the scourging of Christ on the *via dolorosa*" (Meyers 1989a: 81).[45] Khalîls Weg durch die Wüste ähnelt streckenweise ganz offensichtlich dem Leidensweg Christi,[46] die Reise einem Martyrium: „[Doughty] transforms himself as Khalil into a martyr or 'scapegoat' who proves the Christian doctrine of turning the other cheek and makes his book into the Bible, stopping just short of a repulsive, too-heavy air of sanctity." (Tabachnick 1987: 31)[47] Nicht zuletzt bezeichnet Doughty selbst seine von religiöser Verfolgung geprägten Reisen in Arabien als *Passion*: „It is a passion to be a pointing-stock for every finger and to maintain even a just opinion against the half-reason of the world. I have felt this in the passage of Arabia more than the daily hazards and long bodily sufferance." (AD II: 53)

Dieser eigentümliche Selbstentwurf lässt Jonathan Bishop in seinem Aufsatz „The Heroic Ideal in Doughty's *Arabia Deserta*" zu dem Schluss kommen, dass das viktorianische Heldenideal dort gezielt auf den Kopf gestellt wird:

> It ought by now be plain how very unlike the commonplace Victorian hero Doughty is. [Usually the] protagonist is superior to his surroundings. Crises occur when he proves this superiority. Morally the adventurer conducts an experiment in which the values of his home culture are tested against a neutral background. [...] Doughty has reversed every one of these defining characteristics. He has criticized the ideal by turning it up-side down. (1960: 65)

Dieses Konterkarieren der Figur des viktorianischen *hero-explorers* würde auch Richard Burtons beinahe angewidertes Resümee bezüglich Doughtys Verhalten in Arabien erklären:

> Khalíl Nasrání [...] is bullied, threatened, and reviled; he is stoned by children and pushed about and hustled by the very slaves; his beard is plucked, he is pommelled with fist and stick, his life is everywhere in danger, he must go armed, not with the manly sword or dagger, but with a pen-knife and a secret revolver; and the recital of his indignities at length palls upon the mental palate. Mr. Doughty assures us that his truth and honesty were universally acknowledged by his wild hosts; yet I cannot, for the life of me, see how the honoured name of England can gain aught by the travel of an Englishman, who at all times and in all places is compelled to stand the buffet from knaves that smell of sweat. (1888: 48)

Hier zeigt sich die Empörung eines imperialistischen wie temperamentvollen Abenteurers, der die Demütigungen, die Doughty erfahren hat, als Angriff auf

---

[45] Vgl. außerdem: Bishop 1960, Rogers 1987, Tabachnick 1987 sowie Tidrick 2010, die resümiert: „*Arabia Deserta* can be read as a passion [...]." (147)

[46] Als er sich etwa auf der letzten Etappe seiner Reise mit schwindender Kraft durch den glühenden Wüstensand schleppt, mutet die Szene an wie der Kreuzweg Christi: „the sand was burning under my bare feet, so that after every few steps I must fall on my knees to taste a moment's relief." (AD II: 499)

[47] Auch Hogarth sieht in Khalîl eine Inszenierung des biblischen Menschensohnes allein unter Feinden, wie er im Buch Isaiah (53:5) beschrieben wird: „[T]he hero of the narrative is presented [...] as Son of Man; reading one is haunted by the familiar words, 'He was despised and he was rejected, a man of sorrows and acquainted with grief'." (1928: 132)

Englands Würde insgesamt empfindet. Als Vertreter des britischen Weltreichs hat dieser es versäumt, die unzivilisierten, ‚stinkenden‘ Araber in ihre Schranken zu weisen. Der Mangel an Stolz und Männlichkeit, der sich für Burton in einem solchen Verhalten widerspiegelt, ist geradezu eine Schande für England.

Es stellt sich jedoch die Frage, ob hier nicht statt des Entwurfs eines viktorianischen Anti-Helden vielmehr ein ganz anderes heroisches Modell zum Zuge kommt. Mit der Rolle des einsamen Christen in dieser islamischen Höhle des Löwen scheint nämlich durchaus ein gewisser Heroismus intendiert zu sein, auch wenn es Khalîl an martialischem Gestus mangelt. Dies stellt auch Stephen Tabachnick in Bezug auf Burtons Kritik fest: „It does not seem to occur to him [Burton] that the Christian pacifist Doughty, by refusing to disguise himself, displayed a moral and physical courage that was comparable to Burton's own physical courage with a sword." (1993: 58)

Wie es scheint, funktioniert die Heldenrolle in *Arabia Deserta* anders. Sie basiert auf seiner unbeugsamen Standhaftigkeit und seinem Unwillen, selbst in den gefährlichsten Situationen von seinen Prinzipien abzuweichen. Er bewahrt stets die Contenance – eine ganz und gar britische Qualität – und beweist so stets *moralische* Überlegenheit gegenüber seinen Angreifern. Mit dieser Art der Selbstinszenierung scheint Doughty einer anderen, vor allem in literarischen Kreisen populären Strömung seiner Zeit zu folgen: Mitte des 19. Jahrhunderts begann sich das viktorianische Männlichkeitsideal des verwegenen Haudegens allmählich ‚abzunutzen‘ und alternative Modelle fassten vermehrt Fuß in Literatur und Philosophie. Insbesondere der Mann in der Rolle des asketischen Priesters bzw. Propheten schien das althergebrachte Modell des martialischen Abenteurers abzulösen:

> [M]any male writers who felt estranged from ascendant models of Victorian manhood – often by virtue or by their occupation as writers – could find in the prophet (as in the priest) a masculine role exempted from some of the stresses associated with traditional masculine identity, such as sexual prowess, martial virtues, and wealth. [...] [T]he prophet could form the model of an ascetic discipline, which would rival the strenuous (and more celebrated) psychic economies of the daring yet disciplined warrior-capitalist. (Adams 1995: 26f.)

Diese Aufwertung der Askese sowie das Konzept des *heroic prophet/priest* als alternatives maskulines Ideal sind auf den die viktorianische Kultur ganz maßgeblich beeinflussenden schottischen Historiker und Essayisten Thomas Carlyle und seine Vortragsreihe „On Heroes, Hero-worship and the Heroic in History" von 1840 zurückzuführen. Betrachtet man die sechs dort vorgestellten Heldentypen und davon insbesondere „The Hero as Priest", „The Hero as Prophet" sowie „The Hero as Man of Letters", finden sich erstaunliche Parallelen zu Doughtys Selbstinszenierung in *Arabia Deserta*. (vgl. Rogers 1987: 56ff.)[48]

---

48 Auch T.E. Lawrence vergleicht Khalîl in seinem Vorwort zur Neuauflage von *Arabia Deserta* mit einer prophetischen Figur: „He refused to be the hero of his story. Yet he was really the hero of his journey, and the Arabs knew how great he was. [...] They tell tales of him,

So stellt laut Carlyle etwa Aufrichtigkeit die Schlüsseleigenschaft dar, die allen Heldentypen gemein ist: „I should say sincerity, a deep, great, genuine sincerity, is the first characteristic of all men in any way heroic." (1907: 70) Diese Aufrichtigkeit und „honest plainness" (AD II: 237) betont auch Doughty wiederholt als ideale Eigenschaft eines Reisenden und grundlegende Tugend Khalîls.[49] Eben diese Ehrlichkeit ist es auch, die es ihm verbietet, sich zum Schein zum islamischen Glauben zu bekennen, um unmittelbarer Gefahr zu entgehen. (vgl. AD II: 362) Immer, wenn er aufgrund seines unverhohlenen Auftretens als Christ bedroht wird, führt er diese Geradlinigkeit und Offenheit für sich ins Feld: „Friends, I have said, I am come to you in no disguises; I have hidden nothing from you; I have always acknowledged myself a Nasrâny, which was a name infamous among you." (AD I: 274) Doch was nach Doughtys Maßgaben eine Tugend darstellt sowie ein Zeichen der Achtung gegenüber den Arabern, die er nicht wie Burton mit *dissembling* und *disguises* täuschen, sondern aufrichtig behandeln möchte, ist für diese eine unerträgliche Provokation. Immer wieder bewirkt diese ‚Unverfrorenheit' Khalîls Fassungslosigkeit und Empören: Dieser *Engleysy* ist nicht nur als Ungläubiger in islamischem Herrschaftsgebiet unterwegs – er wagt es auch noch, dies ungeniert zur Schau zu stellen.

Auch als ihm sein Freund Abdullah el-Kenneyny davon abrät, sich durch seine notorische Aufrichtigkeit weiterhin in Gefahr zu bringen, lässt sich Khalîl nicht beirren und belehrt diesen stattdessen über sein *Credo*, wonach ihn die universale Tugend der Wahrheit vor allen Übergriffen schütze:

> "And art thou, said he, an Engleysy? but wherefore tell the people so, in this wild fanatical country? [...] For are we here in a government country? no, but in the land of the Aarab, where the name of the Nasâra is an execration. A Nasrâny they think to be a son of the Evil One, and (therefore) deserving of death: an half of this townspeople are Wahábies." – "Should I not speak truth, as well here as in mine own country?" Abdullah: "We have a tongue to further us with our friends and to illude our enemies; and indeed the more times the lie is better than the sooth. [...]" – "I am this second year, in a perilous country, and have no scathe. Thou hast heard the proverb, 'Truth may walk through the world unarmed'." (AD I: 342)

Ganz dem Carlyleschen Heldenideal entsprechend sind Wahrhaftigkeit und Aufrichtigkeit die Kardinalstugenden Khalîls, für die er bereit ist, jedes Risiko einzugehen, und die zugleich eine Art universal gültigen Schutzbrief darstellen.

Es finden sich zudem noch weitere Gemeinsamkeiten, die Khalîl als *Carlylean hero* erscheinen lassen. Neben der Grundmaxime der unbedingten Aufrichtigkeit

---

making something like a legend of the tall and impressive figure, very wise and gentle, who came to them like a herald of the outside world. His aloofness from the common vexations of their humanity coloured their imagination." (1921: xx)

[49] Diese Eigenschaft wird Khalîl in *Arabia Deserta* regelmäßig attestiert, wie zum Beispiel in folgenden Textstellen: „[The Pasha] took me for a well-affected man that did nothing covertly." (AD I: 2); „Wellah, in Khalîl's talk is sincerity [...]" (AD I: 273), sowie: „Abdullah who heard me speak with a sincerity not common in their deceitful world, answered finally, with a sigh, sahih! 'The truth indeed.'" (AD II: 362)

und Askese waren die Heldenmodelle Carlyles – vor allem die Figuren des *hero-prophet* und *hero-priest* – stark geprägt vom protestantischen Märtyrerdiskurs aus Elisabethanischen Zeiten. Mit seinem passiven Helden Khalîl scheint auch Doughty auf das dort propagierte Heldenkonzept zu rekurrieren, das John Knott in *Discourses of Martyrdom in English Literature: 1563-1694* folgendermaßen beschreibt:

> [A] new kind of heroism, defined by the New Testament and based upon a willingness to affirm one's Christian identity and to suffer for it. [...] In this view, the highest form of action is the apparent inaction of enduring, with patience and composure, any physical and spiritual torment that may be imposed. (1993: 35)

Ein eben solches Erdulden bestimmt, wie zuvor gezeigt wurde, Khalîls Verhalten im ,Kella-Konflikt' mit Mohammed Aly sowie in allen weiteren Krisensituationen der Reise.

Doch gelegentlich steht er auch aktiv und mit nicht unerheblicher Heftigkeit für seine Haltung ein. Sein Verhalten erweist sich in solchen Momenten als widersprüchliche Kombination von passivem Erdulden und aufbrausender Impertinenz. Denn einerseits zeigt er sich zwar als christlicher Menschensohn, der den heidnischen Arabern mit exemplarischer Nächstenliebe begegnet und bei Auseinandersetzungen alle Ungemach gleichmütig erduldet. Andererseits verkündet er überall geradezu herausfordernd seine westlichen Ansichten und seine Glaubenszugehörigkeit, was als direkte Provokation aufgefasst wird.[50] Kommt es als Resultat zu einem Konflikt, beharrt er meist rigoros, aber friedlich auf seinem Standpunkt. Nur in einigen wenigen Konfrontationen lässt ihn der ,gerechte Zorn' die Beherrschung verlieren und er sich zu unbedachten, heftigen Reaktionen hinreißen – so etwa gegenüber dem Statthalter von Kheybar, Abdullah Sirûr, der ihn gegen seinen Willen in der Wüstenstadt festhält. Als Gefangener Abdullahs und in der ständigen Angst, in einer Seitengasse Kheybars hinterrücks von einem Wahabiten erschlagen zu werden, verbringt Khalîl seine Tage im Schutz des Audienzsaals des abwesenden Scheichs. Dabei zeigt er sich jedoch erstaunlich streitlustig, indem er den dort Hof haltenden Sirûr, den er aufgrund seiner sozialen wie ethnischen Abstammung von einem afrikanischen ,Gallasklaven' nicht als Vertreter des Scheichs akzeptiert, täglich düpiert und bei dessen Eintreten stets demonstrativ sitzen bleibt: „Only with this infamous slave I had forsworn all patience; it might seem imprudent, but to batter such spirits in breach was often my best defense. Whenever Abdullah entered the coffee-room his au-

---

[50] „They thought it like a despite that, a lone man in their midst, I should be so bold as to profess a strange religion [...]." (AD I: 394) Vgl. auch Rogers: „Khalil again and again puts his life at risk before the Arabs through his unwillingness to dissimulate Christianity or to cease arguing against the slave trade. In so doing he comes to exemplify the heroism and faith [...]; he is also the sagelike Victorian to undergo the extreme trials that the Old Testament prophets occasionally suffered – truly wandering in the wilderness, an outcast, scorned." (1987: 58)

dience, and even the Nejûmy, rose to the black village governor, and I remained sitting." (AD II: 116) Als Sirûr ihn daraufhin einmal zum Aufstehen zwingen will, um zumindest einem anderen Scheich Platz zu machen, lässt sich Khalîl von ihm nichts befehlen und nimmt auch sonst kein Blatt vor den Mund:

> "Room (cries the bellowing voice of Sirûr) for sheykh Sâlih, rise! make room, Khalîl, for the sheykh." – "Sâlih, I said, may find another seat." Abdullah, who felt himself a slave, might not, in such thing, question with the white Nasrâny; and Sâlih mildly let his lame weight down in the next place. Sirûr murmured, and barked, so I turned and said to him plainly, "I have wandered in many lands, many years, and with a swine such as thou art, I have not met in any place." (AD II: 117)

Wäre Sirûan nicht der Sohn eines Sklaven und generell unbeliebt gewesen, hätte diese öffentliche Beleidigung fatale Folgen haben können. Angesichts der zuvor geschilderten Angriffe auf Khalîl, denen weit weniger Provokation voranging, erscheint dieses plötzlich aggressive Verhalten nicht nur riskant, sondern auch widersprüchlich im Hinblick auf das sonst praktizierte, sanftmütige Ertragen jeglichen Übels. Nichtsdestotrotz entspricht diese paradoxe Kombination aus Duldsamkeit und Unverfrorenheit ganz der Rolle des Bekenners: „[S]uch form of heroism is paradoxical at its core. It demands both the courage to defy authority, to speak 'boldly', and the patience to suffer what that authority chooses to inflict." (Knott 1993: 35)[51]

Das viktorianische Heldenideal erfährt somit in *Arabia Deserta* eine neue, offensichtlich von Carlyle inspirierte, religiöse Spielart, die den Duktus der Prüfung beibehält, diese aber auf einer anderen Ebene stattfinden lässt. Nicht nur *physical*, sondern vor allem *spiritual endurance* sind hier essenziell. Gefahren für Leib und Leben spielen eine untergeordnete Rolle, wenn es gilt, auf moralischer und spiritueller Ebene zu triumphieren. Der Carlylesche Held geht nicht den Weg des geringsten Widerstandes, um sich Feindseligkeiten und körperliches Leid zu ersparen, sondern bleibt in seinem Verhalten stets den christlichen Maximen verpflichtet – möge es ihn auch noch so viel kosten. Im Rahmen dieser asketischen Selbstinszenierung spielen vor allem das selbstgewählte Exil und die dort stattfindende Selbstkasteiung eine zentrale Rolle, da sie das wahre Wesen eines Menschen freilegen, wie James Adams in seiner Monographie *Dandies and Desert Saints: Styles of Victorian Masculinity* (1995) beschreibt:

> [T]he aspiring saint or hero struggles to become "the total stranger", an alien to all human custom and ties, responsive instead solely to divine imperatives. The ascetic program aims at a mortification of the body that would purge not only the flesh and its desires but all that is merely circumstantial in one's identity, thereby discovering an integral selfhood removed from social life, even from human genealogy. (29)

---

51 Auch in dieser Hinsicht entspricht er also ganz dem Carlyleschen Helden, den stets eine gewisse ungestüme Wahrheitsliebe auszeichnet, eine „savage sincerity – not cruel, far from that; but wild, wrestling naked with the truth of things" (Carlyle 1907: 303).

Ganz in diesem Sinne betont auch Doughty in *Arabia Deserta* immer wieder die Tugenden des einsamen, entsagungsreichen Lebens in der Wildnis[52] und vergleicht es direkt mit dem Leben religiöser Einsiedler. In den Textpassagen über die quälend heißen Sommermonate in der Wüste thematisiert er eben jenen reinigenden Effekt, jenes *purging*, das dem Menschen fernab von aller Zivilisation und jedes Überflusses zuteil wird:

> The days passed by days in this weakness of famine, in forgetfulness of the distant world, and the wasting of life and body. The summer night's delightful freshness in the mountain is our daily repast; and lying to rest amidst wild basalt-stones under the clear stars, in a land of enemies, I have found more refreshment than upon beds and pillows in our close chambers. [...] And I mused in these nights and days of the old hermits of Christian faith that were in the upper desert countries – and there will rise up some of the primitive temper in every age to renew and judge the earth; how there fled many wilfully from the troublesome waves of the world, devising in themselves to retrieve the first Adam in their own souls [...]; religious asceticism is sharp surgery to cut away the very substance of man's faulty affections. (AD I: 473)

Hier ist ebenfalls explizit davon die Rede, dass Askese und Entbehrung den wahren Kern des Menschen freilegen. Obwohl Doughty an dieser Stelle augenscheinlich über die Eremiten aus alten Zeiten sinniert, ist ebenso offensichtlich, dass diese Textpassage vor allem auch seinem *self-fashioning* als „ascetic prophet or desert wanderer" (Adams 1995: 28) dient. Dieses unternimmt er an anderer Stelle sogar ganz ausdrücklich: In einem Gespräch mit den Fukara Beduinen, die in ihm einen Spion vermuten[53] und ihn immer wieder befragen, was der *wahre* Grund für seine beschwerliche Reise sei, bezeichnet Khalîl sich selbst als *Saîehh*, als Weltenwanderer im Namen Gottes, der freiwillig alles Weltliche hinter sich gelassen hat, um in der Wüste sich selbst und Gott zu begegnen:

> The presence of the Nasrâny in the land of the Aarab was an enigma to them; they put me to the question with a thousand sudden demands [...]. "Khalîl, say it once, what thy purpose is? Art thou not some banished man? Comest thou of thine own will, of have other sent thee hither? Khalîl loves well the Moslemîn, and yet these books be what? Also, he is not 'writing' the country as he has 'written up' el-Héjr and el-Ally?" I said, "I was living at Damascus and am a Saîehh; is not the saîehh a walker about the world? – and who will say him nay! also I wander wilfully." [...] Saîehh in the Mohammedan

---

52   Dementsprechend beschreibt er seine Freude darüber, dass er nach einem Jahr in der Wüste sein ganzes Hab und Gut auf dieser Welt in einem einzigen Bündel tragen kann: „[T]aking the great bags in my shoulders, I tottered back [...]; rejoicing inwardly that I might bear all I possessed in the world." (AD II: 334)

53   Der Verdacht und Vorwurf der Spionage finden sich bei zahlreichen Reiseberichten über Arabien, so auch bei Richard Burtons *Pilgrimage*: „'What business,' asked the Haji, 'have those reverend men with politics or statistics, or any of the information which you are collecting? Call yourself a religious wanderer if you like, and let those who ask the object of your peregrinations know that you are under a vow to visit all the holy places in Al-Islam. Thus you will persuade them that you are a man of rank under a cloud, and you will receive much more civility than perhaps you deserve,' concluded my friend with a dry laugh." (Burton [1855/56] 2008: 60)

countries is God's wanderer, who, not looking back to his worldly interest, betakes himself to the contemplative life's pilgrimage. (AD I: 273)

Tabachnick nennt diesen Modus der Selbstinszenierung unter Anspielung auf Doughtys späteres Gedichtepos „The Adam Cast Forth Theme"[54], wobei er diese Rolle Khalîls als Leitmotiv von *Arabia Deserta* begreift, das sich im *setting* der Wüste voll entfalte: Dort schlüpfe Doughty in die Rolle des „weary, fasting, outlawed Adam" (1981: 72), des ausgestoßenen Menschensohnes, der das Paradies verlässt, um sich den Prüfungen des Lebens zu stellen, und eine Art Pilgerfahrt der Läuterung und Selbstfindung antritt: „He has deliberately cast himself out of the Eden of Damascus in a long journey into hell, overcoming rough trials that he could never have found in the smoother Syria or Europe." (ibid.) Auch hier befindet sich der Reisende ganz in der Tradition des *Carlylean hero*. Denn solch reinigende Entsagung ziert und formt nicht nur den heldenhaften Asketen, sondern auch den „Hero as Man of Letters", dessen Authentizität und unabhängige Originalität sich erst in Isolation und Armut zeigen:

I will say rather that, for a genuine man, it is no evil to be poor; that there ought to be Literary Men poor,– to shew whether they are genuine or not! [...] To beg, and go *barefoot, in coarse woollen cloak with a rope round your loins, and be despised of all the world*, was no beautiful business; – nor an honourable one in any eye, till the nobleness of those who did so had made it honoured of some! [...] Pride, vanity, illconditioned egoism of all sorts, are bred in his heart, as in every heart; need, above all, to be cast out of his heart, – to be, with whatever pangs, torn out of it, cast forth from it, as a thing worthless. (Carlyle 1907: 261f.; Herv. KP)

Diese Textstelle Carlyles erscheint beinahe wie ein Echo der zuvor zitierten Einsiedler-Passage aus *Arabia Deserta* – oder eben umgekehrt.

Gegen die hier aufgeführten Parallelen zu Carlyles Heldenkonzept sprächen allerdings Doughtys Behauptungen, weder vor noch nach seiner Arabienreisen literarische Werke zeitgenössischer Provenienz gelesen, sondern diese vielmehr zugunsten älterer englischer Literatur stets völlig ignoriert zu haben.[55] Aufgrund dieser vermeintlichen intertextuellen Isolation wurde sein Werk oftmals völlig isoliert betrachtet und galt als „entirely outside the tradition of Victorian prose or poetry" (Batho und Dobrée 1938: 176). Doch bei näherer Betrachtung seines Schaffens zeigt sich, dass Doughty sowohl in *Arabia Deserta* als auch in späteren Werken sprachlich und thematisch Gemeinsamkeiten mit seinen Zeitgenossen aufweist. Der typische Fokus auf die Vergangenheit, wie er in der viktorianischen Mittelalterbegeisterung und bei den Prä-Raffaeliten festzustellen war, sowie der religiöse Enthusiasmus Letzterer finden sich ganz prägnant in Doughtys Werken wieder:

---

[54] *Adam Cast Forth* (1908). Für weitere Parallelen der Motivik von *Arabia Deserta* und *Adam Cast Forth* siehe Tabachnick 1978.

[55] Vgl. Rogers: „[Doughty] prided himself on his deliberate isolation from the writers of his time." (1987: 54)

Pre-Raphaelite characteristics […] match Doughty's concerns perfectly: (1) 'medieval and religious enthusiasms seem to got alongside a missionary zeal to reform the age […]; (2) among the Pre-Raphaelites there was an attempt to directly assume the themes and dialects of the past; (3) the early Pre-Raphaelites had an intense concern with precise factual description of 'indiscriminate detail'; and (4) Victorians generally insisted on making Jesus' life and teaching more tangible and actual. (Tabachnick 1981: 41f.)

So gesehen stellen Doughtys Werke keine Ausnahme, sondern vielmehr eine Variation der kontemporären Themen und Interessen dar, wie sie auch bei John Ruskin und William Morris zu finden sind. Zudem ist wahrscheinlich, dass Doughty in jungen Jahren Carlyle rezipiert hat, zumal dieser während jener Zeit, in den 1850er und 1860er Jahren, den Zenith seiner Bekanntheit erreicht hatte. (vgl. Rogers 1987: 49)

Das biblische *setting* der arabischen Wüste in *Arabia Deserta* wird also um einen Carlyleschen Helden ergänzt, der seine Abenteuer ganz im Zeichen seines christlichen Glaubens bewältigt. Diese Selbstinszenierung findet ihren Anfang bereits bei Doughtys Wahl seines *nom du champ*. Denn der Name *Khalîl* ist nicht bloß das phonetische Äquivalent zum englischen *Charles*, sondern hat insbesondere auch symbolische Bedeutung. Es steht im Arabischen für ‚Freund' und verweist auf Abraham, der im Koran den Beinamen *al-Khalîl* trägt, was ‚Freund Gottes' bedeutet.[56] Mit diesem sprechenden Namen versehen, der im Text immer wieder herausgestellt wird, wird der Reisende zu einer allegorischen Figur, „a kind of allegorical Everyman" (Tabachnick 1981: 48), der in der Wüste die ultimative Prüfung von Glauben, Opferbereitschaft und Leidensfähigkeit durchläuft – ganz in Anlehnung an die Prüfungen Abrahams in der Bibel.

Im Erdulden dieser Prüfungen und in seiner heroischen Wahrheitsliebe schießt Doughty jedoch bisweilen auf beinahe masochistische Weise über das Ziel hinaus. Die ihm entgegengebrachte religiöse Feindseligkeit war vor allem auch deshalb so stark ausgeprägt, da er von allen arabischen Bezeichnungen für Christen bzw. Ungläubige die schmählichste wählte[57] und diese wie eine Zielscheibe vor sich hertrug: „[He] called himself by the name of most contempt, *Nasrany*. He would have fared better, and been not less honest […] had he avowed himself in-

---

[56] Vgl. AD I: 446; II: 614; Abraham (Ibrahim) gilt nicht nur im Christen- und Judentum, sondern auch im Islam als Stammvater und Prophet des „einen Gottes". (Sure 2:135). Die Wahl dieses Namens könnte somit auch dahingehend gedeutet werden, dass Doughty damit an den gemeinsamen Ursprung von Christentum und Islam erinnern wollte, um als Christ auf mehr Toleranz zu stoßen. Dementsprechend nannte Mohammed Aly Doughty auch lieber bei diesem Namen: „[I]t lay much upon his conscience to name the Nasrâny *Khalîl*, and he made shift to call me, for one Khalîl, five times Ibrahîm." (AD I: 91)

[57] Vgl. beispielsweise AD II: „I said 'I come now from Boreyda, and am a hakim, an Engleysy, a Nasrâny; I have these papers with me; and it may please thee to send me to the coast.' Zamil perused that which I put in his hand: as he read, an uneasy cloud was on his face, for a moment! But looking up pleasantly, 'It is well, he responded; in the meantime go not about publishing thyself to the people, 'I am a Nasrâny;' say to them, 'ana askary, I am a (runaway Ottoman) soldier.'" (338)

stead a *Messihi*." (Hogarth 1904: 272) Die arabische Bezeichnung *Messihi*, abgeleitet vom hebräischen *Messiah*, gilt als neutrale Bezeichnung für Christen im Gegensatz zum pejorativen Begriff *Nasrâny*, der auch in *Arabia Deserta* stets wie ein Schimpfwort benutzt wird.[58] Es zu wagen, sich im fanatischen Nejd offen als Christ zu präsentieren und zudem noch selbst als ‚Nasrâny' zu bezeichnen, kam für viele Araber einer ultimativen Provokation gleich.[59] Dass Doughty sowohl auf seiner Reise als auch in seinem Reisebericht diese schmähliche Bezeichnung wählt, lässt sich als Entsprechung seiner Selbstinszenierung als Märtyrer deuten sowie als Trotzreaktion: „The Arabs thought him a contemptible Nasrâny; very well, a Nasrâny he would be, to the death if necessary." (Bishop 1960: 68)

Entsprechend dieser unterlegten Handlungsstruktur der Prüfung wird Khalîl auf seiner Reise wiederholt in Versuchung geführt, den schmachvollen Titel des *Nasrâny* zugunsten sofortiger Erlösung von allem Ungemach abzulegen. Immer wieder wird er aufgefordert, den islamischen Glauben anzunehmen – wenn auch nur zum Schein. Ein einfaches, gesprochenes Glaubensbekenntnis und alle Feindseligkeit, alle Gefahr wären gebannt. Diese Situationen muten an wie die Versuchung Christi in der Wüste: Christus müsste sich nur zum Teufel bekennen und alles Leid wäre vorbei und er der Herrscher der Welt. Khalîl müsste nur Allah als einzigen Gott proklamieren und alle würden ihn mit Freuden ihren Bruder nennen. Ganz als derartige Versuchung inszeniert zeigt sich Khalîls Rückkehr in die Wüstenstadt Hayil. Die Torwache weigert sich, den unbelehrbaren Christen abermals in die Stadt hineinzulassen, sofern er nicht endlich seinem Glauben abschwöre: „Only become a Moslem, and we would all love thee; but we know thee to be a most hardened Nasrâny. – Khalîl comes (he said to the bystanders) to dare us! A Nasrâny here in the land of the Moslemîn!" (AD II: 256) Die aufgebrachte Menschenmenge ist nach diesen Worten schnell bereit, Khalîl zurück in die Wüste zu jagen oder – besser noch – gleich zu erschlagen. Es sei denn, er gibt nach.

---

[58] Vgl. Doughtys eigene Aussage: „The most fanatic and wild Mohammedan region lay before me, where the name of Nasrâny is only wont to be said as injury;" (AD I: 210) Bei seiner Audienz bei Ibn Rashid wird sodann die höflichere Bezeichnung für Christen erwähnt: „The Emir said further, 'So you are Mesîhy?' that was a generous word! he would not call me by the reproachful name of Nasrâny." (AD I: 590f.); vgl. außerdem AD II: 342. Diese pejorative Wortbedeutung rührt daher, dass der Plural ‚Nasara' die bevorzugte Bezeichnung der Christen in denjenigen Suren des Korans ist, in welchen das Christentum verdammt wird. (vgl. de Blois 2002: 15)

[59] Umso provokativer muss das oxymorische *Khalîl Nasrâny* für die Araber angemutet haben, denen sich Doughty somit *de facto* als „Freund Christenschwein" vorgestellt hat. Eine Kollokation, die sehr schön die Haltung und das Konzept von Doughtys Auftreten in Arabien zusammenfasst: Er kommt als Freund in der Rolle des verhassten Feindes – beide Haltungen untrennbar miteinander verbunden. Nun ist es am Gegenüber zu entscheiden, wie er ihm begegnet, ob mit Hass oder Akzeptanz. Doughtys persönliche Identifikation mit diesem arabischen Namen war dabei stark ausgeprägt: Seine spätere Frau sollte ihn lebenslang bei diesem Namen rufen und er selbst nannte seine Tochter Dorothy in einem *nursery rhyme*, den er zwanzig Jahre nach seiner Arabienreise für sie dichtete „Bint Kahlila" – Tochter von Khalîl. (vgl. Taylor 1999: 217; 255)

Einige wohlmeinende Araber bedrängen ihn daher, seinen Glauben zu verleugnen, um dieser prekären Situation lebend zu entkommen:

"Only seem to consent with them, lest they kill thee; say 'Mohammed is the apostle of Ullah', and afterward, when thou art come into sure countries, hold it or leave it at thine own liking. This is not sin before God, when force oppresses us, and there is no deliverance! [...] Eigh! There will be some mischief; only say thou wilt be a Moslem, and quit thyself of them. Show thyself now a prudent man, and let me not see thee die for a word" [...] "Come, Khalîl, for one thing, said Zeyd, we will be friends with thee; say, there is none God but the Lord and His apostle is Mohammed: and art thou poor we will also enrich thee." – "I count your silver as the dust of this méshab [castle of Háyil]: but which of you miserable Arabs would give a man anything? Though ye gave me this castle, and the beyt el-mâl [treasure house], the pits and the sacks of hoarded silver which ye say to be there-in, I could not change my faith." – "Akhs akhs akhs akhs!" was uttered from a multitude of throats: I had contemned, in one breath, the right way in religion and the heaped riches of this world! and with horrid outcries they detested the antichrist. (AD II: 257)

Khalîl lässt sich nicht umstimmen und zeigt dabei abermals die für ihn typische Mischung aus Impertinenz und Opfergebaren.[60] Er ist seinen Überzeugungen eisern verpflichtet und seine Verachtung für die islamische Religion ist zu groß, was er in einer ähnlichen Situation deutlich macht:

"But wherefore, said they, proclaim thyself Nasrâny? this thou mayest do at Damascus, but not in Nejd, where the people having no notice of the world, it will endanger thee." And as we drank round, they bade me call myself a 'Misslim'", and in my heart be still of what opinion I would, (this indulgence is permitted in the koran to any persecuted Moslemîn) words not far from wisdom; and I have often felt the iniquitous fortune of travelling thus, an outlawed man (and in their sight worthy of death), only for a name, in Arabia. [...] but I could not find it in my life to confess the barbaric prophet of Mecca and enter, under the yoke, into their solemn fools' paradise. (AD I: 212)

Bei den Muslimen mag es in Ordnung sein, seinen Glauben wie ein unpassendes Gewand kurzzeitig abzulegen – mit der Rolle des christlichen Helden geht es nicht konform. Der Islam wird hier vorgeführt als rückgratlose Religion, deren ansonsten so glühende Anhänger ihren Glauben feige verleugnen, sobald Gefahr droht. Das erkennen sogar die Araber an und dementsprechend verkündet Amm Mohammed Nejûmy, Khalîls Freund und Beschützer in Kheybar, im Kaffeehaus lauthals: „'I have found a man that will not befriend himself! I can in no wise persuade sheikh Khalîl: but if all the Moslemîn were like faithful in the religion, I say, the world would not be able to resist us.'" (AD II: 202) Khalîls Prinzipientreue ringt sogar den Muslimen Respekt ab. Hier funktioniert Doughtys Selbstinszenierung ganz konventionell kontrastierend als leuchtendes Beispiel christlicher Standhaftigkeit vor dem finsteren *backdrop* muslimischer Gesinnungsschwäche.

Unerschütterlich und unbeugsam widersteht er somit auch der ultimativen Prüfung: der Notwehr angesichts tödlicher Bedrohung. Auf dem Weg nach Jidda

---

60 Siehe auch AD I: 507.

– empfindlich nah an Mekka – wird er von dem fanatischen Sâlem, der ihn um-
bringen und sein Kamel als Beute haben will, geschlagen und bedroht. Wie so
oft weigert sich Khalîl, den Islam zu bekennen – dieses Mal allerdings in akuter
Lebensgefahr und ohne vermittelnde Reisegefährten. Plötzlich scheint es unausweichlich, von seiner verborgenen Pistole Gebrauch machen zu müssen. Bereits
einmal zuvor hatte Khalîl in Erwägung gezogen, Waffengewalt einzusetzen, als
ihm treulose *rafîks* sein Kamel und seine Wasservorräte weggenommen hatten
und er kurz davor war, in der Wüste vor Erschöpfung und Durst zusammenzu-
brechen:

> Hard is this human patience! Showing myself armed, I might compel them to deliver
> the dromedary; but who would not afterward be afraid to become my rafîk? If I pro-
> voked them, they (supposing me unarmed) might come upon me with their weapons;
> and must I then take their poor lives? – but were that just? – in this faintness of body
> and spirit I could not tell; I thought that a man should forsake life rather than justice,
> and pollute his soul with outrage. (AD II: 270)

Damals nahm es Khalîl eher in Kauf, sein Leben zu verlieren, als seine Seele mit
der Sünde der Gewalt und des Mordes zu belasten. Und auch dieses Mal siegt
die Moral: Bis zum Äußersten getrieben, zieht er zwar die Waffe und richtet sie
auf seinen Peiniger, jedoch nur um sie, Griff voran, lammfromm seinem Angreifer auszuhändigen (AD II: 496).

Trotz solcher Momente offensichtlicher Selbstinszenierung als Opferlamm
zeigt sich hier auch eine gewisse *heroische* Selbstinszenierung, denn der Held der
Reise triumphiert im Umkehrschluss. Obgleich Khalîl aus den diversen Konfrontationen meist als Verlierer hervorgeht, bleibt er gemessen an westlichen wie
christlichen Moralvorstellungen stets der Sieger. Die Araber mögen über den
schwachen, hilflosen Engländer triumphieren, doch machen sie ihn so nur umso
mehr zum Helden.[61] Je aggressiver die Araber sich ihm gegenüber verhalten, des-
to (moralisch) überlegener erscheint Khalîl – als „saint […] who willingly subjects himself to higher laws than he expects those with whom he deals to obey".
(Bishop 1960: 63) Diese moralische weiße Weste fungiert als Kontrastfolie, neben der sich die verwerfliche Mentalität der Araber besonders finster abhebt:
„He practices ideal justice, even as a victim; they who prosecute him will not
even keep ordinary good faith." (ibid.)

Mit dieser letzten Prüfung ist sodann auch der Höhepunkt und krönende Abschluss von Khalîls Inszenierung als christlicher Märtyrer erreicht. Von seinem
Angreifer an den Hof des Scherifen von et-Tayif verschleppt – wovon sich dieser
irrtümlich eine Belohnung oder zumindest das Kamel des Ungläubigen versprochen hatte – kehrt der weit gewanderte und geprüfte Sohn Gottes als geschunde-
ner Mann zurück in die Zivilisation. Dort erfährt er letztendlich Gerechtigkeit,
erhält in einer Audienz beim Scherifen Anerkennung sowie das Versprechen ei-

---

[61] „In their eyes Doughty is beneath them; in ours, they are beneath him." (Bishop 1960: 63)

ner sicheren Heimreise. Von nun an steht er als Gast unter dessen Schutz und der Schurke Salêm muss sich bei ihm entschuldigen, was der Leser voller „delicious fairy-tale satisfaction" (Treneer 1968: 53) zur Kenntnis nimmt. Da sich Khalîl in erbarmungswürdiger Verfassung befindet, wird ihm von den Palastdienern ein Bad bereitet, er wird neu eingekleidet und seine Wunden werden versorgt – eine Prozedur, deren Beschreibung an die Salbung eines Märtyrers erinnert:

> The tunic was *rent* on my back, my mantle was old and torn; the hair was grown down under my kerchief to the shoulders, and the beard fallen and unkempt; I had *bloodshot eyes, half blinded*, and the *scorched* skin was cracked to the quick upon my face. [...] [T]he stalwart official *anointed* my face with cooling *ointments*; and his hands were as gentle as a woman's, – but I saw no breakfast in that hospice! After this he *clad* me, my weariness and faintness being such, like a block, *in white* cotton military attire; and set on my head a fez cap. (AD II: 506; Herv. KP)

Die biblisch anmutende Wortwahl sowie die emblematische Symbolik der Salbung und der weißen Gewänder, in welche sein geschwächter, ausgemergelter Körper gehüllt wird, zeichnen hier ein letztes, bedeutungsvolles Bild von Khalîl am Ende seiner Reise: Das blütenweiße Lamm Gottes, das alle Prüfungen auf sich genommen und mit Standhaftigkeit, Gottvertrauen und Nächstenliebe bestanden hat.

3.2 Das Paradox des agnostischen Märtyrers

Während dieses biblisch geprägte *self-fashioning* des Reisenden in *Arabia Deserta* bereits mehrfach als solches identifiziert und thematisiert wurde,[62] ist die Frage, weshalb gerade ein bekennender Agnostiker wie Doughty eine so betont christliche Rolle wählte, kaum diskutiert worden. Wird dieses Paradox überhaupt angesprochen, so geschieht dies meist im Zuge einer Kritik an Auftreten und Haltung des Reisenden, die als schlicht starrsinnig und lebensmüde abgetan werden.[63] Dieses widersprüchliche Verhalten jedoch allein auf eine offensichtlich renitente, masochistische[64] oder gar perverse Veranlagung des Reisenden zurückzuführen – Charisse Gendron spricht von Doughtys „masochistic sufferance of self-imposed trials" (1984: 146), Richard Burton von „imprudence and perverseness" (1888: 48) – scheint zu kurz gegriffen. Insbesondere im Rahmen der hier verfolgten Fragestellung nach der diskursiven Konstruktion vom Eigenen und Anderen haben solche Widersprüche und Unvereinbarkeiten im Selbstentwurf des Reisenden Indizcharakter von nicht zu unterschätzendem Wert. Denn was veranlasst einen

---

[62] Vgl. Bishop 1960, Tidrick 2010, Tabachnick 1987, Rogers 1987 etc.

[63] „His private belief amounts to a reserved and tolerant agnosticism; publicly, he puts himself in a position to incur the full weight of religious fanaticism. [...] The imitation of Christ, stripped of its sacramental character by unbelief, is slow suicide." (Bishop 1960: 68)

[64] „Arabia discovered in Doughty a masochistic streak that had been only latent before." (Tabachnick 1981: 69).

Reisenden, in der Fremde so dezidiert eine bestimmte Position einzunehmen, die er zu Hause ablehnt? Kommt in einem solchermaßen abweichenden, modifizierten Selbstbild eine Reaktion *auf* bzw. *mit* dem Fremden zum Tragen? Ist es unter Umständen das Ergebnis eines ‚Verrechnens‘ der eigenen Identität in einer Gleichung voll fremder Variablen? Oder ist es tatsächlich allein der Exzentrik eines ohnehin eigentümlichen Autors geschuldet?

In der Tat gibt all dieses scheinbar sinnlose Leiden für die Religion Anlass zu Verwunderung und Irritation, denn es war bekannt, dass Doughty Religion und Kirche eher skeptisch gegenüberstand und sich allein den Maximen von Vernunft und Humanismus verschrieben hatte: „My belief is that Humanity is the ultimate Religion of man; but that millenniums by likelihood must pass before that can be reached."[65] Diese Überzeugung wird paradoxerweise auch in *Arabia Deserta* mehrfach deutlich zum Ausdruck gebracht, was in eklatantem Widerspruch zur Märtyrerrolle Khalîls steht. Als er zum Beispiel in Boreyda von einer Araberin so ausdauernd verfolgt, beschimpft und mit Steinen beworfen wird, dass er sich in seiner Schlafkammer verbarrikadieren muss, wird dies folgendermaßen kommentiert: „I rose and put this baggage forth, and fastened the door. But I wondered at her words, and mused that only for the name of a Religion, (O Chimæra of human self-love, malice and fear!) I was fallen daily into such mischiefs, in Arabia." (AD II: 325)

All diese Unversöhnlichkeit und Schwierigkeiten wegen eines Hirngespinsts namens Religion – da muss sich nicht bloß Khalîl wundern, sondern auch der Leser: Warum bekennt er sich nicht zum Islam, *if it was only for a name?* Warum leidet er als Religionsskeptiker für den christlichen Glauben? Denn seine Skepsis und Ablehnung beschränken sich nicht allein auf den Islam. An einer Textstelle, in welcher der islamische Fanatismus sowie die miteinander um die Vorherrschaft ringenden Weltreligionen heftig kritisiert werden, wird auch die europäische Glaubenstradition wenig schmeichelhaft erwähnt, nur um letztlich das Konzept ‚Religion‘ insgesamt zu verwerfen und stattdessen den Humanismus als Alternative zu postulieren:

> And what seek we in religion? is it not a perfect law of humanity? *to bind up the wounds, and heal the sores of human life;* and a pathway to heaven. […] [R]ighteousness, justice, sanctity, spring naturally in the *human conscience*; they *are lent to the religions*: wherein divinity and human equity stand oft-times so far asunder that we might muse of a stone age in heaven! (AD II: 379f.; Herv. KP)

---

[65] In einem Brief an Edward Garnett, 8. April 1909 (zit. nach Hogarth 1928: 169). Siehe außerdem: Hogarth 1928: 132, Assad 1964: 118 sowie Doughtys *Word Notes* unter dem Stichwort ‚Religion‘: „Shall we not rather leaving these vanities go with an upright robust heart after the only reasonable Catholic religion *This is of perfect Humanity* […] How shall we find the Unknown God *Whom* hath no man seen. – R[eligion] leads into a world of riddles. Religions have desolated the world – they have brought wrangling and contention and most deadly wrongs." (zit. nach Robbins 1980: 96)

Hier zeigt sich Doughty explizit als atheistischer Humanist und auch an anderer Stelle ist von der „common religion of humanity" (AD I: 53) die Rede. Diesen Ausführungen zufolge machen sich Religionen lediglich all das zu Eigen, was in der menschlichen Seele und dem angeborenen Gewissen ohnehin bereits veranlagt ist und nehmen es für sich allein in Anspruch – und selbst dabei scheitern sie oft. Typisch für Doughtys ambivalente Haltung ist, dass er in diesem Plädoyer für den Atheismus kurioserweise äußerst biblische Phrasen verwendet. Seine Wortwahl erinnert hier an Psalm 147:3, welcher in der von ihm bevorzugten King James Bibel folgendermaßen lautet: „[The Lord] healeth the broken in heart, and bindeth up their wounds." Die Botschaft dieser Passage samt ihrem biblischen Echo ist dennoch eindeutig: *Humanitas* kann all das besorgen, was angeblich allein Gott bzw. der Religion vorbehalten ist.

Unter dem Kapitelstichwort „A Discourse of Religion" sinniert Khalîl gemeinsam mit seinem arabischen Freund Kenneyny über den Grund für die Entstehung von Religion und Fanatismus und kommt zu folgendem Schluss:

> Every religion, and were it anciently begotten of a man's conscience, is born of human needs, and her utterance is true religion; whether we adore a Sovereign Unity, Father eternal of all Power and Life, Lord of the visible and invisible, or (with shorter spiritual ken) bow the knees to the Manifold divine Majesty in the earth and heavens. Nations hold to their religions […] howbeit the verity of the things alleged cannot be made manifest on this side the gate of death. And everyone will stand to his hope, and depart to the Gulf of Eternity in the common faith; that to clearer sight may be but a quack-salving of the soul, a dark incongruous argument. But let us enter the indestructible temple-building of science, wherein is truth. (AD II: 381)

Religionen bedienen demnach lediglich die Sinnfrage des Menschen. Einen aufgeklärten, rational denkenden Menschen, der allein im „Tempel der (empirischen) Wissenschaften" nach der Wahrheit sucht, können solche Quacksalbereien nicht überzeugen. Dies ist an sich eine kaum überraschende Haltung angesichts Doughtys Profession als Geologe. Doch der auf der Reise sonst an den Tag gelegten Selbstinszenierung als Märtyrer stehen solche Textstellen unvereinbar gegenüber. Hinzu kommt, dass es hier Khalîl selbst – und nicht der Erzähler – ist, der im Gespräch mit einem Muslim Religiosität an sich verwirft; Khalîl, der immer wieder sein Leben riskiert, um seinem Glauben treu zu bleiben. Bei dieser kuriosen Form von Konfessionstreue scheint es folglich weniger um Religiosität denn um Prinzipientreue und kulturelle Selbst-Positionierung zu gehen.[66] Nicht zuletzt war das Christentum *der* prägende Einfluss in der Geschichte des Abendlandes und ist somit untrennbar mit der kulturellen Identität eines Europäers verknüpft.

---

[66] Ganz in diesem Sinne resümiert auch Treneer bezüglich Doughtys religiöser Überzeugung: „His Christianity is not a faith in a revelation, but a proud adherence to something beautiful in itself, and formative in the history of his people. […] He is a devout agnostic, with a racial respect for and a personal love of the name of Christ." (1968: 46)

Insbesondere bei Doughty, dessen Familie seit Generationen der Kirche diente und streng nach christlichen Moralvorstellungen lebte, ist eine solch identitätsstiftende Bedeutung des christlichen Glaubens nahe liegend. Für ihn war die Frage des Glaubens immer auch eine Frage der Identität: „The way in which he clung to the appellation 'Christian' suggests that the profession of Christianity, like his vocation to serve his country, was an element of identity so early and so deeply ingrained [...] that it could never be formally abandoned." (Tidrick 2010: 143) Insofern scheint Khalîls vehementes Bekenntnis zum christlichen Glauben angesichts einer fremden Kultur und ihrer fanatischen Religion vielmehr ein Gestus der Rückversicherung zu sein: eine Selbstbestätigung durch Abgrenzung zum Anderen einerseits sowie durch betonte Zugehörigkeit zum Eigenen andererseits. Das ostentative Auftreten als Christ kann dementsprechend als Selbstbehauptung auf Grundlage einer kollektiven Identität verstanden werden, anhand der Mitgliedschaft in einer geistigen und kulturellen Ordnung: der christlichen Religionsgemeinschaft. Ein Verleugnen des Glaubens – wenn auch nur zum Schein – wäre daher gleichbedeutend mit dem Verlust der eigenen Identität.[67]

Folglich wird auch in *Arabia Deserta* angesichts der Verunsicherung durch das Fremde „Selbstbehauptung [...] gewährleistet über eine nationale, religiöse, politische und kulturelle Identität, die Orientierung ermöglichte und die sich gerade an der selektiven Verarbeitung des Anderen durch Aneignung und Abgrenzung bestätigen ließ." (Kuczynski 1995a: 60) Der islamische Fanatismus, der Khalîl überall begegnet und eine solche Abgrenzung provoziert, lässt seine Religiosität essenziell werden. Sein Glaube wird so zum Kernmerkmal seiner Identität: „Once Doughty took a stand and refused to be a Moslem, he was in a polemic position of having to defend his faith and of having to accept his Christianity as the major portion of his identity." (Fernea 1987: 212) Seine Christlichkeit wird zum Schutzwall des Eigenen, das jede Annäherung an das Fremde, jedes *going native*, in die Schranken weist. In der expliziten, ausgestellten Rückbesinnung auf die eigene Religion bleibt das eigene Selbstverständnis somit stets intakt – umso mehr, da diese stets Anlass zu Konfrontationen gibt. In Form dieses beständig wiederholten (Religions-)Konfliktes werden so die Grenzen zum Anderen immer wieder in Erinnerung gerufen, reaktiviert und bestätigt.

Dieses Phänomen der plötzlichen Emphase der eigenen Angehörigkeit einer nationalen, kulturellen oder religiösen Gemeinschaft findet sich häufig in der Reiseliteratur. Die Rolle, die solche identitäts-stiftenden Zugehörigkeiten für den einzelnen Reisenden spielen, gewinnt direkt proportional an Bedeutung, je wei-

---

[67] Dementsprechend schreibt auch Hogarth über Doughtys Festhalten am Christentum: „A western man, in his view, could not apostatize and remain western, much less be still Briton; and he had 'a very uncomfortable opinion' of those of his countrymen who had made a show of conformity to Islam, such as Palgrave and Burton." (1928: 133)

ter er sich von der sicheren Enklave der Heimat entfernt.[68] Besonders Alleinreisende ohne heimische Reisegefährten, die der Rückversicherung und gegenseitigen Bestätigung der eigenen kulturellen Identität dienen könnten, berufen sich verstärkt auf ihre Nationalität und Heimatkultur. Sie inszenieren sich in ihrer Fremdbegegnung als typische Landsleute, als *travelling Englishmen*, so als wollten sie angesichts der Fremde nicht aus den Augen verlieren, wer sie sind, was das Eigene und was das Andere ist. Diesen Abgrenzungsmechanismus beschreibt T.E. Lawrence in seinem Vorwort zu *Arabia Deserta* und stellt diesen als paradigmatisch für Doughty fest: „In reaction against their foreign surroundings they take refuge in the England that was theirs. They assert their aloofness, their immunity, the more vividly for their loneliness and weakness." (Lawrence 1921: xx) Die Verweigerung, sich auf die fremde Kultur einzulassen, und das betonte Festhalten an der eigenen nationalen Identität markieren mithin ein Moment der Verunsicherung und Schwäche, das dadurch bekämpft wird, dass man sich kategorisch zu seinen eigenen Wurzeln bekennt. Ganz in diesem Sinne ist auch folgende berühmte Passage zu verstehen, in welcher Doughty betont, dass die erste Pflicht des Reisenden darin besteht, sich selbst treu zu bleiben:

> The traveller must be himself, in man's eyes, a man worthy to live under the bent of God's heaven, and were it *without a religion*: he is such who has a *clean human heart* and long-suffering under his bare shirt; it is enough, and though the way be full of harms, he may travel to the ends of the world. (AD I: 56; Herv. KP)

Obgleich Doughty hier die Rolle des humanistischen Agnostikers anpreist, war für ihn selbst die Religion essenzieller Bestandteil seiner Identität, da er seine Nationalität als Engländer untrennbar mit dem Christentum verknüpft sah. (vgl. Rogers 1987: 50) Somit wird die Religionstreue nicht zuletzt zur patriotischen Pflicht und zur Prüfung nationaler Integrität: „In *Travels in Arabia Deserta* the real importance of Christianity had been as a touchstone for Khalil's Englishness: what was important was that a man should follow the religion of his fathers." (Taylor 1999: 266) Doughtys Vorhaben, seinem Vaterland auf jedwede Weise zu dienen, findet sonach auch ideologischen Niederschlag. In seiner Standhaftigkeit und Prinzipientreue repräsentiert er das Ideal des britischen, christlichen Reisenden, der durch ehrbares Auftreten seiner Nation, Kultur sowie Religion zu gutem Ruf verhilft.[69] Dieses Bestreben, solchermaßen als Vorbild und Wegbereiter zu fungieren, wird in *Arabia Deserta* explizit formuliert: „And who comes after me may, I confide in God! find the (before reproachful) Christian name respectable

---

[68] So resümiert auch Kabbani bezüglich britischer Reisender des 19. Jahrhunderts: „The further from England one goes, the more necessary one's Englishness becomes to one." (1986: 88)

[69] Vgl. Doughtys Vortrag vor der *Royal Geographical Society*: „The peril in Mr. Doughty's case was increased by the fact that he never attempted to conceal his nationality and his faith. He was known everywhere as Engleysy and Nasrany – an Englishman and a Christian; [...] he claims to have by so doing made the name of Christian respectable, instead of abhorred, as it was before, in a vast stretch of country, and hence to have made the country easier to traverse for subsequent travellers." (Doughty 1884: 387)

over large provinces of the fanatical Peninsula." (AD I: 253) Dieser Wunsch sollte auch in Erfüllung gehen, wie der Jahrzehnte nach ihm reisende T.E. Lawrence bestätigte: „He was the first Englishman they [the Arabs] had met. He predisposed them to give a chance to other men of his race, because they had found him honourable and good. So he broke a road for his religion." (1921: xix)

Zusammenfassend lässt sich feststellen, dass in *Arabia Deserta* die Inszenierung des Reisehelden multiple Funktionen erfüllt und auf mehreren Ebenen gleichzeitig operiert. Zum einen findet eine Selbstinszenierung als heroischer Märtyrer in der Tradition Carlyles statt. Khalîl tritt als *English Christian Everyman* in Erscheinung, der tapfer allem Drangsal die Stirn bietet und alle Entbehrungen geduldig auf sich nimmt, um allegorisch über die Fremde und nicht zuletzt den eigenen Körper zu triumphieren.[70] Die Tugenden der Menschlichkeit und Nächstenliebe, der Aufrichtigkeit und Standhaftigkeit werden so an der Fremde erprobt und alle Hürden allein mit ihrer Hilfe überwunden. Dabei bezwingt und ‚meistert‘ Doughty die Fremde zwar nicht traditionell heldenhaft wie ein Richard Burton, dennoch zwingt er ihr seinen Willen auf. Allen Warnungen und Gefahren zum Trotz verstellt er sich nicht und erreicht so das angeblich Unmögliche: Als offen bekennender Christ zieht er mit den ‚gesetzlosen‘ Beduinen durch das fanatische Hinterland und besucht die Städte der Wahabiten, ohne dabei größeren Schaden zu nehmen. Khalîl beweist, dass man mit dem Einhalten gewisser universaler Gesetze von Menschlichkeit, Integrität und Aufrichtigkeit überallhin kommt. Wird er misshandelt und verfolgt, so markiert dies kein Scheitern seinerseits, im Gegenteil; vielmehr sind diese Situationen Ausdruck mangelnder Menschlichkeit der Fremden.

Im Zuge all dessen erweist sich Khalîl den Daheimgebliebenen als Vorbild britischer Integrität und christlicher Tugend, den Arabern als guter Mitmensch, seinen Nachfolgern als Wegbereiter in einem feindlichen Land sowie nicht zuletzt als Pionier der Forschung. Für diese hehren Ziele ist er bereit, zu leiden: „Clearly, Khalil is ready to suffer for scientific as well as spiritual matters, and can be seen as a nineteenth-century saint of science." (Tabachnick 1981: 84)

Sein Beharren auf der Rolle des andersgläubigen Außenseiters signalisiert einerseits, dass die Grenze zum Fremden – zwischen Ost und West, Muslimen und Christen, Fanatismus und Aufklärung – stets intakt bleibt. Andererseits wird eben jene Grenze zum Fremden bisweilen permeabel und beginnt zu verschwimmen. So sehr Khalîl auch als unangepasster Engländer und unbeugsamer Christ in seiner *Otherness* permanent demonstrativ herausgestellt wird, finden sich auch Passagen der Integration: *Khalîl going native*. Zwar tritt er in diesen Momenten nach wie vor als ausgewiesener Christ und somit als Außenseiter auf, dennoch wird die

---

[70] T.E. Lawrence schreibt in seinem Vorwort zu *Arabia Deserta* über Doughtys asketische Selbstdisziplin und seine Leidensfähigkeit: „We have all sometimes been weary in the desert, and some of us have been hungry there, but none of us triumphed over our bodies as Doughty did." (1921: xviii)

Frage der Religionszugehörigkeit in diesen Episoden plötzlich sekundär und das Gefühl menschlicher Gemeinschaft überwiegt. Diesen Episoden der Integration wurde in der Forschung bis *dato* relativ wenig Beachtung geschenkt.

4. „The foreigner intact"?[71]

And in truth if one live any time with the Aarab,
he will have all his life after a feeling of the desert.[72]

Die Reise im heroischen Duktus implizierte, wie bereits erwähnt, meist ein Austesten und Beweisen der eigenen Tugenden vor dem finsteren *backdrop* eines unzivilisierten, wilden Fremdraums. Der Held verlässt die Heimat – „a point that is not merely a geographical location but a stronghold of culture and tradition" (Kabbani 1986: 86) – und zieht in die Fremde, um dort verschiedene Prüfungen zu bestehen. Auch Khalîl verlässt mit Damaskus die ‚letzte Bastion' der Zivilisation und wagt sich in das gesetzlose Hinterland Arabiens, wo Stammesfehden und der Wahabi-Fanatismus regieren. Dort übersteht er beinahe zwei Jahre extremer Bewährungsproben für Leib und Gesinnung und geht aus dieser Erfahrung scheinbar gänzlich unverändert hervor.[73] Dies entspricht ganz dem Klischee des viktorianischen Reisehelden, wie Rhana Kabbani feststellt: „In order for the journey to be heroic, the traveller must return home having seen and overcome the alien world he has passed through, with the precepts of his culture intact, his moral vision unaltered, and his personality strengthened and confirmed by its trials." (1986: 86) Bei dieser Art des ‚heroischen Reisens' bleiben die Grenzen zwischen Eigenem und Fremdem stets intakt. Die fremde Kultur fungiert allein als Kontrastfolie – eine Veränderung der gefestigten Persönlichkeit des Reisenden sowie seiner bewährten Werte und Prinzipien vermag sie nicht zu bewirken.

In seinem Vorwort zu *Arabia Deserta* bezeichnet T.E. Lawrence Reisende, die so dezidiert sich selbst treu bleiben, als „the cleaner class" – gegenüber jenen, die sich anpassen – und Doughty als „a great member" derselben (1921: xx). Reisende dieser Façon präsentieren sich in der Fremde als einsames Monument ihrer Heimatkultur und brillieren mit ihren mitgebrachten Tugenden, die selbst die Fremdbevölkerung beeindrucken: „They impress the peoples among whom they live by reaction, by giving them an ensample of the complete Englishman, the foreigner intact." (ibid.) Für diese kulturell fest verwurzelten Reisenden kommt ein *going native* nicht in Frage, vielmehr demonstrieren sie stolz ihre Andersartigkeit. Wie Christoph Bode bezüglich Alexander Kinglakes Orient-Reise so tref-

---

[71] Lawrence 1921: xx.
[72] AD II: 450.
[73] Vgl. auch Assad: „Doughty who emerged from Arabia was substantially the man who entered it." (1964: 131)

fend formuliert: „[D]er Ertrag der Reise besteht vor allem darin, daß sie ihn den Wert der abendländischen Traditionen und abendländischen Eigenschaften, speziell aber der englischen, erst so recht erkennen läßt. Man steckt sich nicht an durch Kontakt." (1997: 63) Der andere – weniger ‚reine' – Typus Reisender hingegen tut genau das:

> [They] feel deeply the influence of the native people, and try to adjust themselves to its atmosphere and spirit. To fit themselves modestly into the picture they suppress all in them that would be discordant with local habits and colours. They imitate the native as far as possible, and so avoid friction in their daily life. (Lawrence 1921: xx)

Nun scheint Lawrences Einschätzung bezüglich Doughty zunächst durchaus zutreffend: Jener passt sich nicht an und unterdrückt keinerlei unliebsame Eigenschaften, um Reibung zu vermeiden. Hier lohnt jedoch genaueres Hinsehen. Denn obwohl in der Forschung bisweilen behauptet wird, dass Doughty durchgehend das typisch imperialistische Überlegenheitsdenken und die damit verbundene Distanz zur fremden Kultur aufweist (vgl. Assad 1964, Kabbani 1986), finden sich in seinem Reisebericht durchaus Passagen, die ein *going native* dieses so ‚intakten' Reisenden vermuten lassen.

4.1 *Khalîl* going native

Als rotblonder Engländer, der sich allenthalben als Christ vorstellt, hält Khalîl die Grenze zur Fremde und ihren Bewohnern stets pointiert aufrecht. Dennoch finden sich in *Arabia Deserta* ganze Abschnitte, in welchen er sich als einer von ihnen zu betrachten scheint. Sie handeln zum Beispiel vom Einzug in die Wüste mit dem Beduinenscheich Zeyd sowie von den heißen Sommermonaten, die Khalîl dort mit den Nomaden verlebt. Diese Reiseetappen umfassen mit den Kapiteln 8 bis 21 den Großteil des ersten Bandes von *Arabia Deserta* und beinhalten trotz aller Entbehrungen des Wüstenlebens idyllisch anmutende Passagen über das harmonische Leben in der Gemeinschaft der Beduinen:[74]

> Pleasant is the sojourn in the wandering village, in this purest earth and air, with the human fellowship, which is all day met at leisure about the cheerful coffee fire, and amidst a thousand new prospects. Here, where we now alighted, is this day's rest, tomorrow our home will be yonder. (AD I: 244)

Khalîl zeigt sich hier nicht als Einzelperson, die sich allein gegen eine feindlich gesinnte Umwelt behaupten muss, sondern er ist Teil des Stammes. Die zuvor signalisierte Distanz und Isolation des Reisenden werden aufgehoben, indem in solchen Momenten in den Modus der Ich-Erzählung gewechselt wird. Zudem ist

---

[74] Tidrick spricht diesbezüglich von „passages of great tenderness" (2010: 150), räumt jedoch gleichzeitig ein, dass diese mit ebenso häufig zu findenden „expressions of the most savage malice" (ibid.) gegenüber den Beduinen konkurrieren.

dort plötzlich mehrfach von einem „Wir" die Rede, das sich nicht mehr ganz selbstverständlich auf Erzähler und westliche Leserschaft – im Sinne von „wir Europäer/wir Engländer" – bezieht, sondern auf Khalîl und die anderen Stammesmitglieder: „wir Beduinen". Dies zeigt sich auch in folgender Textpassage, die wegen ihrer stilistischen Qualitäten für gewöhnlich als Musterbeispiel für Doughtys atmosphärische Prosa dient. Primär von Interesse sind an dieser Stelle die Gefühle von Harmonie und Integration, die dort ebenfalls zum Ausdruck kommen:

> Now longwhile our black booths had been built upon the sandy stretches, lying before the swelling white Nefûd side [...]. The summer's night at end, the sun stands up as a crown of hostile flames from that huge covert of sandstone bergs; the desert day dawns not little and little, but it is noontide in an hour. The sun, entering as a tyrant upon the waste landscape, darts upon us a torment of fiery beams, not to be remitted till the far-off evening. [...] This silent air burning about us, we endure breathless till the assr [afternoon]: when the dazing Arabs in the tents revive after their heavy hours. [...] The day is done, and there rises the nightly freshness of this purest mountain air: and then to the cheerful song and the cup at the common fire. The moon rises ruddy from that solemn obscurity of jebel [mountain] like a mighty beacon: and the morrow will be as this day, days deadly drowned in the sun of the summer wilderness. The rugged country eastward, where we came in another remove, was little known to our Beduins; only an elder generation had wandered there: and yet they found even the lesser waters. We journeyed forth in high plains, [...] and in passages, stretching betwixt mountain cliffs of sandstone, cumbered with infinite ruins of fallen crags, in whose eternal shadows we built the booths of a day. (AD I: 323)

Hier wird ein eindrückliches Bild der Sommerhitze in der Nefud-Wüste gezeichnet, das zeigt, wie hervorragend Doughty es vermag, mit den verschiedenen Registern von Sprache – Rhythmus, Alliteration und Metapher – Stimmung zu erzeugen. Doch auch inhaltlich ist diese Textstelle bedeutsam, denn sie berichtet vom *gemeinsamen* Ertragen der gnadenlosen Hitze in der Wüste und der *geteilten* Erlösung und Erholung am abendlichen Feuer in der heiteren Gesellschaft von Zeyd und den Fukara-Beduinen. Hier ist nicht von „dem Fremden" oder „dem Christen" die Rede, der wie sonst aus der Beobachterposition das Geschehen und sich selbst gleichsam von außen beschreibt. Khalîl wird vom Außenseiter zum Teil der Gruppe, was sich auch sprachlich niederschlägt. Das Gefühl der Verbundenheit scheint so stark, dass nun nicht mehr *die* Beduinen *ihre* Zelte aufstellen, sondern *wir unsere* Zelte errichten. Es ist ein Wir, eine Gemeinschaft, die durch die Wüste zieht und gemeinsame Freunde und Feinde hat: „The day after, for dread of night thieves, *we* joined *our* menzil [camp] to Thâhir's, which was in face of the upper spring. *Our* housewives would build their tents near the water [...]." (AD I: 486; Herv. KP). Der Erzähler wählt hier abermals Possessivpronomen der ersten Person Plural, wie sie nur ein Stammesmitglied verwenden würde und die sich in diesem Fall sogar auf die Ehefrauen erstrecken. Die zuvor gepflegte Distanz wird aufgehoben, die gezogene Grenze zwischen dem Selbst und den Anderen durchlässig. Besonders nach der Lektüre der ersten 400 Seiten des

Werkes, in dem stets nur von „*the* Arabs/Beduins“ und „*the* Nasrâny stranger“ die Rede ist, ist dieser Wechsel in Perspektive und Erzählmodus eklatant.[75]

Auch die Beduinen betrachten Khalîl alsbald als einen der Ihren: Die Kinder nennen ihn „Uncle Khalîl“ (AD I: 523) und man will ihm wiederholt eine beduinische Frau vermitteln, damit er ganz zu ihnen gehört. Hierfür bietet sich sogar Hirfa an, die Frau Zeyds, die diesen verlassen hat und zu der man ausgerechnet Khalîl als Streitschlichter schickt, da seine Meinung inzwischen Gewicht hat in der Gemeinschaft der Nomaden. Nur noch von einigen wenigen wird er aufgrund seines Glaubens angefeindet, doch diese lenken zumeist schnell ein – der gnadenlose Sommer lässt wenig Energie für Glaubensstreitigkeiten. (vgl. AD I: 488f.) Wenn nun von Religion die Rede ist, so geschieht dies in heimeliger Runde am abendlichen Lagerfeuer, wo die Beduinen Khalîl mit kindlicher Naivität und Neugier über die Sitten der Christen ausfragen:

> When I spoke with the Beduins words out of the common human conscience, which are for every time under all the aspects of heaven, they heard with a pleased wonder and responded with a comely gravity, aleynak sâdik: "Thy saying is very good sooth." […] In our firelight evening talk, the Aarab asked of me a hundred questions; which ever, like the returning wheel, reverted to that which possesses their Semitic souls, the sentiment of religion. […] [C]hiefly they admired, when they heard of me the good manners of the Christians. "We have asked Khalîl (they said) the suâlif [tales] of the Nasâra; and wellah they whom we esteemed kafirs, are God-fearing wellah more than we which are named the people of Ullah: neither is Khalîl hostile, whatso any man say, but of one mind with the Aarab." (AD I: 445)

Der Religionsdiskurs, der sonst stets zum Konflikt führt, fällt hier friedlicher aus.[76] Auf Augenhöhe erläutert Khalîl die christlichen Werte und die Beduinen können nicht umhin, so resümiert der umsichtige Erzähler, diese anzuerkennen. Mithilfe von „words out of the common human conscience" (ibid.) überbrückt Khalîl alle Religionsunterschiede. Die Glaubensfrage wird dabei zwar niemals völlig *ad acta* gelegt, ein Grund, ihm nach dem Leben zu trachten, ist sie indes nicht mehr.[77] Dafür ist er bereits zu sehr einer der Ihren. Dennoch vergisst Khalîl nie – und der Erzähler lässt es den Leser ebenso wenig vergessen –, dass er sich grundsätzlich unter Fremden und in einer potenziell lebensgefährlichen Lage be-

---

[75] Vgl. außerdem weitere Textstellen, in welchen sich Doughty explizit mit den Beduinen identifiziert und sprachlich zu ihnen zählt: „More of our Beduins came in the morning, and among them Zeyd." (AD I: 508), sowie: „After nightfall I went to seek our Beduin company among the palms; […] our tribe held the country we were all gone down unarmed." (AD I: 515)

[76] Vgl. ebenso AD I: 394.

[77] So bedauern die Beduinen allenthalben den ‚Irrglauben' und die mangelnde Erleuchtung eines so standhaften Mannes wie Khalîl: „But have we not heard it told of them that the Nasâra are upright men, of such good faith in their idolatry, that pity is they be not enlightened? If this man converted he would make a good Moslem; the Christian blood also was better than their own, so that any of us entering the religion became wellah the sherif.'" (AD I: 394)

findet. Das zeigt sich etwa in folgendem Erzählerkommentar: „Beduw have little or no conscience in what violence they do abroad. Thâhir, who became now my 'uncle' and homely friend, had as likely been my murderer had he met with me before in the wilderness!" (AD I: 487) Solche Hinweise auf die blutrünstige Natur der Beduinen dienen dabei jedoch primär der Darstellung der allgemeinen Gefahr, in die sich der Reisende begibt. Sie schaffen es nicht, die vorherrschende Atmosphäre von Eintracht und Freundschaft gänzlich zu unterlaufen.[78]

Die Beduinen zeigen sich im Gegenzug beeindruckt von Khalîls Mut und seiner Anpassungsfähigkeit an das harte Wüstenleben. Es erfüllt sie mit Stolz, dass ein *Engleysy* beginnt, ihre Sitten und Gebräuche zu imitieren. So berichtet Doughty, wie ihn die Beduinenscheichs bei der Handhabung seines Kamels beobachten und ihn anerkennend einen *Beduwy* nennen:

> I went to keep my nâga [camel] a mile or two higher in the valley. Having hoppled the fore-legs with a cord, I loosed her out in the Beduin manner [...] mounting upon her bare croup I rode homeward. But the sheukh laughed, where they sat in the mejlis tent, to see the stranger come riding by them in the herdmen's manner: "Look! I heard them say, wellah Khalîl is become altogether a Beduwy." (AD I: 495)

Hier wird zwar auf Khalîl auch als „the stranger" Bezug genommen, doch dient dies mehr der Betonung des Umstands, dass eben ein solcher Fremder ganz und gar Beduine geworden ist und selbstverständlich im Nomadensitz *heimwärts* reitet.[79] Er hat das unerbittliche Wüstenleben so gut gemeistert, dass die Beduinen beginnen, die Engländer insgesamt für ein Nomadenvolk zu halten: „These Beduins, seeing me broken to the nomad life, enquired: 'were all my people Beduw?'" (AD II: 307) Als er nach einigen Wochen der Trennung wieder auf Zeyd und Hirfa – seine ersten nomadischen Reisegefährten – trifft, bemerken diese erstaunt, wie sehr seine Umgangsformen inzwischen den ihren entsprechen: „I greeted him, and also the housewife behind the curtain, '*gowwich Hirfa*, the Lord strengthen thee.' – Zeyd answered: 'It is the voice of Khalîl, and the words of a Beduwy.'" (AD I: 353) Es zeigt sich also, dass sich Doughty in gewissen Dingen durchaus sehr erfolgreich angepasst hat.[80] Nach den langen Sommermonaten im Verbund der Beduinenstämme sind sein Auftreten und vor allem sein Arabisch so nomadisch geprägt,

---

[78] Vgl. außerdem AD I: „Thus a man in trust or having anything to lose of his own, must converse with the men of rapine that are Beduins from home; he must watch their sliding faith, lest they who are in seeming and pleasant words your friends, an occasion being given before you have eaten together, should suddenly rise upon you as enemies." (367) Jedoch bezieht sich die hier angesprochene Unberechenbarkeit auf das Verhältnis der Beduinen verschiedener Stämme untereinander, nicht auf ihr Verhalten gegenüber Khalîl.

[79] So resümieren die Scheichs an späterer Stelle: „Khalîl is no novice, he is like one of the Beduw." (AD I: 503)

[80] Dennoch findet sich in Rezeption und Forschung wiederholt das Urteil, dass Doughty völlig unangepasst und arrogant gegenüber der arabischen Kultur auftrat, vgl. beispielsweise Burton 1888, Bishop 1960 und Kabbani 1986.

dass es bei seinen späteren Aufenthalten in Wüstenstädten Aufsehen erregt und ihn mitunter deshalb willkommen sein lässt – so etwa in Aneyza:

> There was a salesman who, as often as I passed-by his shop, was wont to murmur some word of fanaticism. One day, as he walked in the suk, we staid to speak with the same person; and when he heard my (Beduish) words, "Ha-ha! I will never believe, he cries, but that Khalîl is Arab-born, and no Engleysy! Trust me, he was bred in some Arabic land." And in this humour the poor man led me home to coffee: he was now friendly minded. (AD II: 397)

Khalîls ‚Beduinisierung' lässt seinen Status als Nasrâny in den Hintergrund treten und man verzeiht ihm seinen Irrglauben, da er sich in anderen Belangen den hiesigen Sitten beugt.[81] Hier scheint nun die Bezeichnung als *complete Englishman* bzw. *foreigner intact* wenig zutreffend.

Doch ließe sich die so zur Schau gestellte, gelungene Assimilation auch als Überlegenheitsgeste deuten, wie sie für den viktorianischen Reisenden typisch war. Denn Khalîls Reüssieren in den beduinischen Fertigkeiten und ihrer Lebensart geht so weit, dass er bisweilen als der ‚bessere Beduine' dargestellt wird.[82] Er hat sich so gut angepasst, dass er die Beduinen in ihren Fähigkeiten übertrifft; so zum Beispiel, als er mit Maatuk allein in der Wüste unterwegs ist und sie in der Ferne eine unbekannte – und somit potenziell feindlich gesinnte – Gruppe nomadischer Hirten sichten. Maatuk erkennt nicht, ob es ein befreundeter oder verfeindeter Stamm ist und zögert weiter zu reiten. Khalîl hingegen kennt sich inzwischen mit den verschiedenen Stämmen und ihren Erkennungsmerkmalen so gut aus, dass er sie sofort als verbündete Harb-Beduinen identifizieren kann:

> We espied a camel troop feeding under the mountain Genna, and crossed to them to enquire the herdsmen's tidings; but Maatuk, who was timid, presently drew bridle, not certainly knowing what they were. "Yonder I said, be only black camels, they are Harb;" (the great cattle of the south and middle tribes, Harb, Meteyr, Ateybân, are commonly

---

81 Khalîl lernt auch, sich wie ein Araber zur Wehr zu setzen, was eine Szene zeigt, in der ein Diener im Gasthaus von Hayil ihm statt einen guten Appetit (arab. *summ*) den Tod an den Hals wünscht: „[W]hen a boy of the Mothîf [guest-house] set down the dish […] before me, I thought he had said (in malice) *simm*, which is 'poison', and the child was not less amazed, when with the suddenness of the Arabs I prayed Ullah to curse his parentage." (AD I: 610) – Die Vorstellung einer Schimpftirade arabischer Manier samt Anrufung von Allah aus Khalîls Mund entbehrt nicht einer gewissen Ironie und mag nicht so recht zu dem sonst beschworenen Bild des christlichen Lamms unter Löwen passen.

82 Hierbei zeigen sich nun doch Parallelen zu Richard Burton, der sich ebenfalls als der ‚bessere Orientale' inszeniert und dabei seine Überlegenheit als studierter Orientkenner zur Schau stellt: „Sein [Burtons] Wissen erlaubt ihm aber nicht nur ein Orientale zu sein, wenn er es will, es ist ein *Super*-Orientale, weil er sich, *von außen kommend*, alles Orientalische *reflektiert angeeignet* hat, also *weiß*, was der Orientale bloß *tut*.[…] Indem Burton unter Orientalen den Orientalen gibt und keiner etwas bemerkt, ist er die *verkörperte Überlegenheit*." (Bode 1997: 88) Allerdings kann diese Überlegenheitsgeste in *Arabia Deserta* von vornherein nicht so pointiert ausfallen wie bei Burton, da Khalîl ja keine Verkleidung oder *disguise* darstellt, anhand derer Doughty versucht, für einen Orientalen gehalten zu werden.

swarthy of black, and none of them dun-coloured). Maatuk answered, it was God's truth, and wondered from whence had I this lore of the desert. (AD II: 281)

Er kann nicht nur Stammesangehörigkeiten auf einen Blick feststellen, er kennt auch den Ruf, der verschiedenen Stämmen vorauseilt und versteht es, sich ihre Fehden und Bündnisse zu Nutze zu machen. Nicht selten kann er dank dieses ‚Fachwissens' gefährliche Situationen entschärfen, wie etwa in der folgenden Episode in Khubbera:

It was near mid-day: and seeing but three persons sitting on a clay bench in the vast forsaken Mejlis [sheykhly council]; I went to sit down by them. One of these had the aspect of a man of the stone age; a wild grinning seized by moments upon his half human visage. [...] they began to ask me of my religion. The elf-like fellow exclaimed: "Now were a knife brought and put to the wezand [throat] of him! which billah may be done lawfully, for the Muttowwa [religious elder] says so; and the Nasrâny not confessing, la îlah ill' Ullah! pronounce, Bismillah er-rahman, er-rahîm (in the name of God the pitiful, the God of the bowels of mercies), and cut his gullet; and gug-gug-gug! – this kafir's blood would gurgle like the blood of a sheep or camel when we carve her halse: I will run now and borrow a knife." – "Nay, said they, thou mayest not do so." I asked them, "Is not he a Beduwy? but what think ye, my friends? says the wild wretch well or no?" – "We cannot tell: THIS is THE RELIGION! Khalîl; but we would have no violence, yes, he is a Beduwy." "What is thy tribe, thou sick of a devil?" – "I Harby." – "Thou liest! the Harb are honest folk: but I think, my friends, this is an Aûfy." – "Yes, God's life! I am of Aûf; how knowest thou this, Nasrâny? – does he know everything!" – "Then my friends, this fellow is a cut-purse, and cut-throat of the pilgrims that go down to Mecca, and accursed of God and mankind!" The rest answered, "Wellah they are cursed and thou sayest well: we have a religion, Khalîl, and so have ye." But the Aûfy laughed to the ears, ha-ha-hî-hî-hî! for joy that he and his people were men to be accounted-of in the world. "Ay billah, quoth he, we be the Haj-cutters." They laughed now upon him; and so I left them. (AD II: 412)

Diese Textstelle zeigt, wie gut Khalîl die Mentalität der Beduinen kennt und sich darauf versteht, ihre Vorurteile untereinander zu seinem Vorteil zu nutzen. Auf diese Weise gelingt es ihm öfters, die bei den Beduinen schnell umschlagende Stimmung mit Humor und Menschenkenntnis zu seinen Gunsten zu wenden.[83]

---

[83] Vgl. auch folgende Episode während Khalîls Aufenthalt bei Tollog und Motlog: „At evening there sat with us a young kinsman of Tollog's new wife. He was from another ferîj [nomad hamlet]; and having spoken many injuries of the Nasâra [Christians], he said further, 'Thou Tollog, and Motlog! wellah, ye do not well to receive a kafir in your beyts [tents];' and taking for himself all the inner place at the fire, unlike the gentle customs of the Beduins, he had quite thrust out the guest and the stranger into the evening air [...]. I exclaimed, 'This must be an Ageyly!' –They answered, 'Ay, he is an Ageyly! a proud fellow, Khalîl.' – 'I have found them hounds, Turks and traitors; by my faith, I have seen of them the vilest of mankind.' – 'Wellah, Khalîl, it is true.' – 'What Harby is he?' – 'He is Hâzimy.' – 'An Hâzimy! then good friends, this ignoble proud fellow is a Solubby! [a nomad hunter and tinker]' – 'It is sooth, Khalîl, aha-ha-ha!' and they laughed apace. The discomfited young man, when he found his tongue, could but answer, subbak, 'The Lord rebuke thee.' It seemed to them a marvellous thing that I should know this homely matter. [...] [R]oom was now made, and this laughter had reconciled the rest to the Nasrâny." (AD II: 294)

Eine gewisse Anpassung, Imitation sowie vor allem Identifikation des Reisenden mit der fremden Kultur – auch wenn sie teilweise dazu dient, seine überlegene Expertise auszustellen – ist demnach in *Arabia Deserta* durchaus festzustellen. Diese Annäherung ist jedoch allein auf die Beduinen beschränkt und erstreckt sich nicht auf die Araber der Städte. Ihnen gegenüber bleibt die Grenze intakt, während die Solidarisierung mit den Beduinen emphatisch hervorgehoben wird. So ist etwa Khalîls beduinisiertes Verhalten sowie das zum Ausdruck kommende Wir-Gefühl häufig dann besonders stark, wenn er sich mit ihnen in den Wüstenstädten aufhält.[84] Die Stadt wird dann als Negativ-Kulisse genutzt, vor welcher nicht, wie gewöhnlich, Khalîl allein als *misfit* in Szene gesetzt wird, sondern er gemeinsam mit seinen beduinischen Reisegefährten aus dem Rahmen fällt. Denn in den Städten sind diese ebenfalls Außenseiter und oftmals ungern gesehene Gäste: „[T]he settled folk in Arabian country are always envious haters of the nomads that encompass them, in their oases islands, with the danger of the desert." (AD I: 30). Diese Abneigung beruht indes auf Gegenseitigkeit: „[T]he nomads much despise the brutish behaviour of the towns-people." (AD I: 86) Khalîl positioniert sich hinsichtlich dieser beiden Standpunkte ganz eindeutig auf Seiten der Beduinen. Das liegt nicht zuletzt daran, dass die Nomaden toleranter sind als die Städter: „The oases villages are more dangerous; Beduin colonies at first, they corrupted the ancient tradition of the desert; their souls are canker-weed beds of fanaticism." (AD I: 56) Der Ehrenkodex und die Gastfreundschaft der Wüste sind in den Städten in Vergessenheit geraten. Die Städter sind geizig, verweichlicht und so gefährlich in ihrem Fanatismus, dass sie dem Fremden, selbst wenn er als von Allah gesandter und somit unantastbarer Gast zu ihnen kommt, Übles wollen.[85]

Die *ganz* Anderen, das sind also die *town Arabs*. Auf sie wird meist all das übertragen, was zunächst für alle Araber an negativen Vorurteilen, Klischees und Fremdzuschreibungen galt. Die Beduinen sind im Text zwar auch als Andere bzw. Fremde markiert, doch hier findet eine Annäherung, Solidarisierung bzw. Identifikation statt. Bei ‚seinen' Beduinen kann Doughty seine Pauschalurteile nicht länger unbedarft anwenden – das Verhältnis ist zu persönlich geworden. Doch bei den *town Arabs*, mit denen nur oberflächlicher und meist unerfreuli-

---

[84] So etwa beim Besuch der Wüstenstadt el-Ally: „A villager or two returning late home answered *our* salutation and came on friendly with *us Beduins*. The narrow ways of the tepid Hejâz town seemed to be full of a sickly sweetness […]. Should I abide in the town? Where all day the sweat fell in great drops from *our* foreheads, with a stagnant air, and the nights unrefreshed. In the oasis is food in abundance; but I chose to put back into the airy wilderness. Good old Tollog had said at my departure […] 'So *thou art a man to stay with the Beduw*, turn again, Khalîl, and remain with us until the new pilgrimage.'" (AD I: 478ff.; Herv. KP)

[85] „Indeed all town Arabs, among whom is less religion of guestship, are dangerous, when their heads are warm and their hearts elated, with arms in their hands." (AD I: 139). Diese Korrumpierung der Stadtaraber ist zudem schon in der Bibel überliefert, wie Doughty anmerkt: „The humanity of the Semitic salutations, turned in the towns to hypocrisy, is noted in the New Testament." (AD I: 433)

cher Kontakt stattfindet, funktioniert es noch, das Denken und (Ver)Urteilen anhand der mitgebrachten Kategorien.

Insbesondere im zweiten Band von *Arabia Deserta* wird die Opposition Stadt/Wüste verstärkt thematisiert, da Khalîl auf dieser Reiseetappe die Wahabi-Hochburgen Aneyza und Kheybar besucht und dort besonders brutale, lebensgefährliche Konfrontationen erlebt.[86] Zwar hat Khalîl auch an den Beduinen einiges auszusetzen, aber grundsätzlich befindet er sich bei ihnen unter Freunden: „I have never arrived at the nomad menzils [camps] without a feeling of cheerfulness, but I never entered a desert village without misgiving of heart; looking for Koran contentions, the dull manners of peasants and a grudging hospitality." (AD II: 300) Mit dieser Differenzierung bzw. Hierarchisierung von *Beduins* vs. *town Arab*s folgt Doughty gängigen Konventionen der Orient-Reiseliteratur, wie sie bei Carsten Niebuhr, Johann Ludwig Burckhardt und Constantin François de Volney zu finden sind.[87] In der Opposition Stadt/Wüste galt das westliche Wohlwollen traditionell den Wüstennomaden. Sie haben sich freiwillig für ein Leben in Freiheit, Einfachheit und Naturnähe entschieden, wohingegen den Stadtarabern alle Laster der Zivilisation anhaften, ohne dass sie je die des unzivilisierten, wilden Zustandes abgelegt hätten: „The Bedouin was esteemed superior to the [...] Arab city dweller [...] who had been exposed to outside influences, including Western material culture and ideas." (Melman 1992: 116) Diese edlen Wilden beherrschen es noch, das Überleben in der Wüste, Orientierung und Spurenlesen in der freien Natur sowie das asketische Erdulden von Hunger und Durst.[88] Auch in *Arabia Deserta* wird dieses selbst gewählte Leben voller Entbehrung überhöht und verklärt: „Bare of all things of which there is no need, the days of our mortality are so easy and become a long quiescence! Such is the nomad life, a long holiday, wedded to a divine simplicity, but with this often long tolerance of hunger in the khála [desert]." (AD I: 443)

---

[86] „How pleasant is the easy humour of all Beduins! In comparison with the harsher temper of townsfolk..." (AD II: 463), oder: „Look not to find these townlings mild-hearted like the Beduw." (AD II: 314)

[87] Vgl. Thomson 1997: 157; Osterhammel 1998: 263; Melman 1992: 117.

[88] Auch spätere Reisende sollten diese Haltung einnehmen, so insbesondere Wilfred Thesiger in seinem sehr viel jüngeren Reisebericht *Arabian Sands* (1959). Thesiger suchte gezielt die Nähe zu ,unberührten' Naturvölkern wie den arabischen Beduinen, um im Zusammenleben mit ihnen dem seelenlosen Fortschritt der zivilisierten Welt zu entfliehen. Beim Stamm der Rashid wurde er schließlich fündig: „They had been bred from the purest race in the world, and lived under conditions where only the hardiest and best could possibly survive. [These] Arabs were among the most authentic of the Bedu, the least affected by the outside world." (1991: 67) Im Hinblick auf dieses Ideal der *authentischen* Fremde werden auch bei Thesiger die Städte negativ bewertet. Für ihn sind sie lediglich Orte der Degeneration und Verwässerung bzw. Verschmutzung der ,reinen Rasse' der Araber: „Shut off from the outside world by the desert and the sea, the inhabitants of Arabia have kept their racial purity. [...] There is of course, mixed blood in the towns, especially in the seaports, but this is only the dirty froth upon the desert's edge." (91f.)

In dieser „edle Einfalt" und Genügsamkeit leben die Beduinen seit biblischen Zeiten als „lords of the desert" (AD I: 35). Unberührt und unverdorben von Fortschritt und weltlicher Dekadenz fließt in ihren Adern das Blut ihrer Vorfahren, der ‚echten' Araber. Ihre nomadische Lebensart hat sich über Jahrhunderte bewährt und kaum verändert – sie leben nach den alten Sitten und unter dem Patriarchat der Scheichs, deren Herrschaft bis heute bei denselben Familien liegt. Sie sind die Aristokraten der Wüste und werden auch bei Doughty als edles Geblüt dargestellt:

> Riding further, I overtook some sheykhly tribesman: seen from the backward I already guessed him by the smooth side-sweeping, square from the shoulders, of his stiff striped mantle, and the delicate and low bare-footed gait [...]. [T]he head is elated from a strutting breast, arms kimbowed from the hips, the man holds a mincing womanish pace. This is sheykhly carriage in the wilderness, and of the principal personages. They are noblemen born, lapped in the stern delicacy of the desert life [...]. (AD I: 501)

Die natürliche Anmut und der würdevoller Habitus verraten demnach bereits aus der Ferne den blaublütigen Beduinen. Aus europäischer Sicht mag diese Haltung geziert und weibisch anmuten, doch zeichnet sie die Aristokraten unter den Beduinen aus, jene „nobles of the blood" (AD I: 251), die im unerbittlichen Wüstenleben ihren letzten Schliff erhalten haben. Sie sind auch stets gesondert zu betrachten. Denn insofern von Lastern der Beduinen die Rede ist, so trifft dies auf die zivilisierten Scheichs nicht zu.[89]

> The nomad's mind is ever in the ghrazzu [foray, raid]; the knave would win and by whose loss he recks not, neither with what improbity: men in that squalid ignorance and extreme living, become wild men. The Aarab are not all thus; but, after their strait possibility, there are virtuous and higher human spirits, amongst them; especially of the well-faring and sheikhs, men enfranchised from the pining daily carefulness of their livelihood, bred liberally and polished in the mejlis [sheykhly council], and entertainers of the public guests [...]. These are the noblemen of the desert, men of ripe moderation, peacemakers of a certain erudite and subtle judgement. (AD I: 259)

Dennoch lässt sich hieraus nicht ableiten, dass sich Doughty uneingeschränkt mit den Beduinen identifizierte, während er das Fremde schlicht auf die Araber aus den Städten verlagerte. Auch den Beduinen bringt er mitunter scharfe Kritik entgegen. Eine allgemeingültige, stringente Haltung gegenüber den Arabern, den Nomaden wie den Stadtbewohnern, ist nicht zu verzeichnen. Je nachdem, ob sich Khalîl gerade als englischer Beduine assimiliert oder als verfolgter Christ radikal distanziert, ob der Erzähler die Vorzüge des entsagungsreichen Wüstenlebens preist oder mit den fanatischen Arabern retrospektiv abrechnet, können die in solchen Momenten postulierten Attribute der Fremde maßgeblich voneinander abweichen und sich mitunter diametral gegenüber stehen. Solche Widersprüche in der Bewertungs- und Beschreibungslogik sollen im Folgenden näher betrachtet werden.

---

[89] Mit dieser Betonung der reinen Abstammung der Beduinenscheichs und ihrer damit verbundenen Aufwertung folgt Doughty abermals ganz den Konventionen der Reiseliteratur über Arabien. (vgl. Tabachnick 1981: 31)

*The Semites are like to a man sitting in a cloaca to the eyes
and whose brows touch heaven.*[90]

Den zuvor betrachteten emphatischen Lobeshymnen auf das Leben in der Wüste und ihre asketischen Bewohner stehen mitunter verächtliche, herablassende sowie teilweise ganz offen rassistische Schimpftiraden über die Araber gegenüber. Zwar schreibt T.E. Lawrence in seinem Vorwort zu *Arabia Deserta*, dass Doughty auf seiner Reise durchgängig eine rundweg objektive Urteilsfähigkeit beweist,[91] doch vermag diese Aussage bereits einem flüchtigen Blick in den Index kaum standzuhalten. Doughtys äußerst subjektive Darstellung der Fremde und ihrer Bewohner zeigt sich selten so exemplarisch wie in diesem Stichpunktregister. Hier stehen auf engstem Raum die widersprüchlichsten Aussagen und Urteile über ein und dasselbe Thema nebeneinander bzw. einander diametral gegenüber. (vgl. Deledalle-Rhodes 1987: 118) So ist etwa unter dem Eintrag „Beduins" im Glossar Folgendes zu lesen:

> Beduins: their cheerfulness and hilarity, 217; mildness and forbearance at home, 232, 264; frenetic in the field; their ill humour, 266; their musing melancholy, devout in their natural religion, 241, 259, 264, 470; fathers of hospitality, 228; the settled life to them, for a while, is refreshment, keyif, 200, 234, 310; easily turn to husbandry, 234; their countenance grave with levity, 246; their listless drooping gravity, 260; their minds distempered by idleness and malice, 265, 428; their murderous wildness towards an adversary, 252, 273; "the Beduwy's mind is in his eyes," 256; the cheerful musing Bed. talk, 262; very credulous of aught beyond their ken, 263; their fantasy is high and that is clothed in religion, 264; are iniquitous lovers of their private advantage, 264; their civil understanding, 264; some turns of their discourse, 266; their eloquent utterance, ib.; they are smiling speakers, ib.; their mouths full of cursing and lies and prayers, 266; their deceitful hearts, ib.; their maledictions, ib.; they are melancholy despisers of their own things, 273, 471-2; "they are all robbers," 276; their fanaticism, 299; in their tents is the peace and assurance of Ullah, 232, 265; [...] their pleasant deceitful words, 376; – not hospitable on a journey, and yet they will aid another and the stranger with humanity; [...] in their greediness to spoil the stranger the Arabs are viler than any people [...]. (AD II: 557f.)

Die Beduinen sind demnach fröhlich und melancholisch, mild und mörderisch wild, zivilisiert und barbarisch, voller Leichtigkeit und zugleich voller Schwermut sowie streitsüchtig und friedlich. Ihre Gespräche sind eloquent, doch voller kruder Flüche und Lügen. Sie helfen Fremden mit großer Menschlichkeit und Gastfreundschaft, zugleich sind sie allein auf den eigenen Vorteil bedacht und in ihrem Wunsch, einem wehrlosen Reisenden zu schaden, gemeiner und hinter-

---

[90] AD I: 56.
[91] „By being always Arab in manner and European in mind he maintained perfect judgement while bearing towards them a full sympathy which persuaded them to show him their inmost ideas." (Lawrence 1921: xxiii)

hältiger als sonst ein Volk auf Erden. Diese Aneinanderreihung disparater Charakteristika legt den Schluss nahe, dass diese vermeintlich normativen Beurteilungen stark situationsgebunden sind und ganz davon abhängen, wie Khalîl die Beduinen in dem speziellen Moment erlebt hat bzw. welches Verhalten ihm entgegengebracht wurde.

Es zeigt sich auch an zahlreichen weiteren Stellen, dass das Bild, das in *Arabia Deserta* von den Beduinen im Speziellen und den Arabern im Allgemeinen gezeichnet wird, kein eindeutiges oder kongruentes ist, sondern beständig oszilliert.[92] Von einem Moment zum nächsten kann sich ein zuvor etabliertes Pauschalurteil ins Gegenteil verkehren, ganz so, als wäre es nie da gewesen. Generalisierte Aussagen über ‚die Araber/Beduinen an sich‘, sind daher stets mit Vorbehalt zu genießen, denn schon einige Seiten weiter können diese dort von anderen, ebenso entschieden vertretenen Aussagen konterkariert werden, nur um an noch späterer Stelle wieder auf die ursprüngliche Position zurückzufallen. Eine Regelmäßigkeit bzw. eine bestimmte Struktur – etwa im Sinne eines kumulativen Lernprozesses, bei dem verschiedene Haltungen durchlaufen, korrigiert oder gänzlich zugunsten einer neu gewonnenen Erkenntnis verworfen werden – lassen sich dabei nicht feststellen. Mithin ist Janice Deledalle-Rhodes' Resümee nur zuzustimmen: „Doughty paints no 'portrait of the Oriental' as such […], the generalizations made by Doughty about 'the Arabs' refer to precise contexts and differ from one another as the context differs." (1987: 124)

Diese beständig alternierenden widersprüchlichen Generalisierungen bringen meist auch einen Wechsel in Perspektive und Modus mit sich. Wenn etwa die Araber in negativem Licht dargestellt werden, weicht das zuvor beschworene Gemeinschaftsgefühl wieder der europäischen Perspektive von außen – um nicht zu sagen von oben (herab):

> To speak of the Arabs at the worst, in one word, the mouth of the Arabs is full of cursing and lies and prayers; their heart is a deceitful labyrinth. We have seen their urbanity; gall and venom is in their least ill-humour; disdainful, cruel, outrageous is their malediction. […] The raging of the tongue is natural to the half-feminine Semitic race. (AD I: 266)

Hier kommt nun ein anderes Wir zum Einsatz, nämlich jenes, das die westlichen Leser meint. Mit ihnen verbündet sich der Erzähler plötzlich wieder und führt ihnen die negativen Eigenschaften der Araber vor Augen: Wie „wir" bereits zuvor gesehen haben, sind die Araber – im negativen Sinne – wortgewandt und den Aussagen eines solchen ‚Menschenschlages‘, der *von Natur aus* weibisch, verschlagen und missgünstig ist, darf man keinen Glauben schenken. Die Erwähnung von Größen wie Rasse und Natur setzt hier die Araber wieder herab auf den Status eines Forschungsobjekts, das ganz seinem überlieferten Wesenskata-

---

[92] „Doughty does not adopt a systematic, ideologically or culturally identifiable attitude toward Arabs as such. *Arabia Deserta* does not present a clear image of the Arabs." (Deledalle-Rhodes 1987: 117)

log entspricht. Paradoxerweise wurde nur wenige Seiten zuvor denselben Arabern noch gelehrte Konversation als Kennzeichen ihrer Zivilisiertheit, Würde und Menschlichkeit attestiert:

> A pleasure it is to listen to the cheerful musing Beduin talk, a lesson in the travellers' school of mere humanity – and there is no land so perilous which by humanity he may not pass, for man is of one mind everywhere, ay, and in their kind, even the brute animals of the same foster earth – a timely vacancy of the busy-idle cares which cloud upon us that would live peaceably in the moral desolation of the world. [...] These Ishmaelites have a natural musing conscience of the good and evil, more than other men; but none observe them less in all their dealings with mankind. The civil understanding of the desert citizens is found in their discourse (tempered between mild and a severe manly grace) and liberal behaviour. (AD I: 262f.)

Innerhalb von drei Seiten wird so dem entworfenen Bild des Arabers als fluchendes, verschlagenes Waschweib das Portrait des bedächtig und würdevoll sinnierenden Wüsteneremiten gegenübergestellt. Das zuvor oftmals als geschwätzige Faulheit kritisierte, müßige Beisammensein am Lagerfeuer, ist hier plötzlich Ausdruck von Weisheit und Tugend. Je nach Situation, Kontext und Stimmung wird somit ein und dieselbe Eigenart mal negativ, mal positiv in Szene gesetzt. Auf beide Deutungsvarianten kann der Erzähler, nachdem er sie einmal im Text etabliert hat, nach Belieben zurückgreifen und sie (re)aktivieren. Ganz dementsprechend wird dieses so lehrreiche Sinnieren an späterer Stelle wiederum als müßiges Palaver – als „bibble-babble" (AD I: 467) – abgetan, das den ganzen Tag in den Zelten der untätig herumliegenden Nomaden ertönt, „where they find not other business than the clapping of tongues in all their waking hours; their heads ache of weaving cobwebs in their very emptiness." (ibid.)

Durch dieses fortwährende Springen zwischen zwei gegensätzlichen Beurteilungen ein und derselben Eigenschaft entsteht Ambivalenz im Text. Der Leser weiß nie, was nun ‚gilt' und auch die typischen europäischen Vorstellungen und Stereotypen können keine Geltung als ‚kleinster gemeinsamer Nenner' beanspruchen, da sich Doughty ihrer zwar bedient, aber auch – ganz nach Bedarf – mit ihnen bricht. Somit bleiben die grundlegenden Parameter in der Darstellung und Bewertung der Fremden für den Leser stets ungewiss.

Ein klassisches Stereotyp und fester Bestandteil des zeitgenössischen Orient-Diskurses war beispielsweise das Klischee des weibischen Orientalen, das seit dem 18. Jahrhundert in britischen Geschichtsbüchern propagiert worden war.[93] Infolgedessen wurde das Merkmal der Unmännlichkeit als althergebrachte kulturelle Eigenschaft der Araber betrachtet, was sie schon allein aufgrund zeitgenössischer Geschlechterhierarchien als Unterlegene erscheinen ließ. Vor allem in der Reiseliteratur des 19. Jahrhunderts stand die Figur des weibischen Orientalen als

---

[93] Siehe *The Modern Part of an Universal History*: 1759-66: „Arabs in general are of a swarthy complexion, mean stature, raw-boned and very swift of foot; their voices are effeminate as well as their temper." (Bower et al.: XLIII, 66)

effeminiertes Alteritätsmodell im krassen Gegensatz zum männlichen Idealkonzept des viktorianischen Reisehelden und war dabei eindeutig negativ belegt.

Auch Doughty arbeitet mit diesem Vorurteil und instrumentalisiert die spezifische Konnotation der Attribute ‚männlich' und ‚weiblich' je nach Kontext zur positiven oder negativen Darstellung der Araber bzw. zur Identifikation mit oder zur Abgrenzung von ihnen. Ganz in diesem Sinne beschreibt er häufig die feminin anmutende Erscheinung arabischer Männer: „With long hair [...] and false eyes painted blue, the Arabian man's long head under the coloured kerchief, is in our eyes more than half feminine; and in much they resemble women." (AD I: 238) Nicht nur äußerlich, sondern auch in ihrem Wesen weisen die Araber weibliche Züge auf, weshalb er jedem Reisenden empfiehlt „to be at peace with the Arabs upon any reasonable conditions, that being of a feminine humour, they are kind friends and implacable enemies." (AD II: 232) Es mangle ihnen an „worthy or manly nature" (AD II: 130), wie Doughty es ausdrückt und somit zeigt, dass für ihn „männlich" ganz offensichtlich ein Synonym für „wertvoll" und „ehrbar" darstellt.[94]

Soll ein Araber allerdings besonders positiv herausgestellt werden, wird von ihm ein sehr mannhaftes Bild gezeichnet. Dieses bricht dann mit dem stets beschworenen Klischee des femininen Orientalen und der Erzähler weicht ganz selbstverständlich von zuvor etablierten Pauschalurteilen ab. Diese Divergenz hat Methode, denn wer sich einmal als Khalîls Freund erwiesen hat, wird aus der Menge ‚typischer' – und grundsätzlich eher negativ bewerteter – Fremder hervorgehoben und als Individuum betrachtet. Dementsprechend wird Zeyd, einer der ersten Freunde Khalîls auf Reisen, als besonders ‚männlicher Mann' dargestellt:

> Zeyd uttered his voice in the deepest tones that I have heard of human throat; such a male light Beduin figure some master painter might have portrayed for an Ishmaelite of the desert. Hollow his cheeks, his eyes looked austerely, from the lawless land of famine, where his most nourishment was to drink coffee from the morning, and tobacco; and where the chiefest Beduin virtue is es-subbor, a courageous forbearing and abiding of hunger. [...] A sheykh among his tribesmen of principal birth, he had yet no honourable estimation; his hospitality was miserable, and that is a reproach to the nomad dwellers in the empty desert. His was a high and liberal understanding becoming a mejlis man who had sat in that perfect school of the parliament of the tribe, from his youth, nothing in Zeyd was barbarous and uncivil; his carriage was that haughty grace of the wild creatures. In him I have not seen any spark of fanatical ill-humour. He could speak with me smilingly of his intolerant countrymen; for himself he could well imagine that sufficient is Ullah to the governance of the world, without fond man's meddling. This manly man was not of the adventurous brave, or rather he would put nothing rashly in peril. (AD I: 103)

---

[94] Demgemäß ist mehrfach die Rede von „manly worth" (AD II: 85, 271). Generell werden in *Arabia Deserta* positive Eigenschaften meist als typisch männlich beschrieben: „manly sufficiency" (AD II: 175), „manly hospitable humour" (AD II: 138), „manly sincerity" (AD II: 158), „manly gentleness" (AD II: 374); sowie umgekehrt: „feminine infidelity" (AD II: 110), „half-feminine raging of the tongue" (AD I: 266).

Die hier aufgelisteten positiven Attribute Zeyds entsprechen bezeichnender Weise in erster Linie den Eigenschaften eines *englischen* Edelmannes: Seine Erscheinung zeugt von Haltung, viriler Kraft und Strenge; er ist von aristokratischer Abstammung und zivilisiert in seinem Benehmen, jedoch nicht verweichlicht; er ist tolerant und nicht unnötig wagemutig, sondern handelt stets mit Bedacht. Das Ungezähmte und Wilde an ihm wird positiv umgedeutet, indem es mit stolzen Raubtieren in Verbindung gebracht wird und so – genau wie auf so manchem Familienwappen – der Zierde dient. Nur geizig ist er, eine Eigenschaft, die Khalîl auch zu spüren bekommt und daher als Makel in dieses Charakterportrait einfließen lässt. Vom Negativ-Stereotyp des weibischen Orientalen wird in dieser Beschreibung hingegen ausdrücklich nicht Gebrauch gemacht. Es gibt ihn also doch, den männlichen Orientalen. Hier zeigt sich sehr deutlich jenes Widersprüche erzeugende Springen zwischen Negativbild und Positivbild, Stereotyp und Individuum, das nicht zuletzt ein beständiges Kippen zwischen Nähe und Distanz, Identifizierung und Abgrenzung markiert.

Andererseits wurden die Beduinen, wie bereits ausgeführt, in der Orient-Reiseliteratur häufig als edle Wilde und naturnahes Pendant des englischen Gentlemans betrachtet. Umso überraschender ist es da, wenn Doughty plötzlich einen der Stadtaraber gleichermaßen überhöht darstellt. Dies ist der Fall bei der Beschreibung von Amm Mohammed Nejûmy, Khalîls Freund und Beschützer in Kheybar. Als Khalîl bereits kurz nach seiner Ankunft in der Stadt von den „black villagers" (AD II: 82) umzingelt wird, der Statthalter seine Besitztümer konfisziert und ihn zum Gefangenen erklärt, sieht er abseits des Gedränges eine aufrechte Gestalt, die Rettung verheißt:

> I saw the large manly presence standing erect in the backward of the throng – for he had lately arrived – of a very swarthy Arabian; he was sheykhly clad, and carried the sword, and I guessed he might be some chief man of the irregular soldiery. Now he came to me, and dropping (in their sudden manner) upon the hams of the legs, he sat before me with the confident smiling humour of a strong man; and spoke to me pleasantly. I wondered to see his swarthiness, yet such are commonly the Arabians in the Hejaz and he not less to see a man so 'white and red'. This was Mohammed en-Nejûmy, Ahmed's brother, who from the morrow became to me as a father at Kheybar. (AD II: 84)

Mit meisterhafter Erzählkunst führt Doughty hier ganz offensichtlich eine Schlüsselfigur in das Geschehen ein. Wir sehen zunächst bloß die Silhouette eines aufrechten Mannes, der sich wie ein Fels in der Brandung von der bedrohlichen Menge abhebt. Allein durch diese Inszenierung wird deutlich: Hier betritt eine wichtige Person die Bühne. Nejûmy wird der treueste – und angesichts der Gefahr in Kheybar auch der wichtigste – Freund Khalîls in der Fremde. Auffällig sind abermals die betont männlichen Attribute. Mit seiner aufrechten Haltung in Körper und Gesinnung sticht Nejûmy aus der Menge der fanatischen „negro villagers" (AD II: 90f.) hervor, obwohl er genau so dunkelhäutig ist wie diese. Doch die eigene sonnenverbrannte, „weiß-rote" Erscheinung ist auch nicht viel besser und so wird dieses Mal aufgrund der Hautfarbe kein vorschnelles Urteil gefällt – eine in *Arabia Deserta* äußerst selten vorkommende Verkehrung des Blickwinkels. Mohammed Nejûmy wird an späterer Stelle dann als universaler Archetyp des Gentlemans beschrieben:

> Mohammed was of a metal which I have seen in all countries: strong men and large-bodied, yet infirm soon, with sweet and clear, almost feminine, voices. He was of a mild and cheerful temper, confident, tolerant, kind, inwardly God-fearing, lightly moved: his heart was full *of a pleasant humour of humanity. Loving mankind* he was a peacemaker, not selfish of his own, true and blithe in friendship, of a ready and provident wit, both simple and sly, eluding enmities; an easy nature passing over all hard and perplexed matter, content with the natural course of the world, manly and hardy, but not long-breathed in any enterprise. (AD II: 111f.; Herv. KP)

Doughty entwirft hier das Idealbild eines Ehrenmannes, geschmückt mit allen Tugenden der Menschlichkeit. Nejûmys besondere *Menschlichkeit* ist es auch, die diese Freundschaft über alle Glaubensunterschiede hinweg möglich macht: „Amm Mohammed often spoke, with a joyous liberality [...], his humanity would that we were not inhumanely divided, and he found in this where our religions had kissed each other." (AD II: 158) Es fällt auf, dass selbst seine Listigkeit („sly") – ansonsten als negativer Auswuchs der „feline and chameleon nature" (AD II: 367) der Araber verteufelt[95] – hier plötzlich eine positive Eigenschaft darstellt, zumal er sie nur für das hehre Ziel einsetzt, Feindseligkeiten und Konflikte zu vermeiden. Sogar seine weiblichen Züge werden dergestalt positiv gewertet:

> There was some *feminine fall in the strong man's voice*, – and where is any little savour of the mother's blood in right manly worth, it is *a pleasant grace*. He was not altogether like the Arabs, for he loved to speak in jestin-wise, with a kindly mirth: though they be full of knavish humour, I never saw among the Arabians a merry man! (AD II: 85; Herv. KP)

Feminine Eigenschaften, die in so männlichem Grund und Boden wurzeln (man beachte die geradezu antithetische Satzkonstruktion, bei welcher die Betonung des „starken Mannes" das bisschen Weiblichkeit gleich wieder zu annullieren sucht), können nur zur Zierde gereichen. Es scheint, als würde immer wieder in denselben Topf von Attributen gegriffen, nur um diese situationsbedingt mal in negatives, mal in positives Licht zu rücken. Bekannte Klischees werden je nach Bedarf aufgegriffen und aktiviert, nur um an anderer Stelle wieder untergraben zu werden. Im Fall von Nejûmy werden also sämtliche zuvor etablierten Bewertungskategorien und Stereotypen unterlaufen. Es bleibt nur noch zu resümieren: Nejûmy ist eigentlich gar kein Araber.

Khalîls positive – man ist geneigt zu sagen: überschwängliche – Beschreibungen seiner arabischen Freunde gehen mitunter so weit, dass ihnen sogar ihre fundamentalistische Religion verziehen wird. So ist der muslimische Glaube seines

---

[95] Auch im ersten Band spricht Doughty wenig schmeichelhaft von der asiatischen Schläue, jener „Asiatic prudence, that is foxes' sleight with weighty courage (and such are plants of a strong fibre, which grow up out of the Oriental dunghill)." (AD I: 55)

Freundes Abdullah el-Kenneyny nicht Ausdruck seines leichtgläubigen und fanatischen arabischen Wesens – wie es Doughty sonst gerne darstellt[96] –, sondern lediglich dem Umstand geschuldet, dass dieser mit allen westlichen Tugenden ausgestattete Mann in Arabien geboren und aufgewachsen sei. Fanatisch sei er deswegen keineswegs, sondern in seiner Milde, Nächstenliebe und Frömmigkeit ähnle er vielmehr einer Taube unter Raben bzw. einem Lamm unter Löwen:

> He was a dove without gall in the raven's nest of their fanaticism: he loved first the God of Mohammed (because he was born in their religion), and then every not unworthy person as himself. Large, we have seen, was the worshipful merchant's hospitality; and in this also he was wise above the wisdom of the world. (AD II: 363f.)

Auch dem Emir Zamîl, der Khalîl in Jidda Schutz und Obdach gewährt, sei sein Glaube gegönnt und verziehen: „Zamîl is a perfect Moslem; and he would have been a good man in any religion. […] Zamîl can prudently dissemble displeasures; and is wont – with that lenity, which we call in Europe 'the Christian mind', to take all in patience." (AD II: 433) Wenn also einmal etwas Gutes über einen Moslem gesagt wird, dann sind es eigentlich christliche Charakterzüge, die in ihm brillieren. Interessant bei dieser Umbewertung vormals verteufelter Wesenszüge ist, dass diese dann mit dem *eigenen* Tugendkatalog verglichen und gleichgesetzt werden: Zeyd und Nejûmy werden mit den Insignien englischer Männlichkeit versehen, während Kenneynys und Zamîls muslimischer Glaube im Licht idealtypischer christlicher Frömmigkeit gezeigt wird.

In dieser Übersetzung positiver Attribute des Fremden in das eigene Wertesystem sowie der mal negativen, mal positiven Darstellung ein und desselben Merkmals zeichnet sich ein spezifischer Modus von Alteritätsverarbeitung ab, der im Folgenden näher untersucht werden soll.

4.3 Doughtys Subsumtionssystem: Die Guten ins eigene Kröpfchen, die Schlechten ins fremde Töpfchen

Wer sich also auf Khalîls Reise als Helfer, Freund oder Gönner erwiesen hat, wird im Text als Ausnahme markiert und mit einem anderen Maß gemessen als das restliche *gros* der Fremdbevölkerung. Diese Ausnahme-Araber treten als Individuen mit westlichen Qualitäten aus der Menge der ‚Araber an sich' heraus und es scheint, als ob sie mit der Zeit mehr und mehr ‚die Fronten wechselten' bzw., als ob die Grenze, die zwischen Eigenem und Anderem verläuft, in ihrem Fall durchlässig würde. Doughty *identifiziert* sich ganz offen mit diesen Freunden und nimmt sie mitunter sogar als arabische Entsprechungen europäischer Aristokraten oder Gelehrter wahr, wie sie in der Heimat zu seinem Umgang gehörten. So wird Zeyds blaublütige Abstammung mehrfach betont und Abdullah Kenneyny

---

[96] „The high sententious fantasy of the ignorant Arabs, the same that will not trust the heart of man, is full of infantile credulity in all religious matter." (AD I: 95).

und el-Bessam, seine treuen Freunde in Aneyza, werden ausdrücklich als „littera-
tes" (AD II: 394) ausgewiesen.[97] Er markiert sie somit als Seinesgleichen, als
„people like himself who happen to have different habits and a different creed"
(Roberts 1926: 12). Damit gewährt Doughty laut Janice Deledalle-Rhodes den
Arabern das, was ihnen kaum ein Reisender seiner Zeit zugesteht, nämlich
Ebenbürtigkeit:

> It must be pointed out that apart from Doughty [...] few nineteenth-century travellers
> seem to have had any feeling of friendship for the inhabitants of the East. And for a
> good reason: feelings of friendship can be established only on a basis of equality, which
> is a notably absent element in most relationships between the traveller and his Eastern
> counterpart. (1987: 121)

Khalîls Freundschaften mit Arabern wie Zeyd, Nejûmy, Kenneyny etc. sind in
der Tat ein wichtiges Element in *Arabia Deserta*, denn solche zwischenmenschlichen Bande jenseits von Ethnie und Religion lassen Nähe zu und weichen die
Grenzen zwischen Fremdem und Eigenem auf. Eine solche Freundschaft muss
jedoch erst verdient werden, denn Khalîl ist kein unvoreingenommener Reisender, der in allem das Gute sieht. Trotzdem lässt sich sagen, dass er die Araber
nicht als Typen sonder als Individuen wahrnimmt, die er nicht primär anhand
ihrer Herkunft, sondern anhand ihres Verhaltens beurteilt. Erweist sich ihr Verhalten als negativ, so bedient er sich der ganzen Palette negativer Pauschalurteile
des Orient-Diskurses; ist es hingegen positiv, bricht er mit diesen Klischees und
zeichnet detaillierte Portraits ebenbürtiger Mitmenschen.

In Rezeption und Forschung wurde indes vor allem Ersteres gewürdigt und
Doughty daher oftmals als typischer Orientalist, Imperialist und fanatischer
Christ betrachtet.[98] Tatsächlich finden sich – und diese sind in der Mehrzahl –
sehr polemische, herablassende und offen rassistische Passagen in *Arabia Deserta*.
Insofern kann Deledalle-Rhodes nicht zugestimmt werden, wenn sie resümiert,
dass Doughtys Zugeständnis von Egalität alle seine Begegnungen mit den Arabern prägte: „Doughty treated the Arabs as fellowmen. [...] [E]ven hostile encounters in *Arabia Deserta* are *encounters between equals*." (1987: 124) Denn, wie
sich schon in der Szene des ‚Kella-Konflikts' zeigte, beinhalten Doughtys Schilderungen von Krisensituationen durchaus starke Gesten der Degradierung gegenüber den arabischen Missetätern. Sein Angreifer Mohammed Aly wird in der
Passage als „Moorish villain" und „demon or ogre" bezeichnet, der ihn unge-
rechtfertigt in „canine rage" angreift (vgl. AD I: 163f.). Die Araber sind in solchen Momenten dann doch wieder bloß barbarische Wilde, mehr Tier als

---

[97] Vgl. „In a wall-niche by the fire were Abdullah's books. We were now as brethren, and I
took them down one by one: a great tome lay uppermost. I read the Arabic title *Encyclopedia Bustâny*, [...]" (AD II: 344). Sowie: „Abdullah, when the last of his evening friends had
departed, sitting at his petroleum lamp, and forgetting the wife of his youth, would pore
on his books and feed his gentle spirit almost till the day appearing." (AD II: 359)
[98] Vgl. Nasir 1976: 86f., Kabbani 1986: 86ff. etc.

Mensch, die nichts mit dem zivilisierten, ehrbaren Protagonisten gemein haben, der ihnen zum Opfer fällt.

Bereits als Mohammed Aly das erste Mal in Erscheinung tritt, wird er von Doughty mit einem wenig schmeichelhaften Portrait versehen, das an dieser Stelle als Kontrastfolie zu den vorherigen positiven Charakterbildern nicht fehlen darf:

> Mohammed Aly [...] was an amiable bloody ruffian, a little broken-headed, his part good partly violent nature had been distempered (as many of their unquiet climbing spirits) in the Turkish school of government; he was without letters. [...] The man, half ferocious trooper, could speak fair and reasonably in his better mind; then as there are backwaters in every tide, he seemed humane: the best and the worst Moslemîn can discourse very religiously. He held the valour of the Moghrebies [Moors, Occidentals] to be incomparable, it were perilous then to contrary him; a tiger he was in his dunghill ill-humour, and had made himself formerly known on this road by his cruelties. [...] A diseased senile body he was, full of ulcers, and past the middle age, so that he looked not to live long, his visage much like a fiend, dim with the leprosy of the soul and half fond; he shouted when he spoke with a startling voice, as it might have been of the ghrôl [orgre]: of his dark heart ruled by so weak a head, we had hourly alarms in the lonely kella. Well could he speak (with a certain erudite utterance) to his purpose, in many or in few words. (AD I: 90f.)

Solch abwertende Darstellungen von Arabern, die Khalîl ganz offensichtlich negativ in Erinnerung geblieben sind, finden sich häufig in *Arabia Deserta*. Hier wird das exakte Gegenprogramm zu den Beschreibungen der ‚guten‘ Araber mit ihren ‚englischen‘ Tugenden durchgespielt. Statt eines Ehrenmannes von Rang und Stand ist dies nur ein ungebildeter, gemeiner Soldat mit einem Hang zu Gewalt und Grausamkeit. Anders als Zeyd und Nejûmy, die sowohl in geistiger als auch körperlicher Verfassung aufrechte, starke Männer sind, spiegelt Alys alter, kranker, von Geschwüren zerfressener Körper einen schwachen Verstand und eine korrupte Seele wider. Im Gegensatz zu Zeyds tiefer Bass-Stimme hat er die penetrant kreischende Stimme eines Ungeheuers. Zwar lässt ihn seine Eloquenz gelegentlich menschlich *erscheinen*, aber nicht zuletzt ‚findet auch ein blindes Huhn einmal ein Korn‘ („as there are backwaters in every tide“). Es zeigt sich: Wer Khalîl auf seiner Reise übel mitspielt, mit dem rechnet der Erzähler Doughty ab.[99]

Edward Said nennt Doughty aufgrund solcher polemischer Schimpftiraden einen ‚typischen Orientalisten‘ in dem von ihm definierten Sinne, da solche Momente Doughtys typisch westliche Feindseligkeit gegenüber dem Orient zum Ausdruck brächten.[100] Doch neben den zuvor beleuchteten Momenten der Annäherung sowie der dort stattfindenden Relativierung und Verkehrung orientalistischer Vorurteile, verkennt Said eine weitere gravierende Tatsache: „Said

---

[99]   Siehe allein im ersten Band: AD I: 34, 55, 266 etc.

[100]   Said spricht von „traditional Western hostility to and fear of the Orient“ (2003: 237) und führt weiter aus: „[I]n the instances of Doughty, Lawrence, Hogarth and Bell, their professional involvement with the East did not prevent them from despising it thoroughly. The main issue for them was preserving the Orient and Islam under the control of the White Man.“ (Said 2003: 238)

doesn't seem to consider the implications of the fact that this ethnocentrism and stereotyping, when it occurs, tells us about Khalil/Doughty, not the people of Arabia." (Fernea 1987: 218) Doughtys situationsgebundene negative Pauschalurteile zeigen vielmehr seine individuelle Art, der Fremde zu begegnen, die nicht allein mit eurozentristischen Vorurteilen und imperialistischen Machtansprüchen operiert, sondern im Fremden auch Qualitäten des Eigenen sucht.

Betrachtet man das angewandte Darstellungs- und Bewertungsmuster genauer, so lässt sich folgendes binäre System nachvollziehen: Der Araber ist weibisch, wo ein Engländer männlich ist; statt Aufrichtigkeit und Ehrgefühl eines Gentlemans kennt er nur Tücke und Hinterlist; er zeigt keine zivilisierte Contenance, sondern barbarische Wildheit; hängt fanatisch und ignorant seinem Glauben an, während unter aufgeklärten Christen Nachsicht und Toleranz herrschen. Er ist also in erster Linie anders und somit vor allem negativ zu sehen, da er stets genau das Gegenteil des viktorianischen Selbstverständnisses verkörpert. Insofern kommen durchaus die generalisierten Klischees und Schemata des orientalistischen Diskurses zum Zuge: Trifft Khalîl in Arabien auf Menschen, die ihn schlecht behandeln, belügen, betrügen oder angreifen, werden diese Vorurteile aktiviert, affirmiert und diskursgetreu repetiert. Diese Araber werden dann pauschal in das mitgebrachte negative Bewertungsmuster einsortiert und in ihrer ‚typisch arabischen/orientalischen' Verwerflichkeit dargestellt.

Nun begegnet Khalîl aber auch solchen Orientalen, die selbstlos alles mit ihm teilen, ihn beherbergen, bewirten und beschützen ohne daran zu gewinnen – im Gegenteil, sie gehen damit sogar ein Risiko ein. In ihnen zeigt sich die von Doughty so häufig beschworene Humanitas, die allen Menschen auf der Welt gemein ist. Diese Araber erweisen sich in ihrer selbstlosen Freundschaft und ihrem Verhalten zu allererst als gut und somit widerspricht ihr Verhalten – ja, ihre bloße Existenz – der negativen Stellung, die ihnen im angewandten binären Diskurs eigentlich zufiele.[101] Infolgedessen werden sie als Ausnahmen markiert und aus dem üblichen Bewertungsschema herausgenommen. Doughty begegnet ihnen als Mitmenschen und Individuen, die er in ihrer ‚untypischen' Tugendhaftigkeit ausstellt: Sie sind – das System wird nun auf der eigenen Seite durchgespielt – mild und tolerant unter fanatischen Wilden, männlich und aufrecht inmitten verweichlichter, weibischer Orientalen, Gebildete unter Barbaren usw. Eigentlich sind sie wie der Reisende selbst. Khalîls arabische Freunde werden auf diese Weise von ihm im Wortsinn *ent*fremdet und mit dem Eigenen *ident*ifiziert.

Einmal dieser eigenen, positiven Seite zugeordnet wird es vermieden, diese Ausnahme-Araber negativ zu zeigen, was sie ja wieder der Gegenseite subsumieren

---

[101] Dementsprechend ist es eine Überraschung, dass ihn Nejûmy, obwohl es nicht in der Natur der Araber liegt, vor der aufgebrachten Menge in Aneyza beschützt: „And truly there is nearly no Arab that durst descend alone into the tide, and set his face to contradict the multitude. – In this Mohammed the Néby did show a marvellous spiritual courage among Arabs! – But the Nejûmy boldly defended my life." (AD II: 186)

würde. So absolut, wie der Erzähler Doughty mit denjenigen Arabern, die ihm auf der Reise übel mitspielten, in seiner Erzählung abrechnet, so verklärt und nachsichtig ist er bei seinen Freunden, deren Edelmut und Loyalität er wiederholt lobpreist. Sofern dort Makel thematisiert werden – Nejûmy hatte die äußerst inhumane Eigenschaft, seine Frau und seinen Sohn brutal zu schlagen und Kenneynys Reichtum basierte auf seiner früheren Profession als Sklavenhändler –, werden diese beschwichtigend und geradezu apologetisch geschildert. Mohammed Nejûmys häusliche Gewalt etwa sei in erster Linie Resultat des verderblichen Stadtlebens und nicht Zeichen seines schlechten Charakters: „Mohammed, though so worthy a man and amiable, was a soldier in his own household. […] Once I saw him – these are the uncivil manners of the town – rise to strike his son!" (AD II: 141) Er ist somit nicht der „verdorbene Stadtaraber, von dem man nichts anderes zu erwarten hat", wie es dem typischen Argumentationsmodell Doughtys entspräche. Es wird vielmehr der Eindruck erweckt, der von Natur aus anständige und ehrenwerte Nejûmy sei von den Unsitten der Stadt korrumpiert *worden*.

In solchen Momenten scheint das angewandte System nicht mehr aufzugehen, weshalb solche Inkommensurabilitäten unterdrückt werden müssen. So sehr das Fremde auch positiv im Licht des Eigenen gesehen und dargestellt wird, ergeben sich dennoch Situationen, in welchen sich seine gelehrten, zivilisierten, quasi-englischen Freunde letztlich doch als Vertreter einer fremden Kultur erweisen, deren Sitten und Werte befremdend anmuten. Interessant ist diesbezüglich folgende Passage, in welcher die Essgewohnheiten seiner arabischen Freunde geschildert werden. Hier befindet sich der Erzähler eindeutig im Konflikt zwischen westlich-kritischer Außenperspektive und Gefühlen der Dankbarkeit gegenüber seinen Gastgebern:

> We sit at leisure at the European board, we chat cheerfully; but such at the Arabs' dish would be a very inept and unreasonable behaviour! – he were not a man but an homicide, who is not speechless in that short battle of the teeth for a day's life of the body. And in what sort (forgive me, O thrice good friends! in the sacrament of bread and salt,) a dog or a cat laps up his meat, not taking breath, and is dispatched without any curiosity, and runs after to drink; even so do the Arabs endeavour, that they may come to an end with speed: for in their eyes it were not honest to linger at the dish; whereunto other (humbler) people look that should eat after them. (AD II: 352)

Der Erzähler entschuldigt sich im Text bei seinen arabischen Freunden für seinen von europäischen Werten geprägten Blickwinkel, der nichts anderes zulässt, als diese Tischmanieren als bestialisch zu bezeichnen. Strotzt der Text sonst nur vor solch pejorativer Tiervergleiche, die das barbarische Wesen ‚schlechter' Araber zum Ausdruck bringen sollen, zeigt sich hier Doughtys Unbehagen, seine großzügigen Gastgeber dergestalt zu degradieren – auch wenn dies nur der Sichtweise eines zivilisierten Engländers entspräche. Seine Freunde, zuvor erfolgreich angeeignet, indem ihnen sämtliche Tugenden eines Europäers von Bildung und guter Herkunft zugestanden wurden, verhalten sich bei Tisch nun doch wieder wie Wilde. Das Konzept des Eigenen im Fremden scheint eben nicht immer aufzugehen, irgendwann kommt das Andere doch wieder zum Vorschein und lässt sich nicht mit dem eigenen Tugendkatalog überblenden. Versucht wird es dennoch. Doughty löst dieses Dilemma, indem er die ungehobelten Tischmanieren seiner arabischen Freunde ausgerechnet ihrer Höflichkeit zuschreibt: Sie wollen die niedriger gestellten Gäste bei Tisch, die erst nach ihnen essen dürfen, nicht über Gebühr warten lassen.

Doch diese grundsätzlich wohlwollende, relativierende Erzählhaltung gegenüber seinen erklärten Freunden kann situationsbedingt auch wieder kippen, nämlich dann, wenn sie als Freunde ‚versagen‘ und Khalîl im Stich lassen. Ist dieser Bruch mit den zugedachten Qualitäten so drastisch, dass ein Zurück-Kippen in das negative Bewertungsmuster des Fremden unausweichlich wird, greift Doughty auf altbekannte Klischees zurück und der vermeintliche Ausnahme-Araber erweist sich nun doch als typischer Orientale. Selbst gegenüber seinen „entire friends" (AD II: 350), Kenneyny und Bessam, hegt Khalîl in solchen Momenten Gefühle der Bitterkeit und Enttäuschung, die spät in der Erzählung durch abfällige Pauschalurteile zum Ausdruck kommen. So etwa, als sie es versäumen, ihn zu besuchen, als er in Aneyza bettlägerig, hungrig und krank vor Auszehrung mehrere Tage allein in seiner Kammer darbt: „[T]here came no friends to visit me. Arabs are always thus – almost without the motions of a generous nature." (AD II: 397) Interessant ist bei diesem kurzen Kommentar der Rückgriff auf Generalisierungen – „Araber sind immer so" –, der nach den vorangegangenen individuellen Beschreibungen seiner Freunde besonders ins Auge springt. An späterer Stelle, als Khalîl, aus Aneyza vertrieben, in einer kleinen Oase inmitten der Wüste ausharren muss, um auf eine Karawane zu warten, die ihn mit nach Jidda nimmt, beklagt er abermals verbittert, von seinen Freunden im Stich gelassen worden zu sein:

> To this palm ground, two and a half miles from Aneyza, there came none of my acquaintance to visit the Nasrâny. Their friendship is like the voice of a bird upon the spray: if a rumour frighten her she will return no more. I had no tidings of Bessam or of Kenneyny! (AD II: 441)

Augenfällig ist neben der negativen Generalisierung bezüglich der flatterhaften Freundschaft der Araber der Rückgriff auf den dissoziativen Modus: Niemand kommt und besucht *den Nasrâny*.[102] Somit werden nicht nur die Araber in das negative System des Fremden ‚zurücksortiert‘, auch Khalîl wird wieder in seine vormalige Isolation als einsamer Christ gerückt. Die zuvor zum Ausdruck gebrachten Gefühle freundschaftlicher Verbundenheit, Gemeinschaft und Solidarität werden mit solchen Kommentaren aufgehoben.

Immer wieder beklagt der Erzähler solche zwischenmenschlichen Rückschläge in einer fremden Kultur, bei der die eigenen Werte und Tugenden letztlich doch keine echte Geltung haben. So auch in folgender Textpassage, als ihm seine

---

[102] Vgl. auch: „None of my other friends and acquaintance came to visit the excommunicated Nasrâny." (AD II: 456)

Freunde, die Fukara-Scheichs Zeyd und Motlog offenbaren, dass sie ihn nach den gemeinsamen Sommermonaten nicht länger beherbergen und beschützen wollen:

> I wondered at the fiend-like malice of these fanatical Beduins, with whom no keeping touch nor truth of honourable life, no performance of good offices, might win the least favour from the dreary, inhuman, and for our sins inveterate dotage of their bloodguilty religion. But I had eaten of their cheer, and might sleep among wolves. The fortune of the morrow was dark as death, all ways were shut before me. (AD I: 502)

Doughty muss anerkennen, dass ihm in dieser fremden Gemeinschaft weder zuvor erbrachte Freundschaftsdienste, noch gewachsenes gegenseitiges Vertrauen dauerhaft Brüderlichkeit und Nächstenliebe garantieren. Die Enttäuschung wiegt schwer, als er nach Monaten harmonischen Miteinanders nun wie ein ungeliebtes Kind ohne akuten Anlass verstoßen wird. Obwohl *er* die Fukara-Beduinen – soweit möglich – als Seinesgleichen akzeptiert hat, ist er für sie letztlich kein Stammesmitglied, sondern eine Belastung, die es loszuwerden gilt. Infolgedessen werden die Beduinen hier wieder als bösartige, fanatische Anhänger einer blutrünstigen Religion bezeichnet, die gegen jegliche Gesten der Menschlichkeit resistent sind.

In Momenten wie diesem scheint Doughty nichts anderes übrig zu bleiben, als alle Annäherungsbewegungen wieder rückgängig zu machen: Er zieht sich zurück auf die überlegene, distanzierte Position des westlichen Reisenden und die vormaligen Freunde werden wieder dem fremden, negativen Gegenpol zugerechnet. Sie sind erneut Bestandteil der bedrohlichen, gesichtslosen Fremde, die in Stereotypen wahrgenommen und beurteilt wird. Der Erzähler kippt so wiederholt von Gefühlen der Freundschaft und Verbundenheit zu absoluter Ablehnung und Verachtung – „a man torn between feelings of warm humanity and bitter resentment" (Assad 1964: 131). Dieses Zurückfallen auf den alten Standpunkt führt meist auch zu einer veränderten Selbstdarstellung. Hatte er sich in den vorangehenden Kapiteln als assimilierter Beduine, als *Uncle/Sheykh Khalîl* gezeigt, so wird er im Rahmen dieser plötzlichen pejorativen Revalorisierung der Fremde wieder zum Märtyrer. Hier zeigt sich paradigmatisch, wie Fremdbeschreibung und Selbstinszenierung einander bedingen: In den harmonischen Momenten der Assimilation und gegenseitigen Akzeptanz ist er ein Menschensohn unter Brüdern, ein geschätztes Mitglied in einer nicht mehr ganz so fremden Gemeinschaft, deren Mentalität er verstanden hat und zu nehmen weiß. Enttäuschen die Araber ihn jedoch, so fallen sie zurück in die ‚Schublade' treuloser, fanatischer Barbaren und Khalîl selbst wird wieder zum verfolgten Christen, der rat- und wehrlos einer unmenschlichen, fremden Kultur gegenüber steht.

Doch Doughty unternimmt diese Rückwendung nicht gern. Mitunter versucht er sogar, bestimmte Verdachtsmomente seinen Freunden gegenüber ‚wegzuerklären', um nicht wieder alle positiven Eindrücke einer Freundschaft widerrufen zu müssen. Dies zeigt sich beispielsweise, als er nach wochenlangem Warten und Darben letztlich doch von Kenneyny in seinem Exil in der Oase bei Aneyza besucht wird. Er muss sich von ihm Geld für die Weiterreise leihen und stellt ihm einen Wechsel dafür aus, welchen Kenneyny, der zuvor Geld als belanglos unter Freunden darstellte,[103] penibel überprüft und ihn – wie Doughty bei seiner Rückkehr nach England feststellen sollte – auch umgehend bei einer Bank in Beirut einlöst:

> I requested the good man to advance money upon my bill; [...] and I wrote a cheque for the sum of a few reals. Silver for the Kenneyny in his philosophical hours was néjis ed-dínya "world's dross"; nevertheless the merchant now desired Hamed (my disciple in English) to peruse the ciphers! But that was surely of friendly purpose to instruct me; for with an austere countenance he said further, "Trust not, Khalîl, to any man! not even to me." (AD II: 418)

Kenneynys erbsenzählerische Gründlichkeit, die weniger einem Freundschaftsdienst denn einer Geschäftsabwicklung entspricht, wird hier auf etwas seltsame Weise dadurch erklärt, dass er damit lediglich vorführen wolle, dass Vertrauen gut, Kontrolle jedoch besser sei; dass man in diesem Land niemandem trauen könne, nicht einmal seinen eigenen Freunden. Hier wird der Leser doch etwas stutzig. Der Erzähler – sonst nicht gerade zimperlich, etwas Schlechtes anzunehmen – unterstellt hier nur die besten Absichten und muss sich argumentativ ziemlich abmühen, das Verhalten Kenneynys in altbekannt positivem Licht erscheinen zu lassen, denn Misstrauen und Materialismus gehen wenig konform mit dem zuvor propagierten Freundschaftsideal. Es scheint, als ob er in diesen letzten gemeinsamen Momenten keinen Makel mehr zulassen wolle, der die Erinnerung an seinen „friend in need" (AD II: 85) trüben könnte.

Es zeigt sich also, dass dem Text ein ganz bestimmtes Bewertungsmuster eingeschrieben ist, in das die Araber je nach Verhalten und ‚guter Führung' subsumiert werden. Dieses auf den grundsätzlichen Werten von ‚gut' und ‚schlecht' basierende binäre Wertesystem steht dabei gleichzeitig für die Pole ‚eigen' und ‚fremd'. Diese Binarität bleibt stets intakt, auch wenn einmal ein Araber in seinen positiven Eigenschaften erkannt und gezeigt wird. Denn in diesem Fall wird er als Äquivalent der eigenen, englischen Tugenden markiert und dem *eigenen* Pol zugerechnet. Die Grenze an sich bleibt bestehen. Die ‚Brücke', die einen solchen Seitenwechsel zulässt, ist die *Humanitas,* die Menschlichkeit, die in diesen Fällen das hilfsbereite Verhalten dieser Ausnahme-Araber prägt und gleichzeitig bewirkt, dass Khalîl ihnen – und nur ihnen – wortwörtlich als Mit-Menschen begegnet. Dadurch wird überhaupt erst möglich, dass er sie als Individuen wahrnimmt, ohne automatisch auf Pauschalurteile ‚die Araber' oder ‚die Orientalen' betreffend zurückzugreifen. Es entsteht die Möglichkeit einer ‚echten' Begegnung mit dem Anderen. Doch scheint Doughty diese Möglichkeit nur bedingt zu nutzen, denn letztlich bleibt er seinem binären System verhaftet. Erweist sich ein Araber in manchen Aspekten als gut, selbstlos und hilfsbereit, so wird nicht

---

[103] „'Mussu Khalîl, if you lack money were it an hundred or two hundred reals, you may have this here of me [...]'." (AD II: 359f.)

ein Portrait entworfen, dass ihn in seiner Diversität zeigt – mit vertrauten wie fremden, positiven wie negativen Zügen –, vielmehr spielt Doughty den Dualismus dann auf der eigenen Seite durch. Legt dieser daraufhin jedoch ein Verhalten an den Tag, das zeigt, dass er dort doch nicht wirklich hingehört, werden diese Momente verdrängt, um das System und die vorgenommene Zuordnung aufrechtzuerhalten. Ist die (Ent)Täuschung zu groß, so kippt die Darstellung wieder ins andere Extrem. Es scheint nur Schwarz oder Weiß zu geben, für Graustufen bleibt kein Raum. Das Vorgefundene wird entweder eindeutig der einen oder der anderen Seite zugeordnet. Das etablierte Ordnungssystem mit seinen zugrunde liegenden Oppositionen bleibt bei all diesen Operationen unberührt, aufkommende Inkommensurabilitäten werden schlicht unterdrückt. Somit passt sich nicht das mitgebrachte Ordnungssystem der tatsächlichen Alteritäts-Erfahrung an, sondern die vorgefundene Fremde wird dem *system in operation* angepasst, das auch am Ende der Reise unverändert Bestand hat.

Im Rahmen der Alteritätsverarbeitung in *Arabia Deserta* findet sich jedoch ein spezifischer Parameter, der durch die Fremd-Erfahrung durchaus eine Modifikation erfährt und am Ende des Reiseberichts reichlich anders aussieht als zu Beginn – nämlich die Sprache.

5. Doughtys Fremd-Sprache

> *You have of me Arabia, not seen through the spectacles of scholastic men, but the sounding of the living lips and hearts of the Arabian Arabs...*[104]

> *[Doughty] produced a narrative as cumbrous and inelegant as a trip on camel-back.*[105]

Es findet sich kaum eine Untersuchung von *Arabia Deserta*, in der nicht der dort verwendete, idiosynkratische Sprachstil thematisiert würde. Inspiriert von mittelalterlichem wie Elisabethanischem Englisch, geprägt vom Sprachstil Chaucers, Spensers und der King James Bible sowie durchsetzt von Wörtern nordischer und arabischer Herkunft, stellt Doughtys Prosa eine nicht unerhebliche Herausforderung für den Leser sowie einen reichhaltigen Forschungsgegenstand für Literatur- und Sprachwissenschaftler dar. Auch in der vorliegenden Arbeit darf daher eine eingehendere Betrachtung des eigentümlichen Sprachgebrauchs in Doughtys Reisebericht nicht fehlen. Eine weitere linguistische wie stilistische Analyse von Doughtys „experiment in English" (Hogarth 1928: 114) kann und soll jedoch an dieser Stelle nicht unternommen werden.[106] Zum einen wurde

---

[104] Private Aufzeichnungen von Charles Doughty (zit. nach Taylor 1999: 217).
[105] Kabbani 1986: 106f.
[106] Fast alle Monographien über Doughty oder *Arabia Deserta* widmen mindestens ein Kapitel diesem Thema, so auch Fairley 1927, Treneer 1968, Tabachnick 1981 etc., wobei sich diese

94

dies mit Walt Taylors Abhandlung *Doughty's English* (1939) bereits ausführlich und umfassend geleistet, zum anderen wäre eine rein sprachwissenschaftliche Analyse für die vorliegende Fragestellung wenig zielführend. Im Folgenden kann es allein darum gehen, inwiefern Doughtys idiosynkratischer Sprachgebrauch seine individuelle Fremd-Erfahrung widerspiegelt und nachzeichnet.

Arabia Deserta stellt Doughtys Debüt als Autor dar – hier zeigte sich sein individueller Schreibstil das erste Mal einer literarischen Öffentlichkeit. Wie jedoch bereits angesprochen, stieß seine eigenwillige Prosa zunächst auf wenig Begeisterung. Zu viele Stolpersteine hemmten den entspannten, eingängigen Lesefluss: abrupte Themensprünge, ein die syntaktischen Strukturen aufhebender Umgang mit Satzzeichen, der eine Unterscheidung zwischen direkter wie indirekter Rede streckenweise unmöglich macht, sowie zahlreiche Neologismen, deren Bedeutung eigenständig hergeleitet werden muss. Doch sind vor allem zwei zentrale Eigentümlichkeiten auf lexikalischer und grammatikalischer Ebene zu nennen, welche die größten Hürden bei der Lektüre von *Arabia Deserta* bilden und die Fremdartigkeit des Stils maßgeblich prägen: zum einen Doughtys archaisches Englisch, mit seinen obsolet gewordenen, altertümlichen Begriffen und Phrasen, zum anderen der durchgängige und im Verlauf des Reiseberichts immer dichter werdende Einsatz von Arabismen. Letzteres steht ganz eindeutig in direktem Zusammenhang mit dem Beschreibungsgegenstand des Reiseberichts, der arabischen Fremde, und ist so auch nur in diesem Text Doughtys zu finden. Hier lässt sich recht offensichtlich eine spezifisch *sprachliche* Verarbeitung von Alterität ablesen, die zunächst näherer Betrachtung bedarf.

Bei einem flüchtigen Blick in den ersten Band von Doughtys Reisebericht fällt sogleich eine gewisse Unruhe an der Text-Oberfläche auf. Es findet sich fast keine Seite ohne mehrere kursiv gesetzte arabische Begriffe und Phrasen, die sodann in Klammern oder Einschüben übersetzt oder erklärt werden, sowie Aufzählungen ebenfalls kursiv gesetzter Orts- und Stammesnamen, die bei ihrer ersten Nennung meist in allen vorgefundenen Varianten und Schreibweisen präsentiert werden. Im zweiten Band hingegen sind die kursiv gesetzten Worte mehrheitlich arabische Eigennamen und weniger Bezeichnungen von bestimmten Gegenständen, Tieren oder Lebensmitteln. Das hat einen einfachen Grund: Autor und Leser haben sich im ersten Band bereits das nötige arabische Vokabular zur Beschreibung des Alltags angeeignet, welches nun ganz selbstverständlich angewandt werden kann. Dabei setzt Doughty ein großes Erinnerungsvermögen seitens des Lesers voraus: Wird ein transliteriertes arabisches Wort das erste Mal verwendet, kennzeichnet er es noch durch Kursivsetzung oder einfache Anführungszeichen und versieht es mit einem englischen Synonym oder einer Bedeutungserklärung. Ist dies jedoch einmal geschehen, wird es in den natürlichen

---

mehr mit dem literarischen Effekt und weniger mit einer stilistischen, linguistischen Analyse seiner Prosa befassen.

Wortschatz von *Arabia Deserta* aufgenommen und kann von nun an ohne weitere Erläuterungen oder Markierungen zum Einsatz kommen. Vom Leser wird erwartet, dass er sich diese Vokabeln und Namen einprägt und auch hundert Seiten später noch weiß. Dafür kann er zwar auf das beigefügte Glossar zurückgreifen, doch finden sich mitunter zahlreiche arabische Worte im Haupttext, die im Index fehlen.[107] Weiterhin erschließt sich dem Leser, der die spezifische Handhabung von Präfixen und Suffixen im Arabischen nicht kennt, der Aufbau des Glossars nicht ohne Weiteres. Infolgedessen ist insbesondere bei der Lektüre der ersten 400 Seiten erhöhte Aufmerksamkeit geboten.

Der Prozess des Lernens und Aneignens arabischer Begriffe geht am Anfang des ersten Bandes mitunter so weit, dass man auf Passagen stößt, die wie ein Lückentext aus einem Lehrbuch des Arabischen anmuten, wie etwa folgender Satz, der einige zentrale Begriffe einführt:

> I had passed an antique fortress in the desert side, which is also very considerable. "A Kasr (castle) of the *Yahûd* (Jews) answered the *Beny Sókhr* nomad who conveyed me on his *thelûl* (dromedary); he called it *Gwrwah* or *Kasr es-Shebîb*, and of a santon whose *makám* (sacred place of sepulture) is seen thereby, *Sheykh Besîr*." (AD I: 13)[108]

Dieses Beispiel zeigt sehr eindrücklich Doughtys mangelnde Scheu, einen Satz massiv mit sprachlichen Stolpersteinen zu versehen, um arabische Bezeichnungen für verschiedene Dinge, Örtlichkeiten, Personen oder Stämme in all ihren verzeichneten Varianten zu dokumentieren. Die dabei manchmal zusammenhanglos wirkende Syntax und die Verwendung seltener englischer (Fremd)Wörter wie *santon*[109] stören zusätzlich den Lesefluss.

Die Lektüre ähnelt in solchen Momenten mehr einem Sprachunterricht, einem kumulativen Sammeln von fremden Wörtern, die sodann als naturalisierte Arabismen den eigenen Wortschatz bereichern. Ist dies erst geschehen, kann Doughty einige Seiten später sowohl die arabischen Begriffe als auch den Namen des Beduinenstammes ohne weitere Erklärungen verwenden: „The morning being come as they were about to remove, he sent me forward mounted on his own *thelûl*, with a black servant of the sheykh of the B. Sókhr." (AD I: 16) Die arabische Bezeichnung des Dromedars, *thelûl*, wird hier noch ein letztes Mal kursiv gesetzt, bevor sie endgültig in den gängigen Wortschatz des Reiseberichts aufgenommen wird. Der Stammesname der Beny Sókhr wird sogar abgekürzt –

---

[107] So etwa die Inschrift „*Ibn el-karra, ellathi behájiz el-marra.*"; siehe diesbezüglich Levenston 1987: 97.

[108] Hier zeigt sich eine gewisse, durchaus typische Unregelmäßigkeit, da der Begriff ‚Kasr' nicht kursiv gesetzt wird, obgleich er im Text zuvor noch nicht vorkam. Das Wort ‚makám' wiederum ist einer jener Arabismen, die nicht im Glossar aufgeführt sind. Dies macht es für den Leser natürlich schwierig, wenn es noch einmal vorkommen und er die Bedeutung angesichts der vielen neuen ‚Vokabeln' vergessen haben sollte.

[109] Vgl. Speake: „*santon* (noun): French (from Spanish from santo saint). 1. A Muslim hermit or holy man, a marabout." (1997: 380)

der Leser wird sich schon merken müssen, dass ‚B.‘ für *Beny* steht und üblicherweise den Namen von Beduinenstämmen vorangestellt wird.

Doughty behandelt diese ‚annektierten‘ Arabismen sodann häufig wie englische Wörter und versieht sie mit englischen Endungen, um etwa den Plural oder die Possessivform anzuzeigen. (vgl. Taylor 1939: 21) Dieser Aneignungsprozess dominiert natürlich besonders im ersten Band von *Arabia Deserta*, in dem der textspezifische Wortschatz zunächst erlernt und etabliert werden muss. Im zweiten Band sind dann bereits so viele arabische Wörter derart angeeignet und naturalisiert worden, dass der Lesefluss durch sie kaum noch gestört wird. So stellt auch Anne Treneer ganz überzeugend fest: „[C]ertainly one reason why people find the second book of *Arabia Deserta* so much easier to read than the first is that they have got used to the Arabic words." (1968: 164) Doch wehe dem, der nicht durch die ‚harte Schule‘ des ersten Bandes gegangen ist. Er sieht sich im zweiten Band mitunter mit Sätzen konfrontiert, in welchen beinahe alle Substantive arabische Wörter sind und die daher ohne die nötige Vorkenntnis kaum verständlich wären, wie etwa folgender Satz: „Mohammed had gone over from the mejlis with the rajajîl to Abeyd's kahwa." (AD II: 11) Dass sich hier der Emir Mohammed mit seiner bewaffneten Leibgarde vom Ältestenrat der Scheichs zu Abeyds Kaffeefeuer begibt, erschließt sich nur denjenigen Lesern, die bereits den ersten Band von *Arabia Deserta* gelesen haben oder all diese ‚Fremd-Wörter‘ im Glossar nachschlagen.

Dieses sukzessive Integrieren arabischer Begriffe in die Sprache des Reiseberichts erzeugt dabei einen ganz eigenen Effekt. Der Leser wird zum Eingeweihten, der gemeinsam mit Khalîl mit der Zeit Begriffe wie *thelûl* (‚Dromedar‘), *nâga* (‚Kamel‘), *menzil* (‚Lager‘), *sámn* (‚geklärte Butter‘), *mereesy* (‚Trockenmilch‘) oder *hareem* (‚Frauen‘) lernt und bald als ganz selbstverständlich wahrnimmt. Sprache wird so zur ganz offensichtlichen Spur einer Fremd-Erfahrung, die die Orientierungs- und Lernprozesse des Reisenden nachzeichnet. Dabei ist der Leser gezwungen, diese Prozesse ebenfalls mit zu vollziehen: „[T]hrough his textual use of language he would make us work part of the way into Arab culture ourselves if we would wander with him in Arabia Deserta." (Fernea 1987: 219)

Doch nicht nur sein Vokabular wird derart eingefärbt durch das Arabische, auch die von ihm verwendete Syntax weist typisch arabische Züge auf. Wenn Doughty zum Beispiel Gespräche der Araber wiedergibt, übernimmt er häufig die typisch arabische Satzstellung sowie paralinguistische[110] Elemente der arabischen Umgangssprache:

> "Tell me, he cries, what men ye be?" – Maatak made answer meekly, "Heteymy I, and thou?" – "I Harby and ugh! cries the perilous anatomy, who he with thee?" (AD II: 282)

Diese direkte Wiedergabe solcher syntaktisch ‚falscher‘ Formulierungen sowie die phonetische Transkription arabischer Interjektionen dienen ganz offensichtlich

---

[110] Für zahlreiche Textbeispiele der Transkription paralinguistischer Laute und Gesten in *Arabia Deserta* siehe Levenston 1987: 98ff.

der atmosphärischen Inszenierung fremden Sprechens. Im Arabischen – so wie in vielen anderen semitischen Sprachen – ist ein Bindeglied im Sinne von „I am Harby" nicht notwendig: „I Harby" ist somit lediglich die wörtliche Übersetzung von *ana Harby*. (vgl. Levenston 1987: 107) Auf diese Weise wird der Leser innerhalb seiner Muttersprache mit den Eigenarten einer Fremdsprache konfrontiert.

Doch auch wenn nicht gerade Gespräche unter Arabern geschildert werden, findet sich in Doughtys Reisebericht durchgängig ein vom Arabischen geprägter Sprachgebrauch.[111] So lässt sich zum Beispiel der gehäufte Einsatz von Parallelismen feststellen, einem Stilmittel, dessen rhythmische Symmetrie charakteristisch ist für semitische Sprachen. Ihr „Semitic linking of sentences into blocks of thought" (McCormick 1962: 31) sowie die typische „juxtaposition of thoughts" (45) findet sich durchgängig in *Arabia Deserta* – so etwa in der Beschreibung seiner Reisevorbereitungen vor der Abreise des Hadsch-Pilgerzuges: „The morrow was one of preparation, the day after we should depart." (AD I: 6), oder auch dreifach: „The first houses I found to be but waste walls and roofless, and the plantations about them forsaken; the languishing palm-stems showed but a dying crown of rusty leaves." (AD II: 7) Diese eigentümliche Syntax dürfte Doughty schon aus der semitisch bzw. hebräisch geprägten Bibelsprache bekannt gewesen sein. Im Arabischen fand er diese idiosynkratische Diktion und Redeweise hingegen in lebendiger Form vor und transponierte sie entsprechend in das Englisch seines Reiseberichts.

Doughty erschafft so seine ganz eigene Sprache, reich an arabischen Begriffen und geprägt von wörtlichen Übersetzungen arabischer Idiome und Redensarten, die nicht der englischen Syntax und Semantik entsprechen. So auch im folgenden Beispiel, als er gemeinsam mit den Beduinen ein Wüstendorf besucht, dessen Bewohner ihn bedrohen und – wie üblich – auffordern, sich zum Islam zu bekennen. Hier beschließt der Erzähler die Passage mit folgenden Worten: „Yet they durst not insult the Nasrâny in the village because I was with the Beduw, and in the countenance of their own sheykhs." (AD I: 549) Die Bedeutung von *in the countenance of their own sheykhs* – im Sinne von ‚unter dem Schutz ihrer eigenen Scheichs' – erschließt sich hier recht unproblematisch durch den Kontext. Dass diese Redewendung indes aus dem Arabischen abgeleitet bzw. einer wörtlichen Übersetzung geschuldet ist, zeigt sich erst im zweiten Band, als diese in Doughtys Schilderung der Familiengeschichte der Ibn Rashîd abermals vorkommt. Dort bringt der Beduine Mohammed einen ebenfalls unerwünschten Gast nach Hâyil:

Mohammed sat upon his thelûl [dromedary], when they met with him, as he had ridden down from the north, and said Bunder, "Mohammed, what Beduw hast thou brought to Hâyil? the Thuffîr! and yet thou knowest them to be gôm [enemies] with

---

[111] „The peculiarity of the Semitic languages may have been borne in upon Doughty as he heard the Arabs talk [...]. But he himself, in the parts of the book that do not reproduce Arabian speech but convey his own observations, used it widely, page after page." (McCormick 1962: 38)

us!" Mohammed: "Wellah, yâ el-Mohafûth, I have brought them bî wéjhy, under my countenance!" (AD II: 15)

Der arabische Ausdruck *bî wéjhy* bedeutet wörtlich ,im Angesicht von' und im übertragenen Sinne ,unter dem Schutz von' – ein bildlich so nachvollziehbares Idiom, dass Doughty es wortgetreu übernimmt. (vgl. Levenston 1987: 107f.)

Linguistische Idiosynkrasien des Arabischen finden so direkt Eingang in den (englischen) Sprachgebrauch Doughtys und prägen seine Prosa sowohl lexikalisch, syntaktisch[112] als auch semantisch. Diese ,Arabisierung' geht so weit, dass gen Ende des zweiten Bandes zwischen den im Text wörtlich übersetzten Aussagen der Araber und dem generellen Sprachstil des Reiseberichts kaum noch ein Unterschied besteht.[113]

Systematisch betrachtet, markiert diese ,Sprachinfektion' ein Unterlaufen bzw. ein Auflösen der Dichotomie von Identität und Alterität auf sprachlicher Ebene: Hier usurpiert das Zeichensystem der Fremde die eigene Sprache. Denn anstatt die Fremdsprache in ein homogenes, gängiges Englisch zu übersetzen, sie der ,Zielsprache' zu beugen und somit in ihrer Fremdheit zu neutralisieren, wird hier das Englische derart modifiziert, dass es das Arabische angemessen widerspiegelt: Es wird verfremdet. Dieser Vorgang des Über-Setzens, das auf einer Verfremdung der eigenen Sprache beruht, soll im nächsten Kapitel genauer betrachtet werden.

5.1 „Zu einer fremden Aehnlichkeit hinübergebogen"[114]

> *For a writer to write one language in the manner of another language*
> *would seem at first sight to be a strange and dangerous thing to do […].*[115]

Doughtys arabisierte Prosa resultiert aus seinem Bestreben, die erfahrene Fremde, ihre Bewohner und deren Sprache, unmittelbar und wahrheitsgetreu – gleich einem Spiegel – wiederzugeben. Das macht er bereits im Vorwort zur ersten Ausgabe von *Arabia Deserta* deutlich: „*I trust, for the persons, that if the word (written allday from their mouths) were rehearsed to them in Arabic, there might every one, whose life is remembered therein, hear, as it were, his proper voice*" (AD I: vii).

Doch wie Anthropologe und Arabist Robert Fernea in seinem Aufsatz „*Arabia Deserta*: The Ethnographic Text" (1987) feststellt, ist gerade dieser Vorgang des Übersetzens von Fremdsprachen in die eigene Sprache das kritische Moment eines jeden Feld- und Reiseberichts. Der Ethnograph, der – so wie Doughty in diesem Fall – die Fremdbevölkerung in Interviews und aufgezeichneten Gesprächen

---

[112] „[I]t is in his sentence-structure that his prose is most remarkable – and in which he shows most clearly that he is basing himself on Arabic style […]." (Taylor 1939: 40)

[113] Vgl. Taylor: "[T]here is no essential difference between his literal translation of Arab speech, […] and the rest of the book." (1939: 40)

[114] Schleiermacher [1813] 1963: 55.

[115] Taylor 1939: 3.

selbst zu Wort kommen lassen will, sieht sich häufig mit der Problematik der angemessenen sprachlichen Übersetzung konfrontiert. Zwar ist die Übertragung des (Wort)Sinns in die Muttersprache an sich unproblematisch, doch wird eine bloße sinngemäße Übersetzung selten allen semantischen Facetten der ,Ursprache' gerecht. Sie tilgt nämlich unwillkürlich deren Idiome, Metaphern und sonstigen grammatischen wie phonetischen Charakteristika, die potenziell signifkante Einblicke in die Kultur und Mentalität des Sprechers gewähren würden.

Doughty überwindet dieses Problem teilweise, indem er die Dinge bei ihrem ,wahren' Namen nennt und somit vor allem arabische Nomen naturalisiert.[116] Folglich sind es keine Kamele, sondern *nâgas,* die durch die *khâla* (Wüste) mit ihren verschiedenen *dîras* (Stammesgebieten) ziehen. Nur diese *echten* Bezeichnungen scheinen ihr Signifikat angemessen abbilden zu können. Ganz in diesem Sinne kann auch der englische Begriff *coffee* nicht einmal ansatzweise die Beschaffenheit sowie soziale Bedeutung des arabischen *kahwa* ausdrücken: „Even when equivalents do exist, Doughty frequently uses the Arabic word, since the apparent equivalence is illusory: coffee is not the same as kahwa, neither in quality nor in quantity; a housewife has neither the same duties nor the same responsibilities as a jarra." (Levenston 1987: 95) Dementsprechend übernimmt Doughty zahlreiche arabische Begriffe, die zentral und allgegenwärtig sind im arabischen Alltag, der so *anders* ist, dass eine bloße Übersetzung dem unmöglich Rechnung tragen könnte. Zusätzlich überträgt er arabische Satzkonstruktionen und Idiome ins Englische und imitiert mit seiner ,holprigen' Prosa den Staccato-Rhythmus des Arabischen auch phonetisch. (vgl. Fairley 1927: 38) Auf diese Weise gelingt es Doughty, die mannigfaltigen Eigenheiten der fremden Sprache einzufangen und in seiner eigenen Sprache wiederzugeben. Was er betreibt, scheint kein Übersetzen, sondern vielmehr ein organisches Integrieren des Arabischen in die Muttersprache zu sein, die so eine arabische Färbung erhält und gleichermaßen *verfremdet* wird.

Überdies werden die in *Arabia Deserta* integrierten arabischen Ausdrücke und Namen auf eine ganz eigene Art transkribiert. Obwohl manche der von ihm verwandten arabischen Begriffe im Englischen bereits lexikalisiert worden waren und für sie eine spezifische anglisierte Schreibweise existierte, ignorierte Doughty diese ,Vorgeschichte' jener Wörter und schrieb sie so, wie *er* sie hörte und als ob er sie das erste Mal hörte (was oft auch durchaus der Fall war).[117] Sein auffälligster orthographischer Alleingang dieser Art bestand darin, dass die Araber beständig *Ullah* und nicht *Allah* anriefen, obgleich seinerzeit der Name Allahs im

---

[116] „His aim was to use the word which adhered most closely to the thing; name and thing being one and the same and inseparable." (Treneer 1968: 165)

[117] Jean Jacques Hess hat es sich entsprechend in seinem Artikel „Bemerkungen zu Doughty's *Travels in Arabia Deserta*" zur Aufgabe gemacht, „für eine grössere Zahl von Wörtern des Doughtyschen Index die correcte Form und Bedeutung" herauszuarbeiten und somit die „eigenthümliche Art wie Doughty das Arabische transcribiert" sowie „häufig bei ihm zu constatierende Fehler im Auffassen der gesprochenen Laute" auszumerzen. (1902: 45)

Englischen längst jenseits von Expertenkreisen bekannt war. In einem Schreiben an seine Verleger antizipierte er bereits vor Erscheinen des Buches die Kritik, die seine eigenwillige Schreibweise arabischer Begriffe in einschlägigen Forschungskreisen hervorrufen würde:

> As regards *the spelling of the Arabic words* (in which every Orientalist has his views) I would beg the Reviewer to consider that my writing the vulgar of Nejd is far more useful to Scientific Scholars than if I had reduced all to the book Arabic. I hope he will not think *Ullah* 'a *gross blunder*'. I write their speech phonetically. They never pronounce Allah but something between Ollah and Ullah (the first would be better).[118]

Doughty war nicht daran gelegen, in einem Rückgriff auf das institutionalisierte Lehrbuch-Arabisch Anschluss an die linguistische Forschung der Arabisten zu finden oder gar zu versuchen, das tatsächlich Vorgefundene diesem theoretischen Standard anzupassen. Untypische, umgangssprachliche oder dialektale Abweichungen waren ihm vielmehr willkommen und er betrachtete ihre Dokumentation als wertvollen Beitrag zur Forschung.

Dennoch sorgte dieser ‚Alleingang‘ in Fachkreisen für Irritation und wurde von Kennern der Sprache, wie etwa Richard Burton, heftig kritisiert. Burton warnt in seiner Rezension davor, Doughtys Transkriptionen für bare Münze zu nehmen: „[T]he many singularities must be received with abundant caution. No Arab ever yet said 'Haj' (for Hajj), 'Tóma' (for Tam'a), 'Jubâl' (for Juhhál), 'Kella' (for Kal'ah), 'Thelúl' (for dalúl = a dromedary), 'Ullah Akbar' (for Allahu Akbar) or 'La ilah' &c. (for lá iláha)." (1888: 48) Ob nun die Tatsache, dass Burton diese orthographisch bzw. phonetisch abweichenden Varianten bekannter arabischer Begriffe noch nie zuvor gehört hat, automatisch bedeutet, dass Doughtys Transkriptionen falsch sein müssen, kann dahingestellt bleiben. Viel interessanter ist indes, dass er Doughty aufgrund seines Ignorierens der einschlägigen Forschung und der dort etablierten Standards die Kompetenz abspricht, überhaupt valide Aussagen über die arabische Kultur und ihre Sprache zu treffen. Doch jenem ging es bei seinem phonetischen Alleingang nicht so sehr um kompetente Diskursteilnahme, sondern um etwas anderes. Er wollte ja gerade diesen Wiedererkennungseffekt, wie ihn versierte *armchair Orientalists* womöglich bei der Lektüre von Burton erleben, vermeiden. Er wollte nichts Bekanntes nach Hause bringen, sondern das Fremde auch fremd scheinen lassen: „He writes down an Arabic word not in the form with which we are familiar, but as a transliteration, as exact as he can make it without using a recognized system, of the word he actually heard in the mouth of a certain Arab at a certain time." (Taylor 1939: 21)

Bereits adaptierte, ‚domestizierte‘ Begriffe des Arabischen werden also vermieden, damit kein falscher Eindruck von Vertrautheit entsteht. *Verfremdung* scheint hier die grundlegende Methode zu sein: Doughty verfremdet zum einen die englische Sprache, indem er sie durch Arabismen und arabisierte Syntax modifiziert.

---

[118] Postkarte an H. W. Bates, 11. April 1886 (zit. nach Hogarth 1928: 123).

Dabei verfremdet er zusätzlich die wenigen bekannten und im Englischen lexika-
lisierten arabischen Wörter und Namen, so dass auch der sachkundige Leser sie
nicht in ihrer vertrauten Gestalt er*kennen* kann, sondern in ihrer ganzen Fremdheit – so, wie sie dem Reisenden begegnet sind – erfahren muss. Auf diese Weise
gelingt ihm letztlich das, was selbst ein Richard Burton nicht vermochte, obgleich dieser die arabische Sprache weitaus besser beherrschte: Nämlich, das gesprochene Arabisch in seiner Fremdheit einzufangen und im Medium der eigenen Sprache wiederzugeben. Bei Burton wird das Arabische übersetzt, neutrali-
siert und anglisiert. Bei Doughty hingegen wird das Vehikel seinem Transportgut
angepasst. Das Ergebnis ist ein neuer Code zur Beschreibung des Fremden:

> Doughty attempts to deal with the subtle ethnocentrism involved in using 'our' lan-
> guage to describe the 'other' and with the double bind of translation. 'Our' language
> carries a heavy freight of connotations, of commonsense associations which turn the
> 'other' into something comfortably plausible. English translations of native statements,
> […] when rendered in standard English can 'impose our logic upon them'. Doughty
> struck a middle ground in creating a special language for his account, an English full of
> the rhythms and words of Arabic speech. (Fernea 1987: 218f.)

Damit die eigene Sprache diese *Otherness* derart unverfälscht wiedergeben kann,
müssen ihre sprachspezifischen Assoziationen, ordnenden Strukturen und sinn-
stiftenden Mechanismen so weit wie möglich ausgeschaltet und durch die der
fremden Sprache ersetzt werden. Das Resultat ist eine Hybridsprache, die zwar
auf der Matrix der eigenen Sprache basiert, jedoch nach dem Modus der fremden Sprache operiert.

Diese Art der Sprachmodifikation, welche die eigene Sprache den Regeln einer anderen beugt und somit verfremdet, ist eine in der Profession des Übersetzens seltene, jedoch durchaus nicht unbekannte Methode. Sie wurde das erste
Mal von Friedrich Schleiermacher in seinem Vortrag „Ueber die verschiedenen
Methoden des Uebersetzens" vom 24. Juni 1813 vor der Königlichen Akademie
der Wissenschaften in Berlin beschrieben. Schleiermacher unterscheidet darin
zwei grundsätzliche Methoden des literarischen Übersetzens, die er folgendermaßen beschreibt: „Entweder der Uebersetzer läßt den Schriftsteller möglichst in
Ruhe, und bewegt den Leser ihm entgegen; oder er läßt den Leser möglichst in
Ruhe, und bewegt den Schriftsteller ihm entgegen." (1963: 47f.) Angesichts dieser beiden grundsätzlichen Herangehensweisen des Übersetzens wird schnell
deutlich, dass sich Doughty für die erste Variante entschieden hat, nämlich diejenige, die den Leser zwingt, aus seinem gewohnten Sprachempfinden herauszu-
treten und sich im Medium der eigenen Sprache der Fremde anzunähern:[119]

---

[119] Vgl. auch Fernea: „In this way Doughty has given the Arab people who fill his pages a far
better opportunity to represent themselves in an authentic fashion than would a more
standard form of prose, all the while placing a heavier burden on the reader, especially
those with no knowledge of Semitic languages." (1987: 217)

102

Im ersten Falle nämlich ist der Uebersetzer bemüht, durch seine Arbeit dem Leser das Verstehen der Ursprache, das ihm fehlt, zu ersetzen, das nämliche Bild, den nämlichen Eindrukk, welchen er selbst durch die Kenntniß der Ursprache von dem Werke, wie es ist, gewonnen, sucht er den Lesern mitzutheilen, und sie so an seine ihnen eigentlich fremde Stelle hinzubewegen. (ibid.)[120]

Nun handelt es sich bei *Arabia Deserta* zwar nicht um die Übersetzung eines fremdsprachigen literarischen Textes, sondern um einen Reisebericht. Allerdings scheint die Vorgehensweise, anhand derer die fremde ‚Ursprache‘ des Arabischen dem Leser vermittelt werden soll, durchaus vergleichbar. Auch bei Doughtys Art der Übersetzung der Fremde soll nicht die fremde Sprache und Denkweise dem Leser näher gebracht werden, sondern umgekehrt: Der Leser soll dem Arabischen angenähert werden und somit gleichsam in eine Position gebracht werden, die sonst nur ein Kenner innehat. Dafür muss er aus seiner sprachlichen wie kulturellen *comfort zone* herausbewegt und seine Muttersprache einer gewissen Modifikation unterzogen werden. Die Methode des bloßen Paraphrasierens, die bei herkömmlichen Übersetzungen üblich ist, kann einer Fremdsprache in allen Registern ihres Ausdrucks nicht umfassend gerecht werden. So argumentiert auch Schleiermacher:

> [W]ie oft wird einem neuen Worte der Urschrift gerade ein altes und verbrauchtes unserer Sprache am besten entsprechen, so daß der Uebersetzer, wenn er auch das sprachbildende des Werks zeigen wollte, einen fremden Inhalt an die Stelle sezen und also in das Gebiet der Nachbildung ausweichen müßte! Wie oft, wenn er auch neues durch neues wiedergeben kann, wird doch das der Zusammensetzung und Abstammung nach ähnlichste Wort nicht den Sinn am treusten wiedergeben, und er also doch andere Anklänge aufregen müssen, wenn er den unmittelbaren Zusammenhang nicht verletzen will. (1963: 52)

Der Leser würde mit bekannten Wörtern bedient und wäre nicht mehr in der Lage, unter der Oberfläche vertrauter Begriffe und Phrasen die wahre Gestalt der fremden Sprache wahrzunehmen. Doch genau daran war Doughty gelegen, obgleich er kein Werk übersetzen, sondern vielmehr eine Fremdsprache in sein Sprachkunstwerk integrieren wollte: Er wollte seinem englischen Text die spezifischen Eigenheiten der arabischen Sprache – Lexik, Syntax, Idiomatik, Melodie und Rhythmus – einschreiben. Bei der Lektüre von *Arabia Deserta* soll der Leser das Arabische hören können, es ebenso als zunächst fremd und allmählich als vertraut empfinden, wie es einst der Reisende tat. Es soll dabei nicht naturalisiert werden, sondern *in seiner Fremdheit vertraut* gemacht werden. Somit kann der Leser die Fremdsprache, die fest in die Textur des Englischen mit eingewoben ist, *begreifen,* ohne sie zu beherrschen. Es entsteht der Eindruck, man habe einen ara-

---

[120] Levenston beschreibt Doughtys sprachlichen Modus Operandi mit exakt demselben Bild: „[T]he use of linguistic features at two levels – phonological and lexical – which are specifically and patently Arabic in origin [...] serve to bring the reader closer to an Arabian view of life." (1987: 93)

bischen Text vor sich bzw. einen Text, der zunächst in Arabisch gedacht und dann erst ins Englische transponiert wurde.[121] Ganz dementsprechend ist Doughtys englischer Reisebericht Lesern, die des Arabischen mächtig sind, leichter zugänglich als dem englischen Muttersprachler.[122] Eine solche Verfremdung der eigenen Muttersprache kann selbstverständlich schnell zu Lasten der Lesbarkeit gehen und stellt stets einen sprachlichen wie stilistischen Balanceakt dar:

> [E]in unerlässliches Erforderniß dieser Methode des Uebersetzens ist eine Haltung der Sprache, die nicht nur nicht alltäglich ist, sondern die auch ahnden lässt, daß sie nicht ganz frei gewachsen, vielmehr zu einer fremden Aehnlichkeit hinübergebogen sei; und man muß gestehen, dieses mit Kunst und Maaß zu thun, ohne eigenen Nachtheil und ohne Nachtheil der Sprache, dies ist vielleicht die größte Schwierigkeit, die unser Uebersetzer zu überwinden hat. (Schleiermacher 1963: 55)

Bei Doughty mögen der geringe Publikationserfolg und die Schwierigkeiten bei der Suche nach einem Verlag darauf hindeuten, dass er die englische Sprache zu ihrem Nachteil verändert und verfremdet hat.[123] Er verteidigte seinen Stil jedoch so überzeugt wie kompromisslos und nahm damit eben jenes Schicksal in Kauf, das bereits Schleiermacher solchen ‚Verfremdern‘ der Muttersprache prophezeite:

> Wer wird sich gern gefallen lassen, daß er für unbeholfen gehalten werde, indem er sich befleißiget der fremden Sprache so nahe zu bleiben als die eigene es nur erlaubt, und daß man ihn, wie Eltern, die ihre Kinder den Kunstspringern übergeben, tadelt, daß er seine Muttersprache, anstatt sie in ihrer heimischen Turnkunst gewandt zu üben, an ausländische und unnatürliche Verrenkungen gewöhne! (1963: 55)

Eben dieser Vorwurf ausländischer, unnatürlicher Verrenkungen wurde *Arabia Deserta* wiederholt gemacht und sogar T.E. Lawrence, der das Buch einst als „miracle of style"[124] lobte, kritisierte in späteren Jahren diese eigentümliche Methode des Verfremdens: „This inlay of strange words into a groundwork of daily English is a mistake. The effect is fussy, not primitive, more peasant art than peasant." (Lawrence und Lawrence 1940: 43) Doughty hingegen vertraute darauf, dass zumindest seine akademische Leserschaft – und darunter vor allem der gelehrte Philologe – den tatsächlichen Wert seiner sprachlichen Idiosynkrasien erkennen würde: „I hope the learned man will not tilt at my English; he will but make Chaucer and Spenser bleed, and weep for me."[125] Möge das Unvermögen seiner

---

[121] „C.M.D. thought in Arabic and then put it into English." (1939: 40); sowie Levenston: „[Doughty] can almost persuade a reader who knows no Arabic that he is reading Arabic." (Taylor 1987: 93)

[122] „[M]uch of his thought and its manner of expression is Arabic; so much that *Arabia Deserta* is an easier text for an Arabic-speaking reader of English than for an Englishman." (Taylor 1939: 41)

[123] Tabachnick betrachtet Doughtys Versuch, das Arabische solcherart approximativ wiederzugeben, als gescheitert: „Far from achieving a similarity to Arabic, or to old English, such interpolations cause a two-language blend that sometimes only barely reads like the English of any period." (Tabachnick 1973: 17)

[124] In einem Brief an Edward Garnett, 23. August 1922 (Lawrence 1938: 359).

[125] In einem Brief an H. W. Bates, 11. April 1886 (zit. nach Hogarth 1928: 123).

Leser ihn auch seine Reputation kosten – Doughty ist bereit, auch als literarischer Märtyrer für sein stilistisches *Credo* einzustehen. Hier spricht er zudem eine weitere markante Eigenart seiner Prosa an, die noch stärker im Kreuzfeuer der Kritik[126] stand als ihre arabische Färbung, nämlich seinen archaischen Sprachgebrauch, der an Chaucer und Spenser erinnert. Denn unter der Schicht verfremdender Arabismen in *Arabia Deserta* lag mitnichten das ‚Fundament' eines alltäglichen Englisch, wie es Lawrence in seiner Kritik beschreibt. Vielmehr war die Matrix der Muttersprache, die besagter Arabisierung unterzogen wurde, bereits in sich verfremdet, indem sie in die eigene Sprachvergangenheit entrückt worden war. Inwiefern diese weitere sprachliche Distanzierungsbewegung Teil der werkspezifischen Alteritätsverarbeitung ist, soll im Folgenden näher beleuchtet werden.

5.2 Die Potenzierung: das kulturell Fremde und das fremd gewordene Eigene

Ließe man die Arabismen in *Arabia Deserta* außer Acht, sähe man sich nach wie vor einer höchst eigentümlichen Prosa gegenüber, komponiert aus einer archaischen Sprache, die mittelenglisches und elisabethanisches Englisch zum Vorbild hat und den kontemporären Sprachgebrauch weitgehend ausblendet. Doughty bedient sich im Rahmen dieses Spracharchaismus zahlreicher obsolet gewordener Wörter – aus welchen er neue Komposita und Phrasen bildet – sowie einer altertümlichen Syntax, die dem Text seine typische, biblisch anmutende Färbung verleiht.[127]

Verschiedene ineinander greifende Umstände können als Ursache dieser dezidierten Archaisierung seines Stils gewertet werden: Zum einen zog Doughty das alte Englisch, dem er einige Jahre intensiven Studiums gewidmet hatte, dem zeitgenössischen Englisch vor, das er als korrupt und degeneriert erachtete.[128] Von Letzterem wollte er sich distinguieren und vor allem distanzieren, indem er es völlig ignorierte und sich stattdessen allein auf den Sprachgebrauch vergangener Zeiten besann.[129] Dementsprechend beschreibt er die Hauptintention für das Verfassen der beiden Bände von *Arabia Deserta* folgendermaßen: „A principal cause for

---

[126] „Whether Mr. Doughty is justified in adopting, for a prosaic *récit de voyage*, a style so archaic, so involved, and at times so enigmatical, however fitted it may be for works of fiction, and however pleasant for the reminiscences of days when English was not vulgarised and Americanised, the reader must judge for himself." (Burton 1888: 47)

[127] Für eine detaillierte linguistische Analyse von *Arabia Deserta* siehe vor allem Taylor 1939 sowie Levenston 1987. Vorliegend soll es allein um die diskursanalytische Relevanz dieses Sprachstils gehen.

[128] Siehe auch Doughtys *Word Notes* unter dem Stichwort „The Mother Tongue": „[T]he older, purer Anglicism, sober, solid, confirmed of antique habit, wise and principally adorned and decked with sentence and read by sagacity of the best spirits – will remain a proper form, noble and full of native majesty, and well able to be comparisoned with a work of Homer." (zit. nach Robbins 1980: 89)

[129] „The determined Elizabethanism of his style, too, was a way of distancing himself from the everday language he so disliked and mistrusted […]." (Taylor 1999: 287)

writing them was besides the interest of the Semitic life in tents, my dislike of the Victorian English; and I wished to show, and thought I might be able to show, that there was something else." (zit. nach Hogarth 1928: 114f.) Dieses „something else", diese Alternative zum Englisch der Gegenwart, war in seinen Augen in der englischen Vergangenheit zu finden, in den mittelenglischen Texten Chaucers, den elisabethanischen Werken von Spenser und Skelton sowie nicht zuletzt der King James Bible. Mit dieser Ablehnung der Gegenwart zugunsten der Vergangenheit entsprach Doughty trotz seiner Vernachlässigung und Nicht(be)achtung kontemporärer Kunst und Literatur ganz den Strömungen seiner Zeit und zwar insbesondere – wie bereits zuvor festgestellt – der Haltung der Prä-Raffaeliten:

> Although Doughty insisted that he did not read his contemporaries [...], his antiquarian interest matches that of the Pre-Raphaelites for instance and results in a very similar kind of art. No man lives in a vacuum, and the same basic force – namely disgust with industrial civilization – acting on Doughty consciously or subconsciously, was impelling his contemporaries to revive past styles. (Tabachnick 1981: 40)

Wie bei den Prä-Raffaeliten beschränkte sich Doughtys Hinwendung zu vergangenen Zeiten jedoch nicht allein auf Sprache und Stil, sondern bedeutete ebenso eine Abkehr von den gesellschaftlichen und moralischen Zuständen des Viktorianischen Zeitalters – einer Epoche der Modernisierung und Industrialisierung.[130] So beklagt er etwa in seinen *Word Notes* die Vernachlässigung klassischer humanistischer Ideale und philosophischen Denkens zugunsten geistloser Effizienz und Automatisierung in einer industrialisierten Gesellschaft: „Men's minds are worn out. We are conquered by machines..." (zit. nach Taylor 1999: 274). Eine gewisse ‚Prädisposition' Doughtys für diese prä-raffaelitische Haltung ist somit unbestritten, wobei das monatelange Zusammenleben mit den Beduinen in der Wüste diese Neigung noch verstärkt zu haben scheint. Das dort gesprochene Arabisch rief mit seiner altertümlich anmutenden, semitischen Lexik und Grammatik Assoziationen mit eben jenen Texten hervor, die er einst als Zeugen eines inzwischen ‚toten' Sprachgebrauchs in der Bodleian Library studiert hatte. Ausgerechnet in Arabien begegnete er nun einer solchen ursprünglichen, noch lebendigen Sprache, die in Reinheit und Ausdruck jenem Englisch ‚aus besseren Tagen' entsprach: „Doughty's conception of good English had much in common with the accepted conventions of good Arabic. An Arabic stylist uses words which can be referred to a root. Like Doughty's English, classical Arabic is vivid and concrete." (Tidrick 2010: 153) Als ‚gutes, klassisches Arabisch' in diesem Sinne galten vor allem jene Wörter und Ausdrücke, die in ihrer Urform bereits im Koran vorkommen. Dieser fungierte, als ältester überlieferter arabischer Text, indirekt als Sprachfibel und sorgte so für die sprachliche Reinheit des Arabischen. (vgl. Taylor 1939: 8). Inso-

---

[130] „In many ways, he was a man of his times: he felt a Victorian's distaste for industrialization; [...] his fascination with language, with the words and expressions of another age, was shared by other scholars and poets of the period." (Taylor 1999: xxv)

fern ist den Arabern – dank ihres sonst so beklagenswerten religionsbedingten Konservatismus – genau das gelungen, was die Engländer versäumt haben, nämlich die Ursprünglichkeit der eigenen Sprache zu wahren.

Es scheint also, als sei Doughty ausgerechnet durch eine sprachliche *Fremd*-Erfahrung dazu inspiriert worden, die *eigene* Sprache zu ihren Wurzeln zurückzuführen und in seinem Text auf das alte Englisch zurückzugreifen, das dem gegenwärtigen, gesprochenen Arabisch in dieser Hinsicht entsprechen sollte. Zu diesem Schluss kommt auch Barker Fairley:

> For Doughty the Arabic speech was full of archaic associations. We cannot hold that the Arabic conversations provided the starting-place for these associations in his own mind. It is nearer the truth to say that he had them ready and that the talk of the Arabs released them and entitled him to bring them into play. (1927: 20)

Nicht zuletzt stand dieses archaische Englisch auch in angemessener Analogie zum Beschreibungsgegenstand. So wurde in Rezeption und Forschung trotz aller stilistischer Kritik stets betont, dass die altertümelnde Sprache *Arabia Desertas* genau das richtige Medium sei, um Arabien und seine Bewohner abzubilden,[131] zumal insbesondere die Wüste – wie bereits erwähnt – in den einschlägigen Diskursen häufig als Enklave einer archaischen, ahistorischen Lebensweise begriffen wurde, die sich seit dem Zeitalter der Patriarchen des Alten Testaments kaum verändert hatte.[132] Da scheint es nur angemessen, dass Doughty seine Erlebnisse in dieser ‚historischen‘ Fremde durch einen sprachlichen ‚Sepia-Filter‘ auch zeitlich entrückt.

Dabei bedient sich Doughty dieser Archaismen nicht nur, wenn er die Gespräche und Ausrufe der Araber und Beduinen *übersetzt*; sie durchziehen vielmehr den gesamten Text und bilden die Grundmatrix des verwendeten Englisch, das dann in einem weiteren Schritt von Arabismen überlagert wird. In seinem Reisebericht wird somit eine Verfremdung der Muttersprache in zweierlei Hinsicht unternommen: Zunächst entrückt der omnipräsente Spracharchaismus die englische Sprache in die *eigene*, fremd gewordene Vergangenheit; in einem weiteren Verfremdungsmoment wird die eigene Sprache durch die zahlreichen Arabismen in einen *fremden* Kultur- bzw. Sprachraum versetzt. Wie bei einem Rösselsprung im Schach geht die sprachliche Distanzierungsbewegung zunächst zwei Züge rückwärts und dann einen zur Seite.

---

[131] „[T]hat archaistic effort, sustained by Doughty's quixotic genius through more than a thousand pages of his *Arabia Deserta* is curiously in keeping not only with the quixotism of this 'Nasrâny's' adventure in the Lion's Den of Islam, but with the primeval society he set himself to describe." (Hogarth 1904: 275) Siehe außerdem die Rezensionen von Garnett 1903, Freeman 1926 und Gay 1981 sowie die Monographien von Treneer 1968, Fairley 1927 und Tabachnick 1981.

[132] Dies betraf vor allem die arabischen Wüstennomaden, denn sie „wurden in dem Sinne als *un*-historisch betrachtet, daß sie zugleich *post*-historisch wie *prä*-historisch waren: posthistorisch, weil sie ihren großen historischen Auftritt schon hinter sich hatten, prähistorisch, weil sie in eine Zeitlosigkeit versunken zu sein schienen, die sie zu Zeugen und Relikten einer tiefen Vergangenheit machten." (Osterhammel 1998: 262)

Doughty vollzieht so eine doppelte Abkehr vom gegenwärtigen Sprachgebrauch und bewirkt auf diese Weise eine Entrückung der erlebten Fremde in Raum *und* Zeit: „Charles Doughty's *Travels in Arabia Deserta* (1888), with its strange mixture of archaic English and Arabisms, [...] appears designed to distance the Arabs in time as much as space, as nineteenth-century thought so often did." (Carr 2002: 76) Hinsichtlich dieser speziellen zeitlichen Distanzierungsbewegung entspricht *Arabia Deserta* dabei nicht nur dem Gedankengut und den Diskurskonventionen des 19. Jahrhunderts, wie Helen Carr in diesem Zitat anmerkt, sondern auch ganz der Tradition der Reiseliteratur, Fremdräume zu temporalisieren.[133]

Bemerkenswert bleibt, dass Doughty ausgerechnet in einer *fremden* Sprache ‚unzivilisierter' Nomaden den reinen Urzustand sieht, welcher der eigenen Sprache in seinen Augen abhanden gekommen war. Möglicherweise durfte das Arabische vor allem aufgrund dieser originären Qualitäten so stark Eingang in seine Prosa finden. Doughty erkannte den besonderen Wert der ungekünstelten, ungeschliffenen Natürlichkeit ‚primitiver' Sprachen und infolgedessen stand nun eine solche bei seiner Mission, einen neuen ‚alten' Sprachgebrauch zu begründen, Modell:

> [I]t was precisely in Arabic that Doughty found his model for pure English. He was not a philologist; but he felt intuitively, what the philologists now confirm, that a primitive language is more concrete and emotional than a more civilized language [...]. (Taylor 1939: 4)

Die arabische Sprache besaß bei all ihrer ‚Primitivität' genau diejenigen Qualitäten, die dem ‚zivilisierten', aber ‚überkandidelten' Englisch fehlten: Schlichtheit, Emotionalität und Ausdruck. In *Arabia Deserta* beschreibt Doughty das Arabische dementsprechend als „rich in spirit" (AD II: 349) und „dropping with the sap of human life" (AD II: 129). Besonders die raue, unberührte Sprache der Wüstennomaden beeindruckte ihn mit ihrer natürlichen Klarheit und Ausdruckskraft: „Their utterance is short with emphasis. There is a perspicuous propriety in their speech, with quick significance." (AD I: 264) Ein solchermaßen bewusstes, geziemendes Sprachvermögen scheint seinen englischen Landsleuten verloren gegangen zu sein – eine Entwicklung, deren Umkehr er als seine persönliche patriotische Pflicht betrachtete: „[I]t was my patriotic aim to give my Life toward an improvement especially in the knowledge and reverent use of the Mother Tongue." (zit. nach Robbins 1980: 91) Das kontemporäre Englisch hatte in seinen Augen eben jene ‚Schicklichkeit' verloren und sei verdorben durch

---

[133] Vgl. Bode 2004 sowie Melman 1992: 110. In seiner bekannten Monographie *Time and the Other: How Anthropology Makes its Object* (1983) widmet sich Johannes Fabian gezielt der Frage nach den Zusammenhängen von Diskurs, Macht und Zeit bei der Darstellung von Fremdräumen in anthropologischen Texten. Er begreift die dort übliche Transposition der gegenwärtigen Fremde in die Vergangenheit der eigenen Entwicklungsgeschichte als diskursive Objektivierungs- und Machtgeste. Doughty unternimmt diese Temporalisierung jedoch eher zu gestalterischen Zwecken. Seine Assoziation Arabiens mit einer biblischen Vergangenheit ist nicht als Herabsetzung, sondern vielmehr als Aufwertung der Gegenwart zu verstehen.

amerikanische wie latinisierende Fremdeinflüsse.[134] Es galt, diese der Dekadenz anheimgefallene Muttersprache zu refomieren, bevor sie den Geist ihrer Sprecher ebenfalls verdürbe. Dieses Ziel formuliert Doughty explizit im Nachwort zu seinem patriotischen Versepos *The Dawn in Britain* (1906):

> Further, it is the prerogative of every lover of his Country, to use the instrument of his thought, which is the Mother-tongue, with propriety and distinction; to keep that reverently clean and bright, which lies at the root of his mental life, and so, by extension, of the life of the Community: putting away all impotent and disloyal vility of speech, which is no uncertain token of a people's decadence. (243)

Diese Vorstellung sprachlicher Degeneration, die mit einer moralischen einhergeht, formuliert Doughty auch in *Arabia Deserta*. Bei seiner Beschreibung der Wüstenstadt Teyma stellt er abwertend fest, dass das Arabisch der dortigen Bewohner geprägt ist von umgangssprachlicher, unsauberer Grammatik und der Angewohnheit, beständig Flüche als Füllwörter zu verwenden. Natürlich sind es auch hier die Stadtaraber, die diese Verderbtheit aufweisen, während sich die Beduinen in der unberührten Enklave der Wüste ihr reines, unkontaminiertes Arabisch bewahrt haben und solche sprachlichen Leichtfertigkeiten lediglich missbilligend zur Kenntnis nehmen: „These townsmen's heartless levity and shrewish looseness of the tongue is noted by the comely Beduw." (AD I: 542) Doch auch sie erweisen sich als nicht immun gegen diese negativen sprachlichen Einflüsse. Nachdem sie sich länger in Teyma aufgehalten haben, beginnen die Nomadenfrauen – „infected with this infirmity" (AD I: 542) –, diese Unarten zu übernehmen. Doch ihre Männer rügen dies sofort und prophezeien Khalîl, dass nach einem kathartischen Tag in der Wüste der Spuk wieder vorbei sei. An dieser Haltung sollte sich die eigene Heimat ein Vorbild nehmen, sinniert daraufhin der Erzähler. Wenn selbst die wilden Nomaden die Gefahr sprachlicher Korruption und Kontamination erkennen, dann muss das zivilisierte England dies erst recht tun:

> The strong contagion of a false currency in speech we must needs acknowledge with "harms at the heart" in some land where we are not strangers! – where after Titanic births of the mind there remains to us an illiberal remissness of language which is not known in any barbarous nation. (AD I: 542)

Im Arabischen findet Doughty nun eine Sprache, die sich noch in diesem unverdorbenen Stadium befindet und ihre elementare Ausdruckskraft bewahrt hat.[135] Um ein Englisch zu komponieren, das dem Arabischen in dieser Hinsicht

---

[134] In diesem Sinne meidet Doughty in *Arabia Deserta* Latinismen zugunsten angelsächsich-nordischer Alternativen: „All the 'elemental' resources of 'northern' English were marshalled to confute a 'southern', Latinate melodiousness and an ideal of civilized, unruffled urbanity." (Rogers 1987: 56)

[135] „Doughty regarded the composition of 'pure' English – 'right' English he called it – as a patriotic exercise, even as a patriotic duty. This 'pure' Arabic which he heard daily in the Desert was an inspiration to Doughty. [...] [H]e wanted to write 'pure' English in the manner of 'pure' Arabic." (Taylor 1939: 9f.)

entspricht, greift er auf die eigene Sprachvergangenheit zurück und kommt somit über den Umweg der gegenwärtigen Fremde zurück zum vergangenen Eigenen: Distanzierung und Annäherung in einem.

Hier zeigt sich Doughtys spezifische *sprachliche* Verarbeitung von Alterität. Diese erfolgt in *Arabia Deserta* nicht allein durch die Modifikation des eigenen Codes mit Elementen eines kulturell Fremden, sondern es wird zusätzlich eine zweite Ebene aufgespannt und das zeitlich entrückte Eigene mit ins Spiel gebracht, was den Verfremdungseffekt gleichsam potenziert. Doughty vermischt das kulturell Fremde mit dem fremd-gewordenen Eigenen. In diesem idiosynkratischen Zusammenspiel zeigt sich paradigmatisch, wie die Konstruktion von Identität und die Verarbeitung von Alterität ineinander greifen können: Sprachlich bedingt hier die Konfrontation mit einer fremden Sprache eine Neukonstituierung der eigenen. Erst durch diese sprachliche Fremd-Erfahrung gelingt Doughty der Blick ‚von außen‘ auf die eigene Muttersprache.[136]

Das Resultat ist ein doppelt modifizierter Code, der die geschilderten Ereignisse und Personen verfremdet und doch zugleich einen gewissen Eindruck von Vertrautheit auslöst. Denn das ‚altertümelnde‘ Englisch mit seinem archaischen, biblischen und vor allem auch literarischen Assoziationspotenzial lässt die Araber, trotz ihrer fremden Mentalität und Kultur, bisweilen wie vertraute Figuren aus dem Alten Testament, Charaktere aus Geoffrey Chaucers *Canterbury Tales* (vgl. Tabachnick 1981: 39f.) oder auch wie „Spenserian characters in a medieval landscape" (Taylor 1999: 264) erscheinen. Khalîls Erlebnisse sowie die Menschen, denen er begegnet, werden auf diese Weise zu Episoden und Figuren stilisiert, wie man sie aus altbekannten, kanonischen Texten kennt. Es entsteht der Eindruck, als wären die hier kolportierten Ereignisse einer fremden und fernen Gegenwart Bestandteil der eigenen kulturellen Vergangenheit.[137] Somit münden Doughtys sprachliche Verfremdungsbewegungen schlussendlich im Bereich des – wenn auch vergangenen so doch vertrauten – Eigenen.

---

[136] „Living abroad enables an Englishman to see English objectively, as he sees a foreign language." (Taylor 1939: 4)

[137] Andrew Taylor bringt diesen Umstand in seiner Biographie *God's Fugitive* treffend auf den Punkt: „In a long-past English world Doughty found a way of interpreting a foreign and almost incomprehensible one." (1999: 247)

6. Rückwirkende, multiple Entrückung

> *Memory [...] is always telling stories to itself, filing experience in narrative form. It feeds irrelevancies to the shredder, enlarges on crucial details, makes links and patterns, finds symbols, constructs plots.*[138]

Professor Barker Fairley, der 1927 die erste Monographie über Charles Doughty und dessen Gesamtwerk verfasste, merkte in seiner Besprechung von *Arabia Deserta* geradezu apologetisch an: „The excuse for labouring an elusive and tentative analysis lies in the book itself. There is a peculiar mystery at the heart of it which makes it far more than a travel book." (1927: 30) Tatsächlich sperren sich wenige Texte so sehr gegen eine strukturierte und vor allem eindeutige Analyse wie Doughtys Reisebericht.

Kaum eine Aussage kann bezüglich *Arabia Deserta* getroffen werden, die nicht anhand bestimmter Textpassagen ebenso leicht widerlegt werden könnte oder bisweilen in ihrer Negation beinahe ebenso wahr wäre, denn Text und Autor erweisen sich als reich an Widersprüchen. Letzterer streitet Diskurskenntnis ab, arbeitet aber streckenweise ganz selbstverständlich mit den diskursüblichen Wahrnehmungsmustern und Stereotypen. Dieser Autor propagiert weiterhin seine Verachtung für den romantisierenden Orientalismus, der das ‚echte' Arabien in seiner Darstellung verfälscht, indem er es zum Schauplatz der Märchen aus *Tausendundeiner Nacht* stilisiert. Allerdings stellt sich schnell heraus, dass er selbst Ähnliches tut, indem er seine Reise als allegorische Prüfung inszeniert, wobei Arabien und seine Bewohner entsprechend biblisch überzeichnet werden. Diese Selbstinszenierung als Märtyrer widerspricht dabei wiederum den atheistischen Überzeugungen von Autor und Erzähler, wie sie in Briefen, im Vorwort und vor allem im Text selbst zum Ausdruck kommen. Hier zeigt sich ein ganz grundlegendes Paradox, das dem Text einbeschrieben ist: Der Autor wählt in der rückwirkenden Gestaltung seiner Reise den Modus der Glaubensprüfung bzw. der Passion als semantischen Subtext seiner Erzählung. Doch Doughty selbst ist und war auch zum Zeitpunkt der Reise kein bekennender, überzeugter Christ. Hier zwingt ein Autor nicht nur der Fremde, sondern auch *sich selbst* und seinem Text eine Symbolik auf, die den Gegebenheiten nicht gerecht wird und eklatante Widersprüche erzeugt. Sie mündet in einer Verdichtung und Überlagerung von Bedeutungsebenen, wie sie für das Genre der Reiseliteratur nicht untypisch sind:

> Achievement of crossing a desert or penetrating unknown territory, minor disasters like getting lost [...], all facts of the traveller's life lend themselves, in the eyes of the narrator, to metaphoric exploitation. Consequently the reader of travelogues [...] faces a choice of understanding. (Kohl 1990: 181)

---

[138] Jonathan Raban, *Coasting* (1987: 248).

Dieses metaphorische Verwertung bzw. Fruchtbarmachung der Ereignisse scheint bei Doughty so weit zu gehen, dass sie seine wahre Identität und Überzeugung zugunsten der intendierten Gestaltung hintanstellt. Doch diese lässt sich nicht über 1000 Seiten hinweg erfolgreich unterdrücken und somit wird der Leser nicht bloß mit „choices of understanding" (ibid.) konfrontiert, sondern auch mit solchen, die einander diametral gegenüberstehen.

Diese mitunter gegenläufigen Bedeutungsebenen von *Arabia Deserta* sind nicht zuletzt dem Umstand geschuldet, dass Doughty zwar als Archäologe, Geologe und Philologe reiste, sich jedoch vorrangig als Dichter verstand. Der Text will folglich beides sein: einerseits ein wahrheitsgetreues Logbuch der Reise und eine verlässliche, kompetente Quelle für die einschlägigen Wissenschaften, andererseits ein literarisches Kunstwerk, bei dem Plot, Atmosphäre und Ausdruck eine zentrale Rolle spielen. Diesen Umstand beschreibt auch Hogarth:

> [*Arabia Deserta*] was to be nothing but the truth and the whole truth of his experience in Arabia, so far as allowed by the notebooks [...]. But the poetic conception did imply a certain studious mode of expression and a certain treatment of the narrative and of himself as the single hero of it, which differentiate *Arabia Deserta* from all other autobiographies of travel. [...] [T]he events and experiences narrated, and himself the one human character related to them throughout, must be spiritualized. (1928: 132)

Erst im Rahmen dieser „poetic conception" fand diese spirituelle Entrückung und allegorische Abstraktion von Thema und Hauptfigur statt: Eine metaphorische Bedeutungsebene, die der Reise nachträglich ,übergestülpt' wurde und deshalb für Diskrepanzen sorgt.

Hinzukommt, dass die Niederschrift des Erlebten so viel später stattfand, aufwändige stilistische wie thematische Revisionen durchlief und dabei oft ganz auf Erinnerungen beruhte. Doughty war sehr heimlichtuerisch bezüglich des Entstehungsprozesses von *Arabia Deserta* und verbrannte das Manuskript direkt nach der Publikation des Reiseberichts, so dass lediglich die Reiseaufzeichnungen in seinen Notizbüchern in Kollation mit dem fertigen, publizierten Text Aufschluss über Textgenese und -komposition geben können. Zieht man nun diese Reisetagebücher als Kontrastfolie heran, so deutet einiges auf eine umfangreiche rückwirkende Gestaltung und vor allem Ergänzung der geschilderten Erlebnisse hin: Bei einem Abgleich der Einträge dieser Tagebücher mit *Arabia Deserta* zeigt sich, dass vieles im Nachhinein hinzugefügt wurde, was sich – wenn überhaupt – allein auf Jahre alte Erinnerungen berufen konnte: „Most of the conversations, far from being ,written all day from their mouths', do not figure in the diaries at all, but were remembered and set down years later." (Taylor 1999: 88) Außerdem waren die Ausführungen im Buch oftmals weit umfangreicher als die zugehörigen Notizen, welche gelegentlich die Ereignisse ganzer Wochen kondensiert auf wenigen Seiten zusammenfassten. (vgl. Tabachnick 1981: 43) Dies zeigt sich besonders offensichtlich bei den Kapiteln über seine Zeit in Kheybar. Die Schilderung seines dortigen Aufenthalts, der immerhin zweieinhalb Monate dauerte, beansprucht nur eine halbe Seite seiner Notizen – im Buch hingegen beinahe 200 Seiten (vgl. AD II: 77-236). Ebenso nimmt das Intermezzo der Ehestreitigkeiten von Zeyd und Hirfa in seinen Tagebuchaufzeichnungen nur drei Sätze in Anspruch, im Buch hingegen sechs volle Seiten (vgl. AD I: 230-236). Zahlreiche detaillierte Ausführungen in *Arabia Deserta* finden zudem keinerlei Entsprechungen in seinen Reisetagebüchern und beruhen somit vermutlich allein auf Doughtys (verklärten oder verbitterten) Erinnerungen. Ganz in diesem Sinne resümiert auch Tabachnick: „Memory and artistry – who can say which? – have added to *Arabia Deserta's* account many details absent from the diary original, including a noble tone." (1981: 43)

Zwar impliziert das Verfassen von Reiseberichten *per definitionem* ein gewisses Maß an Rekonstruktion und Ausschmückung, doch im Fall von *Arabia Deserta* gilt dies in besonderem Maße. Denn dort wird die Dokumentation tatsächlicher Reiseerlebnisse und subjektiver Fremd-Erfahrung bewusst als literarisches Kunstwerk gestaltet, das mit einer allegorischen Symbolik versehen und in eine artifizielle, poetische Sprache gefasst wird. Doughty begriff seinen Reisebericht dabei primär als lyrisches Werk, das als Resultat an vielen Stellen so rhythmisch und melodisch klingt wie ein Gedicht.[139] Seine *dichterischen* Intentionen und Aspirationen betrachtete er als Lebensaufgabe und Berufung: „It is the Ars Poetica to which I have been entirely wedded; and I have been devoted my life thereto ever since I left Cambridge. My travels, wanderings and sojournings in other Lands have been but incidents therein."[140] Für sein Debüt als Dichter hatte ihm seine Zeit in Arabien reichhaltiges Material geliefert, das sich mit dem zeitlichen Abstand einiger Jahre entsprechend künstlerisch gestalten ließ. Die hierfür gewählte arabisierte, archaische Sprache markiert dabei nicht nur eine gewisse Verfremdung und Temporalisierung des arabischen Raums, sondern auch dessen latente Fiktionalisierung, die das Erlebte zusätzlich in eine geradezu phantastische Ferne – oder eben Nähe – zu rücken scheint. Denn nicht zuletzt suggeriert diese an die Bibel und Chaucer erinnernde Sprache, dass die Fremde der Gegenwart indirekt als Teil der eigenen (literarischen, diskursiven) Vergangenheit gelesen werden kann. Dieses stilistische Verfahren erinnert dabei an ein *Claude glass*,[141] durch welches die Fremde – arabisch getönt, temporal ver/entzogen und als Emblem gerahmt – als ferner, fremder Ort einer rekonstruierten, vertrauten Vergangenheit gezeigt wird.

---

[139] „Doughty conceived and executed the narrative as a poem. He spoke of it later as 'only nominally prose', and always included its composition in his services to Ars Poetica." (Hogarth 1928: 132)

[140] In einem Brief an Edward Garnett, 15. Februar 1922 (zit. bei Hogarth 1928: 139f.).

[141] Der Vergleich mit dem *Claude glass*, einem gerahmten, leicht konvexen Taschenspiegel dunkler Tönung, der Reisenden des 18. Jahrhunderts als Hilfsmittel pittoresken Landschaftsgenusses diente, bietet sich hier besonders an, musste doch sein Benutzer mit dem Rücken zum Beobachteten stehen – was ganz Doughtys Wahrnehmungsmodus entspricht, die Gegenwart Arabiens *vor* seinen Augen tatsächlich als zeitlich *hinter* sich zu betrachten.

III. Gertrude Bell: *The Desert and the Sown* (1907)

Am 5. Februar 1905 verlässt eine ungewöhnliche Reisegesellschaft Jerusalem in Richtung Jordanbrücke, dem sogenannten ‚Tor zur Wüste‘, um von dort aus durch den Dschebel Drus nach Damaskus, Aleppo und Antiocha zu ziehen. An der Spitze dieser Karawane reitet – im Herrensitz – die Engländerin Gertrude Lowthian Bell, Historikerin und Archäologin aus gutem Hause, die römischen und byzantinischen Ruinen der syrischen Wüste besichtigen, photographieren und vermessen möchte. Begleitet wird sie lediglich von ihrem Koch Mikhāil und drei Maultiertreibern, die für ihr Gepäck zuständig sind, das neben archäologischer Mess- und Photoausrüstung, Lebensmittelvorräten und Zelten auch eine Reise-Badewanne, feinstes Porzellan und Silbergedecke sowie die umfangreiche Garderobe einer viktorianischen Dame – vollständig mit Roben und Pelzjacke aus Pariser Konfektion – umfasst.

Diese Solo-Expedition durch die syrische Wüste beschreibt Gertrude Bell in ihrem zwei Jahre später erschienenen Reisebericht, über den Doughty-Biograph Hogarth folgendermaßen urteilte:

> This journey she described with rare sympathy and literary power in a book "The Desert and the Sown" (1907), which, breathing the influence of Charles Doughty, is not unworthy of a place by his masterpiece. Whether for its matter or for its veracity or for its style, it takes rank among the dozen best books of Eastern travel. (1926: 365)

In ihrem Buch beschreibt Bell nicht nur die archäologischen und architektonischen Besonderheiten der Wüstenruinen, sondern sie zeichnet, wie Doughty, ein Portrait der syrischen Wüste, reich an stimmungsvollen Landschaftsbeschreibungen und eindrücklichen Begegnung mit ihren Bewohnern, das gleichzeitig durch minutiöse Beobachtungen anthropologischer und politischer Natur besticht. Demzufolge gehört *The Desert and the Sown* mit seinem breit gefächerten Spektrum genau recherchierter und detailgetreu wiedergegebener Informationen in Kombination mit virtuoser Erzählkunst in den Pantheon der Orient-Reiseliteratur und kann sich – obgleich sehr viel kürzer und eingängiger – mit Doughtys monumentalem Arabienwerk messen. Dies kam damals wohl dem höchstmöglichen Lob gleich, denn *Arabia Deserta* war zu jener Zeit bereits zur Pflichtlektüre eines jeden Orient-Reisenden avanciert.

Die Talente von Gertrude Bell erschöpften sich indes bei Weitem nicht mit ihren literarischen Fertigkeiten als Reiseautorin.[1] Gertrude Bell war – im Ansatz vergleichbar mit dem Universalgenie Richard Burton – Schriftstellerin, Histori-

---

[1] In ihrem Vorwort zu *The Letters of Gertrude Bell* zählt ihre Stiefmutter Lady Florence Bell die vielseitigen Fertigkeiten ihrer Stieftochter auf: „Scholar, poet, historian, archeologist, art critic, mountaineer, explorer, gardener, naturalist, distinguished servant of the State, Gertrude was all of these, and was recognized by experts as an expert in them all." (1927: 4f.)

kerin, Archäologin sowie Photographin; sie sprach sieben Sprachen[2] fließend und galt mit ihrer hochgelobten Übertragung der Gedichte des persischen Dichters Hafiz ins Englische als erfolgreiche literarische Übersetzerin. Des Weiteren war sie während des Ersten Weltkrieges in Bagdad als *Oriental Secretary* auch politisch tätig, trug dort maßgeblich zur Gründung des Irak bei und erhielt dafür 1917 den Britischen Verdienstorden. Ihre Fähigkeiten erschöpften sich indes nicht in ihren intellektuellen Begabungen. Bell war auch bekannt für ihre außergewöhnliche körperliche Fitness, Kondition und Belastbarkeit. Bereits vor ihren Forschungsreisen in Arabien hatte sie sich dank zahlreicher Expeditionen und Erstbegehungen als Alpinistin einen Namen gemacht.

Es vermag daher kaum erstaunen, dass seit ihrem Tod 1926 zahlreiche Biographien veröffentlicht wurden, die das außergewöhnliche Leben dieser facettenreichen Frau nachzeichnen.[3] Auffällig ist hingegen, dass Bells literarisches Werk – das neben *The Desert and the Sown* (1907) noch sieben weitere Bücher sowie zahllose Artikel und ihre posthum veröffentlichten Briefe umfasst – bis *dato* kaum literaturwissenschaftlich oder diskursanalytisch untersucht wurde. Zu nennen wären diesbezüglich im Hinblick auf *The Desert and the Sown* lediglich zwei amerikanische Dissertationen aus den 1980er und 1990er Jahren, die sich jedoch nicht exklusiv mit Bell befassen: Gretchen Fallons *British Travel-Books from the Middle East 1890-1914: Conventions of the Genre and Three Unconventional Examples* (1981) sowie Pallavi Pandits *Orientalist Discourse and its Literary Representations in the Works of Four British Travel Writers: James Mortimer, Alexander Kinglake, Richard Burton and Gertrude Bell* (1990).[4] Darüber hinaus hat sich lediglich Gabriele Habinger in ihrer umfassenden Studie *Frauen reisen in die Fremde: Diskurse und Repräsentation von reisenden Europäerinnen im 19. und beginnenden 20. Jahrhundert* (2006) diskursanalytisch mit Gertrude Bell beschäftigt – wobei *The Desert and the Sown* nur einen von vielen dort behandelten Reiseberichten darstellt. Neben diesen wenigen Arbeiten finden sich sonst beinahe ausschließlich biographische, kultur- und gesellschaftshistorische Beiträge zu Bells Leben und Wirken. Diesem Versäumnis soll im Rahmen der vorliegenden Arbeit mit einer literaturwissenschaftlichen, diskursanalytischen Analyse von *The Desert and the Sown* abgeholfen werden, wobei auch andere Publikationen Bells ergänzend oder kontrastiv hinzugezogen werden, insbesondere ihre anonyme Erstveröffentlichung, der Reisebericht *Safar Nameh: Persian Pictures*

---

[2] Neben ihrer Muttersprache Englisch beherrschte sie Arabisch, Deutsch, Französisch, Italienisch, Persisch und Türkisch fließend. Grundkenntnisse besaß sie zudem in Hebräisch, Hindustani und Japanisch.

[3] Siehe allein die für diese Arbeit gesichteten Biographien: Bodley und Hearst 1940, Ridley 1941, Kamm 1956, Burgoyne 1958, Winstone 1978, O'Brien 2000, Wallach 2005, Lukitz 2006, Howell 2007.

[4] Die Publikation/Erstauflage dieser Dissertation erfolgte, ohne nennenswerte inhaltliche Überarbeitung, erst 2006 unter dem Titel *Viewing the Islamic Orient: British Travel Writers of the Nineteenth Century* und dem neuem Namen der Autorin, Pallavi Pandit Laisram. Im Folgenden wird jedoch aus der Originalausgabe zitiert: Pandit 1990.

(1894). Zunächst sollen jedoch Herkunft, Lebensgeschichte sowie literarisches Schaffen dieser vielseitigen Reisenden näher beleuchtet werden.

1. No Angel in the House[5]

Gertrude Lowthian Bell wurde am 14. Juli 1868 in Durham, England, als älteste Tochter der wohlhabenden Großindustriellen Sir Thomas Hugh und Mary Bell geboren. Bereits im Alter von zwei Jahren wurde sie zur Halbwaise, da ihre Mutter an den Folgen der Geburt ihres zweiten Kindes verstarb. Gertrude wuchs dennoch wohlbehütet, wenn auch mit vielen Freiheiten und sehr naturverbunden auf, da ihr Vater sie von klein auf zum Reiten, Jagen und Bergsteigen mitnahm. Er war es auch, der ihr intellektuelles Potenzial erkannte und sie deshalb nicht, wie sonst üblich, privat unterrichten ließ, sondern auf das fortschrittliche Londoner Queen's College schickte. Da sie beim Abschluss zu den Besten ihres Jahrgangs zählte, ermutigte er sie zudem zu einem Hochschulstudium – zu jener Zeit ein recht außergewöhnlicher Schritt für eine Tochter aus gutem Hause. Dessen ungeachtet trat Bell 1886 ihr Geschichtsstudium am Frauenkolleg Lady Margaret Hall in Oxford an, das sie in nur zwei Jahren und als erste Frau überhaupt mit Auszeichnung abschließen sollte.

Aller akademischen Erfolge zum Trotz hatte sie im Hinblick auf die ‚wichtigste' Errungenschaft einer jungen Dame wenig vorzuweisen: Kein Mann hatte bislang um ihre Hand angehalten. Man schickte sie deshalb zu Beginn der Ballsaison für vier Monate nach Bukarest, wo ihr Onkel Frank Lascelle als britischer Botschafter stationiert war und am rumänischen Königshof verkehrte. Ihre Teilnahme am gesellschaftlichen wie politischen Leben bei Hofe lehrte Bell ein diplomatisches Gespür, das ihr später bei ihrem Umgang mit fremden Kulturen von großem Nutzen sein sollte. Einen Mann fand sie allerdings nicht. Nach ihrer Rückkehr folgte daher ihre offizielle Einführung in die Londoner Gesellschaft und somit auch ihr Debüt auf dem Heiratsmarkt. Doch ihr Charme erwies sich als kaum zeitgemäß und nur wenige Männer fühlten sich zu dieser hochgebildeten, schlagfertigen Frau hingezogen, die keine Scheu hatte, diese zur damaligen Zeit als wenig feminin geltenden Züge auch zur Schau zu stellen.[6] Da eine Debütantin, die nach ihrer dritten Ballsaison keinen Mann gefunden hatte, als nicht vermittelbar galt, schien 1892 für Gertrude Bell die Zeit abgelaufen zu sein. Um

---

[5] Das so bezeichnete Rollenideal viktorianischer Weiblichkeit basierte auf dem damals sehr populären Gedicht „The Angel in the House" (1854/1862) von Coventry Patmore, in welchem die Frau als sanftmütige, engelsgleiche Hüterin von Heim und Herd entworfen wurde.

[6] „[H]er sharp tongue sliced through their egos and her intellectual thirst quickly soaked up what drops of knowledge they shed. She refused to bow to them in her behaviors: to be servile or silent or not argue, but rather agree with everything they said. She refused to change her personality to suit another's." (Wallach 2005: 32)

dem eintönigen Leben einer alten Jungfer im Hause ihrer Eltern zu entgehen, sah sie nur noch einen Ausweg: das Reisen.

Sie begann noch im selben Winter, Persisch zu lernen, um im darauf folgenden Frühjahr mit ihrer Tante Mary Lascelle abermals gen Osten – dieses Mal nach Teheran – aufzubrechen. Dieser Aufenthalt in Persien war der Beginn einer lebenslangen Liebe zum Orient. Ihrem Cousin Horace Marshall beschrieb sie ihre ersten Eindrücke der persischen Landschaft, Lebensart und Gastfreundschaft in schillernden Worten, die bereits ihr schriftstellerisches Talent erahnen lassen:

> Oh the desert round Teheran! miles and miles of it with nothing, *nothing* growing; ringed in with bleak bare mountains snow crowned and furrowed with the deep courses of torrents. I never knew what desert was till I came here; it is a very wonderful thing to see; and suddenly in the middle of it all, out of nothing, out of a little cold water, springs up a garden. Such a garden! trees, fountains, tanks, roses and a house in it, the houses which we heard of in fairy tales when we were little: inlaid with tiny slabs of looking-glass in lovely patterns, blue tiled, carpeted, echoing with the sound of running water and fountains. Here sits the enchanted prince, solemn, dignified, clothed in long robes. […] By the grace of God your slave hopes that the health of your nobility is well? It is very well out of his great kindness. Will your magnificence carry itself on to this cushion? Your magnificence sits down and spends ten minutes in bandying florid compliments through an interpreter while ices are served and coffee, after which you ride home refreshed, charmed, and with many blessings on your fortunate head. And all the time your host was probably a perfect stranger into whose privacy you had forced yourself in this unblushing way. Ah, we have no hospitality in the west and no manners. (Bell 1927/I: 26)

Solche und weitere Eindrücke aus ihrer Zeit in Teheran veröffentlichte sie 1894 in ihrem ersten, anonym publizierten Reisebericht *Safar Nameh: Persian Pictures*. In den folgenden Jahren befasste sie sich intensiv mit dem Studium persischer Sprache und Literatur – mit erstaunlichem Erfolg: Ihre Übersetzung der berühmten Liebesgedichte des Dichters Hafiz ins Englische war so gekonnt, dass sie 1897 unter dem Titel *Poems from the Divan of Hafiz* publiziert wurde. Bells *Divan* zeugt dabei nicht nur von außergewöhnlichem Sprachtalent, sondern auch von besonderem literarischen Feingefühl und galt lange Zeit als eine der gelungensten Hafiz-Übersetzungen überhaupt.[7]

In den Jahren nach 1897 begab sie sich wiederholt auf ausgedehnte Reisen: zwei Weltreisen mit ihrem Bruder Maurice, mehrere Familienreisen in die Schweiz sowie Reisen durch Italien, Frankreich, Deutschland, die Balkanstaaten, China, Japan, Korea, Burma, die USA, Mexiko, Kanada usw. Trotz all dieser Fernreisen galt ihre besondere Faszination jedoch nach wie vor dem Orient. Seit 1898 lernte sie neben Persisch auch Arabisch, Türkisch und Hebräisch, um 1900 von Jerusalem

---

[7]   A. J. Arberry, Professor der Arabistik in Cambridge bezeichnete es als „remarkable monument of her scholarship and literary gifts" (zit. nach Burgoyne 1958: 26) und kommt zu dem Urteil: „[T]hough some twenty hands have put Hafiz into English, her renderings remain the best." (ibid.)

aus ihre ersten selbstständigen[8] Wüstenreisen nach Petra, Palmyra, Damaskus, Baalbek, Beirut sowie durch den berüchtigten Dschebel Drus[9] zu unternehmen. Auf diesen Solo-Expeditionen sammelte sie erste Erfahrungen in Sachen (Über)Leben in der Wüste sowie im Umgang mit ihren Bewohnern. Es sollte sie alsbald wieder dorthin zurückziehen. Bereits 1904 schmiedete sie Pläne für eine archäologische Forschungsreise durch Syrien und Kleinasien, die sie in einem Reisebericht dokumentieren wollte, der einerseits ein lebendiges Bild des Nahen Ostens zeichnen und andererseits ihr Renommee als Orient-Expertin, Archäologin und Reiseautorin begründen sollte. Um sich das hierfür nötige archäologische Grundwissen anzueignen, kontaktierte sie den berühmten Archäologen Prof. Salomon Reinach, Herausgeber der *Revue Archéologique* und Direktor des Museums St. Germain in Paris, und studierte unter seiner Anleitung die Kunst und Architektur der ägyptischen, griechischen, römischen sowie byzantinischen Antike. Dergestalt akademisch gerüstet und mit Doughtys *Arabia Deserta* sowie David Hogarths *The Penetration of Arabia* im Gepäck brach sie im Februar 1905 mit ihrer Karawane von Jerusalem in die syrische Wüste auf. Von dieser zweimonatigen Expedition, die sie durch die Ausläufer des Dschebel Drus, durch unbekannte kleine Wüstendörfer sowie die Städte Damaskus, Aleppo und Antiocha führte, handelt ihr wohl berühmtestes Werk *The Desert and the Sown*, das 1907 erschien.

Das Buch erhielt durchweg positive Kritiken, die allesamt den Umstand, dass hier eine Frau reist, betonen und, obwohl sie die archäologischen Kompetenzen der Autorin durchaus anerkennen, den Text vor allem wegen seiner ästhetischen Qualitäten schätzen. Dementsprechend wird in der anonymen Rezension im *Geographical Journal* der *Royal Geographical Society* hauptsächlich die poetische Ausdruckskraft des Reiseberichts gelobt – bahnbrechende geographische oder archäologische Funde seien indes nicht festzustellen:

> There may not be much new geography, in the strict sense of the word in her pages, but they contain most graphic landscapes – pictures of Syrian spring, its frosts and flowers, of the wide cornlands of the Hauran [...]. Miss Bell has added to the catalogue of ancient sites and copied fresh inscriptions. But it is as a living picture of the present state of Syria and a fascinating glimpse into the mind of the East that her book will be most widely read and valued. (D.W.F. 1907: 445)

Auch die Rezension im *Times Literary Supplement* aus der Feder des bekannten Orientalisten und Archäologen Professor Stanley Lane-Poole gesteht *The Desert*

---

[8] Das heißt, sie befand sich allein in Begleitung einheimischer Diener, ohne männliche Begleitung oder sonstige *chaperones*. Sämtliche Entscheidungen in Sachen Planung und Orientierung oblagen somit allein ihr.

[9] Die Gebirgsregion des Dschebel Drus (*Djebel Druz*), die sich über Galiläa, den südlichen Libanon und Syrien erstreckt, ist nach ihren Bewohnern, den Drusen, benannt und war zu Bells Zeiten eine politisch instabile Region, die nur unter größten Gefahren zu bereisen war. Die Drusen, eine religiöse Geheimsekte, galten als kriegerisches Volk, das seit 200 Jahren erfolgreich gegen die osmanische Herrschaft ankämpfte und von den Türken gefürchtet war.

and the Sown mehr pittoreske und empfindsame Qualitäten denn wertvolle wissenschaftliche Erkenntnisse zu:

> The book is full of [...] real talk, taken from the lips by one who completely understood, and we may say that so vivid a portrait of the speaking Arab has never before been given, at least by modern travellers. The secret is that Miss Bell was in full sympathy with the Arabs, even enthusiastic sympathy. (1907: 28)

Diese Lobreden sind dicht gefolgt von einigen Korrekturen der archäologischen Inhalte des Reiseberichts sowie der verwendeten Schreibweisen des Arabischen. Das implizite Urteil ist offensichtlich: Bells Werk bietet ein farbenfrohes, einfühlsames Bild Syriens; als geographische, archäologische wie anthropologische Quelle möge es jedoch nicht verstanden werden. Diese Einschätzung entsprach der zeitgenössischen Prämisse, dass allein männliche Reiseautoren eine valide wissenschaftliche Erschließung der Fremde leisten können, während Reiseautorinnen eher für stimmungsvolle Portraits der fremden Landschaft und ihrer Bewohner zuständig sind. (vgl. Nittel 2001: 28) Von diesem Pauschalurteil und seine Gültigkeit für *The Desert and the Sown* wird an späterer Stelle noch die Rede sein.

Im Sommer 1907 reiste Bell abermals in den Orient und arbeitete mit dem berühmten Archäologen Sir William Ramsay an Ausgrabungsstätten in Konya und Binbirkilise. Gemeinsam mit Ramsey publizierte sie 1909 *The Thousand and One Churches*, das bis heute als Standardwerk über frühe byzantinische Architektur in Anatolien gilt. Noch im selben Jahr begab sie sich erneut auf Forschungsreise, diesmal nach Syrien und Mesopotamien für eine ihrer bedeutendsten archäologischen Expeditionen entlang des Euphrat und des Tigris, deren Ergebnisse sie 1911 in dem weniger bekannten Reisebericht *Amurath to Amurath* veröffentlichte.

Mit dem Beginn des Ersten Weltkriegs 1914 fanden Bells Orientreisen jedoch ein vorläufigs Ende, denn England befand sich nun auch mit dem Osmanischen Reich im Krieg. Doch sie sollte recht bald wieder gen Osten reisen, da Hogarth sie als Expertin für Geographie und Stammespolitik Arabiens, Syriens und Mesopotamiens in das *Arab Bureau* nach Kairo berief. Dort waren zu jener Zeit auch T.E. Lawrence und Mark Sykes tätig und bereiteten die Arabische Revolte vor. Hierfür sollte sich Bells zusammengetragenes Wissen über die Topographie und die Stammesbündnisse im Hedschas und in der Nefud als äußerst hilfreich erweisen. Bereits kurze Zeit später wurde sie befördert und als weiblicher *Political Officer*, als Major Miss Bell, nach Basra abkommandiert. Dort diente sie unter Sir Percy Cox und wurde von ihm bald zur Leiterin des dortigen *Arab Bureau* sowie zum *Oriental Secretary* ernannt – ein Amt, das zuvor noch nie eine Frau innegehabt hatte. Als die Briten 1917 schließlich Bagdad einnahmen, wurde sie dorthin versetzt, um Kontakte zu den einheimischen Stammesführern und Scheichs zu knüpfen und so Informationen für den Geheimdienst zu sammeln. Im selben Jahr wurden ihre herausragenden Leistungen mit ihrer Ernennung zum *Commander of the British Empire* gewürdigt.

Mit ihrer Arbeit in Bagdad leistete sie in den nächsten Jahren einen entscheidenden Beitrag zur Gründung des Irak, sowohl bei der Festlegung der geographischen Grenzen als auch bei der Regierungsbildung unter König Feisal. Bagdad blieb auch Gertrude Bells Wahlheimat bis zu ihrem Tod 1926. Selbst als nach Kriegsende ihr politischer Einfluss schwand und sie nur noch als Kuratorin des dortigen archäologischen Museums beschäftigt war, zog es sie nicht mehr nach England zurück. Das England der Nachkriegszeit war ihr fremd und darüber hinaus war der Familiensitz der Bells in Rounton wegen finanzieller Probleme aufgegeben worden. Auch sie selbst hatte trotz ihrer Prominenz mit Geldproblemen und vor allem mit Depressionen, Schlafstörungen sowie einer geschwächten Gesamtkonstitution zu kämpfen. Am 11. Juli 1926, drei Tage vor ihrem achtundfünfzigsten Geburtstag, nahm sie vor dem Zubettgehen – ob mit Absicht oder nicht, darüber wird bis heute spekuliert – eine Überdosis Schlaftabletten und wachte nicht mehr auf. Bei ihrem formvollendeten Staatsbegräbnis säumten zahllose Menschen die Straßen Bagdads, um *Khatun*, wie die Einheimischen sie nannten,[10] die letzte Ehre zu erweisen.

Von Gertrude Bells zahlreichen Publikationen soll im Folgenden nun ihr bekanntester Reisebericht, *The Desert and the Sown* (1907), diskursanalytisch untersucht werden. Dabei stehen abermals folgende Fragen im Vordergrund: Welche Bilder der eigenen Person und der begegneten Fremde werden im Text entworfen? Wie wird Identität im Text konstruiert und verhandelt? Wo verläuft die Grenze zum Anderen und wie wird diese gezogen? Und nicht zuletzt: Inwiefern spielt es eine Rolle, dass hier eine Frau reist und schreibt?

2. Reisen und Schreiben im Spannungsfeld der Konventionen

Eine Reise birgt stets die Möglichkeit einer Grenzüberschreitung in sich, denn im Kontaktraum von eigener und fremder Kultur, somit im Niemandsland zwischen eigenen und fremden Gesellschaftsregeln, werden soziokulturelle Grenzen nicht selten durchlässig. (vgl. Kuczynski 1993a: 24) Im Hinblick auf *The Desert and the Sown*, dem Reisebericht einer Frau, die sowohl als Reisende als auch als Autorin genuin männliche Rollen einnimmt, sind natürlich vor allem die geschlechtsspezifischen Grenzen von besonderer Brisanz. Nicht zuletzt galt im Europa des 19. und frühen 20. Jahrhunderts ein rigoroser Weiblichkeitskodex, der Frauen nur wenig Freiheit oder Selbstständigkeit gewährte. Das Reisen eröffnete ihnen ganz neue Möglichkeiten, zumal sie in der Fremde praktisch die gesellschaftliche Rolle eines Mannes bekleideten, samt aller Privilegien, die sich daraus ergaben: Sie konnten sich frei, das heißt, ohne die Begleitung von *chaperones* bewegen und auch abgelegenste Regionen allein mit einem Tross Bediensteter, die unter ihrem

---

[10] Laut Wallach bedeutete dieser Titel „the lady of the Court who keeps an open eye and ear for the benefit of the state" (2005: 196).

Befehl standen, bereisen. Dabei konnten sie mit Armen und Reichen sowie Männern und Frauen verkehren, die sie allesamt mit der Referenz und Ehrerbietung behandelten, wie sie einem Mann von Rang und Namen zustünden.

Bell hatte diesen Sonderstatus, der sich ihr als Frau im Freiraum der Fremde bot, bereits auf ihrer ersten Orient-Reise nach Teheran kennen gelernt und ihrem Vater enthusiastisch davon berichtet: „I am much entertained to find that I am a Person in this country – they all think I was a Person! And one of the first questions everyone seems to ask everyone else is, 'Have you ever met Miss Gertrude Bell?'" (Bell 1927/I: 133) Eine *Person* zu sein bedeutete für Bell dabei vor allem, eine gleichberechtigte Position in der Gesellschaft zu bekleiden, ernst genommen zu werden, so wie das in England trotz ihres Abschlusses von einer angesehenen Universität kaum geschah und man ihr selbstbewusstes, souveränes ,Mitreden' in wissenschaftlichen Dingen höchstens mit Irritation zur Kenntnis nahm. Was in England unangemessen war, verschaffte ihr auf fremdem Boden plötzlich Respekt und Anerkennung. Dies wird in einem weiteren Brief deutlich, den sie ihrem Vater 1905 aus Syrien schickt. Darin schildert sie, wie sie nach ihrer Reise durch den Dschebel Drus vom Gouverneur von Damaskus empfangen und von seinen Leuten als Expertin politischer Fragen vor Ort gehandelt wird:

> The governor here has sent me a message to say would I honour him by coming to him, so I've answered graciously that I counted on the pleasure of making his acquaintance. An official lives in this hotel. He spent the evening talking to me and offering to place the whole of the organisation of Syria at my disposal. He also tried to find out all my views on Druze and Bedouin affairs, but he did not get much forrader there. I have become a Person in Syria! (Bell 1927/I: 197)

Mithin bedeutete für Bell der Status als Person auch die Teilhabe an den männlichen, professionellen Diskursen über Politik und Bildung, ungeachtet ihres Geschlechts. In *The Desert and the Sown* nimmt sie diese privilegierte Sonderstellung bereits so selbstverständlich in Anspruch, dass dem modernen Leser kaum auffällt, wie ungewöhnlich solch eigenmächtiges Reisen und selbstbewusstes, professionelles Auftreten einer Frau Anfang des 20. Jahrhunderts war. Diese Sonderrolle als Frau mit männlichen Privilegien war dabei allein im fernen (Frei-)Raum der Fremde möglich.

Innerhalb der fremden Kultur profitierte Bell nämlich von den Vorzügen beider Geschlechterrollen: Man gewährte ihr den für ihr Geschlecht üblichen Schutz, sie war jedoch von den für Frauen geltenden, kultur- und geschlechtsspezifischen Restriktionen befreit und genoss dieselben Freiheiten wie ein Mann.[11] Dieser besondere Status war in der so dezidiert patriarchalischen Kultur des Orients nur deshalb möglich, weil man sie dort gar nicht erst als Frau betrachtete. Als hybrides „Wesen mit der Bildung eines Mannes und dem Ausse-

---

[11] „As a European woman in the East, Bell gains the liberty to lead the life of a man: [...] Now she is neither constrained by the harem as an Oriental woman would be, nor is she obliged to follow the conventions of her society." (Pandit 1990: 184)

hen einer Frau" (Hodgson 2006: 3) stellten reisende Frauen für die Einheimischen „einen neuen Geschlechtertypus" (ibid.) dar, für den die herkömmlichen Weiblichkeitsregeln nicht galten und den es praktisch als Mann zu behandeln galt. Als Gast in der nach Geschlechtern segregierten orientalischen Gesellschaft verkehrte Bell deshalb allein mit Männern und hielt sich stets im ‚männlichen' Teil der Häuser bzw. Zelte auf. Dies war sogar nachts der Fall, wobei sich ihr Schlafplatz meist im Wohnbereich der Männer, dann jedoch bezeichnender Weise genau auf der Schwelle zum Harem befand: „I had a rug to cover me and my saddle for a pillow, and I lay in a corner by the sāhah, the division against the women's quarter [...]." (DS 120) Hier findet man Bells hybride Gender-Rolle auch topologisch realisiert: Sie liegt genau dazwischen – auf der Grenze, die den Bereich der Männer von dem der Frauen abtrennt. Dabei zählt sie mitnichten zu Letzteren. Vielmehr wurden die Frauen oft vor ihr verborgen gehalten, wie es der islamische Sittenkodex bei einem männlichen Gast vorschrieb. Wenn sie sich ihr zeigten, verhüllten sie sich, wie Bell Jahre später ihrer Stiefmutter in einem Brief über die Schiiten in Basra schildert, in dem sie diese Geschlechterrollenambiguität explizit anspricht: „If the women were allowed to see me they would veil before me as if I were a man. So you see I appear to be too female for one sex and too male for the other." (Bell 1927/II: 484)

Dennoch bewegt sie sich auf Reisen allein in der gesellschaftlichen Sphäre der Männer: Wenn sie etwa einer ranghohen Familie einen Besuch abstattet, so erstreckt sich diese *courtesy* entsprechend nur auf die männlichen Familienmitglieder. Dabei ist es jedoch selbstverständlich für Bell, dass sie wie ein Mann von den Frauen ihrer Gastgeber bedient[12] und mit derselben Achtung behandelt wird: „She thought of herself as one of the men, expecting equal treatment, as honoured a guest as any male. Indeed, the Arabs had dubbed her an 'honorary man'." (Wallach 2005: 74)

Sollte sie einmal nicht mit der dementsprechenden Hochachtung behandelt werden, so weiß sie diese auch einzufordern. Ganz in diesem Sinne weist sie einen jungen Drusen zurecht, der ein wenig zu ungezwungen mit ihr umspringt:

> My guide was a young man with the clear cut features and the sharp intelligent expression of his race. He was endowed, too, like all his kin, with a lively curiosity, and as he hopped from side to side of the road to avoid the pools of mud and slush, he had from me all my story, whence I came and whither I was going, who were my friends in the Jebel Druze and what my father's name – very different this from the custom of the Arabs, with whom it is an essential point of good breeding never to demand more than the stranger sees fit to impart. [...] [W]hen my interlocutor grew too inquisitive I had only

---

12 Dieser Umstand wird des Öfteren erwähnt: „[W]e sat round upon rugs while the women served *us*." (DS 273; Herv. KP) Auch Yusefs Frau, die nur einmal den Harem verlassen darf, um Bell zu bedienen, wird als Beispiel angeführt: „She brought me water, which she poured over my hands, moved about the room silently, a dark and stately figure, and having finished her ministrations she disappeared as silently as she had come, and I saw her no more." (DS 21)

to answer: "Listen, oh you! I am not 'thou,' but 'Your Excellency,'" and he laughed and understood and took the rebuke to heart. (DS 80)

Trotz ihrer grundsätzlichen Gewogenheit gegenüber den Drusen und der freundlichen Atmosphäre in dieser Situation besteht Bell hier auf die Ehrerbietungen, die ihr zustehen. Sie lässt sich nicht duzen, sondern ist tunlichst als ‚Ihre Exzellenz'[13] anzusprechen.

Bell konnte also auf Reisen bestimmte gesellschaftliche, frauenspezifische Grenzen der eigenen wie der fremden Kultur überwinden und in der Rolle eines ranghohen Mannes reisen, der allerorts mit der entsprechenden Referenz empfangen wurde. Als *Fremde in der Fremde* nahm sie eine hybride Position im Niemandsland zwischen eigener und fremder gesellschaftlicher Ordnung ein und eröffnete somit für sich eine eigene Kategorie *zwischen* den beiden Kulturen sowie *zwischen* den dort jeweils geltenden gesellschaftlichen Grenzen. Dabei nahm sie nicht nur hinsichtlich der eigenen kulturellen Sitten einen Sonderstatus für sich in Anspruch, sondern auch innerhalb der fremden Kultur des Orients, in der Frauen für gewöhnlich wesentlich weniger Bewegungsfreiheit genossen als eine Europäerin jener Zeit.

Die Ursache dieser – für den patriarchalischen Orient durchaus erstaunlichen – Toleranz gegenüber reisenden Frauen wie Bell war dabei vor allem im Prestige und der Machtposition des Westens verortet. In der Fremde und insbesondere im politisch unsteten Nahen Osten waren ihre Nationalität und Hautfarbe plötzlich Machtmerkmale, die das Geschlecht sekundär werden ließen.[14] Die reisenden Frauen verkörperten für die Fremdbevölkerung eine Art „genderless white power" (Birkett 2004: 118) und auch das eigene Selbstverständnis definierte sich

---

13 Dieser etwas exaltierte Titel ist zwar auch auf die für Europäer übertrieben anmutende Höflichkeit östlicher Kulturen zurückzuführen, betont jedoch trotzdem ihre besondere Machtposition als Abgesandte der Engländer. Dementsprechend wird sie von den Türken bisweilen auch ‚Efendi' genannt – ein Titel, der eigentlich Männern von Stand und Bildung vorbehalten war. (vgl. Birkett 2004: 117) Auffällig ist, wie gehäuft diese Anrede auftritt, wenn sie erwähnt wird. Hierbei bleibt dann offen, ob dies bloß eine Eigenart des zitierten Sprechers ist oder ob hier die Autorin selbst diese Emphase setzt: „From the river we had two and a half hours of tedious travel that were much lightened by the presence of a charming old Turk, a telegraph official, who joined us at the bridge and told me his story as we rode. Effendim, the home of my family is near Sofia. Effendim, you know the place? Masha'llah, it is a pleasant land! Where I lived it was covered with trees, fruit trees and pines in the mountains and rose gardens in the plain. Effendim, many of us came here after the war with the Muscovite for the reason that we would not dwell under any hand but that of the Sultan, and many returned again after they had come. Effendim? for what cause? They would not live in a country without trees; by God, they could not endure it." (DS: 219f.) In jedem Falle wird diese *courtesy* des ‚charmanten türkischen Herren' äußerst wohlwollend kolportiert.

14 „In der Sicht der Einheimischen, wie sie die Texte konstruieren, erscheinen die Reisenden […] eher entsexualisiert. Denn sie wurden in erster Linie akzeptiert als Fremde und konkret als Repräsentanten eines mächtigen Stammes, als Vertreter der Großmacht England, von der sich die Albaner, die arabischen Beduinen und die Ägypter eine Alternative zur türkischen Herrschaft versprachen." (Kuczynski 1993a: 23)

nicht mehr primär über ihr Geschlecht, sondern über ihre ethnische und nationale Zugehörigkeit. Das zentrale Identitätsmerkmal auf Reisen war nicht mehr ihre Weiblichkeit, sondern ihr Status als *weiße Europäer-* bzw. *Engländer*innen. (vgl. Anderson 2006: 52) Sie waren somit zwar „inferior in gender", jedoch „superior in race and class" (Blake 1990: 353).

Auch Bell profitierte gezielt von ihrer Nationalität und wurde beispielsweise von den Drusen vor allem auch deshalb mit so großer Ehrerbietung und Herzlichkeit empfangen, weil sich diese in England einen starken Verbündeten erhofften, der ihnen im Widerstand gegen die Osmanische Herrschaft beistehen könnte. Nicht zuletzt hatten sich die Engländer im Libanon-Konflikt 1860 schon einmal effektiv zu Gunsten der Drusen eingemischt. Bell war sich dessen bewusst und kommentiert dies auch im Text: „I had the guarantee of my nationality, for the Druzes have not yet forgotten our interference on their behalf in 1860." (DS 70)[15] Diese *guarantee of nationality* genießt Bell aber nicht nur bei den Drusen, sondern während sämtlicher Reisen und Aufenthalte im Orient, wie auch Habinger feststellt:

> Tatsächlich war für Gertrude Bell während ihrer Aufenthalte im Nahen Osten als Ausländerin das Geschlecht nicht ausschlaggebend, sondern der Umstand einer mächtigen Nation anzugehören, die gewisse Rechte und Freiheiten sicherstellte. Sie kann als „Mann honoris causa" bezeichnet werden, genoss sie doch [...] die gleichen Privilegien wie die männlichen Landsleute oder auch Vergünstigungen, die im Allgemeinen nur den Männern in den besuchten Gesellschaften zukamen. (2006: 102)

Diese Rolle als ‚Mann h.c.‘ war für weiblichen Reisende dieser Zeit durchaus typisch und in der einschlägigen Forschung wurden verschiedene Begriffe für diese prothetische Männlichkeit auf Reisen geprägt.[16] Allerdings verlangte diese der eigenen wie der fremden Gesellschaft abgetrotzte Stellung gewisse Kompensationsgesten in Habitus und Auftreten, um diese Grenzüberschreitung in den Augen der Öffentlichkeit zu relativieren und mit dem geltenden Weiblichkeitsideal in Einklang zu bringen. Denn mit ihrem Ausbruch aus der häuslichen Sphäre gefährdete die Reisende nicht nur ihren Status als Frau, sondern auch ihr *Image* als Engländerin, die als *Angel in the House* eigentlich den Männern Englands ein Zuhause bieten und den Nachwuchs versorgen sollte.[17] Mit der Wahl einer profes-

---

[15] „[T]he Druzes are always hoping to find some very rich European whose sympathies they could engage, and who would finance and arm them if another war were to break out with the Sultan." (DS 94); siehe außerdem DS 58.

[16] So ist unter anderem die Rede von „fictive men" (Ardener 1993: 9), „honorary men" (Rodgers 1993: 55) sowie „emergency men" (Melman 1992: 5). Rodgers spricht diesbezüglich von einer „Reklassifizierung" als Mann (1993: 54) und Habinger von einer „Auflösung" bzw. „Transformation von Weiblichkeit" (2006: 98).

[17] Vgl. Hall: „Die Bedeutungen und Werte des ‚Englisch-Seins‘ tragen machtvolle männliche Assoziationen. Frauen spielen die zweite Rolle als Hüterinnen von Heim, Herd und Familie und als ‚Mütter‘ der ‚Söhne der Nation‘." (1994b: 206) Die ihr angemessen Rolle als Engländerin entspricht zu Zeiten des *Empires* dementsprechend der eines Helfers im Hin-

sionellen Karriere anstelle dieser geradezu nationalen Aufgabe familiärer Fürsorge lief die reisende Frau mithin Gefahr, nicht nur als unweiblich, sondern auch als „distinctly un-English" (Jenkins 2004: 17) abgewertet zu werden.

Um dies zu vermeiden, traten diese Frauen betont feminin auf und hatten als Autorinnen bestimmte diskursive Strategien entwickelt, anhand derer ihre Texte, die, obwohl sie von deren unweiblicher Grenzüberschreitung handeln, selbige zugleich relativieren. So wird etwa beteuert, dass sich die Autorin selbst in den unwirtlichsten Gegenden strikt an sämtliche damenhaften Gepflogenheiten im Hinblick auf Garderobe, Tagesablauf und Schicklichkeit gehalten habe – eine Selbstinszenierung als englische *Lady* auf Reisen, die vor allem dazu dient, die eigene Weiblichkeit diskursiv abzusichern. (vgl. Kuczynski 1993a: 16) Auf diese Weise wurde signalisiert, dass auf der ‚Makroebene' zwar mit heimischen Geschlechterrollen gebrochen, ihnen auf der ‚Mikroebene' – *im Rahmen* dieser Transgression – jedoch unbedingt entsprochen wurde.

Dieses dezidiert schickliche Auftreten im Text und auf Reisen war meist aus der Angst geboren, als *New Woman*, „eccentric lady traveller" (Foster 1990: 6) oder verschrobene alte Jungfer abgestempelt zu werden, die auf diese Weise für ihre unfemininen Unternehmungen öffentlich abgestraft wird. Nicht zuletzt stellte eine Frau, die in einer Männerdomäne Erfolg hatte, eine Konkurrenz dar, was in einer von Geschlechterhierarchien geprägten Gesellschaft nicht gern gesehen war. Daher wurden von Frauen unternommene Forschungsreisen häufig belächelt, um sie zu diskreditieren und disqualifizieren, wie folgender Spottvers mit dem ironischen Titel „To the Royal Geographical Society" der *Punch* sehr schön demonstriert:

A Lady explorer? A traveler in skirts?
The notion's just a trifle too seraphic:
Let them stay and mind the babies, or hem our ragged shirts;
But they mustn't, can't, and shan't be geographic. (1893: 269)

Solche humoristischen Verunglimpfungen waren eine beliebte Methode, dieser latent bedrohlichen Minderheit reisender Frauen beizukommen und sie wieder auf ihre Plätze zu verweisen.

Auch Bell erfuhr bisweilen solche Spitzen – wenn auch keine davon öffentlich. Denn nicht alle Männer in ihrem Umfeld von Reisenden, Gelehrten und Staatsdienern akzeptierten sie ohne weiteres als ihresgleichen. So etwa Sir Mark Sykes,[18] dem Bell mit ihrer Erkundung des Dschebel Drus zuvorkam und ihn so

---

tergrund und nicht der des Akteurs ‚an der Front': „[W]omen's place in empire is to be that of supporting cast only; the role of action hero is not for them." (Anderson 2006: 35)

18 Sir Mark Sykes sollte später Mitverfasser des berühmten, jedoch zunächst geheimen Sykes-Picot Abkommens von 1915 werden, in welchem für den Fall der Zerschlagung des Osmanischen Reiches im Zuge des ersten Weltkriegs die Gebiete des Nahen Ostens – darunter weite Teile arabischen Territoriums – gewissermaßen zwischen Frankreich und England aufgeteilt wurden. (vgl. Tidrick 2010: 166f.)

darum brachte, der Erste zu sein, der diese Region bereiste und *en detail* beschrieb.[19] Wer einem Mann auf diesem genuin männlichen Gebiet der Entdeckungsreisen derart in die Quere kommt, bekommt dessen vollen Zorn zu spüren, dem Sykes in einem Brief an seine Frau entsprechend Luft machte: „Confound the silly chattering windbag of conceited, gushing, flat-chested, man-woman, globetrotting, rump-wagging, blethering ass!" (zit. nach Howell 2007: 259) Interessant ist hier, dass die Angriffe gezielt auf der Ebene verfehlter Weiblichkeit sowie mit frauenspezifischen Klischees operieren, die abermals sehr deutlich Bells ambivalenten Status widerspiegeln. Zum einen wird sie wegen ihres *typisch weiblichen* albernen Geschwätzes kritisiert, zum anderen wird ihr gleichzeitig als flachbrüstiges, mit dem Hintern wackelndes Mannsweib alle Weiblichkeit abgesprochen: Weil sie eine Frau ist, ist sie so abscheulich; noch abscheulicher ist sie jedoch, weil sie keine ‚richtige' Frau ist.

Reisende Frauen wurden zudem gern mit wenig schmeichelhaften Karikaturen auf's Korn genommen, so zum Beispiel Mary Kingsley, die in einer bekannten Zeichnung als bucklige, brillentragende, alte Jungfer gezeigt wird, die ausgerüstet mit Spazierstock und Schmetterlingsnetz Käfer jagt. (vgl. Birkett 2004: 196) Auch von Bell gibt es eine humoristische Karikatur, jedoch eher harmloser Natur, zumal sie aus der Feder ihres Schwagers Sir Herbert Richmond stammte.

Bell wird hier eher undamenhaft auf dem Boden sitzend und Wasserpfeife rauchend portraitiert, wobei sie aber nicht unbedingt – wie in solchen Fällen üblich – als „hässliches Gegenbild zum bürgerlichen Schönheitsideal" (Habinger 2006: 94) dargestellt wird. Allerdings wird sie in den darunter stehenden Versen als wenig grazile Vertreterin nahöstlicher Kolonialpolitik beschrieben, deren Vorgehen eher an einen Gefechtspanzer denn an weibliches Taktieren erinnert: „From Trebizond to Tripolis/ She rolls the Pashas flat/ And tells them what to think of this/ And what to think of that." Nichtsdestotrotz kommt hier auch Anerkennung für ihren politischen Einfluss und ihr diplomatisches Verhandlungsgeschick zum Ausdruck. In diesem Sinne ist ihr heftiges Gestikulieren mit den Händen nicht ausschließlich negativ zu bewerten, wie Habinger dies tut. Die Karikatur ließe sich auch so lesen, dass Bell als ‚Dirigentin' gezeigt wird, die die Partitur einer arabischen Männerrunde, die ihr auf dieser Zeichnung gebannt zuhört, so genau beherrscht, dass sie die verschiedenen ‚Stimmen' gezielt zu steuern weiß.

Es zeigt sich also: In den Augen der heimischen Gesellschaft waren Reiseautorinnen nur dann akzeptabel, wenn sie, ausgenommen ihrer Ausflüge in männliche Domänen und Kompetenzbereiche, ein Musterbeispiel an Damenhaftigkeit darstellten. Sie durften zwar im Zeichen fiktiver Männlichkeit reisen, wobei ihre biologische Weiblichkeit zugunsten der männlichen Funktion und Rolle vernachläs-

---

[19] Angeblich erzählte sie mit der Absicht, selbst als Erste diese Region zu bereisen, dem Wāli von Damaskus, dass Sykes mit dem ägyptischen Premierminister verwandt sei, woraufhin dieser die Reiseerlaubnis für Sykes zunächst verweigerte. (vgl. Howell 2007: 259)

From Trebizond to Tripolis
She rolls the Pashas flat
And tells them what to think of this
And what to think of that

CARICATURE OF GERTRUDE AT AN ORIENTAL PARTY
—By Vice-Admiral Sir Herbert Richmond

Abbildung 2: *Caricature of Gertrude at an Oriental Party*[20]

sigt wurde, allerdings waren diese Freiräume zeitlich und räumlich auf die Reise begrenzt. Zusätzlich bedurfte es der wiederholten, demonstrativen Betonung, dass sich die betreffende Dame trotz dieser genuin männlichen Unternehmungen und

---

20 Gezeichnet von Vice-Admiral Sir Herbert Richmond; Bell 1927: 294.

Leistungen ihre Weiblichkeit bewahrt hatte. Dementsprechend wurde auch bei Bell, insofern ihre Erfolge in den Domänen von Wissenschaft, Reise und Politik öffentlich thematisiert wurden, stets ihre *essenzielle* Weiblichkeit beteuert:

> Miss Bell unquestionably had advantages which do not fall to the lot of the majority; but she used her opportunities to the utmost with rare qualities of courage and persistence, physical and intellectual. She remained, though all her studies, employments, and adventures were those of men, essentially a woman. („Miss Gertrude Bells Letters")

Obgleich also all ihre Unternehmungen solche von Männern waren, blieb Bell *im Grunde ihres Wesens* stets eine Frau.[21] Diese Emphase musste gesetzt werden, damit ihre Transgression der Geschlechterrollen Akzeptanz erfuhr. Die heimische Öffentlichkeit konnte ihre männlichen Fähigkeiten und Leistungen nur dann würdigen, sofern zugleich signalisiert wurde, dass ihr sonstiges Verhalten sämtlichen Genderkonventionen entsprach:

> No other woman of recent time has combined her qualities – her taste for arduous and dangerous adventure with her scientific interest and knowledge, her competence in archaeology and art, her distinguished literary gift, her sympathy for all sorts and conditions of men, her political insight and appreciation of human values, her masculine vigour, hard common sense and practical efficiency – all tempered by feminine charm and a most romantic spirit. (Hogarth 1926: 363)

Eine solchermaßen durch weiblichen Charme und eine romantische Seele gemäßigte – ja geradezu kompensierte – Männlichkeit war gesellschaftlich vertretbar und so blieb Bell trotz ihrer Gratwanderungen stets salonfähig.

Bell schien indes nicht geneigt, diese privilegierte Sonderrolle, die sie auf Reisen genossen hatte, in der Heimat gänzlich hinter sich zu lassen und in ihren Texten nachträglich zu verleugnen. Nicht zuletzt sollte sich ja ihre ganze weitere Karriere in Männerdomänen abspielen: Da sie, insbesondere auf ihrer Syrienreise, potenzielles Herrschaftswissen erworben hatte, das für England wertvoll war, wurde sie 1917 als erste und einzige Frau in der Geschichte Englands zum *Oriental Secretary* ernannt und erhielt zu einer weiteren genuin männlichen Sphäre Zutritt: der Politik.[22] Somit gelang es Bell als eine der ganz wenigen weiblichen Reisenden, ihren vermännlichten Status gleichsam mit nach Hause zu nehmen und ihn samt der daraus resultierenden Freiheit und Autorität „in den eigenen Kulturzusammenhang" zurückzuprojizieren (Kuczynski 1993a: 22), ohne das Wohlwollen der Öffentlichkeit zu verlieren. Bells Weiblichkeit wurde schlicht ausgeblendet, da ihre

---

[21] Siehe außerdem folgenden Auszug aus einem anonymen Nachruf in der Times: „With all these qualities which are usually described as virile she combined in a high degree the charm of feminine refinement, and though only revealed to few, even amongst her intimates, great depth of tender and even passionate affection." („Miss Gertrude Bell. Oriental Scholar and Administrator" July 13, 1962: 10)

[22] Bell war „the first and only woman administrator to be taken into the British imperial service as Oriental Secretary" (O'Brien 2001: vi). Hierbei bleibt jedoch ergänzend anzumerken, dass zum Zeitpunkt ihrer Ernennung 1917 die Ausnahmesituation des Ersten Weltkriegs traditionelle Geschlechterhierarchien aufweiche.

Fähigkeiten für England wichtiger waren als das rigide Festhalten an geltenden Geschlechterrollen. In ihrer Funktion als Staatsdienerin wurde sie daher von ihren Vorgesetzten vor allem als Amts*person* begriffen und nicht als Frau, wie sie in einem Brief an ihren Vater aus ihrer Dienstzeit in Bagdad deutlich macht:

> I must tell you a curious problem that arose – I hope you'll think I decided rightly. Tomorrow Sir Henry gives an official dinner to the King, Cabinet and Advisors, a male dinner. He told me about it before I went to Babylon and I made no comment except approval. When I came back I found an invitation to myself and I went to him and asked him, as man to man, whether he wanted me to come. He said "yes of course if you won't feel smothered." I said I thought, as a high official in his office, I was sexless and that I ought to come and would. Sir Percy, on these occasions (levees and so on) always treated me simply as an official and I don't think there's any other way. So I'm going. (Bell 1927/II: 678)

In Bagdad befand Bell sich demnach nicht nur als *Oriental Secretary* in der Rolle eines Mannes, sondern galt auch auf dem gesellschaftlichen Parkett, bei Morgenempfängen, Dinners und in ihrem Verhältnis gegenüber Vorgesetzten und Kollegen nicht als Frau, sondern als quasi geschlechtsneutral. Folglich konnte sie auch an allen bedeutenden politischen Zusammenkünften, die sonst allein Männern vorbehalten waren, teilnehmen und war entsprechend in ihren Befugnissen und ihrer Bewegungsfreiheit gleichberechtigt.[23] Diesen Status forderte Bell in einem Gespräch ‚von Mann zu Mann‘ mit ihrem Vorgesetzten auch ein. Dennoch scheint es, als ob ein Minimum bzw. zumindest der Anschein von Konformität mit den herrschenden Geschlechterrollen bewahrt werden müsse. Vor diesem Hintergrund ist wohl auch der einleitende Satz ihres Briefes zu betrachten, in dem sie gegenüber ihrem Vater die Hoffnung zum Ausdruck bringt, dass sie mit ihrer Entscheidung, an einem *male dinner* teilzunehmen, nicht zu weit gegangen sei. Es zeigt sich: So sehr ihr Selbstverständnis auch von herkömmlichen Geschlechterrollen losgelöst gewesen sein mag – ihrer prekären gesellschaftlichen Gratwanderung scheint sie sich dennoch stets bewusst gewesen zu sein und hierfür ausgerechnet *väterlicher* Sanktion zu bedürfen.[24]

---

[23] Nicht nur sie selbst sah sich in dieser gleichberechtigten Stellung. Wie aus seinem Nachruf auf sie hervorgeht, erachtete auch Sir John Philby Bell als 'Mitbruder' in den eigenen Reihen: „[T]hose of us who served with her as colleagues in the days of storm and stress salute at her passing with Roman words that reflect the measure of her achievements: Frater, ave atque vale!" (Philby 1926: 806)

[24] Dass ihren Eltern sowie Bell trotz ihres ungewöhnlichen Lebenswegs daran gelegen war, der Etikette grundsätzlich so weit wie möglich gerecht zu werden, zeigt sich immer wieder in Bells Briefen, in welchen sie ihr gutes Benehmen in der Fremde beteuert. Entsprechend apologetisch schildert sie ihrem Vater in einem Brief aus Jerusalem, dass sie zwar immer für einen Mann gehalten werde, dass dies aber keinesfalls auf etwaiges unschickliches Auftreten ihrerseits zurückzuführen sei: „Till I speak the people always think I'm a man and address me as Effendim! You mustn't think I haven't got a most elegant and decent divided skirt, however, but as all men wear skirts of sorts too, that doesn't serve to distinguish me." (Bell 1927/I: 84)

Demgemäß inszeniert sich Bell auch in *The Desert and the Sown* demonstrativ als reisende Dame, unterwegs mit einer Entourage bestehend aus einem Koch, drei Dienern und sieben Maultieren, die ihr beachtliches Gepäck geladen hatten. Dieses umfasste neben ausreichend Proviant auch standesgemäße Möbel, ihre berühmte Reisebadewanne, Silberbesteck und Wedgewood Porzellan sowie Pariser Haute Couture Kleider[25] für etwaige *dinner parties*, zu welchen sie in ihr Camp einlud. Allerdings unterläuft sie, wie sich zeigen wird, diese Rolle der *Lady auf Reisen* mehrfach durch ihr ‚männliches' abenteuerlustiges sowie professionelles Auftreten. Diese ambivalente Zwischenposition der Reisenden, die zwar offiziell in bestimmten Funktionen als Mann agieren darf, zugleich jedoch Weiblichkeit und Konformität mit den herrschenden Gesellschaftsregeln signalisieren muss, spiegelt natürlich auch ihr Reisebericht wider. Denn für diese besondere Gratwanderung zwischen bzw. *auf* geschlechtsspezifischen, gesellschaftlichen sowie kulturellen Grenzen hat Bell in *The Desert and the Sown* eine ganz eigene diskursive Strategie entwickelt, die im Folgenden näher beleuchtet werden soll.

3. Bell und die Zwischenräume des Binären

Im westlichen Denken – in Mythologie, Kunst und Literatur – war die Frau bis zum 19. Jahrhundert traditionell im häuslichen, privaten Bereich verortet. Als ‚Penelope am heimischen Herd, die den ewig reisenden Odysseus erwartet' und somit als „symbolic embodiment of home" (Lawrence 1994: 1) fiel ihr die Rolle der Hüterin des vertrauten Heims zu, während das Reisen in unbekannte Breiten allein dem Mann vorbehalten war. Dieser Umstand fand auch literaturhistorisch bzw. diskursspezifisch Niederschlag, indem in den vielen Spielarten fiktionaler wie faktualer Texte, denen das Motiv der Reise zugrunde liegt – wie etwa Abenteuerromane, Pilgerberichte und eben Reiseberichte – Frauen meist die marginalisierte Position des Ausgangs-/Zielorts zugewiesen wurde. In den für solche Texte typischen Oppositionen von ‚Heim' und ‚Fremde', ‚Haus' und ‚offener Straße', ‚Garten' und ‚ungebändigter Natur' wurde die Frau folglich stets der domestizierten, statischen Sphäre zugeordnet. (vgl. Melman 1992: 17)

Diese althergebrachte genderspezifische Raumverteilung thematisiert Bell bewusst in den ersten Worten ihres Reiseberichts und instrumentalisiert sie im Dienste der Inszenierung ihres Aufbruchs von zu Hause:

> To those bred under an elaborate social order few such moments of exhilaration can come as that which stands at the threshold of wild travel. The gates of the enclosed gar-

---

[25] „She packed couture evening dresses, lawn blouses and linen riding skirts, cotton shirts and fur coats, sweaters and scarves, canvas and leather boots [...], hats, veils, parasols, lavender soap, Egyptian cigarettes in a silver case, insect powder, maps, books, a Wedgewood dinner service, silver candlesticks and hairbrushes, crystal glasses, linen and blankets, folding tables and a comfortable chair – as well as her travelling canvas bed and bath." (Howell 2007: 131)

den are thrown open, the chain at the entrance of the sanctuary is lowered, with a wary glance to right and left you step forth, and, behold! the immeasurable world. The world of adventure and of enterprise, dark with hurrying storms, glittering in raw sunlight [...] So you leave the sheltered close, and, like the man in the fairy story, you feel the bands break that were riveted about your heart as you enter the path that stretches across the rounded shoulder of the earth. (DS: 1)

Bell nutzt in dieser vielzitierten Anfangspassage von *The Desert and the Sown* die sinnträchtige Symbolik des verschlossenen Gartens, dessen Tore sich öffnen, um die Protagonistin in die unbegrenzten Weiten einer Welt voller Abenteuer zu entlassen.[26] Mit diesem vorangestellten Bild des Überschreitens der heimischen Schwelle wird zugleich die Grenzüberschreitung zwischen zwei geschlechtsspezifischen Bereichen signalisiert: Zwar gehört die Reisende der weiblichen, häuslichen Sphäre an, doch wie der Held im Märchen zieht sie *hinaus* in die männliche Sphäre ‚wilden Reisens'. Somit erkennt Bell zwar an, dass sie als Frau traditionell dem einen Bereich zugeordnet wird, impliziert aber zugleich ihren Ausnahmestatus, da sie den Garten – bei dessen Umzäunung unklar bleibt, ob diese primär ein Eindringen von außen oder ein Entkommen von innen verhindern soll – verlassen kann. Erst nach diesem einstimmenden ‚Prolog' beginnt die eigentliche Erzählung mit der Schilderung ihres Aufbruchs aus Jerusalem, samt detaillierter Beschreibung von Wetter, geplanter Route, Ausrüstung und Reisebegleitern.

Bemerkenswert ist dabei, dass die Heimat nur metaphorisch ins Spiel gebracht wird und der Reisebericht nicht mit der tatsächlichen Abreise von dort einsetzt. Stattdessen wird ein Emblem der Geschlechterkonvention als allegorischer Ausgangspunkt gesetzt, den die Reisende so selbstverständlich und entschieden hinter sich gelassen hat, dass sie mit ironischer Distanz darauf anspielen kann. Auch Billie Melman liest diese Passage als Emanzipation von geschlechtertypischen Rollen- und Raumverteilungen:

Bell appears to speak in a de-gendered, impersonal voice. And at one time she invokes the obviously fictional masculine *persona* of a traveller: 'the man from the fairy tale'. But she speaks of her emancipation from an 'elaborate social order' and of her identity as woman *and* a traveller. For the entire passage is structured around the rather banal juxtaposition of a feminine and masculine sphere, conventionally expressed in two sets of spatial images. (1992: 307)

Die hier als banal kritisierte Gegenüberstellung von weiblicher und männlicher *räumlicher* Sphäre sowie die Überwindung der dazwischen liegenden Grenze scheinen indes mehr zu sein als abgegriffene Plattitüden zur Einstimmung.

---

[26] Dieser Topos des Gartentors als Grenze zur unbegrenzten Freiheit findet sich häufig in Reiseliteratur von Frauen. So spricht auch Alexandra David-Neel in ihrem Reisebericht *My Journey to Lhasa: The Personal Story of the Only White Woman Who Succeeded in Entering the Forbidden City* (1927) von ihrer seit frühester Kindheit bestehenden Sehnsucht „to go beyond the garden gate, to follow the road that passed it by, and to set out for the Unknown" (zit. nach Frederick 1993: 8f.).

Betrachtet man diese Passage unter strukturalistischen Gesichtspunkten, so werden in der hier entworfenen Raumsymbolik Signale gesetzt, die im Hinblick auf das Selbstverständnis der Autorin und ihre Positionierung im heimischen ideologischen Weltbild durchaus aussagekräftig zu sein scheinen. Das hier inszenierte Übertreten der „threshold of wild travel" (DS 1) lässt an Jurij Lotmans Raummodell denken, nach dem jeder narrative Text entscheidend auf dem ‚Ereignis' der Überschreitung einer klassifikatorischen, an sich unüberwindbaren Grenze durch den Protagonisten beruht. In seinem grundlegenden Werk *Die Struktur des künstlerischen Textes* beschreibt Lotman die nötigen Bedingungen und Elemente, die ein solches ‚Ereignis' bzw. ‚Sujet' begründen: „1. ein semantisches Feld [i.e. eine erzählte Welt], das in zwei komplementäre Untermengen aufgeteilt ist; 2. eine Grenze zwischen diesen Untermengen, die unter normalen Bedingungen impermeabel ist, im vorliegenden Fall jedoch [...] sich für den die Handlung tragenden Helden als permeabel erweist; 3. der die Handlung tragende Held." (1973: 360) Wendet man diese Kategorien nun auf *The Desert an the Sown* an – auch wenn es sich hierbei nicht primär um einen künstlerischen bzw. rein fiktionalen Text handelt – so würde dies zunächst bedeuten, dass er als sujethaft einzustufen wäre. Die erzählte Welt ist eingeteilt in weiblich konnotierte zivilisierte Häuslichkeit und männlich konnotierte wilde Fremde. Die Grenze zwischen diesen beiden Räumen – symbolisiert durch das Gartentor – ist aufgrund der gesellschaftlichen Konventionen und Restriktionen jener Zeit nicht schlechthin durchlässig, erweist sich jedoch für Bell, ‚die Handlung tragende Heldin', als permeabel. Da ein Sujet nach Lotman stets ein „revolutionäres Element" im Verhältnis zum „Weltbild" (1973: 357) darstellt, drängt sich nun die weiterführende Frage auf, ob es sich bei Bells Reisebericht um einen revolutionären Text handelt, der gegen das althergebrachte Weltbild samt seiner Ordnung und Grenzen ankämpft, oder nur als restitutiver Text von einer einmaligen Ausnahme und somit letztlich grenzaffirmierenden Grenzüberschreitung erzählt. Um diese Frage zu beantworten, ist es zunächst notwendig, genauer zu eruieren, in welches ‚semantische Feld' Bell mit ihrem symbolischen Aufbruch aus dem heimischen Garten vordringt, ob diese Grenzüberschreitung gelingt und wenn ja, ob sie Bestand hat.

Hierbei zeigt sich schnell, dass Bell den ‚Raum' der Reise mit Bedacht gewählt hat. Die im Text geschilderten Anfangs- und Endpunkte der Reise erweisen sich nämlich bei näherer Betrachtung als reine Konstrukte, die anstatt der chronologischen, geographischen Abreise und Rückkehr gesetzt werden und in erster Linie dazu dienen, das ‚Feld' der Reise semantisch zu definieren. Tatsächlich beginnt Bells Orient-Reise nicht in Jerusalem und endet auch nicht – wie ihre Reisebeschreibung – in Alexandretta. Vielmehr trat Bell ihre Reise bereits einen Monat vor dem Zeitpunkt an, an welchem ihr Text einsetzt. Von London aus reiste sie am 4. Januar 1905 über Port Said, Beirut und Haifa nach Jerusalem[27]

---

[27] Vgl. Bell 1927/I: 174ff.

und brach erst am 5. Februar von dort in die Wüste auf. Statt ihren Reisebericht mit der tatsächlichen Abreise aus London oder ihrer Ankunft in Beirut respektive Jerusalem zu beginnen,[28] setzt die Erzählung erst mit ihrer Abreise aus Jerusalem in Richtung Jordanbrücke, dem „Gate of the Desert" (DS 13)[29], ein. Die Wahl dieses Moments für den Erzählauftakt erscheint zunächst nicht weiter erstaunlich, denn nicht zuletzt markiert der Eintritt in die syrische Wüste auch den Beginn der eigentlichen Expeditionsreise. Das Eindringen in diesen topologischen Raum wird dabei auf besondere Weise inszeniert und von an Anfang bedeutsam gemacht, indem Bell hier das Bild des Ausbruchs aus dem verschlossenen Garten voranstellt. Vom domestizierten, geordneten, geschlossenen Raum aus überschreitet sie somit metaphorisch die Schwelle zu einem wilden, potenziell gefährlichen Außen. Dort erwarten sie das Abenteuer und das Unbekannte in einer kaum erschlossenen Landschaft, die sie für die Zuhausegebliebenen beschreibt und archäologisch dokumentiert – allesamt Tätigkeiten, die einen gewissen Wagemut, aber auch Professionalität implizierten und deshalb traditionell als „beyond the female sphere" (Foster 1990: 11) gewertet wurden.[30] Im Hinblick auf die Raumsemantik bietet es sich folglich an, die Bereiche des domestizierten Gartens als weibliche und die der wilden Wüste als männliche Enklave zu identifizieren, deren Grenze die Autorin zu Beginn symbolisch überschreitet, um sodann in der Welt männlichen (Abenteuer- und Forschungs-)Reisens sowie männlicher Autorschaft[31] zu reüssieren. Doch spielt sich *The Desert and the Sown* tatsächlich so dezidiert in der absolut männlichen Sphäre ab?

In Bezug auf diese Frage lohnt wiederum der Blick auf den gesetzten *End*punkt des Reiseberichts. Tatsächlich endete Bells Reise nämlich nicht in Alexandretta, sondern führte weiter durch Kleinasien. Dort besuchte, dokumentierte und ver-

---

28 Lediglich beiläufig erwähnt sie, dass sie bereits zuvor in Beirut ihre Maultiertreiber engagiert hatte und sich folglich zuvor schon länger im Orient aufgehalten hatte, vgl. DS 2f.

29 Nachfolgend mit dem Sigle DS abgekürzte Seitenangaben beziehen sich auf die folgende Taschenbuchausgabe: Gertrude Bell (2001): *The Desert and the Sown: The Syrian Adventures of the Female Lawrence of Arabia*. New York: First Cooper Square Press. Diese Ausgabe ist eine ungekürzte und textidentische Reproduktion der Erstausgabe von 1907.

30 Vgl. auch Anderson: „Women who transgressed into men's allotted sphere could be labelled both unfeminine and 'unnatural'. This was particularly so if this allotted sphere was that of explorer. Explorers were seen as paragons of manhood – brave, strong, noble and righteous. They were the archetypal Victorian heroes. [...] [T]hey were everything that women were not." (2006: 20)

31 Das Verfassen sachlicher, wissenschaftlicher Texte im Allgemeinen sowie solcher Reiseberichte im Besonderen galt bis zum frühen 20. Jahrhundert als genuin männliche Domäne: „[T]he assertion of truths has been largely a male domain because education was restricted primarily to males until the late nineteenth century. [...] [I]t is primarily that type of 'factual' writing which requires 'authorising', for example, history and scientific writing, which has rarely been written by women. The type of 'factual' texts which can be written by women is often that which needs little authority. Examples of the latter are autobiography and travel writing, although, with both of these, the 'facts' which are included have to accord with a set of discursive conventions of what females can and cannot do." (Mills 1991: 81)

maß Bell die archäologischen Stätten von Konya und Binbirkilise. Erst einen knappen Monat später trat sie von dort die Rückreise nach England an. Anhand dieses künstlich gesetzten Endes spart Bell in *The Desert and the Sown* folglich genau diejenigen Reiseetappen aus, die ausschließlich archäologischer Feldforschung gewidmet waren und ganz im Zeichen männlicher Professionalität standen. Dementsprechend begründet sie auch in ihrem Vorwort die erzählerische ‚Abblende‘ in Alexandretta damit, dass ihre späteren Unternehmungen primär von archäologischem Interesse und daher als Gegenstand für einen Reisebericht unangemessen seien. (vgl. DS xxiii) Die dort von ihr gesammelten Forschungsergebnisse habe sie deshalb stattdessen in einer Fachzeitschrift – „a more suitable place than this book" (ibid.) – publiziert. Diese Eingrenzung des ‚berichtenswerten‘ Reiseraums und auch des diskursiven Rahmens, der explizit allzu Wissenschaftliches ausspart, ist signifikant: Bell bricht zwar aus der Enklave domestizierter Weiblichkeit aus, die vorgibt, was *frau* tun und schreiben bzw. an welchen Diskursen sie teilhaben darf, kommt jedoch bewusst nicht *vollständig* in der Sphäre des professionellen männlichen Reisens und Schreibens an. Stattdessen positioniert sie sich mit ihrem Text im Niemandsland zwischen diesen beiden einander diametral gegenüberstehenden Bereichen. Dieses Verharren *zwischen* den Polen binärer Oppositionen sowie das Ausspielen dieses Zwischenraums scheint symptomatisch für den gesamten Text und die dort konstruierte Identität der Reisenden zu sein.

Bei eingehender Lektüre von *The Desert and the Sown* zeigt sich nämlich schnell, dass man mit einem System basierend auf dem Ordnungsschema ‚Plus *oder* Minus‘, ‚A *oder* B‘ dem Text und seiner Autorin nicht gerecht werden kann. Vielmehr scheint sich das Wesentliche stets in einem *Dazwischen* abzuspielen. Mit der Subsumtion unter binäre Oppositionen wie männlich vs. weiblich, wissenschaftlich vs. amateurhaft etc. ist diesem Reisebericht nicht beizukommen, denn gerade diese diskursive Hybridität macht ihn aus. Ganz in diesem Sinne lässt sich auch Bells metaphorisch motivierter Reiseauftakt lesen: Sie verlässt den ihr angestammten Platz in der heimischen Ordnung nicht etwa, um lediglich die konträre Position innerhalb derselben zu beanspruchen, sondern lässt solche Gegensätze vielmehr hinter sich und markiert ihre Reise als Enklave, in der eine Existenz jenseits solcher rigiden Dichotomien möglich wird. Sie unternimmt somit nicht bloß den Wechsel von einem Feld in das ihm entgegengesetzte, sondern eröffnet einen semantischen Zwischenraum, in dem bipolares Denken insgesamt transzendiert werden kann.

Dieser Modus des Reisens und Schreibens, der das mitgebrachte Regelsystem samt seiner herkömmlichen Oppositionen hinter sich lässt, scheint sich bereits im Titel von *The Desert and the Sown* anzukündigen. Inspiriert wurde dieser von einem der ersten Verse aus den *Vierzeilern* (*Rubāʿiyāt*) des persischen Dichters Omar Khayyām, dessen Lyrik im England des 19. Jahrhundert große Bekannt-heit genoss:

[…]. But come
With me along some Strip of Herbage strown,

That just divides the desert from the sown,
Where name of Slave and Sultán scarce is known,
And pity Sultán Máhmúd on his Throne.[32]

Mit dieser Textquelle vor Augen lässt sich nun auch der Titel von Bells Reisebericht metaphorisch deuten. Ihre Reise verläuft *entlang* dieses „Strip of Herbage", entlang eines Grenzstreifens, der *zwischen* wilder Wüste und domestizierter Natur gezogen ist. Dieser besteht wiederum aus verstreuten Gräsern, die weder gänzlich wild gewachsen und der Wüste zugehörig, noch tatsächlich von Menschenhand gesät und der Zivilisation zuzurechnen sind: Ein hybrides Niemandsland zwischen dem männlich konnotiertem wilden Außen der Wüste und der weiblich konnotierten Enklave urbar gemachtem, umzäunten Landes; zudem ein Freiraum, in dem die Kategorien von ‚Herr und Knecht' und bipolare Machtstrukturen unbekannt sind und keinen Bestand haben.

Dieser sinnträchtige Titel wurde schon einmal in der Forschung thematisiert, jedoch im Rahmen einer anderen Lesart von Titel und Haupttext. Gretchen Kidd Fallon leitet in ihrer Dissertation *British Travel-Books from the Middle East: 1890-1914* (1981) eines ihrer Hauptargumente bezüglich der werkimmanenten Struktur von Bells Reisebericht ebenfalls vom Titel ab, wonach sie *The Desert and the Sown* als alternierend in ‚Wüsten-' und ‚Stadt-Kapitel' unterteilt sieht:

> The plotted design of Bell's book, and the author's imaginative focus, are indicated by the title – the elevated, ennobled spirit of the desert compared to the more ordinary, even mundane, concerns of "sown" and cultivated areas, the neighborhoods of towns. […] Bell alternates chapters of "on the road" (the desert) with chapters set "in town" (the sown). And her structural plan reveals her split attraction to the pleasures of either site: freedom for the individual personality in the desert balanced against a sense of community in settlements. (1981: 129)

So verlockend eine solche bereits im Titel angekündigte Unterteilung in Wüsten- und Stadtkapitel in Entsprechung mit den sich abwechselnden Momenten realistischer (*ergo* männlicher) und romantisierender (*ergo* weiblicher) Beschreibungen auch sein mag, so wenig mag sie einer genauen Lektüre standhalten. Zum einen hält sich der Text nicht an dieses räumlich-thematische Muster, wie Fallon selbst einräumt: „[T]he pattern is not strictly or formally observed throughout all fourteen chapters" (ibid.). Zum anderen ist, wie auch Pallavi Pandit feststellt, gerade das *Nebeneinander* von Realismus und Romantik, das eben nicht durch Kapitel und Reisestationen voneinander getrennt ist, das Besondere an Bells Reisebericht. (vgl. Pandit 1990: 181f.) Außerdem unterstellt Fallon in ihrer These Bell gegen-

---

[32] Aus der berühmten Übersetzung *Rubāʿīyāt of Omar Khayyām: the Astronomer-Poet of Persia* (1859: 3) des Privatgelehrten Edward FitzGerald, die Omar Khayyām im Westen berühmt gemacht und die auch Bell gelesen hatte. Bell zitiert im Text selbst nur ein Satzfragment aus diesem Vers: „In my time the uplands will still continue to be that delectable region of which Omar Khayyām sings: ‚The strip of herbage strown that just divides the desert from the sown'; they will still be empty save for a stray shepherd standing over his flock with a long-barrelled rifle […]." (DS 23)

sätzliche Assoziationen mit diesen beiden Reiseräumen, die nicht so recht überzeugen. Momente der Freiheit, der Individualität sowie Gemeinschaft erlebt Bell *sowohl* in den Zeltlagern der Wüste *als auch* in den Siedlungen und Städten.[33]

Der Versuch, dem Text eine analoge Entsprechung von Raum und Thema im Sinne von ,Wüste als sublimen Ort romantischer Selbstentfaltung' und ,Stadt als Ort zwischenmenschlicher Begegnung' nachzuweisen, scheint diesem mithin nicht gerecht zu werden – zumal es ihn in ein Korsett binärer Oppositionen zwängt, aus dem sich dieser ja gerade zu befreien sucht.

In dem hier verfolgten Ansatz soll daher argumentiert werden, dass der Raum der Reise in *The Desert and the Sown* eben genau zwischen Polen wie Wüste und Stadt, Wildnis und Zivilisation, Männlichkeit und Weiblichkeit liegt bzw. die Reise entlang dieser Grenzen verläuft. Der Titel bringt dies bereits vorab metaphorisch zum Ausdruck, indem er den Reiseraum und somit auch das diskursive (Spiel-)Feld des Textes im übertragenen Sinne als hybriden Zwischenraum markiert, in dem gerade ein solches Differenzieren zwischen Oppositionen, wie Fallon es betreibt, ausbleibt: Bell reist und schreibt im Niemandsland *zwischen* solchen konstruierten Gegenpolen und kreuzt im Zuge dessen wiederholt die Grenzen binärer Ordnungsprinzipien, wie sie vom westlichen Denken und seinen herrschenden Diskursen vorgegeben werden.

Um auf die eingangs gestellte Frage zurückzukommen, ob es sich bei Bells metaphorischem Ausbruch aus dem Garten nun um eine revolutionäre oder grenzaffirmierende Grenzüberschreitung handelt und in welchem semantischen Raum sie sich tatsächlich abspielt, so ließe sich diese wohl am ehesten folgendermaßen beantworten: Im Hinblick auf gesellschaftliche und diskursive Gesetzmäßigkeiten inszeniert Bells Text nicht so sehr eine einmalige Grenzüberschreitung, die es zu etablieren oder rückgängig zu machen gilt, sondern überquert vielmehr *systematisch* sämtliche Grenzen, die sich aus diesem auf Bipolaritäten beruhenden Regelsystem ergeben. Damit positioniert er sich in einem hybriden Zwischenraum, in dem sämtliche Oppositionen und Hierarchien transzendiert und deren Elemente zu einem neuen Denkmuster kombiniert werden können.

Wie genau Bell diesen Zwischenraum in ihrem Text ausspielt und diese Hybridität ihrer diskursiv entworfenen Identität einschreibt, soll im Folgenden betrachtet werden. Dabei lohnt nach der Betrachtung des Titels, ganz Lektürechronologisch, ein näherer Blick auf das *Preface* des Reiseberichts. Bells Spiel mit und im Zwischenraum der Diskurse beginnt nämlich bereits dort und wird – auf einige wenige Seiten kondensiert – dort besonders deutlich.

---

[33] "A comparison between her [Bell's] approach to the two reveals they both present to her freedom from the West and Western social complications, and a freedom from the force of time. Although the language of the 'town' descriptions is not elevated, it possesses the images of liberty, simplicity, and agelessness similar to the portrayal of the desert." (Pandit 1990: 181f.)

Das Vorwort von *The Desert and the Sown* scheint auf den ersten Blick vor allem der Rechtfertigung und Legitimation von Reisetätigkeit und Autorschaft der Schreibenden gewidmet zu sein. Eine solche Funktionalisierung des *Preface* ist durchaus üblich für die Reiseliteratur von Frauen aus dieser Zeit, zumal die bloße Unternehmung einer Reise – und das gilt insbesondere für Expeditions- und Forschungsreisen – eine Grenzüberschreitung in eine männliche Domäne und einen markanten Bruch mit dem gängigen Weiblichkeitsideal darstellte, der entsprechend entschuldigt oder gerechtfertigt sein wollte. Diese Transgression erfuhr noch eine Steigerung, wenn die Reisende nun auch noch einen – unter Umständen sogar sachlichen oder wissenschaftlichen – Bericht über diese Exkursion verfasste und damit auch diskursiv ihre Kompetenzen überschritt. Denn gemäß den literarischen Geschlechterkonventionen des 19. Jahrhunderts sollten Texte von Frauen nicht von wissenschaftlichem bzw. professionellem Autoritätsanspruch geprägt, sondern subjektiv und laienhaft sein.

Um diese doppelte Grenzüberschreitung zu kompensieren, hatten Reiseautorinnen diskursive Strategien entwickelt, die meist im Vorwort zum Einsatz kamen: So beteuerten sie dort häufig ihren Laienstatus und sprachen ihrer Reisetätigkeit sowie ihrem Text jeglichen akademischen, wissenschaftlichen oder literarischen Wert ab.[34] Diese Abwertung der eigenen Kompetenzen und Leistungen – mittels eines typischen „self-deprecatory style" (Kröller 1990: 95) bzw. eines „'only me' mode" (Strobel 1991: 37) – war ein Zugeständnis an den weiblichen Bescheidenheitstopos jener Zeit.[35] Diese Demutsgesten waren meist mit einer Entschuldigung verbunden, die rechtfertigte, dass sich die Autorin überhaupt in die Domänen des Reisens, der Literatur und speziell des maskulinen Genres der *Reise*literatur vorwagte.[36] Eine solche „apologia" (Melman 1992: 212) findet sich auch im Vorwort zu *The Desert and the Sown* und zwar bereits im ersten Satz:

---

[34] „[W]omen's texts are not supposed to be 'scientific' and authoritative, but rather, supposed to be amateurish. This problematic positioning of these texts leads to the writing being prefaced with a disclaimer which denies any scientific, academic, literary or other merit […]." (Mills 1991: 83)

[35] „Women travel writers have to substitute self-effacement or self-mockery for more aggressive or positive assertiveness in order to demonstrate true femininity." (Foster 1990: 19); vgl. auch Deeken und Bösel 1996: 34. Habinger spricht diesbezüglich von einem für die Reiseliteratur von Frauen typischen „Bescheidenheitsdiskurs" bzw. von „perfektioniertem Dilettantismus" (1994: 180), der mit einer solchen demonstrativen Herabsetzung der eigenen Kompetenz auch gewisse „punitive expectations of the readers of travel books" (Jenkins 2004: 27) erfüllt.

[36] „Many of these works are framed by apologia in form of a preface which appeals for leniency towards any subsequent deficiencies, in contrast to the prefaces appended to the works of most male travellers which positively burst with confident self-assertion. Predominant here is acknowledgement of the writer's presumption in daring to tread on what is noted as well-worn ground." (Foster 1990: 20) In der einschlägigen Forschung ist diesbe-

Those who venture to add a new volume to the vast literature of travel, unless they be men of learning or politicians, must be prepared with an excuse. My excuse is ready, as specious and I hope as plausible as such things should be. I desired to write not so much a book of travel as an account of the people whom I met or who accompanied me on my way, and to show what the world is like in which they live and how it appears to them. And since it was better that they should, as far as possible, tell their own tale, I have strung their words upon the thread of the road, relating as I heard them the stories with which shepherd and man-at-arms beguiled the hours of the march, the talk that passed from lip to lip round the camp-fire, in the black tent of the Arab and the guest-chamber of the Druze, as well as the more cautious utterances of Turkish and Syrian officials. (DS xxii)

Bell bringt hier gleich zu Beginn bestimmte Diskurskonventionen der Frauenreiseliteratur ins Spiel und folgt ihnen zunächst scheinbar: Da sie weder eine anerkannte Gelehrte noch Politikerin ist, muss sie mit einer Entschuldigung dafür aufwarten, dass sie dem umfassenden Kanon von Reiseliteratur noch einen weiteren Titel hinzufügt. Doch genau das tut sie eigentlich nicht, denn ihr Buch ist ja kein wirklicher Reisebericht, sondern ein stimmungsvolles Portrait der verschiedenen Bewohner Syriens und der Welt, in der sie leben – gesehen mit den Augen und beschrieben mit den Worten dieser Einheimischen. Sie will folglich keinen wissenschaftlichen, politischen Reisebericht schreiben, sondern *nur* die Stimmen der Fremdbevölkerung für den Leser zu Hause hörbar machen.

Bells Maxime lautet: „they should, as far as possible, tell their own tale" (ibid.) – eine Intention, die an die Unmittelbarkeitsästhetik Doughtys erinnert, der die Araber selbst zu Wort kommen lassen wollte. Sie selbst hat dabei bloß die Funktion einer Reporterin inne, die die Geschichten wahrheitsgetreu und unmittelbar – *as she heard them* – kolportiert. Doch hier scheint es nicht wie bei Doughty primär um das Etablieren von Glaubwürdigkeit oder Wahrhaftigkeit des Berichteten zu gehen, vielmehr wird auf diskursiver Ebene Bells Status als Autorin verhandelt. Diese dementiert in den ersten Sätzen ihres *Preface* nicht nur jedwede professionelle Autorität als Gelehrte, sie negiert auch den Status als Autorin überhaupt: Das ist gar nicht Bell, die hier schreibt. Sie schreibt das Gesehene und Gehörte lediglich *auf* – freilich ein Versprechen, das der Text nicht halten kann. Zum einen weil ein Autor, wie bereits zu Doughty ausgeführt, nicht zum bloßen Aufzeichnungsmedium werden kann. Zum anderen, weil gerade *The Desert and the Sown* mit seiner markanten Erzählerin, die nicht an Kommentaren und subjektiven Beschreibungen spart, sehr viel mehr als bloße Protokolle des Gehörten und Erlebten enthält. Es ist dementsprechend keine Darstellung einer fremden Welt, wie die Einheimischen sie sehen, sondern der Fremde, wie vor allem Bell sie sah. Auch wenn man diese Passage nicht als eine Negation des Autorenstatus liest, so bleibt dennoch das entscheidende Signal des Vorworts bestehen:[37] Bell will gar

---

züglich von einer „traditional apologia prefacing the book" (Kröller 1990: 97) bzw. vom „apologetic preface" (Melman 1992: 212) die Rede.

[37] Somit „verkommt" in einem gewissen Maß auch dieses Vorwort „zu einem Ort höchst unglaubwürdiger Selbstbescheidung oder zu ebenso peinlicher Koketterie." (Grzonka

nicht bei den ‚großen Jungs‘, bei den „men of learning or politicians" (ibid.) mitspielen. Sie will – ungleich bescheidener und femininer – nur ein eindrückliches Bild der Menschen zeichnen, die ihr auf ihrer Reise begegnet sind.

Dabei verfolgt sie eine weitere diskursive Strategie, die Reiseautorinnen entwickelt haben, um den gängigen frauenspezifischen Diskurskonventionen zu entsprechen, nämlich das demonstrative Aussparen politischer, wissenschaftlicher oder kolonialer Themen zugunsten harmloserer, für Frauen angemessener Anliegen.[38] Auch Bell signalisiert eine derartige ‚Harmlosigkeit‘, indem sie mit dem vorgezogenen Ende ihrer Reisebeschreibung vermeidet, dass allzu wissenschaftliche Themen Eingang in ihren Text finden. Diese Auslassung kommentiert sie im Vorwort auch ausdrücklich:

> My journey did not end at Alexandretta as this account ends. In Asia Minor I was, however, concerned mainly with archaeology; the results of what work I did there have been published in a series of papers in the "Revue Archéologique", where, through the kindness of the editor, Monsieur Salomon Reinach, they have found a more suitable place than the pages of such a book as this could have offered them. (DS xxiii)

Allerdings entspricht diese Passage nur oberflächlich dem typisch bescheidenen Leugnen von Wissenschaftlichkeit. Tatsächlich suggeriert Bell in diesem Absatz zweierlei: Einerseits versichert sie, dass sie mit ihrem Text die männlich dominierte, professionelle Domäne wissenschaftlicher Feldforschung ausspart und somit diese Grenze – zumindest mit *dieser* Publikation – nicht überschreitet.[39] Andererseits impliziert sie mit der Erwähnung ihrer Forschungsarbeit in Kleinasien und der Veröffentlichung ihrer Ergebnisse in einer renommierten Fachzeitschrift ihren Status als anerkannte, publizierte (Feld)Archäologin. Anstatt also akademische Meriten abzustreiten oder gar Demut zu bezeugen, dass sie es wagt, mit ihrem Reisebericht in wissenschaftliche Gefilde vorzudringen, dreht Bell den Spieß hier um: Die von ihr in Kleinasien gesammelten Fakten sind so dezidiert akademischer Natur, dass sie den Leser „of such a book as this" (DS xxiii) damit nicht über Gebühr strapazieren möchte und diese lieber exklusiv für fachkundige Kreise publiziert hat – und dies mit freundlicher Unterstützung von Salomon Reinach, einem der bedeutendsten Kunsthistoriker und Archäologen seiner Zeit. Zu Beginn ihres Vorworts mag Bell bescheiden verkündet haben, dass sie es sich

---

1997: 130) Bell *kokettiert* hier zwar nicht unbedingt, jedoch liefert sie eine so durchschaubare wie unglaubwürdige Bescheidenheitsdemonstration, die sie bereits eine Seite später unterläuft, indem sie dort eine äußerst selbstbewusste Einschätzung der politischen Lage in Syrien abgibt.

38 „[S]ome women travel writers concentrate their descriptions on those elements which fit their texts with the feminine discourses, and therefore avoid reference to the colonial context or scientific subjects." (Mills 1991: 83)

39 Nichtsdestotrotz enthält *The Desert and the Sown* so viele archäologische Beobachtungen, Messungen und Details, dass wissenschaftliche Feldarbeit als Primärzweck der Reise betrachtet wurde; vgl. Arberry: „Archaeology was the primary motive of her extensive travels in the Desert and the Sown." (2005: xviii)

nicht anmaßt, sich zu solchen „men of learning" (DS xxii) zu zählen, implizit
stellt sie jedoch zwei Seiten später klar, dass sie jedenfalls, wenn auch nicht als
man, so doch als *woman of learning* zu betrachten ist.

Ausdrücklich will – oder kann – sie diesen Status jedoch nicht in Anspruch
nehmen. Eine solche Selbstdarstellung muss stattdessen als Bescheidenheitsgeste
‚getarnt' werden, um letztlich das zu signalisieren, was explizit geleugnet wird: Hier
reist ein Profi. Dieselbe Selbstinszenierungs-Strategie wendet Bell sodann auch im
Hinblick auf ihren Status als Forschungsreisende, als *explorer* an. So beeilt sie sich
im *Preface*, klarzustellen, dass sie auf ihrer Syrienreise keinesfalls Neuland betreten
oder kartiert und ihre Reise somit keinesfalls Explorationscharakter gehabt habe:

> None of the country through which I went is ground virgin to the traveller, though
> parts of it have been visited but seldom, and described only in works that are costly and
> often difficult to obtain. Of such places I have given a brief account, and as many pho-
> tographs as seemed to be of value. I have also noted in the northern cities of Syria those
> vestiges of antiquity that catch the eye of a casual observer. There is still much explora-
> tion to be done in Syria and on the edge of the desert, and there are many difficult
> problems yet to be solved. The work has been well begun by de Vogüé, Wetzstein,
> Brünnow, Sachau, Dussaud, Puchstein and his colleagues, the members of the Princeton
> Expedition and others. To their books I refer those who would learn how immeasurably
> rich is the land in architectural monuments and in the epigraphic records of a far-
> reaching history. (DS xxii)

Bell hat demnach auf ihrer Reise keine weißen Flecken auf der Landkarte erschlossen, wodurch sie potenziell zu ihren männlichen Vorläufern und Kollegen
in Konkurrenz treten könnte.[40] Lediglich die Beschreibungen von Orten, die bis
dato nur in seltenen, einschlägigen Werken Erwähnung gefunden haben, ergänzt
sie – „as most humble casual observer" (ibid.) – um einige Details und Bilder.
Ansonsten verweist sie den an Geographie, Architektur und Archäologie interessierten Leser an die wahren Koryphäen auf diesem Gebiet. Ihr eigener Reisebericht soll und kann mit solcher Pionierarbeit nicht mithalten – diskursiv betrachtet eine typisch ‚weibliche' Geste der Selbstbescheidung.[41] Doch letztlich entspricht ihr Text kaum dieser hier propagierten, unprofessionellen Werksintention
und auch die vorangestellte Bescheidenheitsgeste entbehrt nicht einer gewissen
Ambivalenz. Nicht zuletzt impliziert ja gerade dieses *namedropping* gewissermaßen Bells Mitgliedschaft und Nachfolge in eben jener Riege namhafter Forscher.
Sie kennt deren (Vor)Arbeit genau und besitzt auch das nötige Fachwissen, um

---

[40] Dass dies dennoch durchaus der Fall und mitunter intendiert war, zeigt sich in ihrem zuvor erwähnten ‚Wettlauf' mit Mark Sykes um den Dschebel Drus. (vgl. Howell 2007: 259;
Wallach 2005: 72f.)

[41] Dies entsprach abermals den herrschenden Geschlechtervorstellungen, wie ein Leserbrief
Lord George Curzons, dem späteren Präsidenten der *Royal Geographic Society*, der strikt gegen eine Mitgliedschaft von Frauen in derselbigen war, bestätigt: „We contest in toto the
general capability of women to contribute to scientific geographical knowledge. Their sex
and training render them equally unfitted for exploration" („Ladies and the Royal Geographical Society" May 31.1893: 11).

deren Leistungen angemessen (ein)schätzen zu können. Die Fortsetzung dieser Aufzählung drängt sich förmlich auf: de Vogüé, Wetzstein, Brünnow, Sachau, Dussaud, Puchstein – und Bell.

Solche Selbstinszenierungen als Nachfolger bekannter Wegbereiter, welche die Region zuvor bereist und erschlossen hatten, waren nicht selten in Reiseberichten dieser Zeit. Von deren ,Erbe' konnten Reiseautoren nämlich gleich doppelt profitieren: Zum einen wurden sie von der Fremdbevölkerung ungleich ehrfürchtiger und freundlicher empfangen. Zum anderen konnten sie, als Autoren und Diskursteilnehmer, durch die so implizierte Kontinuität eine gewisse Autorität für sich und ihren Text beanspruchen.[42] Insbesondere weibliche Reisende bedienten sich häufig dieser impliziten Kontinuität als Signal diskursiver Kompetenz sowie als ,Machtmerkmal', das ihr Geschlecht nebensächlich werden ließ: Sie waren nicht nur Weiße und Abgesandte des mächtigen Europas – sie gehörten auch zur Riege der *male white explorers*, die bei den Einheimischen bereits eine gewisse Bekanntheit erlangt hatten. Vor Ort wiesen sie sich entsprechend als deren Nachfolger aus, indem sie die Texte, Bilder und Karten einschlägiger Vorgänger zur Hand hatten und ähnliche Absichten für die eigene Exkursion nannten. Ihr Auftreten in der fremden Gesellschaft war somit von bestimmten Anschlussgesten geprägt, die ihre Zugehörigkeit zu dieser Ahnenreihe bekannter Pioniere signalisierten:

> Their claims to identity and continuity with the tradition of male exploration were displayed in many ways – through images, language, practical achievements and attitudes. Like an unwritten letter of introduction, they would often initially explain themselves to foreign societies with explicit reference back to these earlier male travellers. (Birkett 2004: 123)

Auch Bell bediente sich dieser impliziten Referenzen, die bei manchen Wüstenstämmen sehr viel mehr zählten als jedes von türkischen Verwaltungsbeamten ausgestellte Empfehlungsschreiben. Ganz in diesem Sinne beschreibt sie auch ihren herzlichen Empfang und den geselligen Abend bei Muhammad en Nassār, einem Drusenscheich in Sāleh:

> Milhēm's [the Turkish official of Salkhād] letter was quite unnecessary to ensure me a welcome; it was enough that I was cold and hungry and an Englishwoman. The fire in the iron stove was kindled, my wet outer garments taken from me, cushions and carpets spread on the divans under the sheikh's directions, and all the band of his male relations, direct and collateral, dropped in to enliven the evening. We began well. I knew that Oppenheim had taken his escort from Sāleh when he went into the Safa, and I happened to have his book with me – how often had I regretted that a wise instinct had not directed my choice towards Dussaud's two admirable volumes, rather than to Oppenheim's ponderous work, packed with information that was of little use on the present journey! The

---

[42] Dieses (An)Zitieren anerkannter Vorgänger im Dienst einer Autoritätsgarantie konstatiert Melman insbesondere für Reiseberichte von Frauen, die so trotz ihres geschlechtsspezifischen Amateurstatus valide Aussagen machen konnten: „To reconcile between authority and actual experience, the women resort to the citationary technique which is quite common in travel-literature." (1992: 211f.)

great merit of the book lies in the illustrations, and fortunately there was among them a portrait of Muhammad en Nassār with his two youngest children. (DS 102)

Diese Textpassage wird in ihrer Ausführlichkeit zitiert, weil sie sehr schön zeigt, was zuvor über Bell und Frauenreisen allgemein gesagt wurde: Bell wird herzlich empfangen, weil sie eine *Engländer*in ist, die der Gastfreundschaft bedarf. Sogleich strömen alle – selbstverständlich männlichen – Verwandten Muhammads herbei, um dem hohen Besuch ihre Aufwartung zu machen. Wie von Zauberhand – oder der von Muhammads Frau(en) – verschwindet ihre nasse Kleidung, ein Ehrenplatz wird bereitet und das Feuer geschürt. Der Abend fängt gut an. Da Bell außerdem weiß, dass Oppenheim einst mit Muhammads Geleit nach Safa gereist war, holt sie nun dessen Buch *Vom Mittelmeer zum persischen Golf durch den Haurān, die syrische Wüste und Mesopotamien* (1899) hervor, das sie – hauptsächlich wegen der dort enthaltenen Originalkarten Kieperts – immer bei sich führt. Obwohl sie Oppenheims Reisebericht langatmig und unpraktisch findet, erweisen sich die darin enthaltenen zahlreichen Abbildungen nun von großem Nutzen, zumal eine davon Muhammad en Nassār mit seinen Kindern zeigt. Dadurch ist zum einen der Scheich in seiner Eitelkeit geschmeichelt, zum anderen betrachten diejenigen, die Oppenheim persönlich kennengelernt hatten, Bell nun als „successor and inheritor of his role" (Birkett 2004: 123). Auch an anderer Stelle tritt sie demonstrativ in die Fußstapfen vorheriger Forschungsreisender, indem sie etwa dieselben Begleiter und Führer engagiert. Diese betrachten sie dabei ganz selbstverständlich als Nachfolgerin ihrer ehemaligen Auftraggeber:

> I spent two days at El Bārah and visited five or six of the villages round about, the Sheikh of El Barāh and his son serving me as guides. The Sheikh was a sprightly old man called Yunis, who had guided all the distinguished archaeologists of his day, remembered them, and spoke of them by name – or rather by names of his own, very far removed from the originals. I contrived to make out those of de Vogüé and Waddington, and another that was quite unintelligible was probably intended for Sachau. (DS 250)

In dieser Passage dient diese Kontinuitätsgeste vor allem der Selbstdarstellung vor dem heimischen Lesepublikum. Dadurch, dass Bell dieselben Führer und ähnlich professionelle Reiseabsichten wie ihre berühmten Vorgänger hat, nimmt sie indirekt einen vergleichbaren Status und somit auch vergleichbare Kompetenzen als Autorin für sich in Anspruch.

Um wirklich als Nachfolger solcher Pioniere zu gelten, bedurfte es jedoch „the achievement of a first" (Birkett 2004: 125), also einer Erstentdeckung bzw. der Erschließung von Gebieten, in die zuvor noch kein Europäer vorgedrungen war. Diese Qualifikation wird im Vorwort zwar ausdrücklich geleugnet und Bell reiste tatsächlich größtenteils auf bekannten Routen; dennoch berichtet ihre Reiseerzählung auch davon, wie sie Neuland erschließt.[43] So etwa, als sie mit ihrer Ka-

---

[43] Siehe auch folgende Textstelle: „North of Ba'albek all Syria was new to me; it marked an epoch, too, that we had reached the frontier of the Palestine Exploration Map. I now had recourse to Kiepert's small but excellent sheet, which I had abstracted from the volume of

rawane die Wüste hinter sich lässt, um in die Gebirgszüge des Dschebel Drus zu ziehen, und sich plötzlich im berüchtigten Niemandsland zwischen den Stammesgebieten der Hassaniyyeh und der Drusen wiederfindet:

> We rode for some time up a gulley of lava, left the last of the Hassaniyyeh tents in a little open space between some mounds, and found ourselves on the edge of a plain that stretched to the foot of the Jebel Druze in an unbroken expanse, completely deserted, almost devoid of vegetation and strewn with black volcanic stones. It has been said that the borders of the desert are like a rocky shore on which the sailor who navigates deep waters with success may yet be wrecked when he attempts to bring his ship to port. This was the landing which we had to effect. Somewhere between us and the hills were the ruins of Umm ej Jemāl, where I hoped to get into touch with the Druzes, but for the life of us we could not tell where they lay, the plain having just sufficient rise and fall to hide them. Now Umm ej Jemāl has *an evil name – I believe mine was the second European camp that had ever been pitched in it,* the first having been that of a party of American archæologists who left a fortnight before I arrived – and Gablān's evident anxiety enhanced its sinister reputation. Twice he turned to me and asked whether it were necessary to camp there. I answered that he had undertaken to guide me to Umm ej Jemāl, and that *there was no question but that I should go* […]. Thereupon *I had out my map*, and after trying to guess what *point on the blank white paper* we must have reached, *I turned my caravan* a little to the west towards a low rise from whence we should probably catch sight of our destination. Gablān took the decision in good part and *expressed regret that he could not be of better service in directing us.* (DS 72f.; Herv. KP)

Bell inszeniert in dieser Passage nicht nur ihr Vordringen in unzureichend kartiertes Gelände und das gefährliche ,Landemanöver' in den Ausläufern des Dschebel Drus, sondern auch ihre Entschlossenheit und ihr Führungsvermögen – alles Eigenschaften, die dem Ideal des professionellen Expeditionsreisenden entsprechen. Ohne zu zögern reitet sie voraus, peilt die richtige Himmelsrichtung an und lotst ihren Tross – samt Führer, der nur noch bedauern kann, dass er in so entlegenen Regionen nicht von Nutzen ist – durch das unbekannte Gelände. Sie ist zwar vor Ort nicht die Erste, befindet sich aber, insbesondere als Frau,[44] auch nicht gerade *on the beaten track*: Vor zwei Wochen erst war dieses Gebiet das erste Mal überhaupt von amerikanischen Feldarchäologen bereist worden. Somit kann sie zwar als Archäologin kein *First* für sich beanspruchen, betritt aber in diesem Moment dennoch Neuland, in dem sie sich ohne Hilfsmittel zurechtfinden muss. Ihre Schilderungen dieser kaum erforschten Region erhalten dadurch einen mit einer Erstbeschreibung vergleichbaren Seltenheitswert.

Oppenheim that had been left at Sāleh. There is no other satisfactory map until, at a line some thirty miles south of Aleppo, Kiepert's big Kleinasien 1-400,000 begins; when the American Survey publishes its geographical volume the deficiency will, I hope, be rectified." (DS 170f.) Birkett wertet dieses Überschreiten der Grenzen der *Palestine Exploration Map* als propagiertes „First" (2004: 126), allerdings erwähnt Bell ja an dieser Stelle, dass Kieperts Karte diese Region – wenn auch nicht sehr genau – abdeckt.

44 Dementsprechend schreibt sie auch in einem Brief an ihre Eltern über ihren Aufenthalt im Dschebel Drus: „[S]ome interest surrounds me, for I am the first foreign woman who has ever been in these parts." (zit. nach Graham-Brown 1985: viii)

144

Mit der Zeit lässt Bell die anfangs demonstrierte, bescheidene Laienhaftigkeit fallen, indem sie die Karten und Quellen ihrer Vorgänger ergänzt und sogar korrigiert. So vervollständigt sie die Karten Kieperts durch die Lokalisierung einiger Siedlungen und historischer Stätten, die sie mit einem archäologischen Expeditionsteam aus Princeton, das sie zuvor getroffen hatte, ausgekundschaftet hat.[45] Gemeinsam mit ihren amerikanischen *Kollegen* dokumentiert sie diese Örtlichkeiten zum ersten Mal, wodurch sie indirekt nun doch Pionierarbeit leistet. (vgl. DS 256) Besonders ausdrücklich kritisiert und korrigiert Bell auch die Lücken und Fehler der *Palestine Exploration map*, auf die sie sich größtenteils verlassen muss und bei der vor allem in der kaum erforschten Region des Dschebel Drus vieles falsch eingezeichnet zu sein scheint:

> The makers of the Palestine Exploration map have allowed their fancy to play freely over the eastern slopes of the Jebel Druze. Hills have hopped along for miles, and villages have crossed ravines and settled themselves on the opposite banks, as, for instance, Abu Zreik, which stands on the left bank of the Wādi Rājil, though the map places it on the right. (DS 101)

Nicht nur mangelnde geographische Sorgfalt ist festzustellen, auch sprachliche Nachlässigkeiten bei der korrekten Aufzeichnung der Namen weiß Bell als (Sprach-)Expertin vor Ort zu diagnostizieren und richtig zu stellen:

> The first of the ruined sites lay immediately above Fellāh ul 'Isa's camp – I surmise it to have been the Kasr el Ahla (a name unknown to the Da'ja) marked on the Palestine Exploration map close to the Hajj road. If this be so, it lies four or five miles further east than the map makers have placed it, and its name should be written Kasr el 'Alya. (DS 52)

Auf diesen korrigierenden Seitenhieb folgt eine ausführliche, detaillierte Beschreibung der Ruine mit Messungen und Bildern. Wie sich zeigt, begreift sich Bells Reisebericht also durchaus als kompetente Quelle und mitunter sogar als Korrektiv wissenschaftlicher Fakten über die Region. Dieses Hervorheben der Richtigkeit der eigenen Aussagen gegenüber denjenigen von früheren – professionellen – Reisenden unterläuft dabei eindeutig den zuvor postulierten Amateurstatus und impliziert ein Selbstverständnis als *travelling professional*.[46]

In Anbetracht all dessen erscheinen die diskurstypischen Bescheidenheitsgesten in Bells Vorwort als ziemlich halbherzig unternommene Pflichtübungen der Form halber, die keine dauerhafte Geltung entfalten. Zudem hält sich der Text mitnichten an die Begrenzungen des so eng abgesteckten Kompetenzfeldes: Er strotzt vielmehr vor geographischer und vor allem archäologischer Beschreibungen[47] –

---

[45] „We went north, passing a small mud-village called Helbān, and another called Mughāra Merzeh, where there were the remains of a church and rock-cut tombs of a very simple kind. (None of these places are marked on Kiepert's map)." (DS 258f.). Siehe außerdem DS 273.

[46] Mitunter entwirft sie dank ihrer fachlichen Expertise auch eigene Theorien bezüglich der kulturellen Herkunft bestimmter Ruinen, deren Ursprung umstritten war. (vgl. DS 125f.)

[47] Vgl. beispielsweise DS 28, 52ff., 286ff., 333.

auch auf den Reiseabschnitten *vor* Kleinasien. Des Weiteren enthält er zahlreiche politische Beobachtungen und Einschätzungen, die weit über ein stimmungsvolles Portrait der Einheimischen und das Kolportieren von Lagerfeuer-Konversationen hinausgehen.[48] Bell scheint sich dieser Diskrepanzen indessen durchaus bewusst gewesen zu sein, weshalb sie ironisch auf die potenzielle Oberflächlichkeit solcher obligatorischen Rechtfertigungsgesten anspielt und die Hoffnung zum Ausdruck bringt, ihre eigenen, soeben gelieferten Entschuldigungen wären „as specious and hopefully as plausible as such things should be" (DS xxii): so *vordergründig* bestechend und plausibel, wie es sich für solche Dinge nun mal gehört.

Allein hinsichtlich ihrer Rolle als Auskundschafterin der Stimmungslage in Syrien lässt Bell auch explizit eine semi-professionelle Reiseintention durchscheinen. Aller demonstrativen Laienhaftigkeit zum Trotz stellt sie ihre Reise von Anfang an als eine Art inoffizielle Kundschaftermission dar, bei der mehr über die Gemütslage und die Lebensbedingungen der einfachen Leute in Syrien herausgefunden werden soll. Dieses Interesse an der Lage der syrischen Untertanen des Osmanischen Reichs war dabei nicht bloß kulturellen und philanthropischen Motiven geschuldet, sondern vor allem auch den politischen Interessen Englands. Nicht zuletzt beschäftigte die so genannte *Eastern Question* – die Frage, wie es mit dem ‚kranken Mann am Bosporus' weitergehen sollte – seit Mitte des 19. Jahrhunderts die europäischen Großmächte und war zum Zeitpunkt von Bells Reise von nicht unerheblicher Brisanz.

Bell will hierfür in ihrem Reisebericht die Einheimischen – ob nun Händler oder Bauer, „shepherd" oder „man-at-arms" (DS xxii), Nomade oder Städter, Druse, Moslem oder Christ – zu Wort kommen lassen. Diese gesammelten Aussagen verschiedener Bewohner Syriens sollen in der Zusammenschau die Gemütslage im Land sowie die herrschenden (Macht-)Beziehungen zwischen den unterschiedlichen Bevölkerungsgruppen sichtbar machen:

> I have been at some pains to relate the actual political conditions of unimportant persons. They do not appear so unimportant to one who is in their midst, and for my part I have always been grateful to those who have provided me with a clue to their relations with one another. (DS xxiii)

Ein Hauptzweck der Reise ist demnach das Erfassen und Dokumentieren politisch relevanter Strömungen in Syrien. Diese spezifische Absicht bzw. dieser Modus des Reisens – „fusing polite travel with an explicit form of information gathering" (O'Brien 2000: 11) – wird an späterer Stelle noch deutlicher zum Ausdruck gebracht, als Bell beschreibt, wie einflussreich und zugleich wie schwer fassbar die öffentliche Meinung in einem Land wie Syrien ist:

> Syria is merely a geographical term corresponding to no national sentiment in the breasts of the inhabitants. Thus *to one listening* to the talk of the bazaars, to the shopkeepers whose trade is intimately connected with local conditions in districts very far

---

[48] Vgl. DS xxiiv, 139ff., 228f.

removed from their own counters, to the muleteers who carry so much more than their loads from city to city, *all Asia seems to be linked together* by fine chains of relationship, and *every detail of the foreign policies of Europe*, from China to where you please, to be weighed more or less accurately in the balance of *public opinion*. It is not the part of wanderers and hearers of gossip to draw conclusions. *We can do no more than report*, for any that may care to listen, what falls from the lips of those who sit round our camp fires, and who ride with us across deserts and mountains, for *their words are like straws on the flood of Asiatic politics, showing which way the stream is running*. (DS 228; Herv. KP)

Was hier in Bezug auf Bells Rolle und Bedeutung impliziert wird, ist eindeutig: Wer etwas über die politischen Strömungen Syriens bzw. Asiens herausfinden und verstehen will, der muss dorthin fahren und sowohl mit den Beduinen in der Wüste als auch mit den Verkäufern auf dem Basar und den fahrenden Händlern sprechen, die – ständig unterwegs zwischen den verschiedenen Ballungszentren des Landes – das Informationsnetz Asiens darstellen.[49] Bell kann und tut dies alles. Doch sammelt sie nicht nur verschiedene Meinungen und Informationen, sie weiß diese auch zu deuten. Obwohl sie in dieser Textstelle abermals bescheiden betont, dass sie bloß als ‚Ohr‘ ihrer Nation agiert und es sich nicht anmaßt, Schlüsse aus dem Gehörten zu ziehen, tut sie genau das nur wenige Zeilen später:

For the moment, so far as my experience goes, the name of the English carries more weight than it has done for some time past. I noticed a very distinct difference between the general attitude towards us from that which I had observed with pain five years before, during the worst moments of the Boer War. The change of feeling is due, so far as I can judge from the conversations to which I listened, not so much to our victory in South Africa as to Lord Cromer's brilliant administration in Egypt, Lord Curzon's policy on the Persian Gulf, and the alliance with the conquering Japanese. (DS 228f.)

Englands Ansehen sei also – so resümiert Bell aus ihren Gesprächen mit diesen so unterschiedlichen ‚Informanten‘ – in den Breiten Syriens wieder gestiegen. Diese positive Entwicklung seit dem Burenkrieg führt sie dabei auf Lord Curzons kolonialpolitische Erfolge in Ägypten sowie auf die Allianz mit Japan zurück – allesamt Ausführungen, die weitaus mehr leisten als ein bloßes Kolportieren des Gehörten. Bell weiß den ‚Fluss‘ der öffentlichen Meinung nicht bloß zu beobachten, sondern auch zu interpretieren. Diese Passage soll an späterer Stelle noch ausführlicher im Hinblick auf Bells imperialistischen Habitus besprochen werden. Gegenwärtig genügt es festzustellen, dass hier die explizite Selbstcharakterisierung als laienhafte Berichterstatterin implizit unterlaufen wird. Bell betont zwar in ihrem Vorwort, sie würde gelehrten Politikern mit ihrem Reisebericht kein professionelles Terrain streitig machen, bewegt sich dennoch ständig auf selbigem. Ganz dementsprechend zeigt sich diese Ankündigung dicht gefolgt von selbstbewussten politischen Ausführungen Syrien, das Osmanische Reich sowie England betreffend:

---

[49] Nicht zuletzt sollte sie eine solche Rolle als Informantin bzw. Spionin des Britischen Geheimdienstes ganz offiziell innegehabt haben – ein Gerücht, das sich hartnäckig hält. (vgl. O'Brien 2000: 11; Howell 2007: 131)

Throughout the dominions of Turkey we have allowed a very great reputation to weaken and decline; reluctant to accept the responsibility of official interference, we have yet permitted the irresponsible protests, vehemently expressed, of a sentimentality that I make bold to qualify as ignorant, and our dealings with the Turk have thus presented an air of vacillation which he may be pardoned for considering perfidious and for regarding with animosity. These feelings, combined with the deep-seated dread of a great Asiatic Empire which is also mistress of Egypt and of the sea, have, I think, led the Porte to seize the first opportunity for open resistance to British demands, whether out of simple miscalculation of the spirit that would be aroused, or with the hope of foreign backing, it is immaterial to decide. (DS xif.)

Nachdem sie sich derart souverän über die politische ‚Großwetterlage‘ Syriens und die Nahostpolitik Englands geäußert hat, besinnt sie sich zum Schluss ihres Vorworts doch wieder auf die anfangs propagierte Laienhaftigkeit und den zuvor definierten engen Kompetenzbereich ihres Reiseberichts: „But these are matters outside the scope of the present book, and my apologia had best end where every Oriental writer would have begun: 'In the name of God, the Merciful, the Compassionate!'" (DS xxiv) Hier findet sich nun abermals dieses diskursive Wechselspiel zwischen ‚explizit das eine sagen‘ und ‚implizit das andere tun‘. Die von ihr selbst aufgestellten Grenzen werden so in beinahe demselben Moment überschritten, in welchem sie gesetzt werden. Dabei ist auffällig, dass diese Konformitätsgesten vor allem am Anfang sowie ganz am Ende des Vorworts – gleich einer Rahmung – platziert werden. Das, was der Text dann tatsächlich ausagiert, findet einmal mehr im Textraum dazwischen statt.

Die kritische Betrachtung von Bells *Preface* zeigt also, dass die dort entworfene Rolle als Reisende und Autorin von Anfang an uneindeutig ist: Eine Frau, die demonstrativ Heim und Herd hinter sich lässt, um in einer männlichen Domäne zu reüssieren, aber zugleich signalisiert, dass sie diese gar nicht wirklich betreten will, wobei sie dies trotzdem immer wieder tut; die mit ihrem Text offiziell an keinem ‚professionellen‘ Diskurs teilhaben will und dennoch die von ihr explizit als unangemessen deklarierten Themen immer wieder anspricht; eine ausgewiesene Archäologin, die *hier* nicht als solche reist und ihren Reisebericht dennoch seitenweise mit archäologischen Beobachtungen, Vermessungen und Photographien versieht; ein erklärter politischer Laie, der im Dienste der Meinungsumfrage bei den ‚kleinen Leuten‘ unterwegs ist – und trotzdem selbstbewusst Schlüsse aus dem Gehörten zieht und nicht mit Einschätzungen und Ratschlägen für die englische Orientpolitik spart; letztlich eine Reiseautorin, die eigentlich gar keinen Reisebericht schreiben will und eigentlich auch gar keine Autorin ist, weil sie lediglich *auf*schreibt, was *andere* erzählen.

Im Vorwort zu *The Desert and the Sown* gilt es folglich, zwischen den Zeilen zu lesen und das diskursive Kreuzen etablierter Grenzen performativ mit nachzuvollziehen: Alles, was hier an expliziten Leseanweisungen gegeben wird, wird früher oder später wieder unterlaufen. Somit agiert das *Preface* beispielhaft aus, was der Modus des nachfolgenden Reiseberichts sein wird: ein systematisches

Anzitieren, Aufstellen und Kreuzen diskursüblicher sowie selbst aufgestellter Grenzen zugunsten eines Eröffnens und Ausspielens der Zwischenräume.

Es ist dabei durchaus üblich, dass ein Vorwort „Leseanweisungen" gibt, „indem es über die Ordnung und die Disposition, die sich im Haupttext ‚beobachten' lassen, Vorbericht erstattet" (Wirth 2004: 608). Dennoch ist bemerkenswert, dass diese typische Ambivalenz bzw. Hybridität von Bells Reisebericht ausgerechnet im Titel und vor allem im Vorwort so offensichtlich wird – im Paratext[50] des Reiseberichts, jener unbestimmten Text-Zone „zwischen innen und außen, die selbst wieder keine feste Grenze nach innen (zum Text) und nach außen (dem Diskurs der Welt über den Text) aufweist"[51] (Genette 2001: 10) und sich dadurch in einer merkwürdigen „funktionalen Zwischenlage" (Wirth 2004: 608) befindet. Ausgerechnet im paratextuellen Text-Zwischenraum[52] des Vorworts erfolgt der offensichtliche Auftakt zu Bells spezifischer Schreibstrategie, die sich genau solche hybriden Zwischenräume zu Nutze macht und quasi paradiskursiv operiert.

Doch auch im Haupttext erweist sich der spezifische Diskurs von *The Desert and the Sown* als heterogenes Wechselspiel einschlägiger Diskurselemente, das binäre Oppositionen auflöst bzw. deren Grenzen immer wieder durchkreuzt. Inwiefern dieser hybride Modus die Konstruktion von Identität und die Verarbeitung von Alterität im Text beeinflusst, soll im Folgenden herausgearbeitet werden. Hierfür werden zunächst Bells Selbstentwurf im Text anhand der von ihr gewählten Themenschwerpunkte und ihrer spezifischen Erzählhaltung näher betrachtet.

3.2 Bells hybrider Habitus: Themenwahl und (Selbst-)Darstellungstechniken

Reiseliteratur zu Bells Zeiten war nicht gleich Reiseliteratur – vor allem wenn der Autor weiblichen Geschlechts war. Wollte *frau* ihre geschlechtsspezifischen Kompetenzen nicht überschreiten, so tat sie gut daran, nur höchst subjektive, emotionale Reiseberichte mit geringem Anspruch auf Geltung und Autorität zu publizieren. Insofern dort überhaupt ‚objektive' Fakten behandelt wurden, so waren dies häufig solche, die den ‚weiblichen' Lebensbereich der fremden Kultur betrafen, da

---

50 Unter Paratext werden vorliegend all jene Diskurse verstanden, „die – verkörpert durch Vorworte, Nachworte, Titel und Fußnoten – die diskursiven Ränder eines Textes bilden" (Wirth 2004: 607).
51 Bei seiner Bestimmung des Paratextes als „unbestimmte Zone" rekurriert Genette auf eine Formulierung von Antoine Compagnon, wonach der Paratext eine „Übergangszone zwischen Text und Nicht-Text" (2001: 10) sei, vgl. auch Compagnon 1979: 328. Zum Paratext gehört demzufolge auch der Titel eines Buches, der im vorliegenden Fall auf die besondere Diskursstrategie des Reiseberichts verweist.
52 Auch im Hinblick auf seine räumliche bzw. temporale Positionierung am Anfang des Textes belegt das Vorwort eine solche nicht zu definierende Zwischenlage. Denn es wurde ja nur scheinbar davor, tatsächlich jedoch danach geschrieben: „Das Vorwort ist ein ‚sagen wollen nach dem Wurf', das jedoch dem Haupttext als ‚erste Seite' vorangestellt ist." (Wirth 2004: 615)

die Autorinnen sich in dieser Hinsicht als kompetent erachten durften.[53] Im 19. Jahrhundert hatten sich zudem, in Anlehnung an die Konventionen damaliger Frauenliteratur, ein ganzer Kanon femininer Themen sowie bestimmte Vorgaben bezüglich Stil und Form ‚weiblichen Schreibens' entwickelt. Besonders sentimentale Darstellungen der typischen Motive Familienglück und Häuslichkeit standen hier im Vordergrund – ein Konzept, das sich auf die Reiseliteratur übertrug (vgl. Foster 1990: 18). Während sich also ihre männlichen Kollegen der geographischen, politischen und anderweitigen wissenschaftlichen Beschreibung fremder Länder widmeten, waren Reiseautorinnen für die gefühlsbetonte Schilderung der häuslichen Sphäre der fremden Kultur zuständig.[54] Dieses Themenfeld umfasste neben der Schilderung von Familienalltag, Hochzeitsbräuchen und Kindererziehung auch ganz prosaische Beschreibungen landestypischer Haushaltsgeräte, Nahrungsmittel und Kochrezepte – kurzum, all jene Fachgebiete, die den „bürgerlichen Frauen zu Hause als genuin weiblich zugeschrieben wurden und für die sie sich im Reisetext als Expertinnen ausweisen konnten" (Siebert 1998: 64).

Diesen besonderen ‚Expertinnenstatus' nimmt Bell in ihrem Reisebericht jedoch kaum in Anspruch und kurioser Weise finden sich in Doughtys *Arabia Deserta* mehr Details über das Haushaltswesen und das Familienleben der Araber als in *The Desert and the Sown*. Das mag mitunter daran liegen, dass sich Bell äußerst selten in den abgetrennten Bereichen von Häusern und Zelten aufhielt, welche Frauen und Kindern vorbehalten waren.[55] Valide Einblicke in das Alltagsleben und Haushaltswesen ihrer Gastgeber*innen* konnte sie so kaum gewinnen.

Dementsprechend bleibt bei Bell die typische Inszenierung eines Haremsbesuchs, der allein Frauen vorbehalten war und folglich zum Standardrepertoire weiblicher Reiseberichte aus dem 18. und 19. Jahrhundert gehörte,[56] weitestgehend aus. Sofern sie Besuche in Frauengemächern überhaupt beschreibt, fallen diese Episoden äußerst sachlich und knapp aus. Auch folgt sie dabei den üblichen Beschreibungsmustern typischer ‚Haremsliteratur' nicht, bei der die Reiseautorin-

---

[53] „Many published travel accounts reflect the author's tendency to fulfil her set gender role by reviewing the position of women, children and household affairs abroad." (Nittel 2001: 28)

[54] Diese ‚Arbeitsteilung' wurde seit Mitte des 19. Jahrhunderts als gesellschaftsfähig und akzeptabel propagiert. Ganz dementsprechend schreibt Elizabeth Eastlake Rigby in einem Artikel über „Lady Travellers" im *Quarterly Review*: „There are peculiar powers inherent in ladies' eyes […]. Every country with any pretensions to civilisation has a twofold aspect, addressed to two different modes of perception, and seldom visible simultaneously to both. Every country has a home life as well as a public life […]. Every country therefore, to be fairly understood, requires reporters from both sexes." (1854: 98f.)

[55] „It never would have occurred to her to enter the women's side of the tent; to her the harem was a curiosity, a place to observe and photograph." (Wallach 2005: 74)

[56] Billie Melman definiert Haremsliteratur folgendermaßen: „The eighteenth and nineteenth centuries saw the rise and evolution of two distinctly female artefacts which I call ‚harem literature' and the feminine ‘travelogue proper'. By harem literature I mean writing concerned, mainly or wholly, with the material conditions of life and everyday domestic experience of Muslim women […] [which] focuses on the private life rather than on the public, civic, or political one." (1992: 16)

nen oft eine gewisse Identifikation mit den Orientalinnen zum Ausdruck brachten, deren Gefangenschaft beklagten oder im Umkehrschluss sogar eine gewisse Machtposition der Frauen 'hinter den Kulissen' konstruierten. In dieser Hinsicht unterschied sich der weibliche Harems-Diskurs nämlich von den Konventionen des männlichen Harems-Diskurses, der die Seraglios gern als „*hothouses* europäischer Männerphantasien" (Bode 1997: 21) darstellte[57] – ein Umstand, der nicht zuletzt auf die eigene marginalisierte und unterdrückte gesellschaftliche Position der schreibenden Frauen zurückzuführen war. Begonnen mit Lady Mary Wortley Montagus *Turkish Embassy Letters* (1763), der ersten Haremsbeschreibung aus der Feder einer Frau, die auf dem tatsächlichen Besuch eines solchen und nicht, wie die männlichen Schilderungen, auf Hörensagen beruhte, wurde der Harem in der Frauenreiseliteratur von einer erotischen Projektionsfläche zum Gegenstand nüchterner Betrachtung: Die Haremsdamen wurden von ihrem (Sex)Objektcharakter befreit und in ihrem Alltag als Ehefrauen und Mütter beschrieben. Dabei blieb die Gegenüberstellung von der hinter Mauern und Schleiern gefangenen Orientalin mit der freieren – jedoch in gesellschaftlichen Zwängen gefangenen – Europäerin nicht aus.[58] Dieser vergleichende Blick samt Thematisierung der gesellschaftlichen Position der Frau im eigenen Kulturkreis wurde schnell zum Standard weiblicher Orient-Reiseliteratur. (vgl. Lewis 2004: 13)

In *The Desert and the Sown* hingegen findet sich eine solche Identifikation mit den fremden Frauen nicht. Dort treten die Orientalinnen, sofern sie überhaupt erwähnt werden, zumeist als stumme, namenlose Gestalten in Erscheinung – ein bemerkenswerter Umstand in einem Reisebericht, der das erklärte Ziel hat, gerade den 'unwichtigen' Individuen der Fremdbevölkerung eine Stimme zu geben. Da Frauen keine wichtige Rolle im gesellschaftlichen und politischen Leben Syriens spielen, scheinen sie als isolierte Randfiguren des Geschehens für Bell von geringem Interesse zu sein:

> Since Oriental women were generally secluded and little involved in politics or travel, it is not unusual that Bell saw little of them. And yet when she meets them it almost seems as if she is trying to escape from her own sense of womanhood. In a narrative composed of a series of individual voices, the women are not heard or barely audible. (Pandit 1990: 183)

---

[57] Unter anderem beschrieben in Kohl 1989 und Said 2003, wonach die orientalische Frau für den gesamten Orient steht, der begehrt und unterworfen werden soll. Kabbani 1968 beschreibt in ihrem ersten Kapitel „Lewd Saracens" neben der typischen Projektion von sexuellem Begehren in Verbindung mit Gewaltphantasien, die literarischen Diskurskonventionen, die sich daraus für die orientalistischen Texte der englischen Romantik ergaben.

[58] Wobei zumindest Lady Montagu entschieden die Meinung vertrat, dass der Schleier den Haremsdamen Freiheiten einräumte, die weitaus größer waren als die der Engländerinnen. Hierbei kommt – quasi durch's Hintertürchen – abermals eine erotische Komponente mit ins Spiel, da Montagu hiermit vor allem auf die Freiheit anspielt, sich unerkannt in der Öffentlichkeit bewegen und somit leichter Ehebruch begehen zu können. (vgl. Bode 1997: 21ff.)

Idealtypisch zeigt sich dieser ‚tote Winkel‘ des Beschreibens bei ihrem Besuch eines Harems in Homs. Nachdem die Begegnung mit den Haremsdamen sowie deren Lebensbedingungen in einem Satz kurz und bündig abgehandelt werden, mündet Bells Schilderung zielstrebig in einer ausgedehnten, detaillierten Beschreibung der Architektur der Frauengemächer:

> Hassan Beg Na'i […] left me with his womenkind, who were as friendly as he was surly. They were, indeed, delighted to have a visitor, for Hassan Beg is a strict master, and neither his wife nor his mother nor any woman that is his is allowed to put her nose out of doors, not even to take a walk through the graveyard or to drive down to the meadow by the Orontes on a fine summer afternoon. The harem had been a very beautiful Arab house on the model of the houses of Damascus. There were plaster cupolas over the rooms and over the liwan (the audience hall at the bottom of the court), but the plaster was chipping away and the floors and stair-cases crumbled beneath the feet of those that trod them. A marble column with an acanthus capital was built into one wall, and on the floor of the liwan stood a big marble capital, simple in style but good of its kind. It had been converted into a water basin, and may have done duty as a font before the Arabs took Emesa and after the earlier buildings of the Roman town had begun to fall into decay and their materials to be put to other uses. I passed as I went home a fine square minaret, built of alternate bands of black and white. (DS 185f.)

Von eingehender, individualisierender Beschreibung, Identifikation mit diesen Frauen oder gar vergleichender Bezugnahme zur eigenen gesellschaftlichen Position kann hier kaum die Rede sein.[59] Die für eine Haremsbeschreibung typischen Themen – Kleidung, Kosmetik und Einrichtung sowie die persönlichen Ansichten und Talente der Haremsdamen (vgl. Hodgson 2006: 111) – bleiben aus. Vielmehr begibt sich Bell so schnell wie möglich auf das vertraute Terrain architektonischer Beschreibung, anstatt sich mit den Menschen dieser Szenerie – die wie sie ebenfalls Frauen in einer patriarchalischen Gesellschaft sind – zu befassen. Auch versieht sie diesen Haremsbesuch mit keinen abschließenden Bemerkungen über ‚das Schicksal der Frau im Orient‘, sondern lässt diese Episode mit ihrem Heimweg ausklingen, bei dem abermals archäologische Themen im Vordergrund stehen. Hier schreibt primär ein Forscher und nur in zweiter Instanz eine Frau.

Sofern Bell Orientalinnen, deren Bekanntschaft sie macht, überhaupt näher beschreibt, konfrontiert sie den Leser mit Schilderungen, die dem Stereotyp der sanftmütigen, schönen und prunkvoll gewandeten Haremsdame, die sich den ganzen Tag der Körperpflege sowie der Vervollkommnung ihrer Fertigkeiten widmet, kaum entsprechen:

---

[59] Dieser Mangel an Interesse und Empathie ist bei allein reisenden Frauen des 19. Jahrhunderts häufiger zu finden: „Independent solo women travellers, however, assumed masculine power, authority and freedom and, therefore, saw the foreign worlds through white masculine eyes. It is marked how rarely they mention women of foreign societies, and how little attention they pay to female culture and family life. […] Women travellers displayed remarkable little understanding or sympathy for indigenous forms of female organization." (Birkett 2004: 167)

Sheikh Hassan then took me to see his wife – his fifth wife, for he had divorced one of the legal four to marry her. He has the discretion to keep a separate establishment for each, and I do not question that he is repaid by the resulting peace of his hearths. There were three women in the inner room, the wife and another who was apparently not of the household, for she hid her face under the bed-clothes when Sheikh Hassan came in, and a Christian, useful in looking after the male guests (there were others besides Jerudi and Selm) and in doing commissions in the bazaars, where she can go more freely than her sister Moslems. The harem was *shockingly untidy*. Except when the women folk expect your visit and have prepared for it, *nothing is more forlornly unkempt than their appearance.* […] Sheikh Hassan's wife was a young and pretty woman, though her hair dropped in wisps about her face and neck, and a *dirty dressing-gown* clothed *a figure which had, alas! already fallen into ruin.* (DS 157; Herv. KP)

Diese Beschreibung der Haremsbewohnerinnen, die bezeichnenderweise allesamt namenlos bleiben und lediglich als Hassans Ehefrauen vorgestellt werden, bricht gezielt mit dem Klischee der sagenhaften Schönheit und Sinnlichkeit der Orientalinnen aus *Tausendundeiner Nacht*. Bell zeigt sie stattdessen als faule, ungepflegte und streitsüchtige Frauen, deren Schönheit aufgrund ihrer hedonistischen Lebensweise frühzeitig verblüht ist. Damit entspricht sie wiederum ganz den Darstellungskonventionen weiblicher Haremsliteratur, deren Autorinnen oft dazu neigten, die Untätigkeit und Faulheit zu verurteilen und festzustellen, dass die Schönheit der Orientalinnen „aufgrund von Müßiggang und übermäßigem Gebrauch kosmetischer Hilfsmittel vorzeitig ermüde" (Hodgson 2006: 120).[60] Inderpal Grewal spricht in *Home and Harem* (1996) diesbezüglich von der für den weiblichen Harems-Diskurs typischen „elimination of the erotic and mysterious and the emphasis on the prosaic and unadmirable nature of the women behind the purdah and their lives" (81), ein pejorativer Beschreibungsmodus, der nicht zuletzt auf der eigenen Vergleichbarkeit und einem gewissen Gefühl von Konkurrenz beruht.

Doch an einer solchen Entzauberung – oder gar einem Eliminieren allzu schöner weiblicher ‚Konkurrenz' – schien Bell kaum gelegen zu sein, denn in *The Desert and the Sown* finden sich durchaus Passagen, in denen anmutige Orientalinnen in Erscheinung treten. Dies zeigt sich etwa in der Beschreibung der Ehefrau ihres Führers Yūsef, der – obgleich er kein Muslim ist – seine Frau streng vor allen männlichen Blicken verborgen hält. Dementsprechend bekommt auch Bell sie erst nach dem Abendessen, nachdem alle Männer gegangen sind, zu Gesicht:

Then and not till then did I see my hostess. She was a woman of exceptional beauty, tall and pale, her face a full oval, her great eyes like stars. She wore Arab dress, a narrow dark blue robe that caught round her bare ankles as she walked, a dark blue cotton veil bound about her forehead with a red handkerchief and falling down her back almost to the ground. Her chin and neck were tattooed in delicate patterns with indigo, after the manner of the Bedouin women. She brought me water, which she poured over my

---

[60] Diese ‚Ermüdung der Schönheit' scheint zudem mit einer gewissen Gewichtszunahme einherzugehen, wie Bell in ihrer Beschreibung der Ehefrau des Kāimakām von Kalʾat El Ḥuṣn anmerkt: „The Kāimakām's wife was a young woman with apple cheeks, who would have been pretty if she had not been inordinately fat." (DS 202)

hands, moved about the room silently, a dark and stately figure, and having finished her ministrations she disappeared as silently as she had come, and I saw her no more. "She came in and saluted me," said the poet, he who lay in durance at Mecca, "then she rose and took her leave, and when she departed my soul went out after her." No one sees Yūsef's wife. Christian though he be, he keeps her more strictly cloistered than any Moslem woman; and perhaps after all he is right. (DS 21)

Allen schmeichelhaften Attributen dieses Kurzportraits zum Trotz, stellt dies eine äußerst merkwürdige Beschreibung einer Frau aus der Feder einer Frau dar. Hier wird abermals Bells Springen zwischen den Diskursen deutlich, denn sie folgt nun eindeutig männlichen Darstellungskonventionen: Vor allem der Blickwinkel scheint ein irritierend männlicher zu sein, der die erlesene Schönheit der Frau zu schätzen weiß und dieser Szene – durch das vergleichende Zitieren eines Liebesgedichts – ein mysteriöses, romantisches Moment verleiht. Aufgrund der besonderen Attraktivität dieser Frau erscheinen ihre strikte Abschirmung und Isolation, die in ‚weiblichen‘ Haremsbeschreibungen als Gefangenschaft verurteilt würde, plötzlich nachvollziehbar – eine seltsames Fazit für eine freiheitsliebende, unabhängige Frau wie Bell. Hier kann sie sich offensichtlich eher in den eifersüchtigen Besitzerstolz Yūsefs denn in die Position der Frau hineinfühlen.

Auch in folgender Textstelle übernimmt Bell ganz selbstverständlich die gängige Bewertungslogik eines orientalischen Mannes. In der Beschreibung des Harems von Muhammad Ali, einem wohlhabenden Bewohner der Stadt Salkīn, wundert sich Bell über die Wertschätzung, die dieser seiner Frau entgegenbringt, obwohl sie ihre erste Ehepflicht, nämlich, einen Sohn zu gebären, nicht erfüllt hat. Stattdessen hat sie nur eine ‚nutzlose‘ Tochter hervorgebracht, welche – zum weiteren Erstaunen der Autorin – auch noch mit ausgesprochen großer Vaterliebe bedacht wird:

I [...] was astonished while I sat in Muhammad 'Ali's harem to observe the deference with which he treated his wife, wondering why the sharp-featured, bright-eyed little lady who had borne him no sons should be addressed by her husband with such respect, for I did not then know that she was sister to Reshīd Agha Kakhya Zādeh. Muhammad 'Ali's only child, a girl of six years old, what though she were of so useless a sex, was evidently the apple of her father's eye. (DS 311f.)

Muhammad Ali hat hier, so scheint es, einen weniger strengen Blick auf Frauen und deren Daseinsberechtigung als die Erzählerin, die hier ganz offensichtlich – und nicht etwa kritisch oder ironisch – den Standpunkt eines Orientalen einnimmt. Ihr Erstaunen über diesen milden Ehemann und Vater legt sich bezeichnender Weise erst, als sie erfährt, dass der Respekt gegenüber seiner ‚verfehlten‘ Ehefrau ihrer blaublütigen Herkunft geschuldet ist.[61]

---

61 In dieser Hinsicht kommt letztlich doch ein indirekt vergleichender Blick ins Spiel, denn das Transzendieren der eigenen Geschlechterrolle aufgrund von Herkunft und gesellschaftlicher Stellung – das kennt Bell aus ihrer eigenen Biographie.

Sofern Bell in ihren Beschreibungen der Orientalinnen überhaupt bereit ist, sich mit irgendeiner Position zu identifizieren, so scheint dies eher der männliche Standpunkt zu sein – „denying a connection with the 'similar' [...] and instead identifying with the position of the 'dissimilar' (a female appropriating a male gaze)" (Jenkins 2004: 24). Das konventionelle Plädoyer für die im patriarchalischen Orient unterdrückten Frauen bleibt hier und in den übrigen Haremsdarstellungen des Reiseberichts weitestgehend aus.[62]

Lediglich in einer einzigen Episode in *The Desert and the Sown* sieht Gabriele Habinger das „Klischee von der Orientalin als Gefangene" (2007: 274) realisiert, in welcher Bell schildert, wie ihr zwei an der Schwelle ihres ‚Gefängnisses' stehende Haremsdamen aus Kala'at es Seijar neidvoll hinterherblicken, als sie selbst in die Weiten der Wüste hinausreitet:

> Two of the younger women walked down with me through the ruins of the castle, but when we reached the great outer gate they stopped and looked at me standing on the threshold. "Allah!" said one, "you go forth to travel through the whole world, and we have never been to Hamah!" I saw them in the gateway when I turned again to wave them a farewell. Tall and straight they were, and full of supple grace, clothed in narrow blue robes, their brows bound with gold, their eyes following the road they might not tread. For whatever may happen to the sheikhs, nothing is more certain than that women as lovely as those two will remain imprisoned by their lords in Kala'at es Seijar. (DS 237f.)

Aus dieser symbolischen Szene, in der die zu lebenslanger Gefangenschaft verdammten Frauen zusehen, wie Bell davonreitet, lässt sich zwar eine Thematisierung der Freiheits-Beschneidung der Orientalinnen herauslesen. Diese steht hier jedoch nicht im Mittelpunkt. Vielmehr scheint diese spezielle Szene Bells „Selbstrepräsentation als einer von der Raumbindung emanzipierten Europäerin, die sich im Spiegel der im goldenen Weiblichkeitskäfig gefangenen Orientalin betrachtet," (Pelz 1993: 198) zu dienen.[63] Der Begriff des Spiegels ist in diesem Zusammenhang jedoch nicht ganz passend, da Bell sich ja gerade nicht als spiegelbildliches Pendant zu diesen Frauen begreift, sondern eher als ganz eigene Spezies. Sie identifiziert sich eben nicht explizit mit ihnen, sondern macht implizit klar, dass sie selbst als Grenzgängerin in einer hybriden Gender-Rolle reist, die weder dem einen noch dem anderen Geschlecht eindeutig entspricht.

---

[62] In *Safar Nameh* hatte die junge Bell hingegen durchaus die „capitivity" (SN 43) der Perserinnen beklagt und umso mehr die eigene (Bewegungs)Freiheit genossen: „Their prisoned existence seemed to us a poor mockery of life as we cantered homewards up the damp valley, the mountain air sending a cheerful warmth through our veins." (SN 51) Zitate aus *Safar Nameh: Persian Pictures* werden im Folgenden mit dem Sigle ‚SN' abgekürzt. Zitiert wird aus der Ausgabe der Anthem Press von 2005.

[63] „As part of the 'civilized' culture [...] Englishwomen were seen as free and therefore different from Asian women. The contrast between the English female traveler and the 'Eastern' inhabitant of the harem emphasized the mobile-immobile, free-unfree opposition that was part of the structure of colonial relations." (Grewal 1996: 66)

Somit kann sie die Lebensbedingungen dieser Frauen auch völlig teilnahmslos und sachlich schildern, was für gewöhnlich bei diesen ‚Insider-Berichten' von Frauen auf Haremsbesuch nicht ohne weiteres möglich war:

> Any female signature on an account of the harem invested it with the authority of eyewitness privilege [...]. But this far too situated knowledge did not give women unimpeded access to the nominally transparent position of detached ethnographic knowledge and authority. The very codes of authenticity which guaranteed women's reports on the harem and the world behind the veil also located them as gendered *participants* in the sexualised space of the segregated harem. For Western women travellers and writers, this emphatic presence effectively disallowed a scientific mode of detached objectivity and risked contaminating them by too great a proximity to their object of study. (Lewis 2004: 184)

Um eben nicht in diese Falle einer solchen *gendered participation* zu rutschen, erwähnt sie, obwohl sonst nicht sparsam mit Meinungen und Kommentaren, den Harem betont beiläufig und sachlich. Eine ausführliche Beschreibung, bei der Bell nicht umhin käme, entweder einen dezidiert männlichen oder weiblichen Standpunkt einzunehmen, bleibt aus.

Viel eingehender widmet sie sich da Fragen der Politik. Die Männer, mit denen sie diese diskutieren kann, beschreibt sie entsprechend auf sehr ausführliche, personalisierte Weise, wobei sie sich in den gemeinsamen Gesprächen weniger für deren Hauswesen und Familienstand interessiert, denn für ihre politische Meinung sowie für Neuigkeiten in Sachen Stammesfehden und Raubzüge:

> From Mabūk we heard the first gossip of the desert. His talk was for ever of Ibn er Rashīd, the young chief of the Shammār, whose powerful uncle Muhammad left him so uneasy a legacy of dominion in central Arabia. For two years I had heard no news of Nejd– what of Ibn Sā'oud, the ruler of Riād and Ibn er Rashīd's rival? How went the war between them? Mabūk had heard many rumours; men did say that Ibn er Rashīd was in great straits, perhaps the Redīfs were bound for Nejd and not for Yemen, who knew? and had we heard that a sheikh of the Sukhūr had been murdered by the 'Ajārmeh, and as soon as the tribe came back from the eastern pasturages... So the tale ran on through the familiar stages of blood feud and camel lifting, the gossip of the desert – I could have wept for joy at listening to it again. (DS 14f.)

Bei solchen Angelegenheiten – „the familiar stages of blood feud and camel lifting" (ibid.) – ist Bell in ihrem Element. Sie widmet sich auch sonst in ihrem Reisebericht vorrangig Fragen der (Stammes-)Politik, Wirtschaft und Archäologie,[64] die mit Öffentlichkeit statt Häuslichkeit assoziiert waren. (vgl. Habinger 2006: 195)

In *The Desert and the Sown* lässt sich in Sachen Schwerpunktsetzung somit eine markante Leerstelle hinsichtlich ‚weiblicher' Themen feststellen, was mitunter einer spezifischen Rezeptionsabsicht geschuldet sein mag. Denn Themenwahl

---

[64] Ganz in diesem Sinne bestanden auch ihre Reisetagebücher hauptsächlich aus einem Sammelsurium archäologischer Messungen und Detailbeschreibungen, Notizen zu den Bündnissen und Fehden verschiedener Stämme sowie verschiedenste Informationen bezüglich Wirtschaft und Politik in Syrien. (vgl. Howell 2007: 128)

und deren Gewichtung beeinflussen – gerade bei Reiseliteratur – maßgeblich die Konstruktion der Identität des/r Schreibenden und bestimmen letztlich auch den Status des Textes selbst. Würde Bell beständig einen weiblichen, sprich emotionalen und einfühlsamen Blick auf das Fremde und die Fremdbevölkerung signalisieren, so hätte dies zur Folge, dass ihr Reisebericht ‚nur‘ als Werk einer Frau rezipiert würde – als minderwertiges, laienhaftes Reise*tagebuch*, das für ein gebildetes Publikum kaum von Interesse wäre.[65] Andererseits darf sie sich auch nicht zu offensichtlich die Rolle eines Forschungsreisenden anmaßen, will sie nicht ihre ‚öffentliche Weiblichkeit‘ gefährden.[66] Bell begegnet diesem Dilemma, indem sie sich konsequent zwischen diesen beiden Polen positioniert. Im Zuge dessen arbeitet sie ganz selbstverständlich mit Versatzstücken disparater diskursiver Systeme und vermischt diese miteinander.

Die daraus resultierende grundsätzliche Heterogenität des Diskurses von *The Desert and the Sown* kennzeichnet dabei auch Ton und Haltung der Erzählstimme, die sich wiederum als Hybrid aus ‚männlicher‘ und ‚weiblicher‘ Erzählkunst erweist: Literatur von Frauen war im 19. Jahrhundert traditionell nicht nur mit bestimmten Themen belegt, sondern wurde auch mit einem subjektiven und gefühlsbetonten Schreibstil assoziiert, der auf feinsinnige und schwärmerische Schilderungen romantischer Inhalte und Szenerien abzielte. (vgl. Foster 1990: 18) Für eine Reiseautorin war dies jedoch kaum die geeignete Rhetorik, um valide wissenschaftliche Aussagen zu treffen und am professionellen Diskurs über die bereiste Region teilzunehmen. Folglich eigneten sich Frauen wie Bell, die letztlich eine gewisse Objektivität und Autorität für ihren Text beanspruchen wollten, eine sachlich-wissenschaftliche Schreibweise an: „[T]hey soon learned to remove the 'I' from their work and thereby claim an objectivity which consolidated their position within the scientific profession." (Birkett 2004: 176) Dieser bewusst Objektivität und Wissenschaftlichkeit suggerierende Schreibstil nahm entsprechend in den fortschreitenden Publikationen mancher Reiseautorinnen mehr und mehr zu.[67] Dies ist auch bei Bell der Fall. Betrachtet man die inhaltlichen und stilistischen Entwicklungen von *Safar Nameh: Persian Pictures* (1894) über *The Desert and the Sown* (1907) bis zu *Amurath to Amurath* (1911), so lässt sich eine eindeutige Steigerung im Anteil wissenschaftlicher Daten sowie eine gewisse „de-feminisation of the

---

[65] „Women's texts were deemed partial, low in 'geographical knowledge' and high in emotion. [...] [N]ot only women's writing but also its subject matter was considered to be of low quality, and lacking in any real interest for an informed and educated audience." (Anderson 2006: 22)

[66] Eine Reiseautorin, „who employed a masculine voice (and the very act of writing 'factual' material symbolised entry into male discourse) ran the risk of being regarded as unwomanly and presumptuous. On the other hand, to speak consciously as a woman was possibly to devalue her own creation and indicating its inferiority" (Strobel 1991: 19).

[67] „[T]heir later travel books lacked the 'careless rapture' of their first ventures into print, as they sought to include more scientific data not necessarily based upon their first-hand experience." (Birkett 2004: 176)

traveller/narrator" (Melman 1992: 259) feststellen: Das Dramatisieren von Eindrücken und Gefühlen weicht mehr und mehr dem sachlichen Zusammentragen
und Arrangieren akkurater Fakten. Dabei nimmt *The Desert and the Sown* ganz deutlich eine Schwellenposition ein, denn dort finden sich sowohl schwärmerische,
poetische Momente wie in *Safar Nameh*[68] als auch Passagen objektiven, wissenschaftlichen Schreibens samt der entsprechenden Selbstinszenierung als *travelling
professional*.

Das zeigt sich vor allem in den ausführlichen archäologischen bzw. architektonischen Beschreibungen[69] sowie in Passagen, in denen das ‚Ich' zugunsten eines depersonalisierten Erzählmodus gemieden wird. Ähnlich wie bei Doughty
dient dies einer gewissen Distanzierung, jedoch nicht vom Erlebten an sich, sondern vielmehr von der eigenen Reaktion darauf. Diese entsubjektivierte Schreibweise findet sich nämlich häufig dann, wenn Bell ihre eigenen ‚unprofessionel-

---

[68] „In her book on Persia, Bell had depicted a geography suffused with romance and charm,
creating for her readers a half-fictitious universe." (O'Brien 2001: x) Hier folgt sie in mancher Hinsicht noch recht eindeutig bestimmten Konventionen weiblichen Reisens und
Schreibens, das demonstrativ keine professionellen Intentionen verfolgt. Dies zeigt sich
bereits im Titel, dessen Untertitel *Persian Pictures* nachdrücklich setzt, dass es
sich hier lediglich um stimmungsvolle *Bilder* handelt – eine für die damalige Reiseliteratur
von Frauen typische Selbstbescheidungsgeste: „[W]omen who were insecure in their role
as travellers and travel narrators presented themselves to the reading-public not as scribes
but as 'sketchers', or 'drawers' and, in the last decades of the century, 'photographers'. The
'sketch', or 'impression', whether pictorial, or in words, is an incomplete artefact, the work
of an amateur." (Melman 1992: 215)

[69] Als Beispiel für diese zahlreichen, sachlichen und für den uninteressierten Leser eher müh-
samen Detailbeschreibungen möge diese Schilderung der Ruinen in der Nähe von Tneib
genügen: „Our objective was a group of buildings at the western end, Khureibet es Suk.
First we came to a small edifice (41 feet by 39 feet 8 inches, the greatest length being from
east to west) half buried in the ground. Two sarcophagi outside pointed to its having been
a mausoleum. The western wall was pierced by an arched doorway, the arch being decorated with a flat moulding. Above the level of the arch the walls narrowed by the extent of
a small set-back, and two courses higher a moulded cornice ran round the building. A
couple of hundred yards west of the Kasr or castle (the Arabs christen most ruins either
castle or convent) there is a ruined temple. It had evidently been turned at some period to
other uses than those for which it was intended, for there were ruined walls round the two
rows of seven columns and inexplicable cross walls towards the western end of the colon-
nades. There appeared to have been a double court beyond, and still further west lay a
complex of ruined foundations. The gateway was to the east, the jambs of it decorated
with delicate carving, a fillet, a palmetto, another plain fillet, a torus worked with a vine
scroll, a bead and reel, an egg and dart and a second palmetto on the cyma. The whole re-
sembled very closely the work at Palmyra – it could scarcely rival the stone lace-work of
Mshitta, and besides it had a soberer feeling, more closely akin to classical models, than is
to be found there. To the north of the temple en top of a bit of rising ground, there was
another ruin which proved to be a second mausoleum. It was an oblong rectangle of ma-
sonry, built of large stones carefully laid without mortar. At the south-east comer a stair
led into a kind of ante-chamber, level with the surface of the ground at the east side owing
to the slope of the hill. There were column bases on the outer side of this ante-chamber,
the vestiges probably of a small colonnade which had adorned the cast facade. Six sarcophagi were placed lengthways, two along each of the remaining walls, north." (DS 28f.)

len' Gefühlsregungen anspricht, wie beim Abschied von den Drusen: „It is never without a pang that *the traveller* leaves the Druze country behind, and never without registering a vow to return to it as soon as may be." (DS 132; Herv. KP) Hier ist es eindeutig Bell mit ihrer großen Zuneigung zu den Drusen, die dies fühlt und nicht ‚der Reisende an sich', der hier an ihrer statt geradezu vorgeschoben wird.[70] Bell setzt dieses Erzählen in der dritten Person auch dazu ein, um anderen Reisenden professionellen, betont objektiven Rat zu erteilen: „One of the objects that the traveller should ever set before himself is to avoid being drawn into the meshes of the Armenian question." (DS 328)[71] In solchen Momenten präsentiert sich Bell ganz als Expertin in Sachen Orient-Reise, die die Region und Mentalität der fremden Kultur aus Erfahrung kennt und daher im Hinblick auf generelle Verhaltensregeln wertvollen Rat weiß. Dies spiegelt auch ihr professionelles Selbstverständnis als Reisende wider, die im Zeichen von „real business-like travel" (DS 271) unterwegs ist, mit ihrem „well-trained and well-organised camp, where the work goes as regularly as Big Ben, and the men have cheerful faces and willing hands" (ibid.).

Dennoch wäre es falsch, zu behaupten, es gäbe sie nicht, jene schwärmerischen Passagen im Zeichen von „careless rapture" (Hogarth 1926: 366), wie sie vor allem *Safar Nameh* attestiert wurden. Momente der Verzückung und Ergriffenheit, die im Text auch bewusst als solche gestaltet werden, finden sich auch in Bells Syrienbuch:

> To wake in that desert dawn was like waking in the heart of an opal. The mists lifting their heads out of the hollows, the dews floating in ghostly wreaths from the black tents, were shot through first with the faint glories of the eastern sky and then with the strong yellow rays of the risen sun. [...] The Little Heart, the highest peak of the Jebel Druze, surveyed us cheerfully the while, glittering in its snow mantle far away to the north. (DS 64)

Bei der Komposition solcher geradezu impressionistischer Landschaftsbilder, bei denen Stimmung, Licht und Farbe eindrücklich in Szene gesetzt werden, zeigt sich Bells literarisches Talent. Besonders auffällig ist bei diesen malerischen Naturbeschreibungen die Belebung der fremden Landschaft durch den verstärkten Einsatz von Personifikationen, wodurch diese „most graphic landscapes" (D.W.F. 1907: 445) gleichsam animiert werden.[72] Hier findet sie sich nun doch,

---

[70] Auch andere Gefühlsregungen, beispielsweise Ungeduld und Neugier, werden auf diese Weise dissoziiert: „[Damascus] is always further away than any known place. Perhaps it is because the traveller is so eager to reach it, the great and splendid Arab city set in a girdle of fruit trees and filled with the murmur of running water. But if he have only patience there is no road that will not end at last; and we, too, at the last came to the edge of the apricot gardens [...]." (DS 133)

[71] Siehe auch DS xxii, 12, 118, 171.

[72] Besonders der Wind, die Städte sowie der Orient als Ganzes erfahren bei Bell oft eine Personifizierung bzw. Anthropomorphisierung; zudem kommt der Topos, dass die Steine und Ruinen dem Reisenden von der Vergangenheit ‚erzählen' häufig zum Einsatz: „As I copied the phrases they seemed like the murmur of faint voices from out the limbo of the

jene romantische Verklärung samt „delicacy and emotionalism of expression" (Foster 1990: 18), die als so typisch weiblich galt. Dennoch wird dieser Eindruck femininer Empfindsamkeit der Reisenden nur eine Seite später wieder relativiert, wenn Bell beklagt, dass sie den großen Raubzug verpasst hat, der nur einen Tag vorher in dieser scheinbar unberührten Natur stattgefunden hatte:

> The day before, the very day before, while we had been journeying peacefully from Tneib, four hundred horsemen of the Sukhūr and the Howeitāt, leagued in evil, had swept these plains, surprised an outlying group of the Beni Hassan and carried off the tents, together with two thousand head of cattle. It was almost a pity, I thought, that we had come a day too late, but Gablān looked graver still at the suggestion, and said that he would have been forced to join in the fray, yes, he would even have left me, though I had been committed to his charge, for the Da'ja were bound to help the Beni Hassan against the Sukhūr. And perhaps yesterday's work would be enough to break the new-born truce between that powerful tribe and the allies of the 'Anazeh and set the whole desert at war again. (DS 65)

Statt sich glücklich zu schätzen, dieser Gefahr – bei der sie ihr Führer aus Gründen der Stammesloyalität im Stich gelassen hätte – knapp entronnen zu sein, demonstriert Bell hier eine geradezu männliche Abenteuerlust gepaart mit politischem Expertenwissen bezüglich der Konsequenzen dieses Raubzugs auf das empfindliche Gleichgewicht im Bündnissystem der Wüstenstämme. Jegliche zuvor signalisierte Weiblichkeit wird so unterminiert.

Dieser hybride Modus zeigt sich auch in folgender Textpassage, in der sich Bell als entschlossene, wagemutige Forschungsreisende mit Sinn für das Pastorale inszeniert:

> On these hilltops it was difficult to say where stood Bākirha, the town I wished to visit, but near Bābiska we found a couple of shepherd tents, and from one of the inhabitants inquired the way. The shepherd was a phlegmatic man; he said there was no road to Bākirha, and that the afternoon had grown too late for such an enterprise, moreover he himself was starting off in another direction with a basket of eggs and could not help us. *I, however, had not ridden so many miles in order to be defeated at the last*, and with some *bullying* and a good deal of persuasion we induced the shepherd to show us the way to the foot of the hill on which Bākirha stands. High up on the mountain side we saw the ruins bathed in the afternoon sun, and having looked in vain for a path *we pushed* our horses straight in among the

---

forgotten past, and Orpheus with his lute could not have charmed the rocks to speak more clearly of the generations of the dead. All the Safa is full of these whisperings; shadows that are nothing but a name quiver in the quivering air above the stones, and call upon their God in divers tongues." (DS 123) Diesen Stil belebender Beschreibung, der den Zauber einer exotischen, zeitlich entrückten Fremde hervorruft, hatte Bell bereits in *Safar Nameh* gezeigt; so etwa bei der Beschreibung Konstantinopels: „Flocks of gray birds flit aimlessly across the water – the restless souls of women, says Turkish legend – the waves lap round the tower of Leander, the light wind comes whispering down between the exquisite Bosphorus shores, bringing the breath of Russian steppes to shake the plane-leaves in Scutari streets. Constantinople the Magnificent gathers her rags round her, throws over her shoulders her imperial robe of sunshine, and sits in peaceful state with her kingdom of blue waters at her feet." (SN 226)

boulders and brakes of flowering *thorn*. But there is *a limit to the endurance even of Syrian horses*, and ours had almost reached it after a long day spent in clambering over stones. We had still to get into camp, Heaven alone knew how far away; *yet I could not abandon* the shining walls that were now so close to us upon the hill, and I told the reluctant Najib to wait below with the horses *while I climbed up alone. The day was closing in, and I climbed in haste;* [...]. The mountain was cleft this way and that by *precipitous gorges*, enclosing between their escarpments prospects of *sunlit fertile plain*, and at the head of the gorges on a *narrow shelf of ground* stood a small and exquisite temple. I sat down by the gate through which the worshippers had passed into the temple court. Below me lay the northern slopes of the Jebel Bārisha and *broad fair valleys* and the snow-clad ranks of the Giour Dāgh veiled in a *warm haze*. Temple and town and hillside were alike deserted save that far away upon a rocky spur *a shepherd boy piped a wild sweet melody* to his scattered flocks. The breath of the reed is the very voice of solitude; shrill and clear and passionless it rose to the temple gate, borne on *deep waves of mountain air that were perfumed with flowers and coloured with the rays of the low sun*. Men had come and gone, life had surged up the flanks of the hills and retreated again, leaving the old gods to resume their sway over rock and flowering thorn, in peace and loneliness and beauty. So at the gate of the sanctuary I offered praise, and having given thanks went on my way rejoicing. (DS 298 ff.; Herv. KP)

Diese Episode verdeutlicht sehr schön Bells dramaturgisches Talent, wenn es darum geht, Spannung aufzubauen und Stimmung zu erzeugen: Nur mit Mühe und rabiater Überredungskunst – einem wenig damenhaften *bullying* – macht sie ihr Ziel überhaupt ausfindig. Auf einer steilen Bergflanke funkelt Bākirha verheißungsvoll in der Abendsonne, doch gilt es zuvor, unwegsames Gelände zu überwinden, bevor die nahende Dämmerung hereinbricht. Dessen ungeachtet begibt sich die Reisende zielstrebig auf die mühsame Kletterpartie, der weder hart gesottene Einheimische geschweige denn deren Pferde gewachsen sind. Die Heldin tritt diese riskante Exkursion daher allein an, durch Dorngestrüpp und entlang ausgesetzter Felsschluchten, nur um dann, oben angekommen, an einem geradezu magischen Ort „in peace and loneliness and beauty" (ibid.) zu verweilen. Von hoch oben betrachtet sie die Landschaft, die sich unter ihr ausbreitet – eine idyllische Szenerie, die an einen *locus amoenus* erinnert: Unter ihr erstrecken sich im Abendrot fruchtbare Ebenen und liebliche Täler; ein Hirtenjunge spielt auf seiner Schalmei aus Schilfrohr, deren Klänge von der warmen, nach Blumen duftenden Bergbrise zu Bell hinaufgetragen werden, die dort ein stilles Dankgebet spricht. In dieser Textstelle werden zwei gegensätzliche Ideale zugleich anzitiert: das des unerschrockenen, virilen Forschungsreisenden und das der empfindsamen Dame. Dieses Nebeneinander männlicher und weiblicher Textsignale in der Reiseliteratur von Frauen beschreibt auch Susan Bassnett:

Although many [women travel writers] strove to create an image of themselves that emphasised their physical stamina and emulated the endurance of male counterparts, there is a clear assertion of femininity, either through attention to details of clothing, accounts of domestic life, or the inclusion of romantic episodes. (Bassnett 2002: 239)

Demgemäß wurde auch hier direkt hinter die Schilderung des furchtlosen Erklimmens einer abschüssigen Felsterrasse eine romantische Episode geschaltet, als ob Bell angesichts der zuvor demonstrierten maskulinen Stärke nun wieder ihre feminine Seite in Erinnerung rufen möchte. Doch trotz solcher pointiert gefühlsbetonter Momente folgt die *persona*, die sie in ihrem Reisebericht entwirft, meist eher dem Standardmodell des Pioniers und Abenteuerhelden, der, ausgestattet mit Mut, Entschlossenheit sowie einer gewissen Waghalsigkeit, der Fremde die Stirn bietet; so auch in Salkhād, wo sie den Reiz des Unbekannten verspürt:

> [S]traight as an arrow from a bow the Roman road runs out from Salkhād into the desert in a line that no modern traveller has followed beyond the first two or three stages. The caravan track to Nejd begins here and passes by Kāf and Ethreh along the Wādi Sirhan to Jōf and Hāil, a perilous way, though the Blunts pursued it successfully and Euting after them. Euting's description of it, done with all the learning and the minute observation of the German, is the best we have. Due south of Salkhād there is an interesting ruined fort [...]. Dussaud visited it and has given an excellent account of his journey. No doubt there is more to be found still; the desert know many a story that has not yet been told, and at Salkhād it is difficult to keep your feet from turning south, so invitingly mysterious are those great planes. (DS 84)

Bell zeigt hier den Jagdinstinkt eines echten Forschungsreisenden. Es drängt sie, die weißen Flecken Nedschds zu ergründen und die wegen ihres Fanatismus berüchtigte Wüstenstadt Hāil zu besuchen, in die sich außer Doughty nur wenige Europäer vorgewagt hatten – eine veritable Trophäe in der Sammlung eines jeden Orient-Reisenden, die sie 1914 unter erheblichen Risiken auch erringen sollte.[73] Eine solche Zurschaustellung männlicher Abenteuerlust entspricht dem Ideal des männlichen, wagemutigen Reisehelden und dient nicht zuletzt der Abgrenzung vom Bild der ängstlichen, hilflosen Frauen auf Reisen. (vgl. Siebert 1998: 86) Bell verfolgt vielmehr eine virile Selbstinszenierung, wie sie auch Mary Kingsley von Sara Mills attestiert wird: „[T]he narrator presents herself reacting to situations according to stereotypes of masculine behaviour rather than feminine ones [and] aligns herself explicitly with this male adventuring tradition." (Mills 1991: 156)

Eine bemerkenswerte Szene, bei der solche ‚maskulinen' Regungen der Reisenden besonders deutlich zum Ausdruck kommen und ein Gefühl des Abenteuers beschworen wird, ereignet sich während Bells Aufenthalt bei den Drusen. Als Folge des Raubzugs in Salkhād, den sie so knapp ‚verpasst' hatte, bereiten die

---

[73] Solche Selbstinszenierungen in der Tradition männlicher Entdecker wurden insbesondere von der weiblichen Leserschaft gern angenommen. Frauen wie Bell wurden in den einschlägigen Frauenmagazinen dann gern anhand von „Begrifflichkeiten aus dem Sprachschatz kolonialer Entdeckungseuphorie und Eroberungsideologie" (Siebert 1994: 155) beschrieben. Dementsprechend beschreibt Helene Hanna Thon in einem Artikel der Zeitschrift *Die Frau* (1928/29) Gertrude Bell in folgender überschwänglicher Rhetorik: „Niemals scheint ein Araber der ‚Katthun', der Herrin, von der man in der ganzen Wüste weiß, die Gefolgschaft verweigert, niemals einer sie in irgendeine Gefahr gebracht zu haben. Sie zieht durch die Öde wie einer Herrscherin, der die Stämme auf ihrem Weg freiwillig dienen. Es ist schwer, zu den Quellen dieser beherrschenden Kraft der Europäerin über die wilden Wüstenstämme vorzudringen" (zit. nach Siebert 1994: 154).

Drusen einen groß angelegten Rachefeldzug gegen den Stamm der Beni Sakhr vor, für den in einem martialischen, nächtlichen Ritual zweitausend Männer zu den Waffen gerufen und eingeschworen werden. Bell, die in der Nähe campiert, wohnt diesem Kriegsauftakt bei – und zeigt dabei ein bemerkenswertes Verhalten:

[A] sound of savage singing broke upon the night, and from the topmost walls of the castle a great flame leapt up into the sky. It was a beacon kindled to tell the news of the coming raid to the many Druze villages scattered over the plain below, and the song was a call to arms. There was a Druze zaptieh [soldier] sitting by my camp fire; he jumped up and gazed first at me and then at the red blaze above us. I said: "Is there permission to my going up?"
He answered: "There is no refusal. Honour us."
We climbed together over the half frozen mud, and by the snowy northern side of the volcano, edged our way in the darkness round the castle walls where the lava ashes gave beneath our feet, and came out into the full moonlight upon the wildest scene that eyes could see. A crowd of Druzes, young men and boys, stood at the edge of the moat on a narrow shoulder of the hill. They were all armed with swords and knives and they were shouting phrase by phrase a terrible song. Each line of it was repeated twenty times or more until it seemed to the listener that it had been bitten, as an acid bites the brass, onto the intimate recesses of the mind.
"Upon them, upon them! oh Lord our God! that the foe may fall in swathes before our swords!
Upon them, upon them! that our spears may drink at their hearts!
Let the babe leave his mother's breast!
Let the young man arise and be gone!
Upon them, upon them! oh Lord our God! that our swords may drink at their hearts..."
So they sang, and it was as though the fury of their anger would never end, as though the castle walls would never cease from echoing their interminable rage and the night never again know silence, when suddenly the chant stopped and the singers drew apart and formed themselves into a circle, every man holding his neighbours by the hand. Into the circle stepped three young Druzes with bare swords, and strode round the ring of eager boys that enclosed them. Before each in turn they stopped and shook their swords and cried:
"Are you a good man? Are you a true man?"
And each one answered with a shout:
"Ha! ha!"
The moonlight fell on the dark faces and glittered on the quivering blades, the thrill of martial ardour passed from hand to clasped hand, and earth cried to heaven: War! red war!
And then one of the three saw me standing in the circle, and strode up and raised his sword above his head, as though nation saluted nation.
"Lady!" he said, "the English and the Druze are one."
I said: "Thank God! we, too, are a fighting race."
Indeed, at that moment there seemed no finer thing than to go out and kill your enemy. And when this swearing in of warriors was over, we ran down the hill under the moon, still holding hands, and I, seeing that some were only children not yet full grown, said to the companion whose hand chance had put in mine: "Do all these go out with you?"
He answered: "By God! not all. The ungrown boys must stay at home and pray to God that their day may soon come."

When they reached the entrance of the town, the Druzes leapt on to a flat house roof, and took up their devilish song. [...] I turned away into the shadow and ran down to my tents and became a European again, bent on peaceful pursuits and unacquainted with the naked primitive passions of mankind. (DS 88ff.)

In dieser Textstelle werden gleich mehrere Signale im Dienste von Bells *self-fashioning* gesetzt. Zum einen zeigt die Tatsache, dass Bell diesem kriegerischen ‚Männer-Ritual' beiwohnen darf, ja es mit ihrer Anwesenheit beehrt, das hohe Ansehen, das sie in der Fremde und insbesondere bei den Drusen als Repräsentantin Englands genießt. Man erhebt vor ihr das Schwert im Gruße „as though nation saluted nation" (ibid.). Die Drusen behandeln sie hier quasi als Abgesandte eines befreundeten Stammes. Bell antwortet mit angemessen martialischem Pathos: Gelobt sei Gott, auch wir Engländer sind ein Volk des Kampfes! Doch vor allem ihre Schilderung, wie sie sich von der aufgeheizten Stimmung der kampfeslustigen Männer mitreißen lässt und deren Blutdurst[74] sogar kurzfristig teilt, stellt ein gewagtes Verhalten für eine Frau dar, wie auch Habinger feststellt:

> [Bell] weist nicht nur auf die Tatsache hin, dass sie von den autochthonen Männern wie ein Mann behandelt wird, sondern sie schreckt auch nicht vor einer Beschreibung zurück, wie sie sich selbst in den Reihen der zum Krieg rüstenden Männer einordnet, wobei sie deren ‚männliche' Gefühle, die Lust, sich ins Kriegsgetümmel zu stürzen, teilt. (2006: 102)

Ihr ekstatisches Eintauchen in dieses ‚primitive' Massenereignis markiert indes nicht nur eine markante Geste viriler Selbstinszenierung, sondern auch ein temporäres Durchlässigwerden der Grenze zum Anderen sowie einen Bruch mit dem objektiven, wissenschaftliche Modus des Beschreibens, nachdem sie erst wieder zu sich kommen und wieder ‚zur Europäerin werden' muss.

Doch auch dieser Bruch wird sofort wieder durch ein Element des Reiseberichts relativiert, das bis jetzt in Rezeption und Forschung noch kaum Erwähnung gefunden hat, nämlich die zahlreichen Illustrationen, die den Text durchziehen und als photographischer Paratext eine weitere Bedeutungsebene aufspannen. Gerade in dieser Passage des Kriegsrituals der Drusen fällt nämlich die Nüchternheit der begleitenden Bilder auf: Anstatt junge Drusen in voller Kampfmontur zu zeigen, wählt Bell hier Landschaftsbilder (Vgl. Abb. 3) sowie eine Photographie, welche die Wüstenstadt Ḳreyeh (DS 93) hinter den Stadtmauern zeigt. Menschen sind auf diesen Bildern nur aus der Entfernung zu sehen – Landschaft und Gebäude stehen ganz im Fokus der Aufnahmen.

---

[74] Erst einige Seiten zuvor hatte Bell klargestellt, dass Raubzüge bei den Drusen – anders als bei den Arabern – nicht „a considerable amount of amusement [...] without much bloodshed" (DS 67), sondern Kampf bis auf den Tod bedeuten: „[T]he raiding Arab is seldom bent on killing [...]; the Druzes look at it otherwise. For them it is red war. They do not play the game as it should be played, they go out to slay, and they spare no one." (DS 67)

FROM SALKHAD CASTLE, LOOKING SOUTH-EAST

Abbildung 3: *From Salkhad Castle, Looking South-East* (DS 89)

Es scheint fast so, als ob diese betont sachlichen Photographien die emotionalen Ereignisse, von denen der Text berichtet, kompensieren sollen. In welchem Verhältnis Bild und Text in Bells Reisebericht zueinander stehen, wie sie sich gegenseitig bestätigen oder bei Bedarf auch widersprechen und so zur Heterogenität des Diskurses beitragen, soll im Folgenden näher betrachtet werden.

3.3 Das Verhältnis von Bild und Text

Photographie, die traditionell als „wahrhaftig, natur- und detailgetreu, exakt und objektiv" (Blazejewski 2002: 26) und besonders wirklichkeitsnah gilt, ist in der Reiseliteratur, bei der es stets auch um das Betonen von Wahrhaftigkeit und Authentizität geht, eine beliebte Ergänzung, die bildlich belegen und letztlich verifizieren soll, was der Text erzählt.[75] Bereits ab Mitte des 19. Jahrhunderts hatten Reiseautoren verstärkt von der Kamera Gebrauch gemacht, um exotische, fremde Länder auch mittels photographischer Aufnahmen zu dokumentieren. So reiste zum Beispiel Théophile Gautier 1840 mit seiner schweren, äußerst unhandlichen Kamera durch ganz Spanien, Gerard de Nerval photographierte 1843 als einer der ersten

---

[75] Zu den verschiedenen Funktionen von Photographie in Reiseberichten im Allgemeinen siehe Gabriele Dürbecks Artikel „Anschaulichkeit, Beglaubigung, klischierte Welt: Text-Bild-Verhältnisse in illustrierten Südseetexten der Bismarckzeit" (2004).

165

Orient-Reisenden den Nahen Osten und auch Gustave Flaubert ließ sich auf seiner Ägyptenreise 1850 von einem Photographen begleiten. Dieser verstärkte Einsatz von Bildern entsprach zudem den zeittypischen Popularisierungstechniken in Fach- und Sachliteratur, „die unter anderem die Reduktion von Informationsfülle und -dichte, die Vermeidung von Fachtermini sowie die Reduktion oder Eliminierung des wissenschaftlichen Apparates" (Dürbeck 2004: 84f.) zum Ziel hatten.

Dennoch ist Bells Reisebericht das erste Orient-Buch überhaupt, das so zahlreich mit Photographien bestückt ist, die von der Autorin selbst angefertigt und arrangiert worden sind. Ihr Syrienbuch ist dadurch um eine Bedeutungsebene reicher, die erstaunlicherweise in der Forschung bis *dato* noch keine Beachtung gefunden hat. Doch gerade die Würdigung und Analyse von *The Desert and the Sown* als Photo-Text-Collage und die Berücksichtigung des dialogischen Verhältnisses, in dem Text und Bild zueinander stehen, scheinen lohnenswert, zumal bei Bell, wie sich zeigte, gerade solche paratextuellen[76] Zwischenräume besonders mit Bedeutung aufgeladen sein können. Dies lässt eine entsprechende Funktionalisierung des photographischen Teildiskurses vermuten, die über das bloße visuelle Belegen und Stützen der referenziellen Dimension des Textes hinausgeht. Nicht zuletzt haben das „Hinzufügen oder Herauslassen von Abbildungen, ihre Auswahl und Reihenfolge, die Integration in den Textfluss oder die Zusammenstellung der Photographien in der Buchmitte" (Blazejewski 2002: 38) entscheidenden Einfluss auf die Gesamtbedeutung eines solchen ‚Phototextes' und sind stets „als wesentlicher Bestandteil der Autorintention zu betrachten" (ibid.).

In diesem Sinne sind auch Bells Photographien mehr als bloße Illustrationen. Sie stellen in ihrem Verhältnis zum Text eine intermediale Komponente gegenseitig kommentierenden, ergänzenden, einander affirmierenden oder möglicherweise negierenden Durchdringens dar. Dieses Text-Bild-Verhältnis in *The Desert and the Sown* soll nun näher betrachtet werden, wobei folgende Fragen im Mittelpunkt stehen: Inwiefern steigern oder ergänzen die Selektion, das Arrangement sowie die Zuordnung der Bilder zu diversen Passagen die Textsemantik in ihrer Komplexität?[77] Inwieweit entwickeln die Teildiskurse Text und Photogra-

---

[76] Genette klammert zwar in *Paratexte* den „riesigen Kontinent" (2001: 387) der Illustrationen aus seiner Betrachtung aus und behandelt die semantische Rolle photographischer Abbildungen in Büchern nur in wenigen Randbemerkungen. Dennoch erkennt er ihren „sehr starken Kommentarwert" und somit ihren „paratextuellen Stellenwert" (ibid.) für die Rezeption eines Werkes an. Für eine ausführliche Erörterung der paratextuellen Bedeutung bzw. semantischen Funktion von Photographien in autobiographischen Texten siehe Blazejewski 2002: 37.

[77] Eine detaillierte Beschreibung und Darlegung des Forschungsstandes zum Thema Text-Bild-Relation würde einen immensen interdisziplinären Aufwand bedeuten und den Rahmen dieser Arbeit sprengen. Es geht vorliegend nicht so sehr um eine Diskussion der Semiotik von Text und Bild im Allgemeinen oder von Text und Photographie im Besonderen, sondern mehr darum, wie die Bilder in Bells Reisebericht diskursiv funktionalisiert werden und sich so zum Text in Beziehung setzen. Für ausführliches Quellenmaterial zu

phie eine eigene – kompatible oder gegenläufige – Dynamik und sorgen so möglicherweise abermals für Heterogenität? Dies wäre etwa dann der Fall, wenn das eine Medium Darstellungs- und Diskurskonventionen folgt, mit denen zeitgleich im jeweils anderen Medium gebrochen wird, so dass die Text-Bild-Relation nicht länger einer Kongruenz, sondern einer Diskrepanz entspricht.

Im Hinblick auf das konventionelle Zusammenspiel von Text und Photographie ließe sich zunächst Bells Handhabung der Bildunterschriften untersuchen, mit der Illustrationen bei ihrer Integration in den Text üblicherweise versehen werden. Dabei wird unvermeidlich eine semantische Wechselbeziehung hergestellt, nach der die Bildunterschrift benennt, was gezeigt wird und das Bild wiederum bestätigt, was seine Beschriftung und nicht zuletzt auch der Haupttext sagen. Dieses Verhältnis der gegenseitigen Affirmation von Bildunterschrift und Bildinhalt lässt sich auch für *The Desert and the Sown* feststellen: Die Photographien entsprechen ganz ihren Unterschriften bzw. ‚Titeln‘ und erwecken so den Eindruck von Sachlichkeit, Eindeutigkeit und Authentizität.[78] Dementsprechend scheint das für die vorliegende Fragestellung interessante intermediale Wechselspiel weniger im Zusammenhang von Photographie und Bildunterschrift, als vielmehr im Verhältnis von Photographie und Haupttext stattzufinden. Vor diesem Hintergrund spielen vor allem Auswahl und Positionierung der Bilder im Textfluss eine entscheidende Rolle.

Als typische Text-Bild-Beziehung nennt Dürbeck in ihrem Aufsatz zur Rolle und Funktion von Photographien in Reiseberichten das Verhältnis von Kohärenz und Konsistenz, das immer dann vorliegt, wenn die Photographien als „exemplifizierende Veranschaulichung" dienen, wobei „der Bildinhalt den Text erläutert und ein konsistenter Text-Bild-Bezug besteht" (2004: 85). Eine solche Kohärenz zwischen Text und Bild besteht in *The Desert in the Sown* größtenteils durchaus – die meisten Aufnahmen zeigen Eindrücke aus Städten und Gegenden, die im Text in relativer Nähe zu den Abbildungen beschrieben werden. Diesbezüglich fällt jedoch auf, dass einige Photographien oftmals verfrüht oder verspätet geschaltet werden.[79] Somit ‚stolpert‘ der Leser gelegentlich jählings über das Bild einer Ruine oder einer Landschaftsaufnahme, deren Beschreibung aber erst einige Seiten später

---

diesem Themenfeld sei daher auf Georg Jägers und Ira Diana Mazzonis „Bibliographie zur Geschichte und Theorie von Text-Bild-Beziehungen" (1990) verwiesen.

[78] Auffällig ist lediglich, dass bei Bildunterschriften wie „The Tekyah of Nakshibendi" (DS 155) oder „Suḳ Wādi Barada" (DS 161) die arabischen Bezeichnungen und Namen ein Lesen des Haupttextes erforderlich machen, um überhaupt zu begreifen, was das Bild hier im Besonderen zeigen soll.

[79] Beispiele für vorab platzierten Bildern: DS 65 (beschrieben auf S. 66), 225 (beschrieben auf S. 227); Beispiele für nachträglich/verspätet platzierten Bildern: DS 241 (beschrieben auf S. 221-23), 249 (beschrieben auf S. 250), 259 (beschrieben auf S. 254), 190 (beschrieben auf S. 172/175). Während manche in nur geringer Entfernung zueinander stehen und dem Lesefluss mehr oder weniger entsprechen, können – insbesondere bei nachgereichten Bildern – die Intervalle bis zu zwanzig Seiten umfassen.

erfolgt, so dass er die Bildunterschrift nicht adäquat deuten kann, weil er unter Umständen noch gar nicht weiß, *was* diese Photographie – etwa mit dem Titel „The Tekyah Killaniyye" (DS 225) – zeigt, *wo genau* sie entstanden ist und *um was* es bei dieser Aufnahme primär geht. Umgekehrt werden die Aufnahmen manchmal auch ‚nachgereicht', also verspätet platziert, was ebenfalls ein konsistentes, ‚flüssiges' Parallellaufen von Text und Bild verhindert. Eine solche geringe „Kohärenzbildung zwischen Bild und Text fordert [...] das Gedächtnis des Lesers heraus oder hält ihn zum Hin- und Herblättern an" (Dürbeck 2004: 97), um sich wieder zu vergegenwärtigen, was es mit der einen oder anderen Grabstätte und Kirchenruine genau auf sich hatte, denn der Text selbst ist bereits ‚weitergereist'.

Andere Aufnahmen in *The Desert and the Sown* zeigen Orte und Stätten, die im Text überhaupt nicht beschrieben werden – ein Fall der Inkohärenz (vgl. Dürbeck 2004: 85). Dabei handelt es sich bisweilen um Landschaftsaufnahmen (DS 61, 68f., 83, 189), die primär der Ästhetik oder dem Einfangen einer Stimmung dienen,[80] sowie landestypische Impressionen (DS 57, 65, 75, 158, 193, 269), die neben der Bildunterschrift anscheinend keiner weiteren Erklärung bedürfen.

Außerdem finden sich beispielsweise auf den Seiten 108ff. gleich mehrere Photographien der berühmten Monumente von Kanawat, welche jedoch im Haupttext selbst nur ganz nebenbei und vor allem an gänzlich anderen Stellen erwähnt werden (vgl. DS 111, 164). Eine tatsächliche Beschreibung von Bells Besuch von Kanawat findet sich nicht. Dasselbe gilt für die Photographien der Klöster auf den Seiten 11 und 15 sowie die zahlreichen Aufnahmen der Sehenswürdigkeiten von Jerusalem am Anfang des Reiseberichts – offenbar wird davon ausgegangen, dass der Leser diese ohnehin schon kennt. Die Bilder scheinen an dieser Stelle allein der Einstimmung auf den fremden, als Schauplatz biblischen Geschehens jedoch *bekannten* Raum Jerusalems zu dienen, der die letzte vertraute Bastion der Zivilisation vor dem Auszug in die Wüste darstellt: Bei einer Stadt von so großer kultureller bzw. religiöser Bedeutung wie Jerusalem benötigen die Standard-Aufnahmen von Grabeskirche, Klagemauer und Stephanstor keine Kommentierung, denn all diese Sehenswürdigkeiten kennt man noch. Doch die Reise führt von hier aus zu Orten, die für den Leser Neuland bedeuten. Dementsprechend werden die typischen Impressionen Jerusalems *peu á peu* durch Bilder von Menschen, Wüstenpanoramen und Ruinen ersetzt, die im Text näher beschrieben und erklärt werden. Dennoch lassen sich mitunter Unregelmäßigkeiten in dieser zum Reiseverlauf parallelen Chronologie der Bilder feststellen.

So lässt sich an einer Stelle über die mögliche ironische Kommentarfunktion eines reichlich verspätet eingefügten Bildes spekulieren. Im Text schildert Bell folgende Unterhaltung mit dem Wächter der Jordanbrücke:

---

[80] Dürbeck definiert diesen Typus als illustratives Landschaftsbild, das „meist als Stimmungsbild fungiert und mit dem ästhetischen Anspruch einen kommunikativen Mehrwert besitzt, also nicht nur der Erläuterung einer gegebenen Landschaftsbeschreibung dient" (2004: 88).

I spent the time in conversing with the guardian of the bridge, a native of Jerusalem. To *my sympathetic ears did he confide his sorrows*, the mean tricks that the Ottoman government was accustomed to play on him, and the hideous burden of existence during the summer heats. And then the remuneration! a mere nothing! His gains were larger, however, than he thought fit to name, for I subsequently discovered that he had charged me three piastres instead of two for each of my seven animals. *It is easy to be on excellent terms with Orientals, and if their friendship has a price it is usually a small one.* We crossed the *Rubicon* at three piastres a head and took the northern road which leads to Salt. (DS 16; Herv. KP)

Begleitet wird diese reichlich ironische Anekdote von einem Bild der Klagemauer in Jerusalem samt betender Gläubiger. Dies ist erstaunlich, denn die Bilder von Jerusalem sind zu diesem Zeitpunkt der Reisebeschreibung längst Impressionen der Reise durch Judäa gewichen und hier taucht plötzlich wieder eines auf – bezeichnenderweise ‚gegenüber' der Beschreibung eines Halsabschneiders aus Jerusalem, der nur allzu gern allen sein Leid klagt, sich selbst jedoch durchaus zu helfen weiß. Wer vertraut ist mit Bells feinsinnigem Sarkasmus – der hier auch in ihrem Vergleich mit Caesars Überschreitung des Rubikon aufscheint – kommt nicht umhin, in dieser deplatzierten Platzierung des Bildes einen ironischen Kommentar zu vermuten.

THE WALL OF LAMENTATION, JERUSALEM

Abbildung 4: *The Wall of Lamentation, Jerusalem* (DS 17)

169

Die Photographien in Bells Reisebericht scheinen in diesem Sinne eine ganz eigene Geschichte zu erzählen, mit eigener Schwerpunktsetzung und Chronologie sowie Exkursen und Ergänzungen, die im Text ausgespart wurden. Eine durchgängig homogene Verknüpfung und Kontextuierung der Bilder zur Herstellung einer narrativen Kontinuität bzw. ein durchgängig parallel laufendes, kongruentes Nebeneinander von Bildmaterial und Reiseroute liegen nicht immer vor. Es stellt sich somit die Frage, welche Geschichte diese Photographien in *The Desert and the Sown* erzählen, welche Darstellungskonventionen dabei verfolgt werden und wie sich diese zum Text in Beziehung setzen.

Bei einem flüchtigen Durchblättern von Bells Reisebericht zeigt sich schnell, dass das gewählte Bildmaterial vor allem zwei Motivstränge kennt, die die beiden zentralen Themenfelder des Textes nachzeichnen: Zum einen Aufnahmen von Gebäuden, Ruinen sowie archäologischen bzw. architektonischen Details, und zum anderen Bilder der Fremdbevölkerung. Bei Letzterem ist zu unterscheiden zwischen Portraitaufnahmen von im Text hinreichend personalisierten Individuen, die in der Bildunterschrift mit Namen benannt werden, und anonymen Einzel- und Gruppenaufnahmen diverser Bewohnern Syriens in ihrem typischen Lebenszusammenhang. Im Bezug auf die ‚Geschichte‘, die diese beiden Bildstränge erzählen, lassen sich zweierlei Modi bezüglich Thema und Rezeptionsintention ablesen. Während die Photographien von verschiedenen Ruinen und deren baulichen Details (Fassadenabschnitte, Säulenkapitelle, diverse Steinornamente etc.) den wissenschaftlich-archäologischen Diskurs des Textes speisen, dienen die Aufnahmen von Einheimischen als populärwissenschaftliche Illustrationen eher der ‚Unterhaltung‘ bzw. der Befriedigung der Neugier der Leser, die so einen Eindruck erhalten sollen, wie genau diese Menschen in der Fremde aussehen, denen Bell begegnet ist. Die Bildsprache in *The Desert and the Sown* befindet sich somit durchgehend zwischen den beiden Polen Unterhaltung/Menschliches vs. Wissenschaft/Fakten.

Nun wäre zu erwarten, dass die Bilder damit schlicht den zweigleisigen Diskursverlauf innerhalb des Textes nachzeichnen. Das ist auch häufig der Fall. So setzt Bell gewisse Nahaufnahmen von Türstöcken und Steinmetzarbeiten als Beweise für ihre gleichzeitig im Text formulierten Mutmaßungen über den kulturellen Ursprung diverser Gebäude ein (vgl. DS 126ff.). Ebenso werden die Beschreibungen mancher Bekanntschaften um ein photographisches Portrait ergänzt, das dann passgenau in den Textfluss eingefügt wird (vgl. DS 51, 59, 251 etc.). Allerdings finden sich auch Passagen, in welchen die Bilder nicht so recht zur Textaussage passen wollen. So zum Beispiel bei der zuvor beschriebenen Episode bei den Drusen, in der sich Bell zur Teilnahme an einem nächtlichen Kriegsritual hinreißen lässt und dies zumindest im Text gebührend dramatisiert. Die begleitenden Bilder spiegeln diesen zwischenmenschlichen, abenteuerlichen Moment mitnichten wider – etwa mit Aufnahmen der Drusen in Kriegsmontur oder dergleichen –, sondern zeigen nüchterne Ansichten der Burg von Salkhād und der Stadtmauer von Ḳreyeh.

KREYEH

Abbildung 5: *Kreyeh* (DS 93)

Eine ähnliche Text-Bild-Diskrepanz lässt sich bei einer weiteren – eher der Unterhaltung dienenden – Passage feststellen, die einmal mehr Bells großes Talent, Atmosphäre zu erzeugen und die Fremde ,zu Wort kommen zu lassen', beweist:

In the afternoon, having nothing better to do, I watched the Sherarāt buying corn from Namrūd. But for my incongruous presence and the lapse of a few thousand years, they might have been the sons of Jacob come down to Egypt to bicker over the weight of the sacks with their brother Joseph. The corn was kept in a deep dry hole cut in the rock, and was drawn out like so much water in golden bucketsful. It had been stored with chaff for its better protection, and the first business was to sift it at the well-head, a labour that could not be executed without much and angry discussion. Not even the camels were silent, but joined in the argument with groans and bubblings, as the Arabs loaded them with the full sacks. The Sheikhs of the Sukhūr and the Sherarāt sat round on stones in the drizzling mist, and sometimes they muttered, "God! God!" and sometimes they exclaimed, "He is merciful and compassionate!" Not infrequently the sifted com was poured back among the unsifted, and a dialogue of this sort ensued:
Namrūd: "Upon thee! upon thee! oh boy! may thy dwelling be destroyed! may thy days come to harm!"
Beni Sakhr: "By the face of the Prophet of God! may He be exalted!"
Sherarāt (in suppressed chorus): "God! and Muhammad the Prophet of God, upon Him be peace!"
A party in bare legs and a sheepskin: "Cold, cold! Wāllah: rain and cold!"
Namrūd: "Silence, oh brother! descend into the well and draw corn. It is warm there."
Beni Sakhr: "Praise be to God the Almighty!"
Chorus of Camels: "B-b-b-b-b-dd- G-r-r-o-o-a-a."

171

Camel Drivers: "Be still, accursed ones! may you slip in the mud! may the wrath of God fall on you!"
Sukhur (*in unison*): "God! God! by the light of His Face!" (DS 40f.)

Die Photographie, die diese stimmungsvolle Episode amüsanter Marktschreierei, an der sogar die Kamele teilhaben, begleitet, nimmt sich äußerst nüchtern aus: Sie zeigt nicht etwa die Sherarāt beim Kauf von Weizen oder ersatzweise andere Syrer beim Handeln auf dem Basar, sondern lediglich einen römischen Meilenstein, aufgenommen irgendwo auf ihrer Reise, neben dem (vermutlich) einer von Bells Bediensteten steht – eine Aufnahme, die im Text nicht kommentiert wird und sich so in den archäologischen Bild-Diskurs über Relikte antiker Kulturen in Syrien einfügt.

Abbildung 6: *A Roman Milestone* (DS 41)

172

Während der Text also an dieser Stelle weniger auf Faktisches, sondern gezielt auf Eindrücklichkeit und Atmosphäre abzielt, die den Leser ganz in das Geschehen hineinversetzen sollen, so dass er den feuchten Nebel auf der Haut spürt und sogar das Gurgeln der Kamele in den Ohren hat, setzt die Photographie den professionellen Diskurs fort und zeigt ganz sachlich eine archäologische Sehenswürdigkeit der Region. Die Aufnahme ist so dezidiert sachlicher Natur, dass es nicht weiter verwundert, wenn die Gestalt neben diesem Artefakt in der Bildunterschrift überhaupt nicht erst erwähnt wird.[81]

Eine ähnliche Kontrastierung von Text und Bild findet sich bei Bells Beschreibung ihres Besuchs der Burg Ḳal'at El Ḥuṣn, bei dem sie die nächtlichen Gespräche am Feuer ihrer Gastgeber – diesmal ausnahmsweise eine Frau – auf eine Art und Weise schildert, die ganz offensichtlich mehr auf deren Unterhaltungswert denn auf ihren politischen Informationsgehalt abzielt:

> When dinner was over we returned to my room, a brazier full of charcoal was brought in, together with hubble-bubbles for the ladies, and we settled ourselves to an evening's talk. The old woman refused to sit on the divan, saying that she was more accustomed to the floor, and disposed herself neatly as close as possible to the brazier, holding out her wrinkled hands over the glowing coals. She was clad in black, and her head was covered by a thick white linen cloth, which was bound closely above her brow and enveloped her chin, giving her the air of some aged prioress of a religious order. Outside the turret room the wind howled; the rain beat against the single window, and the talk turned naturally to deeds of horror and such whispered tales of murder and death as must have startled the shadows in that dim room for many and many a century. [...] The ancient crone rocked herself over the brazier and muttered: "Murder is like the drinking of milk here! God! there is no other but Thou." A fresh gust of wind swept round the tower, and the Christian woman took up the tale. (DS 203f.)

Im Turmzimmer einer uralten Burg lauscht Bell bei fahlem Schein des Kohlebeckens blutrünstigen Geschichten ihrer Gastgeberin, die mit ihrem Nonnenhabit und den welken Händen an den Figurentypus der *old crone* des Schauerromans erinnert. Insgesamt scheint diese Szene ganz in Entsprechung mit den Darstellungskonventionen einer *Gothic Novel* gestaltet. Die nötigen ,Zutaten' wären gegeben: entrückte, sublime Natur, heulender Wind, altes Gemäuer, düstere Beleuchtung, die mehr Schatten wirft denn Licht spendet, sowie die religiöse (katholische) Komponente in Form der wie eine Äbtissin anmutenden Gastgeberin, die die Runde mit „whispered tales of murder and death" (ibid.) unterhält. Allein Bell erscheint kaum als *damsel in distress*. Hier zeigt sich, wie eine relativ alltägliche Situation auf Reisen durch eine besondere – und sicherlich nicht der Selbstironie entbehrende[82] – Inszenierung für den Leser semantisch aufgeladen und

---

[81] Hier zeigt sich beispielhaft, wie eine Bildunterschrift festlegt, was überhaupt bedeutsam ist auf einer Photographie – in diesem Fall der römische Meilenstein als Relikt einer vergangenen Hochkultur und nicht die durch den Menschen verkörperte gegenwärtige Kultur.

[82] Bell relativiert diese Inszenierung entsprechend ironisch im Text, wie diese Beschreibung ihrer Ankunft auf der Burg zeigt: „And so at sunset we came to the Dark Tower and rode

unterhaltsam gemacht wird. Um dieses ‚reißerische‘ Element aber nicht Überhand gewinnen zu lassen, bleiben die begleitenden Photographien betont sachlich und zeigen die Burg bei Tage aus verschiedenen Blickwinkeln und in ihren baulichen Details (vgl. Abb. 7 und 8).[83]

Abbildung 7: *Kal'at El Ḥuṣn, Interior of the Castle* (DS 203)

Es scheint, als ob die Photographien in diesen Situationen eine kompensatorische Funktion erfüllen: Wird eine Textpassage zu emotional, zu subjektiv – schlicht: zu wenig wissenschaftlich – so wird sie durch Sachlichkeit signalisierende Begleitaufnahmen wieder ‚austariert‘. Damit bleibt der Text in seiner Ge-

---

through a splendid Arab gateway into a vaulted corridor, built over a winding stair. It was almost night within; a few loopholes let in the grey dusk from outside and provided the veriest apology for daylight. [...]. I felt as though I were riding with some knight of the Fairy Queen, and half expected to see written over the arches: 'Be bold!' 'Be bold' 'Be not too bold!' But there was no magician in the heart of the castle – nothing but a crowd of villagers craning their necks to see us, and the Kaimakam, smiling and friendly, announcing that he could not think of letting me pitch a camp on such a wet and stormy night, and had prepared a lodging for me in the tower." (DS 201)

[83] Die Aufnahmen der zugemauerten Fensterstürze des Bankettsaals belegen dabei die ursprünglich gotische Bauart der Burg und lassen erahnen, woher Bells Inspiration für diese *gothic episode* kam.

samtaussage stets beides – ein unterhaltsames Portrait der Menschen in der Fremde und ein Dokument archäologischer Feldarbeit.

Der umgekehrte Fall, in dem Sinne, dass *zu* wissenschaftliche Textpassagen durch unterhaltsame Schnappschüsse aufgelockert, respektive relativiert werden, findet sich auch, jedoch seltener. Dabei werden archäologische Detailbeschreibungen oder ausführliche politische Erörterungen durch Momentaufnahmen des syrischen Alltags ‚gewürzt' (siehe z.B. DS 76f., 139).

Dieses intermediale Wechselspiel entspricht also ganz dem hybriden Diskurs von *The Desert and the Sown*. Der intermediale Hybridraum zwischen Bild und Text ist dabei von anderer Art als die Zwischenräume innerhalb des Diskurses ein und desselben Mediums, da er über kein mediales Substrat verfügt, das bearbeitet und kultiviert werden könnte. Er besteht als Raum der Inkommensurabilität vielmehr aus reiner, leerer Dissoziation. Doch eben diese punktuelle, scheinbar dysfunktionale Dissoziation von Photographie und Text gewinnt an Bedeutung, indem sie den Reisebericht durchgängig im Spannungsfeld zwischen seinen zwei großen, disparaten Diskurssträngen – namentlich Wissenschaft und Unterhaltung, Faktisches und Menschliches – zu halten vermag.

Abbildung 8: *Windows of the Banquet Hall* (Ḳal'at El Ḥuṣn; DS 205)

Für die Anfertigung dieser zahlreichen Photographien scheute Bell auf Reisen weder Zeit noch Mühen, was sie in ihrem Reisebericht auch mehrfach betont. Doch die Suche nach den geeigneten Motiven, sprich Ruinen, Skulpturen, Inschriften, Wandmalereien und anderen bildhauerischen Relikten, gestaltete sich nicht immer leicht, zumal dem ‚gemeinen‘ Orientalen aus abgelegenen Regionen das Bildmedium selbst völlig fremd zu sein schien, weshalb er beim Aufspüren solcher Altertümer keine große Hilfe war, wie sie an einer Stelle beklagt:

> [O]ne of the great difficulties in searching for antiquities is that the people in out-of-the-way places do not recognise a sculpture when they see it. You are not surprised that they should fail to tell the difference between an inscription and the natural cracks and weather markings of the stone; but it takes you aback when you ask whether there are stones with portraits of men and animals upon them, and your interlocutor replies: "Wallah! we do not know what the picture of a man is like." Moreover, if you show him a bit of a relief with figures well carved upon it, as often as not he will have no idea what the carving represents. (DS 232)

Der Orientale scheitert demnach nicht nur daran, alte Inschriften von witterungsbedingten Felsmaserungen oder eine Plastik von einem Felsbrocken zu unterscheiden – er kann nicht einmal Bilder als einfachste Form mimetischer Repräsentation erkennen. In dieser Beschreibung grundlegender Unfähigkeiten der Fremdbevölkerung zeigt sich nun eine gewisse Überlegenheitsgeste, die typisch ist für den Orientalismus-Diskurs und sich auf ähnliche Weise schon bei Doughty fand: Die modernen Bewohner Syriens sind gar nicht in der Lage, die kulturellen wie ästhetischen Errungenschaften vergangener Hochkulturen als solche zu erkennen und wertzuschätzen. Es fehlt ihnen dabei nicht nur an ästhetischem Empfinden, sondern bereits an der kognitiven Fähigkeit, Bilder als ikonische Abbildungen der Realität zu lesen. Die Idee dieser Repräsentation und Fixierung der erfahrbaren Wirklichkeit durch Bilder wird somit implizit als genuin westliche Errungenschaft dargestellt oder zumindest als solche, die dem modernen Orientalen fehlt. Dementsprechend sind westliche ‚Experten‘ wie Bell nötig, die die Kulturschätze der Region zu ‚lesen‘, zu würdigen und zu sichern wissen, denn die Syrer sind dazu offensichtlich nicht in der Lage. Diese Implikationen erinnern an ein Grundprinzip des Orientalismus, wonach der Osten stets Objekt westlicher Repräsentation ist, dem aufgrund seiner Rückständigkeit und generellen kulturellen Unterlegenheit jegliche Fähigkeit, sich selbst zu repräsentieren bzw. für sich selbst zu sprechen, in Abrede gestellt wird.[84]

Es stellt sich also zu guter Letzt die Frage, ob Bell in ihrer Darstellung des Orients neben der hier anklingenden Grundhaltung auch in anderen Aspekten orientalistischen Diskurskonventionen entspricht. Nachdem sich die im Text kon-

---

[84] „The exteriority of the representation [of the Orient] is always governed by some version of the truism that if the Orient could represent itself, it would; since it cannot, the representation does the job, for the West and *faute de mieux*, for the poor Orient." (Said 2003: 21)

struierte Identität und Haltung Bells als heterogenes Wechselspiel der Diskurse erwies, ist anzunehmen, dass dieses Muster auch bei der Darstellung von Alterität zum Einsatz kommt.

3.4 Bells Orientdarstellung – zwischen Imperialismus und Assimilation

Bells Blick auf den Orient in *The Desert and the Sown* wurde in Rezeption und Forschung als subjektiv und ‚romantisierend‘ (vgl. Fallon 1981; Pandit 1990) und gleichermaßen als imperialistisch bzw. orientalistisch[85] beschrieben. Ihre Darstellung der Fremde scheint demzufolge beides aufzuweisen, objektiv(ierend)e, autoritäre Beschreibung sowie subjektive Verklärung und Anverwandlung, so dass ihr Text nicht eindeutig der einen oder der anderen Diskurstradition zugerechnet werden kann. Mal distanziert sie sich von der nach orientalistischen Maßgaben beurteilten Fremde und betrachtet sie mit imperialistischen Augen, mal identifiziert sie sich mit dem Orient und seinen Bewohnern.[86] Als *typisch* imperialistischer[87] bzw. orientalistischer Text kann Bells Reisebericht jedenfalls nicht verstanden werden. Diese Bewertung wäre allein schon deshalb problematisch, weil hier eine Frau schreibt, wohingegen der orientalistische Diskurs von Said als „exclusively male province" (2003: 207) definiert wurde.[88] Dennoch subsumiert er Bell – als eine der wenigen weiblichen Reisenden, die er überhaupt erwähnt – schlicht der Riege männlicher „Orientalist-*cum*-imperial agents" (2003: 196). Dabei blendet er jedoch jegliche geschlechtsbedingte Spannungen, die sich bei der Teilhabe einer Frau an einem so männlich geprägten Diskurs ergeben könnten, aus. Diese ‚Gender-Blindheit‘ kritisiert unter anderem Reina Lewis in ihrer Monographie *Gendering Orientalism*:

[F]or Said, in *Orientalism* at least, Orientalism is a homogeneous discourse enunciated by a colonial subject that is unified, intentional and irredeemably male. […] [I]n *Orien-*

---

[85] Vgl. Said 2003; Heusserl 1979; Habinger 1994 sowie O'Brien 2001. Kabbani begreift Bell sogar als „patriarchal explorer" (1986: 86).

[86] „[R]eviewers felt that Bell's approach to the Orient was that of the romantic and the realist, the participant and the spectator, and that she fluctuated between imaginative and political domination of the Orient on the one hand, and participation and identification with it on the other hand. These varying responses indicate that the *Desert and the Sown* cannot be classified and dismissed easily as Orientalist narrative." (Pandit 1990: 179)

[87] Der imperialistische und koloniale Diskurs werden im Folgenden hinsichtlich ihrer spezifischen Darstellungsweisen und Logiken mehr oder minder synonym behandelt, da sie sich darin größtenteils entsprechen.

[88] Said begreift den Orientalismus als „peculiarly (not to say individiously) a male conception of the world" (2003: 207): „[L]ike so many professional guilds during the modern period, it viewed itself and its subject matter with sexist blinders. This is especially evident in the writing of travelers and novelists: women are usually the creatures of a male power-fantasy." (ibid.) Ganz in diesem Sinne werden auch der koloniale und der imperialistische Diskurs in der Forschung als männlich betrachtet. (vgl. Mills 1991: 62; Habinger 2006: 130ff.)

talism gender occurs only as a metaphor for the negative characterization of the Orientalized Other as 'feminine' or in a single reference to a woman writer (Gertrude Bell, in which he pays no attention to the possible effects of her gendered position on her texts). Said never questions women's apparent absence as producers of Orientalist discourse or as agents within colonial power. This mirrors the traditional view that women were not involved in colonial expansion. (1996: 17f.)

Doch entgegen dieser gängigen Annahmen waren Frauen durchaus am kolonialen Expansionsprojekt des Westens (vgl. Habinger 1996: 130ff.; 2011: 38) und somit auch am orientalistischen Diskurs beteiligt, sofern man diesen mit Said folgendermaßen begreift: „Anyone who teaches, writes about, or researches the Orient – and it applies whether the person is an anthropologist, sociologist, historian, or philologist – either in its specific or its general aspects, is an Orientalist, and what he or she does is Orientalism." (Said 2003: 2) Frauen, die dieser Definition entsprachen, gab es viele, obgleich sie in *Orientalism* neben dieser kurzen Erwähnung potenziellen Vorkommens keine weitere Beachtung finden. Zwar waren sie von den einschlägigen Institutionen, jenen „guilds of Orientalist power" (Varisco 2007: 156), ausgeschlossen, dennoch gab es zahlreiche Reiseautorinnen, die mit ihren Texten zum orientalistischen Diskurs des 19. und 20. Jahrhunderts beitrugen: Billie Melman zählt allein in den Jahren 1821-1914 über 180 Reiseberichte von Frauen über den Nahen Osten. (vgl. 1992: 7) Dabei rekurrierten bzw. basierten die dort zum Einsatz kommenden Darstellungsmuster maßgeblich auf Konventionen, die Said später als typisch orientalistisch identifizieren sollte. Dieser Rückgriff auf bekannte Stereotype und literarische Repräsentationsmodi des orientalistischen bzw. imperialistischen Diskurses diente nicht zuletzt als Garant für Kompetenz und Expertise der Autorinnen, die sich somit als mit den gängigen diskursiven Konventionen vertraut erwiesen, die traditionell vorgaben, wie man(n) über den Orient spricht.

Jedoch erwies sich ihre Teilhabe an diesen genuin männlich geprägten Diskursen nicht immer als unproblematisch. So gab das gängige Weiblichkeitsideal neben bestimmten Schreibweisen unter anderem vor, bei unmittelbarem Kontakt mit der Fremdbevölkerung eher Emotionalität und Einfühlungsvermögen zu zeigen und individuelle, zwischenmenschliche Begegnungen anzustreben, die weniger auf Autorität und Dominanz denn auf Reziprozität basierten. Dies beeinflusste entsprechend die Darstellung des Fremden in ‚weiblichen Reiseberichten':

The woman writer often represents foreigners sympathetically, as individuals with whom she tries to identify rather than as symbols of an alien 'otherness'. In her concern for relationships, rather than with larger political and social issues, she blurs the demarcation between 'them' and 'us' and may be less assertive than her male equivalent in her establishment of a subject position. (Foster 1990: 24)

Eine solche Art der Darstellung der Einheimischen, bei der die Grenze zwischen dem Eigenen und dem Anderen durchlässig wird und man einander auf Augenhöhe begegnet, widersprach jedoch den inhärenten Maximen des kolonialen Diskurses, der auf einer klaren Trennung zwischen ‚fremd‘ und ‚eigen‘ basierte[89] und eine distanzierte, generalisierende Beschreibung der Fremdbevölkerung forderte.

Es zeigen sich darüber hinaus noch andere Inkommensurabilitäten, die bei ‚männlichem Schreiben‘ über die Fremde ausbleiben und die Reiseberichte von Frauen mal in die eine, mal in die andere Richtung ziehen – ein diskursives Spannungsverhältnis, das erstmals ausführlich von Sara Mills in ihrer richtungsweisenden Monographie *Discourses of Difference* beschrieben wurde. Sie fasst die grundsätzliche Problematik wie folgt zusammen:

> [Women's travel writing] does not exhibit the same clear-cut qualities that men's writing does. It is more difficult to analyse women's colonial writing, since it is only possible to talk about tendencies towards alignment with discourses of colonialism or tendencies towards a writing dominated by discourses of femininity, since the women themselves differed greatly in their positioning in relation to both discourses; however, it is clear that their writing is not straight-forwardly Orientalist the way that Said has described it. (1991: 61f.)

Diese diskursiven Inkompatibilitäten und Spannungen im Text übersieht Said, wenn er Bell schlicht als „alter-male-ego of empire" (Varisco 2007: 156) mit Lawrence oder Palgrave in einen Topf wirft und ihre Haltung dem Orient gegenüber vorschnell und pauschal verurteilt. In *The Desert and the Sown* finden sich nämlich sowohl Momente distanzierender, objektivierender Beschreibung gemäß den Traditionen von Imperialismus und Orientalismus als auch Momente emotionaler Anverwandlung sowie einfühlsame Portraits der Einheimischen. Nicht zuletzt war es ja Bells erklärtes Ziel „to write [...] an account of the people [...] and to show what the world is like in which they live and how it appears to them" (DS xxi). Diese beiden unterschiedlichen Autorintentionen – Teilhabe am professionellen, orientalistischen Diskurs sowie die individuelle, zwischenmenschliche Begegnung mit dem Anderen – resultieren in einem beständigen Widerstreit der Repräsentationsmodi, wie auch Pandit feststellt:

> Bell's vision of the Orient is not consistent [...], her perception of the Orient [...] reveals itself to be a struggle between the reductive Orientalist approach toward it and her private involvement in and understanding of the Orientals she encounters. The interesting aspect of her Orientalism and non-Orientalism is that both of these attitudes are intertwined with each other. (1990: 179)

Doch nicht nur ihre Weiblichkeit und das Sich-Einlassen auf den Orient und seine Kultur, sondern vor allem auch Bells spezifische Verarbeitung dieser Fremd-Erfahrung scheint dieses ständige Kreuzen der Grenze zwischen orientalistischer und romantisierender Fremddarstellung zu begründen. Ganz in diesem Sinne ist

---

[89] „Orientalism was ultimately a political vision of reality whose structure promoted the difference between the familiar (Europe, the West, 'us') and the strange (the Orient, the East, 'them')." (Said 2003: 43). Bezüglich derselben Dichotomisierung im Rahmen des kolonialen bzw. imperialistischen Diskurses siehe Habinger 1994: 191ff.

diese heterogene Darstellung hier weniger „struggle" (ibid.) denn Methode: Letztlich macht ja gerade diese Verschränkung verschiedener Haltungen – und damit das Überwinden und Auflösen von binären Oppositionen wie *Orientalism* vs. *non-Orientalism* – den spezifischen Diskurs von *The Desert and the Sown* aus.

Wie Bell im Rahmen der Fremddarstellung abermals solche hybriden diskursiven Zwischenräume erschließt und für sich ausspielt, soll im Folgenden erörtert werden. Verstärktes Augenmerk gilt dabei zunächst denjenigen Passagen, die dafür gesorgt haben, dass Bell häufig als imperialistische Reisende gewertet wurde. Hier erweist sich ihr *Preface* einmal mehr als paradigmatisch.

Im Vorwort zu *The Desert and the Sown*, in dem Bell ihre Absicht erklärt, ein einfühlsames Portrait der Bewohnern Syriens und deren Blick auf die Welt zeichnen zu wollen, findet sich nur wenige Zeilen später eine Beschreibung des Wesens ‚des Orientalen', die mit ihrer Aufzählung von Pauschalurteilen jegliche Absicht von individueller Begegnung mit dem Fremden fraglich erscheinen lässt:

> The Oriental is like a very old child. He is unacquainted with many branches of knowledge which we have come to regard as of elementary necessity; frequently, but not always, his mind is little preoccupied with the need of acquiring them, and he concerns himself scarcely at all with what we call practical utility. He is not practical in our acceptation of the word, any more than a child is practical, and his utility is not ours. On the other hand, his action is guided by traditions of conduct and morality that go back to the beginnings of civilisation, traditions unmodified as yet by any important change in the manner of life to which they apply and out of which they arose. (DS xxif.)

Diese Textstelle wird häufig herangezogen, um zu demonstrieren, wie sehr Bells Haltung orientalistischen Maßgaben entspricht. (vgl. Graham-Brown 1985) Nicht zuletzt lassen sich in diesem Absatz gleich mehrere Darstellungsmuster und Stereotype identifizieren, die als typisch für den Orientalismus-Diskurs gelten. Zum einen zeigt sich hier eine prototypische Generalisierung, indem hier von ‚*dem* Orientalen' die Rede ist – ein Sammelbegriff, der für einen ganze Reihe verschiedener Bevölkerungsgruppen steht und letztlich nicht eindeutig definiert ist. Anhand einer reduktionistischen Pauschalisierung wird die Bevölkerung des Ostens, die sich aus verschiedenen Ethnien und religiösen Gruppen zusammensetzt, zu einem Archetyp mit universalen, unveränderlichen Merkmalen ‚kondensiert' und abstrahiert – eine klassische Strategie orientalistischen *Otherings*:

> The people to be othered are homogenised into a collective 'they', which is distilled even further into an iconic 'he' (the standardised adult male specimen). This abstracted 'he'/'they' is the subject of verbs in a timeless present tense, which characterises anything 'he' is or does, not as a particular historical event but as an instance of a pregiven custom or trait. (Pratt 1985: 120)

Dieser typisierenden Darstellung wohnt dabei ein Moment der Kontrolle und Dominanz inne, da die so beobachtete, in ihren Eigenschaften festgelegte und entsprechend homogenisiert repräsentierte Fremde als kategorisierbarer Untersuchungs*gegenstand* für den westlichen Betrachter verfügbar und somit beherrschbar wird.[90] Gleichzeitig verleiht diese generalisierende Rhetorik dem Text den Anschein von Objektivität und Wissenschaftlichkeit und erweckt den Eindruck, dass es sich bei diesen allgemeingültigen, pauschalen Aussagen bezüglich ‚des Orientalen' um geradezu biologische Tatsachen handelt.[91] Vor allem Said kritisiert diese pseudo-wissenschaftliche Beschreibungsmuster, die das Fremde in seiner Komplexität reduzieren[92] und als etablierte Diskurskonventionen Autoren wie Bell Kompetenz und Autorität verleihen:

> What mattered to Lawrence and Bell was that their references to Arabs or Orientals belonged to a recognizable, and authoritative, convention of formulation, one that was able to subordinate detail to it. [...] An Oriental man was first an Oriental and only second a man. Such radical typing was naturally reinforced by sciences (or discourses, as I prefer to call them) that took a backward and downward direction towards the species category, which was supposed also to be an ontogenetic explanation for every member of the species. (2003: 231)

Eine solche Kategorisierung unterdrücke dabei jegliche Individualität, denn wann immer von *den* Orientalen oder *den* Arabern die Rede sei, hätten jene stets „an aura of apartness, definiteness, and collective self-consistency such as to wipe out any traces of individual Arabs with narratable life histories" (229).[93]

Neben den Generalisierungen werden in dieser Textstelle zudem noch weitere diskurstypische Klischees bemüht, wie etwa die Gegenüberstellung des kindlichen, irrationalen Orientalen mit dem vernünftigen, gebildeten Europäer. Dies entspricht der seit dem 19. Jahrhundert geltenden orientalistischen Maxime: „The Oriental is irrational, depraved (fallen), childlike, 'different'; thus the European is rational, virtuous, mature, 'normal'." (40) Diese Darstellungskonvention

---

90 „Through networks of surveillance and representation imperialism reproduced the indigenous other as an object of knowledge that could be exhibited. [...] Invariably, non-Western civilizations were written and spoken of as if they comprised a singular, amorphous mass – an indistinguishable 'they' framed, controlled and managed by the spectator's gaze." (Anderson 2006: 63)
91 „[This] vocabulary of sweeping generalities (the Semites, the Aryans, the Orientals) referred not to a set of fictions but rather to a whole array of seemingly objective and agreedupon distinctions. Thus a remark about what Orientals were and were not capable of was supported by biological 'truths' [...]." (Said 2003: 233)
92 „The Orientalist views the Orient from above, with an aim of getting hold of the whole sprawling panorama before him – culture, religion, mind, history, society. To do this he must see every detail through the device of a set of reductive categories (the Semites, the Muslim mind, the Orient, and so forth)." (Said 2003: 239)
93 Daniel Varisco indessen macht in seiner kritischen Studie *Reading Orientalism: Said and the Unsaid* (2007) Said denselben Vorwurf. Indem dieser Bell vorschnell mit imperialistischen Orientalisten wie Lawrence und Palgrave über einen Kamm schert, betreibt er genau jene Pauschalisierung, die er den Orientalisten vorwirft: „Bell of Arabia, modelled after the iconic stereotype of Lawrence, is a rhetorical trope used by Said to illustrate that Orientalist writing blindly followed Kipling's ‚White Man' motif. [...] [W]hile Said critizes Lawrence and Bell for wiping out 'any traces of individual Arabs with narratable life stories,' he proceeds to do exactly that to Gertrude Bell, whose identity disappears as merely an altermale-ego of empire." (156)

mit der ihr immanenten hegemonialen Opposition von Ost und West liefert im imperialen Kontext zum einen die Rechtfertigung für die westlichen Mächte, in die Belange dieser ‚zurückgebliebenen‘ Kultur einzugreifen, zum anderen bewirkt sie im konkreten Moment der Begegnung eine Aufwertung des reisenden Europäers.[94] Scheinbar ganz dieser Tradition entsprechend beschreibt nun auch Bell den Orientalen als Kind und nicht nur das: Bei ihr wird er oxymorisch als *sehr altes* Kind vorgestellt, das seit Jahrhunderten unverändert denselben Sitten, Gebräuchen und Denkweisen nachhängt. Hier klingt ein weiterer Topos des Orientalismus-Diskurses an, der – wie sich schon bei Doughty zeigte – die Völker des Ostens in einer Enklave der Zeitlosigkeit und Stagnation verortete. Dabei werden die Orientalen in einer unveränderlichen Vergangenheit fixiert, was nicht zuletzt ihre Unfähigkeit zu Fortschritt und Weiterentwicklung impliziert.

Auch Bell geht von der orientalistischen Prämisse aus, dass die fortschrittliche Kraft, die die Welt vorantreibt, im Westen ihren Ursprung hat, was in ihrem Reisebericht auch wiederholt zum Ausdruck kommt. Die archäologischen Relikte vergangener Hochkulturen mögen von einer kulturellen Blütezeit im Osten zeugen, doch der Puls des modernen Lebens schlägt nun im Westen, wie sie an anderer Stelle zum Ausdruck bringt:

> [F]urther along the hill is a still more curious relic of ancient Antioch, the head of a Sphinx carved in relief upon a rock some 20 ft. high. [...] Her featureless countenance is turned slightly up the valley, as though she watched for one that shall yet come out of the East. If she could speak she might tell us of great kings and gorgeous pageants, of battle and of siege, for she has seen them all from her rock on the hill side. She still remembers that the Greeks she knew marched up from Babylonia, and since even the Romans did not teach her that the living world lies westward, I could not hope to enlighten her, and so left her watching for some new thing out of the East. (DS 325f.)[95]

Doch diese Schilderung, die Bells Überzeugung von der Überlegenheit des Westens hinsichtlich des Fortschritts eindeutig zum Ausdruck bringt, erfährt eine Relativierung in einem Brief, den Bell auf derselben Reise an Florence Lascelles

---

[94] Insbesondere Reiseautorinnen griffen häufig auf dieses „conventional racist stereotype of the native as child and animal" (Anderson 2006: 73) im Dienste der Aufwertung der eigenen Person zurück. Ebenso wie das Betonen der weißen Hautfarbe und der Zugehörigkeit zum westlichen Kulturkreis bewirkte diese Infantilisierung der fremden (insbesondere männlichen) Bevölkerung, dass Gender-Hierarchien in den Hintergrund traten und die Reisende einen überlegenen Status für sich beanspruchen konnte. (vgl. Birkett 2004: 126)

[95] In einem Brief, den sie spatter aus Kleinasien an ihre Stiefmutter schreibt, wird diese Haltung noch deutlicher: „You leave the bright and varied coast line which was Greece, full of vitality, full of the breath of the sea and the memory of an active enterprising race, and with every step into the interior you feel Asia the real heart of Asia. Monotonous, colourless, lifeless, unsubdued by a people whose thoughts travel no further than to the next furrow, who live and die and leave no mark upon the great plains and the barren hills – such is central Asia, of which this country is a true part. And that is why the Roman roads make so deep an impression on one's mind. They impressed the country itself, they implied a great domination, they tell of a people that overcame the universal stagnation." (Bell 1927/I: 237)

schreibt. Ihre dort formulierten Gedanken unterlaufen indirekt die binäre Opposition vom fortschrittlichen Westen und rückständigen Osten:

> We in Europe are accustomed to think that civilization is an advancing flood that has gone steadily forward since the beginning of time. I believe we are wrong. It is a tide that ebbs and flows, reaches a high water mark and turns back again. Do you think that from age to age it rises higher than before? I wonder – and I doubt. But it is a fine world for those who are on the top of the wave and a good world, isn't it ... (Brief vom 9. April 1905; Bell 1927/I: 209f.)

Pandit kommentiert das relativierende Moment dieser Textstelle folgendermaßen: „Although Bell is here suggesting typical East-West binary distinctions, she also knows that such differences are not based in Orientalist theories of innate superiority and inferiority." (1990: 209) Obwohl dieser Einschätzung grundsätzlich zuzustimmen ist, bleibt hinzuzufügen, dass diese Binarität mit dem von Bell gewählten Bild ja gerade unterlaufen wird. Hier setzt Bell dem linearen Modell des Fortschritts als stets progressivem Vorgang das dynamisches Modell eines Kreislaufs entgegen: Zivilisation ist laut Bell keine Leiter, die unterschiedliche Völker verschieden weit erklimmen und auf der sie – einmal auf einer Höhe dauerhaft etabliert – einander in einer hierarchischen, unter Umständen binären Ordnung gegenüberstehen. Sie verhält sich vielmehr wie Ebbe und Flut und ist somit eine vergängliche Errungenschaft, die kommen und gehen kann, so wie es mit den Hochkulturen des Ostens geschah. Diese Metapher löst die Opposition von westlich/prinzipiell fortschrittlich vs. östlich/prinzipiell rückständig letztlich auf, indem gemäß dieser Vorstellung Ost und West als gleichwertige Akteure am Kreislauf des Fortschritts teilnehmen und – je nach Zeitpunkt und ‚Tidenhub‘ – mal oben, mal unten, mal im Aufschwung, mal im Niedergang begriffen sind. Dennoch bleibt im Hinblick auf Bells Darstellung des Orients an dieser Stelle das Fazit: Der Osten befindet sich momentan im ‚Wellental‘, was rechtfertigt, dass der Westen ihn in seiner ‚Flutwelle‘ mitreißt.

Jener Fortschritts-Welle, die der Westen dem Osten bescheren wird, steht Bell allerdings äußerst zwiegespalten gegenüber. Machen doch gerade dieser Stillstand, diese Unveränderlichkeit der Wüste ihren besonderen Reiz aus und so romantisiert Bell die syrische Landschaft wiederholt zu einem unberührten Stillleben, in dem die Zeit stehen geblieben zu sein scheint. Gerade der Umstand, dass die westliche Zivilisation hier noch nicht Einzug gehalten hat, macht Land und Bewohner so besonders. Doch sie weiß auch, dass dieser Zustand nicht mehr von langer Dauer sein wird: „In some distant age, when all the world is ploughed and harvested, there will be no nomads left in Arabia." (DS 256) Insofern ist sie froh, diesen bald einkehrenden Segen des Fortschritts nicht mehr zu erleben, sondern die bald der Vergangenheit angehörende pastorale Idylle der Wüstennomaden noch ein wenig genießen zu dürfen:

> We journeyed through wide valleys, treeless, uninhabited, and almost uncultivated, round the head of the Belka plain, and past the opening of the Wady Sir, down which a

man may ride through oak woods all the way to the Ghōr. There would be trees on the hills too if the char-coal burners would let them grow – we passed by many dwarf thickets of oak and thorn – but I would have nothing changed in the delicious land east of Jordan. A generation or two hence it will be deep in corn and scattered over with villages, the waters of the Wady Sir will turn mill-wheels, and perhaps there will even be roads: praise be to God! I shall not be there to see. In my time the uplands will still continue to be that delectable region of which Omar Khayyām sings: "The strip of herbage strown that just divides the desert from the sown"; they will still be empty save for a stray shepherd standing over his flock with a long-barrelled rifle [...]. (DS 23)

In dieser Passage ist nicht ganz klar, worauf sich Bells Ausruf „Gelobt sei Gott!" bezieht. Auf den Umstand, dass diese Landschaft bald erschlossen und urbar gemacht wird oder auf den Umstand, dass sie eben das nicht mehr sehen wird? Zwar legt der Doppelpunkt Ersteres nahe und doch bleibt der Eindruck, dass hier eher Dankbarkeit zum Ausdruck kommt, diese im Vergehen begriffene Welt noch in ihrem ‚Originalzustand' erleben zu dürfen. Bell befindet sich einmal mehr in einem Zwischenraum, genauer gesagt einem evolutionären Zwischenstadium, jenem „'borderline' comfort of the present" (Fallon 1981: 131), in dem sie das alte Syrien noch genießen kann, bevor die moderne Welt Einzug hält – nicht zuletzt ist sie selbst einer ihrer Vorboten. So betrachtet erscheinen Zivilisation und Fortschritt plötzlich eher als destruktives, wenngleich notwendiges Übel. Gleichwohl verkennt Bell in ihrer Nostalgie mitnichten die Notwendigkeit, dass auch Syrien an den Errungenschaften moderner Zivilisation teilhaben müsse – das jedoch unter westlicher, *idealiter* unter englischer Anleitung, wie Gabriele Habinger feststellt: „[Einerseits] beklagte die Britin Gertrude zwar, dass die nomadisierende Lebensweise bestimmter arabischer Stämme in Syrien durch die heranrückende Zivilisation gefährdet werde, andererseits trat sie aber vehement für den britischen Kolonialismus in dieser Region ein" (Habinger 2006: 257). Ob Bells Text allerdings wirklich als kolonialpolitisches Plädoyer für eine Machtübernahme Englands in Syrien zu verstehen ist, bleibt fraglich.

Tatsächlich ist kaum ein anderer Reisebericht so politisch wie *The Desert and the Sown* – trotz aller Beteuerungen der Laienhaftigkeit einer Autorin, der es offiziell vor allem um ein Portrait der Menschen Syriens geht. Beinahe jedes Gespräch mit diesen dreht sich binnen kürzester Zeit um politische Fragen – das beginnt im Kleinen bei den Stammesfehden und geht über die Lage der Osmanischen Herrschaft in Syrien bis hin zu internationalen Belangen, wie etwa dem Krieg zwischen Russland und Japan, der als allegorischer Kampf zwischen Ost und West auf großes Interesse in diesen Breiten stieß. Grundsätzlich kommt dabei eine dezidiert imperialistische Haltung der Autorin zum Ausdruck, wie etwa in folgender Passage, in der eine englische Kolonial- bzw. Kondominalherrschaft in Syrien als innigster Herzenswunsch der Einheimischen dargestellt wird:

[A]ll over Syria and even in the desert, whenever a man is ground down by injustice or mastered by his own incompetence, he wishes that he were under the rule that has given wealth to Egypt, and our occupation of that country, which did so much at first to alienate from us the sympathies of Mohammedans, has proved the finest advertisement of English methods of government. (DS 58)

Ägypten als Musterbeispiel gelungener Besetzungspolitik anführend, wirbt Bell hier für die Kompetenzen Englands als Imperialmacht. Die britische Regierung sei der des Osmanischen Reiches nicht nur überlegen, sie sei auch die gerechtere, was schlussendlich sogar von den Muslimen anerkannt wird.[96] Hier bemüht Bell einen klassischen Topos des imperialistischen Orient-Diskurses, indem sie dem verfallenden Osmanischen Reich, das von Ungerechtigkeit, Korruption, Grausamkeit und Tyrannei regiert wird, den aufstrebenden Okzident gegenüberstellt, der nun das Ruder des Weltgeschehens in die Hand nimmt und Fortschritt, Gerechtigkeit, Ordnung und Wohlstand in diese rückständigen Regionen bringt. (vgl. Habinger 2006: 257) Die westliche Welt darf, ja, *muss* dies tun, denn der von osmanischer Ungerechtigkeit oder von seiner ‚eigenen Unfähigkeit‘ geplagte Orientale weiß sich nicht selbst zu helfen. Und nicht nur das: Die Syrer wünschen sich laut Bell nichts sehnlicher, als unter jener Herrschaft zu stehen, die Ägypten aus dem Sumpf von Korruption und Chaos befreit hat.[97] An dieser Tatsache ändert der Umstand nichts, dass sich die derart ‚beglückten‘ Ägypter inzwischen gegen die britische Herrschaft auflehnen:

The present unrest in Egypt may seem to throw a doubt upon the truth of these observations, but I do not believe this to be the case. The Egyptians have forgotten the miseries from which our administration rescued them, the Syrians and the people of the desert are still labouring under them, and in their eyes the position of their neighbours is one of unalloyed and enviable ease. But when once the wolf is driven from the door, the restraints imposed by an immutable law eat into the temper of a restless, unstable population accustomed to reckon with misrule and to profit by the frequent laxity and the occasional opportunities of undeserved advancement which characterise it. Justice is a capital thing when it guards your legal rights. (DS 58; FN)

Während also die undankbaren Ägypter schon vergessen haben, aus welchem Elend England sie befreit hat, blicken die Bewohner Syriens neidvoll auf ihren erfolgreich befriedeten und zu Wohlstand geführten Nachbarn.

Hier erhält Bells zu eingangs formulierte Absicht, die Ansichten und Meinungen der Syrer zeigen zu wollen, einen interessanten Beiklang: Ihr einfühlsames

---

[96] „[E]ven the Moslem population hated the Ottoman government, and would infinitely rather be ruled by a foreigner, what though he were an infidel – preferably by the English, because the prosperity of Egypt had made so deep an impression on Syrian minds." (DS 207)

[97] In *Safar Nameh* hatte Bell dies noch anders betrachtet: „The East looks to itself; it knows nothing of the greater world of which you are a citizen, asks nothing of you and of your civilization." (SN 8). Siehe außerdem folgende Textstelle, in der Bell mit einem persischen Scheich über den Wert europäischer Zivilisation und Kolonialisierung spricht: „[H]is disbelief in the efficacy of European civilization was equally profound, and his pessimism struck me as being further sighted than the careless optimism of those who seek to pile one edifice upon another, a Western upon an Eastern world, and never pause to consider whether, if it stands at all, the newer will only stand by crushing the older out of all existence." (SN 61)

Portrait der fremden Bevölkerung „from underneath"[98] ergibt nämlich ausgerechnet eine Sicht auf die Dinge, die mit imperialistischen Diskursen gänzlich konform geht. Denn ihren Beobachtungen zufolge muss man die Syrer gar nicht erst von den Vorzügen einer englischen Administration überzeugen. Vielmehr wird im Rahmen freundschaftlicher Begegnungen festgestellt, dass ein politisches Eingreifen des englischen *Empire* im fremden Land von seinen Bewohnern ausdrücklich erwünscht ist.[99] Bell lässt die Einheimischen dies auch gern in ihren eignen Wort verkünden. So kolportiert sie etwa folgendes Gespräch mit ihren Begleitern Mikhāil und Najīb nach dem gemeinsamen Besuch des Dorfes Alāni, in dem ein despotischer Agha[100] sein Unwesen treibt:

> "The Agha is an evil man, may God reward him according to his deeds! He squeezes their last metalik from the poor, he seizes their land, and turns them out of their houses to starve."
> "And worse than that," said Mikhāil darkly. [...]
> "Cannot the law prevent him?" said I.
> "Who shall prevent him?" said Najīb. "He is rich – may God destroy his dwelling!"
> "Oh Mikhāil!" said I as we picked our way across the muddy fields. "I have travelled much in your country and I have seen and known many people, and seldom have I met a poor man whom I would not choose for a friend nor a rich man whom I would not shun. Now how is this? Does wealth change the very heart in Syria? For, look you, in my country not all the powerful are virtuous, but neither are they all rogues. And you and the Druze of Kalb Lōzeh and Mūsa the Kurd, would you too, if you had means, become like Reshīd Agha?"
> "Oh lady," said Mikhāil, "the heart is the same, but in your country the government is just and strong and every one of the English must obey it, even the rich; whereas with us there is no justice, but the big man eats the little, and the little man eats the less, and the government eats all alike. And we all suffer after our kind and cry out to God to help us since we cannot help ourselves." (DS 317-319)

Die politischen Implikationen dieser Szene liegen auf der Hand: Die korrupte osmanische Herrschaft beutet ihre Untertanen aus, die sich nach unparteiischem Recht und Gesetz, wie es in England gilt, sehnen. Sie sind jedoch nicht in der

---

[98] Ihrem Freund Valentine Chirol beschreibt sie ihre Autorintentionen für *The Desert and the Sown* folgendermaßen: „Did I tell you I was writing a travel book? Well I am. It's the greatest fun… It's Syria from underneath, what they think of it, the talk I hear round my camp fires, the tales they tell me as they ride with me, the gossip of the bazaar." (zit. nach Howell 2007: 128)

[99] Vgl. Pandit: „Bell [...] manipulated her characters in a way that depicts them as fit subjects for British imperial domination." (1990: 179) Darüber hinaus wurde kritisiert, dass Bell teilweise auch nicht erkennt, wenn ihr als Britin lediglich mit ‚orientalischer Höflichkeit' geschmeichelt wird: „Bell not only uncritically accepts compliments from Orientals, she even fails to observe that she has selected only pro-British people to express their feelings on British rule in Egypt." (Pandit 1990: 202) Auch Robins relativiert in ihrer Rezension Bells optimistische Einschätzungen bezüglich syrischer Anglophilie: „[T]he Oriental, with his habit of courtesy, would [...] have turned a flattering phrase as easily for Teuton, Gaul, or Japanese" (1911: 492).

[100] *Agha* war der Titel für zivile und militärische Statthalter der Osmanischen Regierung.

Lage, sich aus eigener Kraft von der türkischen Herrschaft zu befreien. Die so suggerierte Hilflosigkeit liefert die Rechtfertigung, hier als Kolonialmacht *helfend* einzugreifen und dasselbe ,Gute' zu bewirken wie zuvor in Ägypten.[101] Die Einheimischen lediglich von der Herrschaft des Sultans zu befreien, damit diese sich selbst regieren können, ist indes keine Option,[102] denn diese sagen ja selbst, dass sie dann möglicherweise ebenso korrupt würden wie die jetzigen Machthaber, solange es keine starke und gerechte Regierung gäbe. Doch genau an einer solchen fehlt es momentan, denn das Osmanische Reich hat sich mit seiner imperialen Expansion übernommen. Wie ein Tuch, das man zu weit gespannt hat und das an manchen Stellen bereits ,dünn und fadenscheinig' geworden ist, sind die Türken in vielen Regionen in der Minderheit und durch den Mangel an verlässlichen Beamten herrschen Korruption, Gewalt und Armut. Die Türken verfügen weder über die Mittel noch über das diplomatische *Know-how*, um unter den verschiedenen Bevölkerungsgruppen eines so heterogenen Imperiums dauerhaft für Frieden, Recht und Ordnung zu sorgen:

> We in Europe, who speak of Turkey as though it were a homogeneous empire, might as well when we speak of England intend the word to include India, the Shan States, Hongkong and Uganda. In the sense of a land inhabited mainly by Turks there is not such a country as Turkey. The parts of his dominions where the Turk is in a majority are few; generally his position is that of *an alien governing, with a handful of soldiers and an empty purse, a mixed collection of subjects hostile to him and to each other. He is not acquainted with their language*, it is absurd to expect of him much sympathy for aspirations political and religious which are generally made known to him amid a salvo of musketry, and if the bullets happen to be directed, as they often are, by one unruly and unreasonable section of the vilayet at another equally unreasonable and unruly, he is hardly likely to feel much regret at the loss of life that may result. He himself, *when he is let alone, has a strong sense of the comfort of law and order*. Observe the internal arrangements of a Turkish village and you shall see that the Turkish peasant *knows how to lay down rules of conduct and how to obey them*. I believe that the best of our own native local officials in Egypt are Turks who have brought to bear *under the new regime the good sense and the natural instinct*

---

[101] Ganz in diesem Sinne versuchte Lord Cromer zu jener Zeit, jegliche nationalistischen Bestrebungen in Ägypten zur eigenen Regierungsbildung zu unterdrücken, denn, wie Said es polemisch ausdrückt: „Subject races did not have it in them to know what was good for them." (2003: 37)

[102] Charakteristischerweise wird diese Darstellung des schwer korrumpierbaren Westens vs. des korrupten Ostens indirekt dadurch relativiert, dass es ausgerechnet Mikhāil ist, der Bell darauf hinweist, dass die Vorräte der ohnehin schon armen Bauern der Region auf Befehl des Agha geplündert worden seien, um sie und ihre Gefährten so großzügig zu bewirten. Deshalb habe er extra nicht vom dargebotenen Brot gegessen: „,But at least I did not eat the bread of Reshid Agha,' concluded Mikhāil rather sententiously; and at this Najib and I hung our heads." (DS 319) In dieser Episode hat der ,östliche' Akteur moralisch richtig gehandelt und Bell - wenngleich aus Unwissenheit - nicht, was eine pauschale, binäre Beurteilung von Ost und West in Frage stellt: „By portraying Mikhāil's moral convictions and admitting her weakness it seems as though Bell is indirectly questioning stereotypical East-West notions concerning the global distribution of 'good' and 'bad' character traits." (Pandit 1990: 197)

for government for which they had not much scope under the old. It is in the upper grades that the hierarchy of the Ottoman Empire has proved so defective, and the upper grades are filled with Greeks, Armenians, Syrians, and personages of various nationalities generally esteemed in the East (and not without reason) untrustworthy. The fact that such men as these should inevitably rise to the top, points to the reason of the Turk's failure. *He cannot govern on wide lines, though he can organise a village community;* above all he cannot govern on foreign lines, and unfortunately he is brought more and more into contact with foreign nations. (DS 139f.; Herv. KP)[103]

Als Großmacht, die verschiedene fremde Kulturen friedlich unter sich vereinen muss, kann das Osmanische Reich nicht mehr bestehen. Der ‚kranke Mann am Bosporus' kennt sich nicht aus mit seinen Untertanen und seine Ressourcen sind erschöpft, weshalb er sogar Griechen, Armenier und Syrer bis in die oberen Riegen seines Regierungsapparates aufsteigen lässt – ein Fehler, der dem englischen *Empire* sicher nicht unterlaufen würde. Als erfahrene Imperialmacht weiß man: Gerade in den fernen *dominions* muss die Exekutive unter einer nationalen Identität vereint sein. Ein kleines Dorf führen hingegen, das kann ‚der Türke' – ja, er hat geradezu einen angeborenen Instinkt für eine solche Ordnung im Kleinen. Unter der richtigen Anleitung – etwa im Rahmen einer Kondominialverwaltung unter englischer Führung – ist er der ideale Beamte und Statthalter, wie sich bereits in Ägypten zeigte.

Dennoch lehnt Bell zumindest in *The Desert and the Sown* eine englische Okkupation Syriens ausdrücklich ab. Die Defizite der Osmanischen Regierung mögen erheblich sein, eine Machtübernahme von außen ist jedoch keine Option. Das gilt insbesondere für England, das in der Region in den Jahren zuvor maßgeblich an Einfluss eingebüßt hat:

> But I am not concerned to justify or condemn the government of the Turk. I have lived long enough in Syria to realise that his rule is far from being the ideal of administration, and seen enough of the turbulent elements which he keeps more or less in order to know that his post is a difficult one. I do not believe that any government would give universal satisfaction; indeed, there are few which attain that desired end even in more united countries. Being English, I am persuaded that we are the people who could best have taken Syria in hand with the prospect of a success greater than that which might be attained by a moderately reasonable Sultan. We have long recognised that the task will not fall to us. (DS xxiiif.)

Auch an späterer Stelle wiederholt sie diese Einschätzung, dass eine ‚Fremdablösung' der Osmanischen Herrschaft wenig sinnvoll wäre, beeilt sich aber klarzustellen, dass – entgegen entsprechender politischer Strömungen in Syrien – eine

---

103 An dieser Stelle zeigt sich abermals besonders deutlich, wie wenig sich Bell an ihre Beteuerungen in ihrem Vorwort hält, in ihrem Reisebericht keine professionelle oder gar politische Expertise in Anspruch nehmen zu wollen. Vielmehr liefert sie hier, gleichsam als Kennerin vor Ort, eine sehr selbstbewusste, souveräne Einschätzung der politischen Lage in Syrien bzw. des Osmanischen Reichs ab, ohne ein einziges Mal weibliche Bescheidenheit und Laienhaftigkeit zu beteuern.

pan-arabische Machtergreifung bzw. syrische Eigenregierung auch keine Alternative zur Herrschaft ‚des Türken' sei:

> And yet, for all his failure, there is no one who would obviously be fitted to take his place. For my immediate purpose I speak only of Syria, the province with which I am the most familiar. Of what value are the pan-Arabic associations and the inflammatory leaflets that they issue from foreign printing presses? The answer is easy: they are worth nothing at all. There is no nation of Arabs; the Syrian merchant is separated by a wider gulf from the Bedouin than he is from the Osmanli, the Syrian country is inhabited by Arabic speaking races all eager to be at each other's throats, and only prevented from fulfilling their natural desires by the ragged half fed soldier who draws at rare intervals the Sultan's pay. (DS 140f.)

Die Bevölkerungsgruppen Syriens sind zu verschieden in Kultur, Religion und Mentalität, als dass sie eine funktionierende, friedliche Nation bilden könnten. In ihrer ‚natürlichen Blutrünstigkeit' würden sie stets um die Vormacht wetteifern und sich gegenseitig aufreiben. So wie die Dinge stehen, empfiehlt Bell England stattdessen eine diplomatische Zwischenlösung, nämlich weder die britische Machtübernahme noch Rückzug aus der Region (zu Gunsten der Deutschen oder der Franzosen), sondern vielmehr eine Stärkung der osmanischen Herrschaft[104] zugunsten einer *indirekten* Einflussnahme und Lenkung hinter den Kulissen:

> The position of authority that we occupied has been taken by another,[105] yet it is and must be of far deeper importance to us than to any other that we should be able to guide when necessary the tortuous politics of Yildiz Kiosk[106]. The greatest of all Mohammedan powers cannot afford to let her relations with the Khalif of Islam be regulated with so little consistency or firmness, and if the Sultan's obstinacy in the Tabah quarrel can prove to us how far the reins have slipped from our hands, it will have

---

[104] Dies entsprach der Vorkriegspolitik Englands in Bezug auf das Osmanische Reich: „Britain also attempted, as part of its Middle East policy, to preserve the most powerful, but continuously declining, Muslim state, the Ottoman Empire, which lay on the route from Europe to India. Since, particularly, 1830 Britain had engaged in what Englishmen called 'the Great Game', protecting India from Russian attack;" (McKale 1998: 2) Diese Strategie, die auf die Erhaltung des Osmanischen Reichs abzielte, wurde vor allem auch deshalb verfolgt, weil dieses als „bulwark safeguarding Britain's shortest route to India, the heart of Britain's vast global empire" (1) diente. Diese Politik steht in krassem Widerspruch zu Englands Vorgehen im Ersten Weltkrieg, als Bell für den englischen Geheimdienst tätig war und mit ihrem (Wissens)Beitrag zum Gelingen der Arabischen Revolte genau das unterstützte, was sie hier rundheraus ablehnt: Einen Sturz der türkischen Herrschaft zu Gunsten einer arabischen Regierung, die die verschiedenen Stämme unter sich vereinen soll.

[105] Bell bezieht sich hier auf das Deutsche Kaiserreich, das seit 1882 verstärkt an Einfluss im Nahen Osten gewonnen hatte. Donald McKale spricht in seiner Monographie *War by Revolution: Germany and Great Britain in the Middle East in the Era of World War I* von einer „steady German *pénétration pacifique* of the Ottoman Empire [...] [which] included shipments of armaments to Turkey and concessions for construction of the Anatolian railroad" (1998: 4). Die Eisenbahn würde Konstantinopel – und Europa insgesamt – mit Bagdad und dem Persischen Golf verbinden, was dem Konkurrenten Deutschland Handelswege nach Mesopotamien, Persien und der Golf Region erschließen würde und dabei Englands wichtigster Kolonie, Indien, gefährlich nahe käme.

[106] Die Residenz des Sultans; hier metonymisch für die türkische Regierung verwendet.

served its turn. Seated as we are upon the Mediterranean and having at our command, as I believe, a considerable amount of goodwill within the Turkish empire and the memories of an ancient friendship, it should not be impossible to recapture the place we have lost. (DS xii)

England hat seine Position als mächtiger, westlicher Partner des Sultans an das Deutsche Kaiserreich verloren – eine Entwicklung, die es umzukehren oder zumindest zu stoppen gilt. Um außerdem zu verhindern, dass das Osmanische Reich beginnt, England seine Vormachtstellung am Mittelmeer und am Roten Meer – wie etwa in der *Tabah Crisis*[107] – streitig zu machen oder womöglich mit den Arabern unter dem vereinigenden Banner des Islam[108] gemeinsam noch ganz andere Pläne zu verfolgen, muss sich das englische *Empire* mit der Hohen Pforte gutstellen und eher als Partner denn als Konkurrent auftreten. Vor allem die Bedrohung einer pan-islamistischen Revolte in den muslimischen Terretorien war England wie Europa insgesamt stets vor Augen. (vgl. McKale 1998: 3)

Trotz aller differenzierender Kritik an der türkischen Herrschaft plädiert Bell also für eine freundschaftliche Unterstützung des ‚kranken Mannes am Bosporus‘ und nicht für dessen Sturz. Vor allem soll – zumindest an der Oberfläche – der Antagonismus von Ost und West erst einmal in den Hintergrund treten. Der Zeitpunkt hierfür wäre günstig:

For the moment, so far as my experience goes, the name of the English carries more weight than it has done for some time past. I noticed a very distinct difference between the general attitude towards us from that which I had observed with pain five years before, during the worst moments of the Boer War. The change of feeling is due, so far as I can judge from the conversations to which I listened, not so much to our victory in South Africa as to Lord Cromer's brilliant administration in Egypt, Lord Curzon's policy on the Persian Gulf, and the alliance with the conquering Japanese. (DS 228f.)

Dass neben Englands administrativen Kompetenzen als Imperialmacht vor allem dessen Allianz mit Japan in diesem Kontext eine entscheidend positive Rolle spielt, ist bezeichnend. Nicht zuletzt war während Bells Syrienreise der russischjapanische Krieg (1904/05) in vollem Gange und selbst für die Bewohner der entlegensten Regionen Syriens ein Begriff – „a topic never far from the lips of my

---

[107] Die *Tabah Crisis*, häufiger *Aqaba Incident* genannt, verweist auf einen geopolitischen Konflikt Englands mit dem Osmanischen Reich im Jahr 1906, der folglich erst stattfand, als Bell wieder in England war und gerade *The Desert and the Sown* verfasste. Dabei besetzten türkische Truppen die ägyptische Stadt Tabah auf der Sinai-Halbinsel westlich von Akaba, um den Zugang des Osmanischen Reichs zum Roten Meer zu erweitern. England, der damaligen Kolonialmacht in Ägypten, gelang es jedoch, sie wieder zum Rückzug aus Tabah zu zwingen, allerdings nicht ohne den Türken ein kleines Areal westlich von Akaba zuzugestehen.

[108] Die einende und deshalb potenziell gefährliche Kraft des Pan-Islamismus (vgl. McKale 1998: 3) spricht Bell an anderer Stelle an: „Islam is the bond that unites the western and central parts of the continent, as it is the electric current by which the transmission of sentiment is effected, and its potency is increased by the fact that there is little or no sense of territorial nationality to counterbalance it. [...] Syria is merely a geographical term corresponding to no national sentiment in the breasts of the inhabitants." (DS 228)

interlocutors, great or small" (DS 156). Der Verlauf dieses Krieges war ein brisantes, politisches Thema und wurde überall in Syrien mit größtem Interesse verfolgt, wobei er vornehmlich deshalb sowohl bei den Türken als auch bei Arabern, Kurden und Drusen eine so große Anteilnahme hervorrief, weil er für sie einen Kampf zwischen Asien und Europa, zwischen Ost und West symbolisierte. Dementsprechend stand man eindeutig auf Seiten der Japaner:

> The sympathy of every one, whether in Syria or in Asia Minor, is on the side of the Japanese, with the single exception of the members of the Orthodox Church, who look on Russia as their protector. It seems natural that the Ottoman government should rejoice to witness the discomfiture of their secular foes, but it is more difficult to account for the pleasure of Arab, Druze [...] and Kurd, between whom and the Turk there is no love lost. These races are not wont to be gratified by the overthrow of the Sultan's enemies, a class to which they themselves generally belong. At bottom there is no doubt a certain *Schadenfreude*, and the natural impulse to favour the little man against the big bully, and behind all there is that curious link which is so difficult to classify except by the name of a continent, and the war appeals to the Asiatic because it is against the European. However eagerly you may protest that the Russians cannot be considered as a type of European civilisation, however profoundly you may be convinced that the Japanese show as few common characteristics with Turk or Druze as they show with South Sea Islander or Esquimaux, East calls to East, and the voice wakes echoes from the China Seas to the Mediterranean. (DS 103f.)

Diese Analogie vom russisch-japanischen Krieg und dem Kampf zwischen Ost und West versucht Bell – neben ihrer entschiedenen Ablehnung der Gleichsetzung von Russen und Europäern – in solchen Gesprächen stets aufzuweichen, um zu verhindern, dass aus dieser Geschichte die falschen Schlüsse gezogen werden. Man solle nicht auf die Idee kommen, die Vormachtstellung Englands – ebenfalls eine vermeintlich ‚westliche‘ Imperialmacht – in der Region auf ähnliche Weise in Frage zu stellen oder anzufechten. Umso wichtiger ist es deswegen, wie Bell der englischen Regierung empfiehlt, nicht als westlicher Gegner und Konkurrent aufzutreten, sondern als freundschaftlicher Partner, der die eigenen Interessen eher subtil durchsetzt: eine diplomatische Gratwanderung zwischen Stärkung östlicher Herrschaft und westlicher Einflussnahme – eine politische Zwischenlösung, die nur allzu gut zu ihrer Verfechterin zu passen scheint.

Trotz dieses Plädoyers für eine gemäßigte Nah-Ost-Politik lässt sich in ihrem Reisebericht insgesamt ein imperialistischer, objektivierender Blick auf Syrien, Ägypten und das Osmanische Reich feststellen. Angesichts dessen drängt sich die Frage auf, ob Said nicht zuzustimmen ist, wenn er Bell zu den „Orientalist-*cum*-imperial agents" (2003: 196) zählt, über die er folgendes Urteil fällt:

> They acted, they promised, they recommended public policy on the basis of such generalizations; and by a remarkable irony, they acquired the identity of White Orientals in their natal cultures – even as, in the instances of Doughty, Lawrence, Hogarth and Bell, their professional involvement with the East did not prevent them from despising it thoroughly. The main issue for them was preserving the Orient and Islam under the control of the White Man. (2003: 238)

Dieses vernichtende Urteil mag – auch wegen der polemischen Pauschalisierung, die ja eigentlich an den Orientalisten kritisiert wird – nicht so recht überzeugen. Nach dem kontextlosen, oberflächlichen Zitieren von nur „two damnable quotes" (Varisco 2007: 156) – davon nur ein wenig aussagekräftiges aus *The Desert and the Sown* – subsumiert Said Gertrude Bell ziemlich vorschnell dem Typus des imperialistischen Orientalisten, der allein auf die Ausweitung von Englands Machthabe abzielt und den Osten *per se* verabscheut. (vgl. Said 2003: 229) Zwar ist bei Bell zweifelsohne eine imperialistische Haltung festzustellen und sie operiert, wie sich zeigte, eindeutig mit klassischen Topoi und Repräsentationsstrategien der einschlägigen Diskurse, dennoch kann von einer ‚absoluten Verachtung' gegenüber dem Orient kaum die Rede sein. Vielmehr kommen in ihrem Reisebericht immer wieder tiefe Sympathie und Zuneigung für Land und Leute zum Ausdruck.[109]

Der Text scheint sich folglich beständig im Spannungsfeld orientalistisch-reduktiver und individuell-respektvoller Darstellung der Fremde zu befinden. Daher bedarf es einer differenzierten Lektüre, welche diese heterogenen Modi der Fremddarstellung gleichermaßen berücksichtigt und entsprechend zueinander in Verhältnis setzt. Auf der Suche nach *entweder* dem einen *oder* dem anderen Repräsentationsmodus werden sich für beide Extreme scheinbar ‚eindeutige' Textstellen finden lassen, anhand welcher man die Autorin jeweils zu ‚überführen' meint. Doch das wäre vorschnell geurteilt. Trotz zahlreicher imperialistisch/orientalistisch anmutender Passagen finden sich in *The Desert and the Sown* ebenso häufig solche, die eben jene zuvor etablierten Orientalismen unterlaufen, so dass sich die jeweils zum Ausdruck gebrachten Standpunkte gegenseitig relativieren und kein Diskurs absolute Geltung beanspruchen kann: Bells Text transzendiert ja genau solcherart bipolares Denken. Dementsprechend wird auch die zuvor zitierte Passage des Vorworts, die dem Leser *den Orientalen* als unpraktisches, irrationales Kind vorgestellt hatte, nur einige Zeilen später relativiert:

> These things apart, *he is as we are*; *human nature* does not undergo a complete change east of Suez, nor is it impossible to be on terms of friendship and sympathy with the dwellers in those regions. In some respects it is *even easier than in Europe*. You will find in the East habits of intercourse *less fettered by artificial chains*, and a *wider tolerance* born of greater diversity. Society is divided by caste and sect and tribe into an infinite number of groups, each one of which is following a law of its own, and however fantastic, to our thinking, that law may be, to the Oriental it is an ample and a satisfactory explanation

---

[109] Siehe etwa folgenden Auszug aus einem Brief Bells an ihren Vater, den sie während ihrer Jahre in Bagdad schrieb – also jener Zeit, in der sie sich laut Said insbesondere „the role of colonial authority, whose position is in a central place next to the indigenous ruler" (2003: 246) angemaßt habe: „[Y]ou know, Father, it's shocking how the East has wound itself round my heart till I don't know which is me and which is it. I never lose the sense of it. I'm acutely conscious always of its charm and grace which do not seem to wear thin with familiarity. I'm more a citizen of Bagdad than many a Bagdadi born, and I'll wager that no Bagdadi cares more, or half so much, for the beauty of the river or the palm gardens, or clings more closely to the rights of citizenship which I have acquired." (30. Januar 1922; Bell 1927/II: 632)

of all peculiarities. A man may go about in public veiled up to the eyes, or clad if he please only in a girdle: he will excite no remark. Why should he? Like every one else he is merely obeying his own law. So too the European may pass up and down the wildest places, encountering little curiosity and of criticism even less. The news he brings will be heard with interest, his opinions will be listened to with attention, but he will not be thought odd or mad, nor even mistaken, because his practices and the ways of his thought are at variance with those of the people among whom he finds himself. "'Ādat-hu:" it is his custom. (DS xxif.; Herv. KP)

Der – zuvor auf 'typisch orientalistische Weise' objektivierte und infantilisierte – Orientale ist eigentlich gar nicht so anders als 'wir' und ist letztlich auch (nur) ein Mensch. Wie bei Doughty ist hier die gemeinsame Menschlichkeit diejenige Ebene, auf der man einander in Freundschaft und Zuneigung begegnen kann. Die zuvor implizierte Abwertung und Distanz werden somit wieder aufgehoben und die strenge Trennung zwischen 'uns' und 'den Anderen', die so essenziell für den Orientalismus-Diskurs ist, wird bis zu einem gewissen Grad gelockert. Bell geht sogar noch weiter und zieht manche Eigenarten 'der Anderen' sogar vor: Im Osten sind zwischenmenschliche Begegnungen weitaus angenehmer als im Westen und weniger geprägt von Affektiertheit und Vorurteilen. Die Bewohner des Orients sind aufgrund der Vielfältigkeit der eigenen Bevölkerung tolerant und aufgeschlossen und man lässt jedem seine Sitten und Bräuche.[110] Abscheu gegenüber dieser 'orientalischen' Wesensart lässt sich hier kaum erkennen, obschon Objektivierung und Generalisierung auch hier, im positiven Kontext, zum Einsatz kommen. Bell scheint sich an dieser Stelle geradezu mit der fremden Kultur zu identifizieren und diese sogar als Kontrastfolie für eine implizite Gesellschaftskritik an ihrer Heimatkultur einzusetzen. Dies scheint weniger eine typisch orientalistische Darstellungsweise der Fremde zu sein, die allein auf Objektivierung und Abwertung des Anderen abzielt, als vielmehr eine, die auf Gemeinsamkeiten und positive Aspekte ausgerichtet ist.[111]

Diese wohlwollende Haltung mag in Bells Fall darauf zurückzuführen sein, dass sie selbst von der hier gepriesenen orientalischen Toleranz profitiert. In der Fremde scheint sie, als nach heimischen Maßgaben unkonventionelle Frau, wohl zum ersten Mal in ihrem Leben nicht aus der Rolle zu fallen – aus dem simplen Grund, dass es hier gar keine vorgefertigte Rolle für sie gibt. Im Orient hat sie die Freiheit, diese selbst zu definieren und somit eine alternative Identität und gesellschaftliche Position einzunehmen. Bell ergreift diese Chance bereitwillig und tut noch mehr: Sie lässt sich auf die fremde Kultur ein und setzt sich intensiv mit Sprache, Mentalität und Sitten der verschiedenen Bevölkerungsgruppen auseinander. Dass sie sich

---

[110] Diese Beschreibung des in jeder Hinsicht toleranten Orientalen ist interessant, zumal ja ein klassisches Klischee des Orientalismus-Diskurses der fundamentalistische, fanatische Muslim darstellt, der jedem Ungläubigen den Garaus machen will.

[111] Für weitere Textbeispiele, die diese Identifikation und Assimilation Bells in *The Desert and the Sown* belegen, sei an dieser Stelle auf die Ausführungen von Pandit verwiesen, die diese bereits ausführlich besprochen hat (1990: 194-200).

diese Mühe macht, ist im Hinblick auf die zuvor beschworene ‚orientalische Toleranz' erstaunlich – weiß sie doch, dass die Araber ihr Auftreten und Verhalten so
oder so als ‚fremden Brauch' akzeptieren würden. Doch „[i]nstead of imposing her
culture on the Orient she accommodates herself to it as if it was the most natural
thing to do" (Pandit 1990: 194f.). Darin unterscheidet sie sich von manch anderem
Orientreisenden – man denke nur an Burton, der sich der Fremde nur anpasst, um
sie zu *meistern*. Bells Anpassungsbemühungen ermöglichen dagegen offene, von
Respekt und Freundschaft geprägte Begegnungen mit den Einheimischen, die dabei nicht bloß als Exemplare der Spezies ‚Orientale' wahrgenommen werden.
Stattdessen findet ein individueller Kontakt statt, der auf Austausch, Interaktion
und Koexistenz ausgerichtet ist. (vgl. Kuczynski 1993a: 15)

Zwar arbeitet Bell in ihrem Text weiterhin durchgängig mit Generalisierungen
über ‚den Orientalen/Türken/Kurden etc.', die dabei implizierten Vorurteile lassen jedoch im konkreten Fall zwischenmenschlicher Begegnung Modifikationen
und Korrekturen zu, wie auch Pandit einräumt: "Bell is one of those rare Orientalists, whom Said pays little attention to, in that she is willing to modify her in-
itial application of 'abstract maxims' when challenged by a 'native'." (Pandit
1990: 197) Bell argumentiert demnach zwar gerne anhand von Stereotypen, betrachtet jedoch diejenigen Menschen, denen sie auf ihrer Reise *in vivo* begegnet,
durchaus als Individuen,[112] und berichtet entsprechend von ebenbürtigen, von
Respekt und Sympathie geprägten Beziehungen, die sie zu ihnen unterhält. Diese wenig autoritäre – und als typisch weiblich begriffene – Art der Darstellung
des Fremden, die es in seiner Individualität anerkennt, respektiert und sich darauf einlässt, weicht vom offiziellen, männlich geprägten Diskurs des Imperialismus ab,[113] da sie dem Anderen seine Individualität zugesteht, „ohne die morali-
sierende Elle der nordwesteuropäischen Zivilisation anzulegen" (Kuczynski
1993a: 17). Die Menschen der fremden Kultur werden im Zuge dessen auch
nicht unnötig exotisiert, sondern ihr Auftreten und Verhalten wird anhand der
Regeln und Gesetze ihrer Gesellschaft erklärt und insofern als sinnvoll gezeigt.[114]

---

[112] Vgl. etwa folgende Textstelle über ‚den Kurden': „The Kurd has not been given a good
name in the annals of travel. Report would have him both sulky and quarrelsome, but for
my part I have found him to be endowed with most of the qualities that make for agree-
able social intercourse." (DS 273) Siehe auch Pandit 1990: 188ff.

[113] Damit entspricht sie wiederum den Konventionen ‚weiblicher' Reiseliteratur, wie Sara
Mills sie beschreibt: „[W]hat the [female] narrators write about the people amongst whom
they travelled and their attitude to those people is surprisingly similar and seems to differ
from the writings of male travel writers in the stress they lay on personal involvement and
relationships with people of the other culture and in the less authoritarian stance they take
vis-á-vis narrative voice." (1991: 21)

[114] Auch das ist typisch für Reiseliteratur von Frauen, wie Kuczynski ausführt: „Statt Herrschaft der einen über die andere Kultur scheint Koexistenz und Pluralität möglich. Das
Andere erscheint sympathisch. Die Fremden treten [...] [in Reiseberichten von Frauen] als
Subjekte auf, die sich nicht exotisch, sondern aus den Regeln und Gesetzen ihres Gesell-
schaftsverbandes erklärbar und sinnvoll verhielten." (1993a: 17)

So phantastisch sie ‚uns' Europäern auch erscheinen mögen – die fremden Sitten haben im jeweiligen kulturellen Kontext ihre Bewandtnis und sind zu respektieren. Dementsprechend kennt und erläutert Bell die verschiedenen Umgangsregeln und Gesetze nicht nur, sondern befolgt sie auch penibel.[115]

Doch diese Bereitschaft zur Assimilation findet durchaus selektiv statt. Bei manchen Fremden ist Bell nämlich sehr viel eher zu einer individuellen, ebenbürtigen Begegnung bereit als bei anderen. Eine solche Favorisierung bestimmter Gruppen der Fremdbevölkerung war nicht unüblich bei reisenden Frauen der viktorianischen Zeit. Wie Ingrid Kuczynski feststellt, wählten Reisende wie Lucie Duff Durham, Mary Kingsley und eben auch Bell „sowohl auf der Reise und erst recht im Konstrukt des Textes aus dem Fremden das aus, was ihren persönlichen Affinitäten und Wünschen entsprach" (1993a: 25). Dabei wurden üblicherweise ausgegrenzte Minderheiten bevorzugt, die eines Fürsprechers bedurften oder von der Zivilisation noch nicht vereinnahmt worden waren. Auch bei Bell ist es eine solche ausgegrenzte und im positiven Sinne ‚unzivilisierte' Bevölkerungsgruppe, die ihr besonderes Wohlwollen genießt: die Drusen.

Die Drusen, die in dauerhaftem Widerstand gegen die osmanischen Herrschaft zurückgezogen in der Wildnis des Dschebel Drus leben, sind nicht nur bei Türken wie Europäern wegen ihrer Kampfeslust und Blutrünstigkeit gefürchtet, sondern auch mit der Mehrzahl der Wüstenstämme verfeindet. Dennoch lässt sich Bell von deren Wildheit nicht abschrecken, sondern romantisiert sie geradezu als kriegerisches und furchtloses Volk.[116] Sie schildert die Drusen als verfolgte religiöse Minderheit, die wegen des muslimischen Fanatismus in manchen Regionen Syriens mehr oder minder im Verborgenen leben muss:

Near the church stood half a dozen hovels, the inhabitants of which came out to watch me as I photographed. Almost unconsciously I was struck by some well-known look in the kohl-blackened eyes and certain peculiarities of manner that are difficult to specify but that combine to form an impression of easy and friendly familiarity with perhaps a touch of patronage in it. […] As we were about to leave, an oldish man came forward and offered to walk with us for an hour, saying that the way down to Hārim was difficult to find, and we had not walked fifty yards together before I realised the meaning of my subconscious recognition.
"Māsha'llah!" said I, "you are Druzes."

---

[115] Bell beschreibt des Öfteren, wie sie trotz größter Erschöpfung bestimmte Höflichkeitsbesuche abdient, Geschenke macht und annimmt usw., um niemanden zu kränken und die ortsübliche Etikette einzuhalten, vgl. DS 20, 201, 274, 292f.

[116] „They made me tell them of my recent experiences in the desert, and I found that all my friends were counted as foes by the Druzes and that they have no allies save the Ghiāth and the Jebeliyyeh – the Sherarāt, the Da'ja, the Beni Hassan, there was a score of blood against them all. In the desert the word *gōm*, foe, is second to none save only that for *daif*, guest, but in the Mountain it comes easily first. I said: 'Oh Nasīb, the Druzes are like those of whom Kureyt ibn Uneif sang when he said: A people who when evil bares its teeth against them, fly out to meet it in companies or alone.'" (DS 96f.)

The man looked round anxiously at Najīb and Mikhāil, following close on our heels, bent his head and walked on without speaking.

"You need not fear," said I "The soldier and my servant are discreet men,"

He took heart at this and said:

"There are few of us in the mountains, and we dread the Mohammadans and hide from them that we are Druzes, lest they should drive us out. We are not more than two hundred houses in all."

"I have been hoping to find you," said I, "for I know the sheikhs in the Haurān, and they have shown me much kindness. Therefore I desire to salute all Druzes wherever I may meet with them."

We journeyed on along the stony mountain tops, brushing through purple daphne that grew in wonderful profusion, and talking as we went as though we had been old friends long parted. When we [...] saw Hārim below us, and I insisted that my companion should spare himself the labour of walking further. He agreed, with great reluctance, to turn back, and stood pouring out blessings on me for full five minutes before he would bid me farewell, and then returned to us again that he might be sure we had understood the way.

"And next time you come into the Jebel el'Ala," said he, "you must bring your camp to Kalb Lōzeh and stay at least a month, and we will give you all you need and show you all the ruins. And now may you go in peace and safety, please God; and in peace and in health return next year."

"May God prolong your life," said I, "and give you peace!"

So we separated, and my heart was warm with an affection for his people which it is never difficult to rekindle. Cruel in battle they may be – the evidence against them is overwhelming; some have pronounced them treacherous, others have found them grasping; but when I meet a Druze I do not hesitate to greet a friend, nor shall I until my confidence has been proved to have been misplaced. (DS 306-309)

Bell erkennt hier instinktiv ihre ‚Lieblings-Fremden' wieder. Während ein überaus hilfsbereiter Druse ihr den Weg zeigt, stellt sich sogleich eine Vertrautheit ein, als wäre man seit jeher befreundet – eine auffallend schnelle und überschwängliche Sympathiebezeugung. Bell zeigt die Drusen hier als hilfsbereites, herzliches und gastfreundliches Volk, das in Angst vor religiöser Verfolgung leben muss. Ihre Grausamkeit, Habgier und Hinterhältigkeit mögen unbestritten sein, sie gewährt ihnen jedoch einen Vertrauensvorschuss und erklärt sie alle pauschal zu ihren Freunden, bis sie eines Besseren belehrt wird. Zudem verfügen die Drusen auch über besondere Qualitäten, die in Selbstverständnis und Wertesystem der Reisenden eine essenzielle Rolle spielen, nämlich eine blaublütige Abstammung, gute Erziehung und noble Haltung. Bell war stets „acutely aware of rank, whether in the desert, town or countryside" (Graham-Brown 1985: xiv), was in folgender positiver Beschreibung der Drusen offenbar wird: „Druzes are essentially gentlefolk; but the house of the sheikhs of Sāleh could not be outdone in good breeding, natural and acquired, by the noblest of the aristocratic races, Persian or Rajputs, or any others distinguished beyond their fellows." (DS 102)

Es ist bezeichnend, dass in Bells Reisebericht, der sich diskursiv betrachtet stets zwischen gegensätzlichen Positionen bewegt, ausgerechnet die Drusen besonderes Wohlwollen genießen. Denn die Glaubensinhalte[117] der Drusen erweisen sich bei näherer Betrachtung schnell als eine Art Mischreligion bzw. ‚Religionshybrid': Zwar sind sie stark von der ismailitischen Tradition geprägt, dennoch beinhalten sie eine eigene Interpretation des Korans sowie eine eigene Doktrin, die in manchen Aspekten so sehr vom Islam abweicht, dass man von einer eigenständigen Religion sprechen muss.[118] Vor allem ihre Lehre von der Seelenwanderung widerspricht den Prinzipien des Islam und begründete mitunter die muslimische Verfolgung der Drusen: Gemäß der drusischen Reinkarnationslehren wandert die Seele eines jeden Menschen mit dessen Tod sofort in einen neugeborenen Menschen über. Auf diesem Weg von Körper zu Körper strebt die Seele nach Perfektion und geht nach deren Erreichen eine Einheit mit al-Hakim ein. Al-Hakim, ein 1021 verstorbener schiitischer Kalif, ist Religionsbegründer und zugleich ‚Messias' der Drusen.[119] Er gilt als Inkarnation Gottes und soll seit seinem Tod in einen Zustand der Verborgenheit übergegangen sein, aus welchem er 1000 Jahre später wieder zurückkehren wird, um am „Day of Judgement" (Bryer 1975: 242) die Weltherrschaft zu übernehmen.[120]

Mit ihren islamischen Wurzeln, ihrem Reinkarnationsglauben und der messianischen Erwartung der Rückkehr von Kalif al-Hakim an einer Art ‚Tag des jüngsten Gerichts' wirkt die Religion der Drusen für einen Außenstehenden wie ein Hybrid aus Versatzstücken verschiedener Glaubensrichtungen. Als ‚jüdischchristliche Muslime' bzw. als ‚muslimische Juden und Christen'[121] scheinen die Drusen Grenzgänger der dominanten Religionen des Ostens zu sein. Da ist es

---

[117] Die strikte Geheimhaltung der Glaubenslehren der Drusen hat für zahlreiche Missverständnisse gesorgt. Vorliegend wurde daher vor allem auf die sehr umfassende und aufgrund ihrer Quellen als äußerst fundiert geltende Studie von David Bryer, erschienen als Artikelreihe „The Origins of the Druze Religion" in der Zeitschrift *Der Islam*, zurückgegriffen (1975: 47-83, 239-62; 1976: 5-27).

[118] „It is only of course Ismāʿīlī in its ancestry. The Druze religion, the religion of Tawḥīd, as developed by Hamza became and has remained a religion quite separate from Islam." (Bryer 1975: 50 FN)

[119] Tatsächlich ist der Reinkarnationsgedanke nicht von fremden – etwa hinduistischen – Religionen übernommen und auch die jüdisch bzw. christlich anmutende Messiaserwartung entstammt ganz der ismailitischen Tradition (vgl. Bryer 1975: 243). Dennoch ist es vorliegend von minderem Interesse, woher die verschiedenen Glaubenslehren der Drusen *tatsächlich* stammen, sondern es geht darum, wie diese auf Bell als Außenstehende gewirkt haben müssen, die sich zweifelsohne an christliche oder jüdischen Glaubensinhalte erinnert gefühlt haben dürfte, zumal die messianischen Glaubensaspekte des Islams kaum bekannt waren.

[120] „The lack of faith and the evil deeds of the people, however, caused al-Hākim again to withdraw from the world, not to reappear until the Day of Judgement. This, though, is close at hand. Acting through his Imam, Hamza, al-Hākim will bring about the triumph of *Tawḥīd* [= Religion der Drusen] and the utter confounding of all unbelievers. There will be no heaven or hell but the Unitarians (*Muwaḥḥidūn*) will inherit the earth with the rest of mankind as their servants." (Bryer 1975: 242)

[121] Das Christentum hatte in den Augen der Drusen einiges gemein mit ihrem eigenen Glauben, so dass man Christen wie Bell freundlich begegnete. (vgl. Bryer 1975: 258f.)

nur charakteristisch, dass eine Grenzgängerin wie Bell für sie besondere Sympathien hegt.[122]

Doch ebenso umfänglich und unbeirrbar, wie Bell bestimmte Gruppen positiv bewertet, lehnt sie andere generell ab. Das ist bei den Tscherkessen der Fall, die sie in ihrem Reisebericht wiederholt negativ darstellt. (vgl. DS 238f.) Sie beschreibt sie als unrechtmäßige Einwohner Syriens, als Eindringlinge, die in einer Art tscherkessischer Invasion die ursprünglichen Bewohner verdrängen. So ergeht es etwa den Beduinen in Belka:

> They are hard pressed by encroaching civilisation. Their summer quarters are gradually being filled up with fellahīn, and still worse, their summer watering places are now occupied by Circassian colonists settled by the Sultan in eastern Syria when the Russians turned them out of house and home in the Caucasus. The Circassians are a disagreeable people, morose and quarrelsome, but industrious and enterprising beyond measure, and in their daily contests with the Arabs they invariably come off victors. Recently they have made the drawing of water from the Zerka, on which the Bedouin are dependent during the summer, a *casus belli*, and it is becoming more and more impossible to go down to 'Ammān, the Circassian headquarters, for the few necessities of Arab life, such as coffee and sugar and tobacco. [...] The truth is that the days of the Belka Arabs are numbered. (DS 56)

Die Tscherkessen erscheinen hier wie ein bösartiger aber effektiver Virus, den die Osmanische Regierung nach Belka verpflanzt hat und der nun die ‚Ur-Einwohner‘ in Bedrängnis bringt. Schon gibt es erste Streitereien um Ressourcen und die sesshaften Tscherkessen, die fleißig Handel betreiben, gewinnen langsam aber sicher die Überhand über die Nomaden der Region. Die ‚Fremden in der Fremde‘ sind zwar geschickt und geschäftstüchtig, jedoch mangelt es ihnen ganz offensichtlich an den edlen Wesenszügen und Tugenden der Nomaden. Hier zeigt sich einmal mehr die typische Opposition von Stadtbewohner und Wüstennomade, wobei Bell traditionskonform eindeutig Letztere favorisiert. Obgleich der Alltag der Beduinen hart und nicht selten von Entbehrung, Hunger und Gewalt geprägt ist, wird auch bei Bell das Wüstenleben zum natürlichen Ur-Zustand des ‚edlen Wilden‘ verklärt, der stolz an seinen jahrhundertealten Sitten und Gebräuchen festhält.

Allein Damaskus, „swept by the clean desert winds" (DS 135), ist hier die Ausnahme und gilt bei Bell als „last of Moslem capitals that ruled in accordance with the desert traditions" (ibid.). Als letztes Bollwerk arabischer Lebensart ist die Stadt noch nicht durch türkische und persische Einflüsse und deren „fatal habits of luxury which the desert had never known" (ibid.) verdorben. Hier leben sie noch, die Nachfahren der ersten arabischen Kalifen – die ‚Ur-Beduinen‘ des Hedschas – die einst die heiligen Städte Mekka und Medina verließen und nach

---

[122] Interessant ist diesbezüglich auch, dass die Religion der Drusen als wohl einzige Religion islamischen Ursprungs Frauen eine beinahe gleichberechtigte Position vor dem Gesetz und im Glauben zugesteht. (vgl. Bryer 1975: 261)

Nedschd strömten. Bis heute haben sich deren Nachkommen in Damaskus ihre reine Abstammung und Lebensweise bewahrt, wie der deutsche Konsul von Damaskus Bell zu berichten weiß: „[I]n and about Damascus you may see the finest Arab population that can be found anywhere. They are the descendants of the original invaders who came up on the first great wave of the conquest, and they have kept their stock almost pure." (DS 134)[123] Diese Favorisierung ist ganz offensichtlich von Standesdenken und nicht zuletzt auch von einem gewissen Rassismus geprägt.[124] Ähnlich wie Richard Burton, der die Beduinen aus dem Hedschas als „immutable [...] race of the desert" (zit. nach Bode 1997: 93) titulierte und deren Blutsreinheit pries, so lobt auch Bell – wenn auch indirekt in den Worten eines Anderen – das ,unverwässerte' Blut der Beduinenstämme. Diesem arabischen Äquivalent englischer Aristokratie tritt Bell, die selbst als „lady of the most noble among the English" (DS 70) reist, entsprechend besonders wohlwollend entgegen und betrachtet sie als standesgemäßen Umgang.

Trotz der vielen freundschaftlichen Begegnungen mit dergestalt ausgesuchten Bewohnern Syriens und trotz ihres „genuine and respectful understanding of these people" (Pandit 1990: 194) wahrt Bell dennoch eine gewisse Mindestdistanz. Zwar empfiehlt sie dem europäischen Orient-Reisenden grundsätzlich, die fremden Bräuche und Gesetze zu respektieren und zu befolgen, von einem richtiggehenden *going native* rät sie jedoch ab: „He will be the wiser if he does not seek to ingratiate himself with Orientals by trying to ape their habits [...]. Let him treat the law of others respectfully, but he himself will meet with a far greater respect if he adheres strictly to his own." (DS xxii) Die Grenze zwischen der eigenen europäischen Identität und dem orientalischen Anderen wird hier explizit gezogen und aller Annäherung zum Trotz von Bell aufrechterhalten. Ein Anpassen an die fremde Kultur ist im Rahmen respektvollen, freundschaftlichen Umgangs angemessen, ein *Imitieren* der fremden Wesensart hingegen unangebracht. Dies gilt insbesondere für Frauen: „For a woman this rule is of the first importance, since a woman can never disguise herself effactually. That she should be known to come of a great and honoured stock, whose customs are inviolable, is her best claim to consideration." (DS x) Die nationale bzw. gesellschaftliche Abstammung des Reisenden genügt als Schutz und Garant für einen respektvollen Empfang bei der Fremdbevölkerung. Eine umfassende Assimilation ist bei so einer Herkunft gar nicht nötig.

Umgekehrt lehnt Bell ein östliches Nachahmen westlicher Sitten und Gebräuche ebenso entschieden ab: Wenn *sie* sich östlichen Gepflogenheiten anpasst, so

---

[123] Hier zeigt sich einmal mehr der Topos des asketischen ,blaublütigen' Beduinen: Genau wie Doughty, der die Beduinen einst als „nobles of the blood" (AD I: 251) beschrieb, betrachtet auch Bell die Beduinenstämme als „the true aristocracy of the desert" (DS 25).

[124] Dass Bell ganz selbstverständlich in Kategorien von ,Rasse' dachte, zeigt sich in folgender Beschreibung eines jungen Drusen: „My guide was a young man with the clear cut features and the sharp intelligent expression of his race." (DS 79)

ist dies die Höflichkeitsgeste einer gelehrten europäischen Reisenden, die nicht zuletzt die eigene Überlegenheit beweist. Imitiert indes ein Orientale europäisches Auftreten und Benehmen, so wird dies bei Bell, so wie bei anderen Orient-Reisenden auch, als Anmaßung begriffen. Diese Ablehnung ist insbesondere für weibliche Reisende typisch, denen der westliche Habitus in der Fremde bestimmte Privilegien garantierte.[125] Dementsprechend ungehalten reagierten sie, wenn sich Einheimische europäisches Auftreten und die damit implizierte Autorität anmaßten.[126] Auch Gertrude Bell, die trotz perfektionierter orientalischer Umgangsformen und Sprachkenntnisse stets in englischer Montur reiste, teilte diese Skepsis gegenüber Einheimischen, die ihr in (vermeintlich) westlichem Aufzug entgegentraten. So berichtet sie spöttisch von dem prätentiösen Gehabe eines jungen Drusen in Salkhād:

> Jada'llah, [was] a tall young man with a handsome but rather stupid face, who greeted me with "Bon jour," and then relapsed into silence, having come to the end of all the French he knew. Just as he had borrowed one phrase from a European tongue, so he had borrowed one article of dress from European wardrobes: a high stick-up collar was what he had selected, and it went strangely with his Arab clothes. (DS 85)

Der junge Druse, der mit tumbem Gesichtsausdruck seine marginalen weltmännischen Sprachkenntnisse proklamiert, wird hier in seiner Kostümierung lächerlich gemacht. Dilettantisch hat er sich ein Element einer fremden Kultur ausgeliehen, doch weiß er dieses nicht zu tragen, und beweist letztlich, dass er sich eine westliche Erscheinung – samt der Stellung, die sie bedeutet – niemals erfolgreich aneignen kann.[127]

---

[125] „[T]he appearance of non-Europeans in European dress was tut-tutted by the women travellers for its inappropriateness." (Birkett 2004: 150)

[126] „Die reisenden Europäerinnen waren sich sehr wohl ihrer privilegierten Stellung bewußt und versuchten diese zu verteidigen. Dies unterstreicht die Tatsache, daß sie sich meist abschätzig äußerten, wenn Angehörige kolonialisierter Bevölkerungsgruppen westliche Kleidung oder sonstige Versatzstücke europäischer Kultur trugen, wurde doch dadurch die Distanz zu den Europäern und somit die westliche Überlegenheit streitig gemacht. Derartige Tendenzen wurden entweder lächerlich gemacht – ein beliebtes Mittel im Diskurs über den ‚Anderen', um diesen zu diskriminieren bzw. dessen Distanz zu betonen – oder zumindest mit sehr viel Skepsis betrachtet." (Habinger 1994: 179)

[127] Ebenso pikiert und spöttisch berichtet Bell davon, wie sich während ihres Besuchs bei Muhammad Ali Agha in Aleppo dessen Frau ungebührlich ihres Hutes bemächtigt: „The Khanum was so gracious as to prepare the coffee with her own hands, and to express admiration of the battered felt hat that lay, partly concealed by its purple and silver kerchief, on the divan beside me. 'Oh, the beautiful European hat!' said she. 'Why do you wear a mendil over it when it is so pretty?' And with that she stripped it of the silk scarf and camel's hair rope, and placing it in all its naked disreputableness on her daughter's black curls, she declared that it was the most becoming head-dress in the world." (DS 312) Abermals wird der dilettantische Versuch von Einheimischen, europäische Kleidung zu tragen, verspottet und in seiner plumpen Unschicklichkeit ausgestellt. Der im doppelten Sinne malträtierte Hut sitzt „in all its naked disreputableness" (ibid.) auf dem ebenso gemeinen Kopf des schwarzhaarigen Mädchens und die Mutter, ohne jede Ahnung von europäischem *dress code*, bewundert ihn entzückt. Die Szene erinnert an die typische Situati-

Schilderte Bell diese Szenen noch mit verhaltenem Spott und einer gewissen Gleichgültigkeit, so werden ihr Misstrauen und ihre Ablehnung angesichts Einheimischer, die es sich anmaßen, in europäisierte Manier mit ihr als Engländerin auf Augenhöhe zu sprechen, unmissverständlich. Dies zeigt sich beispielhaft in der sarkastischen Schilderung ihrer Begegnung mit Kiazim Pasha, dem Wāli von Aleppo, und dessen Frau, die zu allem Übel auch noch Tscherkessen sind:

> Kiazim Pasha is a man of very different stamp from the Vāli of Damascus. To the extent that the latter is, according to his lights, a real statesman, in so far is Kiazim nothing but a *farceur*. [...]
> Both she and her husband are Circassians, a fact that had put me on my guard before the Vāli opened his lips. They both spoke French, and he spoke it very well. He received me in an offhand manner, and his first remark was: "Je suis le jeune pasha qui a fait la paix entre les églises."
> I knew enough of his history to realise that he had been Muteserrif of Jerusalem at a time when the rivalries between the Christian sects had ended in more murders than are customary, and that some kind of uneasy compromise had been reached, whether through his ingenuity or the necessities of the case I had not heard.
> "How old do you think I am?" said the pasha. I replied tactfully that I should give him thirty-five years. "Thirty-six!" he said triumphantly. "But the consuls listened to me. Mon Dieu! that was a better post than this, though I am Vāli now. Here I have no occasion to hold conferences with the consuls, and a man like me needs the society of educated Europeans."
> (Mistrust the second: an Oriental official, who declares that he prefers the company of Europeans.)
> "I am very Anglophil," said he.
> I expressed the gratitude of my country in suitable terms.
> "But what are you doing in Yemen?" he added quickly.
> "Excellency," said I, "we English are a maritime people, and there are but two places that concern us in all Arabia."
> "I know," he interpolated. "Mecca and Medina."
> "No," said I. "Aden and Kweit."
> "And you hold them both," he returned angrily – yes, I am bound to confess that the tones of his voice were not those of an Anglo-maniac. (DS 265)

Mit beißendem Sarkasmus wird hier das Bild eines selbstgefälligen, manierierten Gouverneurs gezeichnet, dessen anbiedernde Anglophilie sich schnell als von Machtinteressen getriebene Schmeichelei entpuppt. Dabei wird in dieser Passage die ‚Bedrohung durch konkurrierende Assimilation' plötzlich konkret, als es um geographische Interessenskonflikte zwischen Osmanischem Reich und britischem *Empire* geht. Nicht nur der privilegierte Status Bells als europäische Reisende gegenüber einem männlichen, türkischen Gouverneur ist an dieser Stelle potenziell gefährdet, sondern auch die geopolitische Machtposition Englands, von der sich dieser Status ableitet.

---

on eines Kindes, das sich an Mutters Kleiderschrank vergreift, um sich zu verkleiden. Hier zeigt sich ein diskriminierendes Desavouieren des (europäisierten) Anderen, das die Grenze zwischen Eigenem und Fremden aufrechterhält und betont.

Bei ihrem Besuch in Homs fühlt sie sich vergleichbar in ihrer überlegenen Position als englische Reisende bedroht. Dort wird sie nämlich unablässig von einer Horde neugieriger Jungen und Männer verfolgt, die sie anstarren:

> [T]he Kāimakām offered me a soldier to escort me about the town, but I refused, saying that I had nothing to fear, since I spoke the language. I was wrong: no knowledge of Arabic would be sufficient to enable the stranger to express his opinion of the people of Homs. Before I was well within the bazaar the persecution began. I might have been the Pied Piper of Hamelin from the way the little boys flocked upon my heels. I bore their curiosity for some time, then I adjured them, then I turned for help to the shopkeepers in the bazaars. This was effective for a while, but when I was so unwary as to enter a mosque, not only the little boys but every male inhabitant of Homs (or so it seemed to my fevered imagination) crowded in after me. They were not annoyed, they had no wish to stop me, on the contrary they desired eagerly that I should go on for a long time, that they might have a better opportunity of watching me; but it was more than I could bear, and I fled back to my tents, pursued by some two hundred pairs of inquisitive eyes, and sent at once for a zaptieh. (DS 180f.)

Dass Bell dieses Anstarren als Provokation und schlussendlich als Bedrohung empfindet, vor der sie flüchten und sich schützen muss, ist nicht überraschend, stellt es doch eine Verkehrung der typischen Rollenverteilung von Reisendem und Fremdbevölkerung dar: „In travel writing the narrator gazes at the 'natives' – and is irritated if they have the temerity to gaze back." (Mills 1991: 78) Der Akt des Schauens impliziert dabei eine Machtposition, im Rahmen derer das beobachtende Subjekt Macht und Kontrolle über das beobachtete Objekt ausübt. Mary Louise Pratt beschreibt in ihrer einflussreichen Studie *Imperial Eyes* (1992) jene „relation of mastery predicated between the seer and the seen" (200) speziell in Bezug auf Reiseliteratur. Der Reiseautor positioniert sich demgemäß durch den bloßen Akt des Beobachtens, Interpretierens und klassifizierenden Beschreibens stets als Subjekt, während der Beobachtete zum passiven Beschreibungs-Objekt wird. Diese einseitig festgelegte Blickrichtung hat Tradition im Verhältnis Reisender/Fremdbevölkerung bzw. *colonizer/colonized*: Allein „the (lettered, male European) eye that held the system could familiarize ('naturalize') sites/sights" (31) und hat stets das Vorrecht der Beobachtung und Beschreibung.[128] Wird nun diese Blickrichtung verkehrt, so stimmt auch das Machtgefüge nicht mehr und die Reisenden – nun Schauobjekte des fremden Blicks – reagieren mit Unsicherheit, Unbehagen und Abwehr,[129] wie E. Ann Kaplan in ihrer richtungsweisenden

---

[128] Laut Kaplan ist diese Kompetenzverteilung der westlichen Forschung inhärent und nicht ohne Weiteres zu verkehren: „The western science process of classifying and making taxonomies […] ensures that non-white people will continue to be objects of the gaze, not subjects." (1997: 59)

[129] Abwehr durch Spott zeigt sich etwa in einer Episode in den Briefen von Lady Elizabeth Craven über ihre Reise durch die Krimm nach Konstantinopel (1789), die von einem Besuch der Lady mit ihren Damen in einem Harem berichtet. Den Abschied von den Haremsdamen beschreibt Annegret Pelz folgendermaßen: „Über die Bitte der Bewohnerinnen an die Besucherinnen, sich nun ihrerseits vom ,Orient' aus ansprechen und betrach-

Studie *Looking for the Other: Feminism, Film and the Imperial Gaze* (1997) formuliert: „[W]hite subjectivities [...] can also be destabilized when exposed to the gaze of the Other, since this is a gaze to which such subjects have not traditionally been subjected." (xix) Der betrachtete Betrachter wird sich plötzlich seines eigenen, potenziellen Objektcharakters gewahr und hat seinen Status als die Situation kontrollierendes Subjekt verloren.[130] Dieser auf Kontrolle und Dominanz ausgerichtete Blick des westlichen Forschungsreisenden gilt zudem als genuin männlicher. Das ist nicht allein der Tatsache geschuldet, dass traditionell Männer in die Ferne reisten,[131] sondern vor allem auch dem Umstand, dass diesem *imperial gaze* dasselbe Dominierungsmoment innewohnt, welches die feministische Forschung dem ‚männlichen Blick' grundsätzlich zuschreibt:

> The imperial gaze reflects the assumption that the white western subject is central much as the male gaze assumes centrality of the male subject. [...] Like the male gaze, it's an objectifying gaze, one that refuses mutual gazing, mutual subject-to-subject recognition. (Kaplan 1997: 78f.)

Gegenstand dieses objektifizierenden männlichen Blickes ist traditionell die Frau. Diese Rollenverteilung des Mannes als aktiver Betrachter und der Frau als passives Schauobjekt ist kulturell festgelegt.[132] Im kolonialen Kontext wird der weiße Mann somit zum gleichermaßen doppelt ermächtigten Betrachter – einerseits gegenüber den Frauen seiner Heimatkultur, andererseits gegenüber der Fremdbevölkerung. Reisende Frauen nahmen in der Fremde nun selbstverständlich diese Subjektposition des Betrachters für sich in Anspruch: „[W]hen white women travel, and are situated within contexts where they are viewed as superior to the local inhabitants, they are permitted the place of subject of the gaze – at least in relation to the 'natives'" (Kaplan 1997: 81). Auch Bell hatte die-

---

ten zu lassen, indem sie ‚zur Belustigung der Gemahlin des Pascha und des Harems, [...], die Wagen zwei- oder dreimal um den Hof fahren lassen, bricht am Ende die ganze Gesellschaft in ein gemeinschaftliches Gelächter aus: ‚Diese lächerliche Bitte wurde, wie sie leicht denken können, nicht erfüllt und wir lachten herzlich über unsere Begebenheit.'" (1993: 188) Der Wunsch der Anderen quasi auf Augenhöhe zurückzublicken, wird demgemäß als lächerlich und absurd abgetan, denn er würde auch eine Objektivierung der europäischen Gäste bedeuten, die nicht zugelassen werden darf.

[130] „The anxiety arises from the fragility of being in the 'master' position. Masters unconsciously know that mastery cannot remain theirs forever: there's always the threat of being toppled." (Kaplan 1997: 79)

[131] „The explorer's gaze, however, had been generically and literally, a man's gaze. For until the eighteenth century, travel outside Europe was a male experience [...] the voyage-en-orient was man's voyage in man's lands." (Melman 1992: 9f.)

[132] Siehe Laura Mulveys grundlegenden kulturwissenschaftlichen Aufsatz „Visual Pleasure and Narrative Cinema", der den ‚männlichen Blick' psychoanalytisch betrachtet: „In a world ordered by sexual imbalance, pleasure in looking has been split between active/male and passive/female. [...] In their traditional exhibitionist role women are simultaneously looked at and displayed, with their appearance coded for strong visual and erotic impact so that they can be said to connote to-be-looked-at-ness." (2006: 346)

se Position als *master of the gaze* in ihrem Reisebericht bis zu ihrem Aufenthalt in Homs ganz selbstverständlich eingenommen. Doch dort sieht sie, da plötzlich sie das Objekt von beobachtenden männlichen Blicken ist, ihren Subjektstatus bedroht und zwar in zweierlei Hinsicht: Einerseits in ihrer Rolle als überlegener, imperialer Betrachter, andererseits in ihrer privilegierten gesellschaftlichen Stellung als „Mann honoris causa" (Habinger 2006: 102), weil sie als Schauobjekt wider Willen nun doch wieder zur Frau ‚degradiert' wird. In ihrer Heimat mag sie als Frau in dieser Objekt-Rolle gefangen sein – in der Fremde jedoch hat sie den ‚Primat der Blickrichtung'.[133]

Fühlt sich Bell in dieser überlegenen Position bedroht und wird sie, überspitzt ausgedrückt, vom Jäg*er* zu*r* Gejagten (der Genusfehler ist hier intendiert), so reagiert sie äußerst gereizt:

> The rest of the afternoon was devoted to society and to fruitless attempts to escape from the curiosity of the townsfolk. It was a Friday afternoon, and no better way of spending it occurred to them than to assemble to the number of many hundreds round my tents and observe every movement of every member of the camp. The men were bad enough, but the women were worse and the children were the worst of all. Nothing could keep them off, and the excitement reached a climax when 'Abd ul Hamed Pasha Druby, the richest man in Horns, came to call, bringing with him the Kādi Muhammad Sāid ul Khāni. I could not pay as much attention to their delightful and intelligent conversation as it deserved, owing to the seething crowd that surrounded us, but an hour later I returned their call at the Pasha's fine new house at the gate of the town, accompanied thither by at least three hundred people. I must have breathed a sigh of relief when the door closed upon my escort, for as I established myself in the cool and quiet liwān, 'Abd ul Hamed said: "Please God the populace does not trouble your Excellency; for if so we will order out a regiment of soldiers." I murmured a half-hearted refusal of his offer, though I would have been glad to have seen those little boys shot down by volleys of musketry, and the Pasha added reflectively:
> "The Emperor of the Germans when he was in Damascus gave orders that no one was to be forbidden to come and gaze on him."
> With this august example before me I saw that I must bear the penalties of greatness and foreignness without complaint. (DS 186/189)

Zum buchstäblichen Spektakel gemacht und beständig auf der Flucht vor den Männern sowie inzwischen auch vor Frauen und Kindern, reagiert Bell nicht gerade mit damenhafter Milde. Obgleich sie ein militärisches Eingreifen in dieses respektlose Treiben höflich ablehnt, würde sie, wie sie den Leser wissen lässt, diese frechen Plagegeister nur zu gern von einer Gewehrsalve niedergestreckt sehen. Als sie jedoch erfährt, dass der deutsche Kaiser es bei seinem Besuch in Damaskus explizit gestattete, den neugierigen Blicken der Bevölkerung ausgesetzt zu werden, lässt sie alle weiteren Nachstellungen stoisch über sich ergehen, bis sie sich endlich „beyond the range of vision of the furthest sighted of little boys"

---

[133] Kaplan spricht diesbezüglich von der „contradictory position of white women colonial travellers, whose subjectivities are caught between objectification in white patriarchy and white privilege in colonialism – between, that is, the male and the imperial gazes" (1997: 15).

204

(DS 195) befindet. Die (Selbst)Ironie dieser Passage ist eminent, dennoch sind ihre Implikationen bemerkenswert: Bell ist sichtlich entnervt von der hartnäckigen Verfolgung der Bewohner von Homs und dem unverfrorenen Starren von „two hundred pairs of inquisitive eyes" (DS 181). Ist doch sie eigentlich diejenige, die Schauen *darf*, während die Anderen sich dies gefallen lassen müssen – nicht umgekehrt. Beruhigend ist da die Information, dass der deutsche Kaiser als männlicher Potentat dieselben Nachstellungen erlebt und geduldet hat. Die Erwähnung dieses augustäischen Exempels impliziert, wenn auch in einem selbstironischen *argumentum a maiore ad minus*, eine gewisse Vergleichbarkeit: Bell besitzt aufgrund ihrer Herkunft und Hautfarbe im Orient einen quasi männlichen, aristokratischen Status und ist, wie der deutsche Kaiser, Objekt öffentlichen Interesses – „penalties of greatness and foreignness" (DS 189), die sie würdevoll über sich ergehen lassen muss. Doch aller aristokratischen Contenance zum Trotz bleibt ihr Resümee verschnupft: „I do not like the town of Homs and never of free will shall I camp in it again." (DS 180)

Bell tritt also, ungeachtet aller Assimilation, primär als überlegener Betrachter auf, als „model imperial spectator" (Anderson 2006: 38), der der Fremde und ihren Bewohnern häufig mit objektivierendem Schauen begegnet und diese bisweilen auch anhand einer „scopic language provided by a masculine imperial authority" (ibid.) beschreibt. Pratt definiert diesen vereinnahmenden Blick samt entsprechend imperialistischer Rhetorik folgendermaßen:

[T]he eye scanning prospects in the spatial sense knows itself to be looking at prospects in the temporal sense – possibilities of a Euro-colonial future coded as resources to be developed, surpluses to be traded, towns to be built. Such prospects are what make information relevant in a description. (1992: 59)

Nun reiste Bell zwar nicht im Rahmen imperialer Expansion, doch hatte auch sie durchaus gewisse *prospects*, hinsichtlich derer sie die fremde Landschaft sichtete und beschrieb. Sie reiste im Zeichen archäologischer Feldforschung und betrachtete die Landschaft häufig vor allem als zukünftiges Ausgrabungsland[134] mit noch ungehobenen Kulturschätzen und Ruinen, das es vor allem im Hinblick auf sein archäologisches Potenzial zu dokumentieren und evaluieren galt. Das zeigt sich ansatzweise in Homs, als Bell, nachdem sie ihre ‚voyeuristischen Verfolger' abgeschüttelt hat, vom Burghügel aus ihren üblichen „general survey" (DS 181) absolviert:

Next morning I was wiser and took the zaptieh with me from the first. We climbed to the top of the castle mound to gain a general idea of the town. Though it has no par-

---

[134] „Close to the statue I saw a long moulded cornice which was apparently in situ, though the wall it crowned was buried in a corn-field: so thickly does the earth cover the ruins of Seleucia. Some day there will be much to disclose here, but excavation will be exceedingly costly owing to the deep silt and to the demands of the proprietors of mulberry grove and cornfield. The site of the town is enormous, and will require years of digging if it is to be properly explored." (DS 334)

ticular beauty, Homs has a character of its own. [...] I saw no mass of building of pre-Mohammedan date but one, a brick ruin outside the Tripoli gate which was certainly Roman, the sole relic of the Roman city of Emesa. The castle mound is also outside the town, and when I had completed my general survey we entered by the western gate and went sight-seeing. (DS 181)

Dort oben ist Bell wieder in ihrem Element als im doppelten Wortsinne überlegene Betrachterin und „monarch-of-all-I-survey" (Pratt 1992: 197), die die Gebäude und Ruinen der Stadt, die *sich ihr zeigen*, architektonisch und historisch zu lesen weiß. Dabei wird außerdem ihr höchst selektiver Blick auf das Stadtpanorama offenbar. Scheinbar interessieren sie vor allem altertümliche Bauten und Ruinen prä-islamischen Datums. Da sich lediglich eine kleine Ruine römischen Ursprungs außerhalb der Stadtmauern befindet, gibt es jedoch an dieser Stelle nicht viel zu berichten. Die Architektur der arabischen Burg, auf der sie steht, wird in keiner Weise näher beschrieben.[135] Diese Bevorzugung nicht-arabischer archäologischer Sehenswürdigkeiten zeigt sich auch im Fazit ihres Besuchs in Masyad: „Now Masyad was a disappointment. There is indeed a great castle, but, as far as I could judge, it is of Arab workmanship, and the walls round the town are Arab also." (DS 218) Die Wertung, dass nur Ruinen europäischen Ursprungs nennenswerte Altertümer darstellen, scheint zunächst für eine typisch eurozentristische Haltung Bells – auch als Archäologin – zu sprechen. An anderer Stelle relativiert sie dieses Bewertungsschema jedoch ausdrücklich wieder:

> For the archaeologist there is *neither clean nor unclean*. All the works of the human imagination fall *into* their appointed place in the history of art, directing and illuminating his own understanding of it. He is doubly blest, for when the outcome is beautiful to the eyes he returns thanks; but, whatever the result, it is sure to furnish him with some new and unexpected link between one art and another, and to provide him with a further rung in the ladder of history. He is thus apt to be well satisfied with what he sees, and above all, he does not say: "Alas, alas! these dogs of Syrians! Phidias would have done so and so;" for he is glad to mark *a new attempt in the path of artistic endeavour*, and a fresh breath moving the acanthus leaves and the vine scrolls on capital and frieze. (DS 167f.; Herv. KP)

Hier werden für die Bildhauerei und Architektur die hegemonialen Dichotomien von westlich/wertvoll und östlich/wertlos aufgelöst und die potenzielle Vermischung der beiden Richtungen, etwa im Falle orientalischer Ornamentik in den Kapitellen klassischer Bildhauerei, weder als unrein noch als rein abgestempelt – es ist etwas *dazwischen*. Einmal mehr ist es ein Zwischenraum, nämlich das fruchtbare Grenzland „between one art and another" (ibid.), in dem Bell das größte Potenzial sieht. In diesem bislang verkannten Neuland zwischen westlicher und östlicher Ästhetik liegt möglicherweise die Zukunft der Kunst.

---

[135] Photographien der Burg finden sich dementsprechend auch keine. Lediglich eine Straßenszene in Homs wird abgebildet (DS 193), die augenscheinlich aufgenommen wurde, als Bell noch nicht ‚verfolgt' wurde.

Trotz solcher progressiver Relativierungsgesten bleibt Bells Blick auf die fremde Landschaft dennoch ein eurozentristischer und vereinnahmender, der sich vor allem auf die archäologische Erschließung des Fremdraums richtet: Die nicht-arabischen Kulturschätze Syriens stehen in Bells Augen selbstverständlich der europäischen Wissenschaft zu, die sie auch zu schätzen und zu wahren weiß. Dass der Westen hier einen vorrangigen Anspruch auf die Relikte der klassischen und christlichen Antike hat, die man als Überreste der *eigenen* kulturellen Vergangenheit betrachtete, stand außer Zweifel und wurde in den britischen Reiseberichten jener Zeit selbstverständlich propagiert. (vgl. Kuczynski 1993a: 12) Diese Haltung vertrat auch Bell und sofern sie die damaligen Bewohner dieser Stätten potenzieller Kultursicherung und Ausgrabung überhaupt erwähnt, so lediglich als Störfaktoren bei der Bergung dieser ‚Bodenschätze‘:

> I made a long circuit that I might visit Tell Nebi Mendu, which is the site of Kadesh on the Orontes, the southern capital of the Hittites. Kadesh in its day must have been a fair city. The mound on which it was built rises out of a great corngrowing plain; to the south the wide valley of the Orontes runs up between the twin chains of Lebanon, to the west the Jebel Nosairiyyeh protect it from the sea, and between the ranges of Lebanon and the Nosairiyyeh mountains there is a smiling lowland by which merchants and merchandise might pass down to the coast. Northwards to the horizon stretch the plains of Coelo Syria; the steppes of the Palmyrene desert bound the view to the east. The foot of the tell is washed by the young and eager Orontes (the Rebellious is the meaning of its Arabic name), and in the immediate foreground lies the lake of Homs, six miles long. The mound of Kadesh is approached by grassy swards, and among willow trees a millwheel turns merrily in the rushing stream. The site must have been inhabited almost continuously from Hittite times, for history tells of a Seleucid city, Laodocia ad Orontem, and there are traces of a Christian town. Each succeeding generation has built upon the dust of those that went before, and the mound has grown higher and higher, and doubtless richer and richer in the traces of them that lived on it. But it cannot be excavated thoroughly owing to the miserable mud hovels that have inherited the glories of Laodocia and Kadesh, and to the little graveyard at the northern end of the village which, according to the Moslem prejudice, must remain undisturbed till Gabriel's trump rouses the sleepers in it. (DS 175f.)

Die Spuren des biblischen Volkes der Hittiter sind der christlichen Antike zuzurechnen und somit Bestandteil des Anspruchs abendländischer Kultur-Sicherung. Doch können sie wegen der ‚erbärmlichen Dreckschuppen‘ und des muslimischen ‚Aberglaubens‘ ihrer Bewohner nicht erschlossen werden. Auf diese Weise beschreibt Bell die Einheimischen, die den *wahren* Wert ihres Landes nicht kennen und potenzielle Ausgrabungsstätten westlicher Feldforschung zerstören, mehrfach als ‚Dorn im Auge‘ des westlichen Archäologen.[136] Somit be-

---

[136] Vgl. auch Bells Beschreibung Antiochas, deren Akropolis durch den Raubbau der Einwohner beständig 'schrumpft' (DS 324), sowie folgende Textstelle: „I rode across the plain southwards to Kastal, a fortified Roman camp standing on a mound. This type of camp was not uncommon on the eastern frontiers of the Empire, and was imitated by the Ghassānids when they established themselves in the Syrian desert, if indeed Mshitta was, as has

trachtet sie den auf ihrer Reise erfahrenen Fremdraum nicht selten *from an imperial archaeologist's point of view*.

4. Neither the Desert nor the Sown

Zusammenfassend lässt sich also in Übereinstimmung mit Pallavi Pandit feststellen, dass das Bild, das Bell vom Orient zeichnet alles andere als klar definiert ist: „Bell's vision of the East as expressed in *Desert and the Sown* cannot be described in static terms since she constantly vacillated between an imaginative and imperial possession and domination of the Orient and a sense of friendship and equality toward it." (Pandit 1990: 208) Diese Erkenntnis wird im Rahmen der hier unternommenen Lesart von *The Desert and the Sown* jedoch als Bestandteil einer diskursiven Strategie begriffen, in der einmal mehr die spezifische Selbst- und Fremddarstellung in den Zwischenräumen des Binären zum Tragen kommen. Es ist Pandit durchaus zuzustimmen, dass man Bells Reisebericht und der dort zum Ausdruck gebrachten Perspektive auf das Eigene und das Andere nicht anhand von *static terms* gerecht werden kann. Vielmehr, so wird hier argumentiert, sind eben *dynamic terms* von Nöten, sprich eine dynamische Konzeption des textspezifischen Diskurses, die nicht nur von einer Kipp-Bewegung zwischen mal dem einen, mal dem anderen Pol ausgeht, sondern die Transzendierung solcher Bipolaritäten insgesamt in Betracht zieht.

Bei den Ambivalenzen und Heterogenitäten in Bells Text handelt es sich gerade nicht, wie Pandit es ausdrückt, um ein beständiges Kippen[137] oder gar einen Kampf[138] zwischen verschiedenen binären Oppositionen, sondern eher um deren *systematische* Auflösung, was durch das stetige Kreuzen diskursiver Grenzen zum Ausdruck kommt. Der Text transzendiert in seinem spezifischen Diskursverhalten, das diesen gezielt zwischen an sich geschlossenen Diskurssystemen und binären Positionen positioniert und beide zugleich aktualisiert, jegliches bipolares Denken, wodurch er für sich und den Leser einen hybriden Zwischenraum erschließt, der Raum bietet für Grautöne und Entscheidungen jenseits eines entweder/oder. Somit werden Bewertungen als entweder nur ‚gut' oder nur ‚böse' hinfällig – ein Modus der Alteritätsverarbeitung, der vielleicht mehr als jeder andere allen Aspekten der Fremdheitserfahrung eines Individuums gerecht werden kann.

---

been surmised, but a more exquisite example of the same kind of building. [...] When I passed by Kastal, five years before, it was uninhabited and the land round it uncultivated, but a few families of fellahin had established themselves now under the broken vaults and the young corn was springing in the levels below the walls, circumstances which should no doubt warm the heart of the lover of humanity, but which will send a cold chill through the breast of the archaeologist. There is no obliterator like the plough-share, and no destroyer like the peasant who seeks cut stones to build his hovel." (DS 34)

[137] Pandit spricht etwa von „vacillation" (1990: 175) und „fluctuation" (179).

[138] Pandit spricht diesbezüglich von Bells „struggle between the reductive Orientalist approach [...] and her private involvement in and understanding of the Orientals" (1990: 179).

In diesem Licht erhalten auch die Schlussworte von *The Desert and the Sown* – die bezeichnenderweise nicht von Bell, sondern ihrem syrischen Begleiter stammen – einen besonderen Beiklang:

"Listen, oh lady," said Mikhāil, "and I will make it clear to you. Men are short of vision, and they see but that for which they look.
Some look for *evil* and they find *evil*;
some look for *good* and it is *good* that they find,
and moreover some are fortunate and these find always *what they want*.
Praise be to God! to that number you belong. And, please God! you shall journey in peace and return in safety to your own land, and there you shall meet his Excellency your father, and your mother and all your brothers and sisters in health and in happiness, and all your relations and friends," added Mikhāil comprehensively, "and again many times shall you travel in Syria with peace and safety and prosperity, please God!"
"Please God!" said I. (DS 340; Herv. & Satz KP)

IV. T.E. Lawrence: *Seven Pillars of Wisdom* (1935)

Einleitende Worte zu Thomas Edward Lawrence, besser bekannt als ‚Lawrence von Arabien‘, und seinem berühmtesten Werk *Seven Pillars of Wisdom* könnten angesichts der Fülle an bereits vorhandener Sekundärliteratur, die über 40 Biographien, zahlreiche Monographien und Sammelbände, unzählige Aufsätze und Artikel in populären wie wissenschaftlichen Zeitschriften und sogar eine eigene Enzyklopädie umfasst, letztlich nur eine Anhäufung an Quellenverweisen darstellen.

Das Zurücktreten von Text und Autor hinter den inzwischen beinahe hundert Jahre andauernden ‚Lawrence-Studien‘ scheint dabei symptomatisch für einen Menschen zu sein, der dank seines multimedial propagierten Images als ‚Lawrence von Arabien‘ bereits zu Lebzeiten als romantischer Kriegsheld einer heldenlos gewordenen Moderne zur Legende wurde. Diese in verschiedensten Medien konstruierte Identität, deren Fragwürdigkeit und Brisanz Lawrence durch sein enigmatisches Verhalten in den Nachkriegsjahren zusätzlich befeuerte, entwickelte schnell ein Eigenleben, das sich losgelöst von der realen Person Lawrence, bzw. Ross und Shaw, wie er sich später nannte, abspielte. Daher bedeutet ein Nachzeichnen der Autorenvita und Textgenese im Fall von *Seven Pillars* stets auch ein Nachvollziehen der Konstruktion und Transformation der *Figur* Lawrence als Objekt eines Diskurses, der bis heute anhält.[1]

Vor diesem Hintergrund soll hier bewusst auf eine allgemeine Repetition der Forschungsgeschichte oder eine Bibliographie in Fußnoten verzichtet werden.[2] Die beeindruckende Fülle an Forschungsarbeiten soll jedoch dahingehend fruchtbar gemacht werden, dass auf die bereits erbrachten Leistungen von Recherche und Analyse zurückgegriffen und verwiesen werden kann, um dadurch umso zielstrebiger auf die hier relevante Fragestellung eingehen zu können, nämlich wie Lawrence in *Seven Pillars of Wisdom* das Eigene und das Andere entwirft und diskursiv verhandelt.

---

[1] Erst im Januar 2008 zierte Lawrence einmal mehr das Cover der deutschen Ausgabe des *National Geographic* mit dem Titel „Europas Traum vom Orient – Wie mit Lawrence von Arabien der Kampf um den Nahen Osten begann". Im Oktober 2009 fand im Landesmuseum Natur und Mensch in Oldenburg ein Symposium samt mehrwöchiger Sonderausstellung zum Thema „Lawrence von Arabien: Genese eine Mythos" statt, das sich – trotz einschlägiger, wissenschaftlicher Vorträge – vor allem auch an eine populärwissenschaftlich interessierte Öffentlichkeit richtete. Die Ausstellung war so erfolgreich, dass sie von April bis September 2011 zusätzlich im neu eröffneten Rautenstrauch-Joest-Museum in Köln gezeigt wurde. Der Sammelband zur Tagung, *Lawrence von Arabien: Genese eines Mythos*, herausgegeben von Mamoun Fansa und Detlef Hoffmann, erschien 2010 beim Verlag Philip von Zabern, Mainz.

[2] Für eine ausführliche Bibliographie sei daher an dieser Stelle auf Philip O'Briens *T.E. Lawrence: A Bibliography* verwiesen. Diese 1988 bei G. K. Hall erschienene, äußerst umfassende Bibliographie wurde im Jahr 2000 neu aufgelegt und im Zuge dessen überarbeitet, ergänzt und auf den neuesten Stand gebracht.

Hierfür ist zur Grundierung zumindest ein kurzer Abriss zu Lawrences Biographie sowie der Publikations- und Rezeptionsgeschichte von *Seven Pillars* unerlässlich, dem Reise- oder besser gesagt Kriegsbericht eines Mannes, der von klein auf davon überzeugt war, für Außergewöhnliches prädestiniert zu sein.

1. The „Unicorn in the Racing-Stable"[3]

> „By the beard of the prophet, he seems more than a man!"[4]

Thomas Edward Lawrence wurde am 16. August 1888, als zweiter von fünf Söhnen von Thomas Robert Tighe Chapman und Sarah Junner Lawrence – eine uneheliche Verbindung zwischen einem Aristokraten und einer Bediensteten – in Tremadoc, Wales, geboren. Sein Vater, Baronet der irischen Grafschaft Westmeath, hatte Besitz und Titel aufgegeben und Ehefrau und Kinder verlassen, um mit Sarah, der Gouvernante seiner Töchter, eine neue Familie zu gründen. Sein Wunsch, diese nicht standesgemäße Beziehung zumindest rückwirkend durch eine Heirat zu legitimieren, blieb durch die Verweigerung einer Scheidung unerfüllt. Das ungleiche Paar sah sich gezwungen, Westmeath zu verlassen und außerhalb Irlands unter einem anderen Namen ein neues Leben zu beginnen, um einen gesellschaftlichen Skandal zu vermeiden.

Während ihr erster Sohn, Montagu Robert, noch unter dem Namen Chapman das Licht der Welt erblickte, stand auf der Geburtsurkunde von T.E. bereits der neue Familienname ‚Lawrence', der Nachname von Sarahs (vermeintlichem) Vater, einem gewissen John Lawrence, für dessen Eltern Sarahs Mutter gearbeitet hatte. Sarah, die ebenfalls der unehelichen Verbindung einer Bediensteten mit ihrem Brotgeber entstammte, wiederholte somit den moralischen Fehltritt ihrer Mutter – ein Umstand, der maßgeblichen Einfluss auf die Erziehung ihrer Söhne haben sollte.

Der Weg der jungen Familie Lawrence[5] führte zunächst nach Wales und Schottland und von dort über die Bretagne und Südengland zu guter Letzt nach Oxford, wo sie sich 1896 endgültig niederließ. Obgleich die junge Familie dort

---

[3] In einem nicht publizierten Brief an einen *Air Marshal* schrieb Lawrence einmal über seine Zeit bei der Armee: „It's like having a unicorn in a racing-stable. Beast doesn't fit." (Lawrence 1952: 141) In einem Brief an Dick Knowles vom 7. Dezember 1927 schreibt er: „Do you ever feel like a unicorn strayed amongst sheep? I fancy so, from your letter. If so, you must prepare yourself for not ever becoming quite a part of the earth – or quite unconsciously happy." (256) In einem früheren Brief an Edward Garnett während seiner Zeit als Rekrut der Luftwaffe in Uxbridge verwendet er abermals ein ähnliches Bild, dass ihn als schillerndes, unangepasstes Wesen zeigt: „I might be one dragon-fly in a world of wasps – or one wasp among the dragon-flies!" (9. Oktober 1922; Lawrence 1991: 210)

[4] Auda Abu Tayi über Lawrence; zit. nach Thomas 1935: 292.

[5] Diese Namensänderung wurde nur privat vollzogen und erhielt nie offiziellen, rechtskräftigen Status. (Mack 1976: 5; Grünjes 2006: 37)

von nun an ein sehr beschauliches Leben führte, litten Thomas und Sarah Lawrence, beide sehr religiös, unter dem Makel ihrer illegitimen Beziehung. Man lebte zurückgezogen in übermäßig geordneten Verhältnissen, stets darauf bedacht, den rigiden Sittenkodex im Oxford Viktorianischer Zeit gerecht zu werden. Wann und wie T.E. die Wahrheit über seine eigene Herkunft und die Verbindung seiner Eltern erfuhr, ist umstritten.[6] Er selbst schrieb in einem Brief an Charlotte Shaw am 14. April 1927: „They thought always that they were living in sin, and that we would some day find it out. Whereas I knew it before I was ten, and they never told me; till after my father's death something I said showed Mother I knew, and didn't care a straw." (Lawrence 1991: 325)

Ob er sich tatsächlich keinen Deut um seine uneheliche Abstammung und die Doppelmoral seiner strengen Eltern scherte, darf angezweifelt werden. Tatsächlich wurden verschiedenste Theorien aufgestellt,[7] inwiefern dieses Stigma der Herkunft, die daraus resultierende Existenz unter ‚falschem' Namen – der für ihn geradezu Sinnbild ungehöriger Familienverhältnisse *in zweiter Generation* war und den er später nur zu gerne ablegte – sowie der ihm daher verwehrte hohe gesellschaftliche Status auf sein Leben Einfluss nahmen. Dies beschreibt auch Stephen Tabachnick:

> It is tempting to deduce from his background an explanation of some of Lawrence's later behaviour, and many of his biographers have done so. Deprivation of his own aristocratic inheritance may have especially suited him to work with kings and emirs in the Middle East in order to gain what he saw as their (and vicariously his own) rightful inheritance, as Kathrin Tidrick claimed; keeping secrets early on made him a natural for intelligence work and may have accustomed him to sometimes telling more or less than the truth, as Richard Aldington has claimed; and his admitted self-divisions, especially in terms of an internal battle between sexual expression and repression, has been attributed to his parents' consciousness that they were living in sin. (2004: xxvi)

Neben solchen Deutungen wurde Lawrences Illegitimität häufig auch als Ursache für seinen Eskapismus in die Welt mittelalterlicher Helden- und Rittergeschichten betrachtet.[8] So plausibel manche dieser Ansätze klingen mögen, so

---

[6] Grünjes widmet dieser Frage ein ganzes Kapitel: „II. 1. Zu welchem Zeitpunkt wusste Lawrence von seiner illegitimen Geburt?" (2006: 37-47); siehe auch Mack 1976: 26f., Wilson 1990: 29f. etc. Laut seinem Bruder Arnold habe T.E. einmal in einem Brief an einen Freund geschrieben, dass er bereits im Alter von viereinhalb Jahren mitbekam, wie sein Vater seine Angelegenheiten in Irland regelte und so gemerkt habe, dass etwas nicht stimme. (vgl. Mack 1976: 26f.) Diese Aussage ließ sich aber trotz eingehender Recherchen nicht belegen; besagter Brief blieb unauffindbar. Außerdem darf bezweifelt werden, ob Lawrence in diesem Alter in der Lage war, solche komplexen Zusammenhänge zu verstehen und entsprechende Schlüsse zu ziehen. (vgl. Wilson 1990: 29 FN 23)

[7] Für eine ausführliche Behandlung der verschiedenen Theorien, die in diversen Biographien und Monographien zu T.E. Lawrence bezüglich dieser Fragestellung entwickelt wurden siehe Grünjes, die dieser Frage ebenfalls ein eigenes Kapitel widmet: „II. 4 Theorien von Biographien bezüglich Lawrence' Illegitimität" (2006: 61-73).

[8] Vgl. Allen 1991 sowie Armitage: „The effect on [Thomas] Edward Lawrence of this discovery was profound; it added to the romantic conduct – the dream of Sangreal – the seed

problematisch erscheint es, sie für eine literaturwissenschaftliche Analyse von *Seven Pillars* fruchtbar zu machen.

Nichtsdestotrotz verdient John Macks psychologische Deutung dieser Illegitimations-Thematik Erwähnung, da diese einen Zusammenhang herstellt zwischen Lawrences notorischem Streben nach Anerkennung und Ruhm – er selbst schreibt in *Seven Pillars*, dass es stets seine Absicht gewesen war, „to be a general and knighted, when thirty" (SP 579)[9] – und der Vergebung, die seine Mutter Zeit ihres Lebens für ihren einen Fehltritt suchte. Diese Schuldgefühle gepaart mit einem tiefsitzenden Wunsch nach Buße übertrug sie geradezu auf ihre Söhne, die die ‚Erbsünde' ihrer Herkunft durch außerordentliche Errungenschaften wettmachen sollten. Laut Mack habe sich T.E. diesen Sendungsauftrag besonders zu Herzen genommen, der vorsah, „that he *redeem* her fallen state by his own special achievements, by being a person of unusual value who accomplishes great deeds, preferably religious and ideally on an heroic scale" (1976: 28). Dies hat er dann beispielhaft in seiner Rolle als Held der Arabischen Revolte umgesetzt[10] und es ist somit nicht weiter verwunderlich, dass die Täuschung der Araber sowie die Geheimhaltung von Englands tatsächlichen Plänen so problematisch für ihn waren: Denn wie rechtens kann eine Buße sein, bei der man sich genau dessen schuldig macht, von dem man Erlösung sucht? Bei der man abermals gezwungen ist, zu täuschen? Diese psychologischen Beobachtungen sind vor allem deshalb interessant, weil sie einen Erklärungsansatz für das ständig wiederkehrende Motiv der Sühne in *Seven Pillars* liefern.[11]

Trotz dieses wohl gehüteten Familiengeheimnisses verbrachte T.E. Lawrence eine unbeschwerte Jugendzeit in Oxford, wo er die *Oxford High School for Boys* besuchte und sich schnell als außergewöhnlich begabter Schüler erwies. Bereits zu dieser Zeit zeigte sich sein leidenschaftliches Interesse an der Geschichte und Mythologie des Mittelalters, wobei ihn Rittertum und Minne besonders faszinierten. Er war ein eifriger Leser von William Morris' neo-mittelalterlichen Romanen,

---

of ambition, the desire for honour and distinction: the redemption of blood from his taint." (1956: 39)

[9] Alle mit dem Sigle ‚SP' bezeichneten Seitenangaben beziehen sich auf folgenden Nachdruck der *Subscriber's Edition*: Thomas Edward Lawrence (2000): *Seven Pillars of Wisdom: A Triumph*. Harmonsworth: Penguin Books.

[10] Mack beschreibt dementsprechend auch den Einmarsch in Damaskus: „In a personal psychological sense its capture meant to symbolize a final redemption, and the success of the Arab Revolt should have gained Lawrence peace from the criticism of an exacting self-regard that had demanded heroic achievement as the price from an unconscious sense of worthlessness, of being the illegitimate result of sin and deception." (1976: 240)

[11] Vgl. folgende Passage aus *Seven Pillars*: „We racked ourselves with inherited remorse for the flesh-indulgence of our gross birth, striving to pay for it through a lifetime of misery; meeting happiness, life's overdraft, by a compensating hell, and striking a ledger-balance of good or evil against a day of judgement." (SP 521) Das 'Wir' meint an dieser Stelle zwar 'den Europäer' im Gegensatz zum sexuell freizügigeren Araber, jedoch sind, wie später gezeigt werden wird, solche Passagen häufig vor allem als Projektionen von Lawrences eigenen Ideologien und Gefühlen zu lesen.

französischen *chansons de geste*, Kreuzfahrer-Romanen und der Artus-Saga, davon insbesondere Thomas Malorys *Le Morte d'Arthur*, das er während seiner Zeit in Arabien stets bei sich trug.[12] Bücher, die von Krieg und Kriegsführung handelten, begeisterten ihn besonders, da er, wie er später seinem Biographen Liddell Hart schrieb, seit jeher von der Vorstellung fasziniert war, der Befreier eines ganzen Volkes zu sein.[13] Ganz im Einklang mit diesem privaten Interesse beendete er sein Geschichtsstudium am *Jesus College* in Oxford mit einer Arbeit über Kreuzfahrer-Burgen im Orient. Sie wurde mit der Bestnote bewertet und 1936 unter dem Titel *Crusader Castles* publiziert.[14] Sie befindet sich bis heute im Druck und hat als wesentlicher Beitrag für die einschlägige Forschung nicht an Relevanz eingebüßt. (vgl. Allen 1984: 56) Im Zuge der Recherchen für seine Arbeit unternahm Lawrence 1909 eine erste längere Reise in den Nahen Osten. Zu Fuß und ohne jegliche Begleitung legte er in Syrien und Palästina über 1000 Meilen zurück, um dort 36 verschiedene Burgen zu skizzieren und zu vermessen. (vgl. Braune 2010)

Nach seinem Universitätsabschluss im Jahre 1910 zog es ihn abermals nach Syrien. In den folgenden Jahren arbeitete er gemeinsam mit dem Archäologen David Hogarth an der Ausgrabung der Hethiter-Stadt Karkemisch. Während dieser Zeit lernte er Arabisch, vertiefte seine Kenntnisse über Land und Leute und knüpfte vor allem eine enge Freundschaft mit dem jungen Araber Sheik Ahmed, genannt Dahoum, dem er später das *Seven Pillars* vorangestellte Gedicht „To S.A." widmete. Dieses Gedicht, in dem er schreibt, dass er nur aus Liebe für ‚S.A.' für die Unabhängigkeit der Araber gekämpft habe, bot reichlich Anlass zu Spekulationen über die Art dieser Beziehung.[15] Die Frage nach Lawrences Homosexuali-

---

12 Vgl. Rutherford: „His imagination was steeped in Homer, French *chansons de geste*, medieval and modern romances, and manuals of chivalry, all of which encouraged an idealisation of battle, and it is significant, that he carried Malory's *Morte Darthur* [sic!] in his saddle-bags throughout the Arabian campaign." (1978: 40) Lawrence selbst sagt einmal über sich: „I also read nearly every manual of chivalry. Remember that my 'period' was the Middle Ages, always." (zit. nach Allen 1984: 58) Dieses lebenslange Interesse für die Kunst und Kultur des Mittelalters sollte später auch dazu führen, dass er sich insbesondere von der arabischen Kultur angezogen fühlte: „Lawrence's literary medievalism bears an indirect connection with his later attraction to Arab culture. The poetry of troubadours and the literature of medieval courtly love contain many of the themes to be found in the popular Arab poetry that reached Spain and France after the Arab conquests in the eighth century." (Mack 1976: 47)

13 Bemerkenswert ist diesbezüglich auch das Lieblingsspiel von T.E. und seinen Brüdern, das er in jüngeren Jahren ersonnen hatte: „Before he was nine, he had become the leader of the brothers in inventing games for them to play. These were usually war games and were marked by both humor and imagination. A favourite was the assault by virtuous and noble, but very aggressive, dolls or animal figures upon a tower, which had to be entered in order to rescue it from enemies ('fourscore of men') within." (Mack 1976: 19)

14 Der eigentliche Titel der Arbeit war „The Influence of the Crusades on European Military Architecture to the End of the Twelfth Century".

15 Der Adressat dieser bewusst obskur gehaltenen Widmung wurde vielfach und mit teilweise abwegigen Theorien diskutiert. Es wird inzwischen jedoch mehrheitlich davon ausgegangen, dass es sich hier um Dahoum handelt, zumal Lawrence ihn in seinen Briefen häufig

tät stellte sich nicht nur wegen seiner engen Bindung zu Dahoum, sondern auch aufgrund der zahlreichen ästhetisierenden und schwärmerischen Beschreibungen junger Araber in *Seven Pillars* und der euphemistischen Darstellung ihrer homosexuellen Praktiken. Allerdings gibt es, trotz des großen Interesses, bis heute keine eindeutigen Aufschlüsse über Lawrences sexuelle Neigung und diese ist für eine literaturwissenschaftliche Untersuchung letztlich irrelevant.[16]

Als im August 1914 der Erste Weltkrieg ausbrach, meldete sich Lawrence noch im September desselben Jahres freiwillig für den Kriegsdienst. Ähnlich wie Bell wurde er aufgrund seines geographischen Wissens über Syrien und Palästina zum britischen Nachrichtendienst nach Kairo bestellt, wo er sich schnell zum Experten für die arabisch-nationalistische Bewegung entwickelte. Kaum ein Jahr später wechselte er in das von Mark Sykes gegründete *Arab Bureau*, das ausschließlich politische Informationen über die Lage in Arabien sammelte, um eine eventuelle Rebellion vor Ort zu unterstützen und unter Umständen für eigene Zwecke zu nutzen. Als im Juni 1916 der arabische Aufstand schließlich begann, saß Lawrence somit am ‚Puls‘ der Ereignisse und wollte nun nicht länger bloßer Beobachter sein. Seine beiden Brüder waren im Jahr zuvor gefallen und es drängte ihn, aktiv am Kriegsgeschehen teilzunehmen, wie er einem Freund aus Oxford schrieb: „I'm rather low because first one and now another of my brothers has been killed. [...] [T]hey were both younger than I am, and it doesn't seem right, somehow, that I should go on living peacefully in Cairo."[17] Entsprechend unternahm er alles, um Sir Ronald Storrs begleiten zu dürfen, der in den Hedschas reiste, um die Rebellenführer zu treffen. Die exakten Ereignisse ab diesem Zeitpunkt bis zur Einnahme von Damaskus wurden sowohl in *Seven Pillars* als auch von Lawrences Biographen ausführlich dargelegt und sollen hier nicht wiederholt werden. Dennoch soll im Folgenden der ungefähre Verlauf des arabischen Aufstandes skizziert werden.[18]

---

mit ‚S.A.‘ auf diesen Bezug nahm. (vgl. Graves 1963; Brandabur und Atamneh 2000: 326) Unabhängig davon, ob es sich hier um eine homosexuelle Beziehung handelte oder nicht, ist Lawrences übermäßig persönliches Interesse an der Zukunft Arabiens jedenfalls im Zusammenhang mit dieser engen Freundschaft zu sehen. (vgl. Tabachnick 2004: xxvii) Für eine eingehende Analyse des Gedichts siehe Brandabur und Athamneh 2000 sowie Theoharis 2002.

[16] Für eine ausführliche Diskussion dieses Themas siehe Mack 1976: 420ff. Sowohl Mack als auch Wilson bezweifeln Lawrences vermeintliche Homosexualität und gehen von lebenslanger sexueller Enthaltsamkeit aus. (vgl. Wilson 1960: 705) Auch Suleiman Mousa, der Lawrence sonst sehr kritisch sah, konnte bei seinen Recherchen in Syrien und Arabien keine Beweise für dessen vermeintliche Homosexualität finden. (vgl. 1967: 275). Andere Biographen wiederum halten diese für erwiesen, bezweifeln jedoch, dass er sie je ausgelebt hat. (vgl. Meyers 1989a) Swanson deutet Lawrences unterdrückte Sexualität und sein selbstgewähltes Zölibat als eine spezielle Form der Autoerotik: „Lawrence's attachments could be defined in terms of a form of celibacy that, rather than being seen simply in terms of an absence of sexual activity, took on a positive sexual meaning, as the exercising of certain focused constraints that *contributed to* a virile (auto- and/or homo-)eroticism." (2007: 117)

[17] In einem Brief an E.T. Leeds vom 16. November 1915 (Lawrence 1988: 79).

[18] Für eine ausführliche historische Darstellung der Arabischen Revolte siehe Schüller 2010.

Die Arabische Revolte nahm ihren Anfang am 5. Juni 1916, als der Emir von Mekka, Scherif Hussein, die türkischen Statthalter mit Waffengewalt aus der Stadt vertrieb und sich zum König von Arabien ausrufen ließ. Diese Rebellion im Hedschas kam den Engländern im Sinne einer Schwächung ihres Feindes und der Chance für größere Einflussnahme in der Region sehr gelegen. Es galt, sich als Verbündeter der Araber zu etablieren und den Aufstand zu unterstützen, bevor dieser mangels finanzieller und militärischer Mittel wieder zum Erliegen kam. Als Verbindungsmann wurde Leutnant Lawrence auserkoren, der aufgrund seiner ausgeprägten Orts- und Sprachkenntnisse besonders geeignet schien. Dank des durch ihn gewährleisteten Nachschubs an Geld und Waffen sowie seines strategischen und diplomatischen Geschicks verzeichnete die Revolte bald erste Erfolge: Nach der Einnahme von Yenbo und Wagh sowie vor allem dem Schlüsselerfolg der landseitigen Eroberung Akabas, bei der Lawrence federführend war,[19] zogen sich die Türken 1917 aus dem Hedschas zurück. Da Akaba nun als strategischer Hafen und Stützpunkt gewonnen war, konnte sich die Rebellion nun nach Palästina und Syrien ausweiten. Dort verfolgten die Rebellen auf Lawrences Rat hin eine Guerilla-Taktik, die den Feind ablenken und zermürben sollte: Während die arabischen Truppen durch Sabotage der Hedschas-Bahn und des Telegraphensystems sowie durch kleinere Gefechte im Hinterland den Türken das Leben schwer machten, rückte Allenby an der Palästinafront mit seinem Expeditionskorps vor. Die Türken waren somit gezwungen, beständig an zwei Fronten zu kämpfen: einerseits gegen eine militärisch modern ausgerüstete, professionelle Streitmacht, andererseits gegen einen geradezu unsichtbaren, ungreifbaren Gegner, der durch minimale Mittel dem türkischen Heerapparat maximalen Schaden zufügte. Nach einer letzten erbitterten Schlacht um Amman zogen sich die Türken schließlich zurück und bereits einen Tag später, am 1. Oktober 1918, marschierten die arabischen Rebellen – beinahe zeitgleich mit den englischen Streitkräften – in Damaskus ein.

Doch der Traum von einem unabhängigen arabischen Großstaat zerbrach rasch an der Realität. Den arabischen Machthabern fehlte es an Geschlossenheit und politischem *Know-How*, um dauerhaft über einen Staat mit so vielen verschiedenen Nationalitäten, Ethnien und Stämmen zu herrschen. Die arabische Unabhängigkeit scheiterte jedoch vor allem aufgrund der Nahost-Politik der westlichen Siegermächte, die niemals ernsthaft in Erwägung gezogen hatten, sich aus der Region zurückzuziehen. Man hatte vielmehr von Beginn an darauf spekuliert, die eigene Machtposition auszubauen, sobald die Türken vertrieben waren. So sah es das geheime *Sykes-Picot-Abkommen* vor, das am 16. Mai 1916 zwischen England und Frankreich geschlossen worden war. Lawrence, der bereits seit dem Marsch auf Akaba davon gewusst hatte, litt besonders an diesem ‚Ver-

---

[19] Inwieweit der Erfolg von Akaba tatsächlich allein Lawrences Strategie und Führung zu verdanken ist, wie er selbst in *Seven Pillars* behauptet, ist freilich umstritten. (vgl. Mousa 1967)

rat', an dem er unfreiwillig teilhatte.[20] In *Seven Pillars* bringt er seine Selbstvorwürfe und Missbilligung dieses Belügens der Araber im Dienste eigener (geo)politischer Interessen unmissverständlich zum Ausdruck:

> The Arab Revolt had begun on false pretences. To gain the Sherif's help our Cabinet had offered, through Sir Henry McMahon, to support the establishment of native governments in parts of Syria and Mesopotamia, saving the interests of our ally, France'. The last modest clause concealed a treaty (kept secret, till too late, from McMahon, and therefore from the Sherif) by which France, England and Russia agreed to annex some of these promised areas, and to establish their respective spheres of influence over all the rest. [...] Had I been an honourable adviser I would have sent my men home, and not let them risk their lives for such stuff. Yet the Arab inspiration was our main tool in winning the Eastern war. So I assured them that England kept her word in letter and spirit. In this comfort they performed their fine things: but, of course, instead of being proud of what we did together, I was continually and bitterly ashamed. [...] In revenge I vowed to make the Arab Revolt the engine of its own success, as well as handmaid to our Egyptian campaign: and vowed to lead it so madly in the final victory that expediency should counsel to the Powers a fair settlement of the Arabs' moral claims. (SP 283)

Ganz in diesem Sinne setzte er sich nach dem Krieg, als Mitglied von Feisals Delegation bei der Pariser Friedenskonferenz 1919, weiterhin unermüdlich für die Unabhängigkeitsbestrebungen der Araber ein. Doch erst die Ergebnisse der Kairo-Konferenz von 1921, bei der Feisal zum König des Irak ernannt und sein Bruder Abdullah als König von Transjordanien anerkannt wurde, gaben ihm eine gewisse Genugtuung.

Dennoch lehnte Lawrence sämtliche Auszeichnungen und hohe Posten, die man ihm für seine Heldentaten in Arabien verleihen wollte – in seinen Augen allesamt „rewards for being a successful trickster" (SP 24) – rundheraus ab. Stattdessen versuchte er, sich aus der Öffentlichkeit zurückzuziehen, um seiner Popularität und dem in Lowell Thomas' Vortragsreihe „*With Allenby in Palestine and Lawrence in Arabia*" geborenen Heldenmythos um seine Person zu entfliehen. Dank dieser multimedial gestalteten ‚Vorträge', die 1921 bereits vier Millionen Zuschauer angezogen hatten, war Lawrence unverhofft zu einer der populärsten Personen der Nachkriegszeit geworden.[21] Der Grund dafür liegt auf der Hand: Nach den grausamen Berichten über den wenig glorreichen Grabenkrieg an der Westfront, den vielen Gefallenen und körperlich wie seelisch verkrüppelten Kriegsveteranen sehnte sich das Publikum nach einer romantischen Heldenfigur wie „Lawrence von Arabien", der ein unterdrücktes Volk hoch zu Ross in die Freiheit führt. Lawrence selbst kommentierte dieses *Image* mit der für ihn typi-

---

20 Für eine Bewertung dieses ‚Verrats' aus arabischer Sicht siehe den Aufsatz von Mamoun Fansa, „Freund oder Verräter? Lawrence von Arabien aus arabischer Sicht" (2010).

21 „Thomas cast the story of the British effort in the Middle East in terms of an American western – the aloneness of the desert frontier, the mounted men sweeping down on a lonely town – as well as a more European dream of chivalry reborn." (Braudy 2005: 407) Zu Lowell Thomas' Lawrence-Mythos im Allgemeinen siehe Dawson 1994 sowie Aldington 1955: 280ff.

schen Selbstironie: „In the history of the world (cheap edition), I'm a sublimated Aladdin, the thousand and second Knight, a Strand Magazine strummer. In the eyes of 'those who know', I failed badly in attempting a piece of work which a little more resolution would have pushed through, or left untouched."[22] Um wieder unsichtbar und unwichtig– „a cog of the machine"[23] – zu werden, meldete sich Oberst Lawrence 1922 unter dem Namen John Hume Ross als Gefreiter bei der Luftwaffe. Es dauerte kein Jahr, bis die Presse davon Kenntnis erlangte und die Schlagzeilen über diesen ungewöhnlichen ‚Karriereschritt' des gefeierten Kriegshelden zu seiner sofortigen Entlassung führten. Dennoch versuchte Lawrence umgehend, erneut in der Anonymität der niederen Ränge unterzutauchen. Zwei Jahre später konnte er dank seiner Beziehungen zu den höchsten Rängen des Militärs schließlich als Gefreiter T.E. Shaw doch noch zur Luftwaffe zurückkehren und dort bis zum Jahr seines Todes dienen.

Während der nächsten Jahre arbeitete Lawrence an den *Seven Pillars of Wisdom*, an deren gekürzter Ausgabe *The Revolt in the Desert* (1927) sowie an diversen literarischen Übersetzungen ins Englische, darunter eine recht moderne Übersetzung der *Odyssee*, die bis heute für ihre schnörkellose Klarheit geschätzt wird.[24] Dieselbe schmucklose Präzision in Ausdruck und Erzählweise, die in ihrem Realismus ganz der literarischen Moderne entspricht, begegnet dem Leser in *The Mint* (1936), eine Art autobiographischem Erfahrungsbericht über Lawrences Grundausbildung bei der Luftwaffe, der ebenfalls zu dieser Zeit entstand. Trotz aller sprachlichen Klarheit trug das Buch jedoch wenig zur Enträtselung seines Autors bei.[25] Vor allem die Frage, was Lawrence dazu trieb, sich freiwillig in den *Prägstock* – so der deutsche Titel – des Militärs zu begeben, wo er zu Selbstaufgabe und Anpassung gezwungen wurde, bleibt unbeantwortet. Während Lawrence selbst den Militärdienst in den niederen Rängen als „the nearest modern equivalent of going into a monastery in the Middle Ages" (Lawrence 1938: 853) beschrieb, als einzig verfügbare Rückzugsmöglichkeit jenseits ziviler Normalität,[26]

---

[22] In einem Brief an S. F. Newcombe, 16. Februar 1920 (Lawrence 1991: 174f.).

[23] Lawrence beschreibt seine Entscheidung in einem Brief an Robert Graves vom 4. Februar 1935 folgendermaßen: „I went to the R.A.F. to serve a mechanical purpose, not as a leader but as a cog of the machine. The key-word, I think, is machine. [...] One of the benefits of being part of the machine is that one learns one does not matter!" (Lawrence 1991: 522)

[24] Zu Lawrences *Odyssee*-Übersetzung siehe Cohn 2002 sowie Nelson und Cohn 2002.

[25] Für eine ausführlichere Diskussion von *The Mint* siehe Williams 2008, Tabachnick 1997: Kapitel 7/123ff., Meyers 1984 sowie Carchidi 1987: 53ff.; bzgl. thematischer Gemeinsamkeiten mit *Seven Pillars* siehe O'Donnell 1984.

[26] Zum Thema „Die Royal Airforce als mittelalterliches Kloster" siehe Grünjes 2006: 217-265. In *Seven Pillars* beschreibt er die Faszination, die der Militärdienst für ihn hatte, anhand der englischen Soldaten, die kurz vor Damaskus zu den arabischen Streitkräften stoßen: „[I]t came upon me freshly how the secret of uniform was to make a crowd solid, dignified, impersonal: to give it the singleness and tautness of an upstanding man. This death's livery which walled its bearers from ordinary life, was sign that they had sold their wills and bodies to the State: and contracted themselves into a service not the less abject for that its beginning was voluntary. Some of them had obeyed the instinct of lawlessness:

wurde dieser bewusste Karriere(rück)schritt unterschiedlich interpretiert: als poin-
tierte Abkehr vom allseits propagierten Helden*image*, als Sühnehandlung und
Selbstaufgabe[27] oder als raffinierter Schachzug eines PR-Genies: „Even Lawrence's withdrawal into the ranks is a form of control; like a child playing peekaboo,
he hides in order to be noticed." (O'Donnell 1984: 87)[28] Als Fortsetzung des lite-
rarisch-autobiographischen Unterfangens, das Lawrence bereits mit *Seven Pillars*
begonnen hatte,[29] bildet *The Mint* somit nicht den Schlussstein, sondern nur ein
weiteres Puzzleteil im Rätsel um einen höchst widersprüchlichen Menschen, der
sich selbst lebenslang zu suchen schien und doch eben dieses Selbst stets unterdrücken und ausmerzen wollte; der immer klare Maximen und Ideale propagierte und durch sein paradoxes Verhalten gleichzeitig eine Selbstverrätselung be-
trieb, die seine Biographen bis heute beschäftigt; der die Öffentlichkeit scheute
wie kein Anderer und sie doch stets suchte.[30] Um es wie Lowell Thomas mit einem türkischen Sprichwort zu sagen: „He had a genius for backing into the lime-
light." (Lawrence 1937: 215)

Seinem sagenumwobenen Leben entsprechend gab auch Lawrences Tod Anlass zu Spekulation: Kurz nach seinem Ausscheiden aus der R.A.F. im Mai 1935
verunglückte er tödlich mit dem Motorrad und es entwickelten sich schnell diverse (Verschwörungs-)Theorien, dass es sich hierbei um Selbstmord oder gar um

---

some were hungry: others thirsted for glamour, for the supposed colour of a military life:
but, of them all, those only received satisfaction who had sought to degrade themselves,
for to the peace-eye they were below humanity." (SP 662) Dass diese masochistischen Intentionen vor allem die Neigungen des Betrachters widerspiegeln, ist für den Leser zu diesem Zeitpunkt der Erzählung längst offensichtlich.

27 Rutherford betrachtet diese freiwillige Degradierung als „masochistic seeking for humiliation, a deliberate self-punishment for his own sins of flesh and spirit, an abandonment of
all responsibility (of which he had had more than enough), and a renunciation of authority (which he had both loved and hated exercising). It was also a complete repudiation of
his former life of heroic action." (1978: 43) Mousa deutet diesen Schritt hingegen als Sühnehandlung den Arabern gegenüber, da Lawrence nur auf ihre Kosten zu Ruhm und Ehre
gelangt sei und sich ihnen gegenüber schuldig gemacht habe: „Deep within himself, Lawrence knew that the greater part of his fame was based on fraud. [...] It was his sense of
guilt, therefore, that drove him to the Air Force and the Tank Corps, in the hope of aton-
ing for earlier mistakes, which haunted him in secret." (1967: 278)

28 Aldington begründet Lawrences Weigerung, für seine Dienste in Arabien Auszeichnungen
entgegenzunehmen, auf ähnliche Weise: „He didn't refuse honours; he accepted all he
could get until the moment when refusal was louder than acceptance." (1955: 291)

29 In einem Brief an Robin Buxton vom 25. Februar 1930 beschreibt Lawrence *The Mint* folgendermaßen: „It is Vol II of my life, all the same. A bit a come down after the *Seven Pillars*." (Lawrence 1991: 439)

30 Besonders anschaulich fasst MacKenzie diese Widersprüche zusammen. Er beschreibt
Lawrence in seiner ambivalenten Natur als „recluse who fled from the fame he courted,
the puritan obsessed with the sexuality he rejected, the sensitive scholar who abhorred the
brutalities of war while revelling in them, the exalted intellect which sought to reduce
mind and body to the level of the automaton, or the gentle soul who sought extremes of
self-abasement and punishment." (1991: 150)

einen politischen Mord gehandelt habe (vgl. Orlans 2002: 105). Beweisen ließ sich indes keine von ihnen.

Als Ikone der größten multimedialen PR-Kampagne der Nachkriegszeit, lebte und starb Lawrence mithin im Schatten eines *Image*, das ihm auf den Leib gedichtet worden war: „Lawrence von Arabien", sagenumwobener Kriegsheld und mysteriöser Geheimagent, dessen wahres Wesen allenthalben Rätsel aufgab – am allermeisten ihm selbst. In Bezug auf Lawrences eigene Beiträge zur ‚Enträtselung‘ seiner Person gibt Kathryn Tidrick ein harsches, jedoch bedenkenswertes Urteil ab:

> Lawrence was, firstly, a liar, and secondly a mystic whose talent for introspection led him to believe that a man can never know his own soul. He sometimes did things for no other reasons than to see what his action might reveal about himself. His own discussions of his motives, while of the greatest interest, are dangerous props for a biographer to lean on: they are all too likely to be the product either of a desire for mystification or of an effort to impose some sort of intellectual coherence on the past. (2010: 170)

Lawrences notorisch widersprüchliche Selbstaussagen haben nicht selten dazu geführt, dass er solcherart als Lügner bezeichnet wurde. Doch nicht zuletzt weisen all diese Widersprüche sowie sein oft wunderliches Handeln im Rahmen solcher Selbstbeobachtungs-Experimente darauf hin, dass er selbst darüber im Ungewissen war, wer er eigentlich war, sein wollte und was ihn antrieb. In gewisser Hinsicht kann *Seven Pillars* durchaus als literarisches *project of self-revelation* betrachtet werden, das dazu dient, rückwirkend eine gewisse Logik und Kohärenz in seine Selbst- und Fremd-Erfahrungen im Rahmen der Arabischen Revolte zu bringen. Besonders in den Nachkriegsjahren gewann das Schreiben für Lawrence einen herausragenden Stellenwert: „Lawrence worked at his memories of the war and sought to compose them into a narrative that he could live with, in which the problematic and contradictory impulses of self-idealization and self-denigration might be transformed into a more integrated sense of self." (Dawson 1994: 204)[31] Das Ergebnis dieser textlichen Selbst(re)konstruktion in *Seven Pillars* bewertete Lawrence jedoch äußerst negativ, da er darin trotz der für ihn typischen Obskurität zu viel von seinem Innersten freigelegt habe: „I let myself go in *The S.P.* and gave away all the entrails I had in me. It was an orgy of exhibitionism. Never again."[32]

---

[31] Vgl. auch Braudy: „Writing allowed an identity that was neither the ostentatious and theatricalized fame of Lawrence of Arabia nor the submerged and secretive T.E. Shaw, but an amalgam of both." (2005: 410)

[32] In einem Brief an E.M. Forster, 28. August 1928 (Lawrence 1938: 622).

2. Seven Pillars of Wisdom: *A „self-construction" epic*

> *But to get the* Seven Pillars of Wisdom, *you are bound to bring in Lawrence himself; for without him there is no troubled Hamlet to this great play.*[33]

Lawrence begann mit der Niederschrift seiner Erlebnisse noch während der Friedenskonferenz in Paris im Jahre 1919. Dieses Urmanuskript, von dem es keine Kopie gab und das nur drei Menschen jemals gelesen haben, ging jedoch Weihnachten desselben Jahres unter mysteriösen Umständen verloren. (vgl. Hart 1938: 145) Gestützt allein auf die Erinnerungen an diese Erstversion – sein Reisetagebuch und sämtliche Kriegsnotizen hatte er vorschnell vernichtet – begann Lawrence im Dezember 1919 mit einer neuen Niederschrift, die nach einem schriftstellerischen Gewaltakt in weniger als drei Monaten fertig vorlag. Obgleich er diese Fassung nun für „substantially complete and accurate" hielt, fand er sie stets als „hopelessly bad as a text" (SP 16) und verbrannte sie schließlich 1922. Bereits 1920 hatte er jedoch basierend auf Selbiger einen dritten Entwurf begonnen, dessen Original sich noch heute in der *Lawrence Reserve* der *Bodleian Library* in Oxford befindet und entsprechend als *Bodleian Manuscript* bekannt ist. Dieses über 335.000 Wörter zählende Manuskript, genannt der *Oxford Text*, wurde 1922 in acht Ausgaben der *Oxford Times* seriell veröffentlicht.[34] Die erste kommerzielle Ausgabe von *Seven Pillars* basiert maßgeblich auf diesem Vorgänger. Für diese sogenannte *Subscribers' Edition* kürzte Lawrence den *Oxford Text* auf 250.000 Wörter und überarbeitete ihn vor allem sprachlich in weiten Teilen. Als Prachtausgabe in der Tradition William Morris', die alle technischen und gestalterischen Möglichkeiten des Drucker-Kunsthandwerkes ausschöpfte und zahlreiche Illustrationen namhafter Künstler enthielt,[35] war sie allein auserwählten Subskribenten vorbehalten. Eine Großauflage für den allgemeinen Buchmarkt wurde erst 1935 von Jonathan Cape veröffentlicht. Sie ist text-identisch mit der *Subscriber's Edition*, lediglich Bildmaterial und Werkausstattung wurden reduziert. Diese Ausgabe ist es auch, die für die vorliegende Untersuchung als relevant herangezogen wurde, da sie allein der breiten Öffentlichkeit zugänglich war und effektiv an den einschlägigen Diskursen teilnehmen konnte.[36]

Ein kontrastierender Abgleich der beiden Versionen – *Subscriber's Edition* und *Oxford Text* – soll im Rahmen der hier verfolgten Fragestellung nicht unternommen werden. Dennoch scheint zumindest an den Schlüsselstellen des Textes ein

---

[33] Aldington 1955: 290.

[34] Diese Textversion war aus urheberrechtlichen Gründen erst seit 1997 in Buchform erhältlich.

[35] Für eine Besprechung dieser Ausgabe als Gesamtkunstwerk siehe Hoffmann 2010b.

[36] Für ein detailliertes Nachvollziehen und Entwirren der verschiedenen Versionen von *Seven Pillars* siehe O'Donnell 1979: 35f. sowie die einleitenden Kapitel von Meyers 1973; Warde 1987; Tabachnick 1997.

vergleichender Blick auf den ausführlicheren *Oxford Text* sinnvoll. Stephen Tabachnick, der diese Parallel-Lektüre in weiten Teilen unternommen hat,[37] kommt hierbei zu dem Schluss, dass die starke Straffung der *Subscriber's Edition* dazu führte, dass viele Passagen, die in der Oxforder Ausgabe bereits obskur und vage schienen, in gekürzter Form noch kryptischer und geradezu codiert wirken. Dies gilt insbesondere für den Entwurf von Lawrences *persona* im Text: „The later, final, self-portrait reveals an improvement in technique, but this new control is used to execute a deliberately more shadowy face and background that merge in a more ambiguous and symbolic chiaroscuro effect." (1997: 55) Doch eben dieses „shadowy face", dieses schillernde, opake Ich vor dem Hintergrund des Anderen steht im Fokus der hier verfolgten Fragestellung und macht solche Momente rückwirkender Korrektur und Verdunkelung essenziell.

Dass es sich bei *Seven Pillars* entsprechend nicht bloß um einen Reise- und Kriegsbericht, sondern vor allem um ein „introspection epic" (Lawrence 1938: 621) handelt, bei dem es vor allem um das Seelenleben seines Autors geht, ist längst eine allgemein anerkannte Tatsache und in Rezeption und Forschung wiederholt thematisiert worden: „Lawrence's book is about one man, essentially, and presents that man's attempt to see himself as he was in the complex events in which he was involved." (Tabachnick 1984a: 13) Dieser literarische Versuch, sich selbst zu ‚sehen', resultiert dabei in einer besonderen Form der Selbstkonstruktion: dem tentativen Nachvollziehen, Entwerfen und Verwerfen einer Identität, die sich aus Erinnerungen und – speziell in Lawrences Fall – Aspekten seiner offiziellen, öffentlichen Rolle als ‚Lawrence von Arabien' zusammensetzt. *Seven Pillars* ist somit vor allem auch als *self-construction epic* zu begreifen.[38] Mack geht sogar so weit, Lawrences Text als Entwurf einer gänzlich neuen, idealen Identität zu betrachten:

> One of Lawrence's purposes in writing the book was to invite his public to create with him a new and different self, a mythological Lawrence, larger than life, a self that would be immune to or beyond personal pain and conflict, and one that would replace the self he felt he had debased. The new self would be ideal in its honesty and integrity, a participant in epic events described in the epic mode, committing great deeds in war and yet responsible for war and rejecting it as no commander before had been or done, a Lawrence that was to be merciless if not all-seeing in his self-scrutiny. (1976: 222)

Dem ist nur bedingt zuzustimmen, denn eine derartige Überzeichnung zugunsten einer ‚Ideal-*persona*' lässt sich in *Seven Pillars* nicht feststellen. Im Gegenteil,

---

[37] Vgl. „*Seven Pillars of Wisdom*: Dramatized Truth in Autobiography", das vierte Kapitel in Tabachnicks überarbeiteter Biographie *T.E. Lawrence* (1997).

[38] Siehe außerdem Meyers: „The form of the book is determined by Lawrence's need for self-discovery, and the real purpose of his endeavour in *Seven Pillars* is the understanding of his own experiences, as difficult and painful in its way as anything he had endured in the Arabian campaign." (1989a: 13f.), sowie Wilson: „He cannot see himself and his mind as a whole, but he can construct the picture in fragments, and in *The Seven Pillars* none of the fragments is missing." (1982: 76)

Lawrence dekonstruiert dort ja gerade die sublimierte Rolle, die ihm Lowell Thomas auf den Leib gedichtet hatte und zeigt sich im Text mit all seinen Selbstzweifeln, seinem Hadern und – gen Ende der Revolte – in seiner physischen wie psychischen Gebrochenheit. Wie Mack selbst einräumt, ist er dabei gnadenlos in seiner Selbstanalyse. Entsprechend wird in seinem Reisebericht kein *different ideal self* entworfen, sondern vielmehr der Versuch unternommen, das damalige Ich zu rekonstruieren und dessen verschiedene Veränderungen während bzw. aufgrund seiner Fremd-Erfahrungen nachzuzeichnen: vom idealistischen Visionär zum desillusionierten ‚Betrüger‘ eines ganzen Volkes; vom spirituellen Geistesmenschen zum körperlich wie seelisch versehrten Vergewaltigungsopfer, das mit seinem sexuellen Masochismus hadert; vom englischen Geheimagenten Lawrence über seine quasi-arabische Identität als *El Auruns* hin zu einem Menschen, der jegliches Gefühl für Heimat und menschliche Gemeinschaft verloren zu haben scheint.

Das Resultat ist ein schonungsloses, scharf gezeichnetes Selbstportrait, bei dem gleichzeitig viele Konturen im Dunklen bleiben. Doch eben dieser Chiaroscuro-Effekt, diese obskure persönliche Dimension des Textes ist sein wesentlicher, wenn nicht gar zentraler Bestandteil, wie Lawrence in einem Brief an Edward Garnett schreibt:

> The personal revelations should be the key of the thing: and the personal chapter actually is the key, I fancy: only it's written in cypher. Partly it's a constitutional inability to think plainly, an inability which I pass off as metaphysics, and partly it's funk – or at least a feeling that on no account is it possible for me to think of giving myself quite away. There would be only two ways out of this – one to do like Pepys, and write it in cypher, as I have done – one to write what is not true, or not complete truth – and the second I don't like. (7. September 1922; Lawrence 1938: 366)

Die Entschlüsselung dieses chiffrierten ‚Lawrence-Codes‘ war in der Vergangenheit das Ziel zahlreicher Untersuchungen.[39] Dabei wurden unter anderem psychologische bzw. psychoanalytische Ansätze verfolgt, die sich mit Lawrences Hintergrund, seiner Kindheit, seiner Sexualität etc. beschäftigten.[40] Weiterhin wurde versucht, die ‚ganze‘, vermeintlich objektive Wahrheit über Lawrences ‚wahre Rolle‘ in der Arabischen Revolte herauszufinden.[41]

Auch im Rahmen einer literaturwissenschaftlichen Analyse verdienen diese betonte Introspektion und enigmatische Selbstinszenierung von Autor bzw. Pro-

---

[39] Vgl. O'Donnell 1979 sowie Marling 2010. Said spricht bezüglich dieser Forschungsbemühungen sogar von „fifty years of playing the Lawrence-hunting game" (2000: 33). Für einen forschungsgeschichtlichen Überblick über die diversen Ansätze und Theorien siehe Chace 1989, MacKenzie 1991 sowie Orlans 2002. Letzterer beschäftigt sich primär mit den verschiedenen Lawrence-Bildern in den zahlreichen Biographien der letzten 50 Jahre, deren Spektrum von blinder Heldenpanegyrik bis hin zu skandalträchtigem Enthüllungsjournalismus reicht.

[40] Die gilt vor allem für die Arbeiten von Meyers 1989a, Mack 1976 und Swanson 2007.

[41] Siehe beispielsweise Aldington 1955, Mousa 1967, Porter 1991 sowie Rodenbeck 2000.

tagonisten besondere Aufmerksamkeit – nicht zuletzt im Hinblick auf die Einordnung des Textes in ein literarisches Genre und dessen Status als faktual oder fiktional. Denn *Seven Pillars* berichtet zwar als Zeitzeugendokument von einem historischen, vieldokumentierten Ereignis, nutzt dieses jedoch lediglich als Kulisse für die Inszenierung der eigenen Persönlichkeit, Phantasien und Ideale. Im für autobiographische Texte typischen Spannungsfeld von objektivem und subjektivem Schreiben, neigt *Seven Pillars* somit eindeutig in letztere, belletristische Richtung, was Lawrence selbst betont:

> I had had one craving all my life – for the power of self-expression in some imaginative form – but had been too diffuse ever to acquire a technique. At last accident, with perverted humour, in casting me as a man of action had given me place in the Arab Revolt, a theme ready and epic to a direct eye and hand, thus offering me an outlet in literature, the technique-less art. (SP 565)

Er schreibt also nicht vorrangig, um die Ereignisse der Arabischen Revolte zu dokumentieren – das Bedürfnis nach einer Form kreativen Selbstausdrucks war zuerst da. Nur per Zufall haben ihm die ‚epischen' Ereignisse in Arabien Anlass und Rahmen hierfür geboten.[42]

Primärzweck ist demnach eben nicht sachliche Kriegsberichterstattung oder geschichtliche Dokumentation, sondern Ausdruck der Persönlichkeit des Autors.[43] Vor diesem Hintergrund betrachtet auch Tabachnick *Seven Pillars* vor allem als poetische Autobiographie:

---

[42] „Lawrence did not compose by narrative means, the story does not come first. In fact the composition comes the other way round: the story, the events, serve to enrich and to prune a little the native superabundance of the sensibility engaged. The events, say, served as a mechanical closing focus – the iris of a camera – upon the actual material of experience, just as his intentions, the residual pattern or habituated eye-sight of his sensibility served as the evaluing focus. They reduced, and thereby concentrated, the scope of his attention sufficiently to permit the valuing act to occur." (Blackmur 1958: 13f.)

[43] Nach der Publikation sollte Lawrence *Seven Pillars* jedoch als gescheitertes Kunstwerk begreifen und streitet als Reaktion auf Herbert Reads kritische Rezension jegliche literarische Textintention ab: „Of course The S.P. is not a work of art. Who ever pretended it was? I write better than the majority of retired army officers, I hope; but it is a long way from that statement to literature. Yet The S.P., if not art is equally not 'scribble'. It is the best I could do - very careful, exact, ambitious; and a hopeless failure partly because my aim was so high. […] Isn't he slightly ridiculous in seeking to measure my day-to-day chronicle by the epic standard? I never called it an epic, or thought of it as an epic, nor did anyone else, to my knowledge. The thing follows an exact diary sequence, and is literally true, throughout. Whence was I to import his lay-figure hero? Leaders of movements have to be intelligent, as was Feisal, to instance my chief character. Read talks as though I had been making a book, and not a flesh-and-blood revolt." (Brief an Edward Garnett, 1. Dezember 1927; Lawrence 1938: 549f.) Solche Aussagen sind jedoch – wie so häufig – mit Vorsicht zu genießen und entsprechend zu relativieren. Einige Jahre zuvor hatte Lawrence noch betont, dass er bei der Textkomposition (zu) hohe literarische Ansprüche an seinen Text gestellt habe: „If mine had been simple stuff it wouldn't have mattered. It could have gone into the Hakluyt category as a good yarn; but it is elaborate and self-conscious: ambitious if you like: and that makes failure a discredit. It doesn't matter missing if you don't aim" (Brief an Edward Garnett, 23. August 1922; Lawrence 1938: 359).

Here the author's primary concern is not the presentation of an exciting plot or the depth psychology of a group of characters but rather the forceful exposition of the author's own personality which he does not fully understand. The poetic autobiographer reveals himself to the reader most clearly not by recording inner and outer events, the significance of which he does not always fully grasp himself, but through his manner of self-expression. (Tabachnick 1997: 109f.)

Bei der Umsetzung dieses Selbstausdrucks bedient sich Lawrence diverser Genretraditionen, unter anderem des Homerischen Epos[44], herodotischer Geschichtsschreibung (vgl. Stang 2002), des literarischen Bekenntnisses in der Tradition von Augustinus[45] sowie des mittelalterlichen *roman d'aventure* und der *chansons de geste* (vgl. Allen 1991; Mack 1976: 41f.). Hinzukommt der nachweisbare Einfluss seiner erklärten literarischen Vorbilder, beispielsweise Tolstois *Krieg und Frieden* (vgl. Warde 1987: 130; Meyers 1989a: 93ff.), Nietzsches *Also sprach Zarathustra* (vgl. Meyers 1989a: 140ff., Stang 2002) und Melvilles *Moby Dick* (vgl. Weintraub/Weintraub 1975: 48ff.; Tabachnick 1976).

Abgesehen von diesem Facettenreichtum des Textes, der als Kriegsbericht[46] eine Vielzahl literarischer Konventionen anzitiert, ist *Seven Pillars* jedoch letztlich vor allem eines: ein Reisebericht, der „als Logbuch einer inneren Erfahrung aus Anlass einer Bewegung im äußeren, fremden Raum" davon handelt, „wie ein spezifisches Ich besondere Erfahrungen mit dem Fremden, ihm bislang Unbekannten gemacht und wie es sie verarbeitet hat" (Bode 2009: 7). Allerdings agierte Lawrence während seiner ‚Bewegungen' im Nahen Osten als militärischer Agent des *Empire*, weshalb *Seven Pillars* nicht selten primär als „imperial narrative" (Brandabur und Athamnch 2000: 322) begriffen und im Licht postkolonialer Diskurstheorie analysiert wurde.[47] Dabei wurden zum einen die einleitenden Kapitel mit ihren generalisierenden, stereotypen Erläuterungen bezüglich Kultur und Geschichte des Nahen Ostens sowie der ‚Natur' seiner Bewohner als typisches Propagieren orientalistischen Herrschaftswissens identifiziert.[48] Lawrence

---

[44] Vgl. Notopoulos 1964; Rutherford 1978: 47ff.; Cohn 2002.

[45] „In this way, the travel account does not just offer a larger history of the self, it is also plotted as a development narrative of growing self-knowledge and self-realisation. It thus becomes a record not just of a literal journey, but also of a metaphorical interior 'voyage' that represents an important existential change in the traveller. This is an autobiographical narrative template that has its origins in the long Western tradition of spiritual autobiography which begins with Augustine's *Confessions* [...]." (Thompson 2011: 114f.) Für eine Lesart von *Seven Pillars* als spirituelle Biographie in der Tradition Augustinus' siehe O'Donnell 1979.

[46] Für eine Diskussion von *Seven Pillars* als *military history* bzw. *military biography* siehe Reilly 2005 sowie Meyers 1989a: Kapitel 2/17ff.

[47] Vgl. Said 2003: 240ff., O'Donnell 1979, Silverman 1989 und Brandabur und Athamneh 2000.

[48] Vgl. Said 2003: 240ff. sowie Macfie: „In the first two or three chapters of Lawrence's account [...] we find the whole panoply of orientalist concepts: the archetypal Arab (the Arab 'could be swung on an idea as on a chord'); the essential Semite ('the Semite hovered between lust and self-denial'); the mandatory Asia ('the new Asia which time was inexora-

beschreibe den Orient dort als klassifizierbares Forschungsobjekt, das er anhand geographischer, demographischer und politischer Parameter analysiert und so dem Laien näherbringt. Entsprechend häufig ist dort von „*dem* Araber/Syrer/Türken" und vor allem „*dem* Semiten" die Rede. Den Einsatz solch reduktiver Kategorien, definierte Said bekanntermaßen als diskursive Geste der Unterdrückung, bei der es nicht darum geht, einer ontologischen Realität gerecht zu werden, sondern darum, zur Stützung der eigenen Expertise an etablierte Diskurskonventionen anzuknüpfen. (vgl. Said 2003: 231) Darüber hinaus beinhalten diese Kapitel auch so manch althergebrachtes orientalistisches Klischee.[49] Allerdings will eingewandt sein, dass diese Klassifizierungen überwiegend zu anfangs des Buches auftreten[50] und viele seiner orientalistischen Pauschalurteile im Zuge der Erzählung relativiert und unterlaufen werden.[51]

Said sieht zudem in Lawrences Ich-Bezogenheit bei der Darstellung der Fremde eine besondere Form des Orientalismus: Lawrences wortwörtliche *Ident*ifikation mit den Arabern und seine Absorption in ihrer ‚nationalen Sache' führe dazu, dass er sich nicht nur anmaße, für den Orient zu sprechen und diesen zu repräsentieren, sondern diesen geradezu *verkörpere*:

> [F]ar from being a mere man lost in the great rush of confusing events, Lawrence equates himself fully with the struggle of the new Asia to be born. [...] Indeed, what Lawrence presents to the reader is an unmediated expert power – the power to be, for a brief time, the Orient. All the events putatively ascribed to the historical Arab Revolt are reduced finally to Lawrence's experiences on its behalf. In such a case, therefore, style [...] is also a form of displacement and incorporation by which one voice becomes a whole history and – for the white Westerner, as reader or writer – the only kind of Orient it is possible to know. (2003: 243)

---

bly bringing upon us'); the obligatory East ('I have restored to the East some self-respect'); and the all-embracing generalization." (2007: 79)

[49] In Lawrences Text finden sich einige der ganz klassischen orientalistischen Stereotypen: der passive, lethargische Orientale, der des Impulses und der Anleitung von außen bedarf (vgl. SP 36f.; 41), der tugendhafte, asketische Beduine (vgl. SP 38f.; 227) im Kontrast zum korrumpierten, materialistischen Stadtaraber (vgl. SP 40), der gerissene Türke, der sich wie ein Parasit in Asien ausgebreitet hat (vgl. SP 42f.) und dergleichen mehr.

[50] Macfie geht sogar so weit, zu behaupten, sie fänden sich im weiteren Erzählverlauf gar nicht mehr: „the various orientalisms which Said identifies in Lawrence's work are nearly all confined to the introductory chapters. The remainder of the work [...] is almost entirely free of them" (2007: 79).

[51] Obwohl Dennis Porter in seiner Monographie *Haunted Journeys: Desire and Transgression in European Travel Writing* einräumt, dass *Seven Pillars* durchaus als imperialistischer Text zu verstehen ist, der den Mythos „that a white European male in position of leadership is an essential ingredient if people of color are to pursue a national goal" propagiert und und so an den Diskurs von ‚westlichem Macht-Wissen' anknüpft, beschreibt er ihn dennoch als „self-interrogating, fissured text, that subverts many of the ideological presuppositions it also asserts" (1991: 226). Er kommt entsprechend zu folgendem Schluss: „*Seven Pillars of Wisdom*, then, is an extreme case, a work apparently written from a position of power and privilege – the power and privilege of race, nation, class and gender – within the Western imperial system. Yet, it is soon evident that Lawrence's book is also the site of a struggle in which other, counterhegemonic voices struggle to be heard." (227)

Lawrence setze demnach das Schicksal des Nahen Ostens in gewisser Hinsicht mit seinem eigenen Schicksal gleich und inszeniere sich als ‚Personifikation' der arabischen Sache und somit des Orients: „The Orientalist has become now the representative Oriental" (Said 2003: 242).[52] Als Resultat verschwinde das Andere geradezu hinter dem beschreibenden bzw. es *über*schreibenden Subjekt, das im Zuge einer vermeintlichen Fremddarstellung letztlich immer nur sich selbst abbildet.[53] Der Orient verkomme in *Seven Pillars* zum Medium narzisstischer Selbstbespiegelung; eine eigenständige Existenz werde ihm nicht zugestanden.

In der Tat liefert Lawrences Reisebericht ein besonders rückbezügliches Modell der Fremd-Erfahrung. Es geht häufig weniger um die akkurate Wahrnehmung und Repräsentation der Fremde als vielmehr um eine durchgängige Projektion von Lawrences Ich, das durch Kontrastierung oder Identifikation mit dem Anderen – vorübergehend – Kontur gewinnt. Dennoch lässt sich diesem kritischen Urteil entgegenhalten, dass dieser Modus der Identitäts-Stiftung anhand des Anderen nicht allein Ausdruck Lawrences pathologischer Selbstbezogenheit oder seines spezifischen Orientalismus ist, sondern sich gezwungenermaßen aus der Dialektik der einander implizierenden Pole von *Self* und *Other* ergibt.[54] Identität wird stets durch Identifikation oder Opposition gegenüber einem Anderen psychologisch generiert und diskursiv verhandelt, was Said selbst in seinem Nachwort zu *Orientalism* einräumt.[55]

Dabei bleibt ein gewisse Modifikation und Instrumentalisierung der Fremde in ihrer Darstellung nicht aus – und genau um solche Modi der Alteritätsverarbeitung im Dienste der diskursiven Selbstbegründung geht es in dieser Arbeit.

---

[52] Vgl. auch Silverman: „Identification provides the vehicle of his self-aggrandizement; Lawrence emerges within his own thoughts not only as the leader of Arab nationalism but as its very image, through the incorporation of the movement's indigenous leaders." (1989: 24)

[53] Auch O'Donnell problematisiert diese ‚egozentrische' Art der Fremddarstellung und betrachtet sie als eine Art ‚psychologischen Imperialismus': „Lawrence's exposition of Arab society declares in part what he thought he was and what he sought to become. […] Whether the Arabs actually possess the characteristics Lawrence gives them is questionable. The movement is always toward Lawrence, not out toward the Bedouin. They become him, not he them. […] The use of others to define the self is at the heart of psychological imperialism. While he refuses to impose his image of self on the English, he gives the Arabs no character except what he lends them from himself." (1979: 94)

[54] Für eine ausführliche Diskussion der Frage, inwiefern Lawrence nun als typischer Orientalist zu betrachten ist oder nicht – eine Fragestellung, die für die vorliegende Untersuchung unerheblich ist – siehe neben „Re-viewing Said's View of T.E. Lawrence" (2002) von Susan Williams auch Porter 1991, Tabachnick 1997: 79f. sowie Macfie 2007.

[55] „The construction of identity – for identity, whether of Orient or Occident, France or Britain, while obviously a repository of distinct collective experiences, is finally a construction in my opinion – involves the construction of opposites and 'others' whose actuality is always subject to the continuous interpretation and re-interpretation of their differences from 'us'. Each age and society re-creates its 'Others'. Far from a static thing then, identity of self or of 'other' is a much worked-over historical, social, intellectual, and political process that takes place as a contest involving individuals and institutions in all societies." (Said 2003: 332)

Insbesondere Reiseliteratur – ob sie nun den Orient, die Neue Welt oder Europa fokussiert – hat diese Dialektik vom Eigenem und Fremden gattungsbedingt immer zum Gegenstand, denn:

> Diese Textsorte führt praktisch vor, dass wir uns selbst in der Begegnung mit einem Anderen erfahren – als derjenige, der das Andere *so* verarbeitet –, dass uns dieses Andere aber auch nur als Ergebnis solcher Verarbeitung zugänglich ist und nie ‚an sich‘, weshalb die Identitäts-Konstruktion als Prozess des Sich-Abarbeitens am Anderen erscheint […]. (Bode 2009: 20)

Welchem Muster dieser diskursive „Prozess des Sich-Abarbeitens am Anderen" in *Seven Pillars* genau folgt, soll im nächsten Kapitel grob skizziert und in den nachfolgenden Unterkapiteln am Text nachvollzogen werden.

3. Von Projektion und Reflexion

> *See now, there are, I think, in the world no men very different from ourselves. […] You write as though there were degrees, or distinctions. I see likenesses, instead.*[56]

Geht man davon aus, dass der Gegenstand der Reiseliteratur „ein (sich einlassendes oder verweigerndes) Subjekt in seiner individuellen Disposition ist" (Bode 2009: 13), das aufgrund einer Fremd-Erfahrung eine Veränderung durchläuft, und dass der Text die Spur dieses Prozesses darstellt, so richtet sich für eine Untersuchung der diskursiven Entfaltung dieses Anders-werdens das Augenmerk zunächst auf ihren Ausgangspunkt – auf das zu Beginn der Reise propagierte Selbst- und Weltbild des Reisenden, seine Ordnungsschemata und Wertesysteme.[57]

In *Seven Pillars* ist dies insofern problematisch, als sich das Subjekt Lawrence in seiner individuellen Disposition von vornherein als diffuse, instabile Größe erweist. Auf den ersten fünfzig Seiten des Reiseberichts, in denen die politische Lage, die verschiedenen Völkergruppen und neuesten Entwicklungen im Nahen Osten dargelegt werden, tritt eine isolierbare *persona* zunächst gar nicht in Erscheinung. Das erlebende Ich des Reiseberichts wird stattdessen allein in Form eines Wirs greifbar, aufgehoben in bzw. verschmolzen mit dem Kollektiv der Akteure der Revolte: mal mit den Mitgliedern des *Arab Bureau* in Kairo, mal mit den arabischen Rebellen. Dieses ‚indirekte Debüt‘ des Reisehelden zeigt sich paradigmatisch auf der zweiten Seite des *Introductory Chapter*:

---

[56] Brief von T.E. Lawrence an Lincoln Kirstein, 12. April 1934 (Lawrence 1938: 796).

[57] Dieser ‚Ursprungszustand‘ des Reisenden wird natürlich nicht – wie etwa bei einer Figurencharakterisierung – zu anfangs explizit definiert, so dass man von dieser ‚Nullstufe‘ aus bequem jede Veränderung nachvollziehen könnte. Dennoch weisen zumindest seit der europäischen Neuzeit die meisten Reiseberichte eine mehr oder weniger deutlich konstruierte diskursive Identität auf, die dem Leser gleich von Beginn an einen Eindruck vom reisenden Subjekt, von seinen Neigungen und Abneigungen, Werten und persönlichen Zielen vermittelt.

In these pages the history is not of the Arab movement, but of *me in it*. It is a narrative of daily life, mean happenings, little people. Here are no lessons for the world, no disclosures to shock peoples. It is filled with trivial things, partly that no one mistake for history the bones from which some day a man may make history, and partly for the pleasure it gave me to recall the *fellowship of the revolt*. *We* were fond together, because of the sweep of the open places, the taste of wide winds, the sunlight, and the hopes in which we worked. The moral freshness of *the world-to-be intoxicated us. We were wrought up in ideas* inexpressible and vaporous, but to be fought for. *We lived many lives* in those whirling campaigns, *never sparing ourselves*: yet when we achieved and the new world dawned, the old men came out again and took our victory to re-make in the likeness of the former world they knew. Youth could win, but had not learned to keep: and was pitiably weak against age. We stammered that *we had worked for a new heaven and a new earth*, and they thanked us kindly and made their peace. (SP 22f.; Herv. KP)

Hier wird von Anfang an klargestellt: Dies ist nicht die Geschichte der Arabischen Revolte, sondern die von Lawrence und wie er sie erlebte. Doch es geht gleich im nächsten Satz nicht mehr so sehr um ihn, sondern um das Kollektiv der Rebellen, ihren Alltag, ihre Hoffnungen. Die Erzählperspektive geht nahtlos von der ersten Person Singular in die erste Person Plural über, aus dem Ich eines autobiographischen Erzählers wird ein Wir, wobei mit fortschreitender Lektüre rasch offenbar wird, dass der Autor mit diesem Wir zumeist sich selbst meint.[58] So ist es vor allem Lawrence, der im Zuge der Revolte ‚viele Leben‘ lebte, der sich nie schonte und einen neuen Orient formen wollte.[59] Wie viel hiervon genuine Gefühle und Ambitionen der Araber und wie viel reine Projektion aus Lawrences Innenleben ist, ist nicht eindeutig bestimmbar. Erschwerend kommt hinzu, dass der jeweilige Bezugspunkt dieses ‚Wirs‘ oft nicht eindeutig ist und je nach Situation und Kontext wechseln kann: Mal bezieht es sich auf die Engländer, mal auf die Araber, mal nur auf bestimmte Stämme der Beduinen oder nur seine Leibgarde – je nachdem, mit wem sich Lawrence im jeweiligen Moment identifiziert.[60]

Dieses *Introductory Chapter*, das inhaltlich dem ersten Kapitel des *Oxford Text* entsprach, war jedoch aus der kommerziellen *Subscriber's Edition* getilgt worden, weil es zu offen Kritik an der Nachkriegspolitik Englands übte.[61] Der Text begann stattdessen mit dem zweiten Kapitel der Oxforder Edition. Doch auch bei diesem Auftakt lässt sich dieses Aufgehen in einer Gruppenidentität beobachten und auch hier verfällt die Erzählung bereits nach einem einzigen Satz der Ich-Perspektive in den Wir-Modus:

---

[58] „[H]e principally means himself when he says 'we'." (Hull 1984: 103) Dieser Umstand ist inzwischen allgemein anerkannt, vgl. auch Warde 1987: 203 und Tabachnick 1997: 96.

[59] Dies macht er im Epilog deutlich: „I had dreamed [...] of hustling into form, while I lived, the new Asia which time was inexorably bringing upon us." (SP 684)

[60] „Using the first person pronoun as his tool, Lawrence identifies himself alternately with the Arabs and the English; in addition, he frequently tries to implicate one group or the other in his own thoughts and movements." (Warde 1987: 203)

[61] Diese Tilgung, die Lawrence auf den Rat von E.M. Forster hin unternommen hatte, wurde jedoch in der Erstveröffentlichung von *Seven Pillars* 1935 wieder rückgängig gemacht, indem das Kapitel als separates Einführungskapitel vorangestellt wurde.

Some of the evil of *my* tale may have been inherent in *our* circumstances. For years *we* lived anyhow with one another in the naked desert, under the indifferent heaven. By day the hot sun fermented us; and we were dizzied by the beating wind. At night we were stained by dew, and shamed into pettiness by the innumerable silences of stars. *We were* a self-centred army without parade or gesture, *devoted to freedom*, the second of man's creeds, a purpose so ravenous that *it devoured all our strength, a hope so transcendent that our earlier ambitions faded in its glare.* As time went by our need to fight for the ideal increased to an unquestioning possession, riding with spur and rein over our doubts. Willy-nilly it became a faith. [...] Such *exaltation of thought*, while it let adrift the spirit, and gave it licence in strange airs, lost it the old patient rule over the body. The *body was too coarse* to feel the utmost of our sorrows and of our joys. Therefore, *we abandoned it as rubbish*: we left it below us to march forward, a breathing simulacrum, on its own un-aided level, subject to influences from which in normal times our instincts would have shrunk. (SP 27f.; Herv. KP)

Das erzählende ‚Ich' scheint es abermals eilig zu haben, in seiner eigenen Geschichte bzw. im Kollektiv ihrer Akteure zu verschwinden. Umgehend ist von der Bruderschaft der Revolte die Rede, die die Jahre der Rebellion wie ein Wesen erlebt und ertragen hat. Den *einen* Helden der Geschichte gibt es (noch) nicht, sondern nur dieses allumfassende ‚Wir', das jedoch offensichtlich *in his image* entworfen wird. In dieser frühen Textstelle klingen gleich mehrere Themen an, die – wie sich mit fortschreitender Lektüre herausstellt – vor allem in Bezug auf Lawrence einschlägig sind: zum einen der Idealismus und die absolute Hingabe für den arabischen Freiheitskampf, zum anderen der in *Seven Pillars* wiederholt thematisierte Dualismus von Körper und Geist[62] samt der charakteristischen Abwertung alles Körperlichen. Bei einer derart diffusen, weil kollektiven und durch Selbstprojektion überzeichneten Charakterisierung wird undefinierbar, was Lawrence ist und was ein genuines Gegenüber; wo für eine Bestimmung der Differenz zwischen fremd und eigen angesetzt werden soll und ob es überhaupt noch eine Differenz gibt. Die Grenze zwischen Eigenem und Anderen fängt an zu verschwimmen.

Für den kritischen Leser stellen sich allenthalben die Fragen: Vom wem ist hier *eigentlich* die Rede? *Wessen* Geschichte wird erzählt? Das Problem einer so flüchtigen, ungreifbaren Identität im Rahmen eines *autobiographischen* Textes spricht auch Terry Reilly in seinem Aufsatz „T.E. Lawrence: Writing the Military Life from Homer to High Modernism" an:

The question, "who are 'we'?" of course, eventually resonates outward to include the question, "whose autobiography is Lawrence writing?" Or perhaps more broadly, what

---

62 Lawrence schreibt diesbezüglich: „To bring forth immaterial things, things creative, partaking of spirit, not of flesh, we must be jealous of spending time or trouble upon physical demands, since in most men the soul grew aged long before the body. Mankind had been no gainer by its drudges." (SP 422) An anderer Stelle macht er deutlich, dass dies vor allem seine Einstellung und Bewertung ist: „I so reverenced my wits and despised my body that I would not be beholden to the second for the life of the first." (SP 547) Für eine ausführliche Diskussion der Opposition von *flesh* und *spirit* in *Seven Pillars* siehe Warde 1987: 205ff.

happens to the genre of autobiography when the writer does not have a clear or fixed sense of self, or when the writer describes himself in the language of others? (2005: 89)

Als *autobiographischem* Reisebericht fehlt *Seven Pillars* folglich von vornherein das Fundament. Das Konzept der Autobiographie wird dort geradezu unterlaufen angesichts eines Textes, der *per definitionem* um das erlebende und erzählende Ich kreist, in diesem Zentrum jedoch eine Leerstelle aufweist. Diese zentrifugalen Bewegungen scheinen somit eher der immer wieder neuen Konturierung einer flüchtigen Identität zu dienen. Ganz anders verhielt es sich da bei Doughtys Reisebericht, dessen klar definierter Selbstentwurf den Text geradezu ‚verankerte'. Diesen entscheidenden Unterschied zwischen *Arabia Deserta* und seinem eigenen Buch hat Lawrence einmal selbst formuliert:

> [H]e did really believe in something. That's what I call an absolute. Doughty, somewhere, if only in the supremacy of Spenser, had a fixed point in his universe, & from one fixed point a moralist will, like a palaeontologist, build up the whole scheme of creation. Consequently Doughty's whole book is rooted: definitive: assured. (Brief an Charlotte Shaw, 16. Juni 1927; Lawrence 1993: 149)

Eben diese Verwurzelung fehlt *Seven Pillars* und seinem Protagonisten. Wo Doughty seine Identität – als Viktorianer, als Christ, als *travelling scholar* – im Text so unverrückbar etabliert, dass er sie mittels des Paradoxes des agnostischen Bekenners sogar noch ‚ins Reine' korrigieren muss, fehlen bei Lawrences Reisebericht eine solche eindeutige Selbstbegründung und das daraus resultierende Ordnungsschema. Dementsprechend ist *Arabia Deserta* laut Lawrence „never morbid, never introspective" (Lawrence 1921: xix) – beides Eigenschaften, die *Seven Pillars* durchaus aufweist. Doch trotz oder gerade wegen der dort betriebenen ‚Introspektion' bleibt die Frage nach der Identität des reisenden und erzählenden Subjekts letztlich unbeantwortet. O'Donnell beschreibt diese flüchtige Qualität von Lawrences Selbstbild besonders treffend: „He must constantly make the self at every moment, for it has no essence, no fixed qualities, no core from which a feeling of identity can arise. An invisible self of what he does exists, but it is either always changing or can never be discovered once and for all." (1979: 154f.) *Least of all by himself, one is tempted to add.* Denn paradoxerweise war ausgerechnet der Mann, der dafür berühmt war, an anderen Menschen sogleich das Wesentliche ihrer Persönlichkeit ausmachen und für die eigenen Zwecke manipulieren zu können, in Bezug auf das eigene Ich mit einer kuriosen Blindheit geschlagen. Es scheint fast so, als habe er sich in jeden hineinversetzen können, nur nicht in sich selbst.[63] Dieses grundsätzliche Unvermögen, sich selbst zu

---

[63] „Unable to establish firmly the core of his own identity, he was able to draw men and women to him to offer for their pleasure and development the many currents of his personality." (Mack 1976: 459) Seine größte subjektive Schwäche war somit zugleich seine größte objektive Stärke: „The very uncertainty or instability that characterized Lawrence's sense of his own identity operated as an asset in relation to his work with the Arabs. It furnished him with a flexibility that enabled him to shift back and forth between an identifi-

sehen, und den daraus resultierenden Drang, dieses ‚unsichtbare Ich' projiziert auf bzw. reflektiert im Anderen zu suchen, kommt auch in *Seven Pillars* zum Ausdruck.[64] Dabei ist es jedoch nicht – wie bei Reiseliteratur häufig (vgl. Bode 2009: 14) – vor allem die Verarbeitung der Fremd-Erfahrung, die ihn zu einer solchen Instrumentalisierung des Anderen im Dienste der eigenen Identitäts-Konstruktion und zur beständigen Modifikation derselben veranlasst. Vielmehr scheint dieses Sich-selbst-fremd-Sein und dieses Sich-Suchen im Anderen für Lawrence von vorneherein charakteristisch zu sein,[65] wie er in *Seven Pillars* selbst formuliert: „[M]y impotence of vision showed me my shape best in painted pictures, and the oblique overheard remarks of others best taught me my created impression. The eagerness to overhear and oversee myself was my assault upon my own inviolate citadel." (SP 580) Unfähig, zu einem validen, beständigen Selbstbild zu gelangen, befindet sich Lawrence in steter, lauernder Belagerung und Bestürmung der ‚unberührten Zitadelle seines Selbst'.

Das Bild der Zitadelle steht bei Lawrence für seinen innersten Wesenskern und sein unberührtes, grundlegendes Gefühl von Selbstheit. Dementsprechend nutzt er diese Metapher, um nach den traumatischen Ereignissen seiner Gefangenschaft in Deraa seine innere Zerrüttung und die sich ankündigende Identitätskrise zum Ausdruck zu bringen: „[I]n Deraa that night the citadel of my integrity had been irrevocably lost." (SP 456)[66] Diese Festung, hinter der sich sein unsichtbares Selbst verbirgt, hat er bis dahin stets vor ‚Eindringlingen' verteidigt. Das zeigt sich beispielhaft in seinen Aussagen über sein schwieriges Verhältnis zu seiner dominanten Mutter: „No trust ever existed between my mother and myself. Each of us jealously guarded his or her own individuality, whenever we came together. I always felt that she was laying siege to me, and would conquer, if I left a chink unguarded."[67] Doch während er jeden Riss in der Ringmauer seiner Wesens-Festung verteidigt, hat er selbst auch keinen ‚Zutritt', keine Einsicht in sein derart eingefriedetes Wesen. Er scheint – um sein eigenes Bild fortzuspinnen – auf der Brüstung seiner Festung zu sitzen, doch kann er

---

cation with the Arab world and Arab ways and his role as a British officer (although a rather scruffy one)." (199)

[64] Silverman spricht diesbezüglich von der „extraordinary 'porousness' of Lawrence's subjectivity [...] [and] the ease with which he was able to discover himself within the Other" (1989: 12).

[65] Vgl. auch O'Donnell: „In reality events in Arabia do no generate his alienation; rather, his alienation generates events in Arabia." (1979: 99)

[66] „*Seven Pillars* gives ample evidence of Lawrence's personal wartime and postwar fragmentation in his use of the metaphor of the lost citadel of his integrity and in the striking intellectual and emotional contradictions that occur throughout the book." (Tabachnick 1984b: 121)

[67] Brief an Charlotte Shaw, 18. August 1927 (Lawrence 1991: 344). Vgl. außerdem folgenden Kommentar bezüglich seiner Mutter in einem späteren Brief: „I think I am afraid of letting her get, ever so little inside the circle of my integrity: she is always hammering and sapping to come in." (Brief an Charlotte Shaw, 8. Mai 1928; zit. nach Mack 1976: 32)

von dort aus weder in diese hinein, noch deren Fassade bzw. seine Silhouette von außen sehen. Hierfür benötigt er einen Spiegel, einen unmittelbareren intuitiven Eindruck seiner selbst aus zweiter Hand, der ihm zumindest einen Schattenriss seiner Selbst liefert. Im *Personal Chapter* spricht er daher von seiner

> special attraction in beginnings, which drove me into everlasting endeavour to free my personality from accretions and project it on a fresh medium, that my curiosity to see its naked shadow might be fed. The invisible self appeared to be reflected clearest in the still water of another man's yet incurious mind. Considered judgements, which has in them of the past and the future, were worthless compared with the revealing first sight, the instinctive opening or closing of a man as he met the stranger. Much of my doing was from this egoistic curiosity. When in fresh company, I would embark on little wanton problems of conduct, observing the impact of this or that approach on my hearers, treating fellow-men as so many targets for intellectual ingenuity: until I could hardly tell my own self where the leg-pulling began or ended. (SP 583)

Lawrence kann sein ‚unsichtbares Selbst' demnach nur gebrochen in der Subjektivität eines Anderen wahrnehmen: in Bildern *von*, in Aussagen *über* und in Reaktionen *auf* sich.[68] Hierfür unternimmt er verschiedenste ‚Show-Einlagen', produziert sich somit gewissermaßen auf immer neue Weise, um die verschiedenen Facetten seiner Persönlichkeit in bzw. mit den Augen Anderer zu sehen. Dass diese inszenierten Selbstbespiegelungen kein sehr authentisches Bild liefern können, liegt auf der Hand, berücksichtigt man die manipulative Orchestrierung der eigenen Aus*strahlung*, die all diesen Reflexionen und Reaktionen vorausgeht. Zudem führen sie, wie Lawrence selbst andeutet, dazu, dass der wahre Wesenskern bisweilen noch nebulöser wird, indem er durch diese verschiedenen Posen überlagert wird. Somit wird es sogar für ihn selbst immer schwieriger, zu definieren, wo die Pos(s)e endet und das ‚wahre' Ich beginnt.

Dieser Vorgang muss ferner immer wieder auf's Neue durchlaufen werden in einer ewigen Re-Inszenierung jenes „revealing first sight" (SP 583), denn diese Form der Selbstbetrachtung erfordert ein unberührtes Medium, eine *tabula rasa*. Lawrence will kein fundiertes Urteil, das auf Überlegung oder gar Erfahrung beruht, sondern Selbst-Reflexion im unreflektierten Gegenüber. Sein Selbstbild entsteht folglich durch eine niemals endende Aneinanderreihung originärer Momentaufnahmen, in denen das flüchtige Ich im Anderen so schlaglichtartig wie kurzfristig sichtbar wird.

In diesem Sinne ist *Seven Pillars* vor allem als Medium bzw. Archiv solch temporärer Momentaufnahmen von Lawrences Selbst zu begreifen, das dort ebenfalls nur anhand eines Gegenübers sichtbar gemacht wird. Hierfür spiegelt sich Lawrence allerdings nicht in den Reaktionen Anderer *auf ihn*, sondern überträgt seine

---

68 Dieses Bedürfnis, sich malen oder photographieren zu lassen oder zu erfahren, was andere über ihn sagen und schreiben, wurde entsprechend häufig als Narzissmus ausgelegt: „Throughout his life Lawrence was given to an almost narcissistic contemplation of the self, and he loved to see his image reflected in the eyes of others. Hence his readiness to pose for photographs, paintings and sculptures" (Rutherford 1978: 59).

Eigenschaften und Befindlichkeiten *auf sie*. Sie werden zum Träger der eigenen Attribute – ein kollektives Alter Ego. Erst auf diese Weise projiziert, reflektiert und letztlich verobjektiviert kann er sein Innenleben betrachten und beschreiben.

Diese Form der indirekten Selbstdarstellung ist indes eine äußerst uneindeutige, da sie einer konstruierten Kollektiv-Identität verhaftet bleibt, die ein Hybrid aus den tatsächlichen Charakteristika der Gruppe und Lawrences hineinprojizierten Eigenschaften darstellt. Wie bereits erwähnt, wird so undefinierbar, welche Aspekte jeweils dem Projektor, welche der Projektionsfläche zuzuschreiben sind. Hinzukommt, dass sich diese Identifikationsgruppen – samt der verschiedenen Dispositionen Lawrences, die sie verkörpern – im Verlauf der Erzählung wandeln. Es bleibt somit dem Leser überlassen, diese kurzlebigen, teilweise inkommensurablen Fragmente zu einem halbwegs kohärenten Ganzen zusammenzufügen.[69]

Im Zuge dessen können nicht nur Menschen, sondern auch andere Elemente der erzählten Welt in *Seven Pillars* als Projektionsflächen fungieren, wie Lawrence in einem Brief an Edward Garnett deutlich macht:

> Will can only be expressed by activity: thought exists for others only when it comes out in words: so I could transfuse my feelings, by putting them into a gesture, a conversation, and sunset or noon-day-heat, or even into the cadences of vowels and consonants which made up a phrase. By avoiding direct feeling I would keep the emotional expression on the plane of the rest of the construction. That's the reason of all that resolution of the personal, the indirectness of which offends you: and my temptation is to go more abstract, more complex, rather than more open. (23. Oktober 1922; Lawrence 1938: 371)

Lawrence beschreibt ganz explizit seine Technik der *self-revelation by indirection*[70]: Indem er seine Gefühle in die Darstellung der Fremde hineinfließen lässt – beispielsweise in die Schilderung einer Geste, eines Sonnenuntergangs oder eines Geräusches – bringt er sein Inneres indirekt zum Ausdruck. In dieser Form der Fremd- und gleichzeitigen Selbst-Darstellung verschmilzt sein Ich mit der Umwelt und wird anhand ihrer sichtbar. Diese Erzähltechnik des gestalterischen Einswerdens mit seiner Umwelt ging dabei auch mit einer tatsächlichen Assimilation einher.

Bekanntermaßen war Lawrence außerordentlich begabt darin, andere Menschen zu beobachten und sich ihnen anzupassen.[71] Diese ausgeprägte Empathiefähigkeit erwies sich bei seiner militärisch-geheimdienstlichen Mission als beson-

---

[69] „As a poetic autobiographer, Lawrence did not understand himself and could present himself only on the move, in process as it were. He leaves it to the reader to create Lawrence and personally to understand exactly why Lawrence felt as he did when he did." (Tabachnick 1997: 60)

[70] Für diese Begriffsschöpfung vergleiche Notopoulos: „Lawrence took pains to reveal himself by indirection." (1964: 334)

[71] Diese besondere Anpassungsfähigkeit an ein fremdes wie vertrautes Gegenüber war seit jeher typisch für ihn, wie sein Bruder Arnold beschreibt: „When he had just been with someone or was just going to see someone he tended to take on characteristics of that person." (Lawrence 1937: 591)

ders wertvoll, barg aber auch besondere Risiken. In diesem Fall bewirkte sie nämlich eine so tiefgehende *Identifikation* mit den Arabern und ihren Belangen, dass die wenigen Fixpunkte seines Selbstverständnisses – sein nationales und kulturelles Zugehörigkeitsgefühl – auch noch verloren gingen. In einer berühmten Passage im ersten Kapitel von *Seven Pillars* thematisiert er eben diesen Identitätsverlust, der aus diesem ‚Anprobieren‘ einer fremden nationalen Identität resultierte:

> In my case, the effort for these years to live in the dress of Arabs, and to imitate their mental foundation, quitted me of my English self, and let me look at the West and its conventions with new eyes: they destroyed it all for me. At the same time I could not sincerely take on the Arab skin: it was an affectation only. […] I had dropped one form and not taken on the other, and was become like Mohammed's coffin in our legend, with a resultant feeling of intense loneliness in life, and a contempt, not for other men, but for all they do. Such detachment came at times to a man exhausted by prolonged physical effort and isolation. His body plodded on mechanically, while his reasonable mind left him, and from without looked down critically on him, wondering what that futile lumber did and why. Sometimes these selves would converse in the void; and then madness was very near, as I believe it would be near the man who could see things through the veils at once of two customs, two educations, two environments. (SP 30)

Lawrence beschreibt sich hier als einsamen ‚Wanderer zwischen den Welten‘, dessen Selbstverständnis durch sein jahrelanges *going native* verlorengegangen ist, ohne dass er zu einem neuen gelangt wäre.[72] Das Ergebnis ist ein Gefühl der (Selbst-)Entfremdung und des Zwiespalts: Er kann von nun an die Welt nicht mehr *einfach* lesen, sondern behält für immer ein ambivalent schillerndes Welt- und Selbstbild. Dies verursacht eine Identitätskrise, die sich in seinem Leben nach dem Krieg fortsetzen sollte und vor allem auch im Verlauf von *Seven Pillars* deutlich zum Ausdruck kommt. Doch nicht nur der Verlust seiner nationalen, kulturellen Identität hat zu dieser inneren Zerrüttung geführt, sondern auch der Verlust bzw. die erzwungene Modifikation eines fundamentalen Aspektes seines Selbstverständnisses, wie Tabachnick mit Bezug auf diese Passage ausführt:

> [H]e escapes madness but becomes isolated from other men and from a sense of who he is. The double pull of two cultures, combined with his fear of and contempt for the body, with its feelings of pain and touch, serves to remove Lawrence's inner self from the normal spheres of human contact. He can be sure only of his control of that inner self and his absolute subordination of his body to his will – until he finds at Deraa that he does not have even this certainty. (1997: 62)

Während seiner Gefangenschaft in Deraa, dem vieldiskutierten Tiefpunkt von *Seven Pillars*, wurde Lawrence das Opfer von schwerer Misshandlung und Vergewaltigung[73] – ein traumatisches Erlebnis, das seine Psyche und sein Selbstbild

---

72 „He struggles to retain his Western, British ego in the vast ocean of the Moslem desert, loses that battle, and awakens at the end of the adventure to find himself a stranger to English and Arab alike." (Tabachnick 1997: 61)

73 Ob die Ereignisse in Deraa überhaupt stattgefunden haben und ob Lawrence lediglich misshandelt oder auch vergewaltigt wurde, wurde wiederholt diskutiert (vgl. etwa Alding-

236

erwiesenermaßen nachhaltig erschütterte.[74] Neben der Erfahrung von Kontroll-
verlust und physischer Gewalt bedeutete Deraa für Lawrence vor allem einen
Moment verstörender Selbsterkenntnis im Hinblick auf seine bis dahin
un(ter)bewussten Triebe und Neigungen. Die sexuelle Erregung, die er während
seiner Tortur in Deraa empfand, offenbarte ihm, dass sein Masochismus, den er
lebenslang für den ‚moralischen‘[75] Sieg seines Geistes über den Körper halten
wollte, sexueller Natur war. Anthony Nutting beschreibt das Ausmaß, die diese
Erkenntnis für Lawrence hatte in seiner Biographie *Lawrence of Arabia: The Man
and the Motive* so reißerisch wie treffend:

> When the Turks began to beat him he felt that [...] he would endure his torture like a
> true Messiah, inured to pain by the power of his spirit and his will. Then came the shat-
> tering awakening, as [...] he realized [...] that he was no risen prophet, no Son of God,
> but a rabid masochist, whose happy endurance of pain disclosed a perversion of the
> flesh rather than a triumph of the spirit. [...] [T]here was no way of striking out of his
> mind the effect of so shattering and degrading revelation of himself. From then on he
> became a changed man, hard and bitter in his judgement of himself and others and
> ruthless in his actions. (1961: 244f.)

Dieser sogenannte *Deraa incident* wird später noch Gegenstand ausführlicher Betrachtung sein. An dieser Stelle genügt es, festzuhalten, dass er bei Lawrence eine
Identitätskrise auslöste, die sich im Text deutlich nachvollziehbar entfaltet. Sein
verändertes Selbst, das strenger in seinem Urteil und brutaler in seinem Handeln
war – man denke an das Massaker von Tafas – wird in den Kapiteln nach Deraa
deutlich erkennbar, wie auch Meyers beobachtet hat: „[A]fter Deraa, the mood
of *Seven Pillars* becomes increasingly grim. [...] In the book, Lawrence progresses
from brotherhood to isolation, from heroism to revulsion, from idealism to nihilism." (1989a: 134) Tatsächlich verdüstert sich der Ton der Erzählung merkbar
und zuvor geltende Ideale und Werte werden plötzlich in ein ambivalentes Licht
gerückt. Insgesamt setzt ab diesem Wendepunkt ein Abwärtstrend in Stimmung
und Atmosphäre ein, der inmitten der Leichenberge des städtischen Hospitals in
Damaskus ein gebührend düsteres Ende findet. Die vermeintlich triumphale
Klimax der Kriegserzählung verkommt so zum Tiefpunkt.

---

ton 1955, Stewart 1977, Knightley und Simpson 1969, James 1993, Lockman 1996, Rodenbeck 2000, Barr 2006 etc.). Für die vorliegende Untersuchung ist die Frage nach dem
objektiven Wahrheitsgehalt der Deraa Episode jedoch letztlich unerheblich. Feststeht, dass
hier ein Wendepunkt in der Erzählung zu verzeichnen ist, nach welchem sich Lawrences
Darstellung der Revolte und ihrer Akteure sowie seiner selbst maßgeblich verändert.

[74] Mack identifiziert Lawrences Erlebnisse in Deraa als Psychotrauma: „a violation, the penetration or shattering of the inner defenses [...] whose impact is overwhelming, and whose
continuing aftereffects cannot readily be integrated by the functioning personality." (Mack
1976: 227) Entsprechend resultierte sie bei Lawrence in einem „shattering of the integrity
of the self" (ibid.), was im Text deutlich sichtbar wird.

[75] „[M]y masochism remains and will remain, only moral." (Brief an Lionel Curtis, 14. Mai
1923; Lawrence 1991: 236)

O'Donnell hat die Struktur von *Seven Pillars* daher ganz überzeugend mit der klassischen Dramenstruktur verglichen. (vgl. 1979: 42f.) Demnach repräsentiert das Deraa-Kapitel, das im zweiten Drittel des Buches liegt, die Peripetie, wie sie sonst im dritten Akt eines Regelstückes zu erwarten wäre. Während die Einleitung sowie die Bücher I bis IV die Exposition und steigende Handlung darstellen (Formierung der Revolte, ihrer Führer und Akteure; der erste große Sieg in Akaba), ereignet sich in den Büchern V und VI die Wende zum Schlechten: Auf das Vordringen gen Norden folgt das militärische Scheitern bei der Brücke von Yarmuk und die persönliche Krise des Helden in Deraa.[76] Die Bücher VII bis IX bilden mit den letzten, langwierigen Etappen des Marsches auf Damaskus, dem blutigen Kampf um Deraa und dem Massaker von Tafas die fallende Handlung. Das letzte Buch verkörpert sodann die Katastrophe: „Book X portrays the catastrophe: Lawrence's alienation from both Arab and English, which ends in hysteria in a charnel house at Damascus." (43)

Entsprechend dieses negativen Höhe- bzw. Tiefpunkts der Handlung in Deraa, verändern sich ab diesem Kapitel Lawrences Selbstinszenierung und die dafür instrumentalisierte Darstellung der Fremde. Seine Rolle als Vertrauensmann und indirekter Anführer, der mit dem Wissen agiert, dass die Westmächte ihre Versprechen an die Araber nicht halten werden, wird verstärkt problematisiert. Die gemeinsame nationale Sache, mit der er sich zu Beginn des Buches so stark identifiziert hatte, wird zum quälendem Gewissenskonflikt. Infolgedessen wird die Frage (nach) der eigenen Identität – im Hinblick auf seine Nationalität, auf seine Rolle in der Revolte als Opfer und Täter, als Anführer und Untergebener,

---

[76] Demgegenüber ist einzuwenden, dass am Ende von Buch VI der erfolgreiche Einmarsch in Jerusalem geschildert wird – das *Happy End* eines dunklen Kapitels, das paradox anmutet: „Book 6, which contains the military failure at the Yarmuk bridge and Lawrence's parallel felt failure at Deraa, ends ironically with supreme British victory." (Tabachnick 1997: 95) Doch diesem Erfolg, an dem Lawrence in keinster Weise beteiligt war, wird nur wenig Raum zugestanden – sowohl was die Erzählzeit als auch was die vermittelte Siegesstimmung betrifft: Nach endlosen Beschreibungen körperlicher wie seelischer Qualen (vgl. insbesondere SP 460f.) endet Buch VI mit einer sehr kurzen, emotionslosen Erwähnung des feierlichen Einzugs der Briten in Jerusalem, was Lawrences abschließende Beschreibung, dass dies für ihn „the supreme moment of the war" (SP 462) gewesen sei, wenig überzeugend, ja, geradezu ironisch erscheinen lässt. Liest man den letzten Absatz desselben Kapitels im *Oxford Text*, so wird offensichtlich, dass für Lawrence diese Siegesfeier im Schatten seiner Erlebnisse in Deraa lag und von ihm selbst als Moment des Scheiterns begriffen wurde: „It was strange to stand before the tower with the Chief, listening to his proclamation, and to think how few days ago I had stood before Hajim, listening to his words. Seldom did we pay so sharply and soon for our fears. We would have been by now, not in Jerusalem, but in Haifa, or Damascus, or Aleppo, had I not shrunk in October from the danger of a general rising against the Turks. By my failure I had fettered the English, and dishonoured the unknowing Arabs, in a way only to be repaired by our triumphal entry into a liberated Damascus. The ceremony of the Jaffa Gate gave me a new determination." (SP Ox. 508) Alle Seitenangaben mit dem Sigle ,SP Ox.' beziehen sich auf folgende Ausgabe: T.E. Lawrence. [1922] 2004. *Seven Pillars of Wisdom: The Complete 1922 'Oxford' Text*. Eds. Jeremy Wilson and Nicole Wilson. Fordingbridge: Castle Hill Press.

als Kamerad und Mensch im Allgemeinen – immer dringender und in Kapitel 103, dem sogenannten *Personal Chapter*,[77] schließlich in frappierender Offenheit thematisiert. Wie genau sich nun dieses spezifische „Anders-werden des Eigenen" (Bode 2009: 12) im Verlauf der Erzählung diskursiv entfaltet, soll im Folgenden detailliert betrachtet und nachvollzogen werden.

3.1 Sum quia credo – *Die Geburt einer Idee, der Entwurf einer Identität*

> [T]he Arab epic tossed up its stormy road from birth through weakness, pain and doubt, to red victory.[78]

Geht man davon aus, dass ein Reisebericht davon handelt, wie ein spezifisches Subjekt in die Fremde reist, sich diesem Anderen (gegenüber)stellt und diese subjektive Fremd-Erfahrung verarbeitet, so ist ein gewisses *foregrounding* des erlebenden Ichs erwartbar und unausweichlich. In *Seven Pillars* hingegen tritt das erlebende und erzählende Subjekt erst auffallend spät in Erscheinung. Zwar werden auf quasi paratextueller Ebene – im getilgten „Introductory Chapter" bzw. im ersten Kapitel der „Introduction" – Lawrences persönliche Motive, Hoffnungen und Intentionen bezüglich der Revolte thematisiert und auch die einführende, mitunter reichlich subjektive Darlegung von kulturellem, historischem und politischem Hintergrundwissen erlaubt gewisse Rückschlüsse auf den Schreibenden. Eine isolierte, konkrete Persönlichkeit von Erzähler und Reisendem ist dennoch nicht auszumachen. Erst zu Beginn des sechsten Kapitels stellt sich das erlebende ‚Ich' – losgelöst von jedem ‚Wir' – dem Leser (vor):

> I had been many years going up and down the Semitic East before the war, learning the manners of the villagers and tribesmen and citizens of Syria and Mesopotamia. My poverty had constrained me to mix with the humbler classes, those seldom met by European travellers, and thus my experiences gave me an unusual angle of view, which enabled me to understand and think for the ignorant many as well as for the more enlightened whose rare opinions mattered, not so much for the day, as for the morrow. (SP 54)

Hier präsentiert sich Lawrence als ideale Besetzung für die anstehende Mission und als kompetenter Autor, der von Hause aus über exklusives, einschlägiges Expertenwissen verfügt.[79] Diese Textstelle markiert dabei nicht nur Lawrences

---

[77] Lawrence selbst nannte es so in dem oben bereits auszugsweise zitierten Brief an Edward Garnett vom 7. September 1922 (Lawrence 1938: 366).

[78] SP 53.

[79] Entsprechend rechtfertigt er auch am Ende desselben Kapitels seinen etwas unorthodoxen ‚Eintritt' in die Revolte gegen den Willen seiner Vorgesetzten, die ihn in Kairo behalten wollten: „I justified myself by my confidence in the final success of the Arab Revolt if properly advised. I had been a mover in its beginning; my hopes lay in it. The fatalistic subordination of a professional soldier (intrigue being unknown in the British army) would have made a proper officer sit down and watch his plan of campaign wrecked by men who thought nothing of it, and to whose spirit it made no appeal. *Non nobis, domine.*" (SP 63)

Debüt und Selbstinszenierung als erfahrener Reisender. Sie repräsentiert auch eine Art Meta-Kommentar bezüglich der Vorgehensweise, die er in seiner Funktion als Mittelsmann Englands in der Arabischen Revolte an den Tag legen wird: Einflussnahme und Kontrolle durch Adaption und Einfühlung. Interessant ist dabei vor allem die Formulierung, dass er nicht nur *wie* die Araber denken kann, sondern *an ihrer statt*. Hier zeigt sich eine Überlegenheitshaltung, wie sie laut Said für einen Orientalisten typisch ist, der ‚den Orientalen' besser kennt als dieser sich selbst. Ganz dementsprechend meint das ‚Wir', in dem sich dieses kurz aufscheinende ‚Ich' gleich im Anschluss wieder auflöst, die Orient-Experten des *Arab Bureau*, die mit ihm der Überzeugung waren, dass die Araber die Schlüsselrolle beim Sturz der türkischen Vorherrschaft im Nahen Osten spielen würden:

> *We* could see that a new factor was needed in the East, some power or race which would outweigh the Turks in numbers, in output, and in mental activity. [...] [S]o when at last England fell out with Turkey, and war was let loose in the East and West at once, *we who believed* we held an indication of the future set out to bend England's efforts towards *fostering the new Arabic world* in hither Asia. We were not many; and nearly all of us rallied round Clayton, the chief of Intelligence, civil and military, in Egypt. Clayton made the perfect leader for such a band of wild men as we were. He was calm, detached, clearsighted, of unconscious courage in assuming responsibility. He gave an open run to his subordinates. His own views were general, like his knowledge; and he worked *by influence rather than by loud direction. It was not easy to descry his influence.* He was like water, or permeating oil, creeping silently and insistently through everything. It was *not possible to say* where Clayton was and was not, and *how much really belonged to him. He never visibly led*; but his ideas were abreast of those who did: he impressed men by his sobriety, and by a certain quiet and stately moderation of hope. *In practical matters he was loose, irregular, untidy, a man with whom independent men could bear.* (SP 56; Herv. KP)

Die kulturelle wie diskursive Ausgangsposition des erzählenden Ichs ist mit diesem ‚Wir' noch relativ eindeutig verortet: Lawrence tritt als englischer, imperialistischer Geheimdienst-Agent in Erscheinung, der gemeinsam mit den einschlägigen Spezialisten die politische Lage im Osmanischen Reich richtig einzuschätzen weiß. Ob sie allerdings alle derart idealistisch von der Geburt einer ‚neuen arabischen Welt' in Asien träumten, wie er es tut, ließe sich anzweifeln.[80] Vielmehr ist eine gewisse verklärende Projektion der eigenen Motive anzunehmen. Die Darstellung des Anführers dieser „band of wild men" (ibid.), Oberst Gilbert Clayton, ist dahingehend ebenfalls bemerkenswert. Sie scheint nämlich genau den Führungsstil zu beschreiben, den Lawrence später selbst an den Tag legen sollte: eine gewisse (Nach)Lässigkeit in Alltagsdingen, einen unregelmäßigen Lebenswandel, mit dem sich freie Männer identifizieren können sowie die Taktik subtiler Einflussnahme statt offener Befehlsgewalt.[81] Vor allem die Be-

---

[80] Lawrence spricht von diesem Traum eines unabhängigen Arabiens mit quasi-religiösen Begrifflichkeiten und bezeichnet sich und seine Kollegen an anderer Stelle gar als „all of the creed" (SP 58).

[81] Genau diese Taktik sollte Lawrence später in seinen „27 Articles" Geheimagenten in Arabien bezüglich der Manipulation und Führung von Arabern raten: „14. [...] The less ap-

schreibung von Claytons versatiler, ja geradezu fluider Persönlichkeit, die ihn zum alles durchdringenden Öl im Getriebe des *Arab Bureau* macht, könnte genauso gut auf Lawrence gemünzt sein.

Hier kündigt sich die erste Kollektividentität in *Seven Pillars* an, der sich Lawrence anverwandelt. Dabei sind es sowohl das Gros der Masse als auch ihr Anführer, die zur Selbstprojektion herangezogen werden. Mit seiner Ankunft bei den Arabern geht diese Funktion allerdings auf die Araber und deren Anführer über.[82] Dementsprechend ähneln Feisals später geschilderte Führungsqualitäten stark den soeben propagierten von Clayton – die ja letztlich Lawrences Führungsmaximen widerspiegeln: „He showed full mastery of tact, with a real power of disposing men's feelings to his wish. […] Feisal seemed to govern his men unconsciously: hardly to know how he stamped his mind on them, hardly to care whether they obeyed." (SP 100) Hier vollzieht sich ganz offensichtlich ein *shift* von englischer Projektionsfläche zu arabischer: Clayton wird als Identifikationsfigur von Feisal abgelöst.

Dieser neue Fokus bietet sich natürlich an – sowohl aufgrund der ständigen Nähe zu Feisal während der Revolte, als auch im Hinblick auf die Rolle, die dieser darin spielt. Als ältester Sohn des Scherifen von Mekka und Unabhängigkeitskämpfer der ersten Stunde sollte Feisal zur Schlüsselfigur in *Seven Pillars* werden: die ideale Projektionsfläche für Lawrences romantische und idealistische Phantasien. Seiner ‚Entdeckung' ist das gesamte erste Buch gewidmet, das mit dem Untertitel „The Discovery of Feisal" den eigentlichen Auftakt der Handlung markiert. Dabei ist entscheidend, dass es Lawrence ist, der in der Wüste den geeigneten Mann findet und ihn als den Anführer erkennt, auf den die Revolte gewartet hat:

[F]ramed between the uprights of a black doorway stood a white figure waiting tensely for me. I felt at first glance that this was the man I had come to Arabia to seek – the leader who would bring the Arab Revolt to full glory. Feisal looked very tall and pillar-like, very slender, in his long white silk robes and his brown head-cloth bound with a brilliant scarlet and gold cord. His eyelids were dropped; and his black beard and colourless face were like a mask against the strange, still watchfulness of his body. His hands were crossed in front of him on his dagger. (SP 92)

Lawrence zeichnet ein eindrückliches Portrait, das – vollständig mit Rahmen, Kontrasthintergrund und Pose – vor allem eines versinnbildlicht: Prädestination. Was nun geschieht, war vom Schicksal so vorhergesehen. Der suchende Held findet das, was er zu finden auszog. Wie ein verborgener Schatz in der Wüste,

---

parent your interferences the more your influence. They are willing to follow your advice and do what you wish, but they do not mean you or anyone else to be aware of that." (*Arab Bulletin*, 20 August 1917; zit. nach Mack 1976: Appendix, 465)

[82] Es ist bemerkenswert, dass Lawrence so gesehen nicht zwischen Engländern und Arabern bzw. ‚eigen' und ‚fremd' unterscheidet, da er beide gleichermaßen als Projektionsfläche seiner eigenen Wünsche, Träume und Neigungen nutzt. Erwartbar und diskurstypisch wäre eine Abgrenzung oder Opposition zum Fremden gewesen, so dass das Andere zum Negativ seiner Identität würde. (vgl. JanMohamed 1986: 84)

der darauf wartet, dass der Richtige kommt, um ihn zu ‚heben‘, steht Feisal auf der Schwelle zu den kommenden Ereignissen und wird nun von Lawrence geradezu aktiviert:[83]

> At last he inquired softly how I had found the journey. I spoke of the heat, and he asked how long from Rabegh, commenting that I had ridden fast for the season.
> "And do you like our place here in Wadi Safra?"
> "Well; but it is far from Damascus."
> The word had fallen like a sword in their midst. There was a quiver. Then everybody present stiffened where he sat, and held his breath for a silent minute. [...] Feisal at length lifted his eyes, smiling at me, and said, "Praise be to God, there are Turks nearer us than that". (SP 92)

Auch in dieser Szene erweist sich die Bildsprache als äußerst symbolisch. Lawrences provokativer Kommentar fällt *wie ein Schwert* in das höfliche Geplänkel des Gesprächs: „a fitting description of the launching of the crusade" (Henighan 1971: 51), an deren Ende nicht Jerusalem, sondern Damaskus steht. Feisal, dessen Name so viel bedeutet wie „das fallende Schwert"[84], weiß diesen *call for action* richtig zu erwidern und so nehmen die Dinge ihren Lauf. Mittels perfekter Dramaturgie werden Lawrence und Feisal als schicksalhaftes Zweigespann inszeniert, das die Rebellion zum Erfolg führen kann: der arabische und der englische Prophet – Feisal als „prophet of the nationalist creed, Lawrence of its means" (Hull 1975: 22). Das nachfolgende Kapitel, das der ausführlichen Beschreibung von Feisals Charakter, seinem diplomatischen und taktischen Talent sowie seiner Hingabe an die arabische Sache gewidmet ist, endet konsequent mit folgenden salbungsvollen Worten:

> [There] was offered to our hand, which had only to be big enough to take it, a prophet who, if veiled, would give cogent form to the idea behind the activity of the Arab revolt. It was all and more than we had hoped for, much more than our halting course deserved. The aim of my trip was fulfilled. (SP 99)

Lawrences erste Mission ist erfüllt. Er hat die ersehnte Galionsfigur gefunden, den Anführer, hinter dessen Banner sich die seit Jahrhunderten verfeindeten Beduinenstämme der Wüste zu *einem* Volk und *einer* arabischen Nation vereinen sollen. Feisal ist zudem die ideale Besetzung für seine romantische Vision vom arabischen Freiheitskampf als ritterlichem Kreuzzug:[85]

---

[83] Vgl. Henighan: „Lawrence sets up in this remarkable vision or mythical pattern, the whole fictional context of his story. With the discovery of Feisal (who may be said to stand for the Arabs as a whole) the narrator is launched on his enterprise. He himself is the prophet whose word must force the Arabs from their slumber." (1971: 51)

[84] Lawrence selbst beschreibt die Bedeutung von Feisals Namen als „the sword flashing down in the stroke" (SP 125). Zum Motiv des Schwertes in *Seven Pillars* siehe Meyers 1973: 1079, Warde 1987: 144ff. und Allen 1991: 96ff.

[85] „Lawrence casts himself by turns as Lancelot and Galahad. Like Lancelot, he comes from a distant land to serve a good but weak king, that is, Feisal cast in the role of Arthur. Like Galahad, he sees himself as singled out to seek the Holy Grail and briefly but unwillingly to rule over an alien people." (Kaplan 1995: 75) Auch Goodheart bezeichnet Lawrence als

The idea of a crusade, the idea underlying it, revolved in his mind, giving rise to a dream crusade, which implied a leader with whom in a sense he identified himself yet remained as himself a sympathetic observer. Naturally, it would be a crusade in the modern form – the freeing of a race from bondage. Where, however, was he to find a race in need of release and at the same time of historical appeal? The Arabs seemed the only suitable one left, and they fitted in with the trend of his interests. (Liddell Hart 2009: 5)

Dass die Araber seit jeher solche Kreuzritter-Phantasien bei ihm hervorriefen, schreibt er selbst im Epilog des *Oxford Text*: „The Arabs made a chivalrous appeal to my young instinct, and when still at the High School in Oxford, already I thought to remake them a nation, client and fellow of the British Empire." (SP Ox. 812) Diesem Jugendtraum entsprechend wird Feisal nun zum Auserwählten stilisiert.

In den nachfolgenden Kapiteln von Buch I und II, die schildern, wie Lawrence mit den Rebellen von Yenbo nach Wejh zieht, bleibt Feisal im Fokus der Erzählung. Detailliert wird geschildert, wie er neue Anhänger gewinnt, verfehdete Stämme versöhnt und seine Männer bei Laune hält. Stets an seiner Seite Lawrence, der alles beobachtet, stetig dazulernt und immer tiefer in die Welt der arabischen Rebellion eintaucht. Folgerichtig verschiebt sich auch dessen Zugehörigkeitsgefühl mit der Zeit. Es ist nun vor allem das Kollektiv der Araber, das er zur Identifikation nutzt. Fluchtpunkt all seiner Beobachtungen bleibt in dieser Phase jedoch vor allem Feisal. Seine Qualitäten als geborener Anführer werden wiederholt propagiert und fungieren dabei abermals als vorwegnehmende Reflexionen von/über Führungsmethoden, die Lawrence später selbst an den Tag legen wird:[86]

We stayed here two days, most of which I spent in Feisal's company, and so got a deeper experience of his method of command. […] He was accessible to all who stood outside his tent and waited for notice; and he never cut short petitions, even when men came in chorus with their grief in a song of many verses, and sang them around us in the dark. He listened always, and, if he did not settle the case himself, called Sharraf or Faiz to arrange it for him. This extreme patience was a further lesson to me of what native headship in Arabia meant. […] Feisal, in speaking, had a rich musical voice, and used it carefully upon his men. […] At other times he was full of humour--that invariable magnet of Arab goodwill. (SP 125)

Auch Lawrence wird so manche prekäre Situation mittels Humor lösen und beschreibt später, als er bereits als *El Auruns* seine eigenen Männer anführt, seine

---

„incurable romantic, enacting, as it were, the exotic dreams of his youth, nourished in an early reading of medieval tales, his interest in the literature of the crusades and *romans d'aventure*." (1989: 113) Siehe außerdem die relativ neue Monographie von Ina Grünjes: *Lawrence von Arabien: Don Quichotte und Kreuzfahrer? – Die Konstruktion von T.E. Lawrence als Mann des Mittelalters in der Neuzeit* (2006).

86 „What reader could return to this passage after reading the rest of *Seven Pillars* without recognizing in it the lineaments of the leader whom Lawrence subsequently becomes: an air of majesty; thought-as-pain; a body determined to out-spend its resources: and a self-consciousness so acute that it transforms every public moment – and many private ones – into performance?" (Silverman 1989: 26)

Position als Anführer auf ähnliche Weise: „I had never been a lofty person; on the contrary I had tried to be accessible to everyone, even if it continually felt as though most of them came and saw me every day." (SP 458)

Als intimer Berater und Mitglied des ‚Hofstaates' um Feisal – Lawrence spricht inzwischen gar von einem „We of the household" (SP 127) und bezeichnet Feisal als „my lord" (SP 126) – hat er bald seinen Platz unter den Arabern gefunden, der so natürlich anmutet, dass bei seinen kurzen Besuchen englischer Stützpunkte eher Gefühle des Fremdseins aufkommen denn unter Arabern. (vgl. SP 111) Ab diesem Zeitpunkt beginnt er auch statt seiner Felduniform arabische Kleidung zu tragen: „Feisal asked me if I would wear Arab clothes *like his own* while in the camp" (SP 129; Herv. KP). Lawrence akzeptiert Feisals Vorschlag und trägt von nun an Gewänder wie *die seinen* bzw. wie *einer von den Seinen*. Dies ist natürlich vor allem praktischen Überlegungen geschuldet, denn arabische Kleidung ist besser geeignet für das Wüstenklima und erregt auch weniger Aufmerksamkeit. Nichtsdestoweniger hat seine neue Garderobe stark symbolischen Charakter.[87] Denn bei den Kleidern, die ihm Feisal gibt, handelt es sich um prachtvolle Hochzeitsgewänder aus weißer Seide – eine Farbe, die sonst allein Scherifen vorbehalten war – komplett mit rot-goldenem Kopfband und Zierdolch. Obgleich nicht klar ist, ob diese vielsagende Kleiderwahl beabsichtigt oder eher dem Zufall geschuldet war – Feisal hatte die Gewänder kurz zuvor von seiner Tante als subtile Aufforderung zu einer baldigen Heirat gesandt bekommen –, sollte Lawrence diese Aufmachung für den Rest der Revolte beibehalten.[88] Ganz offensichtlich brachte sie sein neues Selbstverständnis als Anführer sowie seine wachsende Hingabe an die arabische Sache adäquat zum Ausdruck – „an appropriate emblem of his new dedication" (Henighan 1971: 52). Im Hinblick auf Lawrences diskursive Selbstbegründung ist dieses kulturelle wie hierarchische *cross-dressing* äußerst bedeutsam, spiegelt es doch einen neuen, von der Fremde geprägten Identitätsentwurf wider. Dies beschreibt auch Kaja Silverman in ihrem Artikel „White Skins Brown Masks: The Double Mimesis or With Lawrence in Arabia":

> It was this latter costume, consisting of silk Arab robes and headdress, and a gold circlet, which proved the most historically important of Lawrence's corporeal 'envelopes'. It identified him with the Arab cause – not so much in the eyes of his comrades as in his

---

[87] Zum *cultural cross-dressing* bei Lawrence siehe: Henighan 1971: 52f.; Dawson 1994: 192f.; Kaplan 1995; Braudy 2005: 409.

[88] Sehr viel später bei einem Zusammentreffen mit den Stammesführern der Rualla Beduinen beschreibt er seine Erscheinung und ihre Implikationen noch einmal ausdrücklich: „[T]hey had not to ask whom I was. My clothes and appearance saw to that, for they were not disguise, but notoriety in the desert, and made me free of it. It was fame to be the only clean-shaven one, and I doubled it by wearing always the forbidden pure white silk, of the whitest (at least outside) with a gold and crimson Meccan headrope and gold dagger. They were made in the fashion of the Sherifs, and by so dressing myself I marked a difference from the ordinary British officer in khaki, and staked a claim, which Faisal's public consideration of me confirmed: – to my sweeping profit in quickly attaining weight and position among the tribes." (SP Ox. 655)

own. [...] Within *Seven Pillars*, they [those robes] also bear luminous witness to the extraordinary 'porousness' of Lawrence's subjectivity – to the ease with which he was able to discover himself within the Other. (1989: 12)

Lawrences Ich nimmt somit in den ersten Büchern von *Seven Pillars* mehr und mehr Gestalt an – nämlich die der Fremde. Hier manifestiert sich das sprichwörtliche *Anprobieren* eines neuen Selbstbildes als arabischer Freiheitskämpfer. Dabei handelt es sich nicht bloß um Verkleidung als Mittel zum Zweck oder als publikumswirksames *prop*, um sich eine Aura von Exotik und Abenteuer zu verleihen. Sie signalisiert vor allem eine markante *Verschiebung* seiner Identifikation und Selbstprojektion.

In diesem Sinne erhalten auch andere Beschreibungen, die auf den ersten Blick vor allem der Erzeugung von Pathos und Ritterromantik zu dienen scheinen, zusätzliche Bedeutung, so etwa die Beschreibung des Marsches nach Weijh:

> The march became rather splendid and barbaric. First rode Feisal in white, then Sharraf at his right in red head-cloth and henna-dyed tunic and cloak, myself on his left in white and scarlet, behind us three banners of faded crimson silk with gilt spikes, behind them the drummers playing a march, and behind them again the wild mass of twelve hundred bouncing camels of the bodyguard, packed as closely as they could move, the men in every variety of coloured clothes and the camels nearly as brilliant in their trappings. We filled the valley to its banks with our flashing stream. (SP 144f.)

Was anmutet wie eine pittoreske Szene aus einem Abenteuerroman, der den Leser in seinen Bann ziehen möchte, ist ein wichtiger Moment der Selbstbegründung. Der Held der Reise ist innerlich wie äußerlich eins geworden mit ‚der Bewegung', mit dem Strom, der gen Norden drängt. Das eindrückliche Bild, wie er als arabischer Prinz zur Linken Feisals mit wehenden Fahnen der arabischen Freiheit entgegenreitet, versinnbildlicht Lawrences Aufgehen in seiner neuen Rolle. Diese ist indes keine bloße Rolle mehr, die er aus strategischen Gründen spielt, sondern vielmehr eine Möglichkeit des Selbstausdrucks geworden.[89]

Im Zuge dessen identifiziert sich Lawrence nicht so sehr mit den Arabern und ihrer Kultur, denn mit dem gemeinsam geträumten Traum arabischer Unabhängigkeit, für den es sich zu leben und zu kämpfen lohnt. Eine Idee, die definiert, *wer* man ist: *sum quia* bzw. *quod credo*.[90] Dieses Aufgehen *in* und Leben *für* eine Idee hatte Lawrence am Anfang von *Seven Pillars* als typisch arabische Eigenschaft beschrieben:

> Arabs could be swung on an idea as on a cord; for the unpledged allegiance of their minds made them obedient servants. None of them would escape the bond till success had come, and with it responsibility and duty and engagements. Then the idea was gone

---

[89] „Insofar as his role liberated him from his nihilistic introspection and forced him to a preoccupation with the goal of freedom for the Arab people, it might be seen, not merely as a part to play, but as the opportunity for an authentic expression of self." (Warde 1987: 170)

[90] „Lawrence 'sees' Arab nationalism in his own image, or to be more precise, in the image of one side of his fractured 'moi'." (Silverman 1989: 30)

and the work ended – in ruins. Without a creed they could be taken to the four corners of the world (but not to heaven) by being shown the riches of earth and the pleasures of it; but if on the road, led in this fashion, they met the prophet of an idea, who had nowhere to lay his head and who depended for his food on charity or birds, then they would all leave their wealth for his inspiration. They were incorrigibly children of the idea, feckless and colour-blind, to whom body and spirit were for ever and inevitably opposed. Their mind was strange and dark, full of depressions and exaltations, lacking in rule, but with more of ardour and more fertile in belief than any other in the world. They were a people of starts, for whom the abstract was the strongest motive, the process of infinite courage and variety, and the end nothing. They were as unstable as water, and like water would perhaps finally prevail. Since the dawn of life, in successive waves they had been dashing themselves against the coasts of flesh. [...] One such wave (and not the least) I raised and rolled before the breath of an idea, till it reached its crest, and toppled over and fell at Damascus. (SP 41)

Obwohl hier an der Oberfläche von den Arabern die Rede ist, beschreibt Lawrence vor allem fundamentale Aspekte der eigenen Persönlichkeit, die er in ihnen wiederzuerkennen oder von vornherein auf sie zu projizieren scheint: sein oppositionelles Verständnis von Körper und Geist, seinen Idealismus sowie die latent manisch-depressive Neigung. Er inszeniert sich hier zwar als Prophet, der die Flut der Araber mit Hilfe einer Idee mobilisiert und einem neuen Ziel entgegentreibt,[91] doch schwimmt er gleichzeitig mit: „*We* filled the valley to its banks with *our* flashing stream." (SP 145; Herv. KP) So betrachtet ist er, obgleich er mit Feisal als Anführer der arabischen Bewegung agiert, auch ihr treuester Anhänger. Seine absolute Hingabe an diese abstrakte, geradezu fiktive Idee von der Arabischen Revolte kommentiert er im *Personal Chapter* selbst: „Fiction seemed more solid than activity." (SP 582) Im *Oxford Text* fügt er an gleicher Stelle hinzu: „Fiction seemed wiser than action, or rather action only an introduction, or material, for fiction." (SP Ox. 681) Es ist die Fiktion, die immer zuerst da ist, die allen Handlungen und Ereignisse zugrunde liegt und sich in ihnen manifestiert.

In diesem Fall bedeutet dies die Fiktion eines modernen Kreuzzuges im Namen der Befreiung eines unterdrückten Volkes, die dem tatsächlichen Geschehen, nämlich der Instrumentalisierung der arabischen Rebellen für eigene imperialistische Interessen, übergestülpt wird. In dieser Phantasie verschmilzt alles zu einem homogenen Ganzen – die Männer werden zu einer Bruderschaft, der englische Agent wird zum Anführer und Waffenbruder. Ganz in diesem Sinne beschreibt Lawrence immer wieder die gemeinsame Sache, die alle antreibt und zusammenschweißt:

The long ride in company had made companions of our minds and bodies. The hazardous goal was in our thoughts, day and night; consciously and unconsciously we were

---

[91] „In the early chapters of *Seven Pillars of Wisdom* Lawrence reveals a fantasy of himself as a kind of contemporary armed prophet, the most recent in the history of prophets, inspired in the desert, who had been spiritual and military leaders of the Semitic peoples since the beginning of recorded history." (Mack 1976: 192)

training ourselves; reducing our wills to the single purpose which oftenest engrossed these odd moments of talk about an evening fire. (SP 267)[92]

An anderer Stelle erläutert er diese einigende Kraft der gemeinsamen Idee noch expliziter: „To our strained eyes, the ideal, held in common, seemed to transcend the personal, which before had been our normal measure of the world. Did this instinct point to our happily accepting final absorption in some pattern wherein the discordant selves might find reasonable, inevitable purpose?" (SP 476) Diese Frage, die vor allem für Lawrence und sein *discordant self* einschlägig ist, ist in seinem Fall eindeutig mit ‚Ja' zu beantworten. Gerade nach einer solchen Absorption, nach der Möglichkeit, in einer Kollektividentität aufzugehen, sollte er stets streben, zunächst in der Arabischen Revolte und nach dem Krieg in der Luftwaffe. Lebenslang hatte er sich seiner inkompatiblen Andersartigkeit geschämt, seiner „solitary unlikeness which made [him] [...] complete, angular, uncomfortable, as a crystal" (SP 579). Im gemeinsamen Kampf für ein freies Arabien kann er diese Isolation überwinden und nicht nur Nähe zu Anderen erfahren, sondern geradezu mit ihnen verschmelzen. Im ersten Kapitel von *Seven Pillars* macht Lawrence deutlich, dass seine Traumvorstellung der kollektiven Hingabe an ein gemeinsames Ideal in der Arabischen Revolte ihre Erfüllung fand: „We were a self-centred army without parade or gesture, devoted to freedom, the second of man's creeds, a purpose so ravenous that it devoured all our strength, a hope so transcendent that our earlier ambitions faded in its glare." (SP 27)

Diese gelebte, alles bestimmende Idee spielt bei einem Partisanenkrieg auch in strategischer und gruppenpsychologische Hinsicht eine zentrale Rolle, was Lawrence früh erkennt. Das von ihm beständig erwähnte ‚Predigen' der arabischen Sache, das er und Feisal leisten, ist entscheidend, wenn es darum geht, die Rebellen verfehdeter Stämme zu versöhnen. Die Propaganda der Idee wird somit zum Werkzeug, das für disziplinierte, lenkbare Truppen sorgt:

> It was the pathic, almost the ethical, in war. Some of it concerned the crowd, an adjustment of its spirit to the point where it became useful to exploit in action, and the predirection of this changing spirit to a certain end. Some of it concerned the individual, and then it became a rare art of human kindness, transcending, by purposed emotion, the gradual logical sequence of the mind. It was more subtle than tactics, and better worth doing, because it dealt with uncontrollables, with subjects incapable of direct command. It considered the capacity for mood of our men, their complexities and mutability, and the cultivation of whatever in them promised to profit our intention. We had to arrange their minds in order of battle just as carefully and as formally as other officers would arrange their bodies. (SP 200f.)

---

[92] Diese Vorstellung des gemeinsamen Brennens für eine Idee lässt er auch metaphorisch in solchen Szenen mit anklingen, die primär der Erzeugung von Stimmung und Atmosphäre dienen: „I rode up [...] and looked at the men reined in below me in a group, upon their bay camels like copper statues in the fierce light of the setting sun; they seemed to be burning with an inward flame." (SP 217)

In diesem Textauszug aus Kapitel 33, in dem Lawrence die Grundprinzipien seiner Guerilla-Kriegsführung darlegt,[93] zeigt sich plötzlich eine sehr pragmatische Perspektive auf dieses bis dahin so schwärmerisch geschilderte *common ideal*. Hier schwimmt Lawrence nicht mit im Strom der Begeisterung, vielmehr analysiert er als professioneller Stratege mit westlicher Militärausbildung das psychologische Potenzial einer solchen Idee, die dazu beitragen kann, ein Rebellenheer besser kontrollieren und beherrschen zu können.[94] Die zuvor zum Ausdruck gebrachte Romantik und Immersion werden relativiert und geradezu mit einer rationalen, teleologischen Rechtfertigung ausgestattet.

Dennoch bleibt dieser ‚ideelle Überbau' Projektionsfläche für Lawrences persönliche Vision der Revolte – und seine sich ständig wandelnde Gemütslage. In dieser Hinsicht ist eine weitere Textstelle bemerkenswert, die nicht mehr von Enthusiasmus und Gruppengefühl geprägt ist, sondern von einer nihilistischen Weltanschauung, die sein Handeln in Arabien sowie sein Leben insgesamt bestimmte. In besagter Passage schildert er, wie er gemeinsam mit Feisal die ‚arabische Sache' neuen Anhängern predigt – dieses Mal geschieht dies jedoch mit etwas unerwarteten Ausführungen, die einmal mehr den Verdacht nahe legen, dass Lawrence vor allem über das eigene Weltbild spricht:

> We put it to them, not abstractedly, but concretely, for their case, how life in mass was sensual only, to be lived and loved in its extremity. There could be no rest-houses for revolt, no dividend of joy paid out. Its spirit was accretive, to endure as far as the senses would endure, and to use each such advance as base for further adventure, deeper privation, sharper pain. [...] To be of the desert was, as they knew, a doom to wage unending battle with an enemy who was not of the world, nor life, nor anything, but hope itself; and failure seemed God's freedom to mankind. We might only exercise this our freedom by not doing what it lay within our power to do, for then life would belong to us, and we should have mastered it by holding it cheap. Death would seem best of all our works, the last free loyalty within our grasp, our final leisure [...]. To bring forth immaterial things, things creative, partaking of spirit, not of flesh, we must be jealous of spending time or trouble upon physical demands, since in most men the soul grew aged long before the body. Mankind had been no gainer by its drudges. There could be no honour in a sure success, but much might be wrested from a sure defeat. (SP 421f.)

Hier klingt eine Philosophie an, die der Leser bis dahin vor allem an Lawrence selbst beobachten konnte: das erbarmungslose Sich-Schinden für eine Idee, die

---

93 Zu Lawrences Konzept des Partisanenkrieges siehe Rink 2010.
94 An späterer Stelle beschreibt Lawrence die strategische Macht einer solchen Idee noch einmal in Bezug auf das *handling* von Stammesführern wie Nasir, Auda und Nesib: „Such people demanded a war-cry and banner from outside to combine them, and *a stranger to lead them, one whose supremacy should be based on an idea*: illogical, undeniable, discriminant: which instinct might accept and reason find no rational basis to reject or approve. For this army of Feisal's the conceit was that an Emir of Mecca, a descendant of the prophet, a Sherif, was an otherworldly dignitary whom sons of Adam might reverence without shame. This was the binding assumption of the Arab movement; it was this which gave it an effective, if imbecile unanimity." (SP 241; Herv. KP)

einen mehr und mehr einnimmt und vorantreibt, bis an die Grenze des Menschenmöglichen. Jede Grenzüberschreitung dieser Art ist dabei nur wieder der nächste Ausgangspunkt, um noch weiter zu gehen, noch größeren Schmerz und Entbehrung aushalten zu können – insgesamt eine wenig attraktive Aussicht und somit für Propagandazwecke nur bedingt geeignet. Die Beduinen lieben zwar, laut Lawrence, den freiwilligen Verzicht, weshalb er hier durchaus den richtigen Ton treffen mag. Dennoch scheint es, als predige er hier vor allem von und für sich selbst.[95] Insbesondere die nihilistische Haltung, statt Erfolg Versagen und Selbstentsagung anzustreben, eben nicht alle Möglichkeiten auszuschöpfen, sondern Sieg und Erfolg gering zu schätzen, entspricht einer Logik, der vor allem Lawrence in *seinem* Leben folgte. Nach dem Krieg sollte sie in seiner Selbsterniedrigung als gemeiner Rekrut ihren Niederschlag finden, doch auch in *Seven Pillars* bringt er diese persönliche Weltsicht zum Ausdruck.[96] Einmal mehr geht es um die Überlegenheit des Geistes über alles Körperliche sowie um die Notwendigkeit, sich entsprechend von allen körperlichen Fesseln, wie Angst vor Schmerzen bzw. seinem Überlebenswillen, zu befreien, indem man seinen Körper geringschätzt und bereitwillig riskiert. Auch die latente Todessehnsucht, die im Text mehrfach anklingt, kommt hier zum Ausdruck.[97] Der Tod wird als langersehnte Ruhe, Erlösung und ultimative Freiheit beschrieben: „Death would seem best of all our works, the last free loyalty within our grasp, our final leisure" (SP 421). Ob diese Haltung von allen seinen Mitstreitern geteilt wird, darf angezweifelt werden.

Lawrence deckt also auf diese Weise die Realität der Arabischen Revolte ganz mit seinen Stimmungen zu und inszeniert sie entsprechend seiner nihilistischen

---

[95] „This strange 'Crispin' speech was aimed at the Arab mind and appears to have succeeded. For Lawrence himself it was sincere. [...] He felt and lived a philosophy of beyond-life striving, of spirit dominating flesh." (Knight 1971: 321)

[96] Vgl. etwa folgende Passage des *Oxford Texts*: „I had never coveted a greater office than the one I held: never envied a greater man than the self I was: but always I would have given all my soul for something less, because of a certain sluggishness of sense which demanded immediacy of contact for the attainment of sharp perception: it was sensation for me when the turn meant food or hunger: but in the category of food dry bread and a feast seemed alike. Accordingly, on this march I took risks with the set hope of proving myself unworthy of the Arab assurance of final victory." (SP Ox. 296)

[97] Vgl. Meyers 1989a: 59f.; Tabachnick 1997: 33f., sowie folgende, wegen ihrer morbiden Ästhetik häufig diskutierte Passage, in welcher die Leichen junger türkischer Soldaten folgendermaßen beschrieben werden: "The dead men looked wonderfully beautiful. The night was shining gently down, softening them into new ivory. [...] The corpses seemed flung so pitifully on the ground, huddled anyhow in low heaps. Surely if straightened they would be comfortable at last. So I put them all in order, one by one, very wearied myself, and longing to be of these quiet ones, not of the restless, noisy, aching mob up the valley, quarrelling over the plunder, boasting of their speed and strength to endure God knew how many toils and pains of this sort; with death, whether we won or lost, waiting to end the history." (SP 315) Lawrence zeigt hier neben seiner Todessehnsucht und seiner geradezu nekrophilen Ästhetisierung des Todes abermals seine Tendenz, sich einzufühlen, zu identifizieren und seine Gefühle auf ein Gegenüber zu projizieren – eine Neigung, die auch vor Leichen nicht Halt macht.

wie romantischen Ideenwelt. Diese ideelle Überzeichnung der Ereignisse schlägt sich dabei auch in deren künstlerischer Gestaltung und in den Struktur- und Organisationsprinzipien der Erzählung nieder, was Lawrence einmal selbst kommentierte:

> I was then trying to write; to be perhaps an artist (for the *Seven Pillars* had pretensions towards design, and was written with great pains as prose) or to be at least cerebral. My head was aiming to create intangible things. That's not well put: all creation is tangible. What I was trying to do, I suppose, was to carry a superstructure of ideas upon or above anything I made.[98]

Die ,Suprastruktur', die *Seven Pillars* als literarisches Werk vor allem zu bestimmen scheint, ist die der epischen Queste. Vergleichbar mit den großen Epen der Weltliteratur, wie Homers *Odyssee*[99] und Malorys *Morte d'Arthur*[100] ist auch Lawrences Reise als Mischung aus Mission und Ritterfahrt gestaltet, die den typischen Stationen mythologischer Heldenreisen[101] folgt: „the Hero's departure following the call to adventure […] second, the Initiation – the great middle of the story – with its road of trials, its temptresses and tempters […] and, finally, the Return of the Hero as Master of Two Worlds." (Adams 1983: 150). Der große Bogen dieser Heldenreise spannt sich in *Seven Pillars* von Kairo nach Damaskus, das Endpunkt und Erfüllung der Queste markiert.[102] Lawrence kehrt erfolgreich zurück als zweifacher Kriegsheld – Colonel Lawrence und *El Aurens* –, der unter den Arabern den Status eines Scheichs genießt: *the Master of Two Worlds*.

Gleichzeitig setzt sich diese große Queste aus zahlreichen kleineren zusammen, die jeweils für sich selbst genommen die Struktur der Heldenreise durchspielen. Insofern repräsentiert jedes Buch in *Seven Pillars* eine eigene Mission mit einem vorab festgelegten Ziel, das in der vorangestellten Kapitelzusammenfassung definiert wird: die Entdeckung Feisals; die Rekrutierung der wichtigsten Wüstenstämme für die Rebellion; die Entwicklung und Erprobung einer Gueril-

---

[98] In einem Brief an Robert Graves, 4. Februar 1935 (Lawrence 1938: 853). Vgl. auch Deleuze: „Les idées abstraites ne sont pas des choses mortes, ce sont des entités qui inspirent de puissants dynamismes spatiaux, et qui se mêlent intimement dans le désert avec les images projetées, choses, corps ou êtres. C'est pourquoi les *Sept piliers* sont l'objet d'une double lecture, d'une double thêâtralité." (1993: 149)

[99] Zu Parallelen zwischen Homers *Odyssee* und *Seven Pillars* siehe Warde 1987: 130, Tabachnick 1997: 37ff., Cohn 2002 sowie vor allem Notopoulos 1964.

[100] Siehe Allen 1991: 133ff. sowie Kaplan 1995.

[101] Zum Motiv und der Struktur der Heldenfahrt, wie sie weltweit in Mythen und zahlreichen großen Epen der Weltliteratur gefunden werden können siehe Joseph Campbells wegweisende Monographie *The Hero with a Thousand Faces* (1949). Zur eingehenden Diskussion der Aspekte von Queste und Heldenreise in *Seven Pillars* siehe Adams 1983: 150ff.

[102] Dies gilt zumindest für die „war narrative" (O'Donnell 1979: 39) in *Seven Pillars*: Militärisch bzw. objektiv betrachtet ist seine Mission geglückt und die Heldenreise somit erfolgreich vollzogen. Seine persönliche Queste nach seinem wahren Selbst hingegen ist gescheitert und entsprechend hat die „introspective narrative" (ibid.) in Damaskus ihren Tiefpunkt: Der Held, der als Meister von *beiden* Welten triumphieren könnte, zeigt sich dort beiden Welten sowie sich selbst entfremdet.

la-Taktik, die den besonderen Umständen angemessen ist; die Eroberung Akabas als strategischen Stützpunkt; die (Zer-)Störung türkischer Infrastruktur zur Behinderung der Truppenbewegung und zu guter Letzt die Einnahme von Damaskus. Die einzelnen Teile reihen sich aneinander wie die Gesänge der *Odyssee* und folgen letztlich derselben Struktur: Eine Reise mit einem klar definierten Ziel, deren einzelne Etappen aus verschiedenen Prüfungen und Aufgaben bestehen, die der Held meistern muss. Anhand dieser Makrostruktur der Heldenfahrt verleiht Lawrence der Arabischen Revolte epische, wenn nicht gar mythische Dimension. Dennoch lässt sich *Seven Pillars* nicht schlechthin als typisches Helden-Epos klassifizieren, denn dafür fehlt es am adäquaten Helden, wie Herbert Read in seiner sehr kritischen Rezension anmerkt:

> [T]he story fails to reach epic quality because Colonel Lawrence, however brave and courageous he may have been, is not heroic. About the epic hero there is an essential undoubting directness: his aim is single and unswerving; he questions neither himself, his aims, nor his destiny. He may share his glory with his chosen band, his comitatus, but essentially he is self-possessed, self-reliant, arrogant and unintelligent. Colonel Lawrence was none of the these things; in all these things he was at the contrary pole – full of doubts and dissemblings, uncertain of his aim, his pride eaten into by humility and remorse, his conduct actuated by intellectual and idealistic motives. It is no disparagement to say that out of such stuff no hero is made. (Read 1928: 38f.)

Dieser Einschätzung ist durchaus zuzustimmen und auch Lawrence schien dies bewusst zu sein. Zwar mag er zu Beginn der Revolte das hehre Ziel der arabischen Freiheit unbeirrt und ohne (Selbst-)Zweifel verfolgt haben, dieser Enthusiasmus war jedoch gen Ende der Revolte und zum Zeitpunkt der Komposition von *Seven Pillars* längst einer tiefgreifenden Desillusionierung gewichen, was Lawrence eher als modernen Anti-Helden erscheinen lässt.

Von einer epischen Gestaltung wollte er offensichtlich dennoch nicht absehen und übertrug daher die Rolle des epischen Helden einfach einem Anderen: Auda Abu Tayi, dem berüchtigten Anführer der kriegerischen Howeitat-Beduinen. Dieser stößt in Buch III, kurz vor der Schlacht von Akaba und dem generellen Beginn der Kampfhandlungen von *Seven Pillars* zum Rebellenheer hinzu. Genau zum rechten Zeitpunkt komplettiert Auda so das epische Figurenarsenal. Denn nachdem mit Feisal – entworfen in Anlehnung an Figuren wie Saladin[103] und König Artus[104] – der Kriegerkönig und ,Kopf' der Revolte gefunden war, fehlte nun, vor der ersten entscheidenden Schlacht, ihre schwertführende ,Hand'. Mit Auda hat Lawrence hierfür den richtigen Mann gefunden, was er gleich bei ihrer ersten Begegnung erkennt und diese entsprechend gestaltet:

> There entered a tall, strong figure, with a haggard face, *passionate and tragic*. This was Auda [...]. Feisal had sprung to his feet. Auda caught his hand and kissed it, and they

---

[103] Lawrence bezeichnete ihn nach dem Krieg im Titel eines von ihm verfassten Artikels in der *Times* explizit so: „Emir Feisal, creator of the Arab army: a modern Saladin". (1920: 9)
[104] Vgl. Kaplan 1995: 75.

drew aside a pace or two and looked at each other--a splendidly unlike pair, typical of much that was best in Arabia, *Feisal the prophet, and Auda the warrior,* each filling *his part* to perfection, and immediately understanding and liking the other. [...] We had heard much of Auda, and were banking to open Akaba with his help; and after a moment *I knew,* from the force and directness of the man, that we would attain our end. He had *come down to us like a knight-errant,* chafing at our delay in Wejh, anxious only to be acquiring merit for Arab freedom in his own lands. (SP 228f.; Herv. KP)

Mit Audas Ankunft bei den Rebellen wird eine ähnlich schicksalshafte Begegnung inszeniert wie zuvor bei der ,Entdeckung' Feisals. Abermals ist es Lawrence, der eine Schlüsselfigur der Revolte in ihrer Prädestination erkennt und ihr in einer Projektion seiner epischen Ritterphantasien ihren Part zuweist. So zeigt er hier Prophet und ,Ersten Ritter' der Revolte vereint in einem historischen, geradezu emblematischen Moment spontanen gegenseitigen Verstehens – eine hochgradig konstruiert wirkende Szene, in der beide Männer ausdrücklich (vor)bestimmte Rollen spielen: Feisal, der Kriegerkönig, der mit Auda, dem fahrenden Ritter[105], seinen Streiter im Felde gefunden hat – „each filling his part to perfection" (ibid.). Hier werden keine Rollen *auf den Leib geschrieben,* sondern genau andersherum die Leiber so beschrieben, dass sie den Rollen entsprechen.[106] Dies zeigt sich auch im nachfolgenden Portrait Audas, in dem, einem epischen Katalog gleich, die stereotypen Attribute des idealen Beduinenkriegers aufgeführt werden: [107]

His generosity kept him always poor, despite the profits of a hundred raids. He had married twenty-eight times, had been wounded thirteen times; whilst the battles he provoked had seen all his tribesmen hurt and most of his relations killed. He himself had slain seventy-five men, Arabs, with his own hand in battle: and never a man except in battle. Of the number of dead Turks he could give no account: they did not enter the register. His Toweiha [sic!] under him had become the first fighters of the desert, with a tradition of desperate courage, a sense of superiority which never left them while there was life and work to do: but which had reduced them from twelve hundred men to less than five hundred, in thirty years, as the standard of nomadic fighting rose. [...] He saw life as a saga. All the events in it were significant: all personages in contact with him heroic. His mind was stored with poems of old raids and epic tales of fights, and he overflowed with them on the nearest listener. [...] He spoke of himself in the third person, and was so sure of his fame that he loved to shout out stories against himself. (SP 230)

---

[105] „Les hommes de la rébellion sont le prophète et le chevalier errant, Fayçal et Aouda, celui qui prêche l'Idée et celui qui parcourt l'espace. Le ,Movement' : la révolte s'appelle ainsi." (Deleuze 1993: 144) Dem ist lediglich dahingehend zu widersprechen, dass in *Seven Pillars* von Anfang an und durchgängig von der *Arab Movement* die Rede ist.

[106] Ganz in diesem Sinne beschreibt auch Blackmur die Figurenzeichnung in *Seven Pillars*: „They are characters not achieved or discovered, but asserted. Lawrence lacked the power, or the rare abiding charity, to make, or even to see, character complete; but he had inexhaustibly the power to make a willed substitute for it. To put it unkindly, his Arabs, and his Englishmen, and himself, too, all play character parts; they all work on formulas, however unpredictable and unusual" (1958: 10f.).

[107] Zur homerischen Gestaltung Audas siehe Warde 1987: 139f. sowie Notopoulos 1964: 341f. Meyers sieht in Auda hingegen einen epischen Helden in der Tradition von Tolstois *Krieg und Frieden* verwirklicht. (1989a: 94ff.)

Auda entspricht demnach so sehr dem Modell einer epischen Heldenfigur arabischer bzw. beduinischer Façon, dass nicht nur er selbst, sondern auch die Welt, in der er lebt und alles, mit dem er in Berührung kommt, epische Züge annehmen: eine wandelnde Legende mit Ansteckungspotenzial. Wie bereits ausgeführt kann sich Lawrence zwar nicht so direkt mit ihm bzw. über ihn identifizieren, wie er es bisweilen bei Feisal tut, dennoch fungiert auch Auda als Projektionsfläche seiner Ideale und Phantasien.[108] Bei der Darstellung dieses Beduinenkriegers gestattet sich Lawrence alle Register epischer Gestaltung, die in einem an sich eher modernen Text wie *Seven Pillars* mit seinem komplexen, introvertierten Protagonisten sonst keinen Platz fänden.[109] Lawrence kommentiert diesen Umstand sogar selbst: „The epic mode was alien to me, as to my generation. Memory gave me no clue to the heroic, so that I could not feel such men as Auda in myself. He seemed fantastic as the hills of Rumm, old as Mallory [sic!]." (SP 565) Das Epische und Heroische wird hier als etwas Archaisches, Fremdes dargestellt, das ihm in Arabien und mit Auda das erste Mal *in vivo* begegnet. Tatsächlich scheint es sich jedoch genau umgekehrt zu verhalten. Lawrence überzeichnet Auda vielmehr gemäß literarischer Traditionen. Es ist nicht weiter verwunderlich, dass dieser sodann in eine fiktive, vergangene Ferne gerückt erscheint. Er wirkt wie Malorys *Morte D'Arthur*, den Lawrence stets bei sich trug, entsprungen und letztlich ist er das auch: eine direkte Projektion epischer Reiselektüre auf die erfahrene Fremde, die in der erhabenen Landschaft des Wadi Rumm ihre adäquate Kulisse gefunden hat.

Der Vergleich Audas mit dem Wadi Rumm deutet indes auf ein weiteres wichtiges Element literarischer Gestaltung in *Seven Pillars* hin, nämlich die Darstellung von Landschaft, die nicht selten als Lawrences projizierte Seelenlandschaft gelesen werden kann. Eine besondere Rolle spielt hier das besagte Wadi Rumm, ein über hundert Kilometer langer, ausgetrockneter Flusslauf östlich von Akaba, in dem die Stammesgebiete der Howeitat-Beduinen liegen, den Lawrence zum ersten Mal nach der triumphalen Eroberung von Akaba durchquert. Auf diesem Marsch nach Syrien, der die Ausweitung der Rebellion gen Norden markiert, herrscht unter den Rebellen eine allgemeine Stimmung der Euphorie und Zielstrebigkeit, was sich auch in der Beschreibung des Wadi Rumm widerspiegelt:

---

[108] „In the portrait of Auda we find the envy of Lawrence himself." (Notopoulos 1964: 341)

[109] „Lawrence's portrayal of Auda is unusual in modern literature, for Lawrence creates an epic figure out of a contemporary, exalts the idea of primitivism, enshrines the ideals and values of an exotic culture, expresses the collective spirit of a nation in the heroic mood […]. Though the 'thought-riddled' Lawrence could not identify with the intuitive Auda as he was able to do with Feisal, he saw in the 'knight errant' the tradition of chivalric romance that held such a powerful fascination for him." (Meyers 1989a: 94f.) In *Seven Pillars* finden sich übrigens noch weitere derart episch überzeichnete Figuren, z.B. Ali ibn Hussein, der barfuß im Sprint ein trabendes Kamel überholen und in seinen Sattel aufspringen kann und so stark ist, dass er mit ausgestreckten Armen zwei erwachsene Männer stemmen kann. (vgl. SP 397, 446f.)

The hills on the right grew taller and sharper, a fair counterpart of the other side which straightened itself to one massive rampart of redness. They drew together until only two miles divided them: and then, towering gradually till their parallel parapets must have been a thousand feet above us, ran forward *in an avenue* for miles. They were not unbroken walls of rock, but were built sectionally, in crags like gigantic buildings, along the two sides of their street. [...] The crags were capped in nests of domes, less hotly red than the body of the hill; rather grey and shallow. They gave the finishing semblance of Byzantine architecture to this irresistible place: this *processional way* greater than imagination. [...] Our little caravan grew self-conscious, and fell dead quiet, afraid and ashamed to flaunt its smallness in the presence of the stupendous hills. Landscapes, in childhood's dream, were so vast and silent. We looked backward through our memory for the *prototype up which all men had walked between such walls toward such an open square as that in front where this road seemed to end.* Later, when we were often riding inland, my mind used to turn me from the direct road, to clear my senses by a night in Rumm and by the ride *down its dawn-lit valley towards the shining plains,* or up its valley in the sunset *towards that glowing square which my timid anticipation never let me reach.* I would say, 'Shall I ride on this time, beyond the Khazail, and know it all?' But in truth I liked Rumm too much. (SP 359ff.; Herv. KP)

Hier wird eine Landschaft entworfen, der eine Richtung, eine Teleologie innezuwohnen scheint: Als von monumentalen Felsformationen gesäumte *Avenue* weist sie den Rebellen den Weg nach Syrien. Lawrence zeichnet das wirkkräftige Bild einer schweigenden Prozession durch sublime Natur, die Prädestination verkörpert und gleichzeitig als Sinnbild der ewigen Queste fungiert. Es geht nicht darum, den verheißungsvoll in der Ferne leuchtenden Ort zu erreichen, sondern vielmehr, ihm entgegenzustreben. Somit dient das Wadi Rumm nicht allein als stimmungsvolle Kulisse für den Triumphzug der Rebellen gen Norden, sondern auch als Projektionsfläche für Lawrences Stimmungen und Ideen.[110] Denn, wie bereits angedeutet, entspricht es ganz seinem Weltbild, Erfüllung im Streben und in der Antizipation, nicht im Erfolg zu suchen:

When a thing was in my reach, I no longer wanted it; my delight lay in the desire. Everything which my mind could consistently wish for was attainable, as with all the ambitions of all sane men, and when a desire gained head, I used to strive until I had just to

---

[110] Als Spiegel von Lawrences Innenleben kann Landschaft mitunter auch negative Gemütslagen versinnbildlichen. Während das Wadi Rumm für zuversichtliches, vereintes Streben steht, verkörpert das Wadi Sirhan, das er auf dem Weg nach Akaba durchquert, Sinnlosigkeit und Unheil: „We were very weary of Sirhan. The landscape was of a hopelessness and sadness deeper than all the open deserts we had crossed. Sand, or flint, or a desert of bare rocks was exciting sometimes, and in certain lights had the monstrous beauty of sterile desolation: but there was something sinister, something actively evil in this snake-devoted Sirhan, proliferant of salt water, barren palms, and bushes which served neither for grazing nor for firewood." (SP 278f.) Diese hier sehr negative Wahrnehmung der Einöde hat ihren guten Grund. Etwa zu diesem Zeitpunkt nämlich hatte Lawrence vom Sykes-Picot-Abkommen erfahren, was seinen Idealismus für die arabische Sache maßgeblich dämpfte, und er begann, sich den Arabern gegenüber als Betrüger zu fühlen. (vgl. Hull 1984: 107; Kaplan 1995: 90) Nach dem Sieg in Akaba überwindet er diesen Pessimismus jedoch kurzfristig in der Hoffnung, durch die überraschenden Erfolge der Rebellen die Alliierten letztlich davon zu überzeugen, dass die Araber durchaus zur Unabhängigkeit in der Lage seien.

open my hand and take it. Then I would turn away, content that it had been within my strength. I sought only to assure myself, and cared not a jot to make the others know it. (SP 583)

Im *Oxford Text* folgt diesem Absatz noch der vielsagende Teilsatz: „and so [I] preserved often for myself something of the secret illusion of the quest, for memories sake" (SP Ox. 684). Die geheime Illusion bzw. die Idee der immerwährenden Queste ist für Lawrence essenziell und sie erklärt auch die Stimmungskurven in *Seven Pillars*. Denn immer nach dem erfolgreichen Abschließen der diversen Klein-Questen auf dem Weg nach Damaskus folgt ein Tiefpunkt in der Erzählstimmung, die entweder direkt durch Lawrences *persona* oder durch Projektion auf seine Mitstreiter zum Ausdruck kommt. Besonders deutlich wird dies unmittelbar nach der Eroberung von Akaba, wenn statt eines kollektiven Triumphes ein Moment der Orientierungslosigkeit und Leere beschrieben wird:

In the blank light of victory we could scarcely identify ourselves. We spoke with surprise, sat emptily, fingered upon our white skirts; doubtful if we could understand or learn whom we were. Others' noise was a dreamlike unreality, a singing in ears drowned deep in water. Against the astonishment of this unasked-for continued life we did not know how to turn our gift to account. [...] [T]o-day each man owned his desire so utterly that he was fulfilled in it, and became meaningless. (SP 322)

Das bereitwillig riskierte Leben ist verschont worden und nun weiß man nicht so recht, was damit anzufangen sei: Das Ziel fehlt. Ein Gefühl der Leere, der Isolation und vor allem des Identitätsverlusts dominiert, das weniger bei den Arabern anzunehmen ist, denn bei Lawrence, der im gemeinsamen Streben gleichsam sich selbst sowie Orientierung gefunden hatte. Wer hier also ausgebrannt auf seine weißen Rockschöße starrt, ist vor allem Lawrence.[111] Er durchlebt und beschreibt diese „physical shame of success" (SP 314) mehrfach in *Seven Pillars* und meint damit das Gefühl der Sinnlosigkeit, das er als Reaktion auf das Siegen verspürt: „a reaction of victory, when it became clear that nothing was worth doing, and that nothing worthy had been done" (ibid.).[112] Im Streben liegt der eigentli-

---

[111] Das beständige Streben hatte zudem den Vorteil der Ablenkung von den inneren Zweifeln, wie Rausch feststellt. Demgemäß ging es Lawrence und seinem Gewissen in Arabien nur gut, „solange die äußeren Strapazen den inneren die Waage hielten oder sie sogar übertrafen. Dies war der Idealfall. Sowie er aber Erleichterung erfuhr oder gar den Sieg in Händen hielt, erlebte er Zusammenbrüche und Lähmungen seiner gesamten Existenz." (1957: 232)

[112] Das Konzept der Erfüllung und des Siegens an sich wird in *Seven Pillars* insgesamt stets negativ dargestellt. An anderer Stelle beschreibt Lawrence, abermals in Projektion, warum er eine Patt-Situation einem leichten Sieg vorzieht: „In our imaginations, Check was a short, compact, furious man, darting glances every way from beneath tangled eyebrows, for an end to his troubles; beside him Victory seemed a lanky, white-skinned, rather languid woman." (SP 642) Eingedenk der Tatsache, dass Lawrence Zeit seines Lebens eine eher misogyne Haltung pflegte, ist offensichtlich, zu welchen Gunsten hier gewertet wird. Dementsprechend empfindet er in der Nacht vor dem Einmarsch in Damaskus auch eine Orientierungslosigkeit und Leere angesichts des bevorstehenden Triumphes: „I tried in the

che Wert jeder Handlung. Wird sie von Erfolg gekrönt, stirbt die Idee und somit bedeutet ein Triumph letztlich immer einen Verlust.[113] In seiner Beschreibung versinnbildlicht das Wadi Rumm eben diese Haltung, sie wird „eine Metapher der Lebensstimmung" (Schroers 1949: 98). Gleichzeitig stilisiert er sie zur universalen, archetypen Seelenlandschaft, zum „prototype up which all men had walked" (SP 360), das dem Kollektivbewusstsein aller Menschen gemein ist. Rumm wird zur räumlich manifestierten *mindscape*: ein Ort der Initiation.[114]

Da ist es nur konsequent, dass Lawrence ausgerechnet dort eine ominöse Begegnung mit einem ,Weisen vom Berge' hat. Bei seinem Bad in einer der Quellen des Wadis trifft er auf einen greisen, fast blinden Wüsteneremiten, der ihm mit einem Satz zeigt, dass in der Liebe letztlich alle Menschen und Religionen eins sind:

> Upon the water-cleansed and fragrant ledge I undressed my soiled body, and stepped into the little basin, to taste at last a freshness of moving air and water against my tired skin. It was deliciously cool. I lay there quietly, letting the clear, dark red water run over me in a ribbly stream, and rub the travel-dirt away. While I was so happy, a greybearded, ragged man, with a hewn face of great power and weariness, came slowly along the path till opposite the spring; and there he let himself down with a sigh upon my clothes spread out over a rock beside the path, for the sun-heat to chase out their thronging vermin. He heard me and leaned forward, peering with rheumy eyes at this white thing splashing in the hollow beyond the veil of sun-mist. After a long stare he seemed content, and closed his eyes, groaning, 'The love is from God; and of God; and towards God'. (SP 363f.)

Lawrences Weltbild bzw. seine Vorstellung von den Arabern wird so kurzzeitig ins Wanken gebracht. Seine ursprüngliche Überzeugung, dass semitische Religionen das Konzept der Liebe von und zu Gott nicht kennen, wird hier aufgelöst und ein einendes Element zwischen Islam, Judentum und Christentum, die ja allesamt ihren Ursprung in den Wüsteneien des Nahen Ostens haben, etabliert.[115] Die ganze Szene erinnert stark an eine Art Taufe, deren erfolgreichen Vollzug Lawrence allerdings zu verhindern weiß, indem er diesen Moment der potenziellen Erkenntnis schnell beendet: „[T]he old man of Rumm loomed portentous in

---

blankness to think forward: but my mind was a blank, my dreams puffed out like candles by the strong wind of success. In front was our too-tangible goal: but behind lay the effort of two years, its misery forgotten or glorified." (SP 659)

[113] Für Lawrence gilt entsprechend das Motto: „[A]lles Getane ist tot und vernichtet [die] Idee" (Schroers 1949: 172).

[114] „Rumm is perceived neither as an unusual rock formation, nor as a scene of overwhelming beauty. Instead, it is a location in the unconscious – a wide avenue passing through soundless country and stretching toward a distant, unenclosed space. It is the setting for a rite of passage." (Warde 1987: 197)

[115] „I had believed Semites unable to use love as a link between themselves and God, [...] Christianity had seemed to me the first creed to proclaim love in this upper world, from which the desert and the Semite (from Moses to Zeno) had shut it out: and Christianity was a hybrid, except in its first root not essentially Semitic." (SP 364)

his brief, single sentence, and seemed to overturn my theories of the Arab nature. In fear of a revelation, I put an end to my bath, and advanced to recover my clothes" (SP 365). Dennoch bleibt diese Episode als potenzieller Moment des Einswerdens und Überwindens religiöser Grenzen bestehen. In der universalen Ur-Landschaft des Wadi Rumm zeigt sich, dass alle Menschen und Glaubenssätze letztlich eins sind, dass es letztlich auch für ihn einen Ausweg aus Krieg und kultureller wie persönlicher Isolation gibt: „In contrast to the barren infertility of Lawrence's nihilism, here is another way out. […] Lawrence here glimpses love and fertility amid the meaninglessness and confusion of politics, cultural clash, and war." (Tabachnick 1997: 92f.)

Als Ort der Erkenntnis und Initiation entspricht diese Darstellung auch der allgemein diskursüblichen Darstellung der Wüste. Auch in *Seven Pillars* wird sie wiederholt als Ort spiritueller Reinigung, Selbstfindung und Selbstkasteiung[116] in absoluter Freiheit und Loslösung von allem Materiellen dargestellt.[117] Für Lawrence ist sie zudem auch ein Ort der Verbrüderung. So spricht Auda etwa von der „collective responsibility and group-brotherhood of the desert, contrasted with the isolation and competitive living of the crowded districts" (SP 263) und unternimmt damit die typisch wertende Gegenüberstellung von Stadt vs. Wüste, jedoch unter einem neuen Aspekt: die Siedlung als Ort der Isolation und Anonymität gegenüber der Wüste als Ort der Gemeinschaft.

Insbesondere in ihrer Rolle als Enklave, in der die Zeit stehengeblieben zu sein scheint, lädt die Wüstenlandschaft Arabiens zu Projektionen ein. Wo Doughty zurückkreiste in die Zeit alttestamentarischer Patriarchen, beschwört Lawrence die ruhmreiche Vergangenheit untergegangener Völker und ihrer Könige. Dies zeigt etwa seine Beschreibung des westlich von Ammān gelegenen

---

[116] „In his description of the experience of the desert, Lawrence suggests an affinity for its simplicity, desolation and bitterness […]. The desert was in a sense the externalization of Lawrence's soul. In the desert Lawrence apparently found himself – or at least found an ideal which he tried to realize. The desert was the landscape for self-mortification – in particular the mortification of the flesh." (Goodheart 1989: 114)

[117] So zum Beispiel im emblematischen Moment, den Lawrence zu Beginn von *Seven Pillars* schildert. Hier erzählt er, wie ihm während seiner Jahre in Syrien seine arabischen Reisegefährten eine Burg am Rande der Wüste zeigten, in der angeblich jeder Raum nach einer anderen Blumenart duftet. Dabei nimmt ihn Dahoum schließlich beseite und offenbahrt ihm den süßesten Duft von allen: „But at last Dahoum drew me: 'Come and smell the very sweetest scent of all', and we went into the main lodging, to the gaping window sockets of its eastern face, and there drank with open mouths of the effortless, empty, eddyless wind of the desert, throbbing past. […] 'This,' they told me, 'is the best: it has no taste.' My Arabs were turning their backs on perfumes and luxuries to choose the things in which mankind had had no share or part." (SP 38) Die Wüste verkörpert somit „the idea of world-worthlessness" (ibid.) und ihr Reiz liegt für Lawrence und ,seine' Araber in ihrer Kargheit, die Entsagung und Armut mit sich bringt. Siehe zudem folgende Textstelle: „The abstraction of the desert landscape cleansed me, and rendered my mind vacant with its superfluous greatness: a greatness achieved not by the addition of thought to its emptiness, but by its subtraction. In the weakness of earth's life was mirrored the strength of heaven, so vast, so beautiful, so strong." (SP 524)

Wüstenschlosses Azrak, das er 1917 als Winterquartier der Rebellen nutzte. Azrak war der perfekte Unterschlupf für die kalten Wintermonate: abgelegen genug, um keinen Feindkontakt zu riskieren, zentral genug, um von dort aus weitere Anhänger zu werben. Die Burg, ursprünglich von den Römern erbaut, war während der Zeit der Kreuzzüge von den Arabern als Stützpunkt genutzt worden. In ihrer langen Geschichte ist sie so Schauplatz für zahlreiche Schlachten und Belagerungen gewesen, was Lawrence bei ihrer ersten Beschreibung stimmungsvoll zu vergegenwärtigen weiß:

> It was to be Ali's first view of Azrak, and we hurried up the stony ridge in high excitement, talking of the wars and songs and passions of the early shepherd kings, with names like music, who had loved this place; and of the Roman legionaries who languished here as garrison in yet earlier times. Then the blue fort on its rock above the rustling palms, with the fresh meadows and shining springs of water, broke on our sight. Of Azrak, as of Rumm, one said *'numen inest'*. Both were magically haunted: but whereas Rumm was vast and echoing and God-like, Azrak's unfathomable silence was steeped in knowledge of wandering poets, champions, lost kingdoms, all the crime and chivalry and dead magnificence of Hira and Ghassan. Each stone or blade of it was radiant with half-memory of the luminous, silky Eden, which had passed so long ago. (SP 423)

Genau wie das Wadi Rumm ist Azrak ein Ort, dem etwas Magisches, etwas Göttliches innewohnt: *numen inest*. Doch hier ist es nicht primär die Landschaft, die diese Erhabenheit ausmacht, sondern die spezifische Geschichte dieses Ortes, die Mythen und Legenden, die diese Burg umranken. Azrak wirkt in dieser Panorama-Ansicht wie das Setting eines Ritterromans, in der sich einst Wanderbarden, tapfere Recken und Könige tummelten. Azrak ‚atmet' Geschichte.[118]

Ebenso, wie diese Vergangenheit den Ort geprägt hat, *zeichnet* nun auch der arabische Freiheitskampf diese Landschaft. Denn während Lawrences ‚Residenz' in Azrak sammeln sich dort immer mehr Anhänger verschiedenster Provenienz – eine Völkerwanderung, die Spuren hinterlässt: „Always they came, day after day, till the desert, which had been trackless when we came, was starred out with grey roads." (SP 446) Die Geschichte der Arabischen Revolte schreibt sich dieser geschichtsträchtigen Landschaft ein, wie es einst die Kämpfe der frühen Könige und der Kreuzritter getan haben. Die Revolte wird somit Teil einer Chronologie – eine weitere heroische Episode in der Geschichte Azraks und würdiger Nachfahre einer langen Ahnenreihe.

In den langen kalten Wintermonaten verwandelt sich Azrak mehr und mehr in eine *dreamscape*, in die sich Lawrence und seine Männer ‚hineinträumen', um den wenig glamourösen, entbehrungsreichen Alltag in diesem magischen, aber desolaten Gemäuer zu ertragen:

---

[118] Im *Oxford Text* stellt Lawrence an dieser Stelle sogar ausdrücklich einen Bezug zwischen den legendären, einst in Azrak regierenden arabischen Königen Hira und Ghassen und der Artus-Legende her, indem er von den "legendary desert courts of Hira and Ghassan, whose most sober story read like Arthur come again" (SP Ox. 464) spricht.

In loneliness we learned the full disadvantage of imprisonment within such gloomy ancient unmortared palaces. [...] It was icy cold, as we hid there, motionless, from murky
daylight until dark, our minds seeming suspended within these massive walls, through
whose every shot-window the piercing mist streamed like a white pennant. Past and future flowed over us like an uneddying river. We dreamed ourselves into the spirit of the
place; sieges and feasting, raids, murders, love-singing in the night. This escape of our
wits from the fettered body was an indulgence against whose enervation only change of
scene could avail. (SP 448f.)

Die ruhmreiche Vergangenheit des Ortes verleiht so dem Geschehen, das sich zu
diesem Zeitpunkt vor allem durch Stasis auszeichnet – die Anschläge auf die
Yarmuk Brücke sind gescheitert und während bereits die dritte Gaza-Schlacht im
Gange ist, haben die Rebellen wenig Bedeutsames erreicht – eine heroische Au-
ra.[119] Die unspektakulären Entwicklungen erhalten somit zumindest durch ihr
Setting Bedeutung und Perspektive.

Die fremde Landschaft ist hierbei, wie so oft, vor allem im Hinblick auf ihre
in westlicher Geschichtsschreibung überlieferte Vergangenheit bedeutsam: So
wie Doughty die Wüste vor allem als Schauplatz überlieferter Bibelgeschichte
las, sieht Lawrence Azrak primär als Schauplatz historischer und mythischer
Ereignisse. Dabei überzeichnet er den arabischen Raum jedoch auf wesentlich
subjektivere Weise als Doughty. Wo dieser ganz diskursgetreu die biblische Vergangenheit und somit die Ahistorizität der Wüste beschwor, instrumentalisiert
Lawrence die fremde Landschaft für die Inszenierung seiner eigenen Stimmungen und Ideale: Wadi Rumm als Zeichen der Verheißung und des ewigen Strebens, Wadi Sirhan als ‚Jammertal‘ der Hoffnungslosigkeit und Azrak als Kulisse
archaischer Kreuzfahrer-Romantik. Somit wird der fremde Raum in zweierlei
Hinsicht angeeignet und funktionalisiert – als Bestätigung mitgebrachten, westlichen Wissens sowie als Medium persönlichen Selbstausdrucks.[120]

---

[119] Vgl. auch Tabachnicks Beschreibung der Azrak-Kapitel: „In this fine location, Lawrence
plays the role of Arab potentate in the present, receiving great chiefs, horsemen, and mer-
chants. [...] In such a favoured site [...] the past can bring out the noble aspects of an
otherwise sordid present; for a few moments, Lawrence becomes a Grail knight or Moslem
prince as he superimposes a myth of the past on this war." (1984b: 119)

[120] Vgl. auch Warde: „The landscape is viewed as an external phenomenon, described objectively or romanticized; it is also internalized and equated with states of mind, so that it
becomes bound up with Lawrence's British background, his sense of guilt, and his vision
of the life rituals that every individual must enact." (1987: 197) Tabachnick spricht diesbezüglich von „Lawrence's modernistic use of spatial form" (1984b: 118). Gemäß dieser
modernen Erzähltechnik wird die spezifische Darstellung von Landschaften, insbesondere
von Städten, dazu genutzt, die jeweiligen Stimmungen des Protagonisten zu unterstrei-
chen. Laut Meyers ist dies allerdings weniger ein Zeichen von Lawrences Affinität zur Moderne, sondern eher dem Einfluss von Tolstoi geschuldet, den Lawrence zutiefst bewundert hat. Von ihm habe er „the technique of uniting a character's significant moment to
the atmosphere or cosmos that surrounds him [...]. Throughout *Seven Pillars*, the desert
landscapes reflect Lawrence's seared soul" (1989a: 100).

Die Landschaft Arabiens, die Arabische Revolte und vor allem Lawrences Vision von ihr werden auf diese Weise untrennbar miteinander verquickt. Diese Vermischung wird besonders deutlich in der berühmten Folterszene in Deraa, die sich direkt an die Zeit in Azrak anschließt und einen deutlichen Wendepunkt in Lawrences Selbstprojektionen markiert.

3.2 „Cracking apart"[121]: Deraa

> It will hang about me while I live, and afterwards if our personality survives. Consider wandering among the decent ghosts, hereafter, crying 'unclean, unclean!'[122]

Das Deraa-Kapitel von *Seven Pillars* beschäftigt seit Jahrzehnten die Forschung sowie vor allem die öffentliche Debatte um die Person T.E. Lawrence. Nicht zu Unrecht nennt es John Rodenbeck „a god-send to professional and amateur psychologists, to playwrights and movie-makers, and to political propagandists" (2000: 268). Keine Untersuchung und Diskussion über Lawrence und *Seven Pillars* kommt aus ohne eine mehr oder weniger ausführliche Behandlung des sogenannten *Deraa incident* – mit gutem Grund. Wie bereits angesprochen, sollten Lawrences Erlebnisse in Deraa als „turning point of the hero's fortunes" (O'Donnell 1979: 107) nicht nur den weiteren Erzählverlauf seines Reiseberichts, sondern auch sein weiteres Leben nachhaltig prägen. Nicht zuletzt sorgte er selbst durch wiederholtes Thematisieren dieser traumatischen Erfahrungen gegenüber Freunden und Biographen dafür, dass die Deraa-Episode eine Bedeutung erhielt, die über ihre Funktion als tragische Klimax und Wendepunkt von *Seven Pillars* hinausgeht.[123]

Nun soll an dieser Stelle keine erneute (psychologisierende) Textanalyse des Deraa-Kapitels unternommen werden.[124] Gleichwohl sollen Lawrences Beschreibungen der Ereignisse dahingehend untersucht werden, ob sich dort dieselben Projektions- und Identifikationsmuster beobachten lassen, die bis zu diesem Zeitpunkt seinen Reisebericht prägten oder ob hier eine gewisse Verschiebung vonstatten geht, die mit dem generellen Wandel von Stimmung und Erzählton nach

---

[121] Vgl. Lawrences Beschreibung seiner Misshandlung in Deraa: „To keep my mind in control I numbered the blows, but after twenty lost count, and could feel only the shapeless weight of pain, not tearing claws, for which I had prepared, but a *gradual cracking apart of my whole being* by some too-great force whose waves rolled up my spine till they were pent within my brain, to clash terribly together." (SP 453; Herv. KP)

[122] Brief von T.E. Lawrence an Charlotte Shaw, 26. März 1924 (Lawrence 1991: 261f.).

[123] „In writing about Deraa Lawrence imposes a Byronic pattern on his experience; Deraa is his inner demon, a torturing memory of an enormous though incomprehensible guilt. He convinces many of his friends, biographers, and readers that his torture and its aftermath are the deepest truths about him." (O'Donnell 1979: 127)

[124] Dies wurde bereits ausführlich geleistet von Meyers 1973: 1073f., O'Donnell 1979: 108 ff. sowie Orlans 2002: 220f., um nur einige Quellen zu nennen.

Deraa korreliert. Folgende Fragen stehen dabei im Vordergrund: Wie verarbeitet Lawrence eine so extreme Grenz-Erfahrung diskursiv – insbesondere im Hinblick auf seine Selbstdarstellung? Was geschieht mit seinem bis dahin propagierten Selbstbild, wenn sich der Prophet und Regisseur der Handlung plötzlich in einer Situation absoluter Machtlosigkeit wiederfindet? Wie funktioniert die diskursive Identitäts-Konstruktion, wenn das reisende Ich, das sich sonst nur anhand eines Anderen konstituierte – als Teil eines Kollektivs und ausführende Hand einer Idee –, plötzlich isoliert und *in seiner Körperlichkeit* in den Vordergrund rückt?

Die ‚äußeren‘ Ereignisse der Deraa-Episode sind schnell erzählt: Verkleidet als Tscherkesse begibt sich Lawrence in Begleitung eines älteren Arabers, der sich als sein Vater ausgibt, von Azrak nach Deraa, um die Befestigungsanlagen der Stadt auszukundschaften. Doch bereits kurz nach Betreten der Garnisonsstadt wird er von türkischen Soldaten aufgegriffen und noch am selben Tag dem Bey, ihrem Statthalter, als Deserteur vorgeführt. Anstatt ihn auf gewöhnliche Weise zu verhören, lässt ihn dieser in sein Schlafzimmer bringen, entkleiden und verspricht ihm Sonderbehandlungen sowie einen ‚Liebessold‘, sofern er ihm nur im Bett gefügig sei. (vgl. SP 452) Da sich Lawrence jedoch weigert und körperlicher Zudringlichkeiten erfolgreich erwehrt, lässt der Bey ihn von seinen Wachen brutal mit einer Reitpeitsche verprügeln, um ihn gefügig zu machen. Im Zuge dieser Misshandlungen wurde er höchstwahrscheinlich auch Opfer homosexueller Vergewaltigung.[125] Als der Bey im Anschluss daran seinen geschundenen, blutüberströmten Körper verschmäht, verlieren auch seine Schergen das Interesse an ihm und bringen ihn in einen unverschlossenen Schuppen hinter dem Garnisonsgebäude, aus dem er am nächsten Morgen unbemerkt fliehen kann.[126] Auf seiner Flucht zurück nach Azrak

---

[125] Ob es tatsächlich zur Vergewaltigung im Sinne einer analen Penetration kam, ist den Schilderungen in *Seven Pillars* nicht eindeutig zu entnehmen. (vgl. Knight 1971: 323) Aufgrund folgender Beschreibung seiner Misshandlung in Deraa in einem Brief an Charlotte Shaw vom 26. März 1924 wird jedoch inzwischen allgemein davon ausgegangen, dass dies der Fall war: „You instance my night in Deraa. Well, I'm always afraid of being hurt: and to me, while I live, the force of that night will lie in the agony which broke me, and made me surrender. [...] About that night. I shouldn't tell you, because decent men don't talk about such things. I wanted to put it plain in the book, and wrestled for days with my self-respect ... which wouldn't, hasn't let me. For fear of being hurt, or rather to earn five minutes respite from a pain which drove me mad, I gave away the only possession we are born into the world with – our bodily integrity. It's an unforgivable matter, an irrevocable position: and it's that which has made me foreswear decent living, and the exercise of my non-contemptible wits and talents. You may call this morbid: but think of the offence, and the intensity of my brooding over it for these years." (Lawrence 1991: 261f.)

[126] Diese Achtlosigkeit der türkischen Soldaten und die völlig unproblematische Flucht trotz seiner schweren Verletzungen sind die üblichen Ansatzpunkte für Zweifel am Wahrheitsgehalt des Deraa-Kapitels. Ersteres ist besonders erstaunlich, da kurz zuvor der Eindruck entstand, als habe der Bey Lawrences wahre Identität erkannt: „[H]e stood still, then controlled his voice with an effort, to say significantly, 'You must understand that I know: and it will be easier if you do as I wish'. I was dumbfounded, and we stared silently at one another, while the men who felt an inner meaning beyond their experience, shifted uncomfortably. But it was evidently a chance shot, by which he himself did not, or would not, mean what I

gelingt es ihm noch – geradezu nebenbei – die Mission zu erfüllen, die ihn nach Deraa geführt hatte: Er entdeckt ein altes Flussbett, das in die Stadt führt und später den unbemerkten Vorstoß der arabischen Truppen ermöglichen wird.

Bemerkenswert an diesen für sich genommen bereits brisanten Begebenheiten ist die Art und Weise, in der Lawrence davon berichtet. Er schildert die Ereignisse jener Nacht sehr sachlich und detailliert, wird indes vage, wenn es zu grausam und erniedrigend wird. So beschreibt er etwa, wie die Wachen ‚unaussprechlich mit ihm spielen‘ und sich an ihm ‚erleichtern‘[127], was eine Vergewaltigung nahelegt, jedoch im Unklaren lässt, was das konkret bedeutet. Auffällig ist hier der distanzierte, beinahe dissoziative Ton, in dem er von seinem Martyrium berichtet. Raili Marling deutet dies in seinem Aufsatz „Masculinities in the Margins: Hidden Narratives of the Self in T.E. Lawrence's *Seven Pillars of Wisdom*" als narrative Kompensationsgeste, anhand derer Lawrence rückwirkend Kontrolle über die Ereignisse gewinnen möchte – „as if desiring to make his rational observation of the suffering flesh a personal triumph of the will, in a way re-creating the narrative of self-control appropriate to a white upper-class man of his era" (2010: 104). Lawrence mag demnach Opfer der Gewalt und Homophilie der Türken geworden sein – als Erzähler hält er die Fassade eines britischen Gentlemans und Soldaten aufrecht, der auch angesichts von Folter und Vergewaltigung Contenance wahrt. Auch O'Donnell stellt fest, dass Lawrence im Deraa-Kapitel mit der präzisen Sprache und distanzierten Sachlichkeit arbeitet, die sonst der Schilderung technischer Abläufe und militärischer Kampfhandlungen vorbehalten war: „Deraa has the clarity and control of description of battles and train minings, and Lawrence seemingly narrates the event without intrusive afterthoughts." (1979: 109)

Diese sachliche Berichterstattung geht allerdings nur scheinbar „without intrusive afterthoughts" (ibid.), also ohne rückwirkende Reflexion und Gestaltung, vonstatten. Zum einen ist allgemein bekannt, dass Lawrence am Deraa-Kapitel am längsten feilte und es insgesamt neunmal überarbeitete.[128] Zum anderen erweisen

---

feared." (SP 453) Der Leser bleibt jedoch letztlich im Ungewissen, ob der Bey ihn nur für einen fahnenflüchtigen Tscherkessen hält oder als britischen Agenten erkannt hat.

[127] „[T]hey would squabble for the next turn, ease themselves, and play unspeakably with me." (SP 453)

[128] „From 1919 to 1925, Lawrence wrote and rewrote the passage dealing with the episode in *Seven Pillars of Wisdom* – nine times [...]." (Mack 1976: 233) In einem Brief an Charlotte Shaw schrieb Lawrence Jahre später über Buch VI: „That is the 'bad' book, with the Deraa chapter. Working on it always makes me sick. The two impulses fight so upon it. Self-respect would close it: self-expression seeks to open it." (26. Dezember 1925; Lawrence 1991: 296) Das Schriftbild des Deraa-Kapitels im *Bodleian Manuscript* spiegelt dabei deutlich Lawrences Zustand seelischer Anspannung sowie seinen fieberhaften Drang nach einem lückenlosen Bekenntnis wider: Die Handschrift auf dicht beschriebenen Bögen wird plötzlich immer kleiner und dichter, als wolle sie geradezu im Papier verschwinden (vgl. Abb. 9). Zahlreiche Streichungen und Korrekturen, die in einer solchen Dichte im restlichen Manuskript nicht zu verzeichnen sind, vervollständigen den Eindruck einer fieberhaften Textkomposition mit ausführlichen Revisionen.

sich die Passagen, die von seinem Martyrium in Deraa handeln, als kunstvoll arrangierte *set pieces*, bei deren Komposition bewusst mit Sprache und Bildlichkeit gearbeitet wird. Entsprechend lohnt ein näherer Blick auf die literarische Gestaltung der Folter-Szene sowie auf den dort gewählten Modus der Selbstdarstellung:

> He saw me shivering, partly I think, with cold, and made it [the whip] whistle over my ear, taunting me that before his tenth cut I would howl for mercy, and at the twentieth beg for the caresses of the Bey; and then he began to lash me madly across and across with all his might, while I locked my teeth to endure this thing which lapped itself like *flaming wire* about my body. To keep my mind in control I numbered the blows, but after twenty lost count, and could feel only the shapeless weight of pain, not tearing claws, for which I had prepared, but *a gradual cracking apart of my whole being* by some too-great force whose *waves rolled up my spine* till they were pent within my brain, to *clash terribly together*. Somewhere in the place a cheap clock ticked loudly, and it distressed me that their beating was not in its time. I writhed and twisted, but was held so tightly that my struggles were useless. After the corporal ceased, the men took up, very deliberately, giving me so many, and then an interval, during which they would squabble for the next turn, ease themselves, and play unspeakably with me. This was repeated often, for what may have been no more than ten minutes. Always for the first of every new series, my head would be pulled round, to see how *a hard white ridge, like a railway, darkening slowly into crimson, leaped over my skin* at the instant of each stroke, with *a bead of blood where two ridges crossed*. As the punishment proceeded the whip fell more and more upon existing weals, biting blacker or more wet, till my flesh quivered with accumulated pain, and with terror of the next blow coming. (SP 453f.; Herv. KP)

Wie bereits angemerkt, versucht Lawrence hier mittels emotionslosen Erzählens – oder eher: *Auf*zählens – Kontrolle und Distanz zu wahren. Er zählt die Schläge, analysiert deren Abfolge und Rhythmus, und kolportiert so scheinbar ungerührt seine Misshandlungen. Doch weder dieser distanzierte Ton noch der beinahe ironische Einschub, es habe ihn irritiert, dass die Peitschenhiebe nicht im Takt mit dem Ticken der Uhr gewesen seien, können verhehlen, was hier geschieht: *a gradual cracking apart of his whole being*.

In dieser Passage ist vor allem die Bildsprache bedeutsam, die nicht allein der Entschärfung der geschilderten Brutalität dient, sondern auch eine Wende in Metaphorik und Selbstprojektion markiert. Wie sich in einer zuvor zitierten Textstelle aus der Einführung zu *Seven Pillars* bereits zeigte, standen die Bilder der Welle und des reißenden Stroms bis zu diesem Zeitpunkt für die zielgerichtete, geeinte ,Naturgewalt' der arabischen Rebellen, die Lawrence in der Wüste beschworen hat und gen Damaskus treibt: „Since the dawn of life, in successive waves they had been dashing themselves against the coasts of flesh. […] One such wave (and not the least) I raised and rolled before the breath of an idea, till it reached its crest, and toppled over and fell at Damascus." (SP 41). In Deraa hingegen sind es nun Wellen des Schmerzes, die der türkische Feind Lawrences Rücken hinauf treibt, Wellen des Körperlichen, die auf seine *coasts of spirit* prallen, „till they were pent within my brain, to clash terribly together" (SP 453). So wie mit Damaskus die Vorherrschaft der Türken in Syrien steht und fällt, so bestürmen hier Wogen des Schmerzes Lawrences Willenskraft, die letzte Bastion in seiner ganz persönlichen Schlacht mit den Türken. Dabei werden diese Schmerzensströme von einer Peitsche ausgelöst, die wie ein *flammender Draht* über seinen Körper fährt – ein Simile, das an die Zünddrähte der Sprengladungen der arabischen Bombenanschläge auf die Hedschas-Bahn erinnert.

Dass hier der Kampf zwischen Arabern und Türken, zwischen Freiheit und Tyrannei wortwörtlich auf seinem Rücken ausgetragen wird, zeigt sich außerdem in der Beschreibung der Peitschenstriemen auf seiner Haut. Als er im Zuge psychischer Einschüchterungstechniken zu Beginn jeder Serie von Hieben gezwungen wird, sich seinen geschundenen Rücken anzusehen, vergleicht er die Striemen, die er dort sieht, bezeichnender Weise mit Eisenbahnschienen: „a hard white ridge, like a railway, darkening slowly into crimson [...] with a bead of blood where two ridges crossed" (SP 454). Diese blutigen Eisenbahntrassen auf seiner Haut scheinen die Unterjochung Arabiens bzw. der Wüste durch das Osmanische Reich metaphorisch widerzuspiegeln: Als Eindringlinge, die den geographischen Anforderungen der arabischen Landschaft nicht gewachsen waren, haben die Türken die Wüste gewaltsam durch den Bau der Hedschas-Bahn erschlossen, wodurch dieser erhabene Raum geradezu entweiht wurde.[129] Die Wüste, für Lawrence Symbol für Spiritualität und Selbstbeherrschung, wird durch die Invasion der Materialität moderner Technik verändert und korrumpiert: Zum einen sterben uralte Traditionen wie der Hadsch-Pilgerzug aus, da der Zug einen bequemen, schmerzfreien Weg nach Mekka eröffnet, der den Kampf der durch den Glauben gestärkten Willenskraft gegen den Körper im Extremraum der Wüste unnötig macht.[130] Zum anderen stören die Bahngleise und Telegraphenmasten Lawrences anachronistische Kreuzritter-Phantasien sowie seine spirituelle Lesart des fremden Raumes – ein Schandfleck des Materiellen in der sterilen Reinheit der Wüste.[131] Der Dualismus, der hier aufgespannt wird, ist abermals der zwischen Körper und Geist. Lawrence, der sich stets mit der Wüste identifiziert hat, wird nun wie sie Opfer der gewaltsamen ‚Invasion' der Türken, die ihn gleichermaßen mittels materieller bzw. physischer Gewalteinwirkung beherrschen und

---

[129] „[T]he railway, with its string of stations [...] existed as an alien object, bisecting a country that denied and rejected its intrusion." (Warde 1987: 127)

[130] Vgl. Lawrences diesbezügliche Ausführungen in seinem Vorwort zu *Arabia Deserta*: „[T]he annual pageant of the camel-caravan is dead. The pilgrim road [...] is now gone dull for lack of all those feet to polish it, and the kellas and cisterns [...] are falling into ruin, except so far as they serve the need of some guard-house on the railway" (1921: xxvi).

[131] Dass ihm die Hedschas-Bahn folglich ein Dorn im Auge war, den er nur zu gern beseitigte, stellt auch O'Donnell fest: „The railroad itself is the only fixed artifact of modern society. [...] This is not to Lawrence's romantic taste [...]. His joining with the Bedouins permits him not only to abstract himself from Western civilization, but actually to attack its constructions while theoretically defending them." (1979: 60f.), sowie: „Value is not in the fecundity of the oasis but in the sterility of the desert. [...] Upon this desert intrudes the railroad connecting Damascus and Medina, putting an end to the great traditional pilgrimages by road. The railroad begins the destruction of the medieval unity of the desert." (99)

bezwingen wollen. Als strategischer Kopf und Prophet der Revolte, der dem Feind in die Hände gefallen ist, verkörpert er in dieser Beschreibung Arabien und wird ebenso wie die arabische Wüste von der korrupten Körperlichkeit und Gewalt der Türken *gezeichnet.*

Was hier stattfindet im Hinblick auf das Projektionsmuster zwischen Fremd und Eigen, ist beachtlich, denn hier scheint der Modus beständiger Selbstprojektion auf den fremden Raum und dessen Bewohner eine subtile Umkehrung zu erfahren. Es ist diesmal nämlich nicht die Umwelt, die Lawrence repräsentiert, sondern hier wird *er* zum Repräsentanten der Fremde, indem er synekdochisch versinnbildlicht, was die Türken Arabien ‚angetan‘ haben: *pars pro toto.* Bis zu diesem Zeitpunkt war stets die arabische Landschaft die Projektionsfläche gewesen, der er seine Ideale und Stimmungen einschreiben konnte.[132] Nun wird sein Körper zu einem solchen Medium für die metaphorische Inszenierung türkischen Despotismus in Arabien. Nichtsdestoweniger dient diese Rückprojektion zugleich der Selbstdarstellung: Da sich Lawrence nur anhand des/eines Anderen projektiv ausdrücken kann, während seiner Folter in Deraa jedoch isoliert und ohne jede Bezugsgruppe dasteht, muss er die sonst als Projektionsfläche genutzte Fremde auf seinem eigenen Körper rekonstruieren, um sie so wieder mit ins Spiel bringen zu können.

Die Bildsprache dieser Passage funktioniert dabei wie eine Metapher, bei der Vehikel und Tenor potenziell vertauschbar sind. Was Lawrence widerfährt, wird anhand der arabischen Wüste und ihrer Zeichnung durch türkische Eisenbahntrassen ausgedrückt; oder umgekehrt: was Arabien geschieht, wird anhand von Lawrence versinnbildlicht. Beide können als Vehikel gelesen werden. Wer Bildspender und Bildempfänger ist, wird ununterscheidbar – lediglich das *tertium comparationis* ist eindeutig, nämlich der gewaltsame ‚Einbruch‘ türkischer Materialität in eine Enklave der Spiritualität. Die implizite Botschaft einer solchen ambivalent funktionierenden Metapher ist offensichtlich: Lawrence hat sich so sehr mit Arabien und dessen Schicksal identifiziert, dass eine *gegenseitige* Repräsentation möglich wird.

Darüber hinaus dient diese metaphorische Überzeichnung dazu, von der kruden Körperlichkeit der Szene abzulenken und dem Ganzen den erhabenen Charakter von etwas ‚Größerem‘, etwas Symbolischem zu verleihen. Doch letztendlich kann auch diese bildliche Abstraktion nicht von dem ablenken, was hier mit

---

[132] Siehe nur die vielsagende Metapher im Widmungsgedicht zu *Seven Pillars:* „I drew these tides of men into my hands/and wrote my will across the sky in stars." (SP "To S. A.") Letztlich hat Lawrence den Fremdraum auch im Wortsinn *geprägt*, indem er die türkischen Zivilisations- und Besetzungsspuren zerstört und den rigiden Bahntrassen die organischen Spuren der Truppenbewegungen der arabischen Freiheitskämpfer entgegengesetzt hat, „till the desert, which had been trackless when we came, was starred out with grey roads" (SP 446). In Deraa bezahlt er nun symbolisch den Preis dafür, indem die Eisenbahntrassen, die zu zerstören er sich zur Aufgabe gemacht hatte, auf seinem Rücken gleichsam rekonstruiert werden.

Lawrence geschieht, nämlich das Brechen und Vergewaltigen von Geist und Körper, was eine Zerrüttung und vor allem eine gewisse Desublimierung seines Selbstbildes mit sich brachte: „His experiences in the war uncovered aspects of his personality which he had repressed or sublimated into a life of action and self-sacrifice, and of which he had only partially been aware." (Meyers 1989a: 130) Die Rede ist hierbei vor allem von der gewaltsamen Offenbarung der sexuellen Motiviertheit seines Masochismus, den er bis zu diesem Zeitpunkt für einen rein spirituellen gehalten hatte.[133]

Lawrences ausgeprägte masochistische Neigung ist eine allgemein anerkannte Tatsache (vgl. Orlans 2002: 218; Knight 1971: 325), die sowohl in *Seven Pillars* als auch in *The Mint* deutlich zum Ausdruck kommt. Er selbst begriff dabei – zumindest offiziell – seinen Masochismus als strikt moralischen, der Körperlichkeit und Sexualität gerade zu überwinden und zu meiden sucht.[134] Dies beschreibt er in einem Brief aus seiner Zeit bei der Luftwaffe, in dem er sich von der Triebhaftigkeit seiner Kameraden entschieden distanziert:

> These are foul-mouthed, and behind their mouths is a pervading animality of spirit, whose unmixed bestiality frightens me and hurts me. There is no criticism, indeed it's taken for granted as natural, that you should job a woman's body, or hire out yourself, or abuse yourself in any way. I cried out against it, partly in self-pity because I've condemned myself to grow like them, and partly in premonition of failure, for my masochism remains and will remain, only moral. Physically I can't do it: indeed I get in denial the gratification they get in indulgence. (Brief an Lionel Curtis, 14. Mai 1923; Lawrence 1991: 236)

Lawrence hatte Zeit seines Lebens ein besonderes Verhältnis zu körperlichen Schmerzen und strebte stets danach, seine Schmerztoleranz zu steigern und immer weiter auszureizen. Bereits als Jugendlicher experimentierte er wiederholt mit Schlaf- und Essensentzug bei gleichzeitiger, hoher Belastung – ganz so, als wolle er sich auf die physischen Herausforderungen seines späteren Lebens vorbereiten.[135] Selbstabhärtung und Selbstbeherrschung, im Sinne von Unterdrü-

---

[133] „[T]he flagellation and implicit homosexual rape recounted in Chapter 80 of that text effects the radical desublimation of Lawrence's homosexuality and reconfigures his masochism, thereby shattering the foundations of his masculinity." (Silverman 1989: 4)

[134] ‚Moralischer Masochismus' bedeutet nach Sigmund Freud das generelle Bedürfnis nach Leid und Schmerzen, das jedoch *nicht* sexuellen Ursprungs ist bzw. nicht sexueller Befriedigung dient. Karen Horney definiert moralischen Masochismus in ihrer Monographie *The Neurotic Personality of Our Time* folgendermaßen: „[T]he term masochism originally referred to sexual perversions and fantasies in which sexual satisfaction is obtained through suffering, through being beaten, tortured, raped, enslaved, humiliated. Freud has recognized that these sexual perversions and fantasies are akin to the general tendencies toward suffering, that is, those which have no apparent sexual foundations; these latter tendencies have been classified as 'moral masochism'." (1937: 259f.)

[135] „For years before the war I had made myself trim by constant carelessness. I had learned to eat much one time; then to go two, three, or four days without food; and after to overeat. I made it a rule to avoid rules in food; and by a course of exceptions accustomed myself to no custom at all. So, organically, I was efficient in the desert, felt neither hunger nor sur-

ckung körperlicher Bedürfnisse und dem freiwilligem Erdulden von Schmerz, waren demnach seit jeher eine Obsession von Lawrence. Entsprechend häufig findet sich diese Thematik auch in *Seven Pillars*.[136] Unzählige Passagen handeln von Selbstkasteiung, Entsagung und Schmerz – entweder in Bezug auf sich selbst oder in Projektion auf die Araber[137] –, wobei Willenskraft stets über den Körper triumphiert. Dabei dient körperliches Leid meist einer gesteigerten Erkenntnisfähigkeit, denn es war Lawrences Überzeugung, dass die ‚Wahrheit' eines Menschen, sprich, seine Seele und sein wahres Wesen, erst beim Erleben von Schmerzen erfahrbar werden: „The spirit, or soul, is felt by [...] Lawrence as an *objective* reality; and it may be the more clearly seen when silhouetted against pain. Pain defines, objectifies, releases it." (Knight 1971: 326) Dass Lawrence körperliche Pein als potenzielles Mittel geistiger Erkenntnis betrachtete, zeigt sich unter anderem in seiner Beschreibung des ‚natürlichen' Nihilismus der Wüstennomaden in der *Introduction*:

> [The Beduin] hurt himself, not merely to be free, but to please himself. There followed a delight in pain, a cruelty which was more to him than goods. The desert Arab found no joy like the joy of voluntarily holding back. He found luxury in abnegation, renunciation, self restraint. He made nakedness of the mind as sensuous as nakedness of the body. He saved his own soul, perhaps, and without danger, but in a hard selfishness. His desert was made a spiritual ice-house, in which was preserved intact but unimproved for all ages a vision of the unity of God. To it sometimes the seekers from the outer world could escape for a season and look thence in detachment at the nature of the generation they would convert. This faith of the desert was impossible in the towns. It was at once too strange, too simple, too impalpable for export and common use. The idea, the groundbelief of all Semitic creeds was waiting there, but it had to be diluted to be made comprehensible to us. The scream of a bat was too shrill for many ears: the desert spirit escaped through our coarser texture. The prophets returned from the desert with their glimpse of God, and through their stained medium (as through a dark glass) showed something of the majesty and brilliance whose full vision would blind, deafen, silence us, serve us as it had served the Beduin, setting him uncouth, a man apart. (SP 41)

Die Wüste wird hier beschrieben als Ort der apophatischen Spiritualität, an dem eine primitive, ursprüngliche Form von Wahrheit erfahrbar wird. Dort länger zu

---

feit, and was not distracted by thought of food. On the march I could go dry between wells, and, like the Arabs, could drink greatly to-day for the thirst of yesterday and of to-morrow. In the same way, though sleep remained for me the richest pleasure in the world, I supplied its place by the uneasy swaying in the saddle of a night-march, or failed of it for night after laborious night without undue fatigue. Such liberties came from years of control (contempt of use might well be the lesson of our manhood), and they fitted me peculiarly for our work: but, of course, in me they came half by training, half by trying, out of mixed choice and poverty, not effortlessly, as with the Arabs." (SP 476f.) Siehe außerdem Mack 1976: 24ff.

[136] Siehe zum Beispiel SP 40, 189, 254, 387, 450, 459, 461.

[137] „Of all Lawrence's ideas about the Arabs this is the only one that has no discernible literary ancestor. It is patently the result of his projection on to the Arabs of his thirst for physical degradation and his horror of his own body, that body which had been brought into existence through sin." (Tidrick 2010: 182)

leben, wie die Beduinen es tun, bedeutet, alle körperlichen wie seelischen Bedürfnisse hinter sich zu lassen und freiwillig geringzuschätzen. Der Lohn für diese selbstgewählte Askese ist das Einswerden mit dem Göttlichen, eine Begegnung mit dem Absoluten und ein Moment der Erleuchtung. Die so gewonnenen Erkenntnisse sind dabei so intensiv und gellend – ja, beinahe schmerzhaft –, dass sie für Normalsterbliche ‚verdünnt‘ werden müssen. Nur wer Schmerzen aushalten kann, kann auch Wahrheit aushalten und überhaupt erfahren. Hier werden also Entsagung und Schmerz von Anfang an als Schlüssel zur Erkenntnis ausgestellt.

Da ist es nur passend, dass Lawrence die Eingebung für seine berühmte Guerilla-Taktik während einer heftigen Ruhrattacke hat, bei der er mehrere Tage im Fieberdelirium liegt. Körperliches Leid führt hier zu geistiger Klarheit und resultiert in der Entwicklung militärisch-theoretischer Strategien, die den entscheidenden Unterschied im weiteren Verlauf der Revolte bedeuten sollten:

> About ten days I lay in that tent, suffering a bodily weakness which made my animal self crawl away and hide till the shame was passed. As usual in such circumstances my mind cleared, my senses became more acute, and I began at last to think consecutively of the Arab Revolt, as an accustomed duty to rest upon against the pain. (SP 193)

Angesichts von Schwäche und Schmerzen zieht sich sein Geist zurück, blendet alles Körperliche aus und fokussiert sich ganz auf ein Thema, das offensichtlich erst durch diese erschwerenden äußeren Umstände in einer solchen Klarheit sichtbar wird. In dieser Isolation des Deliriums entwickelt Lawrence eine neue Form der Kriegsführung, die auch im schwierigen Wüstenterrain und mit beduinischen Kämpfern, die sich nicht wie europäische Soldaten zuverlässig im Rahmen eines Stellungskrieges stationieren und unter fremder Führung organisieren lassen, zum Erfolg führen kann. Die Rede ist von seinem Konzept eines „irregular war" (SP 348) bzw. „war of detachment" (SP 200), bei dem kleine, mobile arabische Kampfeinheiten unter individueller Führung durch unvorhersehbare Angriffe und Sabotageaktionen den türkischen Feind verunsichern und zermürben sollen.[138]

---

[138] Diese Kriegstaktik ist dabei – ganz Lawrences Überzeugungen von *mind over matter* entsprechend – eine geradezu ‚geistige‘ Art der Kriegsführung, bei der psychische Aspekte sowie die individuelle Disposition der Kämpfer eine zentrale Rolle spielen: „The Arab war should react against this, and be simple and individual. Every enrolled man should serve in the line of battle and be self-contained there. The efficiency of our forces was the personal efficiency of the single man. It seemed to me that, in our articulated war, the sum yielded by single men would at least equal the product of a compound system of the same strength. In practice we should not employ in the firing line the great numbers which a simple system put theoretically at our disposal, lest our attack (as contrasted with our threat) become too extended. The moral strain of isolated fighting made ‘simple’ war very hard upon the soldier, exacting from him special initiative, endurance, enthusiasm. *Irregular war was far more intellectual than a bayonet charge*, far more exhausting than service in the comfortable imitative obedience of an ordered army. Guerillas must be allowed liberal work room: in irregular war, of two men together, one was being wasted. Our ideal should be to make our battle a series of single combats, our ranks a happy alliance of agile commanders-in-chief." (SP 348; Herv. KP)

Diese von ihm in Kapitel 33 formulierten Grundprinzipien der Guerilla-Kriegs-führung sollten später als Standardwissen in die *Encyclopaedia Britannica* Eingang finden und ihn zu einem ihrer bedeutendsten Theoretiker machen.[139]

Als Werkzeug der Erkenntnis und Verstandesschärfung sind freiwillige wie un-freiwillige Schmerzen bei Lawrence somit stets positiv belegt. Darüber hinaus er-füllen sie für ihn auch eine punitive Funktion, wenn sich der Körper allzu sehr bemerkbar macht. Dies zeigt sich in einer bekannten Passage zu Beginn von *Seven Pillars,* die von den sexuellen ‚Nöten‘ und Aktivitäten der arabischen Trup-pen handelt:

> The public women of the rare settlements we encountered in our months of wandering would have been nothing to our numbers, even had their raddled meat been palatable to a man of healthy parts. In horror of such sordid commerce our youths began indif-ferently to slake one another's few needs in their own clean bodies – a cold convenience that, by comparison, seemed sexless and even pure. Later, some began to justify this sterile process, and swore that friends quivering together in the yielding sand with inti-mate hot limbs in supreme embrace, found there hidden in the darkness a sensual co-efficient of the mental passion which was welding our souls and spirits in one flaming effort. Several, thirsting to punish appetites they could not wholly prevent, took a sav-age pride in degrading the body, and offered themselves fiercely in any habit which promised physical pain or filth. (SP 28)

Dem unvermeidlichen Sexualtrieb junger Männer, dem in der Wüste nur schwer Abhilfe geschaffen werden kann, wird hier mit zwei ‚reinen‘ Lösungsansätzen begegnet. Einige Männer wählen den Weg der notgeborenen Homosexualität, bei der sie Befriedigung untereinander, „in their own clean bodies" (ibid.), su-chen, was der käuflichen Liebe von Prostituierten noch bei Weitem vorzuziehen sei. Diese gleichgeschlechtliche Liebe ist dabei als „sexless and even pure" (ibid.) zu begreifen, da sie lediglich das körperliche Äquivalent einer geteilten *ideellen Passion* darstellt: die Vereinigung zweier Körper, die im Geiste längst eins gewor-den sind, zusammengeschweißt von der Idee der arabischen Freiheit. Lawrence verklärt und sublimiert hier offene Homosexualität zur geradezu spirituellen Handlung – so, wie er es mit seinem eigenen Masochismus zu tun pflegt.[140] Die-

---

[139] Vgl. T.E. Lawrence, „Science of Guerilla Warfare", in: *Encyclopaedia Britannica* (1932: 950ff.). Zu Lawrences Guerilla-Taktik und deren Bedeutung in der Militärwissenschaft sie-he Gawrych 2002 sowie Tabachnick und Matheson 1988: 119ff.

[140] Die distanzierte Erzählhaltung, die Lawrence hier wählt, ist interessant: Er *zitiert* lediglich die-jenigen, die sich diesen Praktiken hingeben und ihre Homosexualität derart vergeistigt recht-fertigen. Nach Lektüre des gesamten Textes ist indes klar, dass es sich hier ganz offensichtlich um *seine* sublimierende, vergeistigende Deutung handelt, die er ihnen in den Mund legt. Vor diesem Hintergrund ist auch seine Schilderung des homosexuellen Paares Farraj und Daud, die als Diener mit dem Rebellenheer ziehen, zu betrachten. Zu Beginn beschreibt er sie fol-gendermaßen: „They were an instance of the eastern boy and boy affection which the segre-gation of women made inevitable. Such friendships often led to manly loves of a depth and force beyond our flesh-steeped conceit. When innocent they were hot and unashamed. If sex-uality entered, they passed into a give and take, unspiritual relation, like marriage." (SP 244) Als Daud später stirbt, sinniert Lawrence angesichts der grenzenlosen Trauer Dauds: „These

ser wird hier wiederum, als zweiter Lösungsansatz, in seiner regulativen Ventil-Funktion ausgestellt: Um den Körper für seine unvermeidbaren Triebe zu bestrafen und diese zu neutralisieren, wird ihnen mit Schmerzen begegnet, die das körperliche Drängen geradezu übertönen und unter Kontrolle halten sollen.

Lawrence projiziert hier ganz offensichtlich seinen selbstgewählten Weg des masochistischen Zölibats auf die Araber. Aufgrund seiner Ablehnung alles Körperlichen zugunsten des Intellekts lebte er Zeit seines Lebens enthaltsam, weil er keine physische Intimität zulassen konnte, wie er selbst im *Personal Chapter* ausführt:

> The lower creation I avoided, as a reflection upon our failure to attain real intellectuality. If they forced themselves on me I hated them. To put my hand on a living thing was defilement; and it made me tremble if they touched me or took too quick an interest in me. This was an *atomic repulsion*, like the intact course of a snowflake. *The opposite would have been my choice if my head had not been tyrannous.* I had a longing for the absolutism of women and animals, and lamented myself most when I saw a soldier with a girl, or a man fondling a dog, because my wish was to be as superficial, as perfected; and *my jailer held me back.* (SP 580f; Herv. KP)[141]

Sein Vermeiden von und Zurückschrecken vor jeglichem Körperkontakt zugunsten wahrer Intellektualität vergleicht er hier mit atomarer Abstoßung. Aufgrund seiner idiosynkratischen Ladung, die kein Andocken duldet, geht Lawrence buchstäblich *unberührt* durchs Leben – einzigartig und zerbrechlich, gleich einer Schneeflocke, deren Fall-Linie und *Integrität* durch diese Form der Berührung unwiederbringlich ge-/zerstört würde. Er kann keine Erfüllung finden im Absolutismus von Körperlichkeit und Sexualität, obgleich dies seinen innersten Wünschen

---

two had been friends from childhood, in eternal gaiety: working together, sleeping together, sharing every scrape and profit with the openness and honesty of perfect love. [...] In the Mediterranean, woman's influence and supposed purpose were made cogent by an understanding in which she was accorded the physical world in simplicity, unchallenged, like the poor in spirit. Yet this same agreement, by denying equality of sex, made love, companionship and friendliness impossible between man and woman. Woman became a machine for muscular exercise, while man's psychic side could be slaked only amongst his peers. Whence arose these partnerships of man and man, to supply human nature with more than the contact of flesh with flesh. We Westerners of this complex age, monks in our bodies' cells, who searched for something to fill us beyond speech and sense, were, by the mere effort of the search, shut from it for ever. Yet it came to children like these unthinking Ageyl, content to receive without return, even from one another." (SP 520f.) Zu Lawrences idealisierter Darstellung dieses Paares siehe Silverman 1989.

141 Am Ende dieses Kapitels macht er seine generelle Aversion gegenüber *allem* Körperlichen in seiner Beschreibung ‚gewöhnlicher' Männer noch einmal explizit: „[T]hey were interested in so much which my self-consciousness rejected. They talked of food and illness, games and pleasures, with me, who felt that to recognize our possession of bodies was degradation enough, without enlarging upon their failings and attributes. I would feel shame for myself at seeing them wallow in the physical which could be only a glorification of man's cross." (SP 584) Der Körper und seine Bedürfnisse sind demnach ein Kreuz, das dem Menschen auferlegt wurde: erniedrigend genug, sie ertragen zu müssen; schändlich, diese zu thematisieren und auszuleben.

entspräche, denn sein Wille hält diese, gleich einem Kerkermeister, unter Verschluss. In Deraa werden seine Triebe jedoch gewaltsam aus diesem selbstgebauten Gefängnis befreit. Die Schneeflocke – die hier vor allem als sein fragiles Selbstbild verstanden werden muss – kann nach dieser erzwungenen ‚Tuchfühlung' nie wieder die Form annehmen, die sie zuvor hatte. Lawrence hat nun Gewissheit bezüglich der Natur seiner stets überregulierten Triebe, deren Perversion er womöglich von vornherein erahnt hatte. Dieser ‚Wärterfunktion' seines Geistes, die den Körper und seine Bedürfnisse beständig unter Kontrolle halten muss, sind ganz offensichtlich seine Selbstkasteiungen geschuldet. Sie stellen den Versuch dar, sexuelle Energien umzuwandeln, um sie, zu selbstgewählten Schmerzen sublimiert, kontrolliert freisetzen zu können: eine Art Katharsis.

Masochismus und Sexualität sind für Lawrence dementsprechend grundsätzlich miteinander verknüpft, indem Schmerz und Selbsterniedrigung als Strafe, aber auch als Surrogat für das Ausleben sexueller Regungen fungieren. (vgl. Knight 1971: 331) Dass jedoch eine solche Ersatzhandlung potenziell denselben sexuellen Lustgewinn wie die zu vermeidende Triebbefriedigung verschafft, wird ihm erst in Deraa offenbar. Dort lernt er Schmerzen und deren Auswirkungen auf ganz neue Art und Weise kennen, zumal er nicht mehr die Kontrolle darüber hat, wie lange, in welchem Ausmaß und in welcher Form sie ihm zugefügt werden. Plötzlich scheinen sie weniger den Geist anzusprechen, als vielmehr eine neue, unerwartete körperliche Reaktion hervorzurufen, die er auf bemerkenswerte Weise beschreibt:

At last when I was completely broken they seemed satisfied. Somehow I found myself off the bench, lying on my back on the dirty floor, where I snuggled down, dazed, panting for breath, but vaguely comfortable. I had strung myself to learn all pain until I died, and no longer actor, but spectator, thought not to care how my body jerked and squealed. Yet I knew or imagined what passed about me. I remembered the corporal kicking with his nailed boot to get me up; and this was true, for next day my right side was dark and lacerated, and a damaged rib made each breath stab me sharply. I remembered smiling idly at him, for a delicious warmth, probably sexual, was swelling through me: and then that he flung up his arm and hacked with the full length of his whip into my groin. This doubled me half-over, screaming, or, rather, trying impotently to scream, only shuddering through my open mouth. One giggled with amusement. A voice cried, "Shame, you've killed him". Another slash followed. A roaring, and my eyes went black: while within me the core of life seemed to heave slowly up through the rending nerves, expelled from its body by this last indescribable pang. (SP 454)

Als unbeteiligter, emotionsloser Beobachter schildert Lawrence hier seine Misshandlungen als eine weitere Lektion in seinen lebenslangen Bemühungen „to learn all pain" (ibid.), bei der er sich so sehr von seinem Körper ablöst, dass er nur noch vage wahrnimmt, was mit ihm geschieht. Ganz im Sinne dieser Inszenierung lauten die Seitenüberschriften zu diesen Passagen auch „Further Lessons" und „Recruit's Training" – ein Wortspiel, das vermeintlich auf die türkische Zwangsrekrutierung von Deserteuren anspielt, hier aber vor allem seine ganz persönliche Lektion in Sachen Schmerz meint. Doch was Lawrence vor allem kennen*lernt*, ist nicht eine weitere Form des Schmerzes, die es mit Hilfe der

271

Willenskraft zu meistern gilt, sondern vielmehr eine ihm bis dahin unbekannte Reaktion auf körperliche Schmerzen, nämlich sexuelle Lust.[142]

Dieser Umstand wird zwar nicht ausdrücklich formuliert, kommt in dieser Passage jedoch mehr als deutlich zum Ausdruck. Bereits dem Auftakt der Szene – der kurzen Ruhepause für das benommene Opfer, das sich „vaguely comfortable" (ibid.) an den Boden *schmiegt* und seine Peiniger *träge anlächelt* – haftet dank Lawrences kurioser Wortwahl eine seltsam wohlige, beinahe laszive Stimmung an. Die *köstliche* Wärme, die daraufhin in ihm *anschwillt*, impliziert mehr als nur die Wahrscheinlichkeit sexueller Erregung. Auf diesen kurzen Moment der Lust folgt ein strafender Peitschenhieb in seinen Genitalbereich, der die finale geradezu orgastisch anmutende Woge des Lustschmerzes auslöst, die durch seinen Körper fährt, während „the core of life" (ibid.) unter stummem *Erbeben* aus seinem Körper *ausgestoßen* wird – ein Bild, das in mehrerlei Hinsicht an einen Orgasmus samt Ejakulation erinnert.

Lawrence muss so am eigenen Leib erfahren, dass sein Hang zur Selbstkasteiung in Wirklichkeit sexuell motiviert ist. All die Abhärtungsmaßnahmen seiner Jugend oder während seiner Reisen im Orient waren somit kein Triumph seines Willens über den Körper, sondern das genaue Gegenteil: pervertierte Triebbefriedigung und der Versuch, den Teufel mit dem Beelzebub zu vertreiben.[143] Diese Erkenntnis rüttelt an den Festen seines Selbstverständnisses, was er am Ende des Deraa-Kapitels im *Oxford Text* deutlich macht:

> I was feeling very ill, as though some part of me had gone dead that night in Deraa, leaving me maimed, imperfect, only half-myself. It could not have been the defilement, for no one ever held the body in less honour than I did myself: probably it had been the breaking of the spirit by that frenzied nerve-shattering pain which had degraded me to beast level when it made me grovel to it ~~like a dog before its master~~, and which had journeyed with me since, a fascination and terror and morbid desire, lascivious and vicious perhaps, but like the striving of a moth toward its flame. (SP Ox. 501f.)

Diese Passage, die aus der *Subscriber's Edition* getilgt wurde, zeigt die weitreichenden psychischen Auswirkungen von Lawrences Erlebnissen in Deraa.[144] Insbe-

---

[142] Dieses Lustempfinden wird dabei häufig auch auf die erfahrene Sodomie bezogen. So markiert die Deraa-Episode laut Meyers den Moment von Lawrences „realization that he could get sexual pleasure from physical pain" (1989a: 132); da er Lawrence jedoch zudem eindeutig für homosexuell hält, sei dies zudem der Moment des erzwungenen Eingeständnisses seiner Homosexualität: „The homosexual rape ('ease themselves') leads to the terrifying realization that a part of him wants to be sodomized." (1989a: 120) Vergleiche außerdem Nutting 1961 sowie Swanson 2007.

[143] „[T]he new knowledge, through the 'probably sexual' warmth he experiences, that he was a sexually attuned masochist, made him realize that his regular endurance of pain 'disclosed a perversion of the flesh rather than a triumph of the spirit'." (Knight 1971: 324)

[144] Weintraub und Weintraub betonen ebenfalls den Schlüsselcharakter dieser Passage, die der breiten Masse lange Zeit nicht zugänglich war: „The motives for his reaction to the humiliation and defilement – self-deprivation of glory and self-punishment thereafter – would have been more clear to the few privileged readers of the Oxford narrative than to

sondere die hier unternommenen Vergleiche sind interessant, wovon Ersterer, hier durchgestrichen angezeigt, nie Eingang in eine gedruckte Version des Textes fand, sondern nur im *Bodleian Manuscript* zu sehen ist.[145] Dennoch verdient er in seinen Implikationen Beachtung. Als um Gnade winselnder Hund sucht und beherrscht Lawrence hier den Schmerz nicht mehr, sondern wird durch ihn bezwungen und auf seinen nackten Selbsterhaltungstrieb reduziert: das ultimative Emblem tierischer Unterwerfung jenseits rationaler Überlegenheit oder Kontrolle.

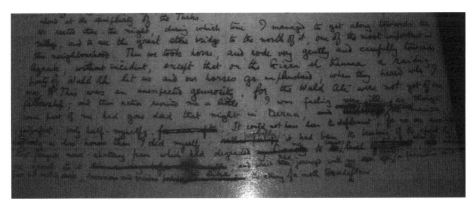

Abbildung 9: Auszug des Deraa-Kapitels im *Bodleian Manuscript*

Dies ist ein ganz anderes Modell der Schmerzerfahrung als jenes, das zuvor in *Seven Pillars* propagiert wurde, als Schmerz gezielt und kontrolliert als Mittel zu bestimmten geistigen Zwecken eingesetzt wurde. Doch scheinbar hat dieses Erlebnis seine Faszination mit der Erniedrigung und dem Schmerz nur noch verstärkt und lässt ihn nicht mehr los. Ein so morbides wie *laszives* Verlangen treibt ihn an, die sexuelle Extremerfahrung in Erzählungen wie in der Realität[146] immer

---

the still-few readers of the 1926 edition, for Lawrence dropped the most introspective passage about his own sexuality – the original last passage of the chapter [...]." (1975: 37)

[145] Bei meiner Einsicht des *Bodleian Manuscript* der Oxforder *Lawrence Reserve* im Frühjahr 2012 fiel die Streichung dieses bemerkenswerten Vergleiches besonders Auge, da sie durch einen verschmierten Fingerabdruck zusätzlich verdeckt wurde (vgl. Abb. 9).

[146] Lawrence sollte dieses Erlebnis brutalen Auspeitschens nach dem Krieg immer wieder reinszenieren. Über elf Jahre hinweg bezahlte er einen jungen Schotten namens John Bruce dafür, ihn jedes Jahr – meist um den Jahrestag seiner Gefangenschaft in Deraa – mit Birkenzweigen und dergleichen brutal auszupeitschen. Ob dieses Ritual für ihn ein Akt der Sühne oder des „revived sexual pleasure" (O'Donnell 1971: 124) war, darüber lässt sich trefflich streiten. Dementsprechend ist über diese masochistischen Aktivitäten nach dem Krieg, die erst 1969 durch die Recherchen der Journalisten Phillip Knightley und Colin Simpson publik wurden, viel geschrieben worden, vgl. Knightley und Simpson 1969, Mack 1976: Kapitel 30, O'Donnell 1979: Kapitel 7, Warde 1987: 216 ff., Meyers 1989a: 124ff., Orlans 2002, 219ff. etc. Für die Fragestellung dieser Arbeit sind Lawrences spätere Sexualpraktiken indes kaum von Bedeutung. Daher sei an dieser Stelle lediglich Wardes sehr überzeugender Kommentar zu oben angeführter Textstelle zitiert: „The statement explains Lawrence's postwar need to repeat the ritual of torture. [...] A re-enactment of the

wieder auf's Neue zu suchen: eine Motte, die es immer wieder zur fatalen Flamme zieht. Wie George Knight feststellt, ist das Entscheidende in dieser Textstelle der Konnex zwischen Geist, Schmerz und sexuellem Begehren, der hier zum ersten Mal bewusst hergestellt wird: „The passage is crucial. It describes a submission of 'spirit' to physical 'pain', leading on to 'lascivious' desire." (1971: 324) Lawrences sublimierte Vorstellung von spirituellem Masochismus wird an dieser Stelle als Illusion entlarvt.[147] Schmerz führt demzufolge auch im Deraa-Kapitel zur (Selbst-)Erkenntnis, indes nicht auf die gewohnte Art und Weise.

Die Identitätskrise, die sich daraufhin einstellt, prägte seine verbleibende Zeit in Arabien und das letzte Drittel seines Reiseberichts maßgeblich. Seine enthusiastische Identifikation mit der Arabischen Revolte sowie die gesamte teleologische Ausrichtung seines Handelns – und seiner Erzählung – weichen zusehends einer passiven Orientierungslosigkeit. Obwohl die oben zitierte vielsagende Schlusspassage des Deraa-Kapitels für die *Subscriber's Edition* maßgeblich gekürzt und somit ,entschärft' wurde, kommt dieser Umstand auch dort deutlich zum Ausdruck:

> During the night [of the escape] I managed to see the great stone bridge by Nisib. Not that my maimed will now cared a hoot about the Arab Revolt (or about anything but mending itself): yet, since the war had been a hobby of mine, for custom's sake I would force myself to push it through. Afterwards we took horse, and rode gently and carefully towards Azrak, without incident, except that a raiding party of Wuld Ali let us and our horses go unplundered when they heard who we were. This was an unexpected generosity, the Wuld Ali being not yet of our fellowship. Their consideration (rendered at once, as if we had deserved men's homage) momently stayed me to carry the burden, whose certainty the passing days confirmed: how in Deraa that night the citadel of my integrity had been irrevocably lost. (SP 456)

Lawrence macht hier unmissverständlich klar, dass ihm die Arabische Revolte samt ihrer hehren Ziele gleichgültig geworden ist. Lediglich anstandshalber zwingt er sich noch, das von ihm begonnene Werk zu Ende zu bringen. Der arabische Freiheitskampf, der zuvor der omnipräsente Fluchtpunkt seiner Selbst- und Fremddarstellungen gewesen ist, wird zum bloßen ,Hobby' degradiert.[148]

---

ghastly drama would have served both as chastisement to the spirit for its breakdown, and as a chance for atonement – a fit time for the will to hold firm under extreme affliction. The latter motives are those of the saint, seeking to purify the soul through abasement of the flesh; the former is the 'lascivious' and 'vicious' longing common, in one guise or another, to all animals; and the tension between these two contrary (though perhaps separable) impulses is central to Lawrence's nature." (1987: 216)

[147] Vgl. die diesbezüglichen Ausführungen des Künstlers Eric Kennington, der für die künstlerische Gestaltung von *Seven Pillars* zuständig und ein guter Freund von Lawrence war: „Whether he yielded completely, partially, or not at all, he considered himself *fallen from his sublime standard* and made the rest of his life an intermittent struggle to reclaim or re-create his soul, by altruistic labour, self-denial and penance." (zit. nach Lawrence 1937: 272; Herv. KP)

[148] Vgl. Hull: „The events at Deraa point to the end of *Seven Pillars* and the Arab Revolt: with one of its prophets come to grief in the insanitary towns of the north, the prophet's creed was next." (1975: 26)

Die Ursache dieses radikalen Stimmungswandels liegt in der Bürde, die Lawrence aus Deraa mitbringt und an der er Zeit seines Lebens tragen sollte: die Zerstörung bzw. der unwiederbringliche Verlust der ,Zitadelle seiner Integrität'.[149]

Dieses bereits erwähnte Bild der Zitadelle steht dabei zum einen für Lawrences körperliche Unberührtheit, zum anderen für sein eigenes Selbstverständnis, seine „subjective coherence" (Swanson 2000: 204).[150] Die Bedeutung der Deraa-Episode liegt demnach nicht allein darin, dass er Opfer von körperlicher Gewalt wurde, sondern dass er dazu gezwungen wurde, in das ,tiefste Verlies' seiner Psyche zu blicken. Deraa markiert somit einen Moment der (negativen) Initiation oder, wie O'Donnell es ausdrückt: „the birth of a new self or the death of an old one " (1979: 126).

Dieses veränderte Selbstverständnis manifestiert sich fortan in Lawrences diskursiver Selbstinszenierung sowie in Erzählhaltung und Atmosphäre insgesamt. Er selbst kommentiert diese Wende bzw. den einsetzenden Abwärtstrend folgendermaßen:

> The book was the record of me in the Arab movement: and before the end I was very weary, and moved in a haze, hardly knowing what I did. Up to Deraa, perhaps, I fought: after that clearly the crisis was solved in our favour, and the last advance and entry into Damascus were almost formalities ... things which had to be passed through, but which required no grip or preparation. Didn't you notice that I was three-parts vacant then? (Brief an W. F. Stirling, 15. Oktober 1924; Lawrence 1991: 275)

Wie genau diese innere Leere und Erschöpfung des erzählenden Subjekts die weitere ,fallende Handlung' prägen und inwiefern alte Motive, Ideen und Projektionsflächen modifiziert oder durch neue ersetzt werden, soll im Folgenden näher beleuchtet werden.

---

[149] Meyers zieht zur Deutung dieser Passage zudem eine Textstelle aus John Ruskins *The Seven Lamps of Architecture* (1849) heran, einen der zahlreichen Referenztexte von *Seven Pillars*: „These words [...] seem to echo a passage in Ruskin that illuminates their meaning: 'From that one surrender of its integrity, from that one endeavour to assume the semblance of what is not arose the multitudinous forms of disease and decrepitude, which rotted away the pillars of its supremacy ... The war, the wrath, the terror, might have worked their worst, and the strong walls would have risen, and the slight pillars would have started again, from under the hand of the destroyer. But they could not rise out of the ruins of their own violated truth.'" (1989a: 63) Für eine ausführliche Diskussion intertextueller Anspielungen auf Ruskins *Seven Lamps* siehe Allen 1991: 141ff. Zur generellen Architekturmetapher in Titel, Aufbau und Motivik von *Seven Pillars* siehe Meyers 1973: 1066ff., Warde 1987: 150ff. sowie Tabachnick 1984b: 120f./1997: 104f.

[150] Swanson bezieht dies primär auf seine sexuelle Identität, die durch die Vergewaltigung durch die Türken zer- bzw. gestört wird: „Deraa represents the imposition of a foreign and primitive anality on to a cultivated male body which becomes torn and bloodied, covered in 'filth'. The consequence of this was Lawrence's corporeal, moral and psychic disfigurement; the destruction of his integrity." (2000: 205)

> *It was the just end to an adventure which had dared so much,*
> *but after the victory there came a slow time of disillusion,*
> *and then a night in which the fighting men found*
> *that all their hopes had failed them.*[151]

In dem Kapitel, das an die Deraa-Episode anschließt, wird schnell offenbar, dass sich Tonlage und Stimmung sowie die impliziten Ideologien der Erzählung grundsätzlich verändert haben: Als Lawrence kurz nach seiner Rückkehr aus seiner Gefangenschaft einen Gewaltritt nach Akaba unternimmt, obgleich er stark geschwächt und mutmaßlich auch schwer verletzt ist, sublimiert er diesen Akt der Selbstkasteiung zum ersten Mal nicht, sondern betrachtet ihn eher kritisch: „I wanted to reach Akaba before Wood's men had left [...] and their eight days' start called for speed. My body's reluctance to ride hard was another (and perverse) reason for forcing this march." (SP 459) Geschwindigkeit ist zwar aus strategischen Gründen an der Tagesordnung, doch betont Lawrence diesmal seinen eigenen, *perversen* Ansporn, seinem geschundenen Körper keine Rast zu gönnen, obwohl er selbst beschreibt, dass er sich seit Deraa eigentümlich schwach fühle und ihm vor jeder körperlichen Anstrengung graue: „all effort frightened me in anticipation" (ibid.). Diese eher unnötige Tortur lässt Sühne und Strafe vermuten für seinen Körper, der ihn in Deraa derart ‚verraten' hatte.[152] Vor allem der Effekt, den die körperliche Qual und das einsetzende Delirium dieses Mal haben, ist neu und bemerkenswert. Es scheint sich nämlich weniger ein Zustand geistiger Klarheit und Konzentration einzustellen, als vielmehr eine Aufspaltung und Fragmentierung des Selbst:

> [...] I was nearly finished. Step by step I was yielding myself to a slow ache which conspired with my abating fever and the numb monotony of riding to close up the gate of my senses. I seemed at last approaching the insensibility which had always been beyond my reach: but a delectable land: for one born so slug-tissued that nothing this side fainting would let his spirit free. Now I found myself dividing into parts. There was one which went on riding wisely, sparing or helping every pace of the wearied camel. Another hovering above and to the right bent down curiously, and asked what the flesh was doing. The flesh gave no answer, for, indeed, it was conscious only of a ruling impulse to keep on and on; but a third garrulous one talked and wondered, critical of the body's self-inflicted labour, and contemptuous of the reason for effort. The night passed in these mutual conversations. My unseeing eyes saw the dawn-goal in front; the head

---

[151] SP 53.

[152] Einen weiteren, eher narzisstischen Grund nennt Lawrence ein wenig später: „I had a heavy bout of fever on me, which made me angry, so that I paid no attention to Rahail's appeals for rest. That young man had maddened all of us for months by his abundant vigour, and by laughing at our weaknesses; so this time I was determined to ride him out, showing no mercy. Before dawn he was blubbering with self-pity; but softly, lest I hear him." (SP 460) Es sind solche Passagen, die dazu geführt haben, dass Lawrence oft eine gewisse Arroganz im Sinne eines *out-Beduining the Beduin* nachgesagt wurde.

of the pass, below which *that other world of Rumm* lay out like *a sunlit map*; and my parts debated that the struggle might be worthy, *but the end foolishness and a re-birth of trouble.* The spent body toiled on doggedly and took no heed, quite rightly, for the divided selves said nothing which I was not capable of thinking in cold blood; *they were all my natives.* (SP 461; Herv. KP)

In einer geradezu schizophren anmutenden *out of body experience* beschreibt Lawrence, wie sein Geist hier zwar von den Fesseln des Körperlichen losgelöst, aber in mehrere Teile gespalten wird, die sein Handeln steuern, beobachten und in Frage stellen. Während sein Körper mechanisch durch die Dunkelheit reitet, debattieren diese Entitäten seines Selbst darüber, ob all diese Mühen und Qualen einen Sinn und ein lohnenswertes Ziel haben. Vormalige Selbstverständlichkeiten werden plötzlich ganz explizit in Frage gestellt.

Für diese Diskussion nutzt Lawrence altbekannte Projektionsflächen. Denn jenes „dawn-goal" (ibid.), welches er hier vor seinem inneren Auge sieht, ist einmal mehr das Wadi Rumm, das textimmanente Symbol für Streben und Telos, welches auch hier zunächst als sonnenbeschienene Landkarte Licht und Orientierung verspricht. Doch mag sich diesmal kein Gefühl der Prädestination und Verheißung einstellen. Anstatt des „glowing square" (SP 360) am Ende des Weges erwarten ihn nur noch „foolishness and a re-birth of trouble" (SP 461). Das Streben mag es um des Strebens willen vielleicht noch wert sein, das Ergebnis hingegen kaum. Insgesamt haben die vormals positiven, sublimen Landschaftsbeschreibungen von nun an eher sinisteren Charakter und spiegeln so die verdüsterte Gemütslage ihres Betrachters wider. Dies zeigt sich ebenfalls in diesem (Anschluss-)Kapitel:

From the ridge at sunset we looked back for an instant upon the northern plain, as it sank away from us greyly, save that here and there glowed specks or great splashes of crimson fire, the reflection of the dying sun in shallow pools of rain-water on the flats. These eyes of a dripping bloody redness were so much more visible than the plain that they carried our sight miles into the haze, and seemed to hang detached in the distant sky, tilted up, like mirage. (SP 460)

Im Licht der ‚sterbenden' Sonne scheint die Ebene aus rotglühenden Augen zu bestehen, die wie eine Fata Morgana am nördlichen Horizont schweben und ihnen hinterherstarren. Der Norden, der zuvor für Damaskus und somit für den verhofften Sieg stand, wirkt hier nicht mehr verheißungsvoll, sondern eher bedrohlich. Lawrence beginnt also bereits ein Kapitel nach Deraa bestimmte Grundprinzipien der Fremd- und Selbstdarstellung subtil zu dekonstruieren. Auf persönlicher Ebene wird die Vorstellung unterlaufen, durch Erschöpfung und Schmerz Erleuchtung zu gelangen. Stattdessen führt beides zu einem Geisteszustand, in dem die eigenen Überzeugungen und Motive miteinander im Widerstreit stehen und Fragen aufwerfen. Im Hinblick auf die Revolte und seiner Rolle darin werden die Idee persönlicher Bestimmung sowie das hehre Ziel eines freien, geeinten Arabiens als illusorisch von der Hand gewiesen.

Analog dazu wird im selben Kapitel auch Lawrences Funktion als Anführer und Prophet in einem neuen Licht gezeigt. Seit Deraa ermüdet ihn die Führerrolle mit ihrem beständigen Manipulieren und Instruieren Anderer:

> [I]t was obvious that at Azrak there would be nothing but teaching and preaching in the next months. For this I was not eager. When necessary, I had done my share of proselytizing fatigues, converting as best I could; conscious all the time of my strangeness and of the incongruity of an alien's advocating national liberty. The war for me held a struggle to side-track thought, to get into the people's attitude of accepting the revolt naturally and trustingly. I had to persuade myself that the British Government could really keep the spirit of its promises. Especially was this difficult when I was tired and ill, when the delirious activity of my brain tore to shreds my patience. And then, after the blunt Beduin, who would thrust in, hailing me 'ya aurns', and put their need without compliments, these smooth townspeople were maddening as they crawled for the favour of an audience with their Prince and Bey and Lord and Deliverer. Such imputed dignities, like body armour in a duel, were no doubt useful; but uncomfortable, and mean, too. (SP 458)

Lawrence zeigt sich hier als erschöpfter, resignierter Prediger, der es leid geworden ist, die Menschen dazu zu bringen, mit ihm für die arabische Unabhängigkeit zu kämpfen, obschon er weiß, dass es dazu letztlich nicht kommen wird. Krankheit und Erschöpfung erschweren diese Aufgabe. Generell weicht die zuvor stets stattfindende begeisterte Identifikation mit der arabischen Sache, das ‚Wir' der *Arab movement*, einer abgeklärten Außenperspektive, bei der sich Lawrence seiner grotesken Position als Engländer, der einen fremden Nationalismus predigt, schmerzlich bewusst ist. Die Rolle des Anführers und ‚Erlösers' ist ihm – insbesondere angesichts der sykophantischen syrischen Städter – zuwider geworden.[153]

Dieses Hadern mit seiner Rolle wird gen Ende des Buches immer stärker. Es kulminiert schließlich in folgender Passage, in der Lawrence schildert, wie er und Feisal in einem letzten Rekrutierungs-Marathon – die Seitenüberschrift lautet entsprechend „The Last Preaching" – zusätzliche Stämme für den Ansturm auf Da-

---

[153] Siehe auch folgende, sehr viel deutlichere Textstelle, in der er nach Zeyds Veruntreuung britischer Kriegsgelder Hogarth sein Leid klagt und darüber nachdenkt, sich von Allenby von seinen Pflichten entbinden zu lassen: „Hogarth was there on the platform. To him I confessed that I had made a mess of things: and had come to beg Allenby to find me some smaller part elsewhere. [...] For a year and a half I had been in motion, riding a thousand miles each month upon camels: with added nervous hours in crazy aeroplanes, or rushing across country in powerful cars. In my last five actions I had been hit, and my body so dreaded further pain that now I had to force myself under fire. Generally I had been hungry: lately always cold: and frost and dirt had poisoned my hurts into a festering mass of sores. However, these worries would have taken their due petty place, in my despite of the body, and of my soiled body in particular, but for the rankling fraudulence which had to be my mind's habit: that pretence to lead the national uprising of another race, the daily posturing in alien dress, preaching in alien speech: with behind it a sense that the 'promises' on which the Arabs worked were worth what their armed strength would be when the moment of fulfilment came. We had deluded ourselves that perhaps peace might find the Arabs able, unhelped and untaught, to defend themselves with paper tools. Meanwhile we glozed our fraud by conducting their necessary war purely and cheaply. But now this gloss had gone from me." (SP 514)

maskus gewinnen. Wie üblich dauert es nicht lange, bis ihr Publikum ‚Feuer fängt‘. Ihre frisch geschürte Begeisterung kann Lawrence jedoch nicht länger teilen:

> Even I, the stranger, the godless fraud inspiring an alien nationality, felt a delivery from the hatred and eternal questioning of self in my imitation of their bondage to the idea; and this despite the lack of instinct in my own performance. For naturally I could not long deceive myself; but my part was worked out so flippantly that none but Joyce, Nesib and Mohammed el Dheilan seemed to know I was acting. With man-instinctive, anything believed by two or three had a miraculous sanction to which individual ease and life might honestly be sacrificed. To man-rational, wars of nationality were as much a cheat as religious wars, and nothing was worth fighting for: nor could fighting, the act of fighting, hold any need of intrinsic virtue. Life was so deliberately private that no circumstances could justify one man in laying violent hands upon another's: though a man's own death was his last free will, a saving grace and measure of intolerable pain. We made the Arabs strain on tip-toe to reach our creed, for it led to works, a dangerous country where men might take the deed for the will. My fault, my blindness of leadership (eager to find a quick means to conversion) allowed them this finite image of our end, which properly existed only in unending effort towards unattainable imagined light. Our crowd seeking light in things were like pathetic dogs snuffling round the shank of a lamp-post. It was only myself who valeted the abstract, whose duty took him beyond the shrine. […] Among the Arabs I was the disillusioned, the sceptic, who envied their cheap belief. The unperceived sham looked so well-fitting and becoming a dress for shoddy man. The ignorant, the superficial, the deceived were the happy among us. By our swindle they were glorified. We paid for them our self-respect, and they gained the deepest feeling of their lives. The more we condemned and despised ourselves, the more we could cynically take pride in them, our creatures. It was so easy to overcredit others: so impossible to write down their motives to the level of our own uncharitable truth. They were our dupes, wholeheartedly fighting the enemy. They blew before our intentions like chaff, being not chaff, but the bravest, simplest and merriest of men. *Credo quia sum?* But did not the being believed by many make for a distorted righteousness? The mounting together of the devoted hopes of years from near-sighted multitudes, might endow even an unwilling idol with Godhead, and strengthen It whenever men prayed silently to Him. (SP 565f.)

Lawrence zeigt sich hier nicht länger als Prophet einer Idee, an die er selbst glaubt, sondern als gottloser Betrüger und Schauspieler, der von seinen Selbstzweifeln nur noch temporär Erlösung finden kann, indem er ‚so tut, als ob‘. Er ist zum desillusionierten Skeptiker geworden, der die Rebellen um ihren naiven Glauben beneidet, den er selbst nur mehr imitieren, aber nicht mehr teilen kann. Er quält sich vor allem mit Selbstvorwürfen angesichts seiner betrügerischen Doppelrolle. Ein Aufgehen in und eine Identifikation mit einer gemeinsamen Sache ist nicht mehr zu verzeichnen. Vielmehr wird die arabische Freiheit als edles Ziel, das Gewalt und Blutvergießen rechtfertigt, zum ersten Mal hinterfragt. Lawrence kommt zu dem Schluss, dass weder Religion noch andere abstrakte Werte Grund dafür sein dürfen, konkret Hand an einen anderen Menschen zu legen – eine erstaunlich pazifistische Perspektive, so kurz vor dem Sturm auf Damaskus. Der zuvor ins Erhabene entrückte, romantisch verklärte Unabhängigkeitskampf in der Wüste wird plötzlich entzaubert, indem vergegenwärtigt wird, dass nicht nur in den Gräben der Westfront, sondern auch im fernen, exotischen

Orient ein Krieg vor allem Menschenleben kostet. Dies kann auch die Idee von selbstbestimmter Freiheit eines Volkes nicht rechtfertigen, zumal sie in diesem Fall in ihrer praktischen Dimension nicht umzusetzen ist. Obwohl er stolz ist auf ‚seine Kreaturen', die voller Inbrunst ‚nach seiner Pfeife' kämpfen, muss er erkennen, dass sie das abstrakte Potenzial der Revolte nicht wirklich begriffen haben. Nur für ihn stellt die arabische Sache etwas derart Sublimes dar, die Araber hingegen kämpfen für ganz konkrete, praktische Aspekte dieses Ziels. Sie sind bloß „pathetic dogs snuffling round the shank of a lamp-post" (ibid.), für die das verheißungsvolle Licht des Absoluten unerreichbar, ja unsichtbar ist. Lawrence gesteht sich verbittert ein, dass das Predigen seiner abstrakten Ideale letztlich nur einem profanen, materiellen Zweck gedient hat, der unschuldige Männer zum Kampf verführt, und keine quasi-religiöse, geteilte Überzeugung, die sie zu einem spirituellen Verbund zusammenschweißt.

Auffällig ist auch das ‚Wir' in dieser Passage, das kontextgemäß auf ihn und Feisal bezogen ist, jedoch wie so oft vor allem ihn selbst meint und sich ganz klar von dem ehemaligen ‚Wir' der „fellowship of the revolt" (SP 22) abgrenzt: „*We* paid for them our self-respect, and *they* gained the deepest feeling of their lives." (SP 566; Herv. KP) Somit wird seine vormalige Immersion in der Arabischen Revolte auch sprachlich wieder aufgehoben. Auch die verwendete Bildlichkeit hat sich verändert: In dieser Beschreibung sind die arabischen Rebellen keine jener sagenhaften Wellen „raised and rolled before the breath of an idea" (SP 41) mehr, sondern Spreu (‚chaff'), *leere Hülsen*, die wortwörtlich in*spiriert* und getragen vom Wind fremder Interessen gen Damaskus geweht werden: einfache, mutige Männer, die zu Spielbällen in einem weltpolitischen Machtkampf geworden sind, den sie nicht durchschauen, für den sie jedoch aufgrund geschürter Hoffnungen und Versprechungen tapfer ihr Leben riskieren.

Aus der zuvor gelebten Formel *sum quod credo* – „ich bin, was ich glaube" bzw. „die Idee und meine Überzeugungen definieren, wer ich bin", wird nun eine Frage: *Credo quia sum?* Glaube ich (weiterhin) daran, nur weil ich Teil davon bin? Selbst wenn ich es inzwischen besser weiß? Doch wird eine Sache nicht dadurch, dass viele daran glauben und sich ihr verschreiben, letztlich auf gewisse Weise verbindlich und rechtfertigt so auch Blutvergießen? Diese Fragen stellen sich ihm nun mit neuer Dringlichkeit, zumal er nicht bloßer Anhänger der *Arab movement* ist, sondern ihr Prophet und Anführer. Er riskiert nicht nur sich selbst, sondern schickt andere für eine Idee in den Kampf, die – obwohl von politischen Machtinteressen bestimmt – letztlich die seine ist, die er geformt hat und an die er nicht mehr glauben kann: „It might have been heroic to have offered up my own life for a cause in which I could not believe: but it was a theft of souls to make others die in sincerity for my graven image."[154] (SP 567) Die Anderen derart nach dem

---

[154] An dieser Stelle wird die Revolte bzw. die gemeinsame Sache abermals *in religious terms* verhandelt, indem hier von seinem „graven image" die Rede ist, das auf das Idolverbot der

eigenen Ebenbild zu *formen* und zu manipulieren ist keine rein imaginäre Angelegenheit mehr, sondern kostet ganz konkret Menschenleben.[155]

Gemäß dieser neuen kritischen Auffassung der Revolte als Trauerspiel ahnungsloser Marionetten, die einem Betrüger auf dem Leim gegangen sind, wird nun auch Feisal von seinem Podest gerissen. Er wird vom inspirierten Propheten zum zwar mitreißenden, jedoch engstirnigen Sklaven einer Idee degradiert, der anführt, ohne der Sache wirklich Herr zu sein:

> Feisal brought nationality to their minds in a phrase […] and they felt something of the idea behind this pictured man sitting there iconically, drained of desires, ambitions, weakness, faults; so rich a personality enslaved by an abstraction, made one-eyed, one armed, with the one sense and purpose, to live or die in its service. Of course it was a picture-man; not flesh and blood, but nevertheless true, for his individuality had yielded its third dimension to the idea, had surrendered the world's wealth and artifices. Feisal was hidden in his tent, veiled to remain our leader: while in reality he was nationality's best servant, its tool, not its owner. Yet in the tented twilight nothing seemed more noble. (SP 564)

Der vormalige Prophet und Kriegerkönig wird zum bloßen zweidimensionalen Abziehbildchen erklärt, zum Werkzeug in den Händen derjeniger, die die Geschicke Arabiens wirklich steuern. Er ist nicht der wahre Herr der Revolte, sondern bloß ihre Ikone, die repräsentiert, was Andere erdacht und ihm auf den Leib geschrieben haben. Dementsprechend lässt sich die Illusion seiner Führungsrolle nur noch im Zwielicht seines Zeltes aufrechterhalten. Er hat jegliche Individualität, Ambition und Eigeninitiative für die eine Sache aufgegeben – eine Haltung, die Lawrence zu Beginn der Revolte noch positiv propagiert und glorifiziert hatte.[156] Doch nun wird diese Selbstaufgabe als Ausdruck von Feisals

---

Zehn Gebote verweist: „Thou shalt not make unto thee any graven image, or any likeness of any thing that is in heaven above, or that is in the earth beneath, or that is in the water under the earth. Thou shalt not bow down thyself to them, nor serve them: for I the LORD thy God am a jealous God, visiting the iniquity of the fathers upon the children unto the third and fourth generation of them that hate me […]." (Exodus 20:4-6). Allerdings funktioniert dieser religiöse Verweis nun genau gegenteilig, nicht mehr sublimierend, sondern entlarvend. Denn indem sich Lawrence als ‚Götzenbild' bezeichnet, für das Freiheitskämpfer unbedarft in den Krieg ziehen, stellt er seine Idee arabischer Unabhängigkeit implizit als Irrglauben aus.

[155] Siehe auch Lawrences Kommentar in einem Brief an Vivien Richards, den er diesem im September 1918 – also gen Ende der Revolte, nach Deraa – aus Syrien schickte: „Anyway these years of detachment have cured me of any desire ever to do anything for myself. When they untie my bonds I will not find in me any spur to action. Though actually one never thinks of afterwards: the time from the beginning is like one of those dreams, seeming to last for aeons, out of which you wake up with a start, and find that it has left nothing in the mind. Only the different thing about this dream is that so many people do not wake up in life again." (1991: 150)

[156] Vgl. folgende, bereits zitierte Textstelle aus Buch IV: „The long ride in company had made companions of our minds and bodies. The hazardous goal was in our thoughts, day and night; consciously and unconsciously we were training ourselves; reducing our wills to the single purpose which oftenest engrossed these odd moments of talk about an evening fire." (SP 267)

Schwäche gewertet, wie im *Oxford Text* an gleicher Stelle deutlich wird: „None but a poor creature would have so yielded wholly to one notion" (SP Ox. 656). Er ist ebenfalls bloß eine leere Hülle, der Lawrence Leben eingehaucht und Bedeutung verliehen hat: „Feisal was less than weak, he was empty: – only a great pipe waiting for a wind." (SP Ox. 682)

Dass Lawrence ihn hier beinahe mitleidig[157] als „picture-man" (SP 564) abtut, der zur reinen Projektionsfläche verkommen ist, entbehrt nicht einer gewissen Ironie. Schließlich ist er es, der in *Seven Pillars* diese beständige Projektion verschiedener Ideen und Wunschvorstellungen auf Andere – allen voran auf Feisal – unternimmt und dabei jegliche, inkommensurable Individualität ausblendet.[158] Wenn er hier also beklagt, dass sein vormaliges Idol eine leere Projektionsfläche sei, die nicht aus sich selbst heraus Bedeutung ‚ausstrahle', so ist dies nicht allein auf Feisal und dessen objektive Funktion als Aushängeschild der Kriegspropaganda zurückzuführen, sondern auch auf Lawrences subjektive Technik der diskursiven Selbstbegründung anhand von Selbstprojektion auf Andere.

Diese identifikatorischen Projektionen hören jedoch auch jetzt, da alte Überzeugungen und Ideale samt ihrer vormaligen Repräsentanten teilweise dekonstruiert werden, nicht auf. Nach Deraa ist allerdings eine gewisse Verschiebung in Fokus und Bewertung festzustellen, wie sie auch Meyers in Bezug auf die Araber und Lawrences Identifikation mit ihnen beschreibt:

> At first Lawrence admired the Arabs and imaginatively identified with them. Their chivalric traditions engaged his idealistic instincts, their inherent nobility suited his background, their group brotherhood answered his loneliness, their silk embroidered garments satisfied his theatrical narcissism [...]. But as the war unfolds the emphasis changes, and [...] he stresses the darker qualities of the Arabs. For he was even more attracted by their compulsion to deny the body that reflected his hatred of the physical, their barrenness and renunciation that suited his asceticism, and their incredible endurance that matched his need for self-punishment. (1989a: 133)

Diejenigen Araber, die diese eher düsteren Qualitäten im letzten Drittel von *Seven Pillars* verkörpern, sind leicht auszumachen: Lawrences Leibgarde, die wegen des auf ihn ausgesetzten Kopfgeldes allein seinem Personenschutz dient. Diese

---

[157] An späterer Stelle findet Lawrence sogar noch deutlichere Worte: „Feisal was a brave, weak, ignorant spirit, trying to do work for which only a genius, a prophet or a great criminal, was fitted. I served him out of pity, a motive which degraded us both." (SP 582)

[158] So stellt Warde in Bezug auf Auda und die ihm von Lawrence zugedachte Rolle fest: „the portrait of Auda falters now and then" (1987: 139). Dies ist zum Beispiel der Fall, als Auda heimlich mit den Türken verhandelt, die ihm Geld für Informationen bieten. Lawrence ‚bügelt' diesen Lapsus – ähnlich wie dies Doughty bei seinen wenigen Freunden in Arabien getan hat – mit einer Erklärung aus, die vor allem seiner Wunschvorstellung von Auda entspricht: „The crowd wanted book-heroes, and would not understand how more human old Auda was because, after battle and murder, his heart yearned towards the defeated enemy now subject, at his free choice, to be spared or killed: and therefore never so lovely." (SP 335) Warde beurteilt diese Entschuldigung von Audas Verrat entsprechend kritisch: „The rationalization is not very convincing, especially as one suspects that it applies more to Lawrence's feelings than to Auda's." (1987: 139)

Entourage von Leibwächtern – allesamt „lawless men [...] whose dash had got them into trouble elsewhere [...]; men proud of themselves, and without family" (SP 471) – werden zu seiner neuen Kollektiv-Identität und zur Projektionsfläche seines neuen Selbstverständnisses.

Die zentrale Identitfikations- und Anführerfigur dieser neuen *brotherhood* ist Abdulla el Nahabi, „the Robber" (SP 472). Abdulla ist ein ungestümer Renegado und *misfit*, der schon zahlreichen arabischen Potentaten gedient hat, diese aber aufgrund seiner vorlauten Zunge und seines ungezügelten Temperaments stets in Unehren verlassen musste. Erst in Lawrence findet er seinen ebenbürtigen Herrn und in dessen Gefolge seinen rechten Platz. Die Geschichte, wie es dazu kommt, ist geradezu märchenhaft: Eines Tages betritt ein unbekannter junger Mann, „an Ageyly, thin, dark, and short, but most gorgeously dressed" (SP 471), Lawrences Zelt, überreicht ihm eine prächtig verzierte Satteltasche und verlässt es wortlos. Am nächsten Tag wiederholt sich dieser Besuch, bei dem ihm der geheimnisvolle Mann – immer noch schweigend – einen prunkvollen Kamelsattel darbietet. Am dritten Tag schließlich erscheint er bar allen Schmucks und Prunks in einem schlichten Hemd, das an einen Novizen erinnert, und bittet Lawrence auf Knien um einen Platz in seiner Leibgarde:

> On the third day he reappeared empty-handed, in a poor cotton shirt, and sank down in a heap before me, saying he wished to enter my service. He looked odd without his silk robes; for his face, shrivelled and torn with smallpox, and hairless, might have been of any age; while he had a lad's supple body, and something of a lad's recklessness in his carriage. (SP 472)

Diese Begegnungsgeschichte, die der ‚Entdeckung Feisals' und dem ersten Auftritt Audas in Pathos und Symbolik kaum nachsteht, signalisiert, dass hier eine neue Schlüsselfigur die Bühne betritt, mit der sich Lawrences gebrochenes Ich identifizieren kann. Wie Auda zuvor, so verkörpert auch Abdulla eine Art fahrenden Ritter, jedoch einen, der vielerorts in Ungnade gefallen ist und nun *El Auruns* sein ‚Schwert' anbietet: eine düstere, desolate Variante der alten Ritter-Romantik, die Lawrences neue Gefühle der Stigmatisierung und Isolation widerspiegelt. Bereits Abdullas äußere Erscheinung – sein bartloses Gesicht, seine knabenhafte Statur sowie sein aufsässiges Temperament – lassen ihn ein wenig wie eine arabische Version von Lawrence erscheinen. Dieser Eindruck vertieft sich in der nachfolgenden ausführlichen Darlegung von dessen Charakter und Lebensgeschichte. Abdulla ist aufgrund seiner aufbrausenden Art bereits mehrfach mit dem Gesetz in Konflikt geraten. Während seiner diversen Gefangenschaften hat er dabei, wie Lawrence, körperliche Bestrafungen in Form von Peitschen- oder Stockhieben erdulden müssen. Die Leidensgeschichte dieses vom Leben ‚geschlagenen' Helden ist – nur zwei Kapitel nach Deraa – besonders auffällig. Ein kurzer Ausschnitt seiner Geschichte lässt noch weitere Parallelen zu Lawrences Charakter erkennen:

> [H]e fit himself out as a man at arms, in the Sherifian camel-police. Merit made him a petty officer, but too much attention was drawn to his section by a habit of fighting

with daggers, and by his foul mouth; a maw of depravity which had eaten filth in the stews of every capital in Arabia. Once too often his lips trembled with humour, sardonic, salacious, lying; and when reduced, he charged his downfall to a jealous Ateibi, whom he stabbed in Court before the eyes of the outraged Sherif Sharraf. Sharraf's stern sense of public decency punished Abdulla by the severest of his chastisements, from which he very nearly died. When well enough, he entered Sharraf's service. On the outbreak of war he became orderly to ibn Dakhil, captain of the Ageyl with Feisal. His reputation grew: but the mutiny at Wejh turned ibn Dakhil into an ambassador. Abdulla missed the comradeship of the ranks, and ibn Dakhil had given him a written character to enter my service. [...] He was the most experienced Ageyli, having served every Arabian prince and having been dismissed each employment, after stripes and prison, for offences of too great individuality. Ibn Dakhil said that the Nahabi rode second to himself, was a master-judge of camels, and as brave as any son of Adam; easily, since he was too blind-eyed to see danger. In fact, he was the perfect retainer, and I engaged him instantly. [...] He examined the applicants for my service, and, thanks to him and to the Zaagi, my other commander (a stiff man of normal officer cut), a wonderful gang of experts grew about me. The British at Akaba called them cut-throats; but they cut throats only to my order. Perhaps in others' eyes it was a fault that they would recognize no authority but mine. (SP 473f.)

Auch Abdulla zieht das Leben in Männerbünden einer Familie vor und verzichtet zugunsten der Kameradschaft in den niederen Rängen auf höhere militärische Würden – ganz ähnlich, wie es Lawrence nach dem Krieg tun sollte. Doch wegen seines Mundwerks und seiner mangelnden Angepasstheit – „offences of too great individuality" (ibid.) – ist er für soldatischen Gehorsam wenig geeignet und eckt immer wieder an, so wie es Lawrence Zeit seines Lebens tat. Wo dieser mit seiner insolenten Art lediglich Unmut und Irritation erregt, wird Abdulla schnell handgreiflich und deshalb mehrfach Opfer brutaler, körperlicher Züchtigungen. Interessant ist, dass die schlimmste der Strafen, die er je erdulden musste und die ihn beinahe das Leben kostete, dazu führte, dass er – kaum wieder auf den Beinen – ausgerechnet in den Dienst desjenigen Scherifen eintrat, der sie verhängt hatte. Dies lässt auf ein eigentümliches Verständnis des Verhältnisses zwischen Herrn und Untergebenen schließen, das an Lawrences „longings for a master" (SP 582) erinnert, wie er es im *Personal Chapter* des *Oxford Text* beschreibt:

I was always hoping for a master whom I could have fought till I dropped at his feet to worship: for with respect man could only worship the gods which had proved stronger than himself, and a tragedy of the world had been their fewness. I used myself as I would have let no man use another; but needed over me one yet harder and more ruthless, who would have worn me to the last fibre of my strength. (SP Ox. 682)

Da jedoch seine bisherigen Befehlshaber diesen Unterwerfungsphantasien nie gerecht wurden, verfällt er – wie Abdulla – wiederholt in provokativen Ungehorsam: „[T]hey were all nice to me and valued me aloud, and gave me licence, which I abused to raise their anger – but always reached insipid indulgence." (ibid.) Zumindest Abdulla hat in Lawrence nun den Herren gefunden, den jener selbst nie finden konnte. Er wird Teil einer Elite-Einheit ausgewählter Männer, die neben

Ausdauer und Härte eine ähnliche Einstellung zu Dienst und Gehorsam sowie auch sonst Neigungen aufweisen, die ihrem Herrn nur allzu sehr entsprechen:

> [T]hough adolescents full of carnal passion, tempted by this irregular life, well-fed, exercised, rich, [they] seemed to sanctify their risk, to be fascinated by their suffering. Servitude, like other conduct, was profoundly modified to Eastern minds by their obsession with the antithesis between flesh and spirit. These lads took *pleasure in subordination; in degrading the body:* so as to throw into greater *relief* their freedom in equality of mind: almost they *preferred servitude* as richer in experience than authority, and less binding in daily care. Consequently the relation of master and man in Arabia was at once more free and more subject than I had experienced elsewhere. [...] They had a *gladness of abasement,* a freedom of consent to yield to their master the last service and degree of their flesh and blood, because their spirits were equal with his and the contract voluntary. [...] *Pain* was to them a solvent, *a cathartic, almost a decoration, to be fairly worn while they survived it.* Fear, the strongest motive in slothful man, broke down with us, since love for a cause – or for a person – was aroused. (SP 475f.; Herv. KP)

Die Idee der freiwilligen und somit auf Ebenbürtigkeit basierenden Unterwerfung, die sich bei Abdulla nur angedeutet hatte, wird hier explizit ausformuliert. Obwohl diese jungen Männer wohlhabend und unabhängig sind, wählen sie freiwillig den entbehrungsreichen Dienst und die erbarmungslose Unterjochung ihres Körpers – denn ihr Geist bleibt frei und ungebrochen. Aus freien Stücken unterwerfen sie sich bedingungslos ihrem auserwählten Herrn und sind dabei freier als jeder Soldat. Diesem Herrn können sie sich ganz anvertrauen und ihm jede Verantwortung überlassen.[159] Die Faszination der eigenen Leidensfähigkeit sowie die Freude an Unterordnung und Selbsterniedrigung – allesamt genuin Lawrencesche Eigenschaften – sind ihre Motivation für den Dienst in dieser härtesten aller Kampfeinheiten. Schmerz hat für sie etwas Befreiendes, Reinigendes und sie tragen ihn wie eine Auszeichnung – „a decoration, to be fairly worn while they survived it" (ibid.). Falls sie es nicht überleben sollten, verspricht zumindest die Seitenüberschrift zu dieser Passage, „Artemis Orthia", Ruhm und Ehre für die derart Verstorbenen. Denn hinter diesem obskuren Namen verbirgt sich ein Kult im alten Sparta, bei dessen rituellen Festlichkeiten „junge edle Spartaner [...] zur Uebung in der Standhaftigkeit, jährlich einmal so lange gegeißelt wurden, bis ihr Blut den Altar bedeckte. Kein Laut des Schmerzes durfte vernommen werden, und der unter den Streichen Erliegende ward als Sieger bekränzt u. öffentlich begraben." (Pierer 1841: 359) Die Referentialität dieser Überschrift

---

159 Hier kommen indirekt Lawrences eigene Führungsmüdigkeit sowie sein Wunsch nach Selbstaufgabe im Dienst eines starken Herrn zum Ausdruck, der ihn von der Bürde der Verantwortung und quälenden Grübelei erlöst. (vgl. Silverman 1989: 43) Diese Regungen formuliert er kurz darauf explizit im *Personal Chapter,* in dem er beklagt, dass er nie seinen ebenbürtigen Herrn gefunden hat: „It was a part of my failure never to have found a chief to use me. All of them, through incapacity or timidity or liking, allowed me too free a hand; as if they could not see that voluntary slavery was the deep pride of a morbid spirit, and vicarious pain its gladdest decoration." (SP 582) Diese Passage wiederholt bei teilweise identischer Wortwahl die zuvor zitierte Philosophie seiner Leibgarde.

verschärft die masochistische Thematik zusätzlich und sublimiert Lawrences neue *peer group* implizit zu einer quasi-religiösen Gemeinschaft, so wie er es zuvor bei der gesamten *Arab movement* durch deren Inszenierung als Kreuzzug getan hatte. Zudem ruft diese versteckte Referenz auf rituelle Auspeitschungen Assoziationen mit Lawrences Martyrium in Deraa hervor.

Dass seine Erlebnisse in Deraa der Beschreibung des „Esprit de Corps"[160] seiner Leibgarde insgesamt unterlegt sind, wird auch in folgender Passage offensichtlich:

> The practice of our revolt fortified the nihilist attitude in me. During it, we often saw men push themselves or be driven to a cruel extreme of endurance: yet never was there an intimation of physical break. Collapse rose always from a moral weakness eating into the body, which of itself, without traitors from within, had no power over the will. While we rode we were disbodied, unconscious of flesh or feeling: and when at an interval this excitement faded and we did see our bodies, it was with some hostility, with a contemptuous sense that they reached their highest purpose, not as vehicles of the spirit, but when, dissolved, their elements served to manure a field. (SP 477)

Diskursiv betrachtet markiert diese Passage ein Moment der Konsolidierung: Lawrence benutzt hier seine Leibgarde als neue Projektionsfläche, um das in Deraa Erlebte zu verarbeiten und für sich zu deuten. Dabei erfährt vor allem seine Auffassung von Masochismus und dessen Rolle im Verhältnis von Körper und Geist eine Ver- bzw. *Über*arbeitung. Hierfür geht Lawrence zunächst wie so oft nahtlos von einem Ich zu einem Wir über und projiziert seine nihilistischen Ansichten auf eine Gruppe: Genau wie er ignorieren und schinden seine Männer ihren Körper, den sie verächtlich als bloße ‚Biomasse' betrachten. Dennoch geht diese kollektive Selbstkasteiung nie bis zu dem Punkt des physischen Zusammenbruchs, bis zum *cracking apart of one's whole being*, wie es Lawrence erleben musste. Denn dies – und hier lässt er eigene Erfahrungen miteinfließen – geschieht nur dann, wenn moralische Schwäche die grundsätzliche Selbstbeherrschung und Willenskraft von innen sabotiert. Er selbst war in Deraa auf diese Art von einem solchen *traitor from within* verraten worden. Moralische Schwäche und mangelnde Kontrolle über seinen Körper haben so dem Feind Tür und Tor zur Festung seiner physischen wie seelischen Integrität geöffnet.[161] Als Reaktion darauf scheint sich Lawrence nun umso mehr anzustrengen, seinen verräterischen Körper zu bestrafen und zu kontrollieren, indem er dessen Bedürfnisse „in cruel extreme[s] of endurance" (ibid.) absichtlich unterdrückt. Allerdings ist ihm nun bewusst, dass dies potenziell die Gefahr pervertierter Triebbefriedigung in sich birgt und betont daher die Notwendigkeit moralischer Stärke. Selbstgeißelung

---

160 So lautet eine weitere Seitenüberschrift in diesem Kapitel (vgl. SP 475).

161 „Lawrence had sought to make himself pure will, independent of his body. But when he discovered that he possessed a perverse sexual nature, the 'traitor within', his will broke and 'the citadel of his integrity' was irrevocably lost." (Meyers 1989a: 109) Vgl. auch Dawson 1994: 199.

wird also nach wie vor zur spirituellen Handlung erhoben – allerdings nur bei tadelloser Moral und Selbstkontrolle des Ausübenden.

Dieser betont moralische Masochismus, den er und (angeblich auch) seine Männer praktizieren, erhält daher eine zusätzliche erhabene Bedeutung:

> The whole business of the movement seemed to be expressible only in terms of death and life[162]. Generally we were conscious of our flesh because it hurt us. Joy came sharper from our long habitude of pain; but our resources in suffering seemed greater than our capacity for gladness. Lethargy played its part here. Both emotions were in our gift, for our *pain was full of eddies, confusing its purity*. A reef on which many came to a shipwreck of estimation was the *vanity* that our endurance might win *redemption*, perhaps for all a race. Such *false investiture* bred a *hot though transient satisfaction*, in that we felt we had assumed another's pain or experience, his personality. It was triumph, and a *mood of enlargement*; we had avoided our *sultry selves, conquered our geometrical completeness snatched a momentary 'change of mind'*. Yet in reality we had borne the vicarious for our own sakes, or at least because it was pointed for our benefit: and could escape from this knowledge only by a make-belief in sense as well as in motive. The self-immolated victim took for his own the rare gift of sacrifice; and no pride and few pleasures in the world were so joyful, so rich as this choosing voluntarily another's evil to perfect the self. There was a hidden selfishness in it, as in all perfections. (SP 567f.; Herv. KP)

Lawrence verknüpft an dieser Stelle zwei zentrale Ideen und Konzepte seiner Erzählung auf neue, düstere Weise: Die Begeisterung bzw. der Kampf für die arabische Revolte wird zur Angelegenheit masochistischer Selbstkasteiung und zur Frage freiwilligen Leidens und Sterbens.[163] Dabei scheint es fast so, als ob der ständig zur Debatte stehende Masochismus hier eine Art sublimierende Absicherung erführe, indem er als Selbstaufopferung „for all a race" (ibid.) an das spirituelle Konzept der Sühne geknüpft wird: eine abermalige Konsolidierungs-Geste bezüglich der eigenen masochistischen Neigung. *Dass* es sich hier um seine individuelle Neigung und deren Verarbeitung handelt, wird offenbar im Konzept der Buße, das hierfür herangezogen wird. Während dieses Motiv bei Lawrence noch nachvollziehbar ist – er sühnt den Betrug der Engländer an den Arabern – erscheint es in Bezug auf die Araber als eher unwahrscheinliche Projektion. Für

---

[162] Im *Oxford Text* spricht er an dieser Stelle sogar von „death and pain" (SP Ox. 659).

[163] Den Tod betrachtet Lawrence zu diesem Zeitpunkt längst als Erlösung von seiner inneren Zerrissenheit und seinen quälenden Gedanken: „Death in the air would be a clean escape; yet I scarcely hoped it, not from fear, for I was too tired to be much afraid: nor from scruple, for our lives seemed to me absolutely our own, to keep or give away: but from habit, for lately I had risked myself only when it seemed profitable to our cause. I was busy compartmenting-up my mind, finding instinct and reason as ever at strong war. Instinct said 'Die', but reason said that was only to cut the mind's tether, and loose it into freedom: better to seek some mental death, some slow wasting of the brain to sink it below these puzzlements. An accident was meaner than deliberate fault. If I did not hesitate to risk my life, why fuss to dirty it? Yet life and honour seemed in different categories, not able to be sold one for another: and for honour, had I not lost that a year ago when I assured the Arabs that England kept her plighted word?" (SP 561f.) All die selbstgewählten Schmerzen und Extrembelastungen dienen demzufolge auch dazu, sein Gewissen zum Verstummen zu bringen und zumindest kurzfristig von seinem ‚inneren Ankläger' erlöst zu werden.

wen sollten sie leiden und für was Erlösung erlangen wollen? Sie kämpfen zwar für die Freiheit ihres ganzen Volkes, doch ist dies ein ganz konkretes Ziel, das mit eigenen Interessen verbunden ist und mit Sühnephantasien wenig zu tun hat. Es ist vielmehr allein Lawrence, der sich als Sündenbock opfern will – ein Bedürfnis, das immer stärker wird, je näher sie Damaskus kommen.

Doch mit seiner neuen Skepsis gegenüber den eigenen Überzeugungen und Idealen durchschaut er diese Sublimierungsbemühungen, sein „make-believe in sense as well as in motive" (SP 567) sogleich. Entsprechend dekonstruiert er die soeben postulierte Idee des Büßer-Masochisten im gleichen Atemzug wieder, indem er einräumt, dass dessen Sühneleistung häufig vor allem eigenen Begierden und Eitelkeiten dient, was vermeintliche Selbstlosigkeit in Egoismus kippen lässt – *hot satisfaction and vanity confusing the purity of pain*.[164] Lawrence meint damit zum einen den Stolz und die Eitelkeit (sowie unter Umständen die körperliche Befriedigung), die potenziell aus solcher Selbstgeißelung gezogen werden können, zum anderen die Erlösung von den eigenen ‚Sünden', die auf diese Weise – scheinbar altruistisch – aber tatsächlich *auf Kosten* Anderer erlangt wird. Denn das eifrige Sich-Aufopfern für Andere ist letztlich als selbstsüchtiges Handeln zu begreifen, das diese um ihre rechtmäßige Buße bringt: „To each opportunity there could be only one vicar, and the snatching of it robbed the fellows of their due hurt." (SP 568)[165]

Diese Ausführungen bezüglich der „scapegoat idea" (SP 567), die das gesamte 100. Kapitel in Anspruch nehmen, sind reichlich verworren[166] und vor allem geprägt von Skepsis und pessimistischer Desillusionierung. Sämtliche Gedankengänge und Ideale, die dort skizziert werden, werden sogleich wieder in Frage gestellt. Die alte Strategie der ideellen Überhöhung und Verklärung eigener Beweggründe und Neigungen scheint nicht mehr so reibungslos zu funktionieren wie zu Anfangs. Auch die Bemühungen, die ‚alten' Ideale zu reaktivieren bzw. zu konsolidieren, tragen keine Früchte. Stattdessen verstrickt sich Lawrence nun, wie er am Ende dieses Kapitels resümiert, in „ring within ring of unknown, shamefaced motives cancelling or double-charging their precedents" (SP 569).[167]

---

[164] Vgl. Lawrences Formulierungen in der betreffenden, oben zitierten Textstelle: „Both emotions were in our gift, for *our pain was full of eddies, confusing its purity*. A reef on which many came to a shipwreck of estimation was the *vanity* that our endurance might win redemption, perhaps for all a race. Such false investiture bred a *hot though transient satisfaction*, in that we felt we had assumed another's pain or experience, his personality." (SP 567; Herv. KP)

[165] Vgl. Mack: „To the political deceit of the Revolt was added for Lawrence what he considered as the psychological deceit of using another people's need vicariously for personal redemption." (1976: 197)

[166] Für eine ausführliche Diskussion der verworrenen ethischen Überlegungen dieses Kapitels siehe O'Donnell 1979: 156ff. sowie Mack 1976: 196f.

[167] Das Kapitel schließt entsprechend mit einer der pessimistischsten Passagen des ganzen Buches: „Yet I cannot put down my acquiescence in the Arab fraud to weakness of character or native hypocrisy: though of course I must have had some tendency, some aptitude,

Auch das bekannte Motiv des Einswerdens mit dem Kollektiv wird hier anzitiert, erfährt jedoch eine düstere Modifikation, denn dies wird nicht länger anhand des gemeinsamen Strebens *mit* Anderen, sondern durch das Leiden *für* Andere erlangt, wodurch man deren Platz ein- bzw. deren Persönlichkeit annimmt. Dies führt zu einer „mood of enlargement" (SP 567), einem Gefühl der Ausdehnung des Selbst, bei der sich die eigene Identität geradezu auflöst. Lawrence, der sich stets „complete, angular, uncomfortable, as a crystal" (SP 579) fühlte, versucht einmal mehr das eigene Ich zu transzendieren: *by avoiding his sultry self and conquering his geometrical completeness.*[168] Besonders auffällig ist die Wortwahl, denn es geht hier ausdrücklich darum, das sinnliche Selbst zu umgehen bzw. überwinden. Es ist das alte Motiv des Überwindens alles Körperlichen zugunsten von etwas Abstraktem, von einer Idee, in der man stattdessen aufgehen kann. Diese einende, das Individuum transzendierende Idee, die zu Beginn der Erzählung noch der Kampf für die arabische Freiheit gewesen war und ein Miteinander impliziert hatte, ist nun der egoistischen Selbstaufopferung *anstatt* des Anderen gewichen: Substitution statt Immersion.

Dennoch hat Lawrence nach wie vor das Bedürfnis, mit einer Gruppe zu verschmelzen. Möglicherweise ist es durch seine Erlebnisse in Deraa sogar noch verstärkt worden, da er dort gezwungen worden war, bis dahin verdrängte *Eigen*schaften seines Selbst isoliert und bar jeder Projektions- und Sublimierungs-Möglichkeit anzuerkennen. Diese Selbsterkenntnis hat ganz offensichtlich seine Selbstabscheu und somit seine Sehnsucht geschürt, das eigene Ich in einer Kollektividentität verschwinden zu lassen, um die Persönlichkeit Anderer anzunehmen: ein wohltuender „'change of mind'" (SP 567) im eigentlichen Wortsinn, der eine kurzfristige Erlösung von den eigenen quälenden Gedanken und Fragen bedeutet.

Doch selbst diese modifizierte Identifikation mit einer neuen Gruppe, die sein verändertes, düsteres Selbst adäquat widerspiegelt, weicht in den Büchern IX und X schließlich der absoluten Isolation. Denn trotz der Siege auf den letzten Etappen vor Damaskus und den dort erlebten Momenten geteilter Euphorie (vgl. SP 603, 647), zeigt sich Lawrence seinen Männern mehr und mehr entfremdet. In Azrak, vormals Projektionsfläche seiner kollektiven Ritterphantasien, zieht er

---

for deceit, or I would not have deceived men so well, and persisted two years in bringing to success a deceit which others had framed and set afoot. I had had no concern with the Arab Revolt in the beginning. In the end I was responsible for its being an embarrassment to the inventors. Where exactly in the interim my guilt passed from accessory to principal, upon what headings I should be condemned, were not for me to say. Suffice it that since the march to Akaba I bitterly repented my entanglement in the movement, with a bitterness sufficient to corrode my inactive hours, but insufficient to make me cut myself clear of it. Hence the wobbling of my will, and endless, vapid complainings." (SP 569)

[168] Vgl. Lawrences Formulierung: „It was triumph, and a mood of enlargement; we had *avoided* our *sultry selves, conquered our geometrical completeness,* snatched a momentary 'change of mind'." (SP 567; Herv. KP)

sich angesichts der herbeiströmenden arabischen Truppen in die Einsamkeit eines Nebentales zurück, wo in einer emblematischen Szene seine morbide Einsamkeit zum Ausdruck kommt:

> The crowd had destroyed my pleasure in Azrak, and I went off down the valley to our remote Ain el Essad and lay there all day in my old lair among the tamarisk, where the wind in the dusty green branches played with such sounds as it made in English trees [: *and hearing it I wished very much to be safely there, out of it all. On the ground there was scratched again and again in English, 'He wrote his name in the sand' – my epitaph which I had written unconsciously, was it last time, or the time before, or when I first came? Anyway this trip had fixed in my mind that the only honourable state was to be alone, and that*; SP Ox. 417] I was tired to death of these Arabs [*and of my unlikeness to them*; SP Ox. 417]; petty incarnate Semites who attained heights and depths beyond our reach, though not beyond our sight. They realized our absolute in their unrestrained capacity for good and evil; and for two years I had profitably shammed to be their companion! To-day it came to me with finality that my patience as regards the false position I had been led into was finished. A week, two weeks, three, and I would insist upon relief. My nerve had broken; and I would be lucky if the ruin of it could be hidden so long. (SP 607, Ergänzungen aus dem *Oxford Text* in kursiv)

Seiner Führungsrolle müde flüchtet sich Lawrence kurzfristig in die Sehnsucht nach seiner Heimat, seiner englischen Identität.[169] Interessant ist die plötzliche pejorative Darstellung der Araber als „petty incarnate Semites who attained heights and depths beyond our reach", die stark an Doughtys berühmten Aphorismus – „The Semites are like to a man sitting in a cloaca to the eyes and whose brows touch heaven." (AD I: 56) – erinnert. Lawrence erkennt endgültig, dass er nie zu ihnen gehört hat, nicht zu ihnen gehören kann. Sehr interessant ist der Zusatz im *Oxford Text*, dass er nicht nur der Araber müde ist, sondern auch seiner eigenen „unlikeness to them" (SP Ox. 417), seiner Andersartigkeit, die ein Einswerden mit ihnen letztlich nicht zulässt. Von diesem neuen Standpunkt aus,

---

[169] Vgl. auch folgende Passage, bei der Landschaft als kontrastierende Projektionsfläche für sein Heimweh und als Metapher für seinen Gewissenskonflikt fungiert: „[A] home-sickness came over me, stressing vividly my outcast life among these Arabs […]. It was evening, and on the straight bar of Sinai ahead the low sun was falling, its globe extravagantly brilliant in my eyes, because I was dead-tired of my life, longing as seldom before for the moody skies of England. This sunset was fierce, stimulant, barbaric; reviving the colours of the desert like a draught […] while my longings were for weakness, chills and grey mistiness, that the world might not be so crystalline clear, so definitely right and wrong. We English, who lived years abroad among strangers, went always dressed in the pride of our remembered country, that strange entity which had no part with the inhabitants, for those who loved England most, often liked Englishmen least. Here, in Arabia, in the war's need, I was trading my honesty for her sustenance, inevitably." (SP 560) Die englische Landschaft wird zum Zeichen für eine gnädig diffuse Perspektive und ambivalente Moral, eine „grey mistiness" jenseits der grellen, gestochen scharfen Umrisse der arabischen Wüste, die ihm richtig und falsch sowie vor allem seinen Betrug so „fierce, stimulant [and] barbaric" vor Augen führen. Lawrence flüchtet sich hier geradezu ins ‚Lager' englischer Identität, in dem er Absolution für sein Tun erfahren kann. Doch diese Zugehörigkeit und Rückversicherung (‚sustenance') bei Mutter England hat ihren Preis – seine Ehrlichkeit – und ist nicht zuletzt ursächlich für seinen Betrug an den Arabern: ein Zirkelschluss.

kann er sie nun auch so distanziert und orientalistisch abwertend beschreiben, wie es sein Vorbild Doughty mitunter tat: Trotz ihrer ‚natürlichen Prädisposition' für das Extreme und Absolute, die ihn zuvor so angezogen hatte, sind sie letztlich doch, ganz orientalistischen Stereotypen entsprechend, kindisch und triebgesteuert. Lawrence kann und will nicht länger versuchen, einer von ihnen zu sein. Er bleibt der Solitär, der sich nirgends wirklich einfügen kann. Immersion in einer kollektiven Identität ist kein adäquates Heilmittel für seine verhasste Einzigartigkeit und er erkennt: „the only honourable state is to be alone" (ibid.).

Der in seinem symbolischen Potenzial wirkkräftigste Aspekt dieser Szene wurde jedoch aus der *Subscriber's Edition* getilgt. Während Lawrence diesen pessimistischen Gedanken nachhängt, blickt er nämlich auf einen Satz, den er wie im Traum einmal in den Felsboden geritzt hatte, nämlich seine eigene *Grabinschrift* mit dem kuriosen Wortlaut: „He wrote his name in the sand". Traditionell dient ein Epitaph dem Erinnern und signalisiert Unvergänglichkeit, Lawrences Inschrift hingegen impliziert Vergessen und Flüchtigkeit. Das Bild der Worte im Sand versinnbildlicht für gewöhnlich Auflösung: das Weggespültwerden durch die Gezeiten oder das Davongetragenwerden vom Wind. Im biblischen Kontext steht es zudem auch für Vergebung von Sünden (vgl. Weinrich 2005: 213), was wiederum zu Lawrences immer stärker werdenden Schuldgefühlen passen würde. Versuchte man eine metaphorische Deutung dieser rätselhaften, bedeutungsschwangeren Szene, so ließe sie sich so begreifen, dass Lawrence hier sein altes, romantisches Ich samt seiner Ideale zu Grabe legt, weil er die wahre Natur der Revolte und seine Rolle darin erkannt hat. Sein Epitaph bringt dabei potenziell zweierlei zum Ausdruck: den Verlust des vormaligen Selbstbildes samt seiner Ideale und Träume, sowie die Sehnsucht nach Vergebung.[170] Seine alte Identität ist tot, somit gilt es nur noch, das in Stein zu meißeln, was an ihr eindeutig bestimmbar war, nämlich ihre Flüchtigkeit.

Nach dieser Abkehr von seiner *Arab fellowship* findet Lawrence auch unter den englischen Soldaten, die in den letzten Gefechten vor Damaskus Seite an Seite mit ihm kämpfen, kein Gefühl der Zugehörigkeit. Ausgerechnet in der Nacht vor dem triumphalen Einmarsch in Damaskus fühlt er sich als einsamer Außenseiter unter seinen Landsmännern: „I could walk as I pleased, an unconsidered Arab: and this finding myself among, but cut off from, my own kin made me strangely alone." (SP 662) Als hybrider „half-Beduin Englishman" (SP 597), der in arabischer Kleidung zwischen den Lagerfeuern englischer und arabischer Männer wandelt, versinnbildlicht Lawrence seinen nationalen Identitätsverlust. Er muss erkennen, wie weit er sich von seinem alten englischen Ich entfernt hat, so dass ihn mit diesen „petty incarnate Semites" (SP 607) letztlich mehr verbindet als

---

[170] In einer anderen, ähnlich desillusionierten Textpassage verwendet Lawrence abermals das Bild des Windes, um die Vergänglichkeit und den Verlust seiner Identität auszudrücken: „My will had gone and I feared to be alone, lest *the winds of circumstance*, or power, or lust, *blow my empty soul away*." (SP 514; Herv. KP)

mit seinen englischen Kameraden: „My crooked duty had banished me among them for two years. To-night I was nearer to them than to the troops, and I resented it, as shameful." (SP 663)

Nachdem er seine vormals zelebrierte arabische Bruderschaft dergestalt aufgelöst hat, lässt Lawrence nun auch andere Fassaden in seinem Erzählkosmos bröckeln, wie zum Beispiel das Verklären von Kampfhandlungen anhand von Abenteuer- und Ritterromantik, wobei das Leiden und Sterben, die auch in einem Guerillakrieg nicht ausbleiben, größtenteils ausgeblendet worden waren. Ganz anders die letzten Etappen vor Damaskus, in denen die Revolte plötzlich als von technischer Waffengewalt bestimmter Feldzug gegen Menschen – statt Brücken und Eisenbahntrassen – gezeigt wird. Dieser Inszenierungswechsel ist neben Lawrences allgemeiner Desillusionierung auch dem Umstand geschuldet, dass die arabischen Streitkräfte nun mit den englischen Truppen marschieren und ihr ‚Kreuzzug' dadurch gezwungenermaßen eine gewisse Modernisierung erfährt. Entsprechend ist auch Azrak nicht länger legendärer ‚Zauberort', sondern lediglich strategischer Standort und Sammelpunkt für die motorisierten Truppen:

> Rolls drew his tender past the Roman fish-pond; we skirted the western lava-field, along the now hard, grass-grown swamp, to the blue walls of the silent fort, with its silken-sounding palms, behind whose stillness lay perhaps more fear than peace. I felt guilty at introducing the throbbing car, and its trim crew of khaki-clad northerners, into the remoteness of this most hidden legendary place: but my anticipation went astray, for it was the men who looked real and the background which became scene-painting. Their newness and certainty (the Definiteness of British troops in uniform) did Azrak greater honour than plain loneliness. (SP 576)

Lawrence wird hier geradezu von der Realität eingeholt: Die legendäre Burg, in der er sich zuvor in längst vergangene, mythische Zeiten zurückträumte, wird nun zum kontrastiven, unwirklichen *backdrop* für die einbrechende Wirklichkeit moderner Kriegsführung. Dabei sind es die englischen Soldaten, die echt wirken, während Azrak mit seinen Legenden bloß noch als Kulisse erscheint, was es – als Projektionsfläche von Lawrences Kreuzritter-Phantasien – schlussendlich auch stets gewesen ist. Als historischer Schauplatz verleiht Azrak hier der Revolte nicht länger einen Hauch von Mythos, sondern erhält nun seinerseits durch das rege Treiben wohlorganisierter, moderner Kriegsführung heroischen Glanz. Der vormals archaisch inszenierte Kreuzzug hoch zu Ross bzw. Kamel und vor grandioser Wüstenkulisse wird zum modernen Kriegsgeschehen mit Artilleriefeuer und Luftwaffe.[171] Von nun an wird auch die Schattenseite der Revolte, mit ihrer Grausamkeit, ihren Opfern und der Trauer der Hinterbliebenen gezeigt. Den markantesten Tiefpunkt dieser Art markiert die Schlacht von Tafas. In einem

---

[171] Ein thematischer Umbruch, der sich auch stilistisch niederschlägt, wie Tabachnick beschreibt: „When romanticized high ideals based on classical and medieval study clash with bitter modern experience, Lawrence transmutes late Victorian gilt into the jagged shrapnel of World War I poets and his personal poetry of radical mental fragmentation." (1997: 32)

Tableau grotesker Brutalität beschreibt Lawrence dort die ermordeten und geschändeten Opfer eines türkischen Massakers:

> We rode past the other bodies of men and women and four more dead babies, looking very soiled in the daylight, towards the village; whose loneliness we now knew meant death and horror. By the outskirts were low mud walls, sheepfolds, and on one something red and white. I looked close and saw the body of a woman folded across it, bottom upwards, nailed there by a saw bayonet whose haft stuck hideously into the air from between her naked legs. She had been pregnant, and about her lay others, perhaps twenty in all, variously killed, but set out in accord with an obscene taste. (SP 652)

Angesichts dieses Grauens erteilt er zum ersten Mal den Befehl, keine Gefangenen zu nehmen, sondern alle überlebenden Türken zu töten: „In a madness born of the horror of Tafas we killed and killed, even blowing in the heads of the fallen and of the animals; as though their death and running blood could slake our agony." (SP 654). In dieser Schlacht von Tafas töten Lawrence und seine Männer beinahe 5000 Türken. Besonders markant in diesen ungeschönten Schilderungen ist der symbolisch aufgeladene Freitod des Beduinenkriegers Tallal, der aus Tafas stammte und den abziehenden türkischen Truppen mit selbstmörderischer Wut hinterherreitet:

> Tallal had seen what we had seen. He gave one moan like a hurt animal; then rode to the upper ground and sat there a while on his mare, shivering and looking fixedly after the Turks. I moved near to speak to him, but Auda caught my rein and stayed me. Very slowly Tallal drew his head-cloth about his face; and then he seemed suddenly to take hold of himself, for he dashed his stirrups into the mare's flanks and galloped headlong, bending low and swaying in the saddle, right at the main body of the enemy. It was a long ride down a gentle slope and across a hollow. We sat there like stone while he rushed forward, the drumming of his hoofs unnaturally loud in our ears, for we had stopped shooting, and the Turks had stopped. Both armies waited for him; and he rocked on in the hushed evening till only a few lengths from the enemy. Then he sat up in the saddle and cried his war-cry, "Tallal, Tallal", twice in a tremendous shout. Instantly their rifles and machine-guns crashed out, and he and his mare, riddled through and through with bullets, fell dead among the lance points. (SP 653)

Hier stirbt nicht nur Tallal, sondern auch Lawrences romantische Phantasie von ritterlich-archaischer Kriegsführung, die er zuvor über die Revolte geblendet hatte.[172] In einer geradezu emblematischen Momentaufnahme reitet der Beduinenkrieger wie in Zeitlupe einer Übermacht modern ausgerüsteter Infanterie entgegen, um die traditionelle Blutrache für die Toten seines Stammes und seiner Familie zu erwirken. Dieser Akt heldenhafter Furchtlosigkeit wird jedoch durch die gnadenlose Präzision und Effizienz moderner Waffen brutal unterlaufen: Tallal und sein Schlachtross werden von Gewehrsalven durchlöchert und fallen,

---

[172] „[T]he futile and desperate war-cry, and the brutal contrast of machine-guns and lance points intensify the demise of nobility and honour, unchanged since the Middle Ages. Tallal dies loyal to Bedouin values, and his death amidst atrocities and automatic weapons finally extinguishes Lawrence's youthful idealism and exemplifies the great theme of self-destructive triumph." (Meyers 1989a: 135)

bevor sie auch nur in die Nähe des Feindes kommen. Auch auf akustischer Ebene kommt dieses symbolische Ende archaischer, heroischer Kriegsführung zum Ausdruck, indem der Schlachtruf und das Hufgetrappel des angreifenden Beduinenkriegers von knatterndem Artilleriefeuer zum Verstummen gebracht werden. Diese dramatische Szene stellt einen Höhe- bzw. Tiefpunkt der gesamten Stimmungsverdüsterung nach Deraa dar. Als brutale Dekonstruktion zuvor propagierter Ideale signalisiert sie die Desillusionierung und Gebrochenheit von Lawrence, dem *prophet of the idea*, der zum Befehlshaber des Mordens verkommen ist.[173]

In der Nacht vor dem Einzug in Damaskus thematisiert er diese Fluktuation und Modifikation der Ideen, welche die Revolte einst für ihn geprägt hatten, ausdrücklich: „I wanted to sleep, for my work was coming on the morrow; but I could not. Damascus was the climax of our two years' uncertainty, and my mind was distracted by tags of all the ideas which had been used or rejected in that time." (SP 665) Dennoch (re)aktiviert er am nächsten Morgen, beim ersten Anblick von Damaskus, ein letztes Mal das verklärte Bild der verheißenen Stadt, dem ‚Jerusalem‘ dieses modernen Kreuzzuges, in der die Ideale und Träume der Revolte in Erfüllung gehen können:

> When dawn came we drove to the head of the ridge, which stood over the oasis of the city, afraid to look north for the ruins we expected: but, instead of ruins, the silent gardens stood blurred green with river mist, in whose setting shimmered the city, beautiful as ever, like a pearl in the morning sun. (SP 665)

Wie ein Garten Eden funkelt Damaskus, die ‚Perle des Orients‘, in der Morgensonne und wartet nur darauf, von ihrem rechtmäßigen Volk in Besitz genommen zu werden. Die in den ersten Kapitel beschworene Propheten-Queste strebt nun ihrer Erfüllung entgegen, indem die Idee der arabischen Freiheit von der Wüste in die (Haupt-)Stadt getragen wird: „The great encompassing vision is achieved, and this story becomes part of the historical cycle earlier conjured up." (Henighan 1971: 57)[174] Doch dieser Moment der Verheißung und des Triumphes –

---

[173] „I said, ‚The best of you brings me the most Turkish dead', and we turned after the fading enemy, on our way shooting down those who had fallen out by the roadside and came imploring our pity. One wounded Turk, half naked, not able to stand, sat and wept to us. Abdulla turned away his camel's head, but the Zaagi, with curses, crossed his track and whipped three bullets from his automatic through the man's bare chest. The blood came out with his heart beats, throb, throb, throb, slower and slower." (SP 652f.)

[174] Henighan bezieht sich hier auf den „cycle of Semitic creeds", den semitischen Ursprung der großen Religionen in der Wüste Arabiens anhand von Propheten, wie ihn Lawrence zu Beginn von *Seven Pillars* darlegt: „Their [the Semites] largest manufacture was of creeds: almost they were monopolists of revealed religions. Three of these efforts had endured among them: two of the three had also borne export (in modified forms) to non-Semitic peoples. Christianity, translated into the diverse spirits of Greek and Latin and Teutonic tongues, had conquered Europe and America. Islam in various transformations was subjecting Africa and parts of Asia. These were Semitic successes. Their failures they kept to themselves. The fringes of their deserts were strewn with broken faiths. It was significant that this wrack of fallen religions lay about the meeting of the desert and the sown. It pointed to the

„whereby a deserving people were sparked into liberating themselves from bondage" (Mack 1976: 240) – wird, kaum in der Stadt angekommen, umgehend wieder zerstört. Anstatt als neue Hauptstadt eines unabhängigen Arabiens erweist sich Damaskus vom ersten Tag an als Zankapfel potenzieller indigener Machthaber und somit als Schauplatz von Stammesfehden und Intrigen. Insbesondere im Regierungssitz von Damaskus, in dem die verschiedenen Fraktionen keine 24 Stunden nach Abzug der Türken bereits um die Vorherrschaft streiten, zeigt sich das befreite Volk als wenig „deserving" (ibid.), was für Lawrence mehr als enttäuschend war. Wie Nutting es so passend zusammenfasst, fand dieser sich plötzlich

> [...] in the middle of a howling multitude of Arabs, Druses, Damascenes, Bedouin tribesmen and peasants – delirious with the sudden victory that had come upon them, shouting the names of their own special heroes and leaders, fighting each other with fists. So this was the united Arabia for which he, and they, had fought – a cry now drowned in this babbling of fools, a throne threatened by usurpers. Bitterly Lawrence set about the business of saving Damascus for Feisal. (1961: 168)

Die Stadt für Feisal ‚zu sichern' war indes nicht nur aufgrund der *einheimischen* Regierungsaspiranten notwendig, sondern auch wegen der Westmächte, die laut Sykes-Picot-Abkommen ganz eigene Pläne für Arabien und Syrien hegten. Lawrence beginnt daher fieberhaft mit der (selbstauferlegten) Aufgabe, in Feisals Namen eine gewisse zivile und militärische Ordnung in Damaskus herzustellen, um zu beweisen, dass die Araber durchaus in der Lage seien, sich selbst zu regieren.[175] Dies sollte vor Ort sein letzter Freundschaftsdienst für seine Gefährten sowie Teil seiner Sühne sein, zumal sein ‚Betrug' nun bald offensichtlich würde. Das Resultat seiner regierungspolitischen wie infrastrukturellen Bemühungen in den wenigen Tagen nach Abzug der Türken war beachtlich – dennoch lässt Lawrence durchscheinen, dass die Effizienz und Selbständigkeit der von ihm auf den Weg gebrachten arabischen Regierung mehr auf Schein denn auf Sein beruht:

---

generation of all these creeds. They were assertions, not arguments; so they required a prophet to set them forth. The Arabs said there had been forty thousand prophets: we had record of at least some hundreds. None of them had been of the wilderness; but their lives were after a pattern. Their birth set them in crowded places. An unintelligible passionate yearning drove them out into the desert. There they lived a greater or lesser time in meditation and physical abandonment; and thence they returned with their imagined message articulate, to preach it to their old, and now doubting, associates." (SP 37) Die Parallelen dieser ‚Prophetenreise' zu Lawrences eigener Reise wurden bereits ausführlich erörtert, so eben von Henighan 1971 sowie von Hull 1975, Warde 1987 und O'Donnell, der diese zyklische Struktur, die Lawrences Reisebericht *insgesamt* unterlegt ist, folgendermaßen zusammenfasst: „Lawrence's exposition of Arab society declares in part what he thought he was, in part what he sought to become. He finds his journey into the desert imitative of their archetypal pattern of prophecy: literal in the war narrative, ironic in introspection." (1979: 94)

[175] „The airy birds of promise so freely sent to the Arabs in England's day of need were homing now, to her confusion. However, the course I mapped for us was proving correct. Another twelve hours, and we should be safe, with the Arabs in so strong a place that their hand might hold through the long wrangle and appetite of politics about to break out about our luscious spoil." (SP 670)

Our aim was a façade rather than a fitted building. It was run up so furiously well that when I left Damascus on October the fourth the Syrians had their *de facto* Government, which endured for two years, without foreign advice, in an occupied country wasted by war, and against the will of important elements among the Allies. (SP 673)

Exakt nach den hier erwähnten zwei Jahren wurde Feisal samt seinem Gefolge von den Franzosen aus Syrien verbannt. Trotz des Erfolges dieser provisorischen Regierung dauerte es somit nicht lange, bis die Alliierten den Rebellen ihren Sieg und ihr Land wieder wegnehmen sollten, um es nach althergebrachten kolonialen bzw. hegemonialen Gesetzmäßigkeiten zu ordnen und zu regieren. Statt des „seven-pillared worthy house" (SP „To S.A.") der Freiheit hat Lawrence nur die *Fassade* nationaler Freiheit und Unabhängigkeit geschaffen. Als bröckeliger Putz, der Neues verspricht, kaschiert sie die alte kolonialpolitische Struktur, die – zwar mit anderen kolonialen Bauherren, aber nach denselben Bauplänen – unverändert gilt und mit der Zeit wieder zum Vorschein kommen wird. Die Überschrift von Buch X – „The House is perfected" – ist demnach ironisch zu verstehen, macht er doch darin deutlich, dass ihm kaum mehr gelungen ist als das Errichten einer Attrappe ohne Fundament und Substanz.[176] Folglich kann Lawrence die allenorts herrschende Euphorie und Freude über die gewonnene ‚Freiheit' nicht teilen. Während die Stadt feiert, sitzt er allein auf seinem Zimmer:

Later I was sitting alone in my room, working and thinking out as firm a way as the turbulent memories of the day allowed, when the Muedhdhins began to send their call of last prayer through the moist night over the illuminations of the feasting city. One, with a ringing voice of special sweetness, cried into my window from a near mosque. [...] At the close he dropped his voice two tones, almost to speaking level, and softly added: "And He is very good to us this day, O people of Damascus." The clamour hushed, as everyone seemed to obey the call to prayer on this their first night of perfect freedom. While my fancy, in the overwhelming pause, showed me my loneliness and lack of reason in their movement: since only for me, of all the hearers, was the event sorrowful and the phrase meaningless. (SP 674)[177]

---

[176] Diese Metapher ist dabei ebenfalls im Lichte von John Ruskins *The Seven Lamps of Architecture* zu lesen, der Architektur als „Ausdruck der geistigen Verfassung einer Epoche oder Zivilisation [...] [sowie] Ausdruck der geistigen Gesundheit einer Gesellschaft" (Bode 1997: 160) betrachtete. Vor diesem Hintergrund ist der Titel – sofern dort von den (*ursprünglich* biblischen) Säulen der Weisheit die Rede ist, die das Bauwerk des neuen Asiens (vgl. SP 684) tragen sollen – in mehrfacher Hinsicht ironisch zu verstehen: Sowohl Arabische Revolte und englische Nah-Ost-Kampagne, als auch Autor und Werk sind zwar *perfected*, also zu Ende gebracht, im Hinblick auf die geistige Verfassung aber *far from perfect*.

[177] Der *Oxford Text* geht an dieser Stelle noch weiter und macht Lawrences Schuldgefühle und Desillusionierung noch deutlicher: „I had been born free, and a stranger to those whom I had led for the two years, and tonight it seemed that I had given them all my gift, this false liberty drawn down to them by spells and wickedness, and nothing was left me but to go away. The dead army of my hopes, now turned to fact, confronted me, and my will, the worn instrument which had so long frayed our path, broke suddenly in my hand and fell useless. It told me that this Easten chapter in my life was ended. " (SP Ox. 802)

In der Stunde der Erfüllung und des Triumphes der Arabischen Revolte zeigt sich ihr Prophet und Anführer desillusioniert und einsam inmitten des kollektiven Siegestaumels. Jegliches Gefühl der Zugehörigkeit zu einer Gruppe, zu einer Nationalität oder zu seinen Waffenbrüdern ist verloren. Isoliert von seinen arabischen Weggefährten und seinen Landsleuten blickt er als Einziger pessimistisch in die Zukunft eines freien Arabiens, das gerade seine vermeintliche Geburtsstunde feiert. In diesen Schluss-Szenen wird deutlich, dass auch der Untertitel des Buches – „A Triumph" – ironisch zu verstehen ist. (vgl. Henighan 1971: 57)

Lawrence belässt es indes nicht bei diesem letzten Bild des isolierten Helden, um zu verdeutlichen, dass dies kein *Happy End* ist. Er veranschaulicht den trügerischen Schein dieses falschen Triumphes noch zusätzlich durch seine berühmte Beschreibung des türkischen Krankenhauses in Damaskus, das dem Leser die anderen, faulen ‚Früchte' dieses Sieges vor Augen führt:

> I stepped in, to meet a sickening stench: and, as my eyes grew open, a sickening sight. The stone floor was covered with dead bodies side by side, some in full uniform, some in underclothing, some stark naked. There might be thirty there, and they crept with rats, who had gnawed wet red galleries into them. A few were corpses nearly fresh, perhaps only a day or two old: others must have been there for long. Of some the flesh, going putrid, was yellow and blue and black. Many were already swollen twice or thrice life-width, their fat heads laughing with black mouth across jaws harsh with stubble. Of others the softer parts were fallen in. A few had burst open, and were liquescent with decay. Beyond was the vista of a great room, from which I thought there came a groan. I trod over to it, across the soft mat of bodies, whose clothing, yellow with dung, crackled dryly under me. Inside the ward the air was raw and still, and the dressed battalion of filled beds so quiet that I thought these too were dead, each man rigid on his stinking pallet, from which liquid muck had dripped down to stiffen on the cemented floor. (SP 677)

Diese schonungslose Beschreibung des Hospitals, das vor Sterbenden und Toten förmlich überquillt, infiziert mit seinen Assoziationen von Krankheit, Fäulnis und Verwesung nicht nur die Darstellung des Sieges, sondern unterläuft ein letztes, markantes Mal die Inszenierung der Rebellion als sauberer, spiritueller Krieg. Angesichts dieser Masse verletzter und ermordeter Kriegsopfer scheint die Abenteuer-Geschichte der Arabischen Revolte nun endgültig von den Realitäten des Krieges eingeholt zu werden. Dass Lawrence diese makabre Episode in seine letzten Kapitel aufnimmt, anstatt seine Erzählung mit dem Einmarsch der Truppen zu beenden, scheint einerseits seiner generellen Desillusionierung seit Deraa geschuldet; andererseits geschieht es scheinbar auch in dem Bestreben, keinen falschen Glanz über diesen Sieg an der Ostfront zu legen. Lawrence stellt für seine Leser, vor allem für jene, die Lowell Thomas' Vortragsreihe „With Allenby in Palestine and Lawrence in Arabia" kennen, klar: Die Leichenberge und verstümmelten Überlebenden, die für gewöhnlich mit dem Grabenkrieg an der Westfront in Verbindung gebracht werden, sind auch hier zu finden, aller exotischen Ritterromantik zum Trotz. Mit einer entsprechend schonungslosen, geradezu grotesken Bildsprache beschreibt er die Bestattung der halb verwesten

Toten in einem Massengrab, das er hier als „trench" bezeichnet, was zumindest bei damaligen Lesern eindeutige Assoziationen mit den „trenches" des Stellungskrieges in Frankreich hervorgerufen haben dürfte:

> We formed a stretcher party to carry down the corpses, of which some were lifted easily, others had to be scraped up piecemeal with shovels. The bearers were hardly strong enough to stand at their work: indeed, before the end, we had added the bodies of two to the heap of dead men in the pit. The trench was small for them, but so fluid was the mass that each newcomer, when tipped in, fell softly, just jellying out the edges of the pile a little with his weight. (SP 678)[178]

Mittels solcher eindrücklichen Bilder von Tod und Verderbnis, die hinter den Fassaden der verheißenen Stadt lauern, lässt Lawrence den vermeintlichen Höhepunkt der Kriegs-Queste zur Anti-Klimax werden.[179] Sich selbst präsentiert er dabei mitnichten als strahlenden Kriegshelden, sondern als ausgedienten Propheten einer toten, weil fleischgewordenen Idee; als Büßer, der die Schmutzarbeit macht, die bei einem solchen Sieg anfällt. Seine psychische und vor allem nervliche Zerrüttung werden daraufhin in seiner beinahe hysterischen Reaktion deutlich, als er – nach einem Tag grässlichster ‚Aufräumarbeiten'– von einem Major für die im Hospital herrschenden, unmenschlichen Zustände verantwortlich gemacht wird:

> At this onslaught I cackled out like a chicken, with the wild laughter of strain; it did feel extraordinarily funny to be so cursed just as I had been pluming myself on having bettered the apparently hopeless. [...] He glared at me, muttering 'Bloody brute'. I hooted out again, and he smacked me over the face and stalked off, leaving me more ashamed than angry, for in my heart I felt he was right, and that anyone who pushed through to success a rebellion of the weak against their masters must come out of it so stained in estimation that afterward nothing in the world would make him feel clean. (SP 682)

Im *Bodleian Manuscript* folgt auf diesen letzten Eindruck des Helden und den Epilog des Buches bemerkenswerter Weise das Gedicht „Failure" von Laurence Housman, das diesen ironischen Kontrapunkt des isolierten, gebrochenen Pro-

---

[178] Entsprechend seinem *Credo* der Selbsterniedrigung erteilt Lawrence nicht nur den Befehl zu dieser grauenvollen, ekelerregenden Arbeit, sondern legt auch selbst Hand an. Dies scheint indes nicht nur im Rahmen seiner Selbstbestrafung für seinen Betrug an den Araber zu geschehen, sondern laut Meyers auch als Buße gedacht zu sein für die vielen Toten, an deren gewaltsamen Sterben er direkt oder indirekt beteiligt war: „Lawrence's description of the hospital is the emotional climax of the entire book and the culmination of all the slaughter [...]. In the phantasmorgic hospital, Lawrence seemes faced with the corpse of every man he had ever killed – nauseously chromatic, putrid, swollen, burst open and 'liquescent with decay'." (1989a: 136)

[179] Den diskurstypischen Oppositionen von Wüste vs. Stadt, Spiritualität vs. Körperlichkeit, Reinheit vs. Korruption entsprechend findet Lawrence in Damaskus – wie zuvor in Deraa auf moralischer Ebene – nur Korruption, Verfall und Verwesung, die den Verrat an der Idee der arabischen Unabhängigkeit bereits metaphorisch vorwegnehmen: „[I]t is in the city, Lawrence seems to show, that we meet the extremes of corruption; or of lust; in Damascus, in Deraa. The Arab movement will be finally betrayed in the city, while in the city, as this image of the victims of war makes clear, we shall be made to face the pitiful ends of action, and the ultimate disgrace of the human body – its rotten mortality." (Henighan 1971: 58)

pheten als letzten Leseeindruck verfestigt. Es bildet den angemessenen ‚Abgesang' auf einen Helden, der sich trotz aller Erfolge als gescheitert begreift, der der Welt und allem Körperlichen entfliehen möchte und das eigene Ich, das er besser kennen lernen musste, als ihm lieb war, vergessen und nivellieren möchte:

> When you are dead, when all you could not do
> Leaves quiet the worn hands, the weary head,
> Asking not any service more of you,
> Requiting you with peace when you are dead;
>
> When, like a robe, you lay your body by,
> Unloosed at last, – how worn, and soiled, and frayed! –
> Is it not pleasant just to let it lie
> Unused and be moth-eaten in the shade?
>
> Folding earth's silence round you like a shroud,
> Will you just know that what you have is best: –
> Thus to have slipt unfamous from the crowd;
> Thus having failed and failed, to be at rest?
>
> O, having, not to know! Yet O, my Dear,
> Since to be quit of self is to be blest;
> To cheat the world, and leave no imprint here, –
> Is this not best? (1971: 76)

Doch ein solches „imprint", eine solche Spur seines Selbst, hat Lawrence, trotz seines *cheating of the world* und *quitting of self* – der Rückzug in die Anonymität des Militärdienstes – dennoch hinterlassen, nämlich seinen Reise- und Kriegsbericht, der seine dynamische Selbst-Erfahrung während einer markanten Fremd-Erfahrung dokumentiert. Diese Text-Spur zu lesen und ihr zu folgen, war das Bestreben des vorangegangenen *close reading*. In einem abschließenden Kapitel soll nun ihr spezifisches Muster systematisch betrachtet und analysiert werden.

4. Der kaleidoskopische Blick

> "White!" he sneered. "It serves as a beginning. White cloth may be dyed. The white page
> can be overwritten; and the white light can be broken."
> "In which case it is no longer white," said I.
> "And he that breaks a thing to find out what it is has left the path of wisdom"[180]

Beim detaillierten Nachvollzug seines Selbst-Entwurfs in *Seven Pillars*, samt seiner Widersprüche und Revisionen, zeigte sich beispielhaft, wie sehr Selbst- und Fremdbild einander bedingen. Es wurde deutlich erkennbar, wie sich die traumatische Zerrüttung von Lawrences Selbstverständnis in Deraa unmittelbar auf sämt-

---

[180] Auszug aus Tolkiens *The Lord of the Rings* (2007: 259); Gandalf schildert hier seine Begegnung mit Saruman, der nicht länger ‚Saruman der Weise', sondern sich von nun an – Zeichen seines Größenwahns – ‚Saruman der Vielfarbige' nennt.

liche nachfolgenden Darstellungen der Fremde niederschlug und diese grundsätzlich veränderte. Der zuvor etablierte Status der Revolte als einende, definierende Idee, ihre überhöht dargestellten, überzeichneten Akteure sowie ihre landschaftliche Kulisse – alle diese zentralen Aspekte der Fremddarstellung erfahren ab Mitte des Buches eine Modifikation und teilweise Dekonstruktion. Alte Identifikationsfiguren und Projektionsflächen werden korrigiert oder durch neue ersetzt. Bestimmte Schlüsselmerkmale und Ideale, die er mit den Arabern zu teilen meinte – wie etwa deren freiwillige Askese und Selbstkasteiung – werden umgewandelt oder insgesamt verworfen. Das Resultat ist ein völlig verändertes Bild der Fremde in der zweiten Hälfte seines Reiseberichts, das Lawrences erschüttertem Selbstbild und seinen Versuchen, dieses teilweise zu konsolidieren, Rechnung trägt.

Im Umkehrschluss bedeutet dies, dass die Fremde in *Seven Pillars* nur gebrochen im Spiegel von Lawrences Subjektivität sichtbar wird. Diese idiosynkratische, rückbezügliche Perspektive, bei welcher der Fluchtpunkt immer das eigene Ich bleibt, kommentiert er selbst im Vorwort zum *Bodleian Manuscript*: „I joined [the Arab Revolt] in high hope of sharing their tastes and manners and life: but my nature persists in seeing all things in the mirror of itself, and not with a direct eye" (Bod. MS 195).[181] Dementsprechend lässt sich ein Modus der Alteritätsverarbeitung feststellen, bei der potenziell jede Darstellung des Anderen bzw. eines ‚Außen', das nicht Lawrence ist, zum Medium der Selbstbetrachtung wird und der Illustration einer diffusen, fluiden Identität dient, die immer neue Oberflächen zur Projektion und Reflexion nutzt.[182] Diese charakteristische Neigung, die ‚innere Wüste' seiner Emotionen, Dispositionen und Ideale beständig auf seine Umwelt zu projizieren, beschreibt Deleuze sehr plastisch in seinem Aufsatz „La honte et la gloire: T.E. Lawrence":

> Il y a chez Lawrence un désert intime qui le pousse dans les déserts d'Arabie, parmi les Arabes, et qui coïncide sur beaucoup de points avec leurs perceptions et conceptions […]. C'est une *disposition subjective* infiniment secrète, qui ne se confond pas avec un caractère national ou personnel, et qui le conduit loin de son pays, sous les ruines de son moi dévasté. […] Il s'agirait plutôt d'un profond désir, d'une tendance à projeter dans les choses, dans la réalité, dans le futur et jusque dans le ciel, une image de soi-même et des autres assez intense pour qu'elle *vive sa vie propre* : image toujours reprise, rapiécée, et qui ne cesse de grandir en chemin, jusqu'à devenir fabuleuse. (1993: 147)

Im Zuge seiner Identitäts-Konstitution im Text arbeitet Lawrence demnach wie eine *Laterna magica*, eine Projektionsmaschine, welche die fragmentarisch zu-

---

[181] Vgl. auch Notopoulos: „Yet what Lawrence saw he sees in such a way that there is a radar refraction from the object seen into Lawrence's own mind. In the Arab we can see much of Lawrence's submerged self." (1964: 334) Ganz in diesem Sinne spricht auch O'Donnell von „Lawrence's constant technique of seeing only his own image" (1979: 76).

[182] Ansatzweise beschreibt dies auch Warde: „Lawrence's book […] is a medium through which the self can seek out its precise location in relation to people, objects, ideas. Through *Seven Pillars*, one discovers Lawrence; or rather, one discovers the fragmented selves that together form a whole personality." (1987: 232)

sammengeflickte, sich beständig verändernde Vision seiner Selbst in seine Umwelt wirft, bis diese ein Eigenleben entwickelt – und letztlich seiner Kontrolle entgleitet. Dabei drängt sich der Verdacht auf, dass dieser omnipräsenten Selbstprojektion im Text eine höhere Geltung eingeräumt wird als dem Medium, das ihr Form verleiht: die zwar beleuchtete, aber dabei überblendete Fremde. Es ließe sich somit mit Said fragen, wie viel Alterität im Text überhaupt zugelassen und inwieweit dem Fremden eine eigenständige Existenz zugestanden wird. Gehört *Seven Pillars* letztlich doch zu jenen Reiseberichten, in denen sich „das Andere im Eigenen völlig auflöst", weil „der Reisende das Andere so mit seinen Stimmungen zudeckt, dass er sich immer nur selbst begegnet"? (Bode 2009: 10f.)

Ein völliges Zudecken des Fremden, so dass dieses komplett unsichtbar wird, scheint indes nicht stattzufinden. Zwar lässt sich Lawrence aufgrund seines Modus der durch Selbstdarstellung überlagerten Fremddarstellung mit einem Projektor vergleichen, der das Andere als Leinwand zum Sichtbarmachen des Eigenen nutzt. Diese Leinwand ist jedoch nie völlig weiß und die auf sie projizierten Bilder nie völlig deckend – die besondere *Beschaffenheit* der Projektionsflächen wird stets miteinbezogen.

Dementsprechend lässt sich Lawrences Verarbeitung von Alterität eher mit dem Blick durch ein farbloses Kaleidoskop vergleichen: Während die Farbeindrücke (notwendigerweise) von außen vorgegeben werden – im übertragenen Sinne etwa die unter den Beduinen herrschende Armut, die imposante Erscheinung des Wadi Rumm, die Begeisterung der Araber für den Unabhängigkeitskampf – wird die Anordnung dieser Impressionen anhand eines bestimmten semantischen Musters der farblosen Teilchen bzw. der inneren Verspiegelung des Kaleidoskops bestimmt: Armut wird so zur selbstgewählten Askese, das Wadi Rumm zum Symbol der Prädestination und des Strebens, die schlichte Kampfeslust der Rebellen zur spirituellen Hingabe und freiwilligen Selbstopferung. In diesen Deutungsmustern konstituiert sich indirekt Lawrences diskursive Identität. Sie repräsentieren seine individuelle Disposition, seine Ideale, Motive und Überzeugungen.[183]

Als erfahrendes und beschreibendes Subjekt entspricht er somit keiner bloßen Projektionsmaschine, die – unberührt von der jeweiligen Projektionsfläche – vorgefertigte, eingefärbte (Selbst-)Bilder über das Geschaute blendet. Er benötigt zunächst das Andere in seiner spezifischen Beschaffenheit – dessen Farbe und Kontur – und gelangt dann, anhand der Formung dieses Rohmaterials zu einem

---

[183] Das zeigt sich besonders deutlich in der bereits zitierten Textstelle nach dem Sieg von Akaba, als Lawrence die Ruhe nach dem Sturm bzw. die Erschöpfung seiner Männer im Licht der eigenen charakteristischen Depressionen nach einem tatsächlichen Erfolg schildert. Dabei thematisiert er diese Überlagerung der eigenen Ideen über das tatsächliche Geschehen sogar explizit: „In the blank light of victory we could scarcely identify ourselves. […] Especially for me was it hard, because though my sight was sharp, I never saw men's features: always I peered beyond, imagining for myself a spirit-reality of this or that: and to-day each man owned his desire so utterly that he was fulfilled in it, and became meaningless." (SP 322)

kohärenten Abbild seines Selbst *im* Andern bzw. im Zusammenspiel *mit* ihm. Das genuin Eigene, das dabei Lawrence zuzuschreiben ist, ist also nicht so sehr das Was, als das Wie – sein idiosynkratischer Modus des Spiegelns und das individuelle, symmetrische Arrangement der Teilchen:[184] eine Identität, die sich als Strukturprinzip der Fremddarstellung einschreibt.

Nun funktioniert bei einem Kaleidoskop diese modifizierende An- bzw. Umordnung des Geschauten allein aufgrund einer optischen Täuschung, die auf der inneren Leere des verspiegelten ‚Guckrohrs‘ basiert. Genau so verhält es sich bei Lawrence. Auch er operiert mit einem solchen Modus des Spiegelns, der ein Anderes hereinholen muss in den Hohlraum seines farblosen, ‚unsichtbaren‘ Selbst, es dort bricht und umstrukturiert, um sich selbst Form zu verleihen. Diese Leere bzw. ‚innere Verspiegelung‘ in Lawrences Wesen, dank der er temporär alles sein und darstellen kann, aber nichts dauerhaft *ist*, stellt auch Deleuze in gewisser Hinsicht fest. Für ihn ist Lawrence ein Mann

> [...] qui ne se définit ni par rapport au réel ou à l'action, ni par rapport à l'imaginaire ou aux rêves, mais *seulement par la force avec laquelle il projette dans le réel les images* qu'il a su arracher à lui-même et à ses amis arabes. [...] Et l'image qu'il tire de soi-même n'est pas une image menteuse, parce qu'elle n'a pas à répondre ou non à une réalité préexistante. Il s'agit de fabriquer du réel et non d'y répondre. Comme dit Genet à propos de ce genre de projection, *derrière l'image il n'y a rien, une « absence d'être », un vide qui se témoigne d'un moi dissous.* (Deleuze 1993: 147ff.; Herv. KP)

Es handelt sich bei Lawrences Selbst-Konstitution in *Seven Pillars* demnach nicht um das bloße *Ab*bilden einer bestehenden Realität, sondern vielmehr um die beständige Produktion von etwas, das sich für sich genommen nicht abbilden lässt, da es als bloßes Muster und Ordnungsprinzip ‚unsichtbar‘ und farblos ist, sofern es kein Anderes hat, das es formen kann. Der Vergleich mit einem Projektor ist folglich zu kurz gegriffen, um den Vorgang, der für das Sichtbarmachen einer solchen ‚Abwesenheit des Seins‘ nötig ist, zu beschreiben. Der dialogische Prozess zwischen innen und außen, fremd und eigen, lässt sich präziser mit dem Bild des farblosen Kaleidoskops fassen.

Dabei verdankte Lawrence ausgerechnet dieser wesenhaften ‚Farblosigkeit‘, die ein Anderes notwendig macht, um sich selbst zu sehen, seine nützliche Gabe, sich einem Gegenüber jedweder *Couleur* anzupassen. Er wurde dementsprechend häufig mit einem Chamäleon verglichen.[185] Bleibt man nun in der Bildlichkeit

---

[184] „On va des images aux entités. Telle est donc, en dernière instance, la disposition subjective de Lawrence : ce monde d'entités qui passent dans le désert, qui *doublent les images*, se mêlent aux images et leur donnent une dimension visionnaire. [...] Au plus profond de la subjectivité, il n'y a pas de moi, mais une composition singulière, une idiosyncrasie, un chiffre secret comme la chance unique que ces entités-là aient été retenues, voulues, cette combinaison-là, tirée : celle-là et pas une autre. C'est elle qui s'appelle Lawrence." (Deleuze 1993: 150)

[185] Vgl. z.B. Orlans: „Lacking strong feelings of his own, he more readily sensed the feelings of others. He was a chameleon who could assume a friend's mood and thought. He him-

von Farbeindrücken und Projektion, so ist es in dieser Hinsicht auch bezeichnend, dass sich Lawrence inmitten seines ‚Tulpengartens‘[186] bunt gekleideter Araber stets in weiß kleidete. Seine weißen Gewänder, die, wie bereits erwähnt, primär als Insignien der Macht und persönlichen Hingabe fungierten, erhalten im Rahmen dieser Licht- und Farbmetaphorik eine weitere semantische Dimension. Nicht zuletzt vereint weißes Licht trotz seiner vermeintlichen Farblosigkeit alle Farben in seinem Spektrum. Es hat keine Farbe und zugleich alle.[187] Oder anders formuliert: Es kann auf jede beliebige Farbe heruntergebrochen werden, doch benötigt es dafür ein Gegenüber, ein Prisma, das dies aus ihm herausholt.

Das Andere wird in *Seven Pillars* folglich dazu instrumentalisiert, das Selbst in seiner Performanz als Spiegel und Ordnungsprinzip sichtbar zu machen. Durch diesen gefilterten Blick bzw. diese Projektion eigener Muster und Konzepte findet unausweichlich eine gewisse Überzeichnung und Formung des Fremden statt. Andererseits kann die Projektionsrichtung auch verkehrt werden, sprich, die Farben können mitunter auch von außen auf das Innere abfärben oder noch stärker: inkommensurable Strukturprinzipien von außen können das eigene Muster (zer)stören und somit das (wenige, diffuse) Eigene, was Lawrence von sich selbst mit ins Spiel bringt, dauerhaft verändern.

Diese potenzielle Möglichkeit der Projektionsumkehrung bzw. des Abfärbens der Fremde auf das eigene Selbst, etwa im Sinne eines Identitätsverlusts durch kulturelle Assimilation, beschreibt Lawrence in einem Brief, den er gen Ende der Revolte verfasst:

> Probably I'm *only a sensitised film, turned black or white by the objects projected on me*: and if so what hope is there that next week or year, or tomorrow, can be prepared for today? [...] You want apparently some vivid colouring of an Arab costume, or of a flying Turk, and we have it all, for that is part of the mise en scene of the successful raider, and hitherto I am that. My bodyguard of fifty Arab tribesmen, picked rioters from the young men of the deserts, are more splendid than a tulip-garden, and we ride like lunatics and with our Beduins pounce on unsuspecting Turks and destroy them in heaps: and it is all very gory and nasty after we close grips. [...] Disguises, and prices on one's head, and fancy exploits are all part of the pose: how to reconcile it with the Oxford pose I know not. (Brief an V. W. Richards, 15. Juli 1918; Lawrence 1991: 150f.; Herv. KP)

---

self used the word. Trenchard called him 'a chameleon [who] took on quite honestly the colors of his surroundings'.“ (2002: 192)

[186] „Fellows were very proud of being in my bodyguard, which developed a professionalism almost flamboyant. They dressed like a bed of tulips, in every colour but white; for that was my constant wear, and they did not wish to seem to presume.“ (SP 475)

[187] Diese innere Leere und farblose Vielfarbigkeit bringt der ehemalige Schulrektor von Eric Kennington, den dieser in seinem Beitrag in *T.E. Lawrence by His Friends* zitiert, auf ähnliche Weise auf den Punkt, indem er über Lawrence sagt: „The writer is infinitely the greatest man I have known, but he is terribly wrong. He is not himself. He has found an I but it is not his true I, so I tremble to think of what may happen. He is never alive in what he does. There is no exchange. He is only a pipe through which life flows. He seems to have been a very good pipe, but to live truly one must be more than that. He has told you his colour is black. *It would be so, for all colours melt into black.*“ (Lawrence 1937: 272; Herv. KP)

In einem äußerst passenden Vergleich beschreibt Lawrence hier die eigene Prägung durch die Fremde. Die Eindrücke von außen schreiben sich seinem Wesen ein wie in einem belichteten Photofilm und je nach Situation und Gegenüber verfärbt es ihn hell oder dunkel. Dieses jahrelange ‚Belichtetwerden‘ durch die Fremde hinterlässt dabei auch dauerhafte Spuren und so wird die Pose mit der Zeit Teil des eigenen Wesens, das sich mit dem ‚alten‘ Selbst nicht mehr vereinbaren lässt. Die Fremde hat sich ihm einge*prägt* – ein Risiko bei einer so außergewöhnlichen Anpassungsfähigkeit.

Doch, wie bereits ausgeführt, ist es nicht primär die kulturelle Selbst-Entfremdung Lawrences, die seine Identitätskrise auslöste und seinen Blick auf sich selbst und die Fremde maßgeblich veränderte. Es ist vielmehr seine ganz besondere Fremd- und Selbsterfahrung in Deraa, die ihn nicht nur ‚einfärbt‘, sondern – um erneut mit dem Bild des Kaleidoskops zu sprechen – die Spiegel in seinem Inneren zum Zerspringen bringt, so dass die Anordnung der Teilchen nie wieder so ist, wie zuvor. Dawson beschreibt ebendiese Auswirkungen von Deraa in seiner Monographie *Soldier Heroes* (1994) auf ganz zutreffende Weise:

> The episode [of Deraa] is pivotal in the book as a figure for risk gone wrong, envisaging the encounter with otherness in wartime conditions as being not only deeply threatening, but ultimately crippling to both physical and psychic coherence. […] Deraa *literally* '*shattered*' *him*, leaving him exposed to self-persecution and destructive self-punishment from chivalric ideals of purity to which he no longer feels able to aspire. (199; Herv. KP)

In Deraa wird nicht nur Lawrences Willen gebrochen, sondern die dort verursachte Identitätskrise zerbricht auch die Spiegel seines kaleidoskopischen Selbst-Projektors. Als Resultat zeigen sich neue, unregelmäßige Darstellungsmuster, die sein neues, inkohärentes Selbst- und Weltverständnis in all seiner Gebrochenheit zum Ausdruck bringen. Die Farbkonturen und somit die Themen bleiben zwar dieselben – die Revolte und ihre Akteure, die Idee von Selbstopferung und Askese, der spirituelle Raum der Wüste etc. – deren Wertung und Gewichtung verändern sich jedoch, indem die Elemente in neue, teilweise asymmetrische Arrangements (zer)fallen.

Dabei ist bezeichnend, dass es ausgerechnet die Türken sind, die diesen Bruch in ihm hervorrufen – diejenigen Fremden, die von Lawrence als einzige nicht als identifikatorische Projektionsfläche genutzt und assimiliert werden, sondern höchstens als Negativfolie fungieren.[188] Als parasitäre, tyrannische Imperialmacht verkörpern sie den Gegenentwurf zur benevolenten Großmacht England und entsprechen dem gesamten orientalistischen Negativ-Katalog: Sie sind korrupt, verschlagen, verweichlicht, grausam, dumm und feige. (vgl. SP 42, 94f., 105) Sie ver-

---

[188] „Significantly, those who torture Lawrence are Turks rather than Arabs, which means that they stand not only outside the national entity with which the narrator of *Seven Pillars* has consistently identified himself, but in binary opposition to it. The figure occupying the sadistic position in this structuring fantasy remain, in other words, unassimilable, Lawrence cannot 'become' them." (Silverman 1989: 41)

körpern das Abjekte für Lawrence, den Part der Fremde, an dem er sich allein da-hingehend abarbeitet, indem er ihn strikt von sich weist. Die übliche spiegelnde (Selbst-)Projektion oder gar Assimilation findet zu keinem Zeitpunkt statt.

Demgemäß unternimmt er in seiner Darstellung der Ereignisse in Deraa, als der Bey zunächst versucht, ihn ‚im Guten' zu den erwünschten homosexuellen Praktiken zu bewegen, eine ganz klare oppositionelle Unterscheidung zwischen der ‚siechen' Homosexualität in der türkischen Armee und der ‚spirituellen' un-ter den Arabern:

> He began to fawn on me, saying how white and fresh I was, how fine my hands and feet, and how he would let me off drills and duties, make me his orderly, even pay me wages, if I would love him. Incidents like these made the thought of military service in the Turkish army a living death for wholesome Arab peasants, and the consequences pursued the miserable victims all their after-life, in revolting forms of sexual disease. (SP Ox. 497)

Diese Form der Homosexualität ist ganz eindeutig keine ‚spirituell' geprägte wie die zuvor beschriebene der Araber, die der seelischen Vereinigung im arabischen Freiheitskampf die körperliche hinzufügt. (vgl. SP 28) Hier geht es um verdorbe-ne, widernatürliche Perversion, die jeden anständigen Araber – und somit auch Lawrence – krank machen muss und für immer zeichnet. Umso verstörender ist es, dass es ausgerechnet die Türken sind, die ihm hier den Spiegel vorhalten, so dass er in diesem absolut Anderen Aspekte des Eigenen (wieder)erkennen muss. Denn er ist das masochistische Komplementärstück zu seinen sadistischen Schergen und verspürt – wie sie – sexuelle Erregung angesichts von körperlicher Misshandlung und Schmerzen. Nach Deraa kann er diese Aspekte seines Ichs, Fleischeslust und pervertierte Sexualität, die er bis dahin im Text vor allem den Türken zuwies, nicht länger abjekt machen und einfach zum identifikatorischen Gegenpol, zu den Arabern mit ihrem spiritualisierten Masochismus (und Homo-sexualität), *zurückkehren*. Die alte Ordnung funktioniert nicht mehr, der Spiegel hat einen Sprung bekommen.

Auch die Wirkrichtung im Zusammenspiel von ‚fremd' und ‚eigen' ist hier ei-ne andere. Dieses eine Mal passt nicht Lawrence das Andere an seine Vorstellun-gen und Neigungen an und überlagert es damit, sondern es läuft umgekehrt: Die Fremde überlagert bzw. überwältigt ihn, zwängt ihm eine Selbst-Erfahrung und eine fremde Ordnung auf, die sich als überraschend kommensurabel mit seinem verborgenen, innersten Neigungen erweist – ein unfreiwilliges, forciertes Freile-gen des absolut Fremden im Eigenen, an dem Lawrences Selbstbild zerbricht.

Die zwischen Fremd und Eigen stattfindende Projektion bzw. Belichtung ist also letztlich eine gegenseitige. So sehr Lawrence seine eigenen Träume, Ideale und Selbstbilder auf Andere projiziert, so sehr wird er auch davon verändert.[189]

---

[189] Vgl. auch Tabachnick: „In the end, Lawrence is as much manipulated by Arab society as he manipulates individual Arabs: hence his feeling of having 'prostituted' himself." (1997: 81f.)

Er unterwirft sich das Andere zwar, wird im Gegenzug aber auch von ihm unterworfen und (neu) geprägt.

Nun ließe sich fragen, ob Lawrence in seinem identifikatorischen Zusammenspiel mit der Fremde nicht die „entgegengesetzte Haltung" einnimmt, die es mit sich bringt, „sich dem Anderen zu öffnen, sich zu riskieren, sich aufs Spiel zu setzen" (Bode 2009: 14). Eine Haltung, die laut Bode für den Reisenden „den größten Gewinn solcher Begegnungen bringt: am radikal Anderen erst zu erfahren, wer eigentlich er selbst ist" (ibid.). Dass Lawrence sich in seinen jahrelangen Assimilationsbemühungen und vor allem durch seine Technik, sich selbst mittels des Anderen zu sehen und zu definieren, ein Stück weit riskierte und verlor, hat das vorangegangene *close reading* deutlich gezeigt. Doch in seinem Fall führte ausgerechnet der Gewinn, nämlich die erlangte Selbsterkenntnis, zum schlussendlichen Verlust des Einsatzes und somit zur Identitätskrise.[190] Was bleibt, ist das facettenhafte, brüchige Bild eines in sich zerrissenen, ja, beinahe schizophrenen Helden, der beim frenetischen Versuch, das eigene Ich zu fassen und in Lettern zu fixieren, einen Text geschaffen hat, der ebenso polyvalent, widersprüchlich, undefinierbar und letztlich faszinierend ist, wie er selbst. Damit ist ihm gelungen, was er stets angestrebt hatte: „self-expression in some imaginative form" (SP 565) – jedoch auf andere Weise, wie ursprünglich beabsichtigt. Statt eines modernen Epos über Entstehung und Verlauf der Arabischen Revolte hat er einen *höchst* subjektiven Kriegs- und Reisebericht verfasst, der vor allem von einer Reise durch Lawrences Seelen- und Ideenwelt zeugt und seinem primären Beschreibungsobjekt – der Identität des Autors – in seiner Heterogenität und disharmonischen Vielstimmigkeit auf besondere Art gerecht wird:

> Always feelings and illusions were at war within me, reason strong enough to win, but not strong enough to annihilate the vanquished [...]. My brain was sudden and silent as a wild cat, my senses like mud clogging its feet, and my self (conscious always of itself and its shyness) telling the beast it was bad form to spring and vulgar to feed upon the kill. So meshed in nerves and hesitation, it could not be a thing to be afraid of; yet it was a real beast, and this book its mangy skin, dried, stuffed and set up squarely for men to stare at. (SP 581)

Dieses ‚räudige Fell', dieses Textmonument, das Lawrence als Spur seines Selbst der Nachwelt hinterlässt, ist gerade wegen dieser abgerungenen Zerrissenheit so angemessen. Vor allem in seiner Performanz prozesshafter, diskursiver Verarbeitung von Alterität im Zuge der eigenen Identitäts-Konstruktion drückt der Text Lawrences ‚unsichtbares Selbst' und dessen variable, instabile diskursive Konfi-

---

[190] „[H]is devotion to the higher cause of a 'holy war' enabled him to define his identity. But for Lawrence, this self-discovery was destructive rather than enlightening. He gradually realized his transformation from a man who once had valued each human life and had given himself in the service of freedom, to one who had been caught up in a repellent and fascinating slaughter and had lost his idealism. When he was beaten and raped in Deraa this insight, horrible enough in itself, deepened into the realization that he could get sexual pleasure from physical pain." (Meyers 1989a: 132)

gurationen besser aus, als es jede kohärente, statische Darstellung von ‚fremd‘ und ‚eigen‘ könnte: *Seven Pillars* als Spur und Zeichen einer Identität, die erst anhand des Verarbeitungs*prozesses* von Alterität greifbar wird.

Im Rahmen dieser Funktionalisierung ließe sich das Andere als Medium begreifen, welches das Subjekt Lawrence nutzt, um darin einen Abdruck zu hinterlassen und seiner Identität Form zu verleihen. Dieses Zusammenspiel könnte man als Verhältnis von ‚Medium‘ und ‚Form‘ beschreiben, wie es der Systemtheoretiker Niklas Luhmann definiert. (vgl. Luhmann 1997: 190-201) Demzufolge besteht ein Medium aus lose gekoppelten Elementen, die strikt gekoppelt bzw. kombiniert werden, wenn sich ihm eine konkrete Form einprägt.[191] Um mit dem beliebten Beispiel des Fußabdrucks im Sand zu sprechen,[192] bedeutet dies, dass das mediale Substrat des Sandes die losen Elemente bereitstellt, die durch den Abdruck des Fußes bestimmte, strukturelle Koppelungen eingehen und temporär fixiert werden. Der Fuß drückt sich als Form im Medium des Sandes ab. Übertragen auf *Seven Pillars* würde dies bedeuten, dass die an sich lose gekoppelten Elemente der Fremdeindrücke und -erfahrungen in ihrer (Re-)Konstruktion im Text dazu genutzt würden, der Persönlichkeit von Lawrence Form zu verleihen, indem sich diese in den ursprünglichen Fremd*ein*drücken *ab*drückt. Die so sichtbar gemachte, realisierte Identität ist eine temporäre und fluide, was ebenfalls ganz Luhmann entspräche, der Form nicht als zeitresistent begreift, sondern als instabile flüchtige Konkretisierung der Kombinationsmöglichkeiten, die ein Medium bereithält.[193]

Dessen ungeachtet ist es letztlich zu kurz gegriffen, das Verhältnis von Alterität und Identität in *Seven Pillars* schlicht mit dem Verhältnis von Medium und Form analog zu setzen. Denn Luhmann betrachtet das Medium als *invarianten*, zeitbeständigen und unverbrauchbaren Vorrat an Elementen, der trotz der losen Koppelung seiner Elemente über hinreichend *Stabilität* verfügt, dass er einen Abdruck tragen und somit Sinn produzieren bzw. prozessieren kann.[194] Doch wie die vorhergehende Lektüre zeigte, ist das im Text konstruierte Andere mindestens ebenso labil und fluide wie das Eigene, das anhand seiner konfiguriert wird, und kann insofern keinen *beständigen* Abdruck tragen. Diese mangelnde In-

---

[191] „Medien bestehen aus Elementen bzw., in der Zeitdimension, aus Ereignissen, aber diese Elemente sind nur sehr lose verknüpft. […] Form entsteht dagegen durch Verdichtung von Abhängigkeitsverhältnissen zwischen Elementen, also durch Selektion aus Möglichkeiten, die ein Medium bietet.“ (Luhmann 2008: 124f.)
„Ein Medium besteht in lose gekoppelten Elementen, eine Form fügt dieselben Elemente dagegen zu strikter Koppelung zusammen.“ (Luhmann 1997: 198)

[192] Luhmann verwendet es selbst, um auf die Vergänglichkeit von Formen hinzuweisen, wenn er betont: „Sand kann eine Weile Spuren halten, Wasser kann sich zur Welle ballen.“ (Luhmann und Fuchs 1989:160)

[193] „Koppelung ist ein Begriff, der Zeit impliziert. Man müßte von Koppeln und Entkoppeln sprechen – von einer nur momentanen Integration, die Form gibt, sich aber wieder auflösen läßt. Das Medium wird gebunden – und wird freigegeben.“ (Luhmann 1997: 199)

[194] „Medien sind invariant, Formen variabel.“ (Luhmann 1995: 209)

varianz ist dabei nur konsequent, ist doch der in *Seven Pillars* entworfene Orient ebenfalls nur diskursives Konstrukt des Subjekts Lawrence und – solchermaßen bedingt – als Medium ebenso wechselhaft und flüchtig wie sein Formgeber.

Dadurch mangelt es auch an der „Differenz von Medium und Form als *Differenz*"[195], wie sie Luhmann als essenziell erachtet. Ein Medium kann nur in *Differenz zu einer Form* Medium sein – und umgekehrt.[196] Ohne nun ausführlich auf Luhmanns systemtheoretische Definition von Differenz und Unterscheidung eingehen zu müssen,[197] bedeutet *Differenz* in diesem spezifischen Kontext schlicht, dass etwas nicht identisch bzw. voneinander getrennt ist und unterschieden werden kann. Doch das so Besondere an Lawrences Reisebericht ist ja gerade, dass sein (formgebender) Selbstentwurf und die (zu formende) Fremde *ununterscheidbar* miteinander *vermischt* sind, da sie sich als Konstrukte derselben Herkunft gegenseitig bedingen und konstituieren: Der im Text entworfene Orient kann als Konfiguration von Lawrences Subjektivität gelesen werden – doch ebenso gut ließe sich Lawrences Selbstentwurf bisweilen als Konfiguration der diskursiv verarbeiteten Fremde begreifen. Medium und Form, Subjekt und Objekt sind somit ununterscheidbar in einem dialektischen Konstitutionsprozess ohne Nullpunkt, ohne Anfang und Ende.

Genau diese prozesshafte, wechselseitige Hervorbringung spiegelt auch der Text wider, indem er das Verhältnis von Identität und Alterität eben nicht nur als einseitige Prägung des invarianten Mediums und Objekts ‚Fremde' durch die veränderliche(n) Form(en) des reisenden Subjekts ausstellt, sondern vielmehr als *reziproke* Formung zweier unabgeschlossener, labiler Konstrukte mit nachvollzieht. Als Textspur dieses idiosynkratischen Spiegelungsvorganges doppelt *Seven Pillars* Lawrences diskursive Produktion von Selbst und Anderem: ein Spiegel im Spiegel.

---

[195] „Die lose Koppelung und leichte Trennbarkeit der Elemente des Mediums erklärt, daß man nicht das Medium selbst wahrnimmt, sondern die Form, die die Elemente des Mediums koordiniert. [...] Die Zurechnung wird durch die Koordination der Elemente gerichtet, während das Medium selbst zu diffus ist, um Aufmerksamkeit zu finden. Es gibt seine Elemente für Koordination durch Form frei. [...] Im Bereich der Formen, und insofern bleibt die Unterscheidung relativ, kann es wiederum mehr oder weniger strikte Kopplungen geben, also eine Dimension, die von hoher Elastizität bis zu Rigidität reicht. [...] Trotz aller Relativierungen bleibt jedoch die Differenz von Medium und Form als *Differenz* ausschlaggebend." (Luhmann 2008: 125).

[196] „Ohne Medium keine Form und ohne Form kein Medium, und in der Zeit ist es möglich, diese Differenz ständig zu reproduzieren." (Luhmann 1997: 199) Zudem ist ‚Form' laut Luhmann vor allem als „Markierung einer Unterscheidung" (198) zu verstehen und somit nicht als Gestalt des formgebenden Objektes, sondern als Unterscheidung des Objektes zu seiner Umgebung, zu seinem Medium.

[197] Siehe hierfür Luhmanns wegweisende Monographie *Soziale Systeme* (1984) sowie den Eintrag „Differenz/Differenzierung" im neu erschienenen *Luhmann Handbuch* (2012), herausgegeben von Oliver Jahraus und Armin Nassehi.

V. Abschließende Bemerkungen

Bei einer abschließenden Betrachtung soll es nun nicht darum gehen, bei möglichst hoher Abstraktion den kleinsten gemeinsamen Nenner zu finden. Die verschiedenen Einzeluntersuchungen haben ja vielmehr gezeigt, wie individuell die einzelnen Reiseberichte hinsichtlich des hier fokussierten Aspektes – der spezifischen diskursiven Verarbeitung von Fremd-Erfahrung – funktionieren und auf welch unterschiedliche Weise sie die diversen ästhetischen, stilistischen wie diskursiven Möglichkeiten, die der Reiseliteratur seit dem 18. Jahrhundert im Hinblick auf Perspektive, Selbstentwurf und Fremdbild offen standen, realisieren. Dementsprechend ging es bei dieser Untersuchung von vornherein um ein Nachzeichnen und Freilegen individueller Textverfahren, die nicht zugunsten einer Epochen- oder Kanonbildung in ihrer Komplexität reduziert und verallgemeinert werden sollen, sondern als individuelle Muster diskursiver Identitäts- und Alteritäts-Konstruktion die Heterogenität der Orient-Reiseliteratur – als Gattung wie als Diskurs verstanden – veranschaulichen.

Eine bloße Einbettung der Ergebnisse in die englische Kultur- und Literaturgeschichte würde die gewonnenen Erkenntnisse der vorangegangenen Textanalysen einebnen, ohne ihren gattungs- und diskursspezifischen Implikationen Rechnung zu tragen. Im Zuge dessen ließe sich lediglich feststellen, dass Doughty mit seinem rigiden, unverrückbaren Selbstentwurf größtenteils mit dem Viktorianischen Zeitgeist konform geht, Bell als weibliche Reisende um die Jahrhundertwende einen wiederum entsprechend hybriden und progressiven *Schwellen*text verfasst und Lawrence als typischer Autor der Moderne ein enigmatisches *Waste Land* seines Seelenlebens präsentiert. Doch in dieser Studie ging es vorrangig darum, zu untersuchen, wie in reiseliterarischen Texten kulturelle, diskursive Identität gegenüber einem Anderen konkret entworfen, inszeniert und funktionalisiert wird. Daher soll im Folgenden keine Zusammenfassung der Einzelanalysen erfolgen, sondern rekapituliert werden, wie hierfür Subjekt und Objekt miteinander ins Spiel gebracht wurden und welche diskursive Strategie und Logik dieser Operation jeweils zugrunde lag.

Wie sich zeigte, entspricht Doughtys 1888 erschiener Reisebericht mit seinem Verfahren diskursiver Konstruktion von Identität anhand binärer Gegensätze, die eindeutig substantialistisch definiert sind, nicht den zeittypischen Entwicklungen in (Reise-)Literatur und Philosophie. Dort wurde nämlich insbesondere seit der Schwellenzeit um 1800

> die Konstruktion von Identität über binäre Oppositionen (wie etwa Ich und Nicht-Ich, das Eigene und das Andere, Frau und Mann als biologisch definierte Opposition, ,Nation' als Ergebnis des Ausschlusses von Alterität, Okzident versus Orient usw.) zunehmend überführt [...] in einen Prozess differentiell-diskursiver Konstruktionen von Iden-

tität, bei denen die ursprünglich gesetzten Gegensätze dialektisch miteinander ins Spiel gebracht werden. (Bode 2008: 7)

Ein solches dynamisches Spiel mit althergebrachten Dichotomien ließ sich in *Arabia Deserta* nicht feststellen. Vielmehr wird dort nach wie vor mit starren Oppositionen wie West/Ost, Christ/Muslim, männlich/weiblich, britische Tugenden/orientalische Laster etc. gearbeitet, die meist ganz den Konventionen des Orient-Diskurses entsprechen. Sie sind dem Text geradezu unverrückbar unterlegt und werden, selbst wenn das Erlebte diesem Systembetrieb widerspricht, nicht modifiziert oder angepasst. Fernerhin zeigte sich, dass es sich – aller suggerierten Unmittelbarkeit des Beschreibens zum Trotz – bei vielen Instanzen vermeintlich objektiver Alteritätsdarstellung um Projektionen subjektiver Vorurteile und Befindlichkeiten handelt, die diese grundlegende Binarität der Weltwahrnehmung nicht auflösen oder gar in Frage stellen, sondern letztlich immer wieder affirmieren. Selbst in Momenten individuellen Erlebens, die das Nicht-Zutreffen dieser Parameter vorführen, erfährt diese Bewertungslogik keine Korrekturen.

Die Rigidität dieser binären Systematik treibt entsprechend paradoxe Blüten, allen voran die des ‚agnostischen Bekenners‘, die Doughtys *persona* Khalîl als offensichtliche Konstruktion und kulturelle *as-if*-Identifikation entlarvt. Doch im Rahmen eines solcherart über Entweder-oder-Entscheidungen definierten Selbstverständnisses kann der Reisende nur als Christ in Erscheinung treten, möchte er sich von den fanatischen Muslimen unterscheiden und den Attributen der eigenen, schablonenartigen Identität gerecht werden. Die absoluten Oppositionen Ich/Nicht-Ich, Abendland/Morgenland, Engländer/Orientale, Christ/Muslim, Bibel/Koran lassen nichts anderes zu.

Diese insgesamt recht konservativen Denk- und Darstellungsmuster, die in *Arabia Deserta* zum Tragen kommen, sind dabei Ausdruck einer grundsätzlichen Rückwärtsgewandtheit des Autors, die nicht allenthalben als negativ und rückständig bewertet sein will. Denn in ihrer sprachkünstlerischen Ausprägung macht ausgerechnet sie den besonderen Reiz dieses Werkes aus, das bis heute als vielzitierter Referenztext in jeder Anthologie britischer Reiseliteratur Erwähnung findet. Gerade die Altertümlichkeit der arabisierten Prosa Doughtys bringt die Faszination des archaisch anmutenden Nomadenlebens in der arabischen Wüste auf unvergleichliche Weise zum Ausdruck, wie es Leonard Woolf in seiner Rezension der Neuauflage von 1921 auf den Punkt bringt:

> The highest triumph of the writer is to evolve a style which is exactly fitted to express the subject matter of his book. Writers who achieve this often suffer the penalty of having evolved a style which is unfit for any other purposes. Their fame inevitably rests upon a single solitary book, but at least it is a great book. Mr. Doughty belongs to this select and austere company. Mr. Doughty's style is not the man, Mr. Doughty, but the place, the subject of his book – *Arabia Deserta*. He is painting upon an immense canvas, and gradually his words and the strange, slow rhythms of his sentences weave themselves into a gigantic pattern, Arabia Deserta and the intricate slow wanderings of the Arab and Mr. Doughty over its sands. (1923: 155)

Dieser so eigentümliche wie angemessene Stil ließ sich als besondere Form *linguistischer* Verarbeitung von Alterität lesen, die nicht nur Elemente der Fremdsprache des bereisten Raums, sondern auch die eigene Sprachvergangenheit mit ins Spiel bringt. Das entspricht einerseits ganz dem Topos der Reiseliteratur, gegenwärtige Fremdräume in der (eigenen) Vergangenheit zu verorten. Andererseits potenziert diese Vermischung des kulturell Anderen mit dem fremd-gewordenen, vergangenen Eigenen den spezifischen Verfremdungseffekt und bewirkt in einer paradoxen Bewegung heranholender Distanzierung jeweils beides: Verfremdung und Vereinnahmung, Entrückung und Annäherung, Exotisierung und Domestikation. Dieser Sprachgebrauch lässt ich als Signatur von Doughtys Reiseberichts begreifen, der von einem seltsam *distanzierten* und zugleich anhand *vertrauter* Vorgaben geformten Reisehelden handelt, der eine in Zeit und Raum *entrückte* Fremde bereist, die zugleich als Teil der *eigenen*, bekannten (Heils-)Geschichte markiert wird: *Le style c'est la mode même.*

Während also in *Arabia Deserta* Identität- und Alteritätskonstitution anhand von Grenzziehungen, Setzungen und eindeutigen essentialistischen Zuschreibungen geleistet wird, zeigte sich, dass Gertrude Bells *The Desert and the Sown* ganz anders vorgeht. Hybridität ist *das* Merkmal dieses Reiseberichts, was sich metaphorisch bereits im Titel ankündigt: Jener „strip of herbage strown that just divides the desert from the sown" (DS 23) bezeichnet ja nicht etwa eine binäre Opposition, sondern jenen Streifen zwischen Wüste und Ausgesätem, in dem sich Gräser und Unkraut finden, einen Streifen also, der, da nicht kultiviert, zwar nicht dem Kulturraum angehört, aber auch nicht, da bewachsen, der reinen Wildnis. Dieses Bild darf als *master trope* des Texts verstanden werden. Denn wo es bei Doughty nur ‚Entweder-Oder' gab, links oder rechts, gut oder schlecht, männlich oder weiblich, spielt Bells Reisebericht stets das ‚Niemandsland' zwischen solchen Gegenpolen für sich aus und verwandelt somit potenzielle Grenzlinien in Freiräume. Wie das vorangegangene *close reading* zeigte, bewegt sich der Text beständig zwischen wissenschaftlich-objektivem und amateurhaft-subjektivem Diskurs sowie männlichem und weiblichem Schreiben, was eine entsprechend hybride Selbstinszenierung als Reisende und Autorin nach sich zieht. Zwar reisten Frauen zu jener Zeit grundsätzlich als hybride Wesen, da sie in der Fremde als Männer „honoris causa" (Habinger 2006: 102) hinsichtlich ihres natürlichen Geschlechts Frauen, hinsichtlich ihres sozialen Geschlechts Männer darstellten. In *The Desert and the Sown* ist diese heterogene Identität jedoch lediglich *eine* Ausprägung der grundlegenden Hybridität des Textes, die auf allen Ebenen zum Tragen kommt.

Ganz in diesem Sinne vollzieht Bell diesen besonderen Balanceakt nicht nur inhaltlich und stilistisch, sondern auch intermedial, indem sie ihre Photographien situationsspezifisch als thematisches Gegengewicht platziert, um den Reisebericht *zwischen* den Polen ‚objektiv' und ‚subjektiv' in der Schwebe zu halten: Während zu sachliche Textpassagen mit unterhaltsamen Schnappschüssen von Mensch und Tier versubjektiviert werden, verleihen archäologische Detailaufnahmen bei emotionalen Schilderungen zwischenmenschlicher Begegnungen die Aura von Sachlichkeit und Objektivität. Diese Relativierungsgeste ist typisch: Sobald der Text zu sehr in eine Richtung ‚abzudriften' droht, wird rasch signalisiert, dass er immer noch beides ist. Das diskursive Textgewebe ähnelt mithin einem changierenden Seidenstoff, der je nach Blickwinkel mal in der einen, mal in der anderen Farbe schillert und so grundsätzlich wie strukturell aus Fäden verschiedener Garnfärbung besteht.

Doch auch hier gilt zunächst: Ein solches Changieren zwischen den Diskursen ist für Reiseliteratur von Frauen in gewissem Maße durchaus üblich, da diese stets einen Mittelweg zwischen konventionellem weiblichen Schreiben und den männlich geprägten (Selbst-)Darstellungstechniken des Genres finden mussten. Hierfür hatten sich in der Frauenreiseliteratur seit dem 18. und 19. Jahrhundert diskursspezifische Konventionen etabliert. Diese beruhten meist auf Beschwichtigungsgesten, die unumgängliche Momente männlichen Auftretens im Rahmen von Reise und Autorschaft durch dezidierte Weiblichkeitssignale an anderer Stelle kompensieren. Auch Bell wendet solche Kompensationstechniken an, doch geht sie noch einen Schritt weiter und macht solche Relativierungsbewegungen zum *modus operandi* ihres Reiseberichts insgesamt. Sie erkennt das Bestehen konventioneller Dichotomien zwar an und etabliert sie im Text, unterläuft sie jedoch ebenso geflissentlich auch wieder. Dieses systematische Kreuzen und Transzendieren von Grenzen stellt den textspezifischen Algorithmus im Umgang nicht nur mit den Polen Identität und Alterität, sondern auch mit gesellschaftlichen und literarischen Konventionen sowie (politischer) Zeitgeschichte dar. Das Ergebnis ist ein Reisebericht voll stilistischer, inhaltlicher und diskursiver Ambivalenzen.

Ambivalenzen und Polyvalenzen sind es auch, die *Seven Pillars of Wisdom* auszeichnen. Lawrences Text erwies sich zunächst ganz offensichtlich als Teil einer neuen Generation von Reiseberichten, die das reisende Subjekt in den Mittelpunkt rücken und die Helen Carr in ihrem Überblick „Modernism and Travel (1880-1940)" folgendermaßen beschreibt:

> [I]ncreasingly in the twentieth century it has become a more subjective form, more memoir than manual, and often an alternative form of writing for novelists. The period from 1880 to 1940 saw this change take place. There was a move as in imaginative literature – from the detailed, realist text, often with an overtly didactic or at any rate moral purpose, to a more impressionistic style with the interest focused as much on the travelers' responses or consciousness as their travels. (2002: 74)

Diese Fokusverschiebung auf das wahrnehmende Subjekt und das Innenleben des Reisenden ist auch bei Lawrences Reisebericht zu verzeichnen, allerdings führt sie den Leser in eine innere Wüste, die sich als befremdender und verwirrender entpuppt als der tatsächlich erfahrene Fremdraum. Dabei sind es jedoch nicht so sehr die *R*eaktionen und *Ein*drücke des Reisenden, die die Reisebeschreibung prägen – die dort dargestellte Fremde fungiert vielmehr als *Aus*druck von dessen Innenleben: subjektiver Expressionismus statt literarischem Impressionismus. Es geht weniger um die subjektive Reflexion äußerer Umstände denn um äußere Reflexion innerer Befindlichkeiten.

Im Text erwies sich entsprechend jede Darstellung der Fremde zugleich als Medium der Selbstbespiegelung, die dem Sichtbarmachen einer diffusen Identität dient, die immer neue Oberflächen zur Projektion und Reflexion benötigt. Dies ist der spezifische Modus diskursiver Identitätskonstitution und Alteritätsverarbeitung dieses Reiseberichts: ein indirektes Verfahren, bei dem das Ich des Reisenden auf den Fremdraum projiziert, mit diesem – anhand von identifikatorischer Darstellung – teilweise verschmilzt und somit *in* dessen konkreter Gestaltung sichtbar wird. Hier bedingt das Fremdbild das Selbstbild nicht nur auf herkömmlich dialektische Weise, sondern bringt es geradezu hervor.

Das Verhältnis von Identität und Alterität, von Subjekt und Objekt lässt sich so gesehen als reziproke Formung zweier unabgeschlossener, labiler Konstrukte beschreiben, die beständig im Werden bzw. im Wandel begriffen sind. Der Text lässt sich demnach als *„Serie von Instantiationen"* (Bode 2008: 7) einer flüchtigen Identität lesen, die sich immer nur vorübergehend aus der diskursiven Verarbeitung des Anderen und aus der Differenz zur vorherigen, temporären Instantiation ergibt. In dieser Hinsicht zeigt sich in *Seven Pillars* ein differentiell-diskursives Verfahren der Selbstbegründung, das sich seit dem 18. Jahrhundert in der britischen Literatur sowie im westlichen Denken insgesamt etabliert hatte und „Identität nicht als Konstante, sondern als *variables* Resultat hochdynamischer Signifikationsprozesse" (Bode 2008: 7) begreift. Identität wird also nicht länger als etwas essentialistisch Gegebenes betrachtet, das anhand substantialistischer Parameter und Definitionen fixiert werden muss, sondern vorrangig als etwas Prozessuales und Dynamisches, das anhand seiner Veränderung über die Zeit hinweg betrachtet sein will.[1]

In der vorangegangenen Textanalyse wurden ebensolche konsekutiven Veränderungen in Lawrences wechselhaften Selbstentwürfen nachvollzogen. Dabei ließ sich beobachten, wie ein zunächst dichotomisch operierendes Identitätskonzept (‚We'/‚They', Verbündete/Feinde, Körper/Geist, männlich/weiblich etc.) mehr und mehr in Bewegung gerät. Lawrences Selbstbild samt zugehörigem Weltbild scheinen ein um's andere Mal – kaum etabliert, schon von Inkongruenzen eingeholt – der Konsolidierung und Modifikation zu bedürfen, um am Ende des Buches gänzlich zu kollabieren. Die inhaltlichen Definitionen der Pole ‚fremd' und ‚eigen' sowie deren Verortung in der erzählten Welt befinden sich in beständiger Veränderung und Verschiebung, was letztlich in einem offenen ‚substanzlosen' Spiel ohne jeden Fixpunkt mündet. Die unbegrenzte ‚Bewegungsfreiheit' dieses offenen Prozesses erspart Lawrence zwar die Widersprüche und

---

[1] „Differentiell-diskursive Praktiken operieren nicht mit fixen Größen, sie operieren mit Änderungen, mit, wenn man im mathematischen Bild bleiben will, ständig wechselnden Steigungen. Diese diskursiven Praktiken sind wesentlich zeitlich und operieren mit Δ – wobei Δ als Kürzel für Veränderungen steht, die sich in einer Zeitspanne ereignen." (Bode 2008: 9)

Rücknahmen, die Doughty angesichts seines unverrückbar binären Weltbildes unternehmen musste; sie führt jedoch in ein ,Spiegelkabinett' flüchtiger Identitäten und temporärer Alter Egos, in dem keine eindeutige Standortbestimmung bzw. keine klar definierte, unverzerrte Betrachtung des so bespiegelten Subjekts möglich ist: Wer *wo* steht und wer *was* ist, ließ sich bei diesen beständigen Spiegelungen nie mit Gewissheit sagen.

Doch wie sich zeigte, ist das genuin Eigene von Reisendem und Autor in diesem Text ohnehin nicht auf der Inhaltsebene zu suchen, sondern vielmehr am spezifischen Modus dieser prozessualen Selbst(er)findung festzumachen. Der eigentümliche Vorgang von Projektion und (Selbstbe)Spiegelung ist die Konstante und der gemeinsame Nenner der sich beständig verändernden diskursiven Manifestationen eines letztlich substanzlosen Ichs. Lawrences Reisebericht erwies sich so als Textspur einer Identität, die erst anhand dieser Spur, anhand des Verarbeitungs*prozesses* von Alterität greifbar wird – in einem dialektischen Wechselspiel, das jede einfache Dichotomisierung weit hinter sich gelassen hat.

Die hier betrachteten Reiseberichte scheinen folglich die seit Mitte des 18. Jahrhunderts einsetzende, sukzessive Dynamisierung des Verhältnisses von Subjekt und Objekt, *Self* und *Other* im Genre der Reiseliteratur geradezu lehrbuchmäßig nachzuzeichnen, wobei Doughty und Lawrence als zwei Extreme in Sachen Rigidität und ,Flexibilität' verstanden werden dürfen und Bell die Zwischenstufe markiert: das volle Spektrum A-AB-B.

Aller Dynamisierung dieser dialektischen Beziehung von Eigenem und Fremden zum Trotz ist ein Aspekt unverändert *fest*geschrieben geblieben und dies ist die grundlegende Funktionalisierung des Anderen. So unterschiedlich die in dieser Arbeit betrachteten Reiseberichte in ihren jeweiligen Verfahren der Identitätskonstitution und Alteritätsverarbeitung auch gewesen sein mögen: In allen ist es das Fremde, das das Subjekt des Reisenden als dialektisches Gegenstück – auf welche Art auch immer – diskursiv hervorbringt.

Literaturverzeichnis

1. Primärliteratur

Bell, Gertrude Lowthian. 1927. *The Letters of Gertrude Bell*. 2 Vols. Ed. Florence Bell. London: Benn.

Bell, Gertrude Lowthian. 1958. *Gertrude Bell: From Her Personal Papers. 1889-1914*. Ed. Elizabeth Burgoyne. London: Benn.

Bell, Gertrude Lowthian. 2000. *Gertrude Bell: The Arabian Diaries. 1913-1914*. Ed. Rosemary O'Brien. Syracuse: Syracuse University Press.

Bell, Gertrude Lowthian. [1907] 2001. *The Desert and the Sown: The Syrian Adventures of the Female Lawrence of Arabia*, with an Introduction by Rosemary O'Brien. New York: Cooper Square Press.

Bell, Gertrude Lowthian. 2005. *Persian Pictures (Safar Nameh)*, with an Introduction by Liora Lukitz. London: Anthem.

Benn, Gottfried. 1986. *Sämtliche Werke: Stuttgarter Ausgabe. Band I: Gedichte*. Eds. Gerhard Schuster/Ilse Benn. Stuttgart: Klett Cotta.

Burton, Richard Francis/Isabel Burton. [1855/56] 2008. *Personal Narrative of a Pilgrimage to Al-Madinah & Meccah*. 2 Vols. Charleston: BiblioLife.

Byron, George Gordon Byron. [1812] 1936. *Childe Harold's Pilgrimage*. Ed. Samuel Chew. New York: Odyssey Press.

Doughty, Charles Montagu. 1881. "Reisen in Arabien". *Globus* 39: 7-10; 23-30.

Doughty, Charles Montagu. [1888] 1921. *Travels in Arabia Deserta*. 2 Vols. London: Warner & Cape.

Glazebrook, Philip. 1984. *Journey to Kars*. New York: Atheneum.

Housman, Laurence. 1971. "Failure". *Minorities*. Eds. T.E. Lawrence/Jeremy Wilson. London: Cape. 76.

Khayyam, Omar. 1859. *Rubáiyát of Omar Khayyám: the Astronomer-Poet of Persia*. Übers. Edward FitzGerald. London: Bernard Quaritch.

Kinglake, Alexander William. [1844] 1991. *Eothen, or, Traces of Travel Brought Home from the East*. Oxford: Oxford University Press.

Lawrence, T.E. 1938. *The Letters of T.E. Lawrence*. Ed. David Garnett. London: Cape.

Lawrence, T.E. 1952. *Selected Letters of T.E. Lawrence*. Ed. David Garnett. London: Cape.

Lawrence, T.E. 1991. *The Letters of T.E. Lawrence*. Ed. Malcolm Brown. Oxford: Oxford University Press.

Lawrence, T.E. [1922] 2004. *Seven Pillars of Wisdom: The Complete 1922 'Oxford' Text*. Eds. Jeremy Wilson, Nicole Wilson. Fordingbridge: Castle Hill Press.

Lawrence, T.E. [1935] 2000. *The Seven Pillars of Wisdom: A Triumph*. Harmonsworth: Penguin.

Lawrence, T.E. [1955] 1963. *The Mint*. New York: Norton.

Milton, John. [1671] 2007. *Paradise Regained*. Shippensburg, PA: Destiny Image.

Raban, Jonathan. 1987. *Coasting*. London: Picador.

Ruskin, John. 1873. *The Seven Lamps of Architechture*. Boston: Estes.

Thesiger, Wilfred. [1959] 1991. *Arabian Sands*. Harmonsworth: Penguin.

Tolkien, J. R. R. [1954/55] 2007. *The Lord of the Rings*. London: HarperCollins.

2. Sekundärliteratur

Um die Bibliographie knapp und thematisch repräsentativ zu gestalten, werden Sammelwerke, deren Beiträge aufgeführt werden, nicht noch einnmal einzeln genannt, es sei denn, sie sind für das Themengebiet dieser Arbeit besonders relevant.

Anon. 1888. "*Travels in Arabia Deserta*". Review. *The Times* (London). 6. April: 13.

Anon. 1893. "To the Royal Geographical Society". *Punch*. 10. Juni: 269.

Anon. 1926. "Miss Gertrude Bell. Oriental Scholar and Administrator". *The Times* (London). 13. Juli: 10.

Anon. 1927. "Miss Gertrude Bell's Letters". Review. *The Times* (London). 22. August: 11.

Adams, James Eli. 1995. *Dandies and Desert Saints: Styles of Victorian Masculinity*. Ithaca, NY: Cornell University Press.

Adams, Percy G. 1962. *Travelers and Travel Liars: 1660 – 1800*. Berkeley: University of California Press.

Adams, Percy G. 1983. *Travel Literature and the Evolution of the Novel*. Lexington: University of Kenntucky Press.

Aldington, Richard. 1955. *Lawrence of Arabia: A Biographical Enquiry*. London: Collins.

Al-Issa, Ahmad/Laila S. Dahan. 2011. *Global English and Arabic: Issues of Language, Culture and Identity*. Oxford: Peter Lang.

Allen, Malcolm D. 1984. "Lawrence's Medievalism". *The T.E. Lawrence Puzzle*. Ed. Stephen Ely Tabachnick. Athens, GA: University of Georgia Press. 53–70.

Allen, Malcolm D. 1991. *The Medievalism of Lawrence of Arabia*. Philadelphia: Pennsylvania State University Press.

Altnöder, Sonja. 2011. "The Art of Travel and the Translation of Selves". *Identität in den Kulturwissenschaften: Perspektiven und Fallstudien zu Identitäts- und Alteritätsdiskursen*. Eds. Sonja Altnöder/Martin Lüthe/Marcel Vejmelka. Trier: WVT. 35–52.

Altnöder, Sonja/Martin Lüthe/Marcel Vejmelka. 2011. "Anders: Identitäten. Identitäts- und Alteritätsdiskurse in den Kulturwissenschaften". *Identität in den*

Kulturwissenschaften: Perspektiven und Fallstudien zu Identitäts- und Alteritätsdiskursen. Eds. Sonja Altnöder/Martin Lüthe/Marcel Vejmelka. Trier: WVT. 1–17.

Anderson, Monica. 2006. *Women and the Politics of Travel: 1870-1914*. Madison, NJ: Fairleigh Dickinson University Press.

Anderson, Scott. 2013. *Lawrence in Arabia. War, Deceit, Imperial Folly and the Making of the Modern Middle East*. New York: Doubleday.

Apel, Friedmar. 1982. *Sprachbewegung: Eine Historisch-Poetologische Untersuchung zum Problem des Übersetzens*. Zugl.: Berlin, TU, Habil.-Schr., 1981. Heidelberg: Winter.

Arberry, A. J. 2005. "Preface". *Persian Pictures*. Gertrude Lowthian Bell. London: Anthem Press. xvii–xx.

Armitage, Flora. 1956. *Desert and the Stars: A Portrait of T.E. Lawrence*. London: Faber.

Ashcroft, Bill/Gareth Griffiths/Helen Tiffin. 1989. *The Empire Writes Back: Theory and Practice in Post-Colonial Literatures*. London: Routledge.

Asprey, Robert B. 1975. *War in the Shadows: The Guerrilla in History*. Vols. 1-2. Garden City, NY: Doubleday.

Assad, Thomas J. 1964. *Three Victorian Travellers: Burton, Blunt, Doughty*. London: Routledge and K. Paul.

Bachmann-Medick, Doris/James Clifford (eds.). 1996. *Kultur als Text: Die Anthropologische Wende in der Literaturwissenschaft*. Frankfurt am Main: Fischer.

Barfoot, C. C. (ed.). 1997. *Beyond Pug's Tour: National and Ethnic Stereotyping in Theory and Literary Practice*. Amsterdam, Atlanta: Rodopi.

Barker, Francis/Peter Hulme/Margaret Iversen. 1993. *Colonial Discourse, Postcolonial Theory*. Manchester, New York, NY: Manchester University Press.

Barr, James. 2006. *Setting the Desert on Fire: T.E. Lawrence and Britain's Secret War in Arabia. 1916-18*. London: Bloomsbury.

Bassnett, Susan. 2002. "Travel Writing and Gender". *The Cambridge Companion to Travel Writing*. Eds. Peter Hulme/Tim Youngs. Cambridge: Cambridge University Press. 225–241.

Bassnett, Susan. 2003. "The Empire, Travel Writing and British Studies". *Travel Writing and the Empire*. Ed. Sachidananda Mohanty. New Delhi: Katha. 1–21.

Batho, Edith Clara/Bonamy Dobrée/Guy Chapman. 1938. *The Victorians and After: 1830 – 1914*. London: Cresset Press.

Batten, Charles. 1978. *Pleasurable Instruction: Form and Convention in Eighteenth-Century Travel Literature*. Berkeley: University of California Press.

Bauerkämper, Arnd/Hans Erich Bödeker/Bernhard Struck (eds.). 2004. *Die Welt Erfahren: Reisen als Kulturelle Begegnung von 1780 bis Heute*. Frankfurt am Main: Campus.

Bauerkämper, Arnd/Hans Erich Bödeker/Bernhard Struck. 2004. "Reisen als Kulturelle Praxis". *Die Welt Erfahren Reisen*. Arnd Bauerkämper/Hans Erich Bödeker/Bernhard Struck. Frankfurt am Main: Campus. 9–30.

Behdad, Ali. 1999. *Belated Travelers: Orientalism in the Age of Colonial Dissolution.* Durham: Duke University Press.

Bevis, Richard. December 1972. "Spiritual Geogology: C. M. Doughty and the Land of the Arabs". *Victorian Studies* (16): 163–181.

Bevis, Richard. 1987. "Desert Places: The Aesthetics of *Arabia Deserta*". *Explorations in Doughty's Arabia Deserta.* Ed. Stephen Ely Tabachnick. Athens, GA: University of Georgia Press. 62–77.

Bhabha, Homi K. 1990. *Nation and Narration.* London: Routledge.

Bhabha, Homi K. 1994. *The Location of Culture.* London: Routledge.

Bidwell, Robin. 1976. *Travellers in Arabia.* London: Hamlyn.

Birkett, Dea. 2004. *Spinsters Abroad: Victorian Lady Explorers.* Phoenix Mill: Sutton Publishing.

Bishop, Jonathan. 1960. "The Heroic Ideal in Dougty's *Arabia Deserta*". *Modern Language Quarterly* (21), März: 59–68.

Blackmur, R. P. 1958. *The Expense of Greatness.* Gloucester, MA: P. Smith.

Blake, Susan L. 1990. "A Woman's Trek: What Difference Does Gender make?". *Women's Studies International Forum* 13 (4): 347–355.

Blanton, Casey. 2002. *Travel Writing: The Self and the World.* New York: Routledge.

Blazejewski, Susanne. 2002. *Bild und Text – Photographie in Autobiographischer Literatur: Marguerite Duras' "L'amant" und Michael Ondaatjes 'Running in the family'.* Würzburg: Königshausen & Neumann.

Blois, François de. 2002. "Naṣrānī (Ναζωραῖος) and ḥanīf (ἐθνικός): Studies on the Religious Vocabulary of Christianity and of Islam". *Bulletin of the School of Oriental and African Studies* 65 (1): 1–30.

Boal, David. 1998. "T.E. Lawrence as Prophet: *Seven Pillars of Wisdom* and the End of the Empire". *Anglophonia: French Journal of English Studies* (3): 125–133.

Bode, Christoph. 1994. "Beyond/Around/Into One's Own: Reiseliteratur als Pardigma von Welt-Erfahrung". *Poetica* 26 (1-2): 70-87.

Bode, Christoph (ed.). 1997. *West Meets East: Klassiker der Britischen Orient-Reiseliteratur.* Heidelberg: Winter.

Bode, Christoph. 2004. "Ad Fontes! Remarks on the Temporalization of Space in Hemans (1829), Bruce (1790), and Barbauld (1812)". *Romanticism* 10 (1): 63–78.

Bode, Christoph. 2008. *Selbst-Begründungen: Diskursive Konstruktion von Identität in der Britischen Romantik, I: Subjektive Identität.* Trier: WVT.

Bode, Christoph. 2009. *Fremd-Erfahrungen: Diskursive Konstruktion von Identität in der Britischen Romantik, II: Identität auf Reisen.* Trier: WVT.

Bodley, R. V. C./Lorna Hearst. 1940. *Gertrude Bell.* New York: Macmillan.

Bower, Archibald/John Campbell/George Psalmanaazaar et al. 1759-1766. *The Modern Part of an Universal History: From the Earliest Account of Time. Compiled from Original Writers.* London: printed for S. Richardson, T. Osborne, C.

Hitch, A. Millar, J. Rivington, S. Crowder, P. Davey, B. Law, T. Longman, and C. Ware.

Brandabur, Clare A./Nasser Al-Hassan Athamneh. 2000. "Problems of Genre in *The Seven Pillars of Wisdom: A Triumph*". *Comparative Literature* 52 (4): 321–338.

Braudy, Leo. 2005. *From Chivalry to Terrorism: War and the Changing Nature of Masculinity*. New York: Vintage Books.

Braune, Michael. 2010. "T.E. Lawrence als Burgenforscher und seine ersten Erfahrungen im Orient". *Lawrence von Arabien*. Eds. Mamoun Fansa/Frank Both/Detlef Hoffmann. Mainz: von Zabern. 109–120.

Breckenridge, Carol Appadurai/Peter van der Veer (eds.). 1993. *Orientalism and the Postcolonial Predicament: Perspectives on South Asia*. Philadelphia: University of Pennsylvania Press.

Brenner, Peter J. (ed.). 1990. *Der Reisebericht: Die Entwicklung einer Gattung in der Deutschen Literatur*. Frankfurt am Main: Suhrkamp.

Brent, Peter. 1977. *Far Arabia: Explorers of the Myth*. London: Weidenfeld and Nicolson.

Bryden, Mary. 2007. *Gilles Deleuze: Travels in Literature*. Basingstoke: Macmillan.

Bryer, David. 1975. "The Origins of the Druze Religion". *Der Islam* 51: 47-83; 239-262.

Bryer, David. 1976. "The Origins of the Druze Religion". *Der Islam* 53: 5–27.

Burton, Richard Francis. 1888. "Mr. Doughty's Travels in Arabia". *The Academy* (34): 47–48.

Campbell, Joseph. 1949. *The Hero with a Thousand Faces*. New York: Pantheon Books.

Canton, James. 2011. *From Cairo to Baghdad: British Travellers in Arabia*. London, New York: Macmillan.

Carchidi, Victoria. 1987. *Creation Out of the Void: The Making of a Hero, an Epic, a World, T.E. Lawrence*. Ann Arbor: UMI Dissertation Services.

Carchidi, Victoria. 1990. "Rebels Against Absurdity: André Malraux, T.E. Lawrence and Political Action". *Literature and War*. Ed. David Bevan. Amsterdam: Rodopi. 109–121.

Carchidi, Victoria. 2003. "Creation Out of the Void: The Life and Legends of T.E. Lawrence". *Mapping the Self*. Ed. Frédéric Regard. Saint-Etienne: Publications de l'Université de Saint-Etienne. 269–284.

Carlyle, Thomas. 1907. *On Heroes, Hero-Worship, and the Heroic in History*. London: Chapman & Hall.

Carr, Helen. 2002. "Modernism and Travel (1880-1940)". *The Cambridge Companion to Travel Writing*. Eds. Peter Hulme/Tim Youngs. Cambridge: Cambridge University Press. 70–86.

Chace, William M. 1989. "T.E. Lawrence: The Uses of Heroism". *T.E. Lawrence: Soldier, Writer, Legend*. Ed. Jeffrey Meyers. Basingstoke: Macmillan. 128–160.

Chrisman, Laura. 2003. *Postcolonial Contraventions: Cultural Readings of Race, Imperialism, and Transnationalism*. Manchester: Manchester University Press.

Clifford, James. 1988. *The Predicament of Culture: Twentieth-Century Ethnography, Literature, and Art*. Cambridge, MA: Harvard University Press.

Clifford, James/George E. Marcus. 1986. *Writing Culture: The Poetics and Politics of Ethnography*. (School of American Research Advanced Seminar). Ed. School of American Research. Berkeley: University of California Press.

Cohn, Maren. 2002. "Reflective Heroes: Self-Integration through Poetry in T.E. Lawrence and Homer's Odysseus". *The Waking Dream of T.E. Lawrence*. Ed. Charles M. Stang. New York: Palgrave. 67–106.

Compagnon, Antoine. 1979. *La Seconde Main: Ou le Travail de la Citation*. Paris: Éd. du Seuil.

Conant, Martha Pike. 1908. *The Oriental Tale in England in the Eighteenth Century*. New York: Columbia University Press.

Cook, Albert. 1989. "*Seven Pillars of Wisdom*: Turns and Counter-Turns". *T.E. Lawrence: Soldier, Writer, Legend*. Ed. Jeffrey Meyers. Basingstoke: Macmillan. 87–109.

Crisp, Jane/Gillian Swanson/Kay Ferres (eds.). 2000. *Deciphering Culture: Ordinary Curiosities and Subjective Narratives*. New York: Routledge.

Curzon, George D. 1893. "Ladies and the Royal Geographical Society". *The Times* (London). 31. Mai: 11.

Czarnecka, Miroslawa/Christa Ebert/Graznyya Barbara Szewczyk (eds.). 2011. *Der Weibliche Blick auf den Orient: Reisebeschreibungen Europäischer Frauen im Vergleich*. Jahrbuch für Internationale Germanistik, Band 102. Bern: Peter Lang.

D. W. F. 1907. "Syrian Sketches: Review of *The Desert and the Sown*, by Gertrude Lowthian Bell". *The Geographical Journal* 29 (4): 445–446.

Dawn, Earnest. 1989. "The Influence of T.E. Lawrence on the Middle East". *T.E. Lawrence: Soldier, Writer, Legend*. Ed. Jeffrey Meyers. Basingstoke: Macmillan. 58–86.

Dawson, Graham. 1994. *Soldier Heroes: British Adventure, Empire and the Imagining of Masculinities*. London: Routledge.

Dearden, Seton. 1969. "Gertrude Bell: Journey of the Heart". *Cornhill Magazine* 177 (1062): 457–509.

Deeken, Annette/Monika Bösel. 1996. '*An den süßen Wassern Asiens': Frauenreisen in den Orient*. Frankfurt am Main: Campus.

Deledalle-Rhodes, Janice. 1987. "The True Nature of Doughty's Relationship with the Arabs". *Explorations in Doughty's Arabia Deserta*. Ed. Stephen Ely Tabachnick. Athens, GA: University of Georgia Press. 111–129.

Deledalle-Rhodes, Janice. 2000. *L' Orient Représenté : Charles Montagu Doughty et les Voyageurs Anglais du XIXe Siècle*. Bruxelles: PIE Lang.

Deleuze, Gilles. 1993. *Critique et Clinique*. Paris: Éd. de Minuit.

Dibben, Eric. 1932. "Doughty the Man". *Cornhill Magazine* (72): 618–626.

Dietsche, Petra. 1984. *Das Erstaunen über das Fremde: Vier Literaturwissenschaftliche Studien zum Problem des Verstehens und der Darstellung Fremder Kulturen.* Zugl.: Hamburg, Univ., Diss., 1983. Frankfurt am Main: Lang.

Dodd, Philip (ed.). 1982. *The Art of Travel: Essays on Travel Writing.* London: Cass.

Doughty, Charles Montagu. 1884. "Travels in North-Western Arabia and Nejd". *Proceedings of the Royal Geographical Society and Monthly Record of Geography* 6 (7): 382–399.

Durand, Jean-François (ed.). 2005. *Poétique et Imaginaire du Désert: Colloque International Montpellier 19-22 Mars 2002.* Montpellier: Université Paul Valéry.

Dürbeck, Gabriele. 2004. "Anschaulichkeit, Beglaubigung, Klischierte Welt: Text-Bild-Verhältnisse in Illustrierten Südseetexten der Bismarckzeit". *Von Hier nach 'Medium'.* Ed. Callsen, Katrin et al. Münster: LIT. 81–106.

Erker-Sonnabend, Ulrich. 1987. *Das Lüften des Schleiers: Die Orienterfahrung Britischer Reisender in Ägypten und Arabien. Ein Beitrag zum Reisebericht des 19. Jahrhunderts.* Hildesheim, New York: G. Olms.

Fabian, Johannes. 1983. *Time and the Other: How Anthropology Makes Its Object.* New York: Columbia University Press.

Fähndrich, Hartmut. 1988. "Orientalismus und 'Orientalismus'. Überlegungen zu Edward Said, Michel Foucault und Westlichen 'Islamstudien'". *Die Welt des Islam* (28): 178–186.

Fairley, Barker. 1927. *Charles M. Doughty: A Critical Study.* London: Cape.

Fallon, Gretchen Kidd. 1981. *British Travel-Books from the Middle East: 1890-1914. Conventions of the Genre and Three Unconventional Examples.* College Park: UMI Dissertation Services.

Fansa, Mamoun. 2010. "Freund oder Verräter? Lawrence von Arabien aus Arabischer Sicht". *Lawrence von Arabien.* Eds. Mamoun Fansa/Frank Both/Detlef Hoffmann. Mainz: von Zabern. 233–248.

Fansa, Mamoun/Frank Both/Detlef Hoffmann (eds.). 2010. *Lawrence von Arabien: Genese eines Mythos.* Mainz: von Zabern.

Fedden, Robin. 1958. *English Travellers in the Near East.* London: Longmans Green.

Fernea, Robert A. 1987. "*Arabia Deserta*: The Ethnographic Text". *Explorations in Doughty's Arabia Deserta.* Ed. Stephen Ely Tabachnick. Athens, GA: University of Georgia Press. 201–219.

Foster, Shirley. 1990. *Across New Worlds: Nineteenth Century Women Travellers and Their Writings.* New York: Harvester Wheatsheaf.

Foucault, Michel. 1961. *Folie et Déraison: Histoire de la Folie á l'Age Classique.* Paris: Plon.

Foucault, Michel. 1969. *Wahnsinn und Gesellschaft: Eine Geschichte des Wahns im Zeitalter der Vernunft.* Übers. Ulrich Klöppen. Frankfurt am Main: Suhrkamp.

Fowler, Corinne/Charles Forsdick/Ludmilla Kostova (eds.). 2013. *Travel and Ethics: Theory and Practice.* London: Routledge

Frank, Katherine. 1986. "Voyages Out: Nineteenth-Century Women Travelers in Africa". *Gender, Ideology, and Action.* Ed. Janet Sharistanian. New York: Greenwood Press. 67–94.

Frank, Michael C. *Kulturelle Einflussangst.* Bielefeld, Konstanz: transcript.

Frederick, Bonnie (ed.). 1993. *Women and the Journey: The Female Travel Experience.* Pullman, WA: Washington State University Press.

Freeman, John. 1926. "Charles Montague Doughty". *London Mercury* (79), 14. August: 368–382.

Fuchs, Anne/Theo Harden (eds.). 1995. *Reisen im Diskurs: Modelle der Literarischen Fremderfahrung von den Pilgerberichten bis zur Postmoderne. Tagungsakten des Internationalen Symposions zur Reiseliteratur University College Dublin vom 10. – 12. März 1994.* Heidelberg: Winter.

Fussell, Paul. 1980. *Abroad: British Literary Traveling Between the Wars.* Oxford, New York: Oxford University Press.

Fussell, Paul (ed.). 1987. *The Norton Book of Travel.* New York, N.Y.: Norton.

Gargano, Elizabeth. 2006. "'English Sheiks' and Arab Stereotypes: E. M. Hull, T.E. Lawrence, and the Imperial Masquerade". *Texas Studies in Literature and Language* 48 (2): 171–186.

Garnett, Edward. 1903. "Books Too Little Known: Mr. C. M. Doughty's *Arabia Deserta*". *The Academy and Literature.* 24. Januar: 86–87.

Gates, Henry Louis (ed.). 1986. *'Race', Writing, and Difference.* Chicago: University of Chicago Press.

Gawrych, George W. 2002. "T.E. Lawrence and the Art of War in the Twenty-First Century". *The Waking Dream of T.E. Lawrence.* Ed. Charles M. Stang. New York: Palgrave. 161–178.

Gay, Ruth. 1981. "Charles Doughty: Man and Book". *American Scholar* (50): 527–535.

Geertz, Clifford (ed.). 1986. *Writing Culture: The Poetics and Politics of Ethnography.* Berkeley, CA: University of California Press.

Gelvin, James. 2002. "T.E. Lawrence and Historical Representation". *The Waking Dream of T.E. Lawrence.* Ed. Charles M. Stang. New York: Palgrave. 51–66.

Gendron, Charisse. 1984. *'A Sadly Long Strain About Self'. The British Literary Travel Book: 1766-1937.* Diss. University of Conneticut. Storrs, CT: UMI Dissertation Services.

Genette, Gérard. 1991. *Fiction et Diction.* Paris: Éd. du Seuil.

Genette, Gérard. 2001. *Paratexte: Das Buch vom Beiwerk des Buches.* Übers. Dieter Hornig Frankfurt am Main: Suhrkamp.

Genette, Gérard. 1992. *Fiktion und Diktion.* Übers. Heinz Jatho. München, Paderborn: Fink.

Giddings, Robert (ed.). 1991. *Literature and Imperialism*. Basingstoke: Macmillan.

Gilroy, Amanda (ed.). 2000. *Romantic Geographies: Discourses of Travel. 1775–1844*. Manchester: Manchester University Press.

Göckede, Regina/Alexandra Karentzos (eds.). 2006. *Der Orient, die Fremde: Positionen Zeitgenössischer Kunst und Literatur*. Bielefeld: transcript.

Goodheart, Eugene. 1989. "A Contest of Motives: T.E. Lawrence in *Seven Pillars of Wisdom*". *T.E. Lawrence: Soldier, Writer, Legend*. Ed. Jeffrey Meyers. Basingstoke: Macmillan. 110–127.

Graham-Brown, Sarah. 1985. "Introduction". *The Desert and the Sown*. Gertrude Lowthian Bell. Boston: Beacon Press. v–xviii.

Graves, Richard Perceval. 1976. *Lawrence of Arabia and His World*. New York: Scribner's.

Graves, Robert. 1963. "T.E. Lawrence and the Riddle of S.A.". *Saturday Review*. 15. Juni: 16–17.

Green, Martin Burgess. 1980. *Dreams of Adventure, Deeds of Empire*. London: Routledge and K. Paul.

Grewal, Inderpal. 1996. *Home and Harem: Nation, Gender, Empire, and the Cultures of Travel*. Durham, NC: Duke University Press.

Grosvenor, Charles. 1984. "The Subscribers' of *Seven Pillars of Wisdom*: The Visual Aspect". *The T.E. Lawrence Puzzle*. Ed. Stephen Ely Tabachnick. Athens, GA: University of Georgia Press. 159–184.

Grünjes, Ina. 2006. *Lawrence von Arabien: Don Quichotte und Kreuzfahrer? Die Konstruktion von T.E. Lawrence als Mann des Mittelalters in der Neuzeit*. Berlin: Trafo.

Grzonka, Claudia. 1997. *Weibliche Blicke auf den Mittleren Osten im 19. Jahrhundert: Die Erfahrung der Fremde und des Selbst bei Lucie Duff Gordon, Isabel Burton und Anne Blunt*. Zugl.: Bochum, Univ. Diss. 1995. Trier: WVT.

Habinger, Gabriele. 1994. "Anpassung und Widerspruch: Reisen Europäerinnen des 19. und Beginnenden 20. Jahrhunderts im Spannungsverhältnis Zwischen Weiblichkeitsideal und Kolonialer Ideologie". *'Und tät das Reisen wählen!'*. Eds. Doris Jedamski/Hiltgund Jehle/Ulla Siebert. Zürich: eFeF. 174–201.

Habinger, Gabriele. 2006. *Frauen Reisen in die Fremde: Diskurse und Repräsentationen von Reisenden Europäerinnen im 19. und Beginnenden 20. Jahrhundert*. Zugl.: Wien, Univ. Diss. 2005. Wien: Promedia.

Habinger, Gabriele. 2011. "Alterität und Identität in den Orient-Berichten Österreicherischer Reiseschriftstellerinnen des 19. Jahrhunderts". *Der Weibliche Blick auf den Orient*. Eds. Miroslawa Czarnecka/Christa Ebert/Graznyya Barbara Szewczyk. Bern: Peter Lang. 31–60.

Hachicho, Mohamed Ali. 1965. *English Travel Books about the Arab Near East in the Eighteenth Century*. Zugl.: Bonn, Univ. Diss. 1963. Leiden: Brill.

Hale, Dorothy J. *The Novel: An Anthology of Criticism and Theory. 1900-2000*. Malden, MA: Blackwell.

Hall, Stuart. 1990. "Cultural Identity and Diaspora". *Identity*. Ed. Jonathan Rutherford. London: Lawrence & Wishart. 222–237.

Hall, Stuart. 1992. "The West and the Rest: Discourse and Power". *Formations of Modernity*. Eds. Stuart Hall/Bram Gieben. Oxford: Policy in association with Open University. 276–330.

Hall, Stuart. 1994a. "Der Westen und der Rest: Diskurs und Macht". *Rassismus und Kulturelle Identität*. Ed. Stuart Hall. Hamburg, Berlin: Argument. 137–179.

Hall, Stuart. 1994b. "Die Frage der interkulturellen Identität". *Rassismus und Kulturelle Identität*. Ed. Stuart Hall. Hamburg, Berlin: Argument. 180–222.

Halliday, Fred. 1993. "Orientalism and Its Critics". *British Journal of Middle Eastern Studies* 20 (2): 145–163.

Hegel, Georg Wilhelm Friedrich. [1812] 1979. *Werke. Band I: Wissenschaft der Logik I*. Eds. Eva Moldenhauer/Karl Markus Michel. Frankfurt am Main: Suhrkamp.

Henderson, Heather. 1992. "The Travel Writer and the Text: 'My Giant Goes with Me Wherever I Go'". *Temperamental Journeys*. Ed. Michael Kowalewski. Athens, GA: University of Georgia Press. 230–248.

Henighan, T. J. 1971. "T.E. Lawrence's *Seven Pillars of Wisdom*: Vision as Pattern". *Dalhousie Review* (Halifax, Canada) 51: 49–59.

Hess, Jean Jacques. 1902. "Bemerkungen zu Doughty's *Travels in Arabia Deserta*". *Wiener Zeitschrift für die Kunde des Morgenlandes* (16): 45–62.

Heussler, Robert. 1979. "Imperial Lady: Gertrude Bell and the Middle East. 1889-1926". *The British Studies Monitor* 9 26/2: 3–22.

Hodgson, Barbara. 2006. *Die Wüste Atmet Freiheit: Reisende Frauen im Orient. 1717 bis 1930*. Hildesheim: Gerstenberg.

Hodson, Joel C. 1995. *Lawrence of Arabia and American Culture: The Making of a Transatlantic Legend*. Westport, CT: Greenwood Press.

Hoeveler, Diane Long/Jeffrey Cass (eds.). 2006. *Interrogating Orientalism: Contextual Approaches and Pedagogical Practices*. Columbus, OH: Ohio State University Press.

Hoffmann, Detlef. 2010a. "Die Genese des Mythos Lawrence von Arabien". *Lawrence von Arabien*. Eds. Mamoun Fansa/Frank Both/Detlef Hoffmann. Mainz: von Zabern. 39–49.

Hoffmann, Detlef. 2010b. "'Die Sieben Säulen der Weisheit' als Gesamtkunstwerk". *Lawrence von Arabien*. Eds. Mamoun Fansa/Frank Both/Detlef Hoffmann. Mainz: von Zabern. 185–198.

Hogarth, David George. 1904. *The Penetration of Arabia: A Record of the Development of Western Knowledge Concerning the Arabian Peninsula*. New York: Stokes.

Hogarth, David. 1926. "Obituary: Gertrude Lowthian Bell". *The Geographical Journal* 68 (4): 363–368.

Hogarth, David George. 1928. *The Life of Charles M. Doughty*. London: Oxford University Press.

Honold, Alexander. 2006. "Das Fremde: Anmerkungen zu seinem Auftritt in Kultur und Wissenschaft". *Der Orient, die Fremde.* Eds. Regina Göckede/Alexandra Karentzos. Bielefeld: transcript. 21–39.

Honold, Hermann Friedrich. 1995. *The House on Seven Pillars: A Gentleman's Kind of Guerrilla.* Braunton, Devon: Merlin.

Hooper, Glenn/Tim Youngs (eds.). 2004. *Perspectives on Travel Writing.* Aldershot: Ashgate.

Horney, Karen. 1937. *The Neurotic Personality of Our Time.* New York: Norton.

Howe, Nicholas. 2000. "Deserts, Lost History, Travel Stories". *Southwest Review* 85 (4): 526–539.

Howell, Georgina. 2007. *Daughter of the Desert: The Remarkable Life of Gertrude Bell.* London: Macmillan.

Hull, Keith. 1972. "T.E. Lawrence's Perilous Parodies". *Texas Quarterly* (Austin, TX) 15 (2): 56–61.

Hull, Keith. 1975. "Creeds, History, Prophets, and Geography in *Seven Pillars of Wisdom*". *Texas Quarterly* (Austin, TX) 18 (3): 15–28.

Hull, Keith. 1984. "*Seven Pillars of Wisdom*: The Secret Constable Documentary". *The T.E. Lawrence Puzzle.* Ed. Stephen Ely Tabachnick. Athens, GA: University of Georgia Press. 96–114.

Hulme, Peter. 1986. *Colonial Encounters: Europe and the Native Caribbean. 1492–1797.* London: Methuen.

Hulme, Peter/Russell McDougall (eds.). 2007. *Writing, Travel and Empire: In the Margins of Anthropology.* London: Tauris.

Hulme, Peter/Tim Youngs (eds.). 2002. *The Cambridge Companion to Travel Writing.* Cambridge: Cambridge University Press.

Ingram, Jason. 2007. "Conflicted Possession: A Pentadic Assessment of T.E. Lawrence's Desert Narrative". *KB Journal* 4 (1) Fall: (no pagination).

Irwin, Robert. 2007. *For Lust of Knowing: The Orientalists and their Enemies.* London: Penguin.

Jäger, Georg/Ira Diana Mazzoni. 1990. "Bibliograhie zur Geschichte und Theorie von Text-Bild-Beziehungen". *Text und Bild, Bild und Text.* Ed. Wolfgang Harms. Stuttgart: Metzler. 475–509.

James, Lawrence. 1993. *The Golden Warrior: The Life and Legend of Lawrence of Arabia.* New York: Paragon House.

JanMohamed, Abdul R. 1986. "The Economy of Manichean Allegory: The Function of Racial Difference in Colonialist Literature". *'Race', Writing, and Difference.* Ed. Henry Louis Gates. Chicago: University of Chicago Press. 78–106.

Jedamski, Doris/Hiltgund Jehle/Ulla Siebert (eds.). 1994. *'Und tät das Reisen wählen!': Frauenreisen – Reisefrauen. Dokumentation des Interdisziplinären Symposiums zur Frauenreiseforschung, Bremen 21. – 24. Juni 1993.* Zürich: eFeF.

Jenkins, Jennifer. 2004. "German Orientalism: Introduction". *Comparative Studies of South Asia, Africa and the Middle East* 24 (2): 97–100.

Jenkins, Ruth Y. 2004. "The Gaze of the Victorian Woman Traveler: Spectacles and Phenomena". *Gender, Genre, & Identity in Women's Travel Writing*. Ed. Kristi Siegel. New York: Lang. 15–30.

Kabbani, Rana. 1986. *Europe's Myths of Orient*. Bloomington: Indiana University Press.

Kamm, Josephine. 1956. *Daughter of the Desert: The Story of Gertrude Bell*. London: The Bodley Head.

Kaplan, Carola M. 1995. "Conquest as Literature, Literature as Conquest: T.E. Lawrence's Artistic Campaign in *Seven Pillars of Wisdom*". *Texas Studies in Literature and Language* 37 (1): 72–97.

Kaplan, Elizabeth Ann. 1997. *Looking for the Other: Feminism, Film and the Imperial Gaze*. New York: Routledge.

Klátik, Zlatko. 1969. "Über die Poetik der Reisebeschreibung". *Zagadnienia Rodzajow Literarick* (11): 126–153.

Knight, George Wilson. 1971. *Neglected Powers: Essays on Nineteenth and Twentieth Century Literature*. London: Routledge and K. Paul.

Knightley, Phillip/Colin Simpson. 1969. *The Secret Lives of Lawrence of Arabia*. London: Nelson.

Knott, John R. 1993. *Discourses of Martyrdom in English Literature: 1563-1694*. Cambridge: Cambridge University Press.

Kogge, Werner. 2002. *Die Grenzen des Verstehens*. Weilerswist, Berlin: Velbrück Wiss.

Kohl, Karl-Heinz. 1989. "Cherchez la Femme d'Orient". *Europa und der Orient*. Eds. Gereon Sievernich/Hendrik Budde. Gütersloh, München: Bertelsmann. 356–367.

Kohl, Stephan. 1990. "Travel Literature and the Art of Self-Invention". *Anglistentag 1989, Würzburg*. Ed. Rüdiger Ahrens. Tübingen: Niemeyer. 174–183.

Kohl, Stephan. 1993. "Reiseromane/Travelogues: Möglichkeiten einer hybriden Gattung". *Radikalität und Mässigung*. Eds. Annegret Maack/Rüdiger Imhof. Darmstadt: Wissenschaftliche Buchgesellschaft. 149–168.

Korte, Barbara. 1996. *Der Englische Reisebericht: Von der Pilgerfahrt bis zur Postmoderne*. Darmstadt: Wissenschaftliche Buchgesellschaft.

Korte, Barbara. 2008. "Chrono-Types: Notes on Forms of Times in the Travelogues". *Writing Travel*. Ed. John Zilcosky. Toronto: University of Toronto Press. 25–65.

Kowalewski, Michael (ed.). 1992. *Temperamental Journeys: Essays on the Modern Literature of Travel*. Athens, GA: University of Georgia Press.

Krahé, Peter. 2003. "Chinese Whispers: Der T.E. Lawrence-Mythos im Spiegel des 20. Jahrhunderts". *Anglia – Zeitschrift fur englische Philologie* 121 (1): 32–57.

Kröller, Eva Maria. 1990. "First Impressions: Rhetorical Strategies in Travel Writing Victorian Women". *Ariel. A Review of International English Literature* 21 (4): 87–99.

Kuczynski, Ingrid. 1993a. "Reisende Viktorianische Frauen und der Koloniale Diskurs". *Victorianism Re-Visited.* Eds. Ingrid Kuczynski/Nina Grundmann. Hamburg, Berlin: Argument. 10–26.

Kuczynski, Ingrid. 1993b. "The Image of the Other in Eighteenth-Century English European Travel Literature". *'English Studies in Transition'*. Ed. Robert Clark. London: Routledge. 185–195.

Kuczynski, Ingrid. 1995a. "Verunsicherung und Selbstbehauptung: Der Umgang mit dem Fremden in der Englischen Reiseliteratur des 18. Jahrhunderts". *Reisen im Diskurs.* Eds. Anne Fuchs/Theo Harden. Heidelberg: Winter. 55–70.

Kuczynski, Ingrid. 1995b. "'Wild Travel': Schutzräume und Freiräume in der Begegnung Viktorianischer Frauen mit Fremden Kulturen". *Der Weibliche Multikulturelle Blick.* Eds. Hannelore Scholz/Brita Baume/Penka Angelova. Berlin: Trafo. 125–134.

Kuehn, Julia/Paul Smethurst (eds.). 2008. *Travel Writing, Form, and Empire: The Poetics and Politics of Mobility.* London: Routledge.

Lane-Poole, Stanley Edward. 1907. "*The Desert and the Sown*: by Gertrude Lowthian Bell. Book Review". *The Times Literary Supplement.* 25. Januar: 28.

Lawrence, A. W. 1937. *T.E. Lawrence by His Friends.* Garden City, N.Y.: Doubleday, Doran & Co.

Lawrence, Karen R. 1994. *Penelope Voyages: Women and Travel in the British Literary Tradition.* Ithaca: Cornell University Press.

Lawrence, T.E. 1920. "Emir Feisal, Creator of the Arab Army: a Modern Saladin". *The Times* (London). 20. August: 9.

Lawrence, T.E. 1921. "Introduction". *Travels in Arabia Deserta.* Charles Montagu Doughty. London: Warner. xxvii–xxxvii.

Lawrence, T.E. 1932. "Science of Guerilla Warfare". *The Encyclopaedia Britannica.* London [u.a.]: Encyclopaedia Britannica. 950–953.

Lawrence, T.E. 1993. *Lawrence of Arabia, Strange Man of Letters: The Literary Criticism and Correspondence of T.E. Lawrence.* Ed. Harold Orlans. Rutherford: Fairleigh Dickinson University Press.

Lawrence, T. E./A. W. Lawrence (eds.). 1940. *Men in Print: Essays in Literary Criticism.* London: The Golden Cockerel Press.

Leask, Nigel. 1992. *British Romantic Writers and the East: Anxieties of Empire.* Cambridge: Cambridge University Press.

Leask, Nigel. 2004. *Curiosity and the Aesthetics of Travel Writing. 1770 – 1840, 'From an Antique Land'.* Oxford: Oxford University Press.

Leed, Eric J. 1991. *The Mind of the Traveler: From Gilgamesch to Global Tourism.* New York: Basic Books.

Lejeune, Philippe. 1994. *Der Autobiographische Pakt.* Übers. Wolfram Bayer/Dieter Hornig. Frankfurt am Main: Suhrkamp.

Levenston, Edward. 1987. "The Style of *Arabia Deserta*: A Linguistic Analysis". *Explorations in Doughty's Arabia Deserta.* Ed. Stephen Ely Tabachnick. Athens, GA: University of Georgia Press. 90–110.

Lewis, Reina. 1996. *Gendering Orientalism: Race, Femininity and Representation.* London: Routledge.

Lewis, Reina. 2004. *Rethinking Orientalism: Women, Travel and the Ottoman Harem.* London: Tauris.

Liddell Hart, Basil Henry. 1938. *T.E. Lawrence to his Biographer Liddell Hart.* London: Faber & Faber.

Liddell Hart, Basil Henry. 2009. *Lawrence of Arabia.* New York: Da Capo Press.

Lisle, Debbie. 2006. *The Global Politics of Contemporary Travel Writing.* Cambridge: Cambridge University Press.

Lockman, J. N. 1996. *Scattered Tracks on the Lawrence Trail: Twelve Essays on T.E. Lawrence.* Whitmore Lake, MI: Falcon Books.

Lotman, Jurij M. 1973. *Die Struktur des Künstlerischen Textes.* Frankfurt am Main: Suhrkamp.

Lowe, Lisa. 1991. *Critical Terrains: French and British Orientalisms.* Ithaca: Cornell University Press.

Luhmann, Niklas. 1995. *Die Kunst der Gesellschaft.* Frankfurt am Main: Suhrkamp.

Luhmann, Niklas. 1997. *Die Gesellschaft der Gesellschaft.* Frankfurt am Main: Suhrkamp.

Luhmann, Niklas/Peter Fuchs. 1989. *Reden und Schweigen.* Frankfurt am Main: Suhrkamp.

Luhmann, Niklas/Niels Werber. 2008. *Schriften zu Kunst und Literatur.* Frankfurt am Main: Suhrkamp.

Lukitz, Liora. 2006. *A Quest in the Middle East: Gertrude Bell and the Making of Modern Iraq.* London: Tauris.

Macfie, Alexander. 2007. "Representations of Lawrence of Arabia: From Said's Orientalism to David Lean's Film". *Journal of Postcolonial Writing* 43 (1): 77–87.

Mack, John E. 1976. *A Prince of Our Disorder: The Life of T.E. Lawrence.* Boston: Little, Brown.

Mack, John E. 1977. "T.E. Lawrence and the Uses of Psychology in the Biography of Historical Figures". *Psychological Dimensions of Near Eastern Studies.* Eds. Leon Carl Brown/Norman Itzkowitz. Princeton, NJ: Darwin Press. 27–59.

MacKenzie, John M. 1991. "T.E. Lawrence: The Myth and the Message". *Literature and Imperialism.* Ed. Robert Giddings. Basingstoke: Macmillan. 150–181.

MacKenzie, John M. 1995. *Orientalism: History, Theory and the Arts.* Manchester: Manchester University Press.

Maline, Sarah. 1987. "Arabian Sketches of T.E. Lawrence". *The Library Chronicle* 38/39: 16–39.

Malraux, André. 1922. "Lawrence and the Demon of the Absolute". *Hudson Review* 8 (4): 519–532.

Marchand, Suzanne. 2011. "German Orientalism and the Decline of the West". *Proceedings of the Americna Philosophical Society* 145 (4): 465–472.

Marling, Raili. 2010. "Masculinities in the Margins: Hidden Narratives of the Self in T.E. Lawrence's *Seven Pillars of Wisdom*". *Brno Studies in English* 36 (2): 101–111.

McCormick, Annette. 1962. "Hebrew Parallelism in Doughty's *Travels in Arabia Deserta*". *Studies in Comparative Literature.* Ed. Waldo Forest MacNeir. Baton Rouge: Louisiana State University Press. 29–46.

McCormick, Annette. 1970. "An Elizabethan-Victorian Travel Book: Doughty's *Travels in Arabia Deserta*". *Essays in Honor of Esmond Linworth Marilla.* Ed. Thomas Kirby. Baton Rouge: Louisiana State University Press. 230–242.

McKale, Donald M. 1998. *War by Revolution: Germany and Great Britain in the Middle East in the Era of World War I.* Kent, OH: Kent State University Press.

Melman, Billie. 1992. *Women's Orients: English Women and the Middle East. 1718 – 1918; Sexuality, Religion and Work.* Basingstoke: Macmillan.

Melman, Billie. 2002. "The Middle East/Arabia: 'The Cradle of Islam'". *The Cambridge Companion to Travel Writing.* Eds. Peter Hulme/Tim Youngs. Cambridge: Cambridge University Press. 105–121.

Mengay, Donald H. 1994. "Arabian Rites: T.E. Lawrence's *Seven Pillars of Wisdom* and the Erotics of Empire". *Genre: Forms of Discourse and Culture* 27 (4): 395–416.

Meyers, Jeffrey. 1973. "The Revisions of *Seven Pillars of Wisdom*". *PMLA* 88 (5), October: 1066–1082.

Meyers, Jeffrey. 1984. "T.E. Lawrence: The Mechanical Monk". *The T.E. Lawrence Puzzle.* Ed. Stephen Ely Tabachnick. Athens, GA: University of Georgia Press. 124–136.

Meyers, Jeffrey. 1989a. *The Wounded Spirit: T.E. Lawrence's Seven Pillars of Wisdom.* New York: St. Martin's Press.

Meyers, Jeffrey (ed.). 1989b. *T.E. Lawrence: Soldier, Writer, Legend. New Essays.* Basingstoke: Macmillan.

Mills, Sara. 1991. *Discourses of Difference: An Analysis of Women's Travel Writing and Colonialism.* London: Routledge.

Mohanty, Sachidananda (ed.). 2003. *Travel Writing and the Empire.* New Delhi: Katha.

Moroz, Grzegorz. 2010. *Metamorphoses of Travel Writing: Across Theories, Genres, Centuries and Literary Traditions.* Newcastle upon Tyne: Cambridge Scholars Publishing.

Morsey, Konrad. 1976. *T.E. Lawrence und der Arabische Aufstand 1916/18*. Osnabrück, Münster: Biblio.

Moūsā, Suleiman/Albert Butros. 1967. *T.E. Lawrence: An Arab View*. London: Oxford University Press.

Mulvey, Laura. 2006. "Visual Pleasure and Narrative Cinema". *Media and Cultural Studies*. Eds. Meenakshi Gigi Durham/Douglas Kellner. Malden, MA: Blackwell. 342–352.

Nasir, Sari J. 1976. *The Arabs and the English*. London: Longman.

Nelson, Stephanie/Maren Cohn. 2002. "Lawrence's Odyssey: A 'Prosaic' Approach to Greatness". *The Waking Dream of T.E. Lawrence*. Ed. Charles M. Stang. New York: Palgrave. 107–130.

Netton, Ian Richard (ed.). 2013. *Orientalism Revisited: Art, Land and Voyage*. London: Routledge.

Neumann, Gerhard. 2000. *Lesbarkeit der Kultur: Literaturwissenschaften zwischen Kulturtechnik und Ethnographie*. München, Paderborn: Fink.

Nijenhuis, Ellert/van der Hart, Onno/Kathy Steele. 2004. "Strukturelle Dissoziation der Persönlichkeitsstruktur, Traumatischer Ursprung, Phobische Residuen". *Psychotherapie der Dissoziativen Störungen*. Eds. Luise Reddemann/Arne Hofmann/Ursula Gast et al. Stuttgart: Thieme. 47–63.

Nittel, Jana. 2001. *Wondrous Magic: Images of the Orient in 18th and 19th Centuries' British Women Travel Writing*. Berlin: Galda & Wilch.

Notopoulos, James A. 1964. "The Tragic and the Epic in T.E. Lawrence". *The Yale Review* LIV: 331–345.

Nutting, Anthony. 1961. *Lawrence of Arabia: The Man and the Motive*. London: Hollis & Carter.

O'Brien, Philip M. 2000. *T.E. Lawrence: A Bibliography*. New Castle, Delaware: Oak Knoll Press.

O'Brien, Rosemary. 2001. "Introduction". *The Desert and the Sown: The Syrian Adventures of the Female Lawrence of Arabia*. Gertrude Lowthian Bell. New York: Cooper Square Press. v–xvii.

O'Donnell, Thomas J. 1979. *The Confessions of T.E. Lawrence: The Romantic hero's Presentation of Self*. Athens, OH: Ohio University Press.

O'Donnell, Thomas J. 1984. "The Assertion and Denial of the Romantic Will in *Seven Pillars of Wisdom* and *The Mint*". *The T.E. Lawrence Puzzle*. Ed. Stephen Ely Tabachnick. Athens, GA: University of Georgia Press. 71–95.

Orlans, Harold. 2002. *T.E. Lawrence: Biography of a Broken Hero*. Jefferson: McFarland & Co.

Osterhammel, Jürgen. 1998. *Die Entzauberung Asiens: Europa und die Asiatischen Reiche im 18. Jahrhundert*. München: Beck.

Pandit, Pallavi. 1990. *Orientalist Discourse and its Literary Representations in the Works of Four British Travel Writers: James Morier, Alexander Kinglake, Richard Burton, and Gertrude Bell*. Diss. Pennsylvania State University. University Park, PA: UMI Dissertation Services.

Paul, Janina Christine. 2013. *Reiseschriftstellerinnen Zwischen Orient und Okzident: Analyse Ausgewählter Reiseberichte des 19. Jahrhunderts. Weibliche Rollenvorstellungen, Selbstrepräsentationen und Erfahrungen der Fremde*. Würzburg: Ergon.

Pelz, Annegret. 1993. *Reisen durch die Eigene Fremde: Reiseliteratur von Frauen als Autogeographische Schriften*. Zugl.: Hamburg, Univ., Diss. Köln, Weimar, Wien: Böhlau.

Pfister, Manfred. 1993. "Intertextuelles Reisen, oder: Der Reisebericht als Intertext". *Tales and 'Their Telling Difference'*. Eds. Herbert Foltinek et al. Heidelberg: Winter. 109–132.

Philby, H. St J. B. 1926. "Gertrude Bell: Obituary Notice". *Journal of the Royal Asiatic Society of Great Britain and Ireland* (4): 804–806.

Pierer, Heinrich August. 1841. *Universallexikon der Gegenwart und Vergangenheit*. Altenburg: Pierer.

Polaschegg, Andrea. 2005. *Der Andere Orientalismus: Regeln Deutsch-Morgenländischer Imagination im 19. Jahrhundert*. Berlin, New York: De Gruyter.

Porter, Dennis. 1983. "Orientalism and its Problems". *The Politics of Theory*. Ed. Francis Barker. Colchester: University of Essex. 179–193.

Porter, Dennis. 1991. *Haunted Journeys: Desire and Transgression in European Travel Writing*. Princeton, NJ: Princeton University Press.

Porter, Dennis. 2001. "Orientalism and its Problems". *Edward Said*. Ed. Patrick Williams. London, Thousand Oaks: Sage. 350–366.

Pratt, Mary Louise. 1982. "Conventions of Representation: Where Discourse and Ideology Meet". *Contemporary Perceptions of Language: Interdisciplinary Dimensions*. Ed. Heide Byrnes. Washington: Georgetown University Press. 139–155.

Pratt, Mary Louise. 1985. "Scratches on the Face of the Country or, What Mr. Barrow Saw in the Land of the Bushmen". *Critical Inquiry* 12 (1): 119–143.

Pratt, Mary Louise. 1986. "Fieldwork in Common Places". *Writing Culture*. Ed. School of American Research. Berkeley: University of California Press. 27–50.

Pratt, Mary Louise. 1992. *Imperial Eyes: Travel Writing and Transculturation*. London: Routledge.

Rausch, Jürgen. 1957. *Der Mensch als Märtyrer und Monstrum. Essays*. Stuttgart: DVA.

Read, Herbert. 1927. "*The Seven Pillars of Wisdom*": *The Bibliophile's Almanack for 1928*. Eds. Oliver Simon/Harold Hannyngton Child/Lascelles Abercrombie. London: The Fleuron. 35–39.

Regard, Frédéric (ed.). 2003. *Mapping the Self: Space, Identity, Discourse in British Auto/Biography*. Saint-Etienne: Publications de l'Université de Saint-Etienne.

Reilly, Terry. 2005. "T.E. Lawrence: Writing the Military Life from Homer to High Modernism". *Arms and the Self*. Ed. Alex Vernon. Kent, OH: Kent State University Press. 81–103.

Renan, Ernest. 1884. *Documents Épigraphiques Recueillis dans le Nord de l'Arabie par M. Doughty*. Paris: Imprimerie nationale.

Rentsch, Stefanie. 2010. *Hybrides Erzählen: Text-Bild-Kombinationen bei Jean Le Gac und Sophie Calle*. Zugl.: Berlin, Univ., Diss., 2008. München, Paderborn: Fink.

Ricoeur, Paul. 1990. *Das Selbst als ein Anderer*. Übers. Jean Greisch. München, Paderborn: Fink.

Ricoeur, Paul. 2006. *Wege der Anerkennung: Erkennen, Wiedererkennen, Anerkanntsein*. Übers. Ulrike Bokelmann/Barbara Heber-Schärer. Frankfurt am Main: Suhrkamp.

Ridley, M. R. 1941. *Gertrude Bell*. London, Glasgow: Blackie & son limited.

Rigby, Elizabeth lter Eastlake. 1845. "Lady Travellers". *Quarterly Review* (76): 98–131.

Rimbaud, Arthur. [1871] 1975. "*Lettres de Voyant (13 et 15 mai 1871)*". Eds. Gérald Schaeffer/Marc Eigeldinger. Genève: Droz.

Rink, Martin. 2010. "Lawrence und der Partisanenkrieg: Eine Konzeption 'neuer' Kriege". *Lawrence von Arabien*. Eds. Mamoun Fansa/Frank Both/Detlef Hoffmann. Mainz: von Zabern. 163–172.

Robbins, Ruth. 1980. "The Word Notes of C. M. Doughty". *Agenda* (18): 78–98.

Roberts, Ellis R. 1926. "Mr. C. M. Doughty, Poet and Traveller". *Guardian*. 23. Januar: 12.

Robins, Elizabeth. 1911. "A New Art of Travel". *Fortnightly Review*. 1. März: 470–492.

Robinson, Jane. 1994. *Unsuitable for Ladies: An Anthology of Women Travellers*. Oxford: Oxford University Press.

Robinson, Jane. 2001. *Wayward Women: A Guide to Women Travellers*. Oxford: Oxford University Press.

Rodenbeck, John. 2000. "Deraa Revisited". *Desert Travellers*. Eds. Janet Starkey/Okasha El Daly. Durham: ASTENE. 257–292.

Rodgers, Silvia. 1993. "Women's Space in a Man's House: The British House of Commons". *Women and Space*. Ed. Shirley Ardener. Oxford: Berg. 46–69.

Rogers II, William. 1987. "*Arabia Deserta* and the Victorians: Past and Present". *Explorations in Doughty's Arabia Deserta*. Ed. Stephen Ely Tabachnick. Athens, GA: University of Georgia Press. 43–62.

Rorty, Richard M. (ed.). 1967. *The Linguistic Turn: Recent Essays in Philosophical Method*. Chicago: University of Chicago Press.

Ruskin, John. 1873. *The Seven Lamps of Architecture*. Boston: Estes.

Russell, Mary. 1994. *The Blessings of a Good Thick Skirt: Women Travellers and their World*. London: Flamingo.

Rutherford, Andrew. 1978. *The Literature of War: Five Studies in Heroic Virtue*. London: Macmillan.

Rutherford, Jonathan (ed.). 1990. *Identity: Community, Culture, Difference*. London: Lawrence & Wishart.

Said, Edward W. 1985. "Orientalism Reconsidered". *Race Class* 27 (1): 1–15.

Said, Edward W. 1993. *Culture and Imperialism*. New York: Knopf.

Said, Edward W. 2000. *Reflections on Exile and Other Essays*. Cambridge, MA: Harvard University Press.

Said, Edward W. 2003. *Orientalism: Western Conceptions of the Orient* (1978). 25th Anniversary Edition with a New Preface by the Author. New York: Vintage Books.

Scarce, Jennifer M. 2003. *Women's Costume of the Near and Middle East*. London: RoutledgeCurzon.

Schaefer, Christina. 2008. "Die Autofiktion Zwischen Fakt und Fiktion". *Im Zeichen der Fiktion*. Eds. Irina O. Rajewsky/Ulrike Schneider. Stuttgart: Steiner. 299–326.

Schein, Gerlinde/Sabine Strasser. 1997. "Intersexions oder der Abschied von den Anderen: Zur Debatte um Kategorien und Identitäten in der Feministischen Anthropologie". *Intersexions*. Eds. Gerlinde Schein/Sabine Strasser. Wien: Milena. 7–32.

Schleiermacher, Friedrich. [1813] 1963. "Ueber die Verschiedenen Methoden des Uebersetzens". *Das Problem des Übersetzens*. Ed. Hans Joachim Störig. Stuttgart: Goverts.

Scholz, Hannelore/Brita Baume/Penka Angelova (eds.). 1995. *Der Weibliche Multikulturelle Blick: Ergebnisse eines Symposiums*. Berlin: Trafo.

Schroers, Rolf. 1949. *T.E. Lawrence, Schicksal und Gestalt. Biographische Studie*. Bremen: Dorn.

Schüller, Tonie. 2010. "Die Entstehungsgeschichte der Arabischen Revolte". *Lawrence von Arabien*. Eds. Mamoun Fansa/Frank Both/Detlef Hoffmann. Mainz: von Zabern. 155–162.

Scott, David. 1988. "The Literary Orient". *The East*. Ed. James Thompson. Dublin: National Gallery of Ireland. 3–17.

Seeber, Hans Ulrich/Julika Griem (eds.). 2003. *Raum- und Zeitreisen: Studien zur Literatur und Kultur des 19. und 20. Jahrhunderts*. Tübingen: Niemeyer.

Sévry, Jean. 2005. "Le Désert Comme Mise en Scène: Le Tragique et la Déguisade chez Caillié et T.E. Lawrence". *Poétique et Imaginaire du Désert*. Ed. Jean-François Durand. Montpellier: Université Paul Valéry. 39–51.

Shagam, Reginald/Carol Faul. 1987. "Charles Doughty as Geologist". *Explorations in Doughty's Arabia Deserta*. Ed. Stephen Ely Tabachnick. Athens, GA: University of Georgia Press. 163–185.

Siebert, Ulla. 1994. "Frauenreiseforschung als Kulturkritik". *'Und tät das Reisen wählen!'*. Eds. Doris Jedamski/Hiltgund Jehle/Ulla Siebert. Zürich: eFeF. 148–173.

Siebert, Ulla. 1998. *Grenzlinien: Selbstrepräsentationen von Frauen in Reisetexten 1871 bis 1914*. Zugl.: Tübingen, Univ. Diss. 1996. Münster: Waxmann.

Siegel, Kristi (ed.). 2004. *Gender, Genre, & Identity in Women's Travel Writing*. New York: Lang.

Siegel, Kristi. 2004. "Intersections: Women's Travel and Theory". *Gender, Genre, & Identity in Women's Travel Writing*. Ed. Kristi Siegel. New York: Lang. 1–11.

Sievernich, Gereon/Hendrik Budde (eds.). 1989. *Europa und der Orient: 800 – 1900*. Gütersloh, München: Bertelsmann.

Silverman, Kaja. 1989. "White Skins Brown Masks: The Double Mimesis, or With Lawrence in Arabia". *Differences: A Journal of Feminist Cultural Studies* 1 (3): 3–54.

Speake, Jennifer (ed.). 1997. *The Oxford Dictionary of Foreign Words and Phrases*. Oxford: Oxford University Press.

Spivak, Gayatri Chakravorty. 1987. *In Other Worlds: Essays in Cultural Politics*. New York: Methuen.

Spivak, Gayatri Chakravorty. 1988. "Can the Subaltern Speak?". *Marxism and the Interpretation of Culture*. Ed. Cary Nelson. Urbana, IL: University of Illinois Press. 271–313.

Spurr, David. 1993. *The Rhetoric of Empire: Colonial Discourse in Journalism, Travel Writing, and Imperial Administration*. Durham: Duke University Press.

Stang, Charles M. 2002. "Does Not Care: Lawrence, Herodotus, and Nietzsche on History". *The Waking Dream of T.E. Lawrence*. Ed. Charles M. Stang. New York: Palgrave. 25–50.

Stang, Charles M. (ed.). 2002. *The Waking Dream of T.E. Lawrence: Essays on His life, Literature, and Legacy*. New York: Palgrave.

Starkey, Janet/Okasha El Daly (eds.). 2000. *Desert Travellers: From Herodotus to T.E. Lawrence*. Durham: ASTENE.

Stewart, Desmond. 1977. *Thomas Edward Lawrence*. London: Hamilton.

Stierstorfer, Klaus. 1998. "Linguisitic Turn". *Metzler-Lexikon Literatur- und Kulturtheorie: Ansätze – Personen – Grundbegriffe*. Ed. Ansgar Nünning. Stuttgart: Metzler. 312–313.

Strobel, Margaret. 1991. *European Women and the Second British Empire*. Bloomington: Indiana University Press.

Swanson, Gillian. 2000. "'Flying or drowning': Sexual instability, subjective narrative and 'Lawrence of Arabia'". *Deciphering Culture*. Eds. Jane Crisp/Gillian Swanson/Kay Ferres. New York: Routledge. 189–218.

Syndram, Karl Ulrich. 1989. "Der erfundene Orient in der europäischen Literatur vom 18. bis zum Beginn des 20. Jahrhunderts". *Europa und der Orient*. Eds. Gereon Sievernich/Hendrik Budde. Gütersloh, München: Bertelsmann. 324–341.

Tabachnick, Stephen Ely. 1973. "Two 'Arabian' Romantics: Charles Doughty and T.E. Lawrence". *English Literature in Transition: 1880-1920* (16): 11–25.

Tabachnick, Stephen Ely. 1976. "T.E. Lawrence and Moby Dick". *Research Studies* 44 (1): 1–12.

Tabachnick, Stephen Ely. 1978. "Adam Cast Forth: The First sentence of Doughty's *Arabia Deserta*." *The Pre-Raphaelite Review* 1 (May): 49-63

Tabachnick, Stephen Ely. 1981. *Charles Doughty*. Boston: Twayne.

Tabachnick, Stephen Ely. 1984a. "A Fragmentation Artist". *The T.E. Lawrence Puzzle*. Ed. Stephen Ely Tabachnick. Athens, GA: University of Georgia Press. 1–49.

Tabachnick, Stephen Ely. 1984b. "The Waste Land in *Seven Pillars of Wisdom*". *The T.E. Lawrence Puzzle*. Ed. Stephen Ely Tabachnick. Athens, GA: University of Georgia Press. 115–123.

Tabachnick, Stephen Ely (ed.). 1984. *The T.E. Lawrence Puzzle*. Athens, GA: University of Georgia Press.

Tabachnick, Stephen E. 1987. "Art and Sience in Travels in Arabia Deserta". *Explorations in Doughty's Arabia Deserta*. Ed. Stephen Ely Tabachnick. Athens, GA: University of Georgia Press. 1–42.

Tabachnick, Stephen Ely (ed.). 1987. *Explorations in Doughty's Arabia Deserta*. Athens, GA: University of Georgia Press.

Tabachnick, Stephen Ely. 1993. "Burton's Review of Doughty's *Arabia Deserta*". *In Search of Sir Richard Burton*. Ed. Alan H. Jutzi. San Marino, CA: Huntington Library. 47–60.

Tabachnick, Stephen Ely. 1997. *T.E. Lawrence: Revised Edition*. New York, London: Twayne Publishers.

Tabachnick, Stephen Ely. 2004. *Lawrence of Arabia: An Encyclopedia*. Westport, CT: Greenwood Press.

Tabachnick, Stephen Ely/Christopher Matheson. 1988. *Images of Lawrence*. London: Cape.

Taylor, Andrew. 1999. *God's Fugitive: The Life of Charles Montagu Doughty*. London: HarperCollins.

Taylor, Walt. 1939. *Doughty's English*. Society for Pure English, Tract No. LI, Vol. V. New York: AMS Press

Theoharis, Constantine. 2002. "'I had had one craving …'". *The Waking Dream of T.E. Lawrence*. Ed. Charles M. Stang. New York: Palgrave. 17–24.

Thomas, Lowell. 1935. *With Lawrence in Arabia*. London: Hutchinson & Co.

Thompson, Carl Edward. 2011. *Travel Writing*. London: Routledge.

Thompson, James (ed.). 1988. *The East: Imagined, Experienced, Remembered. Orientalist Nineteenth Century Paintings*. Dublin: National Gallery of Ireland.

Thomson, Ann. 1997. "Eighteenth-Century Images of the Arab". *Beyond Pug's Tour*. Ed. C. C. Barfoot. Amsterdam, Atlanta: Rodopi. 145–157.

Tidrick, Kathryn. 1989. *Heart-Beguiling Araby: The English Romance with Arabia*. London: Tauris.

Treneer, Anne. 1968. *Charles M. Doughty: A Study of his Prose and Verse*. London: Cape.

Tuson, Penelope. 2003. *Playing the Game: The Story of Western Women in Arabia*. London: Tauris.

Varisco, Daniel Martin. 2007. *Reading Orientalism: Said and the Unsaid*. Seattle: University of Washington Press.

Vernon, Alex (ed.). 2005. *Arms and the Self: War, the Military, and Autobiographical Writing*. Kent, OH: Kent State University Press.

Wallach, Janet. 2005. *Desert Queen: The Extraordinary Life of Gertrude Bell, Adventurer, Adviser to Kings, Ally of Lawrence of Arabia*. New York: Anchor Books.

Warde, Robert. 1987. *T.E. Lawrence: A Critical Study*. New York: Garland.

Weinrich, Harald. 2005. *Lethe: Kunst und Kritik des Vergessens*. München: Beck.

Weintraub, Rodelle. 1984. "T.E. Lawrence: Technical Writer". *The T.E. Lawrence Puzzle*. Ed. Stephen Ely Tabachnick. Athens, GA: University of Georgia Press. 137–156.

Weintraub, Stanley. 1984. "Lawrence of Arabia: The Portraits from Imagination. 1922-1979". *The T.E. Lawrence Puzzle*. Ed. Stephen Ely Tabachnick. Athens, GA: University of Georgia Press. 269–292.

Weintraub, Stanley und Rodelle Weintraub. 1975. *Lawrence of Arabia: The Literary Impulse*. Baton Rouge: Louisiana State University Press.

White, Hayden V. 1976. "The Fictions of Factual Representation". *Tropics of Discourse*. Baltimore: Johns Hopkins University Press. 121–134.

White, Hayden V. 1976. *Tropics of Discourse: Essays in Cultural Criticism*. Baltimore: Johns Hopkins University Press.

Whitfield, Peter. 2011. *Travel. A Literary History*. Oxford: Bodleain Library.

Widmer, Kingsley. 1989. "The Intellectual as Soldier". *T.E. Lawrence: Soldier, Writer, Legend*. Ed. Jeffrey Meyers. Basingstoke: Macmillan. 28–57.

Williams, Andrew. 2008. *The Toxic Morsel: T.E. Lawrence and The Mint*. Oxford: Peter Lang.

Williams, Patrick (ed.). 2001. *Edward Said*. London, Thousand Oaks: Sage.

Williams, Susan. 2002. "Re-viewing Said's View of T.E. Lawrence". *The Journal of the T.E. Lawrence Society* IX (2): 66–79.

Wilson, Colin. 1956. *The Outsider*. London: Gollancz.

Wilson, Jeremy. 1990. *Lawrence of Arabia: The Authorized Biography of T.E. Lawrence*. New York: Atheneum.

Winstone, H. V. F. 1978. *Gertrude Bell*. London: Cape.

Wirth, Uwe. 2004. "Das Vorwort als Performative, Paratextuelle und Parergonale Rahmung". *Rhetorik*. Ed. Jürgen Fohrmann. Stuttgart: Metzler. 603–628.

Woolf, Leonard. 1923. "Arabia Deserta". Review. *The Nation and the Athenaeum*. 27. Oktober: 155.

Yeğenoğlu, Meyda. 1998. *Colonial Fantasies: Towards a Feminist Reading of Orientalism*. Cambridge: Cambridge University Press.

Youngs, Tim (ed.). 2006. *Travel Writing in the Twentieth Century: Filling in the Blanks*. London: Anthem Press.

Zilcosky, John (ed.). 2008. *Writing Travel: The Poetics and Politics of the Modern Journey*. Toronto: University of Toronto Press.

Abbildungsverzeichnis

LITERATUR – KULTUR – THEORIE

ISSN 1869-9030

Herausgegeben von
Becker, Sabina – Bode, Christoph – Friedrich, Hans-Edwin –
Jahraus, Oliver – Reinfandt, Christoph

*Eine stets aktualisierte Liste der in dieser Reihe
erscheinenden Titel finden Sie auf unserer Ho-
mepage* http://www.ergon-verlag.de

Band 1
Grizelj, Mario
„Ich habe Angst vor dem Erzählen"
Eine Systemtheorie experimenteller Prosa
2008. 508 S. Fb.
€ 58,00 978-3-89913-635-7

Band 2
Mundi, Thorsten
**Die Pragmatik des Sinns: Eine
Funktionstheorie der narrativen Kunst**
2008. 502 S. Fb.
€ 58,00 978-3-89913-662-3

Band 3
Wiefarn, Markus
Authentifizierungen
Studien zu Formen der Text-
und Selbstidentifikation
2010. 206 S. Fb.
€ 28,00 978-3-89913-719-4

Band 4
Sauerwald, Lisanne
**Mystisch-hermetische Aspekte
im Kunstdenken der russischen
Dichter des Absurden**
2010. XIV/439 S. Fb.
€ 52,00 978-3-89913-812-2

Band 5
Ophey, Bernward
Literatur als Lebens-Kunst
Essays zu Antonio Tabucchi
2011. 121 S. Fb.
€ 25,00 978-3-89913-837-5

Band 6
Prokić, Tanja
Kritik des narrativen Selbst
Von der (Un)Möglichkeit der Selbst-
technologien in der Moderne.
Eine Erzählung
2011. 260 S. Fb.
€ 39,00 978-3-89913-844-3

Band 7
Widmann, Adrian
**Lob der Vokale – Sprache und
Körperbau**
Zwei Essays von Ernst Jünger zum
Zeitgeschehen. Textkommentar
und Fassungsvergleich
2011. 603 S. Fb.
€ 85,00 978-3-89913-813-9

Band 8
Fähnle, Johannes
**Krankheit und Tod im
deutschsprachigen literarischen
Exil des 20. Jahrhunderts**
2012. 323 S. Fb.
€ 48,00 978-3-89913-875-7

Band 9
Habermann, Frank
Literatur/Theorie der Unsagbarkeit
2012. 486 S. Fb.
€ 69,00 978-3-89913-876-4

Band 10
Schaub, Gerhard
Hugo Ball – Kurt Schwitters
Studien zur literarischen Moderne
2012. 422 S. Fb.
€ 55,00 978-3-89913-888-7

ERGON VERLAG · WÜRZBURG

LITERATUR – KULTUR – THEORIE

ISSN 1869-9030

Herausgegeben von
Becker, Sabina – Bode, Christoph – Friedrich, Hans-Edwin –
Jahraus, Oliver – Reinfandt, Christoph

Band 11
Benkert, Nina
**Paternalisierung – Depaternalisierung:
Töchter als literarische Seismografen**
2012. 213 S. Fb.
€ 35,00 978-3-89913-926-6

Band 12
Bernhardt, Sebastian
**Das Individuum, die Liebe und
die gesellschaftlichen Normen
im erzählerischen Gesamtwerk
Paul Heyses**
2013. 250 S. Fb.
€ 38,00 978-3-89913-973-0

Band 13
Denkert, Malte
„Das Wunderbare ist immer das Wahre"
Die Relation von Wundereinwirkung und
Selbstfindungsprozessen in Gerhart
Hauptmanns späten Dramen und Erzäh-
lungen
2013. 560 S. Fb.
€ 52,00 978-3-89913-998-3

Band 14
Kuwilsky, Maria
***Autopoietiken* im Medium Literatur
als Gedächtnis von Gegenwart und Zeit**
Beobachtungen von Arno Schmidt,
Uwe Johnson, Walter Kempowski und
Peter Kurzeck
2013. 231 S. Fb.
€ 38,00 978-3-89913-986-0

Band 15
Tiedtke, Silvia
Poetik des Entzugs

Friedrich Schlegels *Rede über die Mythologie*,
Robert Musils *Die Verwirrungen des Zöglings
Törleß* und Rainer Maria Rilkes *Die Aufzeichnungen des Malte Laurids Brigge*
2013. 224 S. Fb.
€ 35,00 978-3-89913-992-1

Band 16
Linder, Joachim
Wissen über Kriminalität
Zur Medien- und Diskursgeschichte
von Verbrechen und Strafjustiz
vom 18. bis zum 21. Jahrhundert
Herausgegeben von *Claus-Michael Ort*
2013. 769 S. 25 Abb. Fb.
€ 89,00 978-3-95650-000-8

Band 17
Eichhorn, Kristin
Die Kunst des moralischen Denkens
Positionen der aufklärerischen Fabelpoetik
im 18. Jahrhundert
2013. 261 S. Fb.
€ 42,00 978-3-95650-012-1

Band 18
Reisner, Philipp
Das Bewusstsein vom Wahnsinn
Psychopathologische Phänomene
in der deutschsprachigen Literatur der
1970er und 80er Jahre
2014. 254 S. Fb.
€ 38,00 978-3-95650-045-9

Band 19
Pink, Katharina
Identitas Oriens
Diskursive Konstruktionen von
Identität und Alterität in britischer
Orient-Reiseliteratur
2014. 339 S. Fb.
€ 49,00 978-3-95650-070-1

ERGON VERLAG · WÜRZBURG